W0309005

Kreta

Alexis Averbuck,
Kate Armstrong, Korina Miller, Richard Waters

REISE-PLANUNG

VENEZIANISCHER HAFEN, RETHYMNON S. 118

CREATAS IMAGES / GETTY IMAGES ©

DAKOS S. 43

ALAN BENSON / GETTY IMAGES ©

REISEZIELE AUF KRETA

Inhalt

FREEARTIST / GETTY IMAGES ©

MONI ARKADIOU S. 132

KRETA VERSTEHEN

PRAKTISCHE INFORMATIONEN

SPECIALS

Willkommen auf Kreta

Kreta ist ein Mosaik aus Traumstränden, historischen Schätzen und Landschaften, dessen quirlige Städte und verträumte Dörfer mit Gastfreundschaft, köstlicher Küche und urigen Traditionen beglücken.

Berauschende Landschaft

Kretas Landschaft wirkt wie von Künstlerhand geschaffen – von den Sonnenstränden des Nordens bis zu den schroffen Schluchten, die sich zur felsigen Südküste öffnen. Stimmungsvolle Dörfer schmiegen sich in die Täler; sanfte Hügel gehen in schneegekrönte Berge über. Besucher können die Landschaft auf Autotouren „erfahren", durch die längste Schlucht Europas wandern, die Geburtshöhle des Zeus besuchen, durch die Obstgärten der Lassithi-Hochebene radeln, Sandstrände entlangspazieren und das kristallklare Meer auf Schiffs-, Kajak- oder Schnorcheltouren erkunden.

Kaleidoskop der Geschichte

Ebenso wie Kretas herrliche Natur fasziniert seine bewegte Geschichte. Vor rund 4000 Jahren herrschten hier die Minoer, die erste Hochkultur auf europäischem Boden. Sie bauten u. a. den berühmten Palast von Knossos. Die Insel am Begegnungspunkt dreier Kontinente weckte die Begehrlichkeit vieler Invasoren. In den geschichtsträchtigen Altstädten von Chania und Rethymnon thronen mächtige Festungen über dem venezianischen Gassengewirr; Renaissancevillen stehen neben türkischen Moscheen. Freskengeschmückte Kirchen und Klöster zeugen vom byzantinischen Einfluss.

Gourmetparadies

Für Feinschmecker ist Kreta ein Paradies. Das Kochen mit regionalen Zutaten ist hier kein Trend, sondern normaler Alltag. Viele ländliche Tavernen servieren Fleisch, Käse, Olivenöl, Raki und Wein aus eigener Erzeugung und Fisch aus eigenem Fang. Auf einer kulinarischen Rundreise gibt es Kräuter und Wildgemüse bestimmter Hügelregionen, Käsesorten einzelner Dörfer oder Haushalte und Honig mit Bergkräuteraroma zu kosten. Die kretische Kost gehört zu den gesündesten der Welt. Dazu munden ausgezeichnete heimische Weine und zum Abschluss ein feuriger Raki.

Dorfkultur

Kretas temperamentvolle Bewohner halten beharrlich an ihrer einzigartigen Kultur und ihren Bräuchen fest. Tief verwurzelte Traditionen prägen die Seele der Insel. Das ist besonders schön bei zwanglosen Jamsessions mit inseltypischen Instrumenten wie der Lyra oder bei Hochzeiten mit althergebrachten kretischen Tänzen zu erleben. Begegnungen mit ganz normalen Einheimischen, die sich in *kafeneia* (Kaffeehäusern) zum Plausch treffen, das Ostermahl vorbereiten, ihre Schafe hüten oder die vielen Feste der Insel feiern, machen den Kretabesuch zu einem ganz besonderen Erlebnis.

Warum ich Kreta so liebe

Alexis Averbuck, Autorin

In Griechenland sagt man, Kreta könne auch ein Land für sich sein. Zu Recht: Je länger ich seine Küsten bereise, seine Bergdörfer erkunde und erlebe, wie stolz und treu die Kreter an ihrer Lebensweise festhalten, desto deutlicher wird mir, was diese faszinierend vielfältige Insel so besonders macht. Rosafarbene Sandstrände liegen nicht weit von wilden Bergschluchten und stillen Dörfern, deren Bewohner gern ein Schwätzchen mit ausländischen Besuchern halten. Kreta fühlt sich riesig an. Ist es sein Herz oder seine Landschaft? Beides, denke ich.

Mehr Infos über unsere Autoren gibt's auf S. 311

Iraklion (S. 155)

Kreta

MITTELMEER
Altstadt von Chania
Durch den venezianischen Hafen schlendern (S. 56)
Altstadt von Rethymnon
Die Romantik einer Renaissancestadt erleben (S. 116)
Moni Arkadiou
Über Schönheit und tragisch
Geschichte nachsinnen (S. 13
KRETISCHES MEE
Kap Spatha
Diktynna
Kap Vouxa
Halbinsel Rodopou
Bucht von Chania
Gramvousa-Inseln
Halbinsel Gramvousa
Bucht von Kissamos
Moni Gonias
Kolymbari
Moni Iannou Eremiti
Stavros
Moni Governotou
Moni Agias Triadas
Bucht von Kalathas
Halbinsel Akrotiri
Bucht von Souda
Kissamos (Kastelli)
Falasarna
Chania
Platanias
Souda
Kap Drapano
Halbinsel Drapano
Platanos
Polyrrinia
Voukolies
Bucht von Almyros
Panormo
Bali
Perama
Innahorion
CHANIA
Vryses
Georgioupoli
Rethymnon
Moni Arkadiou
Margarites
Eleftherna
Moni Chrysoskalitissas
Kandanos
Agia-Irini-Schlucht
Omalos
Lefka Ori (2453 m)
Kournas-See
Argyroupoli
Sfendoni-Höhle
Elafonisi
Samaria-Schlucht
RETHYMNON
Spili
Psiloritis (2456 m)
Sougia
Chora Sfakion
Imbros-Schlucht
Plakias
Kedros (1777 m)
Kap Trachili
Paleochora
Agia Roumeli
Nationalpark Samaria-Schlucht
Loutro
Frangokastello
Moni Preveli
Agia Galini
Tymbaki
Agia Triada
Golf von Messara
Kalamaki
Kommos
Matala
Samaria-Schlucht
Zwischen aufragenden Felsen zum Meer wandern (S. 98)
Gavdopoula
Kap Lithino
Gavdos
Kastri
Karabe
Dorftavernen
Frische, typisch kretische Leckereien probieren (S. 87)
Moni Preveli & Strand
Am berühmten Strand beim Kloster entspannen (S. 145)
Elafonisi
Karibikfeeling am entlegenen Strand genießen (S. 92)
MITTELMEER
Südkreta per Boot
Einsame Buchten und Strände entdecken (S. 82)
24° O

ENTFERNUNGEN (km)

Hinweis: Die Entfernungen sind ungefähre Angaben.

	Iraklion	Chania	Agios Nikolaos	Rethymnon	Plakias	Sitia
Chania	142					
Agios Nikolaos	69	209				
Rethymnon	85	57	152			
Plakias	123	95	198	39		
Sitia	142	282	73	227	265	
Matala	69	148	138	91	79	211

Kretas Top 15

1

Altstadt von Chania

1 Chanias Altstadt (S. 56) ist einfach unwiderstehlich. Pastellfarbene Altbauten säumen ihren romantischen Venezianischen Hafen. Auf dessen Uferpromenade treffen sich Touristen und Einheimische, um zu flanieren, zu plaudern und Leute zu beobachten, während sich das glitzernde Meer zwischen der hübschen Moschee, dem historischen Leuchtturm und dem imposanten Fort Firkas kräuselt. In den verschachtelten Seitensträßchen rund um den Hafen verstecken sich Minarette, Boutiquehotels und einige der besten Restaurants der Insel. Das Splantzia-Viertel lockt mit schattigen Cafés und Läden voller origineller und traditioneller Handwerkskunst.

Elafonisi

2 Diesen Strand hat wohl jeder Kreta-Reisende auf dem Programm, doch nicht alle verwirklichen ihren Vorsatz, ihn zu besuchen, weil er so weitab im wilden Südwesten der Insel liegt, jenseits der zerklüfteten Berge mit ihren kleinen Dörfern. Der lange Strand von Elafonisi (S. 92) ist für sein kristallklares, türkisfarbenes Wasser und seinen rosig schimmernden Sand bekannt. Im Hochsommer wird es hier mächtig voll, aber im Herbst, wenn die meisten Touristen wieder weg sind, ist es einfach paradiesisch. Wer zur kleinen vorgelagerten Gezeiteninsel hinauswatet und den warmen Südwind auf der Haut spürt, fühlt sich wirklich wie im siebten Himmel.

JON ARNOLD IMAGES / GETTY IMAGES ©

PIOTRWZK / SHUTTERSTOCK ©

3

4

Palast von Knossos

3 Das bronzezeitliche Volk der Minoer besaß eine bemerkenswert hoch entwickelte Zivilisation und herrschte vor etwa 4000 Jahren von seiner Hauptstadt Knossos (S. 170) über weite Teile der Ägäis. Bis zur Freilegung der Stätte im frühen 20. Jh. schlummerte hier ein Schatz an Fresken, Skulpturen, Schmuck, Siegeln und anderen Relikten unter der kretischen Erde. Trotz der umstrittenen Teilrekonstruktion bleibt Knossos eine der bedeutendsten archäologischen Stätten im Mittelmeerraum und Kretas meistbesuchte Touristenattraktion. Oben: Thronsaal (S. 172)

Archäologisches Museum Iraklion

4 Das Museum (S. 155) voller Schätze aus mehreren Jahrtausenden bietet faszinierende Einblicke in die Welt der Antike. Neben der weltweit größten und besten minoischen Sammlung beherbergt das vor Kurzem renovierte Gebäude auch einen hervorragend präsentierten Augenschmaus unschätzbarer Funde aus anderen Epochen. Sein Besuch trägt viel dazu bei, Knossos und andere archäologische Stätten der Insel besser zu verstehen. Wer nur ein Museum auf Kreta besuchen will, sollte sich für dieses entscheiden.

5

6

Südkreta per Schiff

5 Ein Top-Tipp für Zivilisationsmüde, Strandliebhaber und Abenteurer! Da weite Teile der gebirgigen Südküste Kretas nur per Schiff zu erreichen sind, verkehren regelmäßig Fähren zu so herrlichen Fleckchen wie dem von einsamen Stränden umgebenen Loutro (S. 82) und dem entspannten Sougia mit seinen freundlichen Bewohnern und köstlichen Meeresfrüchten. Die Endpunkte der Fährroute bilden Paleochora und Chora Sfakion, zwei der typischsten (und erschwinglichsten) Orte Kretas, voller uriger Charaktere und kretischer Livemusik.

Oben: Loutro (S. 82)

Samaria-Schlucht

6 Die grandiose Samaria-Schlucht (S. 98), die bei Omalos beginnt und sich durch ein urzeitliches Flussbett bis zum Libyschen Meer zieht, ist Kretas Wanderziel Nummer eins – und das aus gutem Grund. Eine bunte Tierwelt ist hier ebenso zu Hause wie zahlreiche Raubvögel, und im Frühjahr entfaltet ein Meer an Wildblumen seine Pracht. Wer den rund sechsstündigen Marsch bergab absolvieren will, muss früh aufstehen, aber die Landschaft ist es wert. Einsamer ist es in weniger bekannten Schluchten wie Agia Irini, Imbros und Aradena, die parallel zur Samaria verlaufen.

WALTER BIBIKOW / GETTY IMAGES ©

Altstadt von Rethymnon

7 Zu leisem Brummen verebbt der Verkehr in den Gassen der Altstadt (S. 116) mit ihren venezianischen Renaissancebauten und exotischen Elementen aus osmanischer Zeit. Ein Bummel verspricht so manche Überraschung: ein romantischer Innenhof voller Blumen, ein idyllischer Platz, ein türkisches Badehaus oder eine venezianische Villa, die jetzt ein Boutiquehotel ist. Auch die wuchtige Festung ist unbedingt besuchenswert. Zum Abschluss mundet ein Abendessen in einem der vielen exzellenten Restaurants.

Spinalonga

8 Ihren heutigen Ruhm verdankt die Insel, die früher eine Leprakolonie war, dem Bestseller *Insel der Vergessenen* von Victoria Hislop. Das Buch wurde als griechische Fernsehserie *(To Nisi)* verfilmt und heimste viel Kritikerlob für die gelungene wie stimmungsvolle Umsetzung der Inselgeschichte ein. Ganz für sich wird man Spinalonga (S. 219) bei einem Besuch nicht haben, aber der beeindruckenden Wirkung der venezianischen Festungsruinen und der rekonstruierten Gebäude aus der im Roman beschriebenen Epoche tut das keinen Abbruch.

Agios Nikolaos

9 Agios Nikolaos (S. 205) ist unbestritten einer der hübschesten Orte auf Kreta. Dazu trägt zum einen die Lage am Golf von Mirabello – der „schönen Aussicht" der Venezianer – bei; den Rest übernimmt das reizvoll um einen kleinen Hafen und einen kreisrunden See arrangierte Häusergewirr. Tagsüber lässt es sich prima in einem der Cafés am Seeufer entspannen; abends trifft sich eine bunte Szene aus Besuchern der nahen Ferienanlagen und modisch aufgestylten jungen Einheimischen in den Bars am Hafen.

Preveli – Kloster & Strand

10 Berauschend ist der Ausblick von diesem Kloster (S. 145) aus dem 17. Jh. hoch über dem Libyschen Meer. Unten erstreckt sich der beliebte Preveli-Strand mit seinem exotischen Palmenhain. Zum Schwimmen ist es hier phantastisch, in der Hauptsaison ist man aber nicht gerade allein. Das Kloster selbst ist wiederholt in die Annalen der Geschichte eingegangen, zuletzt im Zweiten Weltkrieg, als sein Abt nach der Eroberung Kretas durch die Nazis die Evakuierung von 5000 Soldaten der Alliierten ermöglichte.

FABIOMANUELLI / GETTY IMAGES ©

Die Weinregion Iraklions

11 Südlich des städtischen Ballungsraums von Iraklion erstrecken sich bewaldete Hügel mit Olivenhainen, Weinbergen und verstreuten Dörfern, die voller Stolz ihre lokale Weinkultur pflegen. Rund 70 % des ausgezeichneten kretischen Weins kommen aus der Weinregion Iraklions (S. 178). Im Herzen der recht beschaulichen und altmodischen Weinregion liegen die Dörfer Archanes, auch Standort einiger minoischer Ruinen, and Dafnes mit insgesamt zwei Dutzend Weingütern. Besonders viel los ist hier natürlich zur Weinlese im Herbst. Unten: Winzer in Dafnes (S. 176)

Strand von Vai

12 Südsee-Feeling auf Kreta – das verspricht dieser exotische, goldgelbe Sandstrand, den ein dichter Palmenhain säumt. Vai (S. 228) bedeutet im lokalen Dialekt „Palmwedel", und angeblich waren es von römischen Soldaten oder Piraten weggeworfene Dattelkerne, aus denen die Palmen sprossen. Vai ist natürlich ein beliebtes Ziel, aber im ruhigeren Früh- oder Spätsommer wirklich angenehm, und selbst während der Saison findet sich am einen oder anderen Ende oft noch ein etwas stilleres Plätzchen.

11

12

ABB PHOTO / SHUTTERSTOCK ©

STEFAN LAWS / GETTY IMAGES ©

Moni Arkadiou

13 Moni Arkadiou (S. 132) beeindruckt mit seiner besonderen Kombination aus Schönheit und Tragik. Die von Mauern umschlossene Klosteranlage mit Kirche aus dem 16. Jh. auf einer Hochebene südlich von Rethymnon war Schauplatz einer der großen Tragödien Kretas. 1866 kesselten 2000 türkische Soldaten hier Hunderte kretischer Männer, Frauen und Kinder ein. Statt sich zu ergeben, setzten diese ein Pulverarsenal in Brand. Nur ein kleines Mädchen überlebte die Explosion. Heute wirkt das Kloster beschaulich und idyllisch, besonders im sanften Abendlicht.

Lassithi-Hochebene

14 Als wollten sie nie enden, schrauben sich die Hauptrouten zur Lassithi-Hochebene (S. 219) von der Küste immer steiler und kurviger in die Höhe, bis sich plötzlich die weite grüne Ebene, umrahmt von hoch aufragenden Bergen, vor einem auftut. Ähnlich spektakulär präsentiert sich die berühmte Dikti-Höhle (S. 221), nach der griechischen Mythologie der Geburtsort des Zeus – ein kathedralengleicher Raum voller phantastisch geformter Kalksteingebilde, in dem man den Geist des Olymp noch zu spüren meint. Oben rechts: Dikti-Höhle (S. 221)

Dorftavernen

15 Ein absolutes Highlight jeder Kretareise ist die köstliche Inselküche mit ihren ganz eigenen Spezialitäten. Besucher sollten sich die Zeit nehmen, an Dorftavernen haltzumachen, die oft mit großem Stolz gesunde Schlemmerkost zu erstaunlich zivilen Preisen auftischen. Manche reichen zum Abschluss sogar ein Dessert und einen Raki auf Kosten des Hauses. Ein Top-Tipp für spitzenmäßige Kretaküche ist To Skolio (S. 91) in den Hügeln bei Paleochora. Das Lokal serviert kreative kleine Gerichte aus regionalen Zutaten zum Panoramablick aufs Libysche Meer.

Gut zu wissen

Mehr Infos unter Praktische Informationen (S. 277)

Währung
Euro (€)

Sprache
Griechisch

Visa
EU-Bürger und Schweizer brauchen für Aufenthalte von bis zu 90 Tagen kein Visum, sondern nur einen gültigen Personalausweis.

Geld
In Städten und größeren Dörfern gibt es Geldautomaten. Visa- und MasterCard werden in Städten und Touristenzentren akzeptiert, nicht aber in den Dörfern.

Handy
Mit europäischen Handys kann man problemlos telefonieren. Mit einer griechischen SIM-Karte sind Inlandsgespräche billiger.

Zeit
Osteuropäische Zeit (OEZ) – d. h. es ist 1 Std. später als bei uns.

Reisezeit

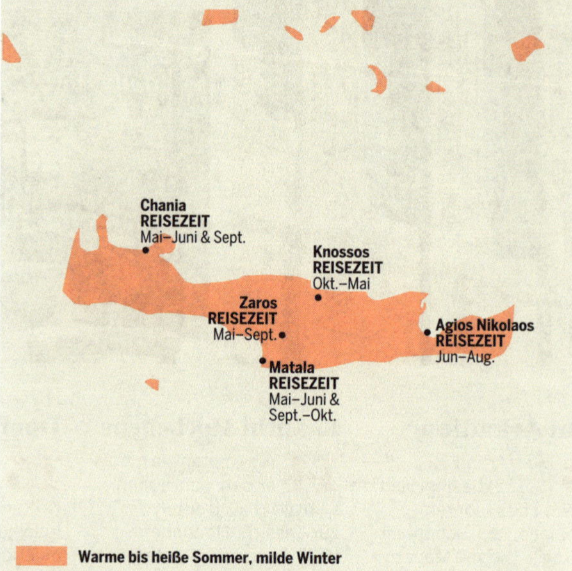

Hochsaison
(Juli & Aug.)

- Großer Andrang, viel Verkehr, volle Strände
- Unterkunftspreise am höchsten
- *Meltemi*-Winde können den Aufenthalt an Sandstränden verleiden.
- Tagsüber heiß, abends mild; das Meer hat angenehme Badetemperatur.

Zwischensaison
(April–Juni & Sept.–Okt.)

- Optimal für Wanderungen und Outdooraktivitäten
- Milde Temperaturen, weniger Andrang
- Wildblumen im Frühjahr, Weinlese im Herbst
- Niedrigere Preise und größere Auswahl bei den Unterkünften

Nachsaison
(Nov.–März)

- Kürzere Öffnungszeiten bei Sehenswürdigkeiten und Restaurants; Strandhotels schließen.
- Kaum Touristen an den großen Sehenswürdigkeiten
- Die Einheimischen haben mehr Zeit für einen Plausch.
- Höchste Regenwahrscheinlichkeit

Websites

Visit Greece (www.visitgreece.gr) Griechenlands offizielles Tourismusportal

Explore Crete (www.explorecrete.com) Gute allgemeine Reiseinformationen

Interkriti (www.interkriti.org) Umfassender Online-Guide für die Insel

Lonely Planet (www.lonelyplanet.com/crete) Reiseinfos, Hotelbuchungen, Reiseforum und mehr

OpenSeas (www.openseas.gr) Fahrpläne der Fähren

Crete Region (www.crete-region.gr) Offizielle Website der Regionalregierung

Wichtige Telefonnummern

Bis auf die Notrufnummern sind alle normalen Festnetz- und Handynummern in Griechenland zehnstellig; um sie anzurufen, muss immer die vollständige zehnstellige Nummer gewählt werden.

Landesvorwahl	☎30
Internationale Vorwahl	☎00
Krankenwagen	☎166
Polizei/ Touristenpolizei	☎100/ 171
Pannendienst (ELPA)	☎104

Wechselkurs

Schweiz	1 SFr	0,92 €
	1 €	1,09 SFr

Aktuelle Wechselkurse siehe www.xe.com

Tagesbudget

Budget: unter 60 €

- Hostel, Camping oder *domatia*: 10–25 €
- Picknick oder Mahlzeit in einer einfachen Taverne: 20 €
- Bus von Chania nach Elafonisi: 10 €

Mittelklasse: 60–150 €

- Apartment oder Doppelzimmer im Hotel: 35–80 €
- Mahlzeit mit Wein in einer besseren Taverne: 30–40 €
- Mietwagen: 35 €/Tag

Spitzenklasse: über 150 €

- Doppelzimmer im Boutiquehotel oder Strandresort: ab 120 €
- Schicke Tavernen und Gourmetlokale in Toplage: 50–100 €
- Aktivitäten wie Tauchen und Mietboote: 80–150 €

Öffnungszeiten

Hier sind die Öffnungszeiten der Hauptsaison aufgeführt. In der Zwischen- und Nebensaison werden die Öffnungszeiten erheblich verkürzt; viele Betriebe machen auch ganz zu.

Banken
Mo–Do 8–14.30, Fr bis 14 Uhr

Bars 20 Uhr–open end

Cafés 9–24 Uhr

Clubs 22 Uhr–open end

Postämter Mo–Fr 8.30–14 Uhr (auf dem Land);
Mo–Fr 7.30–20, Sa 7.30–14 Uhr (in der Stadt)

Restaurants
11–15 & 19–1 Uhr

Geschäfte Mo–Sa 9–14 sowie Di, Do & Fr 17.30–20.30 bzw. 21 Uhr; im Sommer in den Touristenzentren ganztägig

Ankunft auf Kreta

Nikos Kazantzakis International Airport (Iraklion; S. 286) Bus 1 (1,10 €) fährt alle 5 Min. ins Stadtzentrum (im Sommer 6.15–24 Uhr). Taxi 12–15 €. Am Flughafen gibt es Mietwagen.

Chania Airport Ioannis Daskalogiannis (S. 286) Bis zu 27-mal tgl. fahren Busse ins Zentrum von Chania (2,30 €, 30 Min.). Ein Taxi kostet 20 € (plus 2 € pro Gepäckstück).

Sitia Airport (S. 286) Kein Flughafenbus; Taxi ca. 6 €.

Fährhafen Iraklion 500 m östlich des alten Hafens. Taxi ca. 10 €. Busbahnhof gegenüber vom Haupteingang zum Hafen.

Fährhafen Chania Busse nach Chania (1,50 €) und Rethymnon warten auf einlaufende Fähren. Taxifahrt nach Chania: ca. 9 €.

Fährhafen Kissamos Im Sommer wartet ein Bus (1,50 €) ins Stadtzentrum auf ankommende Fähren; ein Taxi kostet ca. 5 €.

Unterwegs vor Ort

Auto Gut, um im eigenen Tempo zu reisen und Orte mit schlechter Busanbindung zu besuchen. Mietwagen gibt es in Städten und Hotelanlagen. Viele Nebenstraßen sind geteert, aber schmal und kurvig; einige ungeteerte erfordern Allradantrieb. Die Kreter überholen riskant und fahren ansonsten ganz rechts auf dem Seitenstreifen, damit andere überholen können.

Bus Im Sommer und zwischen größeren Orten zahlreiche Verbindungen. Viele kleine Dörfer und einige Strände werden aber nicht angefahren. Im Winter wird der Fahrplan stark ausgedünnt. Fahrpläne: Westkreta (www.e-ktel.com/de), Zentral- & Ostkreta (www.ktelherlas.gr).

Mehr zum Thema **Unterwegs vor Ort** s. S. 288

Kreta für Einsteiger

Mehr Infos unter Praktische Informationen (S. 277)

Checkliste

- Ist der Personalausweis/Reisepass noch gültig?
- Unterkünfte und Anreise buchen
- Ggf. Gepäckbeschränkungen der Fluglinien checken, besonders bei Regionalflügen
- Reiseversicherung abschließen
- Ggf. das Handy fürs internationale Roaming freischalten lassen

Ins Gepäck gehören

- Kopfbedeckung, Sonnenbrille und Sonnenschutzmittel
- Geldgürtel
- Führerschein/Internationaler Führerschein
- Sprachführer
- Tauchschein
- Handy & Ladegerät
- Vorhängeschloss
- Mittel gegen Seekrankheit
- Mückenschutzmittel
- eine robuste Leber – für den ganzen Raki

Top-Tipps

- Optimal für einen Besuch ist die Zwischensaison im späten Frühjahr oder im Frühherbst mit mildem Wetter und weniger Touristen.
- Mit Mietwagen und einer guten Karte kann man eine Entdeckungstour durch abgelegene Dörfer unternehmen, wo die traditionelle Kultur noch ganz selbstverständlich gelebt wird, zum Mittagessen stoppen, durch die Läden stöbern und sein Griechisch ausprobieren.
- Mindestens ein urtypisches *kafenio* (Kaffeehaus), eine Fischtaverne am Wasser und ein traditionelles Lokal mit Livemusik besuchen. Hier erlebt man die kretische Kultur am eindringlichsten.

Richtig angezogen

Auf Kreta geht es zwanglos zu. Die Kreter kleiden sich schlicht, aber dezent. Statt in der Sommerhitze halb nackt herumzulaufen, sollte man schnell trocknende Oberteile und luftige Kleider mitbringen. In Bars und angesagten Restaurants ist etwas schickere Aufmachung gefragt. Läden und Tavernen nicht im Badezeug betreten, sondern etwas drüberziehen. Ihre Kirchen sind den Kretern heilig: Hier sind Kopfbedeckungen, Trägerhemden, kurze Shorts und Miniröcke absolut fehl am Platz. Wer wandern will, braucht robuste Wanderschuhe. Die Kreter tummeln sich nicht hüllenlos am Strand. Manche Besucher tun das zwar, aber aus Respekt vor den Einheimischen sollte man es besser lassen.

Unterkünfte

Reservierung ist auch außerhalb der Saison wichtig, da manche Hotels monatelang schließen. In der Hauptsaison ist sie ein Muss, weil viele Hotels frühzeitig ausgebucht sind.

- **Hotels** Kategorien von A für Fünf-Sterne-Resorts bis E für Quartiere mit Gemeinschaftsbad und unzuverlässiger Warmwasserversorgung
- **Domatia & Studios** Das kretische Pendant zum Bed & Breakfast, aber ohne das Frühstück. Heutzutage oft speziell ausgebaute Unterkünfte mit voll ausgestatteter Küche.
- **Campingplätze** Die Insel hat eine Reihe von Plätzen, viele davon mit warmen Duschen, Minimarkt, Restaurant und Pool.

Geld

Auf Kreta ist Bargeld Trumpf. Die meisten größeren Orte haben Geldautomaten, die aber manchmal tagelang außer Betrieb sind. Daher sollte man unbedingt eine Bargeldreserve dabeihaben – am besten sicher verstaut im Geldgürtel o. ä. In größeren Städten und Hotels werden meist auch Bank- und Kreditkarten (Visa und MasterCard) akzeptiert, aber besser vorher nachfragen. In kleineren Dörfern kann man mit Karten normalerweise nichts anfangen. American Express und Diners Club werden nur in den Haupttouristenzentren akzeptiert.

Mehr Infos auf S. 279

Feilschen

Auf Märkten und Flohmärkten darf gehandelt werden; anderswo gilt der angegebene Festpreis.

Trinkgeld

- **Restaurants** Bei gutem Service ist ein kleines Trinkgeld üblich – Rechnungsbetrag aufrunden oder 10 % da lassen.
- **Taxi** Den Fahrpreis um ein, zwei Euro aufrunden. Der kleine Aufpreis für Gepäckstücke ist eine offizielle Gebühr, kein Trinkgeld.
- **Pagen** Hotelpagen oder Stewards auf Fähren erwarten ein kleines Trinkgeld von 1–3 €.

Sprache

Der Tourismus ist für Kreta extrem wichtig, und als gute Geschäftsleute haben viele Kreter Englisch gelernt – einige auch Deutsch. In Städten und beliebten Strandorten kann man fast ohne Griechisch zurechtkommen. In kleineren Dörfern und entlegenen Regionen sind ein paar Brocken Griechisch aber hilfreich. Überall nehmen die Kreter es sehr positiv auf, wenn man versucht, Griechisch zu sprechen.

Mehr zum Thema Sprache ab S. 293

Etikette

- **Essen** Die Gerichte werden normalerweise in die Tischmitte gestellt und geteilt. Ein angebotenes Getränk sollte man als freundliche Geste immer annehmen (sofern es sich nicht um einen unerwünschten Anmachversuch handelt). Wer zum Essen im Restaurant eingeladen wird, sollte nicht darauf bestehen, selbst zu bezahlen; das ist unhöflich dem Einladenden gegenüber. Nicht wundern, wenn der Service im Restaurant etwas gemütlich erscheint: Auf Kreta wird ausgiebig getafelt, und es gehört sich nicht, die Bedienung zu hetzen.
- **Fotografieren** Schilder, die das Fotografieren verbieten, sind zu beachten. Das gilt auch für Handy- und Tabletkameras. In Kirchen keinen Blitz verwenden und keine Fotos vom Hauptaltar, von Mönchen oder Nonnen machen – das ist absolut verpönt. An archäologischen Stätten darf man u. U. kein Stativ benutzen, da dies den Profi ausweist, der eine Sondergenehmigung braucht.
- **Gotteshäuser** Wer Kirchen besuchen will, sollte ein Schultertuch oder lange Ärmel und einen langen Rock bzw. eine lange Hose tragen, um nicht zu viel nackte Haut zu zeigen.
- **Körpersprache** Wer den Eindruck hat, keine klare Antwort zu bekommen, versteht vielleicht die kretische Körpersprache falsch. Eine seitliche Kopfbewegung bedeutet „Ja"; ein kurzes Heben des Kopfes oder der Augenbrauen heißt „Nein", oft von einem Zungenschnalzen („ts") begleitet.

Essen

Wie viele Südeuropäer essen die Kreter spät zu Abend. Viele Restaurants öffnen erst nach 19 Uhr zum Abendessen. Tischreservierungen sind nur bei den beliebtesten Restaurants notwendig, und selbst dann reicht meist eine Reservierung am Vortag.

- **Taverna** Zwangloses Lokal, häufig spezialisiert auf Fisch und Meeresfrüchte, Grillfleisch oder traditionelle Ofengerichte
- **Estiatorio** Gehobenes Restaurant, das ähnliche Kost wie die Tavernen oder internationale Küche serviert
- **Mezedhopoleio** Serviert *mezedhes* (Häppchen, ähnlich wie Tapas); eine *ouzerie* serviert *mezedhes* zu jeder Runde Ouzo.
- **Kafenio** Eine uralte griechische Institution, die praktisch nur Kaffee und Schnaps serviert. Traditionell eine Männerdomäne.

Wie wär's mit...

Strände & Inseln

Balos Der fotogene Sandstrand erinnert an tropische Lagunen. (S. 104)

Elafonisi Märchenhaft: rosiger Sand und warmes Wasser, durch das man zur vorgelagerten Insel waten kann. (S. 92)

Gavdos Der südlichste Punkt Europas ist wohltuend einsam – nur nicht im August. (S. 93)

Vai An dem Strand, der Europas größten natürlichen Palmenhain säumt, ist mit fallenden Datteln zu rechnen. (S. 228)

Preveli-Strand Palmenstrand an einer Flussmündung; die Küstenfelsen rundherum sind voller Höhlen. (S. 145)

Falasarna Langer Sandstrand mit tollen Wellen und traumhaften Sonnenuntergängen (S. 102)

Agios Pavlos In den Dünen des abgelegenen Südküstenstrands kann man sich fernab des Touristentrubels sonnen. (S. 146)

Spinalonga Die faszinierende Vergangenheit dieser Insel bleibt selbst im sommerlichen Touristenansturm spürbar. (S. 219)

Bezaubernde Dörfer

Chora Sfakion Uriger Südküstenhafen mit eigenwilligen Menschen und bewegter Historie (S. 79)

Argyroupoli Das alte Bergdorf lädt zum Forellenschmaus zwischen angenehm kühlen Bergquellen. (S. 130)

Mochlos Minoische Antike, Küstenflair und einige der besten Tavernen Kretas (S. 222)

Kritsa Altes Dorf im Herzen der Berge mit stimmungsvollem Ortskern und traditionellen Handarbeiten (S. 213)

Myrthios Von dem weiß getünchten Dorf hoch über dem Libyschen Meer geht der Blick fast bis nach Afrika. (S. 143)

Amari Ein Ort mit mehreren byzantinischen Kirchen im idyllischen Amari-Tal (S. 133)

Theriso Ideal zum Ausspannen ist dieses geschichtsträchtige Bergdorf im tiefen Wald südlich von Chania. (S. 97)

Essen & Trinken

Weinregion Iraklion Auf einer Verkostungstour durch Kretas größtes Weinbaugebiet gibt es viele leckere Tropfen zu entdecken. (S. 178)

Agreco-Bauernhof Der idyllisch gelegene Bauernhof ist ein Musterbeispiel traditioneller, ökologischer Landwirtschaft. (S. 119)

Maroulas Kretas Berghänge sind voller Salbei, Thymian und anderer Kräuter. Über ihre Heilkraft informiert der Kräuterladen in Maroulas. (S. 126)

Thalassino Ageri Serviert zum prachtvollen Sonnenuntergang die leckersten Fischspezialitäten Kretas. (S. 67)

Taverna Iliomanolis Solche Dorftavernen gehören zu den besonderen Freuden einer Kretareise. (S. 142)

Brink's Brewery Kretas einzige Brauerei produziert schmackhaftes Biobier nach deutschem Reinheitsgebot. (S. 141)

Outdoorabenteuer

Psiloritis Ultimativer Fitnesstest fernab der Sommerhitze: der höchste Gipfel von Kreta (S. 138)

Lassithi-Hochebene Helm auf und rauf aufs Rad zu einer Tour zwischen Obstgärten, Feldern und Windmühlen (S. 219)

Kapetaniana Adrenalintreibende Felsklettertouren mit erfahrenen Führern (S. 196)

Palekastro Kretas wildeste Winde fegen über den Kouremenos-Strand, das beliebteste Windsurf-Revier der Insel. (S. 229)

Aradena-Schlucht Die Wanderung durch die spektakuläre und vergleichsweise stille Schwester der Samaria führt bis zum Libyschen Meer hinab. (S. 81)

Falasarna An diesem unverbauten Strand kann man sich kopfüber in die langen Wellen stürzen, die vom offenen Mittelmeer hereinrollen. (S. 102)

Oben: Nikos-Kazantzakis-Museum (S. 181), Myrtia
Unten: Mochlos (S. 222)

Museen

Archäologisches Museum Iraklion Ein Muss für jeden Besucher der Insel: Kretas beste Sammlung minoischer und anderer antiker Funde (S. 57)

Nikos-Kazantzakis-Museum Verrät Besuchern, was der berühmte Verfasser von *Alexis Sorbas* (S. 181) noch alles trieb.

Lychnostatis-Museum Lädt zur Zeitreise in ein traditionelles kretisches Dorf. (S. 198)

Ethnologisches Museum von Kreta Faszinierende Einblicke in Jahrhunderte kretischen Alltagslebens (S. 190)

Archäologisches Museum Ierapetra Eine marmorne Persephone und abstrakte Bilder auf antiken Sarkophagen (S. 234)

Kunst & Archäologie

Knossos Den weltberühmten Minoerpalast kombiniert man am besten mit dem Archäologischen Museum Iraklion. (S. 170)

Malia Die Ausgrabungen an dieser spektakulären minoischen Palastanlage an der Nordküste laufen noch. (S. 200)

Kato Zakros Durch das „Tal der Toten" voller antiker Gräber zur Ruine des minoischen Zakros-Palastes wandern. (S. 230)

Polyrrinia Von der Akropolis der dorischen Stadt eröffnet sich ein spektakuläres Meer- und Gebirgspanorama. (S. 107)

Spätminoischer Friedhof von Armeni Stimmungsvoller Eichenwald mit 231 Felsgräbern aus der Zeit zwischen 1300 und 1150 v. Chr. (S. 139)

Festos Zweitwichtigste minoische Palaststadt nach Knossos, mit atemberaubender Aussicht auf die Messara-Ebene und den Psiloritis (S. 186)

Monat für Monat

TOP-EVENTS

Orthodoxes Osterfest, März oder April

Karneval, Februar

Sommerfestival in Iraklion, Juli bis Mitte September

Unabhängigkeitstag, März

Mariä Himmelfahrt, August

Januar

Im Winter sind die Kreter mehr oder weniger unter sich auf der Insel. Die Ausblicke auf die schneebedeckten Gipfel sind grandios, aber das kalte, windige Wetter macht eher Lust auf Museen und Kirchen.

Neujahr (Fest des hl. Basilius)

Zum neuen Jahr gibt's Geschenke, es wird gesungen, getanzt, festlich gegessen und der *vasilopita* (Neujahrskuchen) angeschnitten. Wer das Stück mit der eingebackenen Münze erwischt, kann sich auf ein glückliches Jahr freuen.

Erscheinung des Herrn (Wasserweihe)

Zur Feier der Taufe Jesu werden am 6. Januar Meer, Seen und Flüsse von einem Priester gesegnet, der ein Kreuz hineinwirft. Die mutige Seele, die es wieder herausfischt, den erwartet ein glückliches Jahr.

Februar

Karneval

Vor Beginn der Fastenzeit gibt es drei Wochen Tanz, Maskenbälle, Spiele und Schatzsuchen. Höhepunkt ist eine große Straßenparade am letzten Sonntag. Die größte Party steigt in Rethymnon.

Rosenmontag

Den Auftakt der Fastenzeit (hier Kathara Deftera oder „Reiner Montag" genannt) begehen die Menschen in ganz Griechenland mit Picknicks im Grünen, bei denen man traditionell Drachen steigen lässt.

März

Die Tage werden länger und die Sonne zeigt sich häufiger. Zum Schwimmen ist es noch zu früh, dafür kann man die Sehenswürdigkeiten einigermaßen ungestört besichtigen.

Unabhängigkeitstag

Am 25. März wird doppelt gefeiert: Militärparaden und Tänze erinnern an den Beginn des Unabhängigkeitskriegs 1821, gleichzeitig wird mit Mariä Verkündigung der Tag gefeiert, an dem Maria feststellte, dass sie schwanger war.

April

Ein bunter Teppich von Wildblumen überzieht die Insel und die Kreter rüsten sich fürs Osterfest – *die* Gelegenheit, kretische Gastfreundschaft von ihrer besten Seite zu erleben.

Orthodoxes Osterfest

Das wichtigste religiöse Fest Griechenlands. Erlebenswert sind die Ostergottesdienste, die Kerzenprozessionen am Karfreitag und das mitternächtliche Feuerwerk am Ostersamstag. Sonntags schmaust man Lammbraten. Der Termin weicht oft vom katholischen Osterfest ab.

Mai

Viel Sonne und angenehme Temperaturen machen den

Mai zum idealen Monat für Wanderungen, Radtouren und andere Streifzüge über die Insel, begleitet vom Duft aromatischer Kräuter.

1. Mai

An diesem Tag setzt ein Massenexodus aufs Land ein. Beim Picknick werden Wildblumen gepflückt, um daraus dekorative Kränze fürs traute Heim zu winden. In den größeren Städten finden Kundgebungen statt, denn schließlich ist dies auch der internationale Tag der Arbeit.

Jahrestag der Schlacht um Kreta

Die letzte Maiwoche erinnert mit Zeremonien, nachgespielten Kampfhandlungen, Sportwettkämpfen und Volkstänzen an die historische Schlacht. Zentrale Veranstaltungsorte sind Chania und Rethymnon.

Juni

Startschuss für den Sommer: Schnell noch an die Strände, bevor es voll wird. Schlemmer genießen derweil die Fülle frischer einheimischer Produkte vom Markt.

Marinewoche

Ende Juni feiert Kreta seine enge Verbundenheit mit dem Meer mit Musik, Tanz und Wassersportwettbewerben. Besonders hoch her geht es in Souda nahe Chania.

Juli

Die Hauptsaison beginnt. Ohne Reservierung geht an den Küsten gar nichts; ansonsten bleiben noch die traditionellen Dörfer in den kühleren Bergen. Häufig wehen kräftige Winde.

Renaissance-Festival

Internationale Künstler geben sich in Rethymnon zwei Wochen lang bei Theater, Tanz und Musik aus der Renaissance die Ehre (www.rfr.gr).

Sommerfestival in Iraklion

Mit Starbesetzung aus dem In- und Ausland (vom Bolschoi-Ballett bis zur Wiener Staatsoper) geht dieses hochkarätige Tanz-, Musik-, Theater- und Kinofestival von Juli bis Mitte September an den Start.

August

Hitze ohne Ende! Die Haupt-Festivalsaison reicht vom Juli bis in den August hinein. Das Meer ist jetzt am wärmsten; reife Melonen, Feigen, Pfirsiche und Kirschen füllen die Marktstände. Windig ist es immer noch.

MariäHimmelfahrt

Der 15. August ist ein Tag der Familientreffen. Alles und jeder ist unterwegs in die Dörfer; entsprechend mörderisch ist der Verkehr zum Feiertag.

Oktober

Der Herbst bringt ideales Wetter und nur noch wenige Touristen. Die Winde lassen nach, und die Weinlese läuft auf Hochtouren. Die Zeit ist optimal für Wanderungen in die Natur.

Ochi-Tag

Ein schlichtes „Nein“ (*ochi* auf Griechisch) war die berühmte Antwort von Premierminister Ioannis Metaxas, als Mussolini am 28. Oktober 1940 den freien Durchmarsch seiner Truppen durch Griechenland forderte. Das Datum ist heute ein Feiertag und wird mit Gedenkveranstaltungen, Paraden und anderen Feiern begangen.

November

In den Touristenorten werden Anfang November die Bürgersteige hochgeklappt. Das Wetter wird kühler und unbeständig. In den Bergen fällt der erste Schnee, und in den Dörfern erreicht die Raki-Produktion ihren Höhepunkt.

Moni-Arkadiou-Jahrestag

Patriotenherzen schlagen höher, wenn vom 7. bis 9. November der Explosion im Kloster mit einem der bedeutendsten Feste Kretas gedacht wird. (S. 132)

Dezember

Weihnachten

Weihnachten ist hier weniger wichtig als Ostern, wird aber doch mit Gottesdiensten und Festessen gefeiert. Auch westeuropäische Bräuche wie Weihnachtsbäume, -deko und -geschenke haben sich inzwischen eingebürgert.

CARSTEN MADSEN / GETTY IMAGES ©

Reiseplanung

Reiserouten

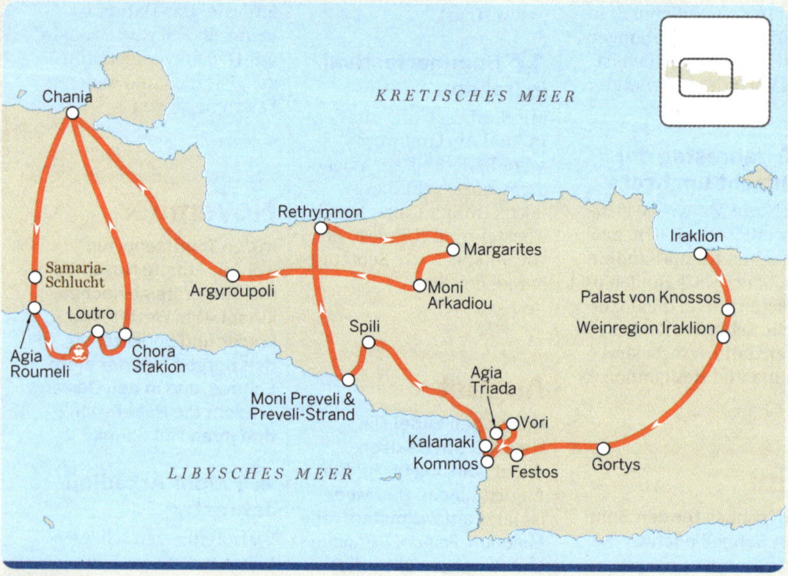

2 WOCHEN

Kreta-Highlights

Die Route zwischen zwei der bedeutendsten Städte Kretas führt durch wunderbare Natur, vom Gebirge bis zum Meer, und zu einigen der berühmtesten historischen Schätze der Insel. Unterwegs gibt es venezianische Baukunst zu bewundern und die Küche der Bergdörfer und Hafentavernen zu schmausen.

Den Auftakt bildet das betriebsame **Iraklion** mit seinen großartigen Museen und seiner Kaffeehauskultur. Nächste Station ist der **Palast von Knossos**, wo die mysteriösen Minoer vor rund 4000 Jahren herrschten. Ein Tag ist für die genussvolle Erkundung der **Weinregion Iraklion** einzuplanen, die 70 % des kretischen Weins erzeugt. Matala ist eine ideale Basis für Ausflüge zur einstigen römischen Hauptstadt **Gortys** und zu den Minoerpalästen von **Festos** und **Agia Triada**. Außerdem bietet die Gegend ein hervorragendes kretisches Volkskundemuseum in **Vori** und Badespaß an den breiten Sandstränden von **Kommos** und **Kalamaki**.

Weiter westlich wartet ein leckeres Mittagessen im idyllischen Dorf **Spili**, dessen Tavernen ausgezeichnete Kretaküche auftischen. Dann geht es mit dem Auto (oder

Venezianischer Leuchtturm (S. 56), Chania

zu Fuß durch die Kourtaliotiko-Schlucht) zum **Moni Preveli**, einem noch aktiven Kloster hoch über dem Libyschen Meer. Direkt unterhalb liegt der bildhübsche **Preveli-Strand**. Zu Beginn der zweiten Woche führt die Reise nordwärts ins stimmungsvolle **Rethymnon**, in dessen venezianischem Gässchengewirr man zwei Tage zubringen kann. Ein weiterer geht für die Attraktionen der Umgebung drauf, wie das Töpferdorf **Margarites**, das geschichtsträchtige **Moni Arkadiou** oder das erfrischend kühle Bergdorf **Argyroupoli**.

Dann lockt im Westen Kretas **Chania**, eine lebendige moderne Stadt rund um einen romantischen venezianischen Hafen und malerische, autofreie Altstadtviertel. Wer sich an der historischen Architektur sattgesehen hat, nimmt frühmorgens den Bus zur berühmten **Samaria-Schlucht**, um durch sie zum kleinen Strandort **Agia Roumeli** hinabzuwandern. Dort kann man übernachten oder die Fähre zum Hafendorf **Loutro** besteigen, das nur zu Fuß oder per Schiff zu erreichen ist.

Nach einer Nacht hier geht es mit der Fähre weiter nach **Chora Sfakion** zum Mittagessen mit Meeresfrüchten und den käsegefüllten Pfannkuchen der Region, bevor man den Rückweg nach Chania antritt.

DAILY CRUISE
POSIDONIA

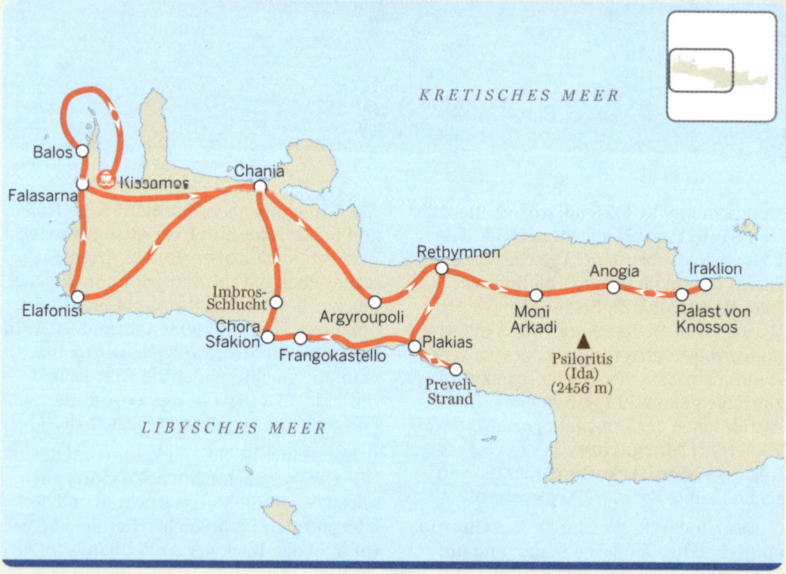
KRETISCHES MEER
Balos
Kissamos
Falasarna
Chania
Rethymnon
Anogia
Iraklion
Elafonisi
Imbros-
Schlucht
Chora
Sfakion
Argyroupoli
Moni
Arkadi
Palast von
Knossos
Frangokastello
Plakias
Psiloritis
(Ida)
(2456 m)
Preveli-
Strand
LIBYSCHES MEER

GARETH MCCORMACK / GETTY IMAGES ©

GEORGE PAPAPOSTOLOU PHOTOGRAPHER / GETTY IMAGES ©

Oben: Plakias (S. 141)
Unten: Strand von Balos (S. 104)

10 TAGE Zentral- und Westkreta

Eine Rundreise zu unvergesslichen Attraktionen wie der wildromantischen Südküste, verschachtelten Bergdörfchen, Kretas tollsten Stränden und den Kulturschätzen von Rethymnon und Chania, zwei der attraktivsten Städte Kretas.

Startpunkt ist **Iraklion** mit dem Archäologischen Museum und seiner imposanten Festung. Nach einem Abstecher zum **Palast von Knossos** wartet westlich das urige **Anogia** am Fuß des Psiloritis, eine Hochburg der kretischen Tradition und Musik. Über das Töpferdorf Margarites gelangt man zum **Moni Arkadiou**, Schauplatz eines blutigen Höhepunkts im Unabhängigkeitskampf gegen die Türken. Dann kann man in **Rethymnon** einen ganzen Tag durch den bezaubernden Mix aus türkischer und venezianischer Architektur schlendern.

Nun nichts wie runter zur Südküste, wo sich das muntere **Plakias** als Basis anbietet, um die abgeschiedenen Strände der Umgebung zu erkunden, wie den palmengesäumten **Preveli-Strand** an der Mündung einer wilden Schlucht. Auf dem Weg nach Westen lohnt ein Stopp bei der Küstenfestung **Frangokastello**. In **Chora Sfakion** kann man die Fähre besteigen, um ein, zwei Tage lang die abgelegenen Dörfer dieses herrlichen Küstenabschnitts abzuklappern. Danach geht es von Chora Sfakion nordwärts in die Lefka Ori (Weißen Berge), wo eine Wanderung durch die spektakuläre **Imbros-Schlucht** lockt. **Chania** an der Nordküste besticht mit seinem reizenden Hafen, einem wuchtigen Fort und der stimmungsvollen Altstadt; hier kann man gut ein, zwei Nächte verweilen.

Dann geht es auf eine Rundreise in den fernen Westen Kretas. Über Kolymbari und die Innahorion-Dörfer erreicht man am Westzipfel der Insel die rosigen Sandstrände von **Elafonisi**. Die Küstenstraße gen Norden führt bis zum weiten Sandstrand von **Falasarna** mit seinen langen Wellen. Sehr lohnend ist ein Abstecher auf die Halbinsel Gramvousa, zum lagunenähnlichen Strand von **Balos** – am besten per Bootsausflug von **Kissamos** zu erreichen.

Auf dem Rückweg über Chania nach Iraklion bietet sich ein kurzer Schwenk zu den Quellen von **Argyroupoli** an, bevor man östlich von Rethymnon die Küstenstraße durch das ruhige Panormo und das trubelige Bali nimmt.

1 WOCHE

Rund um Iraklion

Iraklion ist eine Großstadt mit viel Trubel, aber auch eine praktische Basis, um viele berühmte Attraktionen Kretas ohne eigenes Fahrzeug zu erreichen. Mit Auto und ausreichend gepolsterter Reisekasse kann man diese Tagesausflüge aber genauso gut von einem Quartier in Archanes in der nahen Weinregion Iraklion unternehmen.

Iraklion, die größte Stadt Kretas, bietet erstklassige Museen, eine venezianische Festung, einen lebendigen Straßenmarkt, reges Nachtleben und exzellente Restaurants. Das bestens renovierte und präsentierte Archäologische Museum Iraklion ist die perfekte Vorbereitung auf den weltberühmten, teilrekonstruierten **Palast von Knossos**. Er liegt nur eine kurze Auto- oder Busfahrt entfernt und verspricht eine anschauliche Einführung in die minoische Zivilisation.

Das hier Gelernte ist auch bei einem Tagesausflug zum **Palast von Malia** hilfreich, einer beliebten minoischen Stätte mit weitem Ausblick übers Meer. Von dort geht es auf eine kurvenreiche Erkundungstour durch die Bergdörfchen, vom winzigen Krasí nach **Kerá**, wo das Kloster Panagia Kardiotissa mit Fresken aus dem 14. Jh. und einer hoch verehrten Ikone aufwartet. In der Nähe liegt das weitgehend in einem Stausee versunkene Sfendili.

Mit Auto und abstinentem Fahrer kann man eine Tagestour durch die **Weinregion Iraklion** unternehmen, die von Weingütern mit Verkostungsräumen wimmelt. Interessante Zwischenstopps sind das Nikos-Kazantzakis-Museum in **Myrtia** und die minoischen Ruinen von **Archanes**, dessen ausgezeichnete Tavernen zur Mittagspause einladen. Eine Alternative ist Dafnes, das zweite Zentrum der Weinregion.

Herrliche Aussicht eröffnet die Fahrt zum urigen Bergdorf **Zaros** am Fuß des Psiloritis. Hier warten schöne Wanderwege, byzantinische Kirchen und köstlicher Forellenschmaus. Wer nicht wandern, sondern lieber am Strand faulenzen will, findet ein Stück weiter die schönen Sandstrände von Kommos oder **Kalamaki**. Und wenn genug Zeit für eine Übernachtung bleibt, kann man vor der Rückfahrt nach Norden auch noch die malerischen Dörfer Sivas und **Kamilari**, die minoischen Ruinen von **Festos** und die römischen von **Gortys** mitnehmen.

DONATELLA BALDI / GETTY IMAGES ©

ED FREEMAN / GETTY IMAGES ©

Oben: Palast von Malia (S. 200)
Unten: Palast von Knossos (S. 170)

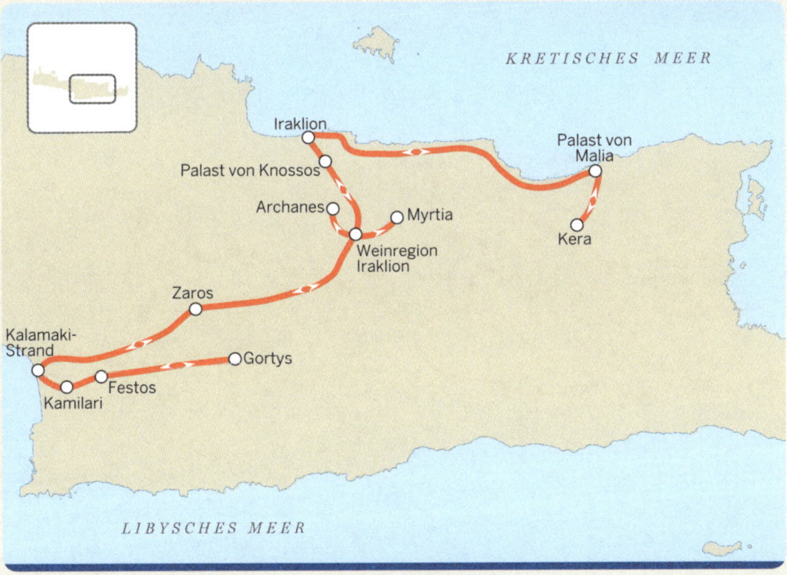
KRETISCHES MEER
Iraklion
Palast von Malia
Palast von Knossos
Archanes
Myrtia
Kera
Weinregion Iraklion
Zaros
Kalamaki-Strand
Gortys
Festos
Kamilari
LIBYSCHES MEER

KRETISCHES MEER
Milatos-Höhle
Spinalonga
Lassithi-Hochebene
Agios Nikolaos
Kritsa
Gournia
Kato Zakros (Tal des Todes)
Myrtos
LIBYSCHES MEER

ABBPHOTO / GETTY IMAGES ©

DENISSHUMOV / SHUTTERSTOCK ©

Oben: Kirche Panagia Kera (S. 215)
Unten: Traditionelle Windmühlen, Lassithi-Hochebene (S. 219)

1 WOCHE

Ostkreta

Im Osten Kretas gibt es eine Unmenge zu entdecken, vom einladenden Städtchen Agios Nikolaos bis zu einigen der schönsten Kirchen der Insel und faszinierenden historischen Stätten. Mit ein bisschen Neugier und einer guten Karte vergeht die Woche wie im Flug und kein Tag ist wie der andere.

Als Quartier empfiehlt sich das charmante **Agios Nikolaos**, das mit direkter Küstenlage und einem hübschen Binnensee besticht. Doch man muss sich bald wieder von seinen quirligen Cafés und den vorzüglichen Esslokalen an der Uferpromenade losreißen, um die grandiose Landschaft der **Lassithi-Hochebene** in den höheren Lagen des Dikti-Gebirges zu erkunden, wo sich einst die Flügel Tausender von Windmühlen drehten. Hier sollte man einen Tag zum Wandern oder Radfahren einplanen und die Dikti-Höhle, den Geburtsort des Zeus besuchen, bevor es zurück zur Küste zum wohlverdienten Abendessen geht.

Auf den gewundenen Straßen nördlich von **Myrtos**, wo kahle Berge mit gezackten Felskämmen aus dem grünen Wald aufragen, möchte man ewig weiterfahren. Aber auch an der Küste hier lassen sich leicht ein paar Tage mit fröhlich entspanntem Strandleben vertrödeln.

Geschichtsinteressierte können einen Tag zwischen den Ruinen der Insel **Spinalonga** herumwandern, die Victoria Hislop durch ihren Roman *Insel der Vergessenen* berühmt machte. Oder sie besuchen die **Milatos-Höhle**, wo die türkischen Besatzer 1823 ein Massaker an den Dorfbewohnern verübten – heute ein anrührend friedlicher Winkel des ländlichen Kreta.

Eine Augenweide für Kunstfreunde bietet die Kirche Panagia Kera bei **Kritsa** mit ihren fabelhaften Fresken aus dem 13. Jh., den schönsten auf ganz Kreta. Archäologiefans steuern die spätminoische Ausgrabungsstätte **Gournia** an, wo ein ehemals prächtiger Palast über einer minoischen Stadt thronte.

Outdoorfans sollten sich das Endstück des Europäischen Fernwanderwegs E4 durch das atemberaubende „Tal der Toten“ nicht entgehen lassen. Der Weg führt an minoischen Grabhöhlen vorbei bis zum Minoerpalast **Kato Zakros** an der Ostküste.

Reiseplanung

Outdooraktivitäten

Kretas landschaftliche Vielfalt, von Tälern, Schluchten und Hochebenen bis zu Flüssen, Seen und Höhlen, macht die Insel zu einem Wunderland für Outdoorabenteurer. Obendrein gibt es hier einige der schönsten Tauchreviere Griechenlands. Zahlreiche Outdoorveranstalter bieten Touren zu den schönsten Fleckchen an.

Top-Outdoorabenteuer

Küstenwanderung

Die 14,5 km lange Wanderung von Paleochora nach Sougia (S. 84) wird zwischen den hellenischen, römischen und byzantinischen Ruinen von Lissos zum Ausflug in die Vergangenheit.

Tauchrevier

Das Messerschmitt-Wrack (S. 39) aus dem Zweiten Weltkrieg bei Malia wimmelt von Muränen.

Vogelbeobachtung

In den Sümpfen, Seen und Flüssen bei Georgioupoli (S. 74) tummeln sich zahlreiche Zugvögel, u. a. Eisvögel und Reiher.

Offroad-Fahrradtour

Freiheit pur auf den Bergpfaden zwischen der Lassithi- und der Katharo-Hochebene

Ausreiten

Berauschende Reittouren an der Küste rund um Malia und im Dikti-Gebirge im Inselinneren

Schluchtenwanderung

Die nur 4 km lange Zakros-Schlucht (S. 230), alias „Tal der Toten“, verspricht ein überwältigendes Wandererlebnis.

Reiseplanung

Kretas schroffe Landschaft mit ihren majestätischen Bergen, dramatischen Schluchten und ursprünglichen Küsten ist ein Paradies für Aktivurlauber, die abseits von Sonne und Strand Lust auf Abenteuer in der Natur haben. Das Beste daran: Diese wunderbar wilden Flecken sind relativ bequem zu erreichen und lassen kaum Outdoorwünsche offen.

Das Angebot an anregenden wie aufregenden Aktivitäten auf der Insel wächst nach wie vor. Diverse Spezialveranstalter bieten neben herrlichen Ausritten auch extremere Optionen wie Klettern, Canyoning und Bungee-Springen – alles unter Anleitung erfahrener Guides.

Nichts gegen faules Aalen an Kretas tollen Stränden – aber ab und an sollte man die Insel bei unvergesslichen Outdoorabenteuern von ihrer wilderen Seite erleben.

Reisezeit

Die Wanderwege in den Hügeln und Bergen und entlang der wilden Küstenabschnitte sind ganzjährig begehbar. In den Wintermonaten ist für die höheren Gebirgslagen aber ausreichende Erfahrung und komplette Ausrüstung erforderlich. Und selbst im Wanderparadies Kreta machen Wandertouren im Juli und August, wenn das Thermometer schon mal 40 °C erreicht, keinen rechten Spaß. Ideal für tolle Wanderungen und anspruchsvolles Trekking durch wunderbare Schluchten, an der malerischen Küste entlang oder über Bergpfade sind das Frühjahr und der Herbst. Eine Radtour, und sei es nur für einen Tag, ist eine gute Möglichkeit, Kretas ländliche Nebenstraßen und Geländepisten zu erkunden. Ab Mitte Juni schlägt die Stunde der Wasserratten: Jetzt ist das Meer warm genug für Windsurfer und Schwimmer.

Wandern

Kreta bietet Wander- und Trekkingfans eine enorme Fülle von Routen zu abgelegenen Dörfern, über Hochebenen und durch Schluchten. Neben einigen deutschsprachigen Wanderführern gibt es inzwischen auch ein paar einheimische Publikationen. Die Wege sind oft nicht besonders gut gekennzeichnet, doch manche Routen, wie Kato Zakros (das „Tal der Toten"), sind inzwischen vollständig und fachgerecht markiert. Viele Besucher entscheiden sich für eine geführte Wandertour oder einen kurzen Spaziergang, doch auch erfahrene Trekker finden jede Menge anregender Herausforderungen.

Schluchtenwanderungen

Kretas viele Schluchten locken Wanderer aus der ganzen Welt an. Die Wanderungen hier können atemberaubend und manchmal auch strapaziös sein. Als Lohn dafür gibt es grandiose Landschaft, den Duft wilder Kräuter und Blumen, schattige Picknickplätze und die Chance auf Begegnungen mit der einheimischen Tierwelt.

Vorbereitung

Fitness ist für die meisten Schluchtenwanderungen Voraussetzung. Manche Strecken führen einfach nur geradeaus; festes Schuhwerk und Kondition sind aber in jedem Fall nötig. Zum Teil sind Klettererfahrung und Gelenkigkeit gefordert. Die extremsten, wie die gewaltige Cha-Schlucht, erfordern Canyoning- und Kletterfähigkeiten und einen geländekundigen Guide. Die Wanderpläne sind auch bei der Wahl der Reisezeit zu berücksichtigen. Gleich nach dem Winter führen viele Flüsse noch Hochwasser; darüber sollte man sich vorab informieren.

An- & Weiterreise

Wer mit dem eigenen Fahrzeug zur Schlucht fährt, muss entweder den gleichen Weg wieder zurücklaufen, um zum Fahrzeug zu gelangen, oder für die Abholung vom Streckenende sorgen. Meist verkehren aber auch Busse, die Wanderer in Reichweite des Schluchteneingangs absetzen. Diverse Anbieter haben Wandertouren in verschiedenen Regionen Kretas im Programm, so etwa Happy Walker (S. 121) und Strata Walking Tours (S. 38).

Sieben der Besten

- **Agia-Irini-Schlucht** (S. 85) Für diese Tageswanderung ist das Dorf Agia Irini nördlich von Sougia der beste Ausgangspunkt. Die schöne Strecke hat nur ein paar steile Abschnitte; die letzten Kilometer nach Sougia führen leider die asphaltierte Straße entlang.
- **Agiofarango** (S. 194) Die beliebte Route im Süden Zentralkretas führt vom Moni Odigitrias, 24 km südwestlich von Mires, bis zu einem reizenden Strand.
- **Chochlakies-Schlucht** Weniger bekannt als die benachbarte Zakros-Schlucht. Kurze Route (3 km) vom Ort Chochlakies bis zur Küste. Wer will, kann noch weitere 7 km nordwärts nach Palekastro laufen.
- **Imbros-Schlucht** (S. 77) Die Nummer zwei der Schluchtenwanderungen nach der Samaria führt vom Dorf Imbros 8 km weit nach Komitades nahe Chora Sfakion.
- **Rouvas-Schlucht** (S. 182) Kurze Verbindungsstrecke vom Dorf Zaros am Südhang des Psiloritis zur Bergroute des Europäischen Fernwanderwegs E4 – bequem für Wanderer, die zur Transkreta-Route stoßen oder diese verlassen wollen.
- **Tal der Toten** (S. 230) Am Ziel der atemberaubenden zweistündigen Wanderung am Ostende der Insel warten antike Ruinen und eine türkisblaue Bucht. In der Nähe wurde eine neue Höhle für Besucher geöffnet. Das Tal bildet den letzten Abschnitt des Fernwanderwegs E4 und verläuft von Zakros zum Palast von Kato Zakros.
- **Samaria-Schlucht** (S. 96) Kretas längste, berühmteste (und meist überlaufene) Schlucht

DER EUROPÄISCHE FERNWANDERWEG E4

Der transeuropäische Fernwanderweg E4 beginnt in Portugal und endet auf Zypern. Der kretische Routenabschnitt startet am Hafen von Kissamos im Westen und erreicht seinen Endpunkt nach 320 km am Kiesstrand von Kato Zakros im Osten. Wer den gesamten kretischen Abschnitt absolvieren will, sollte dafür mindestens drei Wochen einplanen, das heißt 15 km pro Tag. Etwas gemütlicher geht es in vier Wochen, dann kann man Zwischenstopps und/oder kürzere Wanderetappen einplanen. Wer wenig Zeit hat oder nur die interessantesten Abschnitte sehen möchte, kann sich auf Teilstrecken beschränken. Allerdings muss man sich frühzeitig zwischen zwei Alternativrouten durch Westkreta entscheiden: Küste oder Gebirge.

Praktische Informationen

Eine Wanderung auf dem E4 erfordert ein wenig Planung. Zwar gibt es im Abstand eines Tagesmarschs von sechs bis sieben Stunden in der Regel eine Unterkunft, einige müssen jedoch reserviert werden – dies gilt insbesondere für die Berghütten, für die manchmal vorher Schlüssel besorgt werden müssen.

Der E4 ist auf seiner gesamten Länge mit schwarz-gelben Stangen und Tafeln markiert, aber nicht immer gut gepflegt: Wege sind überwuchert, und oft sind die Schilder nur schwer auszumachen. Von Anavasi (www.anavasi.gr) gibt es eine dreiteilige GPS-kompatible Tourenkarte im Maßstab 1:100 000 mit dem E4 auf Kreta; detaillierter sind jedoch deren Wanderkarten im Maßstab 1:25 000 für die Lefka Ori (Sfakia und Pachnes), Samaria-Schlucht/Sougia, den Psiloritis und Zakros-Vai.

Der E4 kann recht einsam sein, und unterwegs gibt es kaum Verpflegung und wenig Wasser. Vor dem Aufbruch sollte man deshalb vor Ort aktuelle Infos einholen.

Infos im Internet

Crete Walks (www.crete-walks.com) Informationen über die schönsten Wanderungen, Fotos und Karten

Completely Crete (www.completely-crete.com/E4-path.html) Kreta komplett – von den schönsten Stränden bis zu Kulturschätzen

Radfahren & Mountainbiking

Trotz des bergigen Terrains ist Radfahren auf Kreta in den letzten Jahren extrem populär geworden. Wer will, kann von einem Ende der Insel zum anderen radeln, ohne ernstlich ins Schwitzen zu geraten, aber die Nord-Süd-Routen sowie die Strecken an der Südküste sind eher etwas für willens- und konditionsstarke Pedalritter. Radstrecken entlang asphaltierter Straßen mit dezenteren Höhenunterschieden führen z. B. durch die Dörfer und Täler der Nordküste und über die Messara-Ebene im Süden. Außerdem ist Kreta natürlich ein Traumziel für Mountainbiker.

Radtouren

Plateautouren (besonders über die Lassithi-Hochebene) sind der große Renner, wobei die Anbieter die Räder hinauftransportieren, um Teilnehmern die mörderische Strampelei von der Küste bergauf zu ersparen. Es gibt aber auch extremere Strecken und achttägige Touren über mehr als 650 km.

Verschiedene Unternehmen und kleine Spezialveranstalter bieten Touren für jedes Erfahrungs- und Fitnessniveau an:

➡ **Martinbike Crete** (S. 209) Der kleine Spezialanbieter ist seit 20 Jahren im Geschäft. Vom Firmensitz bei Agios Nikolaos organisiert er ein- und fünftägige Touren in die Umgebung.

➡ **Freak Mountain Bike Centre** (S. 229) Der in Palekastro ansässige Veranstalter bietet viertägige Radabenteuer in der ländlichen Umgebung auf gepflegten Rädern deutscher Produktion an.

➡ **Hub MTB Adventures** (☎28970 32650; www.mtbhub.gr; V Kornarou 5, 70007; 4-std. Radtour ab 60 €; ⏲10–12 Uhr) Deckt von Malia aus die gesamte Insel ab. Im Programm sind u. a. Tagestouren über die Lassithi-Hochebene und 2-tägige Touren von Küste zu Küste.

Der Fernwanderweg E4

DIE ALTERNATIVE ZUR SAMARIA-SCHLUCHT: DER GINGILOS

Die Samaria-Schlucht gehört zum Pflichtprogramm vieler Kretabesucher, selbst wenn Wildniswanderungen sonst nicht ihr Ding sind. Wer Ruhe und Einsamkeit sucht, wird hier manchmal enttäuscht. Erfahrene Bergwanderer, die höher hinaus wollen, biegen beim Xyloskalo am Eingang zur Schlucht einfach nach rechts ab. Diese Route führt zum mächtigen Gipfel des 2080 m hohen Gingilos, dessen steile Nordflanke die Samaria-Schlucht überragt. Der Weg geht bergauf, am Café vorbei, bis am Ende der asphaltierten Straße an einer Art Berghütte ein guter Pfad beginnt.

Den Berg im Visier

Rund sechs Stunden dauert es bis auf den Gipfel des Gingilos und wieder zurück. Die Besteigung ist eine echte Bergtour mit felsigen Passagen. Der erste Abschnitt des Weges ist in den letzten Jahren sehr verbessert worden und windet sich vorbei an Sträuchern und knorrigen Zypressen über Steine und gestufte Passagen steil hinauf. Es folgt ein ebeneres, gewundenes Teilstück, das nach Süden unter einem phantastischen Felsbogen hindurchführt. Dahinter kann es auf ein paar Hundert Metern etwas rutschig sein, vor allem nach der Frühjahrsschmelze. Dann geht es wieder bergauf zur Linoseli-Quelle und im Zickzack über steiles Geröll auf einen Felssattel auf 1700 m mit Blick auf die Trypiti-Schlucht, die unten nach Süden verläuft. Vom Sattel schwenkt die Route nach Osten und steigt durch felsige Landschaft kontinuierlich an. Der Weg ist nun schwerer zu erkennen; am Beginn dieses Abschnitts muss man sich vor einem steilwandigen Höhlenschacht in Acht nehmen. Rote Punkte und Pfeile auf Felsbrocken weisen den Weg zum Gipfel. Der Abstieg ist zuerst felsig, sollte für erfahrene Wanderer aber kein Problem sein.

Vorbereitung & Sicherheit

Die Wetterprognose im Auge behalten: Selbst im Mai kann es noch heftig regnen. 2015 trat der Fluss, der die Schlucht durchströmt, nach Starkregen über die Ufer und schnitt mehreren Wanderern den Rückzug ab. Wanderer brauchen robuste Bergschuhe und -kleidung, reichlich Wasser, etwas Proviant und einen Kompass. Falls Nebel aufzieht, sollte man besser umkehren. Auf dem Stück zwischen Sattel und Gipfel muss man sich vor starken Böen hüten. Mehr Infos unter www.west-crete.com/gingilos.htm. Und nicht vergessen: Man kann jederzeit kehrtmachen ...

Auf eigene Faust

Wer mit dem eigenen Rad anreist, ist gut beraten, ein robustes Tourenrad mit ausreichender Gangzahl mitzubringen. Mountainbikes bekommt man bei einer Reihe von Verleihern auf der Insel für etwa 8–20 € pro Tag.

Canyoning, Bergsteigen & Bungee-Jumping

Kreta bietet zwar nicht gerade alpine Herausforderungen wie Österreich oder die Schweiz, aber Gipfel wie Thripti (1489 m), Dikti (2148 m), Psiloritis (Idagebirge; 2456 m) und die Lefka Ori (Weißen Berge; 2452 m) sind auch nicht von schlechten Eltern.

Bergsteigerclubs

Für alle, die es in Kretas Berge zieht, hat die Insel einige alteingesessene Bergsteigerclubs – einen in jedem Regierungsbezirk. Sie kümmern sich um die Pflege des Fernwanderwegs E4 und der Berghütten und sind allesamt Mitglieder im Verband der griechischen Bergsteigerclubs (EOS). Regelmäßig veranstalten sie Kletter-, Wander-, Höhlen- und Skitouren auf ganz Kreta, bei denen auch Gäste willkommen sind.

Ausgezeichnete Infos über Kretas Kletterreviere bietet www.climbincrete.com.

➡ **Greek Mountaineering Association** (S. 62) Die örtliche EOS-Sektion in Chania und die Website informieren über Outdoorsport, anspruchsvolles Klettern in den Lefka Ori, Berghütten und den Europäischen Fernwanderweg E4.

➡ **Mountaineering Club of Iraklion** (☎28102 27609; www.eos-her.gr; Dikeosynis 53, Iraklion;

⌚Mo–Fr 20.30–22.30 Uhr) Die Sektion in Iraklion organisiert fast jedes Wochenende Touren überall auf der Insel, zu denen jeder willkommen ist (das Programm steht auf der Website).

➡ **Mountaineering Club of Rethymno** (☎28310 57766; www.eosrethymnou.gr; Dimokratias 12, Rethymnon; ⌚Di 21–23 Uhr) Bietet Tipps zu Wanderungen in der Gegend und die Möglichkeit, an Touren teilzunehmen. Am besten kontaktiert man den Club über seine Website.

Canyoning

Canyoning ist ein noch junger Sport auf Kreta und sollte nicht mit Schluchtenwandern verwechselt werden. Die Mehrzahl der Canyoning-Routen erfordert fundierte Erfahrung im Klettern und/oder Caving einschließlich der Fähigkeit zum eigenkontrollierten Abseilen. Auch schwimmen sollte man können und Erfahrung mit engen Wasserläufen haben. Die Auswahl an wilden und anspruchsvollen Schluchten auf der Insel ist riesig.

Die gut organisierte **Cretan Canyoning Association** (☎6997090307; www.canyon.gr) hat über 50 Schluchten in Südkreta mit Abseilvorrichtungen, Sicherungsverankerungen und Führungsseilen ausgestattet. Eine davon ist die atemberaubende Cha-Schlucht, deren abrupter Einschnitt sich quer durch das Thripti-Gebirge im Osten Kretas zieht. Die mehr als 1,5 km lange Schlucht erstreckt sich über eine Serie von Felsstufen zwischen engen, über 300 m hohen Wänden. Die meisten Besucher bestaunen die wilde Schlucht allerdings lieber von der sicheren Hauptverkehrsstraße aus.

Auf seiner Website hat der Verband außerdem nützliche Informationen und einen Führer zu Kretas Schluchten zusammengestellt. Regelmäßig veranstaltet er auch Touren und Anfängerkurse. Der Sport ist allerdings kein Sonntagsspaziergang: Anfänger sollten sich immer von einem erfahrenen Canyoning-Führer begleiten lassen.

Der mehrsprachige Führer *Canyoning in Crete* von Yiannis Bromirakis (Road Editions 2007) beschreibt viele erst seit Kurzem zugängliche Schluchten auf Kreta, Landkarten und Skizzen inklusive. Cretan Adventures (S. 163) ist ein sicherheitsbewusster Anbieter gut geführter Canyoning-Touren.

Felsklettern

Das Klettern ist auf Kreta auf dem Vormarsch. Zu den beliebtesten Kletterrevieren zählt der Süden Iraklions, vor allem die grandiosen Felswände bei Kapetaniana und der Berg Kofinas an der Südflanke des Asteroussia-Gebirges. Die Agiofarango-Schlucht bei Matala ist ebenfalls beliebt. Derzeit werden viele neue Reviere erschlossen, z. B. in der Umgebung von Samaria, Plakias, Loutro und Malia. Eine Option fürs Deep Water Soloing – das ungesicherte Klettern an Steilküsten direkt über tiefem Wasser – ist die Umgebung von Chora Sfakion.

Unerfahrene Kletterer sollten vor einer Kletterpartie auf jeden Fall Kontakt zu einer lokalen Organisation aufnehmen. Die Website www.climbincrete.com bietet jede Menge Infos und einige unterhaltsame Artikel, u. a. einen Bericht über einen frühen Abstieg in die Cha-Schlucht.

Rock & Sun (www.rockandsun.com), ein führender britischer Veranstalter von Kletterreisen, organisiert auch Bergsteigerurlaube auf Kreta.

BERGHÜTTEN DER CLUBS

Betten sind bei der Rethymno Climbing Association (☎6977915978) zu reservieren.

NAME	LAGE	HÖHE	BETTENZAHL	EOS-CLUB
Kallergi	nahe Samaria-Schlucht	1680 m	50	Chania
Katsiveli-Svourichtis	Svourichtis-Ausläufer	1970 m	25	Chania
Limnarkarou	Lassithi-Hochebene	1350 m	15	Lassithi
Prinos	Asites, Ostseite des Psiloritis	1100 m	45	Iraklion
Tavris	Askifou-Hochebene	1200 m	42	Chania
Toubotos Prinos	Psiloritis	1500 m	28	Rethymnon
Volikas	Volikas Keramion	1400 m	40	Chania

Bungee-Jumping

Hoch über der Aradena-Schlucht an der Südküste befindet sich ein spektakulärer Ort zum Bungee-Jumping: die höchste Bungee-Brücke Griechenlands und die zweithöchste Europas.

Hier können sich Adrenalin-Junkies 138 m tief in die enge Schlucht stürzen. Das Sprungvergnügen wird im Juli und August jedes Wochenende von Liquid Bungy (S. 81) angeboten. Mehr Infos dazu gibt es auf www.bungy.gr.

Golf

Kreta hat mehrere 9-Loch-Plätze; den einzigen professionellen 18-Loch-Platz der Insel betreibt der Crete Golf Club (S. 199) in Chersonisos. Die recht anspruchsvolle Par-72-Anlage fügt sich nahtlos in die Umgebung ein. Eine beidseitig bespielbare Driving Range gehört ebenso dazu wie eine Golfschule und ein Clubhaus. Der Platz ist allerdings nichts für reine Spaßgolfer.

Eine 9-Loch-Runde kostet im Sommer 50 €, eine 18-Loch-Runde 80 € (ohne Schläger und Buggys). Zur Zeit der Recherche stand der Platz vor einer Komplettsanierung, die ihn auf Weltstandard bringen sollte.

Reiten

Diverse Stallungen auf Kreta bieten Reitmöglichkeiten und geführte Ausritte an.

➡ **Odysseia Stables** (☎28970 51080; www.horseriding.gr) Den besten Eindruck macht der Reiterhof Odysseia oberhalb von Avdou am Fuß des Bergs Dikti. Die Einrichtungen sind ausgezeichnet (es gibt auch Unterkünfte) und die Dauer der Ausritte reicht von zwei Stunden für Anfänger bis zu dreitägigen Ausflügen in die Lassithi-Hochebene und einwöchigen Reittouren durch das Dikti-Gebirge bis zur Südküste. Die Preise liegen bei 20 € für eine Stunde Strandreiten, 35 € für zwei Stunden, 65 € für einen Tagesausflug und 540 € für einen achttägigen Kurs inklusive Unterkunft und Verpflegung. Acht Tage auf der Lassithi-Hochebene kosten rund 990 €.

➡ **Zoraida's Horseriding** (☎28250 61745; www.zoraidas-horseriding.com) In Georgioupoli. Reiten am Strand und auf Naturpfaden, Tagessafaris und sechstägige Kurse für Fortgeschrittene.

➡ **Melanouri Horse Farm** (S. 192) In Pitsidia, nicht weit von Matala. Bietet Ausritte in die Umgebung an.

➡ **Arion Stables** (info@arionstables.com) Die deutsch-griechische Reitanlage in Chersonisos besteht seit 2007 und fungiert auch als Tierrettungsstation. Sie organisiert Ausritte in die Wildnis und an den Strand.

OUTDOORABENTEUER AUF KRETA

Die folgenden Firmen bieten diverse organisierte Wander-, Rad- und andere Outdoortouren auf Kreta an. Geführte Wanderungen kosten ab 45 €/Tag bzw. 500 €/Woche, einschließlich Unterkunft, Transport und Mahlzeiten.

Cretan Adventures (S. 163) Wander-, Trekking- und Mountainbiketouren sowie verschiedene Spezial- und Extremsportaktivitäten. Sehr empfehlenswert.

Happy Walker (S. 121) Bietet von März bis November diverse Wanderungen an, u. a. Sommerwanderungen auf der Omalos-Hochebene und in den Lefka Ori.

Korifi Tours (S. 197) Der Veranstalter in Kapetaniana hat Wander- und Klettertouren im Süden Iraklions im Programm.

Strata Walking Tours (☎28220 24336; www.stratatours.com) Das Angebot des Veranstalters aus Kissamos reicht von gemächlichen Tagesausflügen bis zu ein- oder zweiwöchigen Wandertouren zur Südküste.

Trekking Hellas (☎210 331 0323; www.trekking.gr; Gounari 96, Marousi) Outdoortouren für jedes Alter, vom Radfahren übers Wandern bis zum Rafting oder Kanufahren.

Trekking Plan (S. 62) Der Anbieter in Agia Marina, 10 km westlich von Chania, veranstaltet Wanderungen, Kletter- und Abseiltouren sowie Mountainbikeausflüge in Westkreta.

Wassersport

Kretas lange Nord- und Südküste sind rechts und links nur durch ein kleines Stückchen Ost- und Westküste verbunden. Aus dieser Geografie ergeben sich vielfältige Bedingungen für alle möglichen Wassersportarten.

Aktivitäten

Zuallererst gibt es natürlich an den großen Stränden die ganze Palette an „Fun"-Sportarten: Wasserski, Tretboote, Jetski sowie Bananen- und Reifenfahrten. Am spektakulärsten ist aber ein Parasailing-Flug über dem Strand (solo oder im Tandem).

An der Nordküste hat fast jedes Luxushotel eine eigene Wassersportbasis, die ihre Dienste auch Nichtgästen anbietet.

Zu den spezielleren Wassersportarten, die man auf Kreta ausüben kann, gehören Tauchen, Schnorcheln, Windsurfen, Kajakfahren und Segeln. Für Taucher und Windsurfer gibt es bestimmte Reviere mit idealen Bedingungen und zahlreiche Anbieter, die Ausflüge organisieren und Ausrüstung vermieten.

Tauchen & Schnorcheln

Kretas Küste ist über weite Strecken ein wahres Paradies für Schnorchler und Taucher. Hier paddelt man ganz entspannt durch Wasser, dass so klar ist wie Luft und teils eine Sichtweite von über 30 m hat.

Viele Jahre lang war Tauchen in ganz Griechenland nur beschränkt erlaubt, denn es herrschte berechtigte Sorge, es könnten antike Unterwasserruinen beschädigt oder Artefakte vom Meeresboden gestohlen werden. Doch Tauchinteressengruppen und die Touristenlobby konnten 2005 eine vernünftige Lockerung der Bestimmungen erreichen, als die Regierung die griechischen Gewässer größtenteils für Hobbytaucher zugänglich machte. Einzige Ausnahme sind etwa 100 bedeutende archäologische Stätten. In einigen der zugelassenen Tauchreviere sind noch antike Mauern, umgestürzte Säulen und riesige Amphoren zu sehen.

Kretas Unterwasserlandschaft begeistert mit einem Mix natürlicher Formationen wie Felsen, Riffen, Höhlen, Steilküsten und blendend weißem Sand. Eine wunderbare Kulisse aus Meerespflanzen, roten und grünen Algen, Korallen, Seeanemonen und Schwämmen breitet sich über die Felsen und Riffe, während das vielfarbige Vulkangestein der Insel ein unterseeisches Kaleidoskop bildet. Es gibt eine Fülle faszinierender Meereslebewesen zu sichten: Kraken, Sepien, Kalmare, Seepferdchen, Hummer, Muränen, Skorpionfische, Schnapperfische, Brachsen und sogar Stachelrochen.

Die beliebteste Tauchregion ist die Nordküste, die die besseren Strandzugänge und Wasserbedingungen hat. Viele Anbieter operieren aber auch an der Südküste, wo das Taucherlebnis noch etwas echt Abenteuerliches hat.

Eines der interessantesten und einfachsten Schnorchelreviere ist das Gebiet um die versunkene Stadt Olous bei Elounda, das auch vom Ufer zugänglich ist. Beliebte Tauchorte sind Bali, Panormos, Ammoudara, Malia, Plakias und Paleochora.

Mehrere Tauchzentren bieten alles vom Anfängerkurs bis zum PADI-Zertifikat. Tauchgänge sollte man am besten mindestens einen Tag im Voraus buchen.

Tauchsportanbieter

Auf Kreta gibt es viele seriöse Tauchsportanbieter. Zu unseren Favoriten gehören

POSEIDONS GEHEIMNISSE: KRETAS BESTE TAUCHPLÄTZE

El-Greco-Höhle Die 30 m lange Unterwasserhöhle bei Agia Pelagia beherbergt außer bizarren Tropfsteinen auch Hummer, Muränen, Zackenbarsche und Thunfische.

Messerschmitt-Wrack aus dem Zweiten Weltkrieg Das deutsche Flugzeug liegt, in mehrere Teile zerbrochen, in 24 m Tiefe – das Cockpit ist noch intakt. Bei Analipsi.

Mononaftis In der Mononaftis-Bucht bei Agia Pelagia tummeln sich Tintenfische, Barrakudas, Muränen, Skorpionfische, oft auch Delfine und Stachelrochen. Dazu gibt es ein Riff, Schluchten und Unterwassergrotten. Anfängertauglich.

Shrimps Cave Erfahrene Taucher können in dieser 40 m tiefen Höhle Tausende von Garnelen bestaunen. In der Nähe von Chersonisos.

SICHER IST SICHER

Auch wenn das Meer friedlich an einen griechischen Strand plätschert, sind alle Wassersportarten potenziell gefährlich. Speziellere Sportarten wie Tauchen und Kajakfahren sind meist gut organisiert, und die Kunden werden von ausgebildeten Lehrern begleitet. Es ist aber immer ratsam, die Qualifikationen des Anbieters zu prüfen. Bei Strandsportarten wie Parasailing darauf achten, dass der Betreiber die nötigen Lizenzen hat und hohe Sicherheitsstandards einhält. Reifenfahrten sind etwas für junge, fitte Schwimmer! Wo es Jetski zu mieten gibt, sollten Eltern ein Auge auf ihre Teenager haben. Die Anbieter sind verpflichtet, auf Altersbeschränkungen zu achten und darauf, dass Jetskifahrer nicht unter Alkoholeinfluss stehen.

Happy Divers (☎28410 82546; www.happydivers.gr; Tauchgänge ab 25 €) in Plaka und Elounda, Pelagos Dive Centre (S. 205) in Agios Nikolaos, Blue Adventures Diving (S. 63) in Chania und Paradise Diving Center (S. 121) in Rethymnon.

Seekajakfahren

An Kretas Südküste wird auch das Seekajakfahren immer beliebter – vor allem zwischen Paleochora und Chora Sfakion, wo die Küstenlandschaft dramatisch und faszinierend ist. Außerdem locken hier jede Menge einsame Strände und Buchten. Leider gibt es nur wenige Veranstalter auf der Insel, und diese bieten hauptsächlich mehrtägige Gruppenausflüge mit Übernachtung an. Es lohnt sich aber trotzdem, nach Tagesausflügen zu fragen; wer entsprechende Erfahrung nachweisen kann, darf u. U. auch ein Boot für einen Tag ausleihen. Es gibt auch kombinierte Wander- und Kajaktouren.

Hania Alpine Travel (S. 62) bietet Kanuurlaube für Familien, Gruppen und Einzelreisende an. Petros Watersports (S. 218) in Plaka bei Elounda vermietet Kajaks stunden- und tageweise.

Windsurfen

Windsurfen gehört zu den aufregendsten Wassersportarten überhaupt. Der spektakuläre Freestyle und die Wellensprünge der Cracks sind das Ergebnis von sehr viel Übung und Können, aber selbst Anfänger können schon früh erste Erfolgserlebnisse verbuchen. Das beste Windsurfrevier der Insel ist der Strand von Kouremenos, nördlich von Palekastro (Sitia). Ein bedeutender Anbieter hier ist Freak Windsurf (S. 229). Am Kouremenos bläst (wie überall in der Ägäis) der *meltemi*, der durch einen örtlichen Trichtereffekt noch verstärkt wird, sodass ideale Bedingungen für Windsurfer entstehen. In Almyrida bei Chania kann man ebenfalls gut windsurfen.

Mehr Infos übers Windsurfen in Griechenland gibt es bei der **Hellenic Windsurfing Association** (☎210 323 3696; www.speedslalom.gr; Filellinon 4, Syntagma, Athen).

Segeln

Ein Segeltörn um Kreta auf einer gut ausgestatteten Jacht ist ein grandioses Erlebnis. Wer aber kein erfahrener Seebär mit eigenem Boot ist, wird sich meist eins chartern müssen. Einige kretische Veranstalter bieten Tagestörns an; Infos zum Segeln gibt es bei den meisten kommerziellen Touristeninformationen.

In Elounda bietet Amazing Sailing in Crete (S. 216) Segeltörns zu versteckten Buchten und einem traditionellen Fischerdorf an. General (S. 205) und Nostos Tours (S. 209) veranstalten Segeltörns von Agios Nikolaos zur Insel Spinalonga.

Reiseplanung

Essen & Trinken

Die kretische Küche unterscheidet sich deutlich von der übrigen griechischen Esskultur und gehört zu den besten des Mittelmeerraums. Diese rustikale, abwechslungsreiche Küche nutzt das ganze Füllhorn der sonnenverwöhnten, fruchtbaren Insel, um aus saisonalen Zutaten ausgewogene Aromakompositionen zu kreieren. Da jede Region ihre eigenen Rezeptvarianten hat, lohnen sich spannende Feinschmeckertouren quer über die Insel.

Kulinarische Erlebnisse

Zu den Highlights einer Kretareise gehören die familienbetriebenen Tavernen, die örtliche Spezialitäten nach althergebrachten Rezepten aus erntefrischen Zutaten, oft aus eigenem Anbau, zubereiten: duftende Wildkräuter, die morgens in den Bergen gepflückt wurden, Öl und Käse aus eigener Herstellung, zartes Lamm vom Dorfhirten und selbst gefangener Fisch. Das gibt es hier wirklich noch.

Unvergessliche Mahlzeiten

➡ **To Maridaki** (S. 66) Zarter Tintenfisch, Panna cotta zum Reinsetzen und freundlicher Service im coolen Splantzia-Viertel von Chania

➡ **Thalassino Ageri** (S. 67) Die Ufertaverne gleich östlich von Chania serviert frische Meeresfrüchte zum romantischen Sonnenuntergangspanorama.

➡ **To Skolio** (S. 91) Zwanglos, aber köstlich: kreativ zubereitete Gerichte aus örtlichen Zutaten mit Blick aufs Libysche Meer

➡ **Castelvecchio** (S. 126) Auf der Terrasse in Rethymnon kann man wunderbar die Passanten beobachten und dabei liebevoll zubereitete kretische Spezialitäten genießen.

➡ **Vrisi** (S. 143) In Myrthios plappert ein Papagei auf einer idyllischen Terrasse, während ortstypische Leckereien den Gaumen kitzeln.

Kulinarischer Kalender

Frühjahr (März–Mai)

Zu Ostern gibt es saftigen Lammbraten, *kreatotourta* (Fleischpastete) und *tsoureki*, einen Hefezopf oder -kranz, der mit rot gefärbten Eiern dekoriert wird. Das Frühjahr bringt Wildgemüse, Kräuter und Artischocken.

Sommer (Juni–Aug.)

Jetzt kommt die Käserei in Schwung. Ab Juli strotzen die Märkte von Wassermelonen, Pfirsichen und anderem Obst; die Muschelsaison erreicht ihren Höhepunkt. Schlemmerfeste im August: Sitia feiert die Sultaninen, Tzermiado die Kartoffeln, und Archanes huldigt dem Wein.

Herbst (Sept.–Nov.)

Die Weinlese beginnt. Im Oktober lockt das eigentümliche Kastanienfest in Elos. Der Höhepunkt der Rakibrennerei im November gibt Anlass zu lautstarkem Festivitäten, vor allem in den Bergdörfern.

Winter (Dez.–Feb.)

Typisches Weihnachtsgebäck sind zuckerbestäubte *kourabiedes* (Mürbeteigplätzchen mit Mandeln) und in Honig getauchte *melomakarona*. In den Neujahrskuchen *vasilopita* ist eine Münze eingebacken, die dem Finder Glück bringen soll.

KULINARISCHE INFOS IM NETZ

➡ **Greek Recipe** (www.greek-recipe.com) Beliebte griechische Rezepte

➡ **Gourmed** (www.gourmed.gr) Mediterrane Küche, mit griechischen Rezepten, Produkten und Reisetipps

➡ **All About Greek Wine** (www.allaboutgreekwine.com) Informationen über griechische Weine

➡ **Wines of Crete** (www.winesofcrete.gr) Website der Winzer aus der Weinregion Iraklion

➡ **Avli** (S. 127) Das bewährte Top-Restaurant in Rethymnon beeindruckt mit der perfekten Verschmelzung venezianischer und kretischer Einflüsse.

➡ **Zorba's Tavern** (S. 226) Die sympathische Taverne mit Schnurrbart tragendem Wirt und Livemusik heißt ihre Gäste am authentischsten Fleckchen von Sitia willkommen.

➡ **Pelagos** (S. 212) Agios Nikolaos' beste Adresse für unvergessliche Genüsse, mit schickem Interieur und lauschiger Gartenterrasse

➡ **Taverna Giorgos** (S. 218) Das Bilderbuchideal einer griechischen Ufertaverne in Plaka, mit Fleisch vom Holzfeuer und gegrilltem Oktopus

Preiswert & lecker

➡ **Souvlaki** Das liebste Fast Food der Griechen, ob als Spießchen oder in Pitta-Brot gefüllt mit Tomaten, Zwiebeln, Pommes frites und Tsatsiki

➡ **Teigtaschen & Pasteten** Die Bäckereien verkaufen vielerlei Sorten *tyropita* (Käsetaschen), *spanakopita* (Spinattaschen) und andere Teigtaschen. Eine kretische Spezialität sind die *kalitsounia*-Pastetchen mit diversen Füllungen.

➡ **Straßensnacks** Dazu gehören *koulouria* (Hefekringel oder -zöpfe) und saisonale Leckereien wie geröstete Kastanien oder Maiskolben.

➡ **Auf die Schnelle** Wer wenig Zeit, aber viel Hunger hat, hält sich am besten an Tavernen mit *mayirefta* (vorgekochte Aufläufe und Eintöpfe).

Nur keine Angst

➡ **Ameletita** Wörtlich die „Unaussprechlichen": gebratene Schafshoden

➡ **Gardhoumia** Magen und andere Innereien, die mit Darm umwickelt werden

Kochkurse

Kulinarische Touren und Kochkurse werden auf Kreta immer beliebter. Einige Restaurantbetreiber bieten sie auch auf Nachfrage an.

➡ **Rodialos** (S. 149) Ein- bis siebentägige Kochseminare in einer reizenden Villa in Panormo bei Rethymnon. Mary Frangaki weist die Teilnehmer in die Grundlagen der kretischen Küche und die Zubereitung eines mehrgängigen Menüs ein.

➡ **Enagron** (S. 136) Veranstaltet in der Nähe des Dorfs Axos Kochworkshops und saisonale Veranstaltungen rund um die Herstellung von Käse, Wein und Raki. Wer will, kann auf dem schön gelegenen Bauernhof auch übernachten.

➡ **Crete's Culinary Sanctuaries** (www.cookingincrete.com) Die griechisch-amerikanische Köchin und Autorin Nikki Rose konzentriert sich auf biologische Landwirtschaft und traditionelle kretische Küche. Sie bietet Kurse zum Mitmachen, Vorführungen in Privathäusern und Besuche bei Bauernhöfen und Erzeugern an.

➡ **Vamos Traditional Village** (S. 74) Die Dorfgemeinde östlich von Chania veranstaltet kretische Kochkurse in einer Olivenmühle und vermietet restaurierte Bruchsteinhäuschen.

➡ **Katerina** (☎6948325739; Hauptgerichte 5,50–19,50 €; ⏱mittags & abends) Unterricht im Kräutersammeln und Kochen bei Gastronomen in Myrtos, an der Südküste von Lassithi

➡ **Eleonas Cottages** (S. 183) In Zaros, im Zentrum der Provinz Iraklion, kann man in traditionellen und umweltfreundlichen Häuschen wohnen und mit kretischen Biozutaten kochen lernen.

Kretische Küche für daheim

Im Reisegepäck sollte genug Platz für kretische Köstlichkeiten wie Oliven und natives Olivenöl von kleinen Bioproduzenten, duftenden Thymianhonig, getrockneten Oregano, Salbei, Bergtee, Kamillenblüten und Gerstenzwieback bleiben. Eingemachtes Obst ergibt mit griechischem Joghurt oder Eis ein schnelles Dessert.

➡ *Mezedakia – Die Frauen von Kreta kochen besondere Vorspeisen* von Raphaela Horvath ist eine tolle Sammlung von 40 Rezepten von 15 ganz unterschiedlichen kretischen Frauen.

➡ *Genießen wie in Griechenland: Griechische Spezialitäten* von Marianthi Milona und Werner Stapelfeldt ist ein 460 Seiten dicker Schmöker mit Wissenswertem und Rezepten aus allen Regionen Griechenlands, davon 24 Seiten zu Kreta.

Kretische Spezialitäten

Die berühmte Kretakost hat sich aus der Fülle regionaler Erzeugnisse und dem ungeheuren kretischen Erfindungsreichtum entwickelt. Außer den griechischen Klassikern wird eine Vielzahl von Inselspezialitäten in vielen regionalen Variationen aufgetischt. Die kretische Küche wurzelt in der Antike und hat seitdem Einflüsse zahlreicher Kulturen aufgenommen. Sie basiert auf erntefrischen, naturbelassenen, saisonalen Bioprodukten und duftenden Kräutern, Fleisch aus Freilandhaltung sowie Fisch und Meeresfrüchten aus den Inselgewässern. Ein entscheidender Bestandteil der Inselküche ist das in gewaltigen Mengen produzierte kretische Olivenöl, das zu den besten der Welt gehört.

Käse & Milchprodukte

Außer dem allgegenwärtigen Feta (den frischen aus dem Fass nehmen, nicht den abgepackten aus Massenproduktion) produziert Kreta noch viele wunderbare Käsesorten, meist aus Ziegen- und/oder Schafmilch. Viele Dörfer erzeugen ihre ganz eigenen Käsesorten.

➡ **Anthotiro** Butteriger weißer Käse, frisch und weich oder im festeren, getrockneten Zustand

➡ **Graviera** Nussig milder Hartkäse aus Schafmilch, der Ähnlichkeit mit Greyerzer hat. Reift oft in Berghöhlen oder Steinhütten namens *mitata*. Köstlich mit Thymianhonig.

➡ **Myzithra** Milder Weichkäse aus Molke; erinnert an Ricotta. Man kann ihn frisch verzehren oder reifen lassen und im harten Zustand reiben. Eine harte, säuerliche Version heißt *xinomyzithra*, eine Spezialität aus Chania *galomyzithra*. Es gibt viele Varianten auf der ganzen Insel.

➡ **Pichtogalo Chanion** Chanias cremiger, joghurtartiger Käse aus Schaf- oder Schaf- und Ziegenmilch mit AOC-Kennzeichnung dient auch als Füllung für *bougatsa*-Gebäck.

➡ **Xigala** Cremiger Käse aus Sitia in Ostkreta mit intensivem, säuerlichem Aroma

➡ **Yiaourti** Der dickflüssige, säuerliche Schafmilchjoghurt schmeckt mit Honig, Walnüssen oder Obst besonders lecker.

Kräuter, Gemüse & Salate

Zum besonderen Charakter der kretischen Küche tragen die wild wachsenden Zutaten bei, die an den Berghängen und rund um die Dörfer gedeihen. Seit Jahrhunderten sammeln die Kreter nährstoffreiche *chorta* (Wildgemüse), die gekocht als warmer Salat serviert oder in Pastetenfüllungen und Eintöpfen mitgegart werden. Es gibt über 100 essbare *chorta*-Sorten auf Kreta, von denen aber selbst Kräuterkundige kaum mehr als ein Dutzend erkennen. *Vlita* (Amarant) ist das süßeste Wildgemüse. Das delikate Bergkraut *stamnagathi* wird gekocht an Salate gegeben oder mit Fleisch geschmort. Häufig verwendet werden auch Wilder Rettich, Löwenzahn, Brennnesseln und Sauerampfer.

Eine weitere Spezialität aus den kretischen Bergen sind *askordoulakous* (Bergzwiebeln), die Knollen einer Wildpflanze. Sie werden mit Öl und Essig oder Zitrone als Salat gereicht, sauer eingelegt oder mit Olivenöl, Essig und Mehl geschmort. Auch die weißen Blüten der Pflanze werden in Gerichten mitgegart.

Der in Hungerzeiten entstandene kretische *paximadia*-Zwieback in Form steinharter, doppelt gebackener Brotscheiben aus Gerstenmehl oder Vollkornweizen ist buchstäblich jahrelang haltbar. Sehr lecker ist eine Zubereitung namens *dakos* (auch *koukouvagia* oder *kouloukopsomo*), die auf Speisekarten oft bei den Salaten steht: mit Wasser oder Öl angefeuchteter Zwieback mit einem Belag aus Tomate, Olivenöl und cremigem *myzithra*-Käse.

Die kretische Küche glänzt auch mit Gemüsegerichten, z. B. aus *aginara* (Artischocken) und deliziösen *anthoi* (Zucchiniblüten) mit einer Füllung aus

GESUNDHEITSKOST

Die kretische Kost gilt als besonders gesund, seit wissenschaftliche Ernährungsstudien in den 1960er-Jahren ergaben, dass Herzkrankheiten und andere chronische Leiden bei den Kretern auffallend selten auftraten. Dies wurde vor allem auf ihre ausgewogene Ermährung zurückgeführt, die reich an Obst, Gemüse, Hülsenfrüchten, Vollkorngetreide, nativem Olivenöl und Wein und arm an industriell verarbeiteten Zutaten ist. Noch ein wichtiger Faktor sind vielleicht die *chorta* (Wildgemüse) aus den Bergen, deren Schutzwirkungen noch nicht gründlich erforscht sind.

Reis und Kräutern. Bohnen und andere Hülsenfrüchte waren ein Hauptbestandteil der winterlichen Ernährung, und Gerichte wie die schmackhaften *gigantes* (Feuerbohnen in Tomaten-Kräuter-Sauce) sind immer noch sehr verbreitet. Ebenfalls probierenswert sind *fasolakia jiani* (Eintopf aus grünen Bohnen), *jemista* (gefüllte Tomaten) und *bamies* (Okra). *Melitzana* (Auberginen) sind sehr beliebt, besonders für Gerichte wie *briam* (Ofengemüse) oder die Delikatesse *melidzanosalata* (Auberginenpüree mit Knoblauch).

Fisch

Fisch wird in den Restaurants meist zum Kilopreis berechnet und von den Gästen üblicherweise persönlich aus der Vitrine oder in der Küche ausgewählt. Unbedingt vorher im Rohzustand abwiegen lassen, damit die Rechnung nicht zum Schockerlebnis wird, denn Fischfrisch ist nicht billig. Die beliebtesten Fischsorten zum Grillen sind *tsipoura* (Goldbrasse), *lavraki* (Wolfsbarsch) und *fangri* (Zahnbrasse); kleinere Fische wie *barbounia* (Rotbarben) sind gebraten sehr lecker.

Typische Gerichte

Normalerweise bieten kretische Tavernen eine ganze Auswahl griechischer *mayirefta* (vorgekochter Eintöpfe und Aufläufe) sowie auf Bestellung frisch zubereitete Gerichte *(tis oras)* wie z. B. Grillfleisch an. Die beliebtesten *mayirefta* sind *moussaka* (geschichteter Auflauf aus Auberginen oder Zucchini, Hackfleisch und Kartoffeln, mit Käsesauce überbacken), *pastitsio* (Auflauf aus Makkaroni und Lammhack), *jemista* (gefülltes Gemüse), *juvetsi* (geschmortes Fleisch in Tomatensauce mit reisförmigen *kritharaki*-Nudeln), *stifadho, soutzoukakia* (Fleischbällchen in Tomatensauce) and *chochlioi* (Schnecken). Fleisch wird oft mit Kartoffeln oder mit Zitronen und Oregano im Ofen gebacken oder in Form von Ein- und Schmortöpfen mit Tomatensauce *(kokkinisto)* zubereitet.

Darüber hinaus gibt es aber viele typisch kretische Spezialitäten, die man unbedingt probieren sollte. Wer auf der Insel unterwegs ist, begegnet immer wieder den Herden von Schafen und Ziegen, die in der Küche der Bergregionen eine so wichtige Rolle spielen. Die Kreter haben ihre eigene Grillmethode namens *ofto,* bei der große Fleischstücke aufrecht um glühende Kohlen angeordnet werden. In manchen Regionen Kretas wird Fleisch vorwiegend *tsigariasto* (geschmort) zubereitet.

- **Arni (Lamm) me stamnagathi** Eine kretische Leibspeise aus Lammfleisch, das mit dem beliebten Wildgemüse *stamnagathi* geschmort wird. Manchmal wird das Gericht auch mit *katsiki* (Zicklein) zubereitet.
- **Boureki** Üppiger Schichtauflauf aus Käse und Gemüse
- **Gamopilafo** Dieses Reisgericht wird bei traditionellen kretischen Hochzeiten (*gamos* heißt „Hochzeit") und in einigen Nobelrestaurants aufgetischt. Es ist eine Art besonders edles Risotto, das mit Fleischbrühe und *stakovoutiro* zubereitet wird. Letzeres ist eine Butter aus der

DAS KRETISCHE OLIVENÖL

Die Minoer waren wohl die Ersten, die durch Oliven reich wurden. Kreta ist bis heute eine bedeutende Olivenanbauregion und produziert in Griechenland die größte Menge an „extra nativem Olivenöl". Man schätzt, dass auf der Insel rund 30 Mio. Olivenbäume wachsen, also 62 Bäume pro Kreter. Inzwischen wird immer mehr Bioöl erzeugt, und mindestens neun Olivenregionen tragen nach EU-Recht geschützte Herkunftsbezeichnungen.

Die besten kretischen Olivenöle kommen aus Kolymbari, westlich von Chania, und aus Sitia im Osten. Vorzügliches biologisches Olivenöl produzieren Biolea (bei Chania) und mehrere Klöster, allen voran das preisgekrönte Olivenöl aus Moni Agia Triadas (S. 71) bei Chania und Moni Toplou (S. 228) östlich von Sitia.

Am höchsten geschätzt wird *agoureleo* („unreif"), ein dickflüssiges, grünes Öl, das aus unreifen Oliven gepresst wird.

Die Griechen haben weltweit den höchsten Olivenölverbrauch pro Kopf: Auf Kreta verzehrt jeder Einzelne durchschnittlich 31 l pro Jahr.

MEZEDHES

Die Kreter teilen sich gern eine Auswahl an *mezedhes* (kleinen Gerichten), kurz *mezze* genannt. In ausreichenden Mengen oder durch ein, zwei Hauptgerichte ergänzt, wird das Ganze zur Komplettmahlzeit. Lokale wie *mezedhopoleio*, *ouzerie* und *rakadiko* servieren nur *mezze* – meist zum Raki oder Ouzo, –, aber auch in anderen Restaurants und Tavernen kann man an dieser griechischen Tapas-Variante satt essen.

Beliebte *mezedhes* sind Dips wie *taramasalata* (Fischrogencreme), Tsatsiki und *fava* (Platterbsen-Püree). Warme *mezedhes* sind z. B. *keftedhes* (leckere kleine Frikadellen, oft aus Lamm-, Schweine- oder Kalbshack), *loukaniko* (Würstchen aus Schweinefleisch), *saganaki* (gebratener Käse) und *apaki* (geräuchertes Schweinefleisch) sowie alle möglichen Meeresfrüchte im Häppchenformat. Typisch sind auch *dolmadhes* (Weinblätter) mit Reisfüllung und frittierte Zucchini- oder Auberginenscheiben. Unentschlossene ordern einfach eine *pikilia* (gemischte *mezedhes*-Platte).

Am besten bestellt man eine Auswahl, nippt sein Getränk und schaut beglückt zu, wie die köstlichen Häppchen Schub für Schub auf dem Tisch landen.

sahnigen Haut, die sich auf gekochter Ziegenfrischmilch absetzt. Sie wird abgeschöpft und zu einer üppigen Mehlschwitze verarbeitet.

➡ **Apakia (geräuchertes Schweinefleisch)** In einem aufwendigen, mehrtägigen Verfahren wird das Fleisch zuerst mariniert und dann über einem Feuer mit kretischen Kräutern geräuchert. Später kann es auch in dünne Scheiben geschnitten und kalt serviert werden.

➡ **Chochlioi (Schnecken)** Sie werden nach Regenfällen gesammelt und auf dutzenderlei Weise zubereitet. Sehr lecker sind z. B. *chochlioi bourbouristoi*, in Wein oder Essig mit Rosmarin gedünstet, oder mit *chondros* (Weizenschrot) geschmorte Schnecken. Die Kreter essen mehr Schnecken als die Franzosen und exportieren sie sogar nach Frankreich.

➡ **Kouneli (Kaninchen)** Wird hier bevorzugt als Schmorgericht *(stifadho)* mit Rosmarin und *rizmarato* (Essig) verzehrt.

➡ **Soupies (Tintenfisch)** Mit wildem Fenchel geschmort ist er besonders lecker.

➡ **Staka** Üppige, buttrige Mehlschwitze, die einem Mittelding zwischen Käse, Joghurt und Sauce ähnelt und meist zu Zicklein oder Schwein angeboten wird. Das ist sehr gehaltvoll, aber ausgesprochen köstlich, da das Fleisch das *staka*-Aroma aufnimmt. *Staka* wird auch oft an *pilafi*-Reis gegeben, um ihn cremiger zu machen.

➡ **Vrasto (Hammel- oder Ziegeneintopf)** Gibt es in den traditionellen Tavernen der Bergdörfer.

➡ **Psari (Fisch)** An der Küste ein Grundnahrungsmittel, das völlig schnörkellos zubereitet wird – meist im Ganzen gegrillt und dann mit *ladholemono* (Zitronen-Öl-Dressing) beträufelt. Lecker sind auch *ochtapodi* (Oktopus), *lakerda* (eingelegter Fisch), Muschel- oder Krabben-*saganaki* (normalerweise mit Tomatensauce und Käse gebraten), knusprig frittierte *kalamari*, gebackene *maridha* (Sprotten) und *gavros* (Sardellen), entweder mariniert, gegrillt oder gebraten.

Süße Sachen

Neben griechischen Süßspeisen wie *baklava*, *loukoumadhes* (Krapfen mit Honig und Zimt), *kataïfi* („Engelshaar“; eine Füllung aus gehackten Nüssen, umwickelt mit honiggetränkten Teigfäden), *rizogalo* (Milchreis) und *galaktoboureko* (Filo-Teig mit Puddingfüllung) haben die Kreter auch eigene süße Spezialitäten. Außerdem wird traditionell in Sirup eingelegtes Obst („Löffelsüße“) zum Nachtisch gereicht, das auch zu Joghurt oder Eis lecker schmeckt. Manche Tavernen servieren nach dem Essen mit Grieß zubereitete *halva*.

➡ **Bougatsa** Traditionelle Frühstückskost: Blätterteiggebäck mit cremiger Pudding- oder Käsefüllung und Puderzucker

➡ **Kaltsounia** Kretische Käse-Pastetchen aus handgeknetetem Teig, der oft zu runden Törtchen geformt wird. Die Füllungen variieren je nach Region und Haushalt, sind aber meist süß, mit Käsesorten wie *myzithra* oder *malaka* (kein Feta) und Honig oder Gewürzen.

➡ **Sfakianes pittes** Aus der Sfakia im Bezirk Chania: dünne Teigfladen mit *myzithra*-Käsefüllung, die mit Honig beträufelt werden. Der Teig wird mit einem Schuss Raki zubereitet.

➡ **Xerotigana** Frittierte Teigschnecken mit Honig und Nüssen

Wein

Krasi (Wein) wurde auf Kreta schon unter den Minoern angebaut, und die kretischen Bauern kelterten seit alters her für ihren Eigenbedarf. Die kommerzielle Erzeugung begann aber erst in den 1930er-Jahren, und 1952 füllte Minos in Peza als erste Kellerei kretischen Wein in Flaschen ab.

Heute produziert Kreta rund 20 % des griechischen Weins, größtenteils über riesige Winzergenossenschaften, die eher auf Quantität als auf Qualität setzen. Das meiste wird verschnitten und en gros gehandelt. Das Endprodukt landet oft als „Hauswein" auf den Restauranttischen. Doch eine stetig wachsende Zahl von Boutique-Weingütern unter Leitung international ausgebildeter Winzer erzeugt auch ausgezeichnete Flaschenweine. Spitzenweine, auch für den Export, produzieren z. B. Minos-Miliarakis, Lyrakakis und die Winzergenossenschaft Sitia. Neue Besucherzentren mit Minimuseum und Probierstube machen auch den Weintourismus allmählich populärer.

Der geharzte Weißwein Retsina gehört für viele zur Griechenland-Folklore. Er ist gewöhnungsbedürftig, passt aber gut zu herzhaften *mezedhes* und Meeresfrüchten.

Bier

Auf Kreta wird nur ein Bier gebraut – das Biobier Brink's der Brink's Brewery (S. 141) bei Rethymnon. Weitere handwerklich gebraute Sorten sind die untergärigen Biere Vergina und Hillas aus Nordgriechenland, das Biobier Piraiki aus Piräus, Craft aus Athen und Yellow Donkey von Santorin. Große griechische Marken sind Mythos, Fix und Alfa.

Kaffee & Tee

➡ **Griechischer Kaffee** Wird traditionell im Kupferkännchen *(briki)* aufgebrüht und in kleinen Tassen serviert. Der Kaffeesatz sinkt zu Boden (nicht mittrinken!). Man trinkt ihn *glykos* (süß), *metrios* (mittelsüße) oder *sketo* (ohne Zucker).

➡ **Frappé** Ein sehr beliebter Instant-Eiskaffee

➡ **Tsai (Tee)** Kamillentee und der aromatische kretische *tsai tou vounou* (Bergtee) sind gesund und schmackhaft. Tee aus dem endemischen *diktamo* (Diptam) soll viele Heilwirkungen haben.

KRETISCHE REBSORTEN

Auf Kreta gibt es drei Weinbaugebiete. Das größte, die Weinregion Iraklion, produziert etwa 70 % des kretischen Weins. Um zwei Zentren herum (Peza/Archanes südlich von Iraklion und Dafnes etwas weiter westlich) werden hier hauptsächlich die Rebsorten Kotsifali, Mandilaria und Vilana angebaut. Das kleinste Weinbaugebiet ist Lassithi, weiter östlich. Die Weinberge dort verteilen sich vorwiegend rund um Sitia und sind auf Liatiko-Reben spezialisiert. Das wichtigste Anbaugebiet in Westkreta liegt westlich von Chania und kultiviert in erster Linie Romeiko-Reben.

➡ **Dafni** Lebhaft mit subtiler Säure und einem Bukett, das an Lorbeerblätter erinnert. Wird vor allem in den Regionen Lassithi und Iraklion angebaut.

➡ **Kotsifali** Einheimische blaue Traube mit hohem Alkoholgehalt und vollem Geschmack. Typisch für die Region Iraklion. Wird oft mit Mandilaria verschnitten.

➡ **Liatiko** Sehr alte einheimische Rotwein-Rebe mit komplexem Charakter. Wird hauptsächlich um Sitia angebaut.

➡ **Malvasia** Kretische Rebsorte mit intensivem Blumenbukett und Muskatnoten. Bei Verschnitt mit Kotsifali gute Lagerfähigkeit.

➡ **Mandilaria** Dunkler, aber trotzdem leichter Rotwein, der vor allem um Archanes und Peza angebaut wird.

➡ **Romeiko** Rote Rebe, die hauptsächlich um Chania wächst und zu robusten Rot-, Weiß- und Roséweinen gekeltert wird.

➡ **Vidiano** Einheimischer Weißwein mit intensiven, komplexen Pfirsich- und Aprikosenaromen. Wird oft mit Vilana verschnitten.

➡ **Vilana** Wichtigste Weißwein-Rebe der Weinregion Iraklion. Frischer, niedrigprozentiger Wein mit zartem Apfelbukett.

RAKI & OUZO

Der kretische Tresterbrand Raki (auch *tsikoudia* genannt) ist fest in der Inselkultur verwurzelt. Ein Gläschen des feurigen Kurzen gibt es zur Begrüßung, nach dem Essen und praktisch zu jeder Tageszeit und allen Anlässen. Destilliert wird der Schnaps aus Resten der Trauben, die zur Weinherstellung ausgepresst werden, ähnlich wie der im übrigen Griechenland verbreitete *tsipouro* oder der italienische Grappa.

Im Oktober beginnt die Brennsaison; dann produzieren Destillerien und Privatbrennereien überall auf Hochtouren. Die Saison wird von Trinkgelagen und Festessen begleitet. Wer durch ein Dorf kommt, das Raki brennt, wird vielleicht zu einem Gläschen eingeladen. Guter Raki hat ein mildes Aroma ohne Brennen im Abgang und sollte keinen Kater verursachen. Er enthält keine Kräuter und wird pur genossen. Kleine Familienbrennereien füllen ihr Feuerwasser in Wasserflaschen aus Plastik ab, die man in Lebensmittelläden, Tavernen und am Straßenrand kaufen kann.

Im Winter schmeckt *rakomelo* – warmer Raki mit Honig und Gewürznelken.

Der griechische Anisschnaps Ouzo spielt auf Kreta die zweite Geige. Er wird pur mit Eis serviert; Wasser zum Verdünnen (das ihn milchig färbt) gibt es separat dazu.

Gut zu wissen

Das gemeinsame Essen mit Familie und Freunden, ob daheim oder im Lokal, spielt im Leben der Kreter eine wichtige Rolle. Für ein gutes Restaurant oder besondere Spezialitäten nehmen sie weite Wege auf sich, z. B. in die Bergregionen mit dem besten Fleisch oder ans Meer, um frischen Fisch zu genießen. Einige der besten Tavernen verstecken sich an unerwarteten Orten.

Wer schlau ist, meidet die Touristenrestaurants und hält sich lieber an die Lokale, in denen die Einheimischen essen. Generell macht man besser einen Bogen um die Lokale an den Haupt-Touristenmeilen, besonders die mit „Kundenfängern" vor der Tür und großen Hinweistafeln samt Fotos der angebotenen Speisen. Auch Empfehlungen der Hotels sind mit Vorsicht zu genießen, weil manche Abmachungen mit bestimmten Restaurants haben.

Da die Sommer lang und die Winter mild sind, wird bevorzugt draußen geschmaust – an Tischen auf Terrassen, Gehwegen, Plätzen und an den Stränden.

Wann essen?

Die Griechen haben keine spezielle Frühstückstradition, abgesehen vom Morgenkaffee nebst Zigarette und vielleicht einem *koulouri,* einer *tyropita* oder *bougatsa* auf die Hand. In Hotels und Touristengegenden wird das uns vertraute „kontinentale" oder „europäische" Frühstück angeboten.

Der Wandel der Arbeitszeiten hat auch auch die traditionellen Essgewohnheiten nicht unberührt gelassen, aber in der Regel ist das Mittagessen, das nach 14 Uhr beginnt, immer noch die Hauptmahlzeit des Tages. Die Griechen essen spät zu Abend – im Sommer erst nach Sonnenuntergang. Da dann auch viele Geschäfte schließen, wird es in den Restaurants oft erst ab 22 Uhr voll. Wer dem Andrang zuvorkommen will, sollte schon um 21 Uhr da sein.

Die meisten Tavernen sind den ganzen Tag geöffnet, aber einige gehobene Restaurants öffnen erst zum Abendessen. In den Cafés herrscht durchgehend Hochbetrieb, vor allem nach der nachmittäglichen Siesta.

Wo essen?

Estiatorio Restaurant mit gehobener internationaler Küche oder griechischen Klassikern im schicken Ambiente

Kafeneio Kaffeehaus und gesellschaftliche Institution; immer noch eine vorwiegend männliche Domäne

Mayireio Restaurant, das auf vorgekochte Hausmannskost wie Eintöpfe und Aufläufe (die sogenannten *mayirefta*) spezialisiert ist

Mezedhopoleio & Ouzerie Servieren eine große Auswahl verschiedener *mezedhes* (kleine Gerichte zum Teilen), oft zum Ouzo oder Raki.

Rakadiko Das kretische Pendant zur *ouzerie* serviert zu jeder Raki-Runde zunehmend raffiniertere *mezedhes.* Besonders beliebt in in Sitia, Ierapetra und Rethymnon.

Taverna Einfaches, zwangloses, familiengeführtes (und kinderfreundliches) Lokal. Hier gibt es normalerweise Wein vom Fass, Papiertischdecken und eine Speisekarte voller traditioneller Gerichte. Spezialisierte Varianten: *psarotaverna* (mit Fisch und Meeresfrüchten) und *hasapotaverna* oder *psistaria* (mit Grillfleisch vom Rost oder Spieß).

Zaharoplasteio Eine Kreuzung aus Konditorei und Café (bei manchen gibt es die Leckereien nur zum Mitnehmen)

Sitten & Gebräuche

➡ Am besten stellt man sich auf die kretischen Essenszeiten ein – ein Restaurant, dass um 19 Uhr noch gähnend leer war, kann um 23 Uhr von Einheimischen wimmeln.

➡ Tischreservierungen sind bei gehobenen Restaurants ratsam, bei den meisten Tavernen aber überflüssig.

➡ In den Tavernen ist es absolut üblich, vor der Bestellung einen prüfenden Blick auf die *mayirefta* hinter der Theke zu werfen – einfach nachfragen.

➡ In Tavernen ist zwanglose Kleidung normalerweise kein Problem, aber für die besseren Restaurants sollte man sich durchaus in Schale werfen.

➡ Für Brot und Knabbereien, die vor der Mahlzeit auf den Tisch kommen, wird meist ein kleiner Obolus erhoben.

➡ Die Gastfreundschaft ist ein wichtiges Element der kretischen Kultur, vom Glas Wasser zur Begrüßung bis zum Obst oder Dessert, die nach der Mahlzeit oft gratis gereicht werden, und dem Raki aufs Haus, wenn man um die Rechnung bittet.

➡ Das Abendessen ist ein ausgedehntes Ritual. Wer mit Einheimischen isst, sollte sich zügeln, da immerzu weitere Leckereien auf den Tisch kommen.

➡ Die Bedienung mag nach westeuropäischen Maßstäben gemächlich (und nicht immer auf Draht) sein, aber dafür wird man auch nicht hinauskomplimentiert.

➡ Das Trinkgeld ist kein Muss, aber die Griechen runden die Rechnung meist auf oder geben ca. 10 % Trinkgeld für gute Bedienung. Wer die Rechnung teilen will, muss das unter sich ausmachen – die Griechen neigen aber dazu, den ganzen Tisch einzuladen.

➡ Die Kreter sind großzügige Gastgeber. Wer einen Kaffee oder ein anderes Getränk angeboten bekommt, sollte nicht ablehnen – es ist eine Geste der Gastfreundschaft und des guten Willens. Wenn man in ein Lokal eingeladen wird, zahlt normalerweise der Einladende.

➡ Wer zu Kretern nach Hause eingeladen wird, sollte ein kleines Gastgeschenk (Blumen oder etwas Süßes) mitbringen und bedachtsam essen, da erwartet wird, dass man den Teller leer isst.

➡ Das Rauchen in öffentlichen Gebäuden ist verboten; das gilt auch für Restaurants und Cafés, aber es ist zu beobachten, dass sich viele Kreter darum nicht scheren.

➡ Das Mindestalter für Alkoholkonsum beträgt 18 Jahre. Öffentliche Trunkenheit ist unüblich und nicht gern gesehen.

Reiseplanung

Reisen mit Kindern

Kreta ist nicht ganz so kindgerecht aufgestellt wie manche Länder: Es mangelt oft an Sicherheitszäunen in antiken Ruinen, Speisekarten für Kinder und der Rücksichtnahme, sie nicht vollzuqualmen. Dafür vermitteln die Kreter ihren Kindern Abenteuergeist und ein solides Gefühl gesellschaftlicher Zugehörigkeit und begegnen auch kleinen Besuchern mit echter Freundlichkeit und Herzlichkeit. Vom ersten Bissen Tintenfisch bis zu aufregenden Schnorchel- und Höhlentouren ist Kreta ein Ort, den die Kids nicht vergessen werden.

Kreta für Kinder

Kreta strotzt von Stränden, von feinstem Sand bis zu Kies, von einsamen Buchten bis zu breiten Stadtstränden. Dazu das tiefblaue Meer, Schnorcheltouren zu versunkenen Wracks und aufregende Bootsfahrten – ganz klar, dass H_2O beim Familienabenteuer auf Kreta eine Hauptrolle spielt. Doch auch viele andere Attraktionen beflügeln die kindliche Phantasie, von uralten Ruinen bis zu unheimlichen Höhlen.

Wandern, Radfahren & Reiten

Außer strapaziösen Berg- und Schluchtenwanderungen, etwa durch die Samaria, gibt es auch viele familientaugliche Wanderstrecken. Dasselbe gilt fürs Radfahren. Die meisten Reiterhöfe bieten auf Wunsch Reitmöglichkeiten für jedes Alter an. Mehr Infos unter Outdooraktivitäten (S. 32).

Museen & Attraktionen

Topziele sind das Naturkundemuseum in Iraklion (S. 161) mit seinem interaktiven Discovery Centre und das Cretaquarium (S. 197), wo das Haifischbecken, der Quallentank und der Streichelpool den Nachwuchs besonders begeistern dürften.

Top-Regionen für Kids

Iraklion

Die Stadt Iraklion besitzt die schönsten kindertauglichen Museen auf Kreta.

Der Westen & Süden von Chania

Mit grandiosen Bergen und weitläufigen Stränden ideal für den aktiven Familienurlaub

Rethymnon

Highlights für Kinder sind die venezianische Festung und die schöne Promenade von Rethymnon.

Östliches Lassithi

Die einsam gelegenen antiken Ruinenstätten der Region bieten reichlich Anregung für die kindliche Phantasie.

Restaurants

Am kinderfreundlichsten sind die Tavernen. Gerichte, die bei vielen Kids Anklang finden, sind *kalamari* (gebratener Tintenfisch), *tiropitakia* (Filo-Teig mit Käsefüllung), *dolmadhes* (Weinblätter mit Reisfüllung) und *saganaki* (gebratener Käse).

Die Kreter kochen viel mit Nüssen und Milchprodukten. Besucher, deren Kinder Allergien haben, sollten sich das vorher auf Griechisch aufschreiben lassen, um es der Bedienung vor dem Bestellen zu zeigen.

Highlights für Kinder

Phantastische Strände

- **Elafonisi** (S. 92) Badespaß in winzigen Lagunen und wunderschöner Umgebung
- **Bali** (S. 151) Mehrere leicht zugängliche Buchten mit vollem Serviceangebot
- **Kato Gouves** Gezeitentümpel und klares Wasser für junge Entdecker
- **Vai** (S. 228) Palmenbeschattetes Paradies; im August überlaufen, sonst recht ruhig

Outdoor-Abenteuer

- **Bootstouren** An Chanias Südküste oder rund um Elounda in Lassithi
- **Wandern** Kurze Stücke einfacherer Schluchten wie Zakros (S. 230) oder Agia Irini (S. 85)
- **Reiten** In Avdou unterhalb der Lassithi-Hochebene

SICHERHEIT

Generell ist Kreta ein recht sicherer Ort für Kinder. Die größte Gefahr ist die eines Hitzschlags – weil auf Kreta fast immer eine Brise geht, bleibt man leicht zu lange in der Sonne, ohne es zu merken. Vorsicht auch vor starken ablandigen Strömungen an einsamen Stränden. An antiken Stätten ein Auge auf die Kleinen halten; hier droht Gefahr durch fehlende Abzäunungen und loses Mauerwerk.

Arztpraxen gibt es vielerorts, aber im Ernstfall ist die Venizelio-Klinik (S. 167) in Iraklion die richtige Adresse. Zur Automiete einen Vermieter suchen, der auch Kindersitze anbietet, und diese selbst montieren.

- **Höhlen** Dikti-Höhle (S. 221) auf dem Lassithi-Plateau, Skotino-Höhle (S. 198) bei Chersonisos

Interaktive Attraktionen

- **Water City** (S. 197) Spaß im Wasserpark von Anopoli, südöstlich von Iraklion
- **Naturkundemuseum** (S. 161) Das Museum in Iraklion hat eine einfallsreiche Kinderabteilung.
- **Agora** (S. 68) In Chania ist täglich Markt.
- **Cretaquarium** (S. 197) Bei Iraklion mit faszinierendem Meeresgetier auf Du und Du
- **Fortezza** (S. 116) Rethymnons tolle Festung

Planung

Reisezeit

Mit kleineren Kindern ist die beste Zeit für einen Kretabesuch wohl im Frühling, Frühsommer oder Herbst; dann ist es angenehm warm, aber nicht zu heiß. Allerdings können die Kleinen erst ab Juni im Meer planschen; vorher ist das Wasser zu kalt.

Unterkunft

Die großen Resort-Hotels öffnen oft später im Jahr als unabhängige Unterkünfte (teilweise erst im Juni), sind aber besser auf Kinder ausgerichtet. Viele Hotels beherbergen Kleinkinder kostenlos und stellen bei Bedarf Zustellbetten zur Verfügung.

Nicht vergessen

- Sonnenschutz – und zwar kübelweise!
- Reisehochstuhl (aufblasbare Sitzerhöhung oder Stoffsitz zur Befestigung an der Stuhllehne)
- Zusammenklappbares Baby-Reisebett
- Medizin, Inhalatoren etc., mit Verschreibungen
- Plastiktassen und -besteck für Kleinkinder
- Babyschale fürs Auto – wer sich nicht vorab bei der Autovermietung danach erkundigt hat, dürfte sonst eine Enttäuschung erleben.
- Windelauflage und Händedesinfektionsmittel
- Eine robuste Rückentrage für Kleinkinder, die noch nicht gut laufen, da Buggys für steile Wegen und Kopfsteinpflaster ungeeignet sind.

My Baby In Greece (www.mybabyingreece.com) vermietet und verkauft Babyphone, Autositze, Fläschchenwärmer etc. und stellt sie kretaweit zu.

Kreta im Überblick

Die sonnenverwöhnte Geburtsinsel des Zeus ist eine facettenreiche Schönheit, von ihren hohen Berggipfeln über dramatische Schluchten bis zu atemberaubenden Stränden.

Die Nordküste, an der sich Badeorte und Hotelanlagen fast lückenlos aneinander reihen, empfängt die meisten Besucher und hat die am besten ausgebaute touristische Infrastruktur.

Dagegen ist das wilde Landesinnere vom Massentourismus weitgehend unberührt. Das verträumte Mosaik aus verschlafenen Dörfern, Weinbergterrassen und fruchtbaren Tälern mit byzantinischen Kirchen und historischen Klöstern will ganz gemütlich und in Ruhe entdeckt werden.

Abenteuerlustige werden vom größtenteils ungezähmten Süden entzückt sein, wo Serpentinenstraßen an einsamen Buchten enden und tiefe Schluchten voller seltener Pflanzen und Tiere die Landschaft durchschneiden.

Chania

Geschichte
Strände
Aktivitäten

Venezianisches Flair

Chanias venezianischer Hafen strotzt vor Farbigkeit und der verblichenen Pracht der einstigen Seemacht Venedig. Hier schlendert man an wuchtigen Wallmauern, Arsenalen, Werften und Villen (heute schicke Hotels) vorbei, um schließlich mit einem Drink in der Hand den Blick aufs Meer zu genießen.

Kristallklares Meer

In Westkreta plätschern die kristallklaren Wellen des weiten Mittelmeers mit geradezu tropischer Badewannentemperatur an rosasandige Strände wie Elafonisi, Balos und Falasarna.

Abenteuer pur

In den Lefka Ori (Weißen Bergen) südlich von Chania ist Kreta am wildesten, mit tiefen Schluchten, weit verzweigten Höhlen und schroffen Felswänden. Adrenalintreibende Bergstraßen, Schluchtenwanderungen, Felsklettertouren oder winterlicher Skispaß fernab aller Pisten – hier winken Abenteuer ohne Ende.

S. 54

Rethymnon

Geschichte
Strände
Landschaft

Multikulturelle Geschichte

Alle Phasen der kretischen Geschichte sind in Rethymnon noch präsent. Die gleichnamige Hauptstadt der Region ist ein hübscher Mix aus venezianischer und osmanischer Architektur. Klöster, die den Türken trotzten, Bergdörfer mit uralten Traditionen: Das weckt Lust auf mehr!

Einsame Küste

Rethymnons zerklüftete Südküste bezaubert mit ihrer weltfernen Aura. Perfekte Strändchen liegen menschenleer zwischen schroffen Felsen. Der ideale Ort, um die Zehen in den Sand zu graben, und sich als Robinson zu fühlen.

Traumhafte Aussicht

Die Heimatregion des höchsten Gipfels von Kreta, des oft schneegekrönten Psiloritis, entzückt Fotografen mit traumhaften Panoramen von spektakulären Schluchten, idyllischen Tälern und samtigen Hügeln voller Olivenbäume, Rebstöcke und Wildblumen.

S. 115

Iraklinon

Antike Stätten
Wandern
Aktivitäten für Kinder

Minoisches Märchenland

Iraklion, Mekka aller Archäologiefans, hat mehr minoische Ruinen als irgendeine andere Region der Insel. Die Paläste von Knossos, Malia, Festos, Agia Triada und zahllose kleinere Stätten lassen Besucher ehrfürchtig staunen über Europas älteste Zivilisation.

Wilde Schluchten

Von den spektakulären Schluchten Rouvas und Agiofarango bis zu den Wegen, die versteckte Kapellen und Klöster rund um Zaros und die Olivenhaine und Gräber um Kamilari verbinden, strotzt Iraklion von tollen Wandertouren.

Kinderspaß

Die Kreter lieben Kinder, und in Iraklion ziehen sie wirklich alle Register, um sie glücklich zu machen: Ob Badespaß am Meer, faszinierendes Aquarium, aufregender Wasserpark, friedliche Spielplätze oder interaktive Museen – hier kommt mit Sicherheit keine Langeweile auf.

S. 154

Lassithi

Antike Stätten
Strände
Wandern

Der Geist der Minoer

Lassithi kann nicht mit den bunt herausgeputzten Ruinen von Knossos aufwarten, aber dafür gehen die minoischen Stätten von Gournia und Kato Zakros tiefer unter die Haut. Die wilde Umgebung und das unwirkliche Echo einer versunkenen Welt bringen die Vergangenheit ganz nah.

Versteckte Strände

Auch wenn berühmte Ziele wie Vai im Sommer Besucherscharen anlocken, sind die meisten Strände von Lassithi noch ziemlich kommerzfrei. Es gibt hier jede Menge versteckte Buchten und kleine Sandstrände wie Almyros und Xerokambos, wo nichts die himmlische Einsamkeit stört.

Höhenrausch

Einige der schönsten Berge Kretas prägen die Landschaft von Lassithi. Ihre luftigen Gipfel und tiefen Schluchten locken zu grandiosen Wandertouren zwischen duftenden Wildblumen und Kräutern. Eine davon ist der Weg durch das spektakuläre „Tal der Toten“ bis zum Meer.

S. 204

Reiseziele auf Kreta

Chania

Inhalt ➡

Gut essen

- To Maridaki (S. 66)
- Taverna Tamam (S. 66)
- Thalassino Ageri (S. 67)
- Methexis (S. 89)
- To Skolio (S. 91)

Schön übernachten

- Serenissima (S. 65)
- Milia (S. 101)
- Casa Delfino (S. 65)
- Elia Suites (S. 64)
- Elafonisi Resort (S. 92)

Auf nach Chania

Der Westen von Kreta ist in vielerlei Hinsicht eine Klasse für sich. Hauptstadt dieser Region der mächtigen Berge, fesselnden Sagen und Schauplätze großer Schlachten ist die romantische Hafenstadt Chania (Χανιά). Von den Venezianern zur schmucken Inselhauptstadt ausgebaut, lockt sie heute mit Designhotels, interessanten Geschäften und einigen der besten Esslokale Griechenlands. Außerdem trumpft die Region mit der großartigsten Schlucht und dem südlichsten Fleckchen Europas auf (der stillen Insel Gavdos, die näher an Afrika als am griechischen Festland liegt), ebenso mit Weltklasse-Stränden an der Westküste und Bergdörfern, die noch längst nicht in der Moderne angekommen sind. Die steilen Berge im Westen und Süden bewahren weite Teile der Region vor den unschönen Auswüchsen des Tourismus. Vom Olivenöl bis zu ehrwürdigen Schnurrbartträgern: Wer das schöne, ursprüngliche Kreta erleben will, ist in Chania und Westkreta genau richtig.

Entfernungen (km)

	Omalos	Chora Sfakion	Kissamos	Paleochora
Chora Sfakion	107			
Kissamos	59	106		
Paleochora	56	137	44	
Chania	38	73	38	72

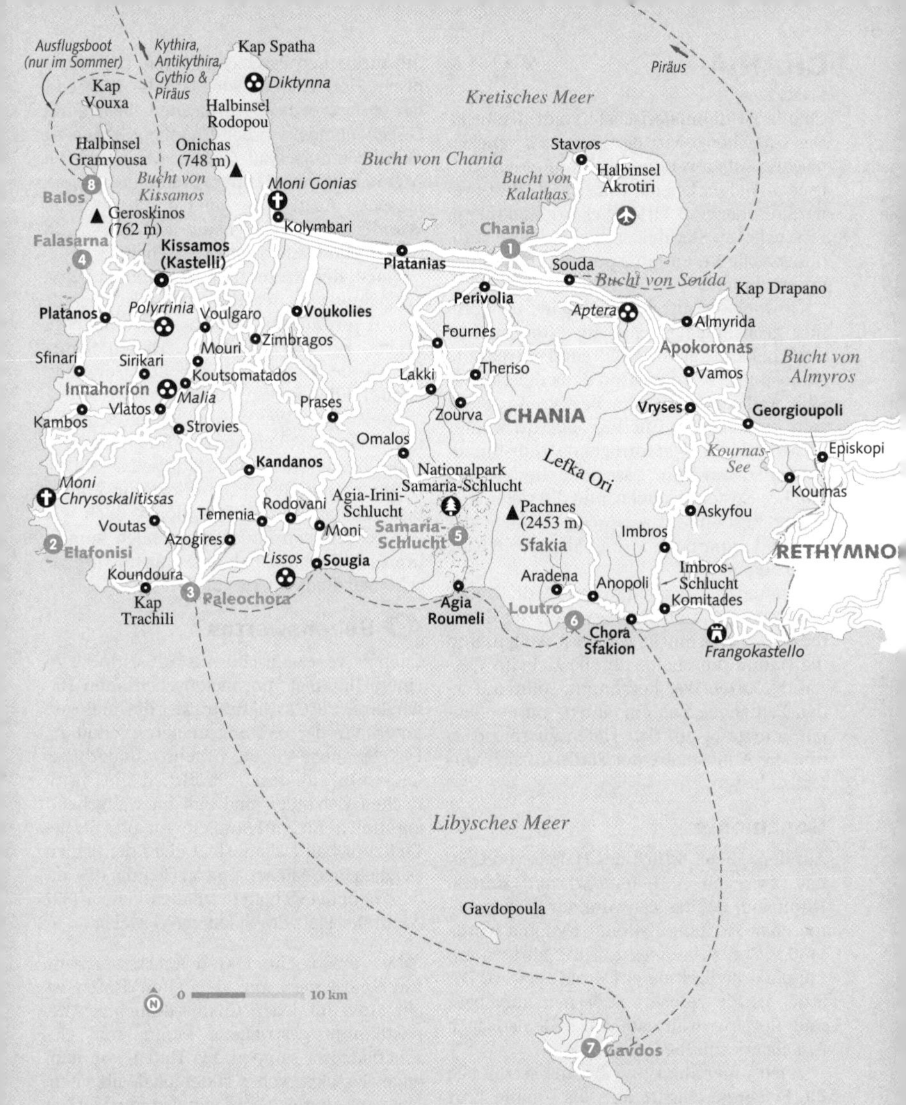

Highlights

1 Den stimmungsvollen **Venezianischen Hafen** von Chania (S. 56) bewundern

2 Im äußersten Südwesten auf dem feinen rosigen Sand von **Elafonisi** (S. 92) relaxen

3 Im entspannten **Paleochora** (S. 87) kretische Live-Musik in ihrem angestammten Umfeld genießen

4 Am Strand von **Falasarna** (S. 102) auf den wildesten Wellen Kretas surfen

5 Durch die grandiose **Samaria-Schlucht** (S. 98) bis zum Meer hinabwandern oder ihre vielen Nachbarschluchten erkunden

6 Auf einem Bootsausflug zum schmucken Dörfchen **Loutro** (S. 82) an der Südküste dem Touristentrubel entkommen

7 Auf der spärlich besiedelten Insel **Gavdos** (S. 93) die Zivilisation weit hinter sich lassen

8 In den blaugrünen Lagunen von **Balos** (S. 104) am Westufer der entlegenen Halbinsel Gramvousa planschen

CHANIA XANIA

54 000 EW.

Chania ist die malerischste Stadt der Insel. Das Gässchengewirr der hübschen venezianischen Altstadt öffnet sich auf einen idyllischen Hafen. Überall finden sich Reste venezianischer und türkischer Architektur; in restaurierten Stadthäusern sind heute stimmungsvolle Restaurants und Boutiquehotels untergebracht.

Obwohl die attraktive Altstadt im Sommer große Mengen von Touristen anzieht wird, hat sie sich ihre wohltuend entspannte Atmosphäre bewahrt. Und dank der Universität und der modernen Bezirke der Stadt geht ihr lebhafter Charme auch im Winter nicht verloren. Hervorragende Kunsthandwerker sorgen dafür, dass Shoppingfans voll auf ihre Kosten kommen, und die vielen kreativen Restaurants versprechen einige der besten kulinarischen Erlebnisse von ganz Griechenland.

Chania ist die zweitgrößte Stadt Kretas, Durchgangsstation für Besucher, die durch die Samaria-Schlucht wandern wollen, und die Hauptdrehscheibe für alle Ziele im Westen der Insel. Wer herkommt, sollte auf jeden Fall genug Zeit einplanen, um bei Sonnenuntergang um den Hafen zu spazieren und die Atmosphäre der Stadt auf sich wirken zu lassen.

Geschichte

Auf dem Hügel östlich des Hafens von Chania (zwischen Akti Tombazi und Karaoli Dimitriou) lag das Zentrum der großen minoischen Siedlung Kydonia. Kydonia wurde 1450 v. Chr. zusammen mit der übrigen minoischen Zivilisation auf Kreta zerstört. Die Stadt wurde jedoch später neu aufgebaut und florierte während der hellenistischen Ära als griechischer Stadtstaat.

Auch unter Rom und Byzanz setzte sich die Erfolgsgeschichte fort, bis Chania 1204 während des Vierten Kreuzzugs mit dem Rest der Insel von den aufstrebenden Venezianern erobert und in La Canea umbenannt wurde. 1266 ging die Stadt für kurze Zeit an die genuesischen Erzrivalen verloren, gelangte aber 1290 wieder zurück in die Hände der Venezianer. Sie errichteten riesige Befestigungsanlagen als Bollwerk gegen Piratenangriffe und nutzten die Stadt 350 Jahre lang als wichtige Drehscheibe ihres mediterranen Handelsimperiums.

1645 fiel die Stadt nach zweimonatiger Belagerung an die Osmanen, die sie zum Sitz des türkischen Paschas machten. Die osmanische Herrschaft endete erst 1898. Während der *tourkokratia* (türkischen Besetzung Griechenlands) wurden Chanias Kirchen zu Moscheen umgebaut. Gleichzeitig bekam die Architektur der gesamten Stadt einen orientalischen Anstrich, geprägt durch hölzerne Wände, Gitterwerkfenster und Minarette (von denen heute noch zwei stehen).

Nach der kretischen Unabhängigkeitserklärung von der türkischen Herrschaft (1898) ernannten Europas Großmächte Chania zur Inselhauptstadt. Diesen Status behielt sie bis 1971, als der Regierungssitz nach Iraklion verlegt wurde.

Im Zweiten Weltkrieg tobte die Schlacht um Kreta vor allem an der Küste westlich von Chania. Auch die Stadt selbst wurde heftig bombardiert, vor allem die Umgebung der antiken Stadt Kydonia, doch von der historischen Bausubstanz blieb immerhin so viel erhalten, dass sie noch heute als schönste Stadt Kretas gilt.

Sehenswertes

Chanias venezianische Altstadt verlockt zu einem Bummel vom malerischen alten Hafen durch die Geschäftsstraßen, die im Bogen innerhalb der Festungsmauern verlaufen. Das Splantzia-Viertel ist ein wunderbares Labyrinth aus engen Sträßchen mit historischen Gebäuden und einigen weitgehend autofreien Einkaufsstraßen. An der Straße Chatzimichali Daliani steht eines der beiden verbliebenen **Minarette** von Chania; das andere befindet sich an der nahen Plateia 1821 (zentraler Platz des Splantzia-Viertels).

★ **Venezianischer Hafen** HISTORISCHES VIERTEL
Ein Spaziergang um den alten Hafen ist ein Muss für jeden Chania-Besucher. Alte, pastellbunt gestrichene Wohn- und Geschäftshäuser säumen den Hafen, von dem enge Gässchen voller Ladenlokale abgehen. Der ganze Bereich wird von den imposanten **Venezianischen Befestigungen** umrahmt. Unbedingt lohnend ist auch der 1,5 km lange Weg über die Hafenmole bis zum **Venezianischen Leuchtturm**. An der Ostseite des inneren Hafens steht die markante **Hassan-Pascha-Moschee** (Janitscharenmoschee), die heute wechselnde Kunstausstellungen zeigt.

Der am besten erhaltene Abschnitt der mächtigen äußeren Befestigungen ist die Westmauer. Sie verläuft vom **Fort Firkas**, dem ehemaligen türkischen Gefängnis am Westende des Hafens, bis zur **Siavo-Bastion**.

Einst war sie Teil einer Wehranlage, die 1538 von Michele Sanmichele begonnen wurde, dem Baumeister, der auch die Festungsanlagen von Iraklion entwarf. Das Eingangstor zur Festung befindet sich neben dem Schifffahrtsmuseum. Oben von der Bastion eröffnet sich ein weiter Blick auf die Altstadt.

★**Archäologisches Museum** MUSEUM
(☎28210 90334; Chalidon 30; Erw./Kind 3 €/frei; ⏱Mo–Fr 8–20, Sa & So 8–15 Uhr) Schon das Gebäude – die glänzend restaurierte venezianische Franziskuskirche aus dem 16. Jh. – wäre Grund genug, diese schöne Sammlung von Fundstücken aus der Jungsteinzeit bis zur Römerzeit zu besuchen. Die spätminoischen Sarkophage sind ebenso sehenswert wie die große Vitrine, die eine ganze Herde von tönernen Stierfiguren (symbolische Opfergaben an Poseidon) beherbergt. Weitere Highlights sind drei römische Bodenmosaike, Goldschmuck aus der griechischen Antike, Tontafeln mit Linear-A- und Linear-B-Schrift und eine Marmorskulptur des römischen Kaisers Hadrian.

Besonders eindrucksvoll sind außerdem die Dianastatue und, im hübschen Innenhof, ein mit Löwenköpfen geschmückter Marmorbrunnen aus der venezianischen Ära. Ein türkischer Brunnen erinnert an die Zeit, in der das Gebäude als Moschee genutzt wurde.

Das Kirchgebäude diente unter den Türken als Moschee, ab 1913 als Kino und im

DREI PERFEKTE TAGE

1. Tag

Frühaufsteher genießen den malerischen **Venezianischen Hafen** (S. 56) von Chania bei einem Kaffee im **Pallas** (S. 66) ganz ohne Touristenscharen, bevor sie zum **Leuchtturm** (S. 94) hinausspazieren. Alternativ locken das faszinierende **Archäologische Museum** (S. 56), die **Byzantinische & Nachbyzantinische Sammlung** (S. 61) oder das **Schifffahrtsmuseum** (S. 60) im venezianischen **Fort Firkas** (S. 56). Mittagessen gibt es bei **To Karnagio** (S. 66) oder bei **Kouzina EPE** im angesagten Splantzia-Viertel (S. 65). Wer jetzt noch nicht siestareif ist, kann an Olivenhainen vorbei zum Traumstrand **Falasarna** (S. 102) an der Westküste fahren. Nach der Rückkehr tischen Chanias tolle Esslokale, wie **To Maridaki** (S. 66) oder die **Taverna Tamam** (S. 66), gegrillten Tintenfisch und leckeren Wein unterm Sternenhimmel auf. Oder man nächtigt gleich in Falasarna bzw. im nahen Ökodorf **Milia** (S. 101).

2. Tag

Die Kalorien der köstlichen Kretaküche kann man bei einer Tageswanderung durch die **Samaria-Schlucht** (S. 98) oder die kürzeren Schluchten **Agia Irini** (S. 85) oder **Imbros** (S. 77) wieder abarbeiten. Unterwegs Ausschau halten nach der schüchternen *kri-kri*, der kretischen Wildziege. Am Himmel kreisende Raubvögel lauern auf Wanderer mit Hitzschlag. Die Wanderung endet an der Südküste. Hier kann man die Fähre von **Agia Roumeli** (S. 83) nach **Sougia** (S. 84) oder **Loutro** (S. 82) nehmen, um am Libyschen Meer zu nächtigen, bis nach **Chora Sfakion** (S. 81) weiterschippern und dort Frischfisch und *sfakiani pita* in der Hafentaverne **Nikos** (S. 80) schmausen oder mit dem Bus nach Chania zurückfahren. Die Fähre gen Westen fährt bis zum relaxten Paleochora, wo **Methexis** (S. 89) kretische Spezialitäten zaubert und Bars mit Livemusik erfreuen.

3. Tag

Eine lange Bus- oder Autofahrt von Chania oder eine kurze Schiffstour von **Paleochora** (S. 87) entfernt lädt der Paradiesstrand von **Elafonisi** (S. 92) dazu ein, sich den ganzen Tag im vielfarbigen Sand und im warmem Libyschen Meer zu aalen. Wer im **Elafonisi Resort** (S. 92) übernachtet, kann bei Sonnenuntergang, wenn die Besuchermassen weg sind, zum vorgelagerten Inselchen hinüberspazieren und am nächsten Tag noch mehr Strandleben genießen. Oder man kehrt direkt nach Chania zurück, um bei **Thalassino Ageri** (S. 67) Meeresfrüchte zu schlemmen.

Eine Alternative zu Elafonisi ist die blaugrüne Lagune von **Balos** (S. 104). Der Strand ist mit einem morgendlichen **Schiff** (S. 104) von Kissamos (Kastelli) erreichbar. Autofahrer können sich unterwegs bei **Gramvousa** (S. 104) oder **Leventis** (S. 105) mit liebevoll zubereiteten kretischen Sspezialitäten stärken.

Chania

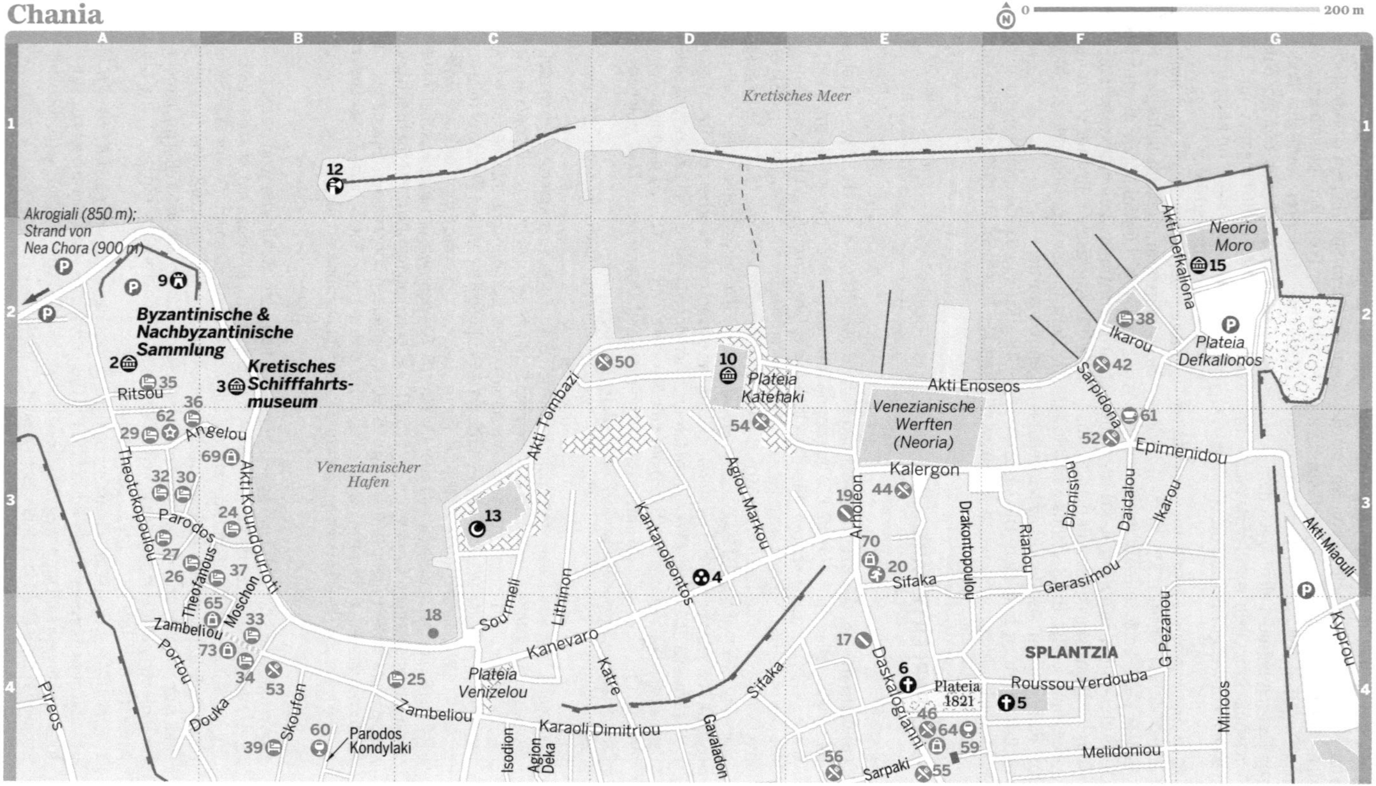
0
200 m
Kretisches Meer
Akrogiali (850 m);
Strand von
Nea Chora (900 m)
Byzantinische &
Nachbyzantinische
Sammlung
Kretisches
Schifffahrts-
museum
Venezianischer
Hafen
Plateia
Katehaki
Venezianische
Werften
(Neoria)
Neorio
Moro
Plateia
Defkalionos
SPLANTZIA
Plateia
1821
Plateia
Venizelou
Parodos
Kondylaki
Akti Defkaliona
Akti Enoseos
Akti Tombazi
Akti Koundourioti
Akti Miaouli
Kyprou
Ikarou
Sarpidona
Epimenidou
Kalergon
Dionisiou
Daidalou
Rianou
Drakontopoulou
Gerasimou
G Pezanou
Minoos
Melidoniou
Roussou Verdouba
Daskalogianni
Sarpaki
Arholeon
Sifaka
Agiou Markou
Kantanoleontos
Lithinon
Sourmeli
Kanevaro
Katre
Gavaladon
Karaoli Dimitriou
Isodion
Agion
Deka
Zambeliou
Skoufon
Douka
Portou
Moschon
Theofanous
Parodos
Theotokopoulou
Angelou
Ritsou
Pireos

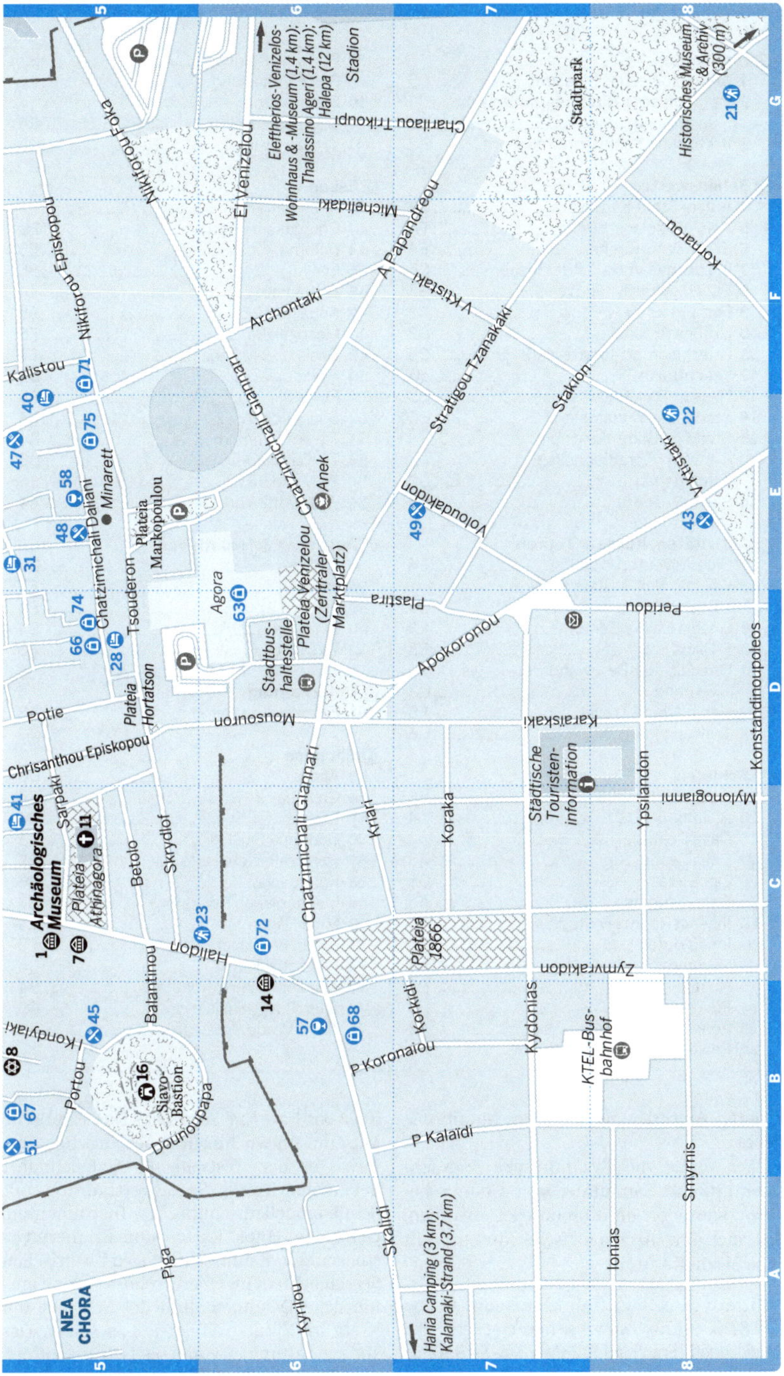
NEA CHORA
Archäologisches Museum
Plateia Athinagora
Sarpaki
Chrisanthou Episkopou
Potie
Plateia Hortatson
Betolo
Skrydlof
Halidon
Balantinou
I Kondylaki
Portou
Siavo-Bastion
Dounoupapa
Piga
Kyrilou
Skalidi
Hania Camping (3 km); Kalamaki-Strand (3,7 km)
P Kalaïdi
P Koronaiou
Korkidi
Plateia 1866
Chatzimichali Giannari
Kriari
Koraka
Mousouron
Stadtbus-haltestelle
Plateia Venizelou (Zentraler Marktplatz)
Agora
Tsouderon
Chatzimichali Daliani
Minarett
Plateia Markopoulou
Anek
Kalistou
Nikiforou Episkopou
Nikiforou Foka
El Venizelou
Archontaki
A Papandreou
Michelidaki
Charilaou Trikoupi
Eleftherios-Venizelos-Wohnhaus & -Museum (1,4 km); Thalassino Ageri (1,4 km); Halepa (12 km)
Stadion
Stadtpark
Historisches Museum & Archiv (300 m)
V Ktistaki
Stratigou Tzanakaki
Sfakion
Koronaiou
Voloudakidon
Plastira
Apokoronou
Peridou
Karaiskaki
Städtische Touristen-information
Ypsilandon
Konstandinoupoleos
Mylonogianni
Kydonias
Zymvrakidon
KTEL-Busbahnhof
Ionias
Smyrnis

Chania

Highlights

1 Archäologisches Museum ... C5
2 Byzantinische & Nachbyzantinische Sammlung ... A2
3 Kretisches Schifffahrtsmuseum ... B2

Sehenswertes

4 Antike Stadt Kydonia ... D3
5 Agios-Nikolaos-Kirche ... F4
6 San-Rocco-Kirche ... E4
7 Kretisches Volkskundemuseum ... C5
8 Etz-Hayyim-Synagoge ... B5
9 Fort Firkas ... A2
10 Großes Arsenal ... D2
11 Griechisch-orthodoxe Kathedrale ... C5
12 Leuchtturm ... B1
13 Hassan-Pascha-Moschee ... C3
14 Städtische Kunstgalerie ... B6
15 Ständige Sammlung zum antiken & traditionellen Schiffsbau ... G2
16 Siavo-Bastion ... B5

Aktivitäten, Kurse & Touren

17 Blue Adventures Diving ... E4
18 Captain Nick's Glass Bottom Boat ... C4
19 Chania Diving Center ... E3
20 E-Bikes ... E3
21 Griechischer Bergwanderer-verband ... G8
22 Hania Alpine Travel ... E8
23 Trekking Plan ... C6

Schlafen

24 Amphora Hotel ... B3
25 Bellmondo ... C4
26 Casa Delfino ... A3
27 Casa Leone ... A3
28 Elia Suites ... D5
29 Iason Studios ... A3
30 Ifigenia Rooms & Studios ... A3
31 Ionas Hotel ... E5
32 Madonna Studios ... A3
33 Nostos Hotel ... B4
34 Palazzo Duca ... B4
35 Pension Lena ... A2
36 Pension Theresa ... A3
37 Porto de Colombo ... B3
38 Porto Veneziano ... F2
39 Serenissima ... B4
40 Splanzia Hotel ... E5
41 Vranas Studios ... C5

Essen

42 Apostolis I & II ... F2
43 Bougatsa tou Iordanis ... E8
44 Doloma ... E3
45 Ela ... B5
46 Glymidakis ... E4
47 Kouzina EPE ... E5
48 Mesogeiako ... E5
49 Oasis ... E7
50 Pallas ... D2
51 Portes ... B5
52 Soul Kitchen ... F3
53 Taverna Tamam ... B4
54 To Karnagio ... D3
55 To Maridaki ... E4
56 Well of the Turk ... E4

Ausgehen & Nachtleben

57 Garage ... B6
58 Kibar ... E5
59 Kleidi ... E4
60 Sinagogi ... B4
61 Ta Duo Lux ... F3

Unterhaltung

62 Fagotto Jazz Bar ... A3

Shoppen

63 Agora ... D6
64 Chroma ... E4
65 Exantas Art Space ... B4
66 Georgina Skalidi ... D5
67 Handgefertigte Hüte ... B5
68 Karistianis ... B6
69 Mediterraneo Bookstore ... B3
70 Miden Agan ... E3
71 Omen Art Gallery ... F5
72 Pelekanakis ... C6
73 Teppichweberei Roka ... B4
74 Sifis Stavroulakis ... D5
75 Terra Verde ... E5

Zweiten Weltkrieg als deutsches Munitionsdepot.

Wer zuerst die Byzantinische & Nachbyzantinische Sammlung von Chania besucht, kann dort ein Kombiticket erwerben, das auch fürs Archäologische Museum gilt (Erw./Kind 3 €/frei).

★ **Kretisches Schifffahrtsmuseum** MUSEUM
(☎28210 91875; www.mar-mus-crete.gr; Akti Koundourioti; Erw./Kind 3/2 €; ⌚Mo–Sa 9–17, So 10–18 Uhr, Nov.–April So geschl.) Das Nautische Museum im wuchtigen venezianischen Fort Firkas an der Westseite der Hafeneinfahrt beleuchtet Kretas Seefahrertradition mit Schiffsmodellen, nautischen Instrumenten, Gemälden, Fotos, Karten und Erinnerungsstücken. Ein Raum widmet sich historischen Seeschlachten. Im Obergeschoss ist eine ausführliche Dokumentation der Schlacht um Kreta im Zweiten Weltkrieg zu sehen. Das Tor zur Festung ist von 8 bis 14 Uhr geöffnet.

★Byzantinische und Nachbyzantinische Sammlung MUSEUM
(☎28210 96046; Theotokopoulou 82; Eintritt 2 €; ⏲Di–So 8–15 Uhr) Die Byzantinische Sammlung logiert in der beeindruckend restaurierten Kirche San Salvatore. Zu der kleinen, aber faszinierenden Sammlung von Artefakten, Ikonen, Schmuck und Münzen aus den Jahren 62 bis 1913 gehören ein Fragment des Mosaikbodens einer frühchristlichen Basilika und eine wertvolle Ikone des hl. Georg als Drachentöter. Das Gebäude selbst ist ein bunter Mix interessanter Architekturelemente aus seinen verschiedenen Nutzungsepochen. Ein Kombiticket mit dem Archäologischen Museum kostet 3 € (Kinder haben freien Eintritt).

Agios-Nikolaos-Kirche KIRCHE
(Plateia 1821; ⏲7–12 & 14–19 Uhr) Die Kirche bietet einen ungewöhnlichen Anblick: Auf einer Seite ist eines der beiden noch erhaltenen Minarette von Chania angebaut, auf der anderen erhebt sich ein Glockenturm. Das Fundament wurde 1205 von den Venezianern gelegt, doch das Tonnengewölbe und die schlichten Buntglasfenster des stattlichen Baus (1320) gehen wohl auf das Konto der Franziskaner. 1645 funktionierten die Osmanen die Kirche in eine Moschee um; seit 1918 gehört sie zur Orthodoxen Kirche. Auf der anderen Seite des Platzes steht die restaurierte venezianische **San-Rocco-Kirche**.

Etz-Hayyim-Synagoge SYNAGOGE
(☎28210 86286; www.etz-hayyim-hania.org; Parodos Kondylaki; ⏲Mo–Do 10–18, Fr 10–15 Uhr) Die einzige noch erhaltene Synagoge auf Kreta stammt aus dem 15. Jh., wurde im Zweiten Weltkrieg stark beschädigt und erst 1999 wieder eröffnet. Sie beherbergt eine Mikwe (Ritualbad), Grabstätten von Rabbinern und eine Gedenkstätte für die Juden der Stadt, die den Nazis zum Opfer fielen. Heute wird sie wieder von einer kleinen Gemeinde genutzt und steht auch Besuchern offen. Die Synagoge liegt an einem Gässchen, das nur von der Kondylaki-Straße zu erreichen ist.

Griechisch-orthodoxe Kathedrale KATHEDRALE
(Ekklisia tis Trimartyris; Plateia Athinagora) Die griechisch-orthodoxe Hauptkirche von Chania ist im klassizistischen Stil errichtet und der Schutzpatronin der Stadt geweiht: der Panagia Trimartyri oder Madonna der drei Märtyrer. Sie steht auf den Grundmauern einer Kirche aus dem 11. Jh., die während der türkischen Herrschaft als Seifenfabrik genutzt wurde. Am 21. November feiert die Stadt den Festtag der Heiligen.

> NICHT VERSÄUMEN
>
> ## TOP-STRÄNDE
>
> ➜ **Elafonisi** (S. 92) Großartiger Strand im Südwesten; bekannt für seinen roséfarbenen Sand
>
> ➜ **Balos** (S. 104) Unglaublich klare Lagune mit blaugrün schimmerndem Wasser am Ufer der Halbinsel Gramvousa
>
> ➜ **Falasarna** (S. 102) Langer Sandstrand mit den schönsten Wellen der Westküste

Kretahaus-Volkskundemuseum MUSEUM
(☎28210 90816; Chalidon 46b; Erw./Kind 2 €/frei; ⏲Mo, Di, Do & Fr 9–18, Mi & Sa 9–17, So 11–18 Uhr) Das interessante Volkskundemuseum zeigt verschiedene Handwerke wie traditionelle Webarbeiten, aber auch Gemälde aus der Gegend und mehrere Zimmer eines traditionellen kretischen Hauses. Der Eingang im Obergeschoss ist vom Innenhof zugänglich.

Historisches Museum & Archiv MUSEUM
(☎28210 52606; www.chaniatourism.com; Ioannou Sfakianaki 20; ⏲Mo–Fr 9–14 Uhr) GRATIS Das Historische Museum & Archiv von Chania, ungefähr 1,5 km südöstlich des alten Hafens, zeichnet Kretas von Kriegen geprägte Vergangenheit nach und erinnert an den Widerstandskampf gegen die Türken. Außerdem zeigt es Gegenstände aus dem Besitz des Nationalhelden Eleftherios Venizelos (1864–1936), der Anführer der kretischen Rebellion und griechischer Ministerpräsident war, und eine Volkskundesammlung.

Großes Arsenal HISTORISCHES GEBÄUDE
(☎28210 40101; www.kam-arsenali.gr; Plateia Katechaki) In dem prachtvoll restaurierten venezianischen Arsenal aus dem 16. Jh. hat sich das Zentrum für mediterrane Architektur einquartiert, das regelmäßig Ausstellungen und andere Veranstaltungen organisiert.

Dauerausstellung antiker & traditioneller Schiffsbaukunst MUSEUM
(☎28210 91875; Neorio Moro, Akti Defkaliona; Erw./Kind 2/1 €; ⏲Mai–Okt. Mo–Sa 9–17, So 10–18 Uhr) Die *Minoa,* der originalgetreue Nachbau eines minoischen Schiffs, der 2004 zur Olympiade von Kreta nach Athen schipperte, hat jetzt ihren festen Liegeplatz in einem umgebauten venezianischen Werftgebäude *(neoria).* Werkzeuge, die bei ihrem

Bau eingesetzt wurden, und Fotos von ihrer aufregenden Reise veranschaulichen die erstaunliche Konstruktionsleistung.

Städtische Kunstgalerie KUNSTGALERIE
(☎28210 92294; www.pinakothiki-chania.gr; Chalidon 98; Erw./Kind 2 €/frei; ⏲Mo 19–22, Di–Sa 10–14 & 19–22 Uhr) Die moderne Galerie zeigt auf drei Etagen Ausstellungen zeitgenössischer griechischer Kunst.

Eleftherios-Venizelos-Wohnhaus & -Museum MUSEUM
(☎28210 56008; www.venizelos-foundation.gr; Plateia Helena Venizelou, Chalepa; Erw./Kind 3/1 €; ⏲Mitte Juni–Sept. Mo–Fr 10.30–13.30 & 18.30–21.30, Sa & So 10.30–13.30 Uhr, Okt.–Mitte Juni kürzer) Das Museum im ehemaligen Wohnhaus von Eleftherios Venizelos befindet sich ca. 2 km östlich der Altstadt im Stadtviertel Chalepa. Haus und Einrichtung des großen Staatsmanns sind originalgetreu aufs Großartigste erhalten und durch Karten und andere Infos ergänzt worden.

Antike Stadt Kydonia RUINEN
An der archäologischen Stätte der antiken Stadt Kydonia, östlich vom alten Hafen an der Kreuzung Kanevarou und Kandaloneou, sind laufende Ausgrabungsarbeiten zu beobachten. Aufgrund der Entdeckung von Tontafeln mit Linear-B-Schrift vermuten Archäologen, dass Kydonia Standort eines minoischen Palastes und einer bedeutenden Stadt war. Ein großer Teil der Ruinen von Kydonia liegt allerdings unter der heutigen Stadt Chania, was das Ausmaß der Ausgrabungen zwangsläufig in Grenzen hält. Deshalb wurden hier bislang nicht so viele Fundstücke zutage gefördert wie an den minoischen Stätten um Iraklion, vor allem Knossos und Festos.

Die meisten hier ausgegrabenen Stücke befinden sich im Archäologischen Museum von Chania.

CHANIA MIT KINDERN

Falls der Fünfjährige urplötzlich das Interesse an der venezianischen Architektur verliert, hilft ein Abstecher zum **Stadtpark** zwischen Tzanakaki und A Papandreou. Dort warten ein Spielplatz und ein schattiges Café auf Besucher. Acht Kilometer südlich der Stadt befindet sich der riesige Aquapark **Limnoupolis** (☎28210 33246; Varypetro; Tageskarte Erw./ 3–12 J. 23/17 €, Nachmittagskarte 16/13 €; ⏲ Mitte Mai–Sept. 10–19 Uhr). Rutschen und Pools halten den Nachwuchs bei Laune, Cafés und Poolbars die Erwachsenen. Vom KTEL-Busbahnhof aus fahren regelmäßig Busse hin.

Strände

Der Stadtstrand in **Nea Chora** (Akti Papanikoli), 2 km westlich vom venezianischen Hafen, ist überlaufen, aber meist sauber und für eine kurze Abkühlung durchaus brauchbar. Der Strand von **Koum Kapi** ist weniger voll, aber schmutziger. Besser schwimmen kann man weiter westlich an den Stränden **Agioi Apostoli**, **Chrysi Akti** und **Kalamaki** (ungefähr 3,5 km entfernt). Es fahren regelmäßig Stadtbusse zu diesen Stränden und noch weiter bis hinter **Platanias**.

Aktivitäten

Chania ist Ausgangspunkt zur Erkundung der gewaltigen Schluchten und schönen Strände südlich und südwestlich der Stadt.

Griechischer Bergsteigerverband WANDERN, OUTDOOR-AKTIVITÄTEN
(EOS; ☎28210 44647; www.eoshanion.gr; Tzanakaki 90, Chania; ⏲8.30–18 Uhr) Wer genauere Infos über Outdoor-Sport benötigt, etwa zum Bergsteigen in den Lefka Ori (Weißen Bergen), zu Berghütten oder zum Europäischen Fernwanderweg E4, besucht am besten die örtliche EOS-Sektion oder ihre Website. EOS veranstaltet auch regelmäßig Wandertouren.

Trekking Plan WANDERN, RADFAHREN
(☎28210 27040, 6932417040; www.cycling.gr; Chalidon 85; Wander- & Radtouren ab 35 €/Tag, Klettern ab 15 €/Std., private Führer 100 €/halber Tag; ⏲9–14 & 18–20.30 Uhr, Nov.–April So geschl.) Trekking Plan bietet Wanderungen zu den Schluchten Agia Irini und Imbros, Besteigungen des Gingilos, Canyoning, Abseiling, Felsklettern, Kajak- und Mountainbiketouren und im Winter auch Skitouren an.

Hania Alpine Travel WANDERN
(☎28210 50939, 6932252890; www.alpine.gr; Boniali 11–19) Der in Chania ansässige Veranstalter organisiert maßgeschneiderte Wander-, Kletter- und Kanuurlaube für Familien, Gruppen und Einzelpersonen.

E-Bikes RADFAHREN
(☎28215 03879; Sifaka 60; Fahrrad/E-Bike 9/15 € pro Tag; ⏲Mo–Sa 9–12 & 16–20 Uhr) Der Fahrradverleiher in Chanias Altstadt hat normale Fahrräder und E-Bikes im Angebot.

Hellas Bikes RADFAHREN
(☎28210 60858; www.hellasbike.net; Agia Marina; Fahrräder ab 13 €/Tag; ⏲9–13 & 17–20.30 Uhr) Der Anbieter in Agia Marina, 10 km westlich von Chania, verleiht Fahrräder und veranstaltet halb- und ganztägige Radtouren in der Umgebung.

Blue Adventures Diving TAUCHEN
(☎28210 40403; www.divingchania.com; Archoleon 11; ⏲April–Nov.) Alteingesessenes Tauchzentrum mit zahlreichen Angeboten, u. a. Kurse zum Erwerb des PADI-Scheins *Open Water Diver* (450 €), Tauchausflüge in der Nähe von Chania (zwei Tauchgänge inkl. Ausrüstung 90 €), Tauchgänge für Anfänger und Schnorcheltouren (40 €). Das Tauchzentrum hat einen Ableger am Strand von Nea Chora.

Chania Diving Center TAUCHEN
(☎28210 09083; www.chaniadiving.gr; Archoleon 1; 2 Tauchgänge inkl. Ausrüstung 85 €, PADI-Open-Water-Schein 410 €) Tauchangebote in der Umgebung von Chania, u. a. PADI-Kurse, Tauchausflüge, Tauchgänge für Anfänger und Schnorcheltouren (45 €).

Touren

Captain Nick's Glass Bottom Boat BOOTSFAHRTEN
(☎28210 86732; www.captainnickchania.com; Hafen von Chania; 1-/2-/3½-stündige Touren 10/20/25 €) Von den generell nicht berauschenden Bootsausflügen ab Chania noch das beste Angebot: Das Glasbodenboot von Captain Nick steuert die Inselchen vor der Küste an und hat Schnorchelausrüstung an Bord.

Chania Segway Tours SEGWAY-TOUREN
(www.chaniasegwaytours.com; 1¼-stündige Tour 39 €) Verschiedene Segway-Rundfahrten, u. a. eine Altstadt- und Hafentour.

Festivals & Events

Schlacht um Kreta GEDENKVERANSTALTUNG
Ende Mai begeht Chania den Jahrestag der Schlacht um Kreta im Zweiten Weltkrieg; eine Woche lang gibt's dann sportliche Wettkämpfe, Volkstanz und Gedenkfeiern.

Sommerfestival DARSTELLENDE KÜNSTE
(www.chania.gr) Von Juni bis August organisiert die Stadtverwaltung kulturelle Events in der ganzen Stadt, u. a. im Stadtpark und im Freilichttheater außerhalb der östlichen Stadtmauer (Odos Kyprou), wo regelmäßig Konzerte und Theatervorstellungen stattfinden.

Schlafen

In Chanias venezianischem Viertel wimmelt es von schicken Boutiquehotels und stimmungsvollen, familiengeführten Pensionen in restaurierten venezianischen Gebäuden. Hostels sucht man hier vergebens; in Stadtnähe gibt es aber einen Campingplatz. Die meisten Hotels haben keinen Aufzug. Sie sind in der Regel ganzjährig geöffnet. Am Wochenende und im Sommer ist rechtzeitige Reservierung ratsam; in dieser Zeit gilt u. U. ein Mindestaufenthalt von zwei oder drei Nächten.

Jede Menge gute Unterkünfte findet man am westlichen Ende des Hafens und entlang der Odos Zambeliou. Allerdings kann es hier abends ziemlich voll und laut sein, vor allem direkt am Hafen. Günstigere, ruhigere Zimmer gibt es im Splantzia-Viertel. Um Abstand vom Trubel zu gewinnen, empfiehlt sich das Uferviertel Chalepa, 2,5 km östlich vom alten Hafen. Hotelanlagen mit Pools säumen die Strände ab Nea Chora nach Westen bis über Platanias hinaus.

Pension Theresa PENSION €
(☎28210 92798; www.pensiontheresa.gr; Angelou 8; Zi. 50–60 €; ❄📶) Das alte Haus war ursprünglich Teil der venezianischen Befestigungsanlage von Chania. Mit seinen knarrenden Böden, der steilen (und schmalen!) Wendeltreppe und antiken Möbeln strotzt es nur so vor Atmosphäre. Die traumhafte Lage garantiert phantastischen Blick von der Dachterrasse mit Gemeinschaftsküche, die Zutaten für ein schlichtes Frühstück bereithält. Zur Pension gehört noch ein Haus mit Ferienwohnungen.

Ifigenia Rooms & Studios APARTMENTS €
(☎28210 94357; www.ifigeniastudios.gr; Gamba 23, Ecke Parodos Agelou; Zi. 50–110 €; ❄@📶👪) Auf mehrere restaurierte Häuser am venezianischen Hafen verteilen sich diese Unterkünfte, deren Spektrum vom einfachen Zimmer bis zur schicken Suite mit Küchenzeile, Whirlpool und Aussicht reicht. Sie erfreuen mit netten Details wie kunstvollen schmiedeeisernen Bettgestellen und urigen Mauerbögen. Manche Bäder sind allerdings sehr schlicht. Wer ein Standardzimmer mit Meerblick möchte, muss 15–30 € mehr hinblättern.

Iason Studios APARTMENTS €
(☎28210 87102; www.iasonstudios.gr; Agelou 32; DZ/Studio ab 50/55 €; ❄📶) Schlichte, großzügige Apartments im Herzen der Altstadt,

teils mit Balkonen Richtung Stadt. Die freundliche Betreiberin Despina spricht fließend Englisch.

Camping Chania CAMPINGPLATZ €
(☎28210 31138; www.camping-chania.gr; Agii Apostoli; Stellplätze pro Zelt/Erw./Kind 4/7/4 €; ⊙April–Okt.; P 🛜 🏊) Chanias nächstgelegener Campingplatz, 5 km westlich der Stadt am Strand, bietet Vorzüge wie einen großen Pool mit separatem Kinderbereich, schattige Stellplätze, Restaurant, Bar, Minimarkt, Waschsalon und Gemeinschaftsküche. Außerdem gibt es Zelte und Wohncontainer zu mieten. In Chania von der Südostecke der Platia 1866 den Bus Richtung Westen nehmen und den Fahrer bitten, am Campingplatz zu halten.

★ **Elia Suites** DESIGNERHOTEL €€
(☎28210 83778; www.eliahotels.gr; Chatzimichali Daliani 57, Ecke Gavaladon; DZ/4BZ 100/140 €; ❄ 🛜 👪) Vier geräumige, moderne Luxussuiten in einem restaurierten Stadthaus an der Fußgängerzone Daliani, gleich hinter der Markthalle. Die Zimmer haben seit ihrer Renovierung 2014 stilvolle Details wie schieferfarbene Bettüberwürfe und schicke Bäder mit riesigen ebenerdigen Duschen. Große Flachbildfernseher, feste Betten und kleine Balkone runden das Angebot ab. Es gibt keine Rezeption im Haus – vorab reservieren! Die Inhaber betreiben eine Reihe weiterer Unterkünfte in Chania.

Splanzia Hotel BOUTIQUEHOTEL €€
(☎28210 45313; www.splanzia.com; Daskalogianni 20; DZ/3BZ inkl. Frühstück ab 115/130 €; ❄ @ 🛜) Das schicke, kürzlich renovierte Hotel in einem osmanischen Gebäude im netten Splantzia-Viertel hat acht stilvolle Zimmer, einige mit stoffverkleideten Himmelbetten aus Holz. Die Zimmer nach hinten blicken auf einen reizenden Hof mit Bougainvilleas und einem der wenigen noch erhaltenen türkischen Brunnen Chanias. Die Betreiber sind freundlich und pragmatisch.

Palazzo Duca APARTMENTS €€
(☎28210 70460; www.palazzoduca.gr; Douka 27–29; DZ/Suite ab 80/110 €; ❄ 🛜) Das kleine Hotel in einem Nebensträßchen am alten Hafen wurde von Lesern empfohlen. Es vermietet überaus komfortable Studios und Apartments mit Küchennischen; manche haben sogar Hafenblick oder kleine Balkone.

Ionas Hotel HOTEL €€
(☎28210 55090; www.ionashotel.com; Ecke Sarpaki & Sorvolou; EZ/DZ/Suite inkl. Frühstück ab 95/100/120 €; ❄ 🛜) Eins der neuen Boutiquehotels im ruhigen Stadtviertel Splantzia, in einem historischen Gebäude mit moderner Einrichtung und netten Inhabern. Die neun Zimmer bieten allen modernen Komfort (ein Zimmer hat sogar einen kleinen Whirlpool) und haben eine Gemeinschaftsterrasse. Original erhalten sind u. a. ein venezianischer Torbogen im Eingangsbereich und Wände aus der Mitte des 16. Jhs.

Amphora Hotel HOTEL €€
(☎28210 93224; www.amphora.gr; Parodos Theotokopoulou 20; EZ/DZ/3BZ ab 95/110/115 €; ❄ 🛜) Die elegant eingerichteten Zimmer der perfekt restaurierten venezianischen Villa liegen größtenteils um einen Innenhof, einige weitere in einem Nebenflügel. Die im Obergeschoss haben Blick auf den Hafen; in den nach vorn gelegenen kann es im Sommer ziemlich laut werden.

Porto Veneziano HOTEL €€
(☎28210 27100; www.portoveneziano.gr; Akti Enoseos & Glafkou; EZ/DZ/3BZ inkl. Frühstück ab 80/90/120 €; ❄ 🛜) Das Businesshotel am ruhigeren Ostende des alten Hafens bietet unverstellten Blick auf Stadt und Hafen und saubere, komfortable Zimmer mit Flachbildfernsehern. Einige haben auch Balkone.

Madonna Studios APARTMENTS €€
(☎28210 94747; www.madonnastudios.gr; Gamba 33; Studio 90–115 €; ❄ 🛜) Das charmante kleine Hotel hat fünf reizende, gut ausgestattete Studios um einen bezaubernden Innenhof voller Blumen. Die Einrichtung ist traditionell, das Zimmer im oberen Stockwerk nach vorne hat einen tollen Balkon, zum Hofzimmer gehört der alte steinerne Waschtrog.

Porto de Colombo HOTEL, APARTMENTS €€
(☎28210 70945; www.portodelcolombo.gr; Theofanous & Moshon; DZ/Apt. inkl. Frühstück ab 85/100 €; ❄ @ 🛜 👪) Das 600 Jahre alte venezianische Stadthaus, ehemals französische Botschaft und Amtssitz von Eleftherios Venizelos, ist heute ein charmantes Boutiquehotel mit zehn bezaubernden, hübsch eingerichteten Zimmern. Die Suiten im Obergeschoss haben herrlichen Hafenblick. Die Standardzimmer bieten Platz für bis zu drei Personen (dann aber etwas beengt). Für Reisende mit Kindern sind die drei Apartments für Selbstversorger besser geeignet.

Vranas Studios APARTMENTS €€
(☎28210 58618; www.vranas.gr; Agion Deka 10; Studio 65–70 €; ❄ 🛜) Das Haus im Herzen

der Altstadt liegt an einer belebten Fußgängerzone und bietet großzügige, makellos gepflegte Studios mit Kochnische. Alle Zimmer haben polierte Holzfußböden, Balkon, TV und Telefon. Praktisch, dass es hier auch ein Internetcafé gibt.

Belmondo HOTEL €€
(☎28210 36216; www.belmondohotel.com; Zambeliou 10; EZ/DZ/3BZ inkl. Frühstück ab 70/90/105 €; ❄📶) Das Hotel besticht mit türkischen und venezianischen Elementen, wie Überresten eines alten *hamam* (türkischen Bads) in einem Zimmer, ist aber mit schlichtem Holzmobiliar eingerichtet. Die schönsten Zimmer haben Balkon (für ca. 20 € Aufschlag) und Hafenblick.

Nostos Hotel BOUTIQUEHOTEL €€
(☎28210 94743; www.nostos-hotel.com; Zambeliou 42–46; EZ/DZ/3BZ/Suite inkl. Frühstück ab 80/125/160/140 €; ❄📶) Das 600 Jahre alte Gebäude bietet in einer Mischung aus venezianischem Stil und modernen Annehmlichkeiten zwölf anständige Zimmer mit Kühlschrank, Telefon und TV. Die Studios haben auch Küchen. Dachgarten mit schöner Aussicht und Balkonzimmer mit Hafenblick.

Pension Lena PENSION €€
(☎28210 86860; www.lenachania.gr; Ritsou 5; DZ 65 €; ❄📶👪) Die sympathische Namensgeberin vermietet in ihrer Pension in der Nähe von Fort Firkas geschmackvoll eingerichtete Zimmer mit nostalgischem Touch und ein paar eingestreuten Antiquitäten. Am schönsten sind die Zimmer nach vorne. Außerdem hat Lena noch drei Häuser für Selbstversorger im Angebot.

★**Serenissima** BOUTIQUEHOTEL €€€
(☎28210 86386; www.serenissima.gr; Skoufon 4; DZ/Suite ab 170/230 €; ❄📶) Der jüngste Neuzugang der luxuriösen Boutiquehotel-Szene von Chania hat erst 2015 eröffnet. Die geräumige und perfekt renovierte Stadtvilla bietet das ganze Jahr über Rundum-Verwöhnservice. Das minimalistische Bar-Restaurant ist in sanften Pfirsichtönen gestrichen; die Zimmer sind mit modernster TV-Technologie, gehobenem Schick und stilvollen Bädern ausgestattet.

★**Casa Delfino** BOUTIQUEHOTEL €€€
(☎28210 87400; www.casadelfino.com; Theofanous 9; Zi./Suite inkl. Frühstück ab 190/210 €; ❄📶) Im venezianischen Viertel verspricht diese elegante Villa aus dem 17. Jh. Luxus pur. Ihre 24 Suiten in unterschiedlichen Größen sind alle individuell mit eigens angefertigtem Mobiliar, Marmorböden und allerlei romantischen Schnörkeln eingerichtet. Das Frühstück wird im Innenhof mit Kieselmosaikboden serviert. Der osmanisch inspirierte Wellnessbereich und die Dachterrasse sind ideal zum Ausspannen nach einem erlebnisreichen Tag.

★**Casa Leone** BOUTIQUEHOTEL €€€
(☎28210 76762; www.casa-leone.com; Parodos Theotokopoulou 18; DZ/Suite inkl. Frühstück ab 135/160 €; ❄📶) Das elegante, romantische Boutiquehotel in einer ehemaligen venezianischen Residenz wird als Familienbetrieb geführt. Seine großzügigen, nobel ausgestatteten Zimmer haben Balkone mit Blick auf den Hafen. Die Flitterwöchner-Suite bezaubert mit Bettbaldachin und wallenden Vorhängen. Preisnachlässe für Frühbucher und Barzahler.

Essen

Chania hat einige der besten Restaurants von ganz Kreta. Erwartungsgemäß sind die meisten Tavernen in Spitzenlage am Wasser mittelmäßig, überteuert und von lästigen Kundenfängern umlagert. Die beste Qualität versteckt sich in den ruhigen Seitenstraßen. In der Chatzimichali Daliani gibt es in beiderseits der Einmündung der Malmou eine Ansammlung gut besuchter *mezedhopoleia*, die hauptsächlich kleine Gerichte, die sogenannten *mezedhes*, servieren, und Ouzerien, die kleine Gerichte und feurigen Raki (Tresterbrand) kredenzen.

★**Bougatsa tou Iordanis** KRETISCH €
(☎28210 88855; Apokoronou 24; Bougatsa 2,80 €; ⏲Mo–Sa 8–14.30, So 8–12 Uhr) Einmal im Leben sollte man die *bougatsa* des kleinen Ladens probiert haben, der sich ganz auf diese käsig-süße Blätterteigleckerei spezialisiert hat. Sie wird hier frisch in riesigen Platten gebacken und vor den Augen der Kundschaft in Stücke geschnitten. Dazu ein Kaffee und der Morgen ist gerettet. Außer der Spezialität des Hauses steht nichts auf der Karte!

Kouzina EPE KRETISCH €
(☎28210 42391; Daskalogianni 25; Hauptgerichte 4–8 €; ⏲Mo–Sa 12–19.30 Uhr) Das fröhliche Lunchlokal abseits des Touristentrubels ist ein Lieblingstreff der Einheimischen. Sein Zementboden, die weißen Tische und die baumelnden silbrigen Origamiboote verleihen ihm geradezu modernes Designerflair.

Auf einer Tafel sind verschiedene *mayirefta* (vorgegarte Eintöpfe, Aufläufe etc.) aufgelistet, die in der offenen Küche begutachtet werden können.

Pallas CAFÉ €
(Akti Tombazi 15–17; Hauptgerichte 8–16 €; ⌚8–24 Uhr; 📶) Eine gute Adresse für Kaffee und Frühstück am alten Hafen von Chania ist dieses bei den Einheimischen sehr beliebte Lokal mit Speiseraum im Obergeschoss, toller Aussicht und ebenso toller Brunch-Karte.

Mesogeiako MEZEDHES €
(Chatzimichali Daliani 36; Mezedhes 3,50–6 €; ⌚18–1 Uhr) Gleich beim Minarett im Stadtviertel Splantzia bietet dieses trendige *mezedhopoleio* zwischen einigen ebenfalls gut besuchten Nachbarlokalen eine Auswahl an klassischen und kreativeren Gerichten. Unbedingt probieren: die frittierten Zucchiniblüten, die Auberginen, die Schweinehackbällchen und den hervorragenden Raki.

Portes KRETISCH €
(☎28210 76261; Portou 48; Hauptgerichte 7–10 €; ⌚12 Uhr–spät; 📶) Gehobene Küche ohne Allüren. Touristen und Anwohner wissen die kreative, schlichte Kreta-Kost mit modernem Anstrich zu schätzen. Wer von der Tageskarte ordert, kann eigentlich nichts falsch machen.

Glymidakis BÄCKEREI €
(☎28210 61714; Plateia 1821; Gebäck ab 1 €; ⌚7–20 Uhr) Die Bäckerei hat jede Menge Stammkunden, die hier ofenfrische kretische Brotsorten und Gebäckspezialitäten einkaufen oder an schattigen Tischen draußen auf dem Platz zum Kaffee genießen.

Oasis FAST FOOD €
(Vouloudakidon 2; Souvlaki 2 €; ⌚Mo–Sa während der Ladenöffnungszeiten) Die Einheimischen schwören auf das sehr leckere *souvlaki* in dieser winzigen, altmodischen Oase. Tipp: Wie überall auf Kreta muss man *souvlaki kalamaki* bestellen, um wirklich die Fleischspieße zu bekommen, die wir in Deutschland darunter verstehen. Wer einfach nur „*souvlaki*" sagt, bekommt hier nämlich Gyros.

Doloma KRETISCH €
(☎28213 01008; Kalergon 8; Hauptgerichte 4,50–7 €; ⌚April–Okt. 12–24 Uhr, Nov. & Dez. kürzer, Jan.–März geschl.; 📶) Das unaufdringliche Restaurant am Hafen verschwindet fast hinter dem üppigen Grün, das seine Terrasse und den Parkplatz umrankt. Die schlichten, traditionellen *mayirefta* sind eine gute Sättigungsmöglichkeit, wenn anderswo gerade kein Tisch frei ist.

★ **To Maridaki** KRETISCH €€
(☎28210 08880; Daskalogianni 33; Gerichte 7–12 €; ⌚Mo–Sa 12–24 Uhr) Sehr empfehlenswertes modernes Fisch-*mezedhopoleio*. In seinem fröhlichen, hellen Speisesaal schmausen beglückte Touristen und Einheimische in trauter Eintracht ausgezeichnete Meeresfrüchte aus der Region und andere kretische Spezialitäten. Die Zutaten sind frisch, die gebratenen Tintenfische unwiderstehlich, der Weißwein des Hauses köstlich spritzig und die als Gratisdessert gereichte *panna cotta* einfach göttlich. Was will man mehr?

★ **Taverna Tamam** MEDITERRAN €€
(☎28210 96080; Zambeliou 49; Hauptgerichte 7–12 €; ⌚12–24 Uhr; 📶🖉) Eifrig plaudernde Einheimische bevölkern die hervorragende Taverne, deren Tische aus dem ehemaligen türkischen Badehaus bis auf die Straße quellen. Zu den orientalisch gewürzten Gerichten gehören leckere Suppen und eine tolle Auswahl vegetarischer Spezialitäten. An kretischen Köstlichkeiten gibt es u. a. zartes Zicklein mit *staka* (üppige Sauce aus Ziegenmilch).

To Karnagio KRETISCH, MEERESFRÜCHTE €€
(☎28210 53366; Plateia Katechaki 8; Hauptgerichte 5–18 €; ⌚Mai–Okt. 12–24 Uhr; 📶) Beliebtes Lokal mit Tischen auf einem Platz am Hafen, gleich neben dem Großen Arsenal. Schöne Auswahl an Fisch und Meeresfrüchten, kretische Klassiker wie *oktopus stifado* (Oktopus in Tomaten-Weinsoße) und köstliche *boureki* (gefülltes Filoteiggebäck), dazu eine gute Weinkarte.

Well of the Turk ORIENTALISCH €€
(Pigadi tou Tourkou; ☎28210 54547; www.welloftheturk.com; Sarpaki 1–3; Hauptgerichte 8–15 €; ⌚Mi–Mo abends) Im uralten Steinbau eines ehemaligen *hamam* an einem ruhigen Platz zaubert diese romantische Taverne gehaltvolle Köstlichkeiten mit nordafrikanischen, nahöstlichen und türkischen Einflüssen, alles aus besten kretischen Zutaten zubereitet. Den perfekten Schlusspunkt setzt der Käsekuchen mit Rosenwasser und Orange.

Apostolis I & II MEERESFRÜCHTE €€
(☎28210 43470; Akti Enoseos; Hauptgerichte 6–14 €, Fisch ab 50 €/kg; ⌚Mai–Sept. 11.30–1 Uhr, sonst kürzere Öffnungszeiten) Das renommierte

Restaurant serviert frischen Fisch und kretische Gerichte in zwei separaten Gebäuden an der ruhigeren Ostseite des Hafens. Apostolis II ist beliebter, weil dort der Besitzer selbst das Zepter schwingt, aber das andere hat die gleiche Speisekarte und ist geringfügig billiger. Eine Meeresfrüchteplatte für zwei kostet 30 € inklusive Salat. Die Bedienung ist freundlich und fix, die Weinkarte gut.

Soul Kitchen INTERNATIONAL €€
(☎28210 44372; Kallergon, Ecke Sarpidonos; Hauptgerichte 7–12 €; ⏲Di–Fr 18–24, Sa 12–24, So 12–19 Uhr) In dem lässigen Lokal mit moderner Einrichtung aus honigfarbenem Holz gibt es alles von kretischen Spezialitäten bis zu stattlichen Hamburgern und Salaten und dazu eine gute Auswahl an Bieren.

Akrogiali MEERESFRÜCHTE €€
(☎28210 71110; Akti Papanikoli 20; Hauptgerichte 7–12 €; ⏲Mai–Okt. mittags & abends; 📶) Im luftig weiß-blauen Ambiente am Strand von Nea Chora, westlich der Stadt, kommen Fisch und Meeresfrüchte fangfrisch auf den Tisch, u. a. genialer gefüllter Tintenfisch.

Ela KRETISCH €€
(☎28210 74128; www.ela-chania.gr; Kondylaki 47; Hauptgerichte 7–16 €; ⏲12–1 Uhr; 📶) Das 1650 als Seifenfabrik errichtete Gebäude diente später zeitweise als Schule, Brennerei und Käserei. Heute ist es ein stimmungsvolles Open-Air-Restaurant mit gehobenen kretischen Spezialitäten. Die mehrsprachigen Speisekarten an der Straße erinnern an Touristenfallen, aber das Essen ist sehr anständig.

★ **Thalassino Ageri** MEERESFRÜCHTE €€€
(☎28210 51136; www.thalasino-ageri.gr; Vivilaki 35; Fisch 55 €/kg; ⏲April–Mitte Okt. ab 19.30 Uhr) Die abseits gelegene Fischtaverne an einem winzigen Hafen 2 km östlich des Zentrums, zwischen den Ruinen der alten Gerbereien von Chania, ist eine der besten Essadressen auf Kreta. In prachtvoller Lage genießt man hier den Sonnenuntergang und wählt aus einer je nach Tagesfang wechselnden Speisekarte. Die meisten Gerichte sind umwerfend kreativ, wie der Fischersalat, oder himmlisch schlicht, wie der köstlich zarte Tintenfisch.

Anfahrt per Taxi oder der Venizelou folgen und da, wo diese landeinwärts schwenkt, nach links in die Noel einbiegen. Dieselben Inhaber betreiben auch das ausgezeichnete To Maridaki (S. 66) im Splantzia-Viertel von Chania.

🍷 Ausgehen

Man sitzt nett in den Café-Bars am venezianischen Hafen, aber überteuert. Mehr Lokalkolorit gibt es an der Plateia 1821 im Splantzia-Viertel, in den Sträßchen in der Nähe der Potie oder im alternativ angehauchten Sarpidona am Ostende des Hafens.

Kleidi BAR
(☎28210 52974; Plateia 1821; ⏲8 Uhr–open end) Tagsüber schlürfen Einheimische an den Tischen auf dem schattigen Platz ihren Eiskaffee; nachts geht hier die Party ab. Kein Namensschild weist auf die Bar hin, nur das Bild eines Schlüssellochs (*kleidi* bedeutet „Schlüssel").

Sinagogi BAR
(☎28210 95242; Parodos Kondylaki 15; ⏲Juni–Sept. 13 Uhr–open end; 📶) In einem dachlosen venezianischen Gebäude an einer Altstadtgasse, die nur von der Kondylaki zugänglich ist, öffnet jeden Sommer diese beliebte Loungebar, ein zwangloser Ort, um das Geschehen entspannt auf sich wirken zu lassen.

Kibar BAR
(☎28210 50172; Chatzimichali Daliani 22; ⏲2 Uhr–open end; 📶) Das Café im schönen Hof eines Klosters aus dem 16. Jh., das heute als Kunst- und Kulturzentrum dient (Monastiri Tou Karolou), lockt mit lebhafter Atmosphäre und einer internationalen Auswahl an Flaschenbieren.

Ta Duo Lux CAFÉ, BAR
(☎28210 52519; Sarpidona 8; ⏲10 Uhr–open end; 📶) Zwischen einer Reihe von Kneipen kurz vor dem Ostende des Hafens hält sich die flippige Café-Bar Ta Duo Lux als zeitlos beliebter Treff der jüngeren Alternativszene und ist tagsüber ebenso gut besucht wie abends.

Garage BAR
(Skalidi 8; ⏲20 Uhr–open end) An DJ-Abenden verwandelt sich diese Cocktailbar in einen Tanzclub.

Koukouvagia BAR
(www.koukouvaya.gr; Venizelos Graves; ⏲10 Uhr–open end) Wer einen fahrbaren Untersatz hat, kann die 5 km auf den Hügel hochfahren, wo der große Staatsmann Eleftherios Venizelos begraben liegt. Von seiner Grabstätte und der benachbarten Café-Bar, die ganz im Zeichen der Eule steht, genießt man einen herrlichen Panoramablick über Chania. Das Lokal ist besonders bei den Studenten der nahen technischen Universität beliebt,

die es mit leckerem Gebäck und Snacks verwöhnt. Ein Taxi von/nach Chania kostet ungefähr 7 €.

★ **Fagotto Jazz Bar** BAR, LIVEMUSIK
(☎28210 71877; Angelou 16; ⌚19–2 Uhr) Die alteingesessene Institution in einem venezianischen Gebäude spielt gefälligen Jazz, Softrock und Blues (manchmal auch live) und ist über und über mit Jazz-Requisiten dekoriert, bis hin zum Zapfhahn in Form eines Saxofons. Hier geht die Action erst nach 22 Uhr so richtig los.

Shoppen

In Chania kann man prima shoppen – vor allem in den Seitensträßchen. An der Theotokopoulou drängen sich Souvenir- und Kunsthandwerksläden. Die Skrydlof bietet eine Riesenauswahl an importierten Sandalen, Gürteln und Taschen. Authentisches kretisches Kunsthandwerk gibt es vor allem im Splantzia-Viertel, in der Chatzimichali Daliani und der Daskalogianni.

Die meisten Altstadtgeschäfte haben bis 23 Uhr geöffnet; im Einkaufsviertel der Neustadt werden dagegen die normalen Ladenöffnungszeiten eingehalten.

Am Samstagvormittag findet an der Minoos ein *laïki* (Straßenmarkt) mit Obst und Gemüse, lokalen Spezialitäten und Klamotten statt. Ein weiterer Straßenmarkt ist donnerstags im Hafenviertel westlich von Fort Firkas zu finden.

Miden Agan ESSEN & TRINKEN
(☎28210 27068; www.midenaganshop.gr; Daskalogianni 70; ⌚Mo & Mi 10–15, Di & Do–Sa 10–15 & 18–22 Uhr) Feinschmecker und Weinliebhaber werden entzückt sein von der Auswahl in diesem vortrefflichen Geschäft: Es führt über 800 griechische Weine, eigene Weine und Liköre, diverse hübsch verpackte traditionelle Delikatessen aus der Region (darunter Öl und Honig) und verschiedene Sorten Löffelsüße aus eigener Herstellung (Tipp: weißer Kürbis).

Exantas Art Space KUNSTHANDWERK, BÜCHER
(☎28210 95920; Zambeliou & Moschon; ⌚10–14 & 18–23 Uhr) Dieser klasse Laden hat schöne Postkarten mit alten Fotos und Stichen, handgemachte Souvenirs und Spiele, kretische Musik und eine gute Auswahl an Reiseführern, Bildbänden und Kunstbüchern.

Georgina Skalidi ACCESSOIRES
(☎28215 01705; www.georginaskalidi.com; Chatzimichali Daliani 58; ⌚Mo, Mi & Sa 11–14, Di, Do & Fr 11–14 & 18–21 Uhr) Die einheimische Designerin ist mit ihren wunderbaren modernen Ledertaschen, Schmuckwaren und Accessoires auch international erfolgreich.

INSIDERWISSEN

KRETISCHE SPEZIALITÄTEN

Kreta ist berühmt für heimische Erzeugnisse wie Olivenöl und Thymianhonig. Die beste Qualität (und die besten Preise) findet man normalerweise eher in bescheidenen Dorfläden als in den Souvenirshops der Städte. Besser als elegante Fläschchen mit eingelegten Kräuterzweigen sind die großen, unetikettierten Flaschen direkt vom Bauernhof.

Sifis Stavroulakis SCHMUCK
(☎28210 50335; www.sifisjewellery.gr; Chatzimichali Daliani 54; ⌚Mo, Mi & Sa 10–14, Di, Do & Fr 10–14 & 17.30–20.30 Uhr) In dem kleinen Laden mit Schmuckwerkstatt entstehen aus Halbedelsteinen und Metallen wunderschöne Schmuckstücke in floralen und anderen Naturformen.

Agora MARKTHALLE
(Central Market; www.chaniamarket.com; Chatzimichali Giannari; ⌚Mo–Sa 8–15 Uhr) Chanias Markthalle auf kreuzförmigem Grundriss wimmelt vor allem von Touristen auf der Suche nach Souvenirs, aber es gibt hier auch noch ein paar authentische Gemüse-, Fleisch- und Käsestände sowie Cafés.

Terra Verde ESSEN & TRINKEN
(☎28210 52201; www.terraverde-chania.gr; Chatzimichali Daliani 5; ⌚Mo–Fr 9.30–14.30 & 19–22, Sa 9.30–14.30 Uhr) Ein Geschäft mit regionalen Bioprodukten, von Raki und Wein bis zu Olivenöl und Honig.

Karistianis BEKLEIDUNG, OUTDOOR-AUSRÜSTUNG
(☎28210 93573; Skalidi 9–11; ⌚Mo–Fr 9–21, Sa 9–16 Uhr) Die beste Adresse für Outdoor-Klamotten und Wanderschuhe. Der dazugehörige Armeeshop auf der anderen Straßenseite verkauft auch Camping- und Kletterausrüstung.

Chroma KUNST
(☎28210 46334; Daskalogianni 42; ⌚Mo, Mi & Sa 11–14, Di, Do & Fr 11–14 & 18–21 Uhr) Elegante Siebdrucke, Lithografien und altmodische Landkarten im Splantzia-Viertel.

Handgefertigte Hüte ACCESSOIRES
(☎28210 57037; Skoufon 14; ⌚Mo–Sa 12–21 Uhr) Der kleine Laden, der zugleich als Werk-

statt dient, ist vollgestopft mit bedruckten Textilien und handgefertigten Hüten – alles Unikate, aus Filz oder Stoff, mit Bändern geschmückt etc.

Teppichweberei Roka HANDARBEITEN
(☎28210 74736; Zambeliou 61; ⏲Mo–Sa 11–21 Uhr) Einer der wenigen Orte auf Kreta, wo man authentische Handwebarbeiten erwerben kann (wohlgemerkt: nicht antik). Der freundliche Mihalis Manousakis und seine Frau weben ihre farbenprächtigen Teppiche auf einem 400 Jahre alten Webstuhl nach Techniken, die sich seit minoischer Zeit kaum verändert haben.

Omen Art Gallery KUNST, KUNSTHANDWERK
(☎28210 08685; www.omenart.gr; Daskalogianni 4; ⏲Mo, Mi & Sa 11–14, Di, Do & Fr 11–14 & 18–21 Uhr) Die Galerie im Splantzia-Viertel verkauft Keramik, Grafiken und andere Kunst aus Kreta.

Pelekanakis BÜCHER, LANDKARTEN
(Chalidon 89; ⏲Mo–Sa 8.30–21 Uhr, Juni–Sept. auch So, Okt.–März kürzer) Dieser Klassiker unter Chanias Bücherläden führt Straßen- und Wanderkarten, Reiseführer und andere ansonsten schwer auffindbare Bücher über Kreta in elf Sprachen.

Mediterraneo Bookstore BÜCHER
(☎28210 86904; Akti Koundourioti 57; ⏲8 Uhr–open end) Der Bücherladen direkt am Wasser hat eine große Auswahl englischsprachiger Romane und Bücher über Kreta sowie internationale Zeitschriften.

ℹ Praktische Informationen

GELD

Die meisten Banken befinden sich im neuen Teil der Stadt um Plateia Markopoulou, aber es gibt auch einige Geldautomaten in der Altstadt an der Chalidon. Die **Griechische Nationalbank** (Ecke Tzanakaki & Giannari) hat einen rund um die Uhr geöffneten Geldautomaten.

INTERNETZUGANG

Kostenloses WLAN ist an vielen öffentlichen Plätzen zugänglich, u. a. am Hafen, im Bereich des Zentralmarkts und an der Plateia 1866, sowie in den meisten Hotels, Restaurants, Cafés und Bars.

NOTFÄLLE

Touristenpolizei (☎28210 25931, Notruf 171; Irakleiou 24; ⏲8–14.30 Uhr) Die Polizeiwache befindet sich 1,2 km südöstlich vom zentralen Marktplatz (*agora*) an der Irakleiou, der Verlängerung der Apokoronou.

MEDIZINISCHE VERSORGUNG

Chania General Hospital St. George (☎28210 22000; www.chaniahospital.gr; Mournies) Das Allgemeinkrankenhaus von Chania liegt 4,5 km südlich der Stadt und ist mit dem städtischen Bus oder per Taxi (8–10 €) zu erreichen.

POST

Postamt (☎28210 28444; Peridou 10; ⏲Mo–Fr 7.30–20, Sa 7.30–14 Uhr)

REISEBÜROS

Diktynna Travel (☎28210 41458; www.diktynna-travel.gr; Archontaki 6; ⏲Mo–Fr 9–18 Uhr)

BUSVERBINDUNGEN AB CHANIA

REISEZIEL	PREIS (€)	DAUER	HÄUFIGKEIT
Elafonisi	10	2½ Std.	1-mal tgl.
Falasarna	7,60	1½ Std.	3-mal tgl.
Chora Sfakion	7,60	1 Std. 40 Min.	3-mal tgl.
Iraklion	13,80	2¾ Std.	halbstündl.
Kissamos (Kastelli)	4,70	1 Std.	13-mal tgl.
Kolymbari	3,30	45 Min.	halbstündl.
Lakki	2,60	1¾ Std.	3-mal tgl.
Moni Agias Triadas	2,30	30 Min.	2-mal tgl.
Omalos (zur Samaria-Schlucht)	6,90	1 Std.	3-mal tgl.
Paleochora	7,60	1 Std. 50 Min.	4-mal tgl.
Rethymnon	6,20	1 Std.	halbstündl.
Sougia	7,10	1 Std. 50 Min.	2-mal tgl.
Stavros	2,10	30 Min.	3-mal tgl.

Organisiert ein breites Spektrum an Kultur- und Ökotourismusaktivitäten.

Tellus Travel (☎28210 91500; www.tellustravel.gr; Chalidon 108; ⏲8.30–22 Uhr) Das große Reisebüro bietet alles Mögliche, von Autovermietung und Geldwechsel über Flug- und Fährtickets bis zu Unterkünften und Ausflügen.

TOURISTENINFORMATION

Städtische Touristeninformation (☎28213 41665; www.chania.gr; Milonogianni 53; ⏲Mo–Fr 8.30–14.30 Uhr) Die Touristeninformation am Rathaus bietet eine bescheidene Auswahl an Broschüren, Stadtplänen und Fahrplänen und öffnet manchmal auch samstags.

WEBSITES

Chania Old Town Walks (www.chania-old-town-walks.com) Ausgezeichnete historische Stadtführungen.

Chania Tourism (www.chaniatourism.com) Das städtische Tourismusportal.

Western Crete Information (www.west-crete.com) Tourismusinformationen für die Region Chania.

ℹ An- & Weiterreise

BUS

Der **KTEL-Busbahnhof** (☎Info 28210 93052, Tickets 28210 93306; www.bus-service-crete-ktel.com; Kydonias 73–77; @ 📶) von Chania hat eine Cafeteria, einen Minimarkt und eine Gepäckaufbewahrung (2 € pro Gepäckstück und Tag). Der aktuelle Fahrplan ist der ausgezeichneten Website zu entnehmen; er ändert sich von Monat zu Monat. In der Zeit von Oktober bis April werden die Strände normalerweise nicht angefahren.

Von Chania verkehren regelmäßig klimatisierte Busse zu vielen Orten und größeren Stränden der Region sowie zu größeren Städten im übrigen Kreta. Wenn man zu mehreren unterwegs ist, ist ein Mietwagen oft preiswerter und praktischer.

FÄHRE

Der Fährhafen von Chania ist in Souda, 7 km südöstlich der Stadt (hier befindet sich auch ein NATO-Stützpunkt). Vom Hafen kommt man per Bus (1,50 €) oder Taxi (9 €) nach Chania. Busse nach Chania und Rethymnon stehen bei Ankunft der Fähren bereit. Auskunft über Fährverbindungen gibt es bei der **Hafenpolizei** (☎28210 89240).

Anek (☎28210 27500; www.anek.gr; Plateia Venizelou) Nachtfähre zwischen Piräus und Chania (ab 42/83 € je Pers./Auto, 9 Std.). Tickets gibt es online oder am Hafen; wer ein Auto mitnehmen will, sollte vorab reservieren.

FLÜGE

Der Flughafen von Chania (S. 56) liegt 14 km östlich der Stadt auf der Halbinsel Akrotiri. Er wird das ganze Jahr über von Athen und Thessaloniki aus angeflogen. In der Touristensaison gibt es auch Direktflüge aus dem übrigen Europa. Zu den Fluggesellschaften, die ihn ansteuern, gehören Aegean Airlines und Ryanair.

ℹ Unterwegs vor Ort

In Chania kommt man am besten zu Fuß herum, da große Teile der Stadt für den Autoverkehr gesperrt sind.

AUTO & MOTORRAD

Die großen Autoverleiher sind mit Büros am Flughafen oder in der Chalidon vertreten. Die Autovermietungen in Agia Marina bringen ihre Fahrzeuge auch nach Chania.

Die Altstadt ist größtenteils für Autos gesperrt. Es gibt kostenlose Parkplätze gleich westlich von Fort Firkas und am Wasser in Richtung Nea-Chora-Strand oder am Ostende des Hafens an der Kyprou. Achtung: Nicht in Bereichen parken, die als Anwohnerparkplätze ausgewiesen sind.

Europrent (☎28210 27810; www.europrent.gr; Chalidon 87; Mietwagen ab 32 €/Tag)

BUS

Von der zentral gelegenen **Busstation Giannari** (☎28210 27044; www.chaniabus.gr; Tickets 1,10 bzw. 1,50 €, bei Erwerb im Bus 1,50 bzw. 2 €), in der Nähe der Markthalle *(agora)* verkehren städtische Busse zum/vom Fährhafen Souda, nach Chalepa, Nea Chora und zu anderen Zielen der Gegend.

VOM/ZUM FLUGHAFEN

KTEL-Busse (www.bus-service-crete-ktel.com) verkehren bis zu 27-mal am Tag zwischen dem Flughafen und dem Zentrum von Chania (2,30 €, 30 Min.). Ein Taxi vom/zum Flughafen kostet 20 € (plus 2 € pro Gepäckstück).

TAXI

Taxi (☎28210 98700)

ÖSTLICH VON CHANIA

Im Nordosten des Regionalbezirks Chania liegen die felsige Halbinsel Akrotiri mit einigen interessanten Klöstern und die Halbinsel Apokoronas (eher eine Landzunge). Eine besondere Attraktion der Gegend ist der Kournas-See, der einzige natürliche Süßwassersee der Insel. Strandorte wie Kalyves, Almyrida und Georgioupoli sind nicht ganz so zugebaut wie die Touristenzentren an der Küste westlich von Chania, können aber mit der Schönheit der Strände im Süden und Westen bei Weitem nicht mithalten. Kretas ursprünglicher Charakter ist am ehesten noch im restaurierten Dorf Vamos, in den Ruinen der antiken Stadt Aptera und in traditionsverhafteten Dörfchen wie Gavalochori erlebbar.

Die Halbinsel Akrotiri
Χερσόνησος Ακρωτήρι

Die Halbinsel Akrotiri nordöstlich von Chania ist eine karge, hügelige, von Gestrüpp überwucherte Felslandschaft. Außer ein paar Strandorten gibt es hier noch Chanias Flughafen, einen großen Nato-Marinestützpunkt an der Bucht von Souda und zwei interessante Klöster. Busse sind rar, Wegweiser ebenso, was die Orientierung erschwert. Für Besucher mit Auto bietet sich die Halbinsel für einen Tagesausflug mit Strandbesuch, Mittagessen und Besichtigung der Klöster an. Wer eine Strandunterkunft in der Nähe von Chania sucht, findet in Kalathas und Stavros auf Akrotiri wesentlich ruhigere Alternativen zu den klotzigen Pauschalurlaubsanlagen westlich der Stadt, aber generell hat Kretas Südwesten viel attraktivere Strände zu bieten als Akrotiri.

Kalathas, 10 km nördlich von Chania, hat zwei von Pinien gesäumte Sandstrände. Das wissen auch die Chanioten zu schätzen, von denen viele hier Sommer- und Wochenendhäuschen besitzen.

Drei Kilometer nördlich von Kalathas liegt der kleine Strandort **Tersanas**. Er ist an der Hauptstraße von Kalathas nach Stavros ausgeschildert.

Stavros, 6 km nördlich von Kalathas, ist eine unansehnliche Ansammlung verstreuter Häuser nebst einigen Restaurants und Hotels an einer berühmten Bucht.

Sehenswertes

Moni Agias Triadas KLOSTER

(Agia Triada Tsagarolon; www.agiatriada-chania.gr; Erw./Kind 2 €/frei; ⌚ Juni–Aug. 8 Uhr–Sonnenuntergang, Sept.–Mai 8–14 & 16 Uhr–Sonnenuntergang) Die bedeutendste kulturelle Sehenswürdigkeit der Halbinsel Akrotiri ist dieses ebenso imposante wie gastfreundliche Kloster aus dem 17. Jh. Gegründet wurde es von den venezianischen Mönchen Jeremia und Laurentio Giancarolo, die zum orthodoxen Glauben übergetreten waren. Das heute noch aktive Kloster hat eine hervorragende Bibliothek und beherbergte im 19. Jh. eine Ordensschule. Ein Besuch lohnt sich wegen des Altarbilds, der venezianisch beeinflussten, kuppelgekrönten Fassade, des kleinen Museums und des Ladens, der leckere Klostererzeugnisse wie Wein, Öl und Raki verkauft.

Moni Gouvernetou KLOSTER

(Unsere Liebe Frau der Engel; ⌚ Mo, Di & Do 9–12 & 17–19, Sa & So 9–11 & 17–20 Uhr) Das Moni Gouvernetou aus dem 16. Jh., 4 km nördlich vom Moni Agia Triada, geht vielleicht sogar bis auf das 11. Jh. zurück, als solche landeinwärts gelegenen Zufluchtsstätten auch Schutz vor Küstenpiraten boten. Das Bauwerk selbst ist ziemlich schlicht, aber die Kirche innerhalb seiner Mauern hat eine aufwendig gestaltete venezianische Fassade. Besucher müssen ihre Fahrzeuge auf dem Parkplatz vor dem Kloster abstellen und ordentlich bekleidet sein, wenn sie das Kloster betreten wollen (keine kurzen Hosen oder zu knappen Röcke). In der Bucht unterhalb des Klosters ist das Baden verboten.

Im Unabhängigkeitskrieg wurde das Kloster angegriffen und niedergebrannt, doch die Mönche waren vorgewarnt und konnten ihre Schätze (nicht aber sich selbst) retten, indem sie sie zum Berg Athos im Norden Griechenlands verschifften. Heute wird das Kloster von einer Handvoll Mönche vom Heiligen Berg betrieben, die ein strenges Regiment führen und keine Reisebusse aufs Gelände lassen.

Moni Ioannou Erimiti KLOSTER

(Moni Katholikou) Vom Moni Gouvernetou geht man ca. 2 km bis zu den Ruinen des Moni Ioannou Erimiti an der Küste hinunter (Achtung: Der Rückweg führt steil bergauf). Das seit vielen Jahren verlassene Kloster ist Johannes dem Eremiten geweiht, der in der Höhle hinter den Ruinen hauste, am Fuß einer Felstreppe. Als der hl. Johannes in seiner Höhle starb, sollen seine 98 Jünger mit ihm gestorben sein.

In der Nähe des Höhleneingangs befindet sich ein kleines Becken, dessen Wasser als heilig gilt.

Strände

Marathi-Strand STRAND

Auf der Ostseite der Halbinsel Akrotiri, hinter dem NATO-Stützpunkt, liegt der bezaubernde Strand **Marathi** mit zwei sandigen Buchten und türkis schimmerndem Wasser beiderseits eines kleines Piers. Direkt neben dem Parkplatz stehen die Ruinen der antiken Stadt Minoa. Marathi mit seinen zwei Tavernen ist am Wochenende ein beliebtes Ausflugsziel für Familien aus der Gegend.

Etwas weiter südlich an dieser Küste findet sich noch ein hübsches Plätzchen zum Baden und Schnorcheln: die kleine, von weißen Felsen umrahmte Bucht **Loutraki**.

Stavros STRAND

Fast an der Nordspitze der Halbinsel Akrotiri säumt ein von Sonnenschirmen übersäter Sandstrand die Bucht von Stavros, an der ein kolossaler Felsbuckel in die Höhe ragt. Er wurde als spektakuläre Kulisse für die finale Tanzszene des Filmklassikers *Alexis Sorbas* berühmt. Am Strand und in den benachbarten Cafés und Tavernen herrscht manchmal ziemliches Gedränge. Westlich von Stavros erstrecken sich weitere schmale, windgepeitschte Strände.

Schlafen

Artemis Apartments APARTMENTS €

(☎ 28210 39005; www.artemis-village.gr; Stavros; Apt. 45–100 €) Der gepflegte pfirsichfarbene Komplex 1 km landeinwärts der Bucht von Stavros ist ein einladendes Plätzchen für einen Erholungsurlaub. Die gut ausgestatteten Apartments haben Küche und Terrasse oder Balkon. Wer es nicht bis an den Strand schafft, kann mit dem großen Pool vorliebnehmen.

Blue Beach APARTMENTS €

(☎ 28210 39404; www.bluebeach.eu; Stavros; DZ 50–70 €, Apt. 100–130 €;) Auf einer hübschen Landzunge am Westrand von Stavros steht dieser unaufdringliche Hotelkomplex, dessen komfortable Wohneinheiten mit Kühlschrank, Küchenzeile und TV ausgestattet sind. Eine Bar gibt es auch.

Giorgi's Blue Apartments APARTMENTS €€

(☎ 28210 64080; www.blueapts.gr; Kalathas; Apt. inkl. Frühstück 100–180 €; P) Attraktiv eingerichtete Studios und Apartments mit Telefon, Satelliten-TV, Kühlschrank und Küchenzeile. Die Gäste können im angenehmen Loungebereich am Pool relaxen oder in einer kleinen Privatbucht von den Felsen ins Meer hüpfen. Der Inhaber gibt bei Bedarf Tipps zu Outdoor-Aktivitäten in der Gegend und zu Mietwagen.

Lena Beach Hotel HOTEL €€

(☎ 28210 64750; www.lenabeach.gr; Kalathas; EZ/DZ/3BZ ab 70/90/110 €;) Die sauberen, schlichten Zimmer mit Meerblick, kleinem Fernseher und Kühlschrank sind ideal für einen unbeschwerten Urlaub; der große Pool bildet das Tüpfelchen auf dem i. Online-Bucher bekommen Rabatt.

Essen

Sunset Beach CAFÉ €

(Iliovasilema; ☎ 28210 39780; Stavros; Gerichte 4,50–7,50 €; ⏲ Juli & Aug. 10–22.30 Uhr, April–Juni & Sept. 12–20.30 Uhr, Nov.–März nur Sa & So) Am Strand südwestlich von Stavros serviert das Sunset Beach Getränke und leichte Gerichte auf seiner schattigen Holzterrasse unter einem riesigen Baum; Palmwedelschirme verbreiten Tropenfeeling. Die französisch-griechischen Inhaber bieten eine Auswahl kretischer und internationaler Snacks an.

Patrelantonis MEERESFRÜCHTE €€

(☎ 28210 63337; Marathi; Hauptgerichte ab 15 €; ⏲ Ostern–Okt. 12–1 Uhr) Die bewährte Fischtaverne am Marathi-Strand steht bei Einheimischen und Besuchern hoch im Kurs. Unter den schattenspendenden Tamarisken schmecken zum Mittagessen Spezialitäten wie Tintenfisch mit Fenchel und Oliven oder Zackenbarsch-Frikassee. Dazu gibt es eine gut bestückte Weinkarte.

An- & Weiterreise

Von Chania fahren dreimal täglich Busse zum Strand von Stavros (2,10 €) mit Zwischenstopp in Kalathas und zweimal täglich Busse nach Moni Agias Triadas (2,30 €, 30 Min., 6.30 und 14.15 Uhr). Mit dem Auto von Chania den Schildern zum Flughafen folgen und dann die Abzweigungen zu den gewünschten Zielorten nehmen.

Aptera Απτέρα

★ **Aptera** RUINEN

(Erw./Kind 3 €/frei; ⏲ Di–So 8–15 Uhr) Die Ruinen der antiken Stadt Aptera, etwa 13,5 km östlich von Chania, erstrecken sich über zwei Hügel mit grandiosem Blick über die Bucht von Souda. Das im 7. Jh. v. Chr. gegründete Aptera war einer der bedeutendsten Stadtstaaten Westkretas und durchgehend bewohnt, bis es im 7. Jh. n. Chr. durch ein Erdbeben zerstört wurde. Als die Byzantiner Kreta im 10. Jh. zurückeroberten, erwachte der Ort zu neuem Leben und wurde Bischofssitz. Im 12. Jh. wurde hier ein Kloster gegründet und Johannes dem Evangelisten geweiht. Das wieder aufgebaute Kloster bildet heute das Zentrum der Ruinenstätte. Nach Aptera fahren keine öffentlichen Verkehrsmittel.

Die Ausgrabungsarbeiten laufen noch. Freigelegt wurden bislang die Überreste eines Festungsturms, ein Stadttor und eine massive Stadtmauer, die rings um den Ort verlief. Außerdem sind römische Zisternen und ein griechischer Tempel aus dem 2. Jh. v. Chr. zu sehen. Am Westende liegt ein türkisches Kastell aus dem Jahr 1872 mit Panoramablick auf die Bucht von Souda. Es war Teil eines groß angelegten Festungsbauprogramms der Türken in einer Phase, in der sich die Kreter praktisch permanent im Aufstand befanden.

Interessant ist auch die „Inschriftenmauer“, die wohl zu einem wichtigen öffentlichen Gebäude gehörte und 1862 von französischen Archäologen ausgegraben wurde. Das griechische Kulturministerium betreibt die weitere Restaurierung der Ruinenstätte samt Verbesserung der Wege und der Beschilderung.

Armenoi & Umgebung
Αρμένοι

Südlich der Ruinen von Aptera erstreckt sich eine Landschaft aus miteinander verbundenen Tälern mit verstreuten Weinbergen, Obst- und Olivenhainen. Dazwischen liegen hier und da traditionelle kretische Dörfer. Eine traumhafte Rundfahrt führt bis zum Dorf Armenoi, wo **Tzitzikas** (28250 41144; www.tzitzikas.com; Hauptgerichte 4–9 €; Mai–Sept. 10 Uhr–spät, Okt.–April nur Sa & So) frisch zubereitete kretische Mahlzeiten und Kaffee unter schattigen Bäumen am Flussufer serviert, während nahebei Pferde und Ziegen grasen. Der Schwerpunkt liegt auf Biozutaten, von der Wurst bis zum Salat.

Almyrida Αλμυρίδα

56 EW.

Das ehemalige Fischerdorf Almyrida, 21 km östlich von Chania, ist bei Weitem nicht so touristisch wie sein Nachbarort Kalyves, obwohl auch hier laufend gebaut wird und immer mehr neue Hotels entstehen. Sein langer, ungeschützter Strand ist bei Windsurfern sehr beliebt. Geschichtsinteressierte finden am westlichen Ende des Dorfes die Überreste einer frühchristlichen Basilika.

Aktivitäten

Flisvos Tours FAHRRADVERLEIH
(28250 31337; www.flisvos.com; Mountainbike 15 €/3 Tage; 8–13.30 & 17–21.30 Uhr) Flisvos Tours, ganz in der Nähe der Hauptstraße, vermietet außer Mountainbikes auch Autos und Motorroller.

UCPA Sports WINDSURFEN, KAJAKFAHREN
(28250 31443; www.ucpa.com) Das Wassersportzentrum unter französischer Leitung bietet außerhalb der Hauptsaison Windsurfen für erfahrene Surfer an und verleiht auch Kajaks. Zum Zentrum gehört ein eigenes Hotel.

Dream Adventure Trips SCHNORCHELN
(6944357383) Dieser Anbieter veranstaltet Schnorcheltouren zu nahe gelegenen Höhlen und Inselchen und zum Marathi-Strand (15 €).

Schlafen & Essen

Almyrida Studios APARTMENTS €€
(28250 32075; www.almyridaresort.com; Studio inkl. Frühstück 80–100 €) Die Studios gleich am Wasser sind perfekt, um die Sommersonne zu genießen. Einige sind groß genug für vier Personen; alle haben Küche, Telefon und Satelliten-TV, manche auch einen Balkon mit Meerblick. Das Unternehmen betreibt noch zwei Hotels am Ort.

Lagos GRIECHISCH €
(28250 31654; Hauptgerichte 6–9 €; 12 Uhr–spät) Die beliebte Taverne am Ortseingang serviert traditionelle Gerichte zu günstigen Preisen auf einer zauberhaften, schattigen Terrasse.

Dimitri's GRIECHISCH €
(28250 31303; Hauptgerichte 4–9 €; 11 Uhr–spät) Die Familientaverne mit freundlichem Service ist auch wegen der Erzeugnisse vom eigenen Bauernhof und ihrer frischen Meeresfrüchte besonders empfehlenswert.

An- & Weiterreise

In der Hauptsaison verkehren von Almyrida täglich vier bis fünf KTEL-Busse über Kalyves nach Chania (2,90 €, 45 Min.).

Vamos Βάμος

706 EW.

Das im 12. Jh. gegründete Vamos, 26 km südöstlich von Chania, war von 1867 bis 1913 Hauptstadt der Provinz Sfakia und 1896 Schauplatz einer Revolte gegen die Türkenherrschaft. Heute ist es das Verwaltungszentrum der Provinz Apokoronas. 1995 tat sich eine Gruppe von Dorfbewohnern zusammen, um die traditionelle Lebensweise in Vamos zu erhalten. Sie sicherten sich EU-Gelder zur Förderung des Kunsthandwerks und der Produkte ihrer Region. Die alten Steinbauten des Dorfs wurden mit traditionellen Werkstoffen und Techniken restauriert und in Gästehäuser umgewandelt.

Ein Geschäft 50 m von der Rezeption des Vamos Traditional Village verkauft Raki, Kräuter und Bio-Öl aus der Gegend und andere kretische Produkte.

Schlafen & Essen

★ Vamos Traditional Village VILLEN €€
(28250 22190; www.vamosvillage.gr; Villen 75–250 €; Mo–Fr 10–19, Sa 10–18, So 11–14 Uhr;) Die Dorforganisation von Vamos vermietet die vielen restaurierten Häuser des Dorfs. Die schnuckeligen Steinhäuschen mit Küche, offenem Kamin und Fernseher sind im traditionellen Stil eingerichtet. Die meisten bieten Platz für bis zu vier Personen, aber es gibt auch größere Häuser mit Pool. Die Organisation vermietet auch Autos, bucht Touren und veranstaltet kretische Kochkurse in einer restaurierten Olivenmühle.

★ I Sterna tou Bloumosifi KRETISCH €€
(28250 83220; Hauptgerichte 6–14 €; 12.30–23 Uhr;) Die Taverne in einem alten Steinhaus mit einladendem, schattigem Hofgarten ist weithin bekannt für ihre hervorragende kretische Küche. Als Vorspeise munden mit Weinblättern umwickelte *gavros* (Sardellen) oder die Pilze mit Knoblauch und Kräutern; eine gute Fortsetzung wäre z. B. *chilopites* (Tagliatelle) mit Hähnchen oder die Lamm-Quiche.

An- & Weiterreise

In der Hauptsaison fahren täglich außer sonntags drei bis fünf KTEL-Busse von Chania nach Vamos (3,30 €, 45 Min).

Gavalochori Γαβαλοχώρι

Das bezaubernde Dörfchen Gavalochori, 25 km südöstlich von Chania, ist ein interessanter Zwischenstopp. Die Hauptattraktion ist das **Volkskundemuseum** (28250 23222; http://odysseus.culture.gr; Erw./Kind 2 €/frei; Mo–Sa 9–15, So 11–15 Uhr). Es befindet sich in einem restaurierten Gebäude, das in venezianischer Zeit erbaut und unter den Türken erweitert wurde. Zu den englisch beschrifteten Ausstellungsstücken gehören Keramik, Webarbeiten, Holzschnitzereien, Steinmetzarbeiten und anderes kretisches Kunsthandwerk, darunter auch aufwendig gearbeitete *kapaneli*-Seidenspitze. Die historische Abteilung dokumentiert die kretischen Freiheitskämpfe.

Die **Frauenkooperative** (April–Okt. 10–22 Uhr) am Dorfplatz verkauft einige der seltenen, von Frauen der Umgebung angefertigten *kapaneli*-Arbeiten. Oft sieht man hier Frauen konzentriert an dieser langwierigen Fleißarbeit sitzen. Die Preise für hochwertige Spitzenarbeiten bewegen sich je nach Größe des Teils zwischen 15 € und 1500 €.

Schilder weisen den Weg zu den byzantinischen Brunnen, venezianischen Bögen und römischen Gräbern etwa 1,5 km oberhalb des Dorfs.

Georgioupoli Γεωργιούπολη

455 EW.

Georgioupoli war mal ein Geheimtipp, ist aber inzwischen mit Küstenhotels zugepflastert und ein beliebtes Ziel für Urlauberfamilien aus dem Ausland.

Trotzdem bleibt der Ort für Naturfreunde wegen seiner Lage an der Mündung des Almyros interessant. Die Flussmündung ist ein Brutgebiet der gefährdeten Unechten Karettschildkröten. Die Feuchtgebiete am Fluss sind für ihre Vogelwelt bekannt, insbesondere die Reiher und Eisvögel, die im April in der Region eintreffen. Im Sommer tummeln sich hier allerdings auch gewaltige Mückenschwärme.

Die malerische kleine **Kapelle Agios Nikolaos** thront am Ende einer langen Steinmole weit draußen im Meer. Der lange, schmale Streifen aus festem Sand östlich der Stadt wird von einer weiteren Flussmündung unterbrochen und geht auf der anderen Seite in einen langen Sandstrand über, der sich ungefähr 10 km Richtung Rethymnon hinzieht.

Aktivitäten

Talos-Express-Touristenbahn TOUR
(6973907018; www.facebook.com/talosexpress; hin & zurück Erw./Kind 8 €/frei) Wer keinen fahrbaren Untersatz hat, kann mit dieser Touristen-Bimmelbahn von Georgioupoli zum nahen Kournas-See und nach Argiroupoli zuckeln.

Adventure Bikes RADFAHREN
(28250 61830; www.adventurebikes.org; Fahrrad 12 €/Tag) Vermietet Fahrräder und organisiert Radtouren durch die Region (35–65 €).

Schlafen

Die großen Hotels und Ferienanlagen am Strand sind auf Pauschaltouristen ausgerichtet.

Zorba's HOTEL €
(☎28250 61381; Studio/Apt. ab 50/60 €;) Zorba's liegt ein Stück hinter dem Strand in der Nähe des Dorfplatzes. Die modern eingerichteten Studios und Apartments haben Kochnischen, Flachbildfernseher und Balkone.

Egeon PENSION €
(☎28250 61161; www.the-egeon-crete.com; Studio 40 €;) An der Brücke am Ortseingang von Georgioupoli, nur einen kurzen Fußmarsch vom Strand entfernt, vermieten die nette Polly, eine Amerikanerin griechischer Herkunft, und ihr Ehemann, ein Fischer, ansprechende Zimmer und Studios. Einige Zimmer haben Kochnischen und TV.

Porto Kalyvaki APARTMENTS €
(☎28250 61316; www.kalivaki.com; Studio 40–50 €; April–Okt.;) Hinter einer Taverne am weniger bevölkerten Nordstrand verteilen sich diese puristisch-schlichten Studios auf zwei Gebäude in einer schönen Gartenanlage.

Essen

Arolithos GRIECHISCH €
(☎28250 61406; www.arolithos-georgioupolis.gr; Hauptgerichte 5–9 €; Mai–Sept. 12–23 Uhr, Okt.–April kürzer) Das Restaurant in der Nähe der Hauptkirche von Georgioupoli hat eine Riesenauswahl an Vorspeisen und traditionellen griechischen Gerichten wie *spetsofai* (Paprikaeintopf mit Wurst).

Poseidon Taverna FISCH & MEERESFRÜCHTE €€
(☎28250 61026; www.poseidon.georgioupoli.eu; Fisch 30–50 €/kg; Mai–Okt. 11.30–23 Uhr, Nov.–April kürzer) Das allseits geschätzte Lokal einer Fischerfamilie liegt in einer schmalen Gasse, die bei der Ortseinfahrt links abzweigt (beschildert). Die Gäste wählen aus dem Tagesfang, der auf der Theke aufgefahren wird, und genießen ihr exzellentes Mahl unter den Maulbeerbäumen im lauschigen Hof.

Praktische Informationen

Die Hauptstraße verläuft von der Schnellstraße ins Ortszentrum, wo es eine Reihe von Reisebüros und Geldautomaten gibt. Grundlegende Informationen liefert die Website www.georgioupoli.net.

Ballos Travel (☎28250 83088; www.ballos.gr; 9–13.30 & 16–20 Uhr) vermittelt Schiffstickets, Touren und Unterkünfte und vermietet Autos.

An- & Weiterreise

Die KTEL-Busse zwischen Chania und Rethymnon halten an der Schnellstraße außerhalb von Georgioupoli (4,50 €, 45 Min., stündl.).

Der Kournas-See
Λίμνη Κουρνάς

Der Kournas-See, 4 km landeinwärts von Georgioupoli, ist ein hübscher Platz für ein Mittagessen oder einen entspannten Nachmittag. Unterirdische Quellen speisen den einzigen natürlichen See der Insel mit 1,5 km Durchmesser und 45 m Tiefe. Ein schmaler Sandstreifen umgibt den See, den man nur zu zwei Dritteln umrunden kann. Das kristallklare Wasser wechselt je nach Jahres- und Tageszeit die Farbe. Das Schwimmen im See ist inzwischen aus Umweltschutzgründen verboten. Dafür kann man **Tretboote** (7 €/Std.) und **Kanus** (4 €/Std.) leihen und die Schildkröten, Krebse, Fische und Wasserschlangen beobachten, die den See bevölkern.

Im Sommer wimmelt es hier von Touristenbussen; dann herrscht auch in den schlichten Tavernen um den See ziemlicher Andrang. Eine Übernachtungsmöglichkeit ist **Korrisia Taverna & Rooms** (☎28250 61753; www.kournas-lake-apartments.gr; DZ/3BZ/4BZ 40/50/60 €) am Nordufer des Sees mit schlichten, aber makellos sauberen Zimmern und einer guten Taverne.

Wer dem sommerlichen Trubel am Seeufer entkommen will, kann bei **Ambrosia** (☎28250 83008; www.ambrosialakekournas.com; Hauptgerichte 8–12 €; Mai–Okt. 9–23 Uhr) auf dem Balkon eines Bruchsteingebäudes hoch oben über dem See kretische Spezialitäten wie *gamopilafo* (Lamm-Pilaw) oder die leckere Pizza des Hauses schmausen oder auch bloß beim Eiskaffee die traumhafte Aussicht genießen.

Vom See geht es steile 5 km bergauf Richtung Südosten nach **Kournas**, einem schlichten Dorf mit ein paar *kafenia* (Kaffeehäusern). Seine Hauptattraktion ist eine köstliche Mahlzeit bei der **Kali Kardia Taverna** (☎28250 96278; Grillgerichte 5–7 €; 12.30–22 Uhr) an der Hauptstraße. Ihr Inhaber Kostas Agapinakis ist bekannt für seine preisgekrönten Würste, ausgezeichnetes *apaki* (geräuchertes Schweinefleisch) und die auf dem Außengrill zubereiteten Fleischspezialitäten. Mit Glück bekommt man seine phantastische *galaktoboureko* (Teigtasche mit Vanillecreme) noch ofenwarm.

Im Sommer verkehrt eine Touristen-Bimmelbahn (S. 74) von Georgioupoli zum Kournas-See; ansonsten fahren hierher keine öffentlichen Verkehrsmittel.

Vryses Βρύσες

Die meisten Reisenden durchfahren den wenig interessanten Ort Vryses (740 Ew.), 30 km südöstlich von Chania, nur auf ihrem Weg zur oder von der Südküste. Die Busse von Chora Sfakion nach Chania halten hier, und es gibt Anschluss an Busverbindungen nach Rethymnon oder Iraklion. Wer auf einen Anschlussbus warten muss, tut das am besten im Ortszentrum, wo die Flüsschen Voutakas und Vrysanos riesige Platanen an ihren Ufern bewässern und schattige Tavernen zu einer Ruhepause einladen.

Da Vryses als Marktzentrum für die landwirtschaftlichen Produkte der Region dient, gibt es hier außer gutem Obst und Gemüse auch ausgezeichneten Joghurt und Honig, eine besondere Spezialität des Ortes, zu kaufen.

DIE SÜDWESTKÜSTE & DIE SFAKIA ΣΦΑΚΙΑ

Die bergige Provinz Sfakia erstreckt sich von der Omalos-Hochebene bis hinunter zur Südküste und umfasst einige der spektakulärsten landschaftlichen Highlights der Insel – z. B. die Samaria-Schlucht, die Lefka Ori (Weißen Berge) und den Berg Gingilos (2080 m) im wilden Hinterland. Die denkwürdige Fahrt von Vryses nach Chora Sfakion, eine Serpentinentour durch die Berge mit Blick aufs Meer hinunter, gehört zu den atemberaubendsten Erlebnissen auf Kreta.

Die Ausläufer der majestätischen, kargen Lefka Ori erreichen das Libysche Meer an Kretas zerklüfteter Südwestküste. Hier liegt eine Handvoll relaxter Strandorte wie Frangokastello und Loutro an hübschen Buchten versteckt. Chora Sfakion ist der Hauptort der Sfakia. Der kleine Außenposten ist ideal zum Ausspannen und als Startpunkt für Bootstouren zu anderen Orten entlang der Küste. Auch Sougia und das größere Paleochora, das schon westlich der Sfakia liegt, gehören zu den erholsamsten Fleckchen auf Kreta.

Die felsige Südküste ist von allen Regionen der Insel wohl am wenigsten vom Wandel betroffen – dank der mächtigen Bergrücken, die bis ans Meer reichen und sie von der Außenwelt abschotten. Einige ihrer Dörfer und Strände sind nur per Boot erreichbar und deshalb vom Massentourismus völlig verschont geblieben. Besucher können zu weltentrückten kleinen Buchten wandern oder schippern oder die spektakuläre Landschaft und duftende Luft auf Kraxeltouren durch wildromantische Schluchten auskosten, die sich durch die Berge bis zur Küste hinunterziehen. Die berühmte, von Wanderern überlaufene Samaria-Schlucht z. B. endet am Strandort Agia Roumeli.

Die Sommerwinde, die durch die Schluchten und über das Libysche Meer fegen, versprechen auch Windsufern gute Bedingungen, vor allem bei Paleochora.

Das Landesinnere der Sfakia ist als die einzige Region Kretas bekannt, die niemals von den Arabern, Venezianern oder Türken unterworfen wurde. Sie war Brutstätte des Widerstands während der jahrhundertelangen Besatzung der Insel durch wechselnde Fremdmächte. In den tiefen Schluchten und steilen Bergen fanden die kretischen Rebellen ausgezeichnete Verstecke. Die Bewohner der Sfakia sind für ihren unbeugsamen Kampfgeist und ihr Traditionsbewusstsein berühmt, allerdings auch für eine bewegte Vergangenheit voller tragischer Familienfehden. Eine kulinarische Spezialität der Gegend ist die köstliche *sfakiani pita*, ein Fladenbrot mit Käsefüllung, das mit Honig beträufelt wird.

Askyfou Ασκύφου

450 EW.

Die Straße nach Chora Sfakion führt über die Hochebene Askyfou, Schauplatz einer der erbittertsten Schlachten des kretischen Aufstands von 1821. Die Sfakioten triumphierten hier über die Türken in einem blutigen Kampf, der noch heute in Liedern der Region besungen wird. Über ein Jahrhundert später war die Askyfou-Ebene wieder in Kampfhandlungen verstrickt, als alliierte Truppen sich auf diesem Weg zum Evakuierungshafen Chora Sfakion zurückzogen.

Zentraler Ort der Region ist das Dorf Askyfou, das sich rund um einen Hügel ausbreitet.

TIPPS FÜR DIE SFAKIA

- Zwischen Chora Sfakion und Paleochora gibt es an der Südküste keinen Geldautomaten.
- Nützliche Infos über die Sfakia liefert www.sfakia-crete.com.
- In Geschäften der Region erhältlich ist Peter Trudgills autobiografisches Buch *In der Sfakia – Geschichte und Geschichten – Unsere Zeit im wilden Kreta* (Lycabbetus Press, 2008), ein Bericht über Leben, Legenden und Werte der Sfakioten.

Das Postamt, ein Minimarkt und mehrere Tavernen, die auch günstige Zimmer vermieten, liegen oben auf der Hügelkuppe.

Sehenswertes

Militärmuseum von Askyfou MUSEUM
(6979149719; www.warmuseumaskifou.com; Mo–Sa 8–19 Uhr) GRATIS Schilder weisen den Weg zu dem kleinen Museum, das die umfangreiche Waffen- und Militaria-Sammlung der Familie Hatzidakis zeigt. Die Familienmitglieder führen Besucher gern herum.

Schlafen & Essen

Wer einen Einblick in das traditionelle sfakiotische Dorfleben erheischen möchte, steuert am besten den kleinen Dorfplatz an, der von *kafenia* und Denkmälern lokaler Widerstandshelden flankiert wird. Am oberen Ende des Platzes sieht man gewöhnlich schwarz gekleidete ältere Männer unter dem Maulbeerbaum sitzen. Die Lokale servieren normalerweise schlichte Mahlzeiten mit Wurst aus der Region und *sfakiani pita*, am Wochenende auch traditionelle Fleischgerichte wie Wildziege oder Lamm *tsigariasto* (sautiert) oder *vrasto* (gekocht). Abgerechnet wird nach Kilopreis und dazu gibt es reichlich Raki.

Lefkoritis Resort HOTELANLAGE €€
(28250 95455; www.lefkoritis.com; Apt. 65–95 €; P @ ≋ ♿) Die große, aus Bruchstein gemauerte Anlage mit Taverne und stattlichem Pool ist ganzjährig geöffnet. Ihre geschmackvoll eingerichteten Apartments bieten Platz für bis zu sechs Personen und bieten weiten Blick auf die umgebenden Berge. Dazu passt das Angebot an kinderfreundlichen Aktivitäten, etwa Pony- und Pferdereiten oder Mountainbiking.

An- & Weiterreise

Askyfou (6,20 €) liegt an der **KTEL**-Busroute (www.bus-service-crete-ktel.com) von Chania nach Chora Sfakion.

Die Imbros-Schlucht
Φαράγγι Ιμπρου

Die **Imbros-Schlucht** (Eintritt 2 €; ganzjährig), 57 km südlich von Chania, ist mit 8 km nur halb so lang wie ihre berühmtere Schwester, die Samaria, aber ebenso schön und bei Weitem nicht so überlaufen, vor allem nachmittags. Die Wanderung führt an 300 m hohen Felswänden vorbei, die mit Zypressen, Steineichen, Feigen- und Mandelbäumen und intensiv duftendem Salbei bewuchert sind. Zu den Highlights gehören die schmalste Stelle (in der Nähe von Kilometer 4,5, an der sich die Schlucht auf 2 m verengt, und ein riesiger Felsbogen 2 km vor dem Südende.

Die meisten Wanderer starten beim Bergdorf **Imbros** und wandern von dort bergab nach **Komitades** an der Südküste. Man kann nach Belieben bei einem der beiden Orte parken und dann per Taxi (22 €) oder Bus zu seinem Auto zurückkehren. Beide Dörfer sind mit Minimärkten und Tavernen auf die Versorgung der Wanderer eingerichtet. In Imbros liegt der gut beschilderte Eingang zur Schlucht direkt neben der Taverne Porofarango an der Straße nach Chora Sfakion. Der EOS in Chania (S. 62) hält ausführlichere Informationen für Schluchtenwanderer bereit.

Schlafen & Essen

In der Ortschaft Imbros gibt es keine Hotels.

Villa Archodiko VILLA €€
(28310 55289; www.marybeach.gr; ab 180 €/Nacht; ❄ 📶) Die Villa Archodiko wird komplett vermietet und bietet Platz für bis zu acht Personen.

Porofarango KRETISCH €
(Hauptgerichte 7–10 €; 12–22 Uhr) Am Eingang zur Schlucht liegt die freundliche Familientaverne Porofarango. Der große Balkon bietet einen tollen Panoramablick auf die Schlucht bei preiswerter kretischer Küche und großzügiger Raki-Zufuhr. Das Fleisch stammt meist aus eigener Schlachtung, oft gibt es Wildziege. Ebenfalls sehr lecker ist das Schweinefleisch *tsigariasto* (Schmorgericht).

An- & Weiterreise

Es fahren täglich drei Busse von Chania nach Chora Sfakion (7,60 €, 1 Std. 40 Min.), die in Imbros halten. Von Komitades, am Südende des Schluchtwegs, verkehren täglich zwei Busse nach Chora Sfakion. Alternativ kann man die 5 km nach Chora Sfakion auch zu Fuß oder mit dem Taxi (22 €) zurücklegen.

Frangokastello
Φραγγοκαστέλλο

148 EW.

Frangokastello ist ein beschaulicher Ferienort 15 km östlich von Chora Sfakion. Er besitzt eine markante Festung aus dem 14. Jh. und einen traumhaft breiten Sandstrand, der sanft ins seichte warme Wasser abfällt – ideal für Kinder. Es gibt kein richtiges Dorf, nur ein paar Tavernen, Minimärkte, eine Tankstelle und niedrige Gebäude mit Ferienwohnungen und Fremdenzimmern, die entlang der Hauptstraße verstreut liegen. Die touristische Erschließung ist bislang sehr unaufdringlich. Die meisten Unterkünfte befinden sich weit genug hinter dem Strand, um die wunderbare Naturkulisse nicht zu verschandeln. Im Sommer finden gelegentlich Konzerte oder Volkstanzaufführungen statt.

Sehenswertes

Frangokastello RUINE
(Frankenkastell; Erw./Kind 1,50 €/frei; April–Okt. bzw. Nov. 10–19 Uhr) Frangokastello ist die Ruine einer Festung aus dem 14. Jh. Die Venezianer erbauten sie kurz nach dem Ersten Kreuzzug (1204) zum Schutz gegen Piraten und die kriegerischen Sfakioten. Der legendäre Ioannis Daskalogiannis, der 1770 einen katastrophal gescheiterten Aufstand gegen die osmanische Fremdherrschaft anführte, wurde überredet, sich in Frangokastello auszuliefern. Später zogen ihm die Türken bei lebendigem Leibe die Haut ab. Am 17. Mai 1828 lieferten hier 385 kretische Rebellen unter Chatzimichali Dalianis den Türken eine der blutigsten Schlachten des kretischen Freiheitskampfs. Außer den Rebellen kamen dabei auch rund 800 Türken ums Leben.

Es heißt, dass an jedem Jahrestag der Schlacht die Geister *(drosoulites)* der Kämpfer im Morgengrauen am Strand entlangmarschieren. Die Bezeichnung kommt von dem griechischen Wort *drosia* („Feuchtigkeit"), das sich möglicherweise auf die Taufeuchte im Morgengrauen bezieht, wenn die Geister angeblich erscheinen.

Orthi-Ammos-Strand STRAND
Neben der Festung erstreckt sich der wunderbare Orthi-Ammos-Strand mit feinem Sand und seichtem, warmem Wasser. Er ist himmlisch schön und kinderfreundlich – außer bei Wind (was leider gar nicht so selten vorkommt). Wer nicht sandgestrahlt werden will, zieht sich dann besser ins nahe Café zurück.

Schlafen

Die meisten Unterkünfte sind für längere Aufenthalte gedacht und bieten ein vernünftiges Preis-Leistungs-Verhältnis, insbesondere etwas weiter weg vom Strand auf der anderen Seite der Ost-West-Straße.

Milos APARTMENTS €
(28250 92162; www.milos-sfakia.com; Zi. 45–55 €, Apt. 70 €; P) Die renovierte, 100 Jahre alte steinerne Windmühle (*mylos* auf Griechisch), die in ein Apartment in schönster Strandlage umgewandelt wurde, ist die faszinierendste der diversen Unterkünfte hier. Ansonsten gibt es noch vier Steinhäuschen unter Tamarisken und moderne, gut ausgestattete Studios in der Nähe. Wer in der Mühle nächtigen möchte, muss in der Hochsaison vorbuchen. Zu dem Ensemble gehört auch eine gute Taverne.

Stavris Studios APARTMENTS €
(28250 92250; www.studios-stavris-frangokastello-crete.com; Studio/Apt. mit 2 Schlafzimmern ab 35/60 €; April–Okt.; P) Die Ansammlung von 24 Studios und Apartments bietet sehr günstige Übernachtungspreise für ihre tolle Lage direkt am Strand. Die Studios haben Kochnischen, Balkone und Meerblick. Zur Anlage gehören außerdem ein üppig grüner Garten und eine große Freifläche, auf der sich die Kinder austoben können. Die Betreiber sind hilfreiche Tippgeber für Unternehmungen in der Gegend.

Fata Morgana APARTMENTS €
(28250 92077; www.fatamorgana-kreta.com; Studio 40–60 €; P) Die schlichte Anlage in einem Olivenhain oberhalb vom Orthi-Ammos-Strand hat voll ausgestattete, wenn auch etwas altmodische Studios, größere Apartments für Familien und zwei gemütliche, burgähnliche Turmhäuser. Damit auch die Kids ihren Spaß haben, gibt es einen Spielplatz und ein Hühner-/Vogelgehege.

Essen

Oasis Taverna KRETISCH €
(☎28250 92136; www.oasisrooms.com; Hauptgerichte 6–8 €; ⏱mittags & abends; @📶) Das beste Restaurant am Ort gehört zu einer hervorragenden, familiengeführten Studio- und Apartmentanlage am westlichen Dorfrand. Von seinen gut zubereiteten kretischen Spezialitäten ist die köstliche *kreatopita* (Fleisch-Käse-Pastete) besonders probierenswert. Die geräumigen Apartments (50–60 €) haben voll ausgestattete Küchen und liegen in einem bezaubernden Garten. Von hier sind es nur ein paar Schritte bis zu einem ruhigen Strandabschnitt.

Taverna Babis & Popi GRIECHISCH €
(☎28250 92092; www.babis-popi.de; Hauptgerichte 5–7 €; ⏱mittags & abends) Die Taverne, die sich unter einem schattigen Rebendach hinter dem Haus der Familie und einem Minimarkt versteckt, serviert ordentliche Mahlzeiten mit gutem Preis-Leistungs-Verhältnis.

An- & Weiterreise

KTEL-Busse halten an mehreren Stationen entlang der Hauptstraße. Täglich verkehrt ein Bus nach/von Chania (8,40 €, 2½ Std.). Wer nach Rethymnon will, muss in Vryses umsteigen. Im Sommer halten täglich zwei Busse auf der Strecke Chora Sfakion–Plakias in Frangokastello (2 €, 25 Min.).

Chora Sfakion
Χώρα Σφακίων

212 EW.

Je mehr Durchschusslöcher die Straßenschilder am Wegesrand aufweisen, desto mehr nähert man sich Chora Sfakion (*cho*-ra sfa-*ki*-on), das von alters her für seine Auflehnung gegen Fremdherrschaft berühmt war. Aber keine Sorge, heute ist das Fischerdörfchen ein netter, wenn auch etwas exzentrischer Ort, der seine Besucher von außerhalb freundlich behandelt. Viele davon sind erschöpfte Wanderer, die nach der Durchquerung der Samaria-Schlucht auf dem Rückweg nach Chania hier vom Schiff aus Agia Roumeli taumeln.

Die meisten verweilen nur gerade so lange, bis der nächste Bus abfährt. Dabei ist der Hauptort der Region, der den einzigen Geldautomaten weit und breit besitzt, durchaus für ein paar erholsame Tage gut. Von hier sind mehrere Strände erreichbar, u. a. der abgelegene **Glyka Nera** und der **Ilingas-Strand** westlich des Dorfs, ein kleines Fleckchen grauer Sand, umrahmt von zerklüfteten Gebirgsausläufern. Außerdem ist Chora Sfakion ein guter Ausgangspunkt, um zu anderen Dörfern weiter westlich und nach Paleochora weiterzuschippern oder eine Fähre zur Insel Gavdos zu besteigen.

Die Souvenirläden in Chora Sfakion führen Bücher über örtliche Traditionen, Linguistik und Kochkunst.

Geschichte

Unter venezianischer und türkischer Herrschaft war Chora Sfakion ein wichtiger Handelshafen und – zusammen mit der im Hochland gelegenen Regionalhauptstadt Anopoli – Brennpunkt des Freiheitskampfs der Kreter. Die Türken übten im 19. Jh. harte Vergeltung an den rebellischen Bewohnern der Stadt. Es folgte ein wirtschaftlicher Niedergang, der erst mit dem Beginn des Touristenbooms vor einigen Jahrzehnten endete. Im Zweiten Weltkrieg spielte Chora Sfakion noch einmal eine bedeutende Rolle: Nach der Schlacht um Kreta wurden von hier Tausende alliierter Soldaten per Schiff evakuiert. Heute erinnert ein Denkmal auf dem Felsen am östlichen Ortsrand an die letzten Briten, Australier und Neuseeländer, die die Insel verließen.

Sehenswertes & Aktivitäten

Abenteuerlustige können am Bungee-Seil (S. 81) von der Aradena-Brücke hüpfen, die nordwestlich des Orts über die Aradena-Schlucht führt.

Vrissi-Strand STRAND
Der kleine grausandige Strand am Westrand des Orts eignet sich für einfache Tauchgänge oder um den Sonnenuntergang zu bewundern.

Glyka Nera STRAND
(Sweetwater Beach) Den zauberhaften Strand der „Süßwasserbucht" westlich von Chora Sfakion erreicht man mit einer kleinen, täglich verkehrenden Fähre (Mai–Okt., 4 €/Pers.), per Wassertaxi (einfach/hin & zurück 20/30 €) oder in einer einstündigen Wanderung über einen steinigen und streckenweise schwindelerregenden Küstenpfad, der von der ersten Serpentine der Straße nach Anopoli abzweigt. Ein kleines Café am Strand verleiht Sonnenschirme und Liegestühle.

Notos Mare Diving Centre TAUCHEN
(☎6947270106; www.notosmare.com; Tauchgang ab 49 €) Bietet Tauchtouren und Tauchscheinkurse für Anfänger und erfahrene Taucher sowie Schnorchel- und Bootstouren entlang der Südküste an.

Yoga on Crete YOGA
(☎6937363890, 28250 91109; www.yogaoncrete.gr; ⊙Juni–Sept.) Die überaus herzliche Eugenia Sivitou veranstaltet ausgezeichnete einwöchige Yoga-Retreats und Seminare (ab 590 € inkl. Unterkunft und Verpflegung) in verschiedenen Disziplinen mit Lehrern aus aller Welt. Ermäßigung gegen Mithilfe im Yoga-Zentrum möglich (490 €).

Schlafen

Xenia Hotel HOTEL €
(☎28250 91490; www.sfakia-xenia-hotel.gr; DZ inkl. Frühstück 55 €; ❄📶) Das renovierte Hotel am westlichen Ortsrand mit Meerblick hat nicht nur das beste Preis-Leistungs-Verhältnis, sondern auch die schönste Lage. Die 21 Zimmer sind mit Annehmlichkeiten wie Klimaanlage, Satelliten-TV und Kühlschrank ausgestattet.

Hotel Stavris HOTEL €
(☎28250 91220; www.hotel-stavris-sfakia-crete.com; EZ/DZ/3BZ ab 30/35/40 €; ❄📶) Über die Treppe am Westende des Hafens gelangt man zu dieser alteingesessenen Herberge der Familie Perrakis mit einfachen, sauberen Zimmern, einige davon mit Kochnische, Kühlschrank und Balkon zum Hafen. Die Zimmer sind unterschiedlich; am besten hält man sich an die im renovierten Hauptgebäude.

Lefka Ori HOTEL €
(☎28250 91209; www.chora-sfakion.com; EZ/DZ 25/35 €; ❄📶) Das alteingesessene kleine Hotel am westlichen Ende des Hafens vermietet zehn Gästezimmer und zwei Apartments mit Kochnischen – alle sauber und gut gepflegt, wenn auch recht schlicht. Um die unterdurchschnittliche Taverne im Erdgeschoss macht man lieber einen Bogen.

Essen

Eine örtliche Spezialität ist die *sfakiani pita*, ein runder Teigfladen, mit süßem *myzithra* (Schafmilchkäse) gefüllt und mit Honig beträufelt. Mit etwas griechischem Joghurt serviert, gibt er ein leckeres Frühstück ab.

★ **Nikos** GRIECHISCH €
(☎28250 91111; Hauptgerichte 5–12 €; ⊙8–24 Uhr) Die beste Taverne am Hafen von Chora Sfakion überzeugt mit freundlicher Bedienung durch die Inhaberfamilie, sorgfältig zubereiteten Gerichten und exzellenten *sfakiani pita*. Das Angebot reicht von Fisch und Meeresfrüchten über traditionelle griechische Tavernenkost bis zu kretischen Spezialitäten wie geräuchertem Schweinefleisch oder sautierten Schnecken. Das leckere geröstete Knoblauchbrot gibt es normalerweise gratis dazu.

Three Brothers GRIECHISCH €
(www.three-brothers-chora-sfakion-crete.com; Vrissi-Strand; Hauptgerichte 5–12 €; ⊙8–24 Uhr; 📶) Auf der Karte stehen die üblichen Klassiker, aber die Taverne übertrumpft die anderen am Hafen durch ihre herrliche Lage am Vrissi-Strand. Besonders voll wird es, wenn Giannis den Grill anwirft. Toll zum Sonnenuntergang. Es gibt auch Zimmer zu mieten (DZ ab 35 €).

Delfini FISCH & MEERESFRÜCHTE €€
(☎20250 91002; www.chorasfakion.com; Hauptgerichte 6–15 €, Fisch 40–55 €/kg) Von den Tavernen, die sich am Ufer reihen, ist das Delfini mit seinen frischen Fischgerichten besonders empfehlenswert.

Praktische Informationen

Chora Sfakion hat zwei Tankstellen und einen Geldautomaten. Das Postamt befindet sich am Dorfplatz gegenüber der Polizeiwache.

Beim kleinen Kiosk der **Touristeninformation von Chora Sfakion** (www.chora-sfakion.com; ⊙Ostern–Sept. 9–14 & 17–19 Uhr) in der Nähe der Hafeneinfahrt bekommt man in der Hauptsaison Karten und Infos über Verkehrsmittel.

An- & Weiterreise

AUTO

Der kommunale Parkplatz (Ostern–Okt. 3 €/Tag) liegt gleich am Ortseingang; weitere Parkplätze gibt's in der Nähe des Fähranlegers.

Sfakia Tours (☎28250 91272; www.sfakia-tours.com; ⊙9–13.30 & 16–21 Uhr) Neben dem Postamt; vermietet Autos und vermittelt Unterkünfte.

BUS

KTEL-Busse (www.e-ktel.com) fahren vom Dorfplatz am Hang oberhalb des kommunalen Parkplatzes ab. Die Fahrpläne wechseln jahreszeitlich; die Abfahrtzeiten finden sich online. Im Sommer fahren täglich drei Busse nach Chania (7,60 €, 2 Std.); wer nach Rethymnon oder Iraklion will, muss in Vryses (7,30 €, 1 Std.) umsteigen. Der letzte Bus wartet normalerweise, bis die Fähre aus Agia Roumeli ankommt. Außerdem gibt es täglich zwei bis drei Busverbindungen nach Frangokastello (2 €, 25 Min.) und im Sommer eine nach Anopoli/Aradena (2 €, 30 Min.).

FÄHRE

Der Fähranleger befindet sich an der Ostseite des Dorfhafens. Chora Sfakion ist der östliche Endpunkt der **Anendyk**-Fährroute (☎ 28210 95511; www.anendyk.gr), die an der Südküste entlang über Loutro, Agia Roumeli und Sougia bis Paleochora verläuft. Außerdem legen hier auch Schiffe zur Insel Gavdos ab.

Fahrkarten gibt es am **Ticketschalter** (☎ 28250 91221) an der Zufahrtstraße zum Hafen. Der Fahrplan variiert je nach Jahreszeit, also vorab aktuelle Infos per Telefon oder Internet einholen. Oft verkehren die Fähren nur bis Agia Roumeli, wo Passagiere ggf. auf eine Fähre nach Sougia (14 €) und Paleochora (17 €, 3 Std.) umsteigen müssen. In der Nebensaison ist es normalerweise nicht möglich, ein Auto mit der Fähre bis nach Paleochora zu transportieren, da einige der Schiffe reine Passagierfähren sind.

Von Juni bis August verkehren täglich drei Fähren von Chora Sfakion über Loutro (5 €, 15 Min.) nach Agia Roumeli (11 €, 1 Std.). Vier zusätzliche Fähren fahren nur bis Loutro. Zur und von der Insel Gavdos gibt es wöchentlich zwei bis drei Fährverbindungen (17 €, 1½ Std.).

Wassertaxis (☎ 6978645212) bedienen die Küste rund um Chora Sfakion. Eine Fahrt zum Glyka-Nera-Strand kostet 20 €; von Mai bis September verkehren auch Sammel-Wassertaxis zu festen Zeiten (4 €/Pers.).

Rund um Chora Sfakion

Hinter Chora Sfakion erhebt sich die unwirtliche, steinige Mondlandschaft der Inneren Sfakia aus dem Meer. Das von Clankriegen und Auswanderung gebeutelte Gebiet ist heute fast vollständig entvölkert, war aber einst eine mächtige Provinz voller Leben.

Anopoli Ανώπολη

Eine landschaftlich sehr schöne und haarsträubend steile Straße schraubt sich von Chora Sfakion Richtung Westen über 12 km hinauf nach Anopoli. Auf dem Hauptplatz des ruhigen Dorfes auf einer fruchtbaren Hochebene am Fuß der Lefka Ori erinnert ein Denkmal an die sfakiotischen Widerstandskämpfer. Dies war eine der wenigen Gegenden, die weder den Venezianern noch den Türken in die Hände fielen. Anapoli thront über dem Regionalhafen Loutro und war in vergangenen Jahrhunderten Hauptstadt der Sfakia. Wanderer können Loutro von hier aus über einen extrem steilen Pfad erreichen.

Ein herzhaftes Mittagessen gibt's im **Platanos** (☎ 28250 91169; www.anopoli-sfakia.com; Hauptgerichte 4–9 €). Das Restaurant am Haupt-Verkehrskreisel des Dorfs ist für seinen Lammbraten und andere lokale Spezialitäten bekannt. Die freundliche Inhaberin Eva Kopasis spricht Englisch, hat auch Tipps zu Wanderungen nach Loutro und den umliegenden Stränden auf Lager und vermietet Zimmer (DZ 33 €).

Unbedingt probierenswert ist das köstliche Gebäck der **kretischen Familienbäckerei** (☎ 28250 91524; ⏲ tgl. 8–20 Uhr), wo die freundliche Angeliki Kekse, *kalitsounia* (kretische Käse-Pastetchen) und dampfenden griechischen Kaffee an Tischen im Freien mit wunderbarem Blick über die Hochebene serviert.

Die Aradena-Schlucht
Φαράγγι Αράδαινας

Der weitgehend verlassene Weiler Aradena, etwa 2 km westlich von Anopoli, verdankt seine Bekanntheit hauptsächlich der **Vardinogiannis-Brücke**. Die Brücke über die Aradena-Schlucht ist nach einem reichen Geschäftsmann aus der Gegend benannt, der ihren Bau finanzierte. Autofahrer dürften mit einer Mischung aus Faszination und Grausen in die Tiefe starren, während sie über die klapperige Konstruktion holpern. Am Wochenende kann man zusehen, wie sich Wagemutige von der Brücke in die Schlucht hinabstürzen – mit 138 m ist dies der höchste Bungee-Brückensprung in ganz Griechenland. Wer es selbst mal ausprobieren will, muss sich an **Liquid Bungy** wenden (☎ 6937615191; www.bungy.gr; 100 €/Sprung; ⏲ Juli & Aug. Sa & So 12–18 Uhr, Juni & Sept. nach Vereinbarung).

Bei der *kantina* (kleiner Kiosk) neben der Brücke bekommt man eine Wegbeschreibung zur einsamen **Agios-Ioannis-Kirche**, einem weiß getünchten Bau aus der frühbyzantinischen Zeit. Sie liegt nur ca. 15 Minuten Fußmarsch (rund 800 m) entfernt, ist aber selten geöffnet. Dort teilt sich der Weg zum Meer: In westlicher Richtung geht es über die byzantinische Kirche **Agios Pavlos** nach Agia Roumeli, Richtung Osten führt der Weg zum **Marmara-Strand** mit seinem blaugrün schimmernden Wasser.

Der beliebtere Weg zum Marmara-Strand ist die 90-minütige mittelschwere **Wanderung durch die Aradena-Schlucht** (3,5 km).

Aus Anopoli kommend ist der Anfang des Wanderwegs vor der Brücke beschildert. Vom Strand aus kann man zum nahen Hafen Loutro weitergehen, sich dort stärken und eine Fähre zurück in die Zivilisation nehmen.

Loutro Λουτρό

56 EW.

Das winzige Fischerdorf Loutro ist kaum mehr als ein friedlicher Halbkreis blumengeschmückter weiß-blauer Gebäude, gesäumt von einem schmalen Kiesstrand. Es liegt zwischen Agia Roumeli und Chora Sfakion und ist nur per Fähre oder zu Fuß zu erreichen. Der Ort ist Ausgangspunkt verschiedener Küstenwanderrouten zu entlegenen Stränden wie **Finix** (1 km westlich), Marmara (5 km westlich) und Glyka Nera (3,3 km östlich; S. 79). Am besten fragt man vor Ort nach dem Weg, leiht sich ein **Minikanu** (5/15 € pro Std./Tag) vom Hotel Porto Loutro oder fährt mit dem kleinen **Boot**, das nur im Sommer verkehrt. Außerdem können Besucher die **Burgruine** auf der Landspitze erkunden.

Loutro ist der einzige natürliche Hafen an der Südküste von Kreta. Deshalb war es in der Antike von entscheidender strategischer Bedeutung als Hafen für Finix und Anopoli. Der Legende nach war Paulus auf dem Weg von Loutro nach Finix, als ihn ein Sturm vom Kurs ab- und an der Insel Gavdos vorbeitrieb, bevor er schließlich auf Malta strandete.

Heute ist das Dorf ein wunderbar ruhiger Zufluchtsort und ein ausgezeichneter Stützpunkt, um die Südküste zu erkunden.

Schlafen

Loutro hat gute preiswerte Unterkünfte, die meisten mit Blick auf die Bucht. Zu jeder davon gehört eine Taverne. Achtung: Vorher nachfragen, ob die Unterkunft Kreditkarten akzeptiert, da das nicht bei allen der Fall ist.

Apartments Niki APARTMENTS €
(28250 91213; www.loutro-accommodation.com; Studio/Apt. ab 50/110 €;) Die wunderschön eingerichteten Studios mit Balkendecken und Steinfußböden bieten Platz für zwei bis vier Personen. Einzigartig für Loutro ist das Villenapartment mit drei Schlafzimmern, in dem bis zu sechs Personen unterkommen können. Jede Unterkunft hat ihre eigene Kochnische, und die Lage gleich oberhalb des Dorfs garantiert traumhafte Aussicht von den Balkonen aufs Meer.

Blue House PENSION €
(28250 91035; www.bluehouse.loutro.gr; DZ 45–50 €;) Mittig zwischen den weißen Gebäuden rund um den Hafen bietet das Blue House geräumige, gut ausgestattete Zimmer mit großen Veranden und Blick aufs Wasser. Die hübscheren Zimmer befinden sich in der renovierten obersten Etage. Die Taverne im Erdgeschoss serviert ausgezeichnete *mayirefta* (vorbereitete Aufläufe und Eintöpfe für 5 bis 7 €), z. B. köstliche *boureki* (gefüllter Filoteig) mit Zucchini, Kartoffeln und Ziegenkäse.

Rooms Sofia PENSION €
(28250 91354; www.sofiarooms-loutro.gr; DZ/3BZ 35/45 €; April–Okt.;) Die schlichten, sauberen Zimmer über dem Minimarkt Sofia, eine Straße hinter dem Strand, sind etwas beengt, aber mit Kühlschrank und Wasserkocher ausgestattet. Sie haben eine gemeinsame Veranda mit Blick auf Meer und Berge.

Hotel Porto Loutro HOTEL €€
(28250 91433; www.hotelportoloutro.com; EZ/DZ/3BZ inkl. Frühstück 55/65/75 €; April–Okt.;) Das eleganteste Hotel am Ort. Die Zimmer und Studios verteilen sich auf drei Gebäude und sind schlicht im unaufdringlichen Inselstil eingerichtet. Zwei der Gebäude stehen direkt am Strand, das andere hat Balkone mit Blick auf den Hafen. Kinder unter sieben Jahren sind nicht willkommen. Das Hotel akzeptiert keine Kreditkarten.

Essen

Für ihre Monopolstellung sind die Tavernen am Hafen von Loutro erstaunlich gut. Die meisten haben eine große Auswahl an *mayirefta* und ein überwältigendes Angebot an Kuchen und Süßspeisen.

Notos KRETISCH €
(28250 91501; http://notos.loutro.gr; Gerichte 2,50–7 €; 12 Uhr–open end) Ausgezeichnete *mezedhes* direkt hinterm Strand. Eine Zusammenstellung der kleinen Gerichte, wie z. B. gefüllte Zwiebeln, ergibt eine köstliche Mahlzeit.

Pavlos GRIECHISCH €
(28250 91336; www.pavlos.loutro.gr; Hauptgerichte 6–10 €; 11–24 Uhr) Fleisch und Fisch, frisch vom Grill, mit Blick auf den Hafen.

Ilios FISCH & MEERESFRÜCHTE €€
(☎28250 91160; www.iliosloutro.gr; Hauptgerichte 5–15 €; ⊙8–24 Uhr; 📶) Ilios ist die beste Adresse für Fisch und Meeresfrüchte, serviert aber auch eine große Auswahl kretischer Klassiker sowie Frühstück und vermietet außerdem Zimmer.

ℹ Praktische Informationen

Im Ort gibt es weder Bank, Geldautomaten noch Postamt. Viele Unterkünfte und Lokale akzeptieren keine Kreditkarten. Besucher sollten also ausreichend Bares mitbringen (der nächste Geldautomat ist in Chora Sfakion). Das Daskalogiannis Hotel bietet Internetzugang (4 €/Std.).

ℹ An- & Weiterreise

Loutro liegt an der **Anendyk**-Fährroute (www.anendyk.gr) Paleochora–Chora Sfakion. Die Fähren legen am westlichen Ende der Bucht an. Der Ticketschalter öffnet eine Stunde vor der Abfahrt. Die Fähren fahren nach Chora Sfakion (5 €, 15 Min.), Agia Roumeli (6 €, 45 Min.) und gelegentlich auch nach Paleochora (16 €, 2½ Std.) und Sougia (13 €, 1¾ Std.). Alternativ kann man in Agia Roumeli zu diesen Häfen umsteigen. Von September bis Juni legen die Fähren von Chora Sfakion zur Insel Gavdos einen Zwischenstopp in Loutro ein.

In der Hauptsaison fahren Wassertaxis zum Strand von Glyka Nera (Sammeltaxis/Privatboote 5/25 €, 15 Min.) und nach Chora Sfakion.

Agia Roumeli
Αγία Ρουμελή

57 EW.

Das Küstendörfchen Agia Roumeli am südlichen Ende der berühmten Samaria-Schlucht ist hauptsächlich eine Ansammlung von Tavernen und Pensionen, die von den Schluchtwanderern leben. Es ist nicht besonders spektakulär, aber sicherlich eine Augenweide für die erschöpften Wanderer, die aus der Schlucht taumeln. Hier sollte man sich ruhig ein Bad im Meer und ein Mittagessen oder auch eine Übernachtung gönnen, bevor es mit der Fähre weitergeht, die die einzige Verbindung zum Rest der Welt darstellt. Der schwarze Kiesstrand ist hübsch, heizt sich aber in der Sonne so auf, dass man Sonnenschirm und Liege mieten muss (6 €), um sich hier länger aufzuhalten.

Es gibt keine touristischen Einrichtungen, weder Bank noch Geldautomat und auch nicht viel zu sehen. Eine Ausnahme bildet die kurze, aber steile Wanderung zu den gut erhaltenen Ruinen der **venezianischen Burg** oberhalb des Dorfes (etwa 1 km oder 30 Min. entfernt). Ansonsten wäre da noch die **Panagia-Kirche** im Dorf, in der Überreste eines römischen Mosaikfußbodens zu sehen sind.

Agia Roumeli ist auch ein guter Ausgangspunkt, um nur den südlichen Bereich der Samaria-Schlucht zu erkunden, etwa für Familien mit kleinen Kindern oder Besucher, die nur mal einen Blick in die Schlucht werfen wollen, ohne sich gleich die ganze Wanderung anzutun.

Schlafen & Essen

Paralia Taverna & Rooms PENSION, TAVERNE €
(☎28250 91408; www.taverna-paralia.com; DZ 35–40 €; ❄📶) Die Pension und Taverne direkt am Hafen bietet ausgezeichnete Aussicht, die beste Kretaküche des Ortes, kaltes Bier und schlichte, saubere Zimmer.

Calypso Hotel & Taverna HOTEL €
(☎28250 91314; www.calypso.agiaroumeli.gr; EZ/DZ/3BZ ab 25/35/45 €; ❄📶) Das etablierte Hotel am Strand vermietet ordentliche Zimmer mit Kühlschrank und hat eine geräumige Taverne/Bar (Hauptgerichte 5–11 €).

Artemis Studios APARTMENTS €
(☎28250 91225; www.agiaroumeli.com; EZ/DZ/3BZ 45/55/70 €; ⊙April–Okt.; ❄📶👪) Rund 50 m vom Kiesstrand des Orts liegt diese familiengeführte Herberge mit zwölf Selbstversorger-Studios für jeweils bis zu fünf Personen – eine gute Wahl für alle, die nah am Wasser und möglichst weit weg von den Menschenmengen sein möchten. Die Inhaber geben auf Wunsch gern Tipps für Wanderungen in die Umgebung.

Gigilos Taverna & Rooms PENSION €
(☎28250 91383; www.gigilos.gr; EZ/DZ/3BZ 25/35/40 €; ❄) Direkt am Strand am westlichen Ortsrand. Die besten Zimmer liegen zur Strandstraße hin und sind sauber, hübsch eingerichtet, mit ordentlichen, neuen Bädern und Gemeinschaftskühlschrank auf dem Flur. Die Taverne serviert gute kretische Hausmannskost und hat eine große, angenehm schattige Terrasse über dem Strand.

ℹ An- & Weiterreise

Der **Ticketschalter** für die Anendyk-Fähren (☎28250 91251; www.anendyk.gr) befindet sich 50 m landeinwärts vom Fähranleger. Der Ort liegt auf der Südküsten-Fährroute; der Fahrplan wechselt je nach Jahreszeit. Die Fähre Richtung

INSIDERWISSEN

NOCH MEHR SCHLUCHTWANDERUNGEN

Die Samaria-Schlucht ist nicht die einzige Schlucht im Westen Kretas, die eine Wanderung lohnt. Die hier aufgeführten einsameren Schluchten sollten weniger Erfahrene aber besser mit Führer und auch erfahrene Trekker nur nach gründlicher Vorausplanung begehen. Eine gute Idee ist auch immer, sich zuerst bei der **Sektion Chania des EOS** (S. 62) nach den örtlichen Bedingungen, Wasserquellen und Unterkünften zu erkundigen und in einem Buchladen in Chania die entsprechende Wanderkarte von Anavasi mit GPS-Koordinaten, Wanderwegen und anderen wichtigen Details mitzunehmen. Weitere Infos gibt es unter www.west-crete.com.

➡ **Agia-Irini-Schlucht** (S. 85) Die vergleichsweise grüne Schlucht endet 5 km nördlich von Sougia.

➡ **Imbros-Schlucht** (S. 77) Halb so lang wie die Samaria und ganzjährig geöffnet; sie mündet bei Komitades in der Nähe von Chora Sfakion.

➡ **Aradena-Schlucht** (S. 81) Die mittelschwere bis steile Wanderung endet an der Marmara-Bucht, 5 km westlich von Loutro.

➡ **Trypiti-Schlucht** (S. 85) Schwierig und wenig begangen; sie endet 12 km östlich von Sougia. Nur mit Führer begehen!

➡ **Klados-Schlucht** Die Schlucht mit gnadenlos senkrechten Felswänden verläuft parallel zwischen der Samaria- und der Trypiti-Schlucht. Sie ist ein Mekka für erfahrene Felskletterer und bietet auch tolle Möglichkeiten zum Abseilen. Nur für echte Bergsteiger geeignet!

Osten nach Loutro (6 €, 45 Min.) und Chora Sfakion (11 €, 1 Std.) bietet Anschluss an den letzten Bus zurück nach Chania. Die Fähre Richtung Westen fährt nach Sougia (9 €, 45 Min.) und Paleochora (15 €, 1½ Std.). Auch die Fähren zur Insel Gavdos (17,50 €) legen hier oft einen Zwischenstopp ein.

In der Hauptsaison verkehren die Fähren so, dass es zeitlich möglich ist, Agia Roumeli als Tagesausflug von Chora Sfakion zu besuchen.

Sougia Σούγια

136 EW.

Sougia (*su*-ja) liegt 67 km südlich von Chania an der Fährroute Chora Sfakion–Paleochora und ist einer der entspanntesten und am wenigsten zugebauten Strandorte entlang der Südküste. Seine Lage am Ende einer schmalen, kurvenreichen Bergstraße hält die meisten Tourbusse fern. Cafés, Bars und Tavernen säumen die von Tamarisken beschattete Strandpromenade; die meisten Unterkünfte liegen ein Stückchen landeinwärts, wo es ruhiger ist. Das Dorf war einmal ein beliebter Hippietreff, und immer noch kehren viele nostalgische Ex-Hippies Jahr für Jahr hierher zurück. Sougia wirkt heute noch so relaxt wie damals: Hier gibt es kaum etwas zu tun, als auszuspannen oder Wanderungen in die nahen Schluchten oder zum antiken Lissos zu unternehmen.

Sougia hat sich seine friedliche Atmosphäre auch deshalb bewahrt, weil eine archäologische Stätte am östlichen Ortsrand einer weiteren Bebauung im Weg steht. Die antike Siedlung Sougia lag westlich des heutigen Orts. Sie florierte unter den Römern und Byzantinern als Hafen für Elyros, eine bedeutende Stadt weiter landeinwärts, die heute nicht mehr existiert. Eine Basilika aus dem 6. Jh. beherbergte einen schönen Mosaikboden, der jetzt im Archäologischen Museum von Chania zu bewundern ist.

Sehenswertes & Aktivitäten

Sougia hat einen reizvollen, 1 km langen **Strand** aus grauem Sand und Kies, der allerdings recht steil ins Meer abfällt und sich daher als Badestrand für Familien mit kleinen Kindern nicht so eignet (seichteres Wasser gibt es an den Stränden bei Frangokastello, Paleochora und Elafonisi).

Wie bei den meisten Dörfern der Südküste lädt die Umgebung zu tollen Wanderungen ein. Ein Taxi zum Start des Wanderwegs durch die Samaria-Schlucht kostet 60 €, aber mit ein, zwei Tagen Vorankündigung können die Leute von der Taxizentrale eine Gruppe von Wanderern zusammenbekommen, die sich die Kosten teilen.

★ Agia-Irini-Schlucht WANDERN
(Eintritt 1,50 €; ganzjährig) Die hübsche Agia-Irini-Schlucht beginnt ungefähr 13 km nördlich von Sougia. Der 7 km lange, gut gepflegte Wanderweg (mit 500 m Höhenunterschied) führt durch abwechslungsreiche, intensiv duftende Pflanzenwelt und passiert einige in den Schluchtwänden versteckte Höhlen. Am Ende der Schlucht liegt die hervorragende **Taverna Oasis** (28230 51121; Hauptgerichte 6–10 €; April–Okt. mittags & abends). Von dort sind es weitere 7 km Fußmarsch über eine ruhige, asphaltierte Straße (oder eine 15 € teure Taxifahrt) bis nach Sougia.

Natürlich kann man die Wanderung auch in die umgekehrte Richtung absolvieren. Wer ohne organisierte Tour wandern will, nimmt von Paleochora den Bus nach Omalos oder von Sougia den Bus Richtung Chania und steigt in Agia Irini aus.

Trypiti-Schlucht WANDERN
Die wenig besuchte Trypiti-Schlucht in der Nähe des Bergs Gingilos lädt zu einer der anstrengendsten und längsten Wanderungen auf Kreta ein. Sie beginnt bei Omalos und endet an der Südküste, am Kap Trypiti 12 km östlich von Sougia. Die zehnstündige Wandertour verspricht himmlische Ruhe, denn hierher verirren sich wirklich nur sehr wenige Menschen: Ein ideales Ziel für Reisende, die unberührte Natur und Einsamkeit suchen. Allerdings ist der Weg schwierig, weshalb man ihn mit einem Führer begehen und sich mit Wanderkarten, Wasser und Proviant ausrüsten sollte.

Schlafen

Am östlichen Ende des Strands kampiert manchmal eine kleine Kolonie von Campern und FKK-Jüngern.

Aretousa Studios & Rooms APARTMENTS €
(28230 51178; EZ/DZ/Studio 35/40/45 €; April–Okt.; P) Die charmante Pension an der Straße nach Chania, 200 m vom Meer entfernt, hat renovierte helle, komfortable Zimmer und Studios, die meisten mit Kochnische. Hinter dem Haus gibt es einen hübschen Garten zum Entspannen und einen Kinderspielplatz.

Rooms Ririka PENSION €
(28230 51167; www.sougia.info/hotels/ririka; DZ 45 €;) Gemütliche Unterkunft am östlichen Strandabschnitt mit acht Doppelzimmern und einem grünen Garten.

Santa Irene Apartments & Studios APARTMENTS €€
(28230 51342; www.santa-irene.gr; Apt. 60–80 €; Ende Mai–Anfang Nov.; P) Das schicke Hotel am Strand bietet neben luftigen Zimmern mit Marmorfußboden, TV und Kochnische auch zwei Familienapartments (80–90 €), auf Wunsch mit Babybettchen. In der Nachsaison fallen die Preise erheblich.

Syia Hotel HOTEL €€
(28230 51174; www.syiahotel.com; Studio/Apt. inkl. Frühstück ab 70/90 €; P) Das professionell geführte Familienhotel gehört zum Schicksten, was das entspannte Sougia zu bieten hat. Die Wohneinheiten in einer ruhigen Gartenanlage bieten reichlich Bewegungsfreiheit, eigenen Balkon, moderne Einrichtung und gut ausgestattete Küchen.

Essen

Taverna Rembetiko KRETISCH €
(28230 51510; Gerichte 5–9 €; 12 Uhr–open end;) Die beliebte Taverne an der Straße nach Chania serviert *mezedhes* und ist toll für einen schnellen Snack oder ein günstiges, abwechslungsreiches Mittagessen. Die freundlichen Inhaber bieten eine umfangreiche Auswahl kretischer Gerichte wie *bourekia* (Filoteigtaschen in Form von Röllchen, Schnecken u. a.) und gefüllte Zucchiniblüten. Auch Vegetarier müssen hier nicht darben.

Polyfimos GRIECHISCH €
(28230 51343; Hauptgerichte 5–8 €; mittags & abends;) Diese Taverne etwas abseits der Straße nach Chania, hinter der Polizeiwache, betreibt Althippie Yianni. Er macht nicht nur Öl, Wein und Raki selbst, sondern zaubert sogar *dolmadakia* mit Reisfüllung aus den Weinblättern, die ein schattiges Dach über dem Hof bilden.

★ Omikron INTERNATIONAL €€
(28230 51492; Hauptgerichte 5–14 €; 8 Uhr–spät;) In seinem rustikal-eleganten Lokal geht Jean-Luc Delfosse eigene kulinarische Wege, die eine erfrischende Abwechslung von der üblichen Tavernenkost versprechen. Von Pilz-Crêpes und Flammkuchen über Pasta mit Meeresfrüchten bis zum Pfeffersteak ist hier alles frisch und kreativ zubereitet und wirklich lecker.

Kyma FISCH & MEERESFRÜCHTE €€
(28230 51688; Hauptgerichte 6–17 €; 12 Uhr–spät) Das Restaurant an der Strandpromenade, nicht weit von der Einmündung der Straße aus Chania, ist schon an der

Fischauslage draußen zu erkennen. Es verarbeitet Fisch und Meeresfrüchte, die der Bruder des Inhabers liefert, und Fleisch aus eigener Haltung. Sehr lecker ist die Ziege *tsigariasto* (in Weinsoße geschmort) oder das *stifadho* aus Kaninchenfleisch. Von den Meeresfrüchten munden besonders die gebratenen *kalamari* oder die Spaghetti mit Kaisergranat (70 €/kg).

☆ Unterhaltung

Sougia hat zwei Discos unter freiem Himmel, in denen es (nach Mitternacht) für solch einen kleinen Ort manchmal überraschend hoch hergeht. Das **Alabama** (Juni–Sept. 23 Uhr–open end) am östlichen Strandabschnitt ist der Dauerfavorit, das **Fortuna** (6977423023; Juni–Sept. 23–7 Uhr) linker Hand vorm Ortseingang eine super Adresse für einen spätabendlichen Drink. In beiden Läden kommt erst nach Mitternacht richtig Stimmung auf.

Praktische Informationen

Der Ort hat weder Bank, Geldautomaten noch eine Tankstelle; das alles gibt es erst wieder in Paleochora. Weitere Informationen über die Gegend liefert die Website www.sougia.info.

An- & Weiterreise

FÄHRE

Sougia liegt an der **Anendyk**-Fährroute (28230 51230; www.anendyk.gr) Paleochora–Chora Sfakion. In der Hauptsaison verkehren täglich Fähren nach Agia Roumeli (9 €, 45 Min.), Loutro (13 €, 1½ Std.) und Chora Sfakion (14 €, 1¾ Std.) im Osten sowie nach Paleochora (9 €, 50 Min.) im Westen. Zweimal wöchentlich legen auch die Fähren von Paleochora zur Insel Gavdos (ab Sougia 18 €) hier an.

Captain George's Water Taxi (694760 5802) fährt die Küste rund um Sougia an.

BUS & AUTO

Sougia hat keine Tankstelle. Es gibt eine Straße nach Sougia hinein, und der Bus setzt seine Passagiere an der Küstenstraße in der Nähe der T-Kreuzung ab. Tickets gibt es ganz in der Nähe bei Roxanes Minimarkt zu kaufen.

In der Hauptsaison verkehren täglich zwei bis drei Busse (www.e-ktel.com) zwischen Chania und Sougia (7,10 €, 1 Std. 50 Min.); sie halten auf Wunsch in Agia Irini, um Schluchtwanderer aussteigen zu lassen. Außerdem fahren dreimal pro Woche Busse nach Paleochora und täglich Busse nach Omalos (nur in der Hauptsaison).

Mehrere **Taxifahrer** (6972370480, 6977745160, 28230 51362; www.taxi-selino.com) bieten Fahrten von und nach Sougia an; sie haben einen zentralen Kiosk an der Uferpromenade.

Lissos Λισσός

Zu den Ruinen des antiken Lissos sind es von Sougia 3,5 km Fußweg über den Küstenpfad nach Paleochora; der Weg beginnt am Ende des kleinen Hafens von Sougia. Die einzige Alternative wäre, ein Wassertaxi zu der nahegelegenen Bucht zu nehmen und von da hinaufzuwandern.

Lissos entstand unter den Dorern, blühte unter den Byzantinern auf und wurde im 9. Jh. von den Sarazenen zerstört. Es diente als Hafen für die landeinwärts gelegene Stadt Elyros (die heute nicht mehr existiert) und gehörte zu einem Stadtstaatenbund unter Vorherrschaft des antiken Gortys, der seine eigenen Goldmünzen mit der Aufschrift „Lission" prägte.

Hier gab es einst einen Wasserspeicher, ein Theater und Thermalquellen, die bislang noch nicht freigelegt wurden. Die Ruinen, die heute zu sehen sind, stammen hauptsächlich aus dem 1. bis 3. Jh. v. Chr., als Lissos für seine Heilquellen berühmt war. Der im 3. Jh. v. Chr. neben einer Quelle erbaute Asklepios-Tempel war dem griechischen Gott der Heilkunde geweiht.

Ausgrabungen förderten hier eine kopflose **Statue des Asklepios** und 20 andere Fragmente von Statuen zutage, die sich jetzt im Archäologischen Museum in Chania befinden. Vor Ort verbleibt der marmorne Altarsockel, auf dem die Statue stand, neben der Grube für die Opfergaben.

Der **Mosaikboden** des Tempels zeigt kunstvolle geometrische Muster und Vogeldarstellungen aus vielfarbigen Steinchen. Auf dem Weg zum Meer hinunter kommt man an Resten römischer Ruinen vorbei. Am Westhang des Tals wurden ungewöhnliche Grabstätten mit Tonnengewölben gefunden.

In der Nähe befinden sich die Ruinen zweier frühchristlicher Basiliken – **Agios Kyriakos** und **Panagia** – aus dem 13. Jh.

Lissos hat einen wunderschönen Strand, wo man nach der Wanderung ein erfrischendes Bad nehmen kann. Wer zufällig am 15. Juli da ist, platzt mitten ins **Agios-Kirkos-Fest**.

Paleochora Παλαιόχωρα

1675 EW.

Das sympathisch relaxte Paleochora (pa-lä-*o*-chor-a) strotzt nur so vor Charakter. Der Ort liegt auf einer schmalen Halbinsel zwischen dem langen, geschwungenen, von Tamarisken beschatteten Sandstrand **Pahia Ammos** auf der einen Seite und dem kiesigen **Chalikia-Strand** auf der anderen. Mit seinem seichten Wasser und der ruhigen Atmosphäre ist er auch für Familien mit kleinen Kindern ein gutes Urlaubsziel.

Der malerischste Teil von Paleochora ist das Labyrinth enger Sträßchen rund um die Burg. Die Tavernen machen sich mit ihren Tischen bis auf die Straße breit, und gelegentlich beleben Kulturveranstaltungen oder kretische und internationale Musik das Geschehen. Im Frühjahr und Herbst lockt Paleochora zahlreiche Wanderer an. Es ist außerdem der einzige Strandort auf Kreta, der im Winter nicht in tiefsten Dornröschenschlaf verfällt.

Sehenswertes

Venezianische Burg BURG

GRATIS Es lohnt sich, die Ruinen der venezianischen Burg aus dem 13. Jh. zu erklimmen, um die phänomenale Aussicht auf Meer und Berge zu genießen. Von dieser hohen Warte aus hatten die Venezianer ein wachsames Auge auf die Südwestküste. Von der Festung selbst ist allerdings nach Zerstörungen durch die Venezianer, die Türken, den Freibeuter Barbarossa im 16. Jh. und schließlich die Deutschen im Zweiten Weltkrieg nicht allzu viel übrig.

Museum der Akriten Europas MUSEUM

(28230 42265; Mo–Fr 10–13 Uhr) GRATIS Das kleine Museum neben der schmucken Kirche widmet sich den Grenzverteidigern und Helden des mittelalterlichen und byzantinischen Europa. Die schön präsentierte Ausstellung beinhaltet historische Musikinstrumente, Waffen und andere Gegenstände aus der damaligen Zeit.

Aktivitäten

In der Umgebung locken mehrere großartige **Wanderwege**. Von Paleochora führt eine sechsstündige Wanderung über einen landschaftlich schönen Küstenpfad (S. 90) an der antiken Stadt Lissos vorbei nach Sougia. Eine leichter zu begehender Rundweg verläuft landeinwärts nach Anydri und dann durch die kleine, grüne Anydri-Schlucht (S. 91) zum Meer.

Wenn im Sommer der Wind so richtig schön pfeift, ist der Sandstrand Pahia Ammos ein hervorragendes **Windsurfrevier**. Außerdem werden ab Paleochora Ausflüge zur Delfinbeobachtung angeboten.

Geführte Touren

Paleochora ist ein guter Ausgangspunkt, um die Schluchten Samaria und Agia Irini zu durchwandern, entweder im Rahmen einer organisierten Tour oder indem man per Taxi oder mit den regionalen KTEL-Bussen zu den Startpunkten der Schluchtenwege fährt. Von den Endpunkten der Schluchtwanderungen (Agia Roumeli für Samaria-Wanderer, Sougia für die Agia Irini) geht es dann per Fähre nach Paleochora zurück. Von Mitte Mai bis Oktober bietet sich auch ein Tagesausflug mit der Fähre nach Elafonisi an. Tickets verkauft Selino Travel (S. 90), wo es auch andere Ausflüge zu buchen gibt.

Schlafen

★ **Joanna's Place** APARTMENTS €

(28230 41801; www.joanna-place.com; Studio 45–55 €; April–Nov.; P ❄ ᯤ) Die sympathische Unterkunft liegt an einem ruhigen Fleckchen mit kleinem Kiesstrand am Südostzipfel der Halbinsel. Die geräumigen, blitzsauberen Studios sind mit Möbeln aus örtlicher Produktion eingerichtet. In der dazugehörigen Kochnische können die Gäste sich ihr Frühstück zubereiten, um es dann auf dem Balkon zu genießen.

Homestay Anonymous PENSION €

(28230 42098; www.anonymoushomestay.com; EZ/DZ/3BZ/Apt. mit 2 Schlafzimmern 25/30/35/55 €; ❄ ᯤ) Diese schlichte Pension mit gutem Preis-Leistungs-Verhältnis hat Zimmer mit Bad und eine Gemeinschaftsküche im Hofgarten. Der sympathische, weit gereiste Besitzer Manolis ist sehr gastfreundlich und eine schier unerschöpfliche Informationsquelle für Traveller, die in dieser Gegend etwas unternehmen wollen. Die Zimmer in einem urigen Bruchsteingebäude sind sauber und geschmackvoll eingerichtet, wenn auch ein bisschen beengt. Für Familien lassen sich mehrere Zimmer miteinander verbinden.

Oriental Bay Rooms PENSION €

(28230 41076; www.orientalbay.gr; EZ/DZ/3BZ 30/35/50 €; ❄ ᯤ) Die makellosen Zimmer in dem großen, modernen Gebäude am nördlichen Ende des Chalikia-Strands verfügen über Balkon mit Blick aufs Meer oder die Berge. Zur Ausstattung gehören Wasserkocher und Kühlschrank.

Villa Anna PENSION €
(☎28103 46428; www.villaanna-paleochora.com; Apt. 50–80 €; ❄ 📶 👪) Inmitten eines bezaubernden, schattigen Gartens, umsäumt von hohen Pappeln, befinden sich diese gut ausgestatteten, familienfreundlichen Apartments für bis zu fünf Personen. Kinderbetten stehen zur Verfügung, und im Garten gibt es Schaukeln und einen Sandkasten. Das Gelände ist rundum eingezäunt.

Camping Paleochora CAMPINGPLATZ €
(☎28230 41120; www.campingpaleochora.gr; Stellplätze pro Erw./Kind/Zelt 6/3,50/5 €; 📶) Der große Campingplatz liegt 1,5 km nordöstlich des Orts, ungefähr 500 m östlich vom kiesigen Chalikia-Strand in direkter Nähe zum Meer. Es gibt eine Taverne, aber keinen Kiosk, und die Einrichtungen sind etwas heruntergekommen. Zelte können gemietet werden (klein/groß 6/10 €).

★ Corali APARTMENTS €€
(☎6974361868; www.corali-studios.com; Studio ab 65 €; ❄ @ 📶) Eine nette griechisch-italienische Familie betreibt diese prima Studios, die deutlich über dem hier üblichen Standard liegen. Die luxuriösen Unterkünfte mit Kochnischen und Balkonen zum Meer sind mit edlem, modernem Mobiliar und großen, tadellos sauberen Bädern ausgestattet, einige sogar mit einem Computer. Hervorragende zentrale Lage mit tollem Meerblick.

Libyan Princess HOTEL €€
(☎28230 42030; www.libyanprincess.gr; DZ inkl. Frühstück ab 100 €; ❄ @ 📶 🏊) Das Hotel mit Rundum-Service ist die vornehmste Herberge in Paleochora. 31 Zimmer und eine „Ececutive Suite" sind um einen glitzernden Pool angeordnet und mit allem modernen Komfort ausgestattet, von Flachbildfernseher und Telefon über einen Safe bis zu Tee-

Paleochora

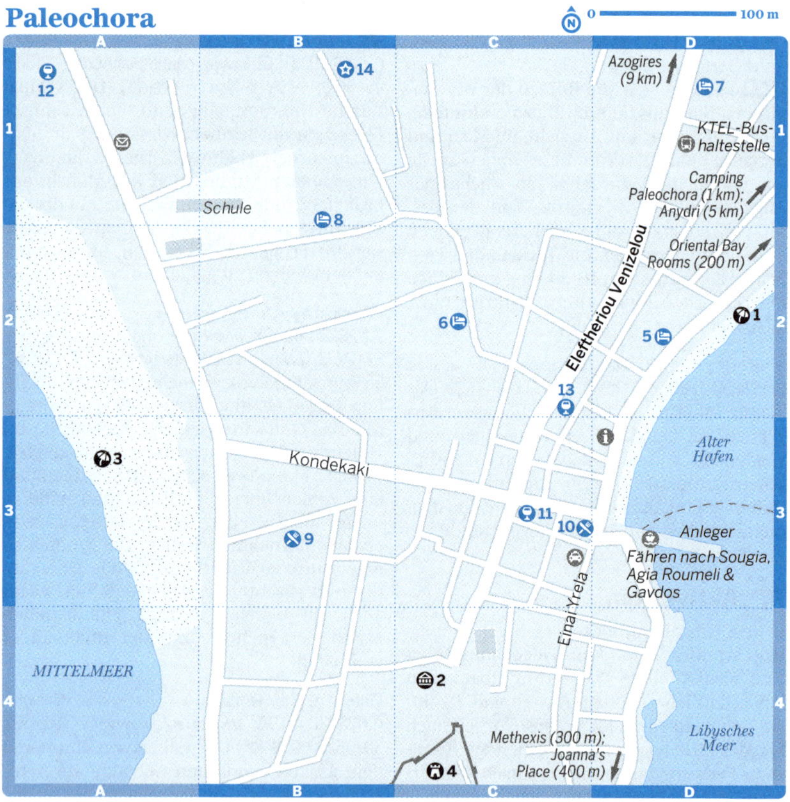

und Kaffeemaschinen. Dazu gibt es einen Fitnessraum und Massagebehandlungen. Einziges Manko: Das Hotel liegt an der betriebsamen Hauptstraße.

Essen

Paleochora hat gute kretische Restaurants, und das Olivenöl der Region gehört zu den besten in ganz Griechenland. Im Sommer ist die Atmosphäre besonders schön, wenn die Hauptstraße gesperrt ist und die kleinen Tavernen ihr Geschäft nach draußen verlegen. In der Region Paleochora wird der ausgezeichnete *myzithra*-Käse, anders als sonst auf Kreta üblich, ungesüßt serviert.

Third Eye VEGETARISCH €
(☎28230 41234; www.thethirdeye-paleochora.com; Hauptgerichte 6–7 €; ⏲8.30–15 & 17.30–23 Uhr; 📶🌱) Das Third Eye ist eine lokale Institution: das einzige vegetarische Restaurant auf Kreta. Auf der Speisekarte findet sich eine bunte Mischung aus Curry-Gerichten, Salaten, Pasta sowie griechischen und asiatischen Spezialitäten. Im Sommer gibt es allwöchentlich Livemusik. Das Restaurant liegt ein paar Schritte landeinwärts vom Sandstrand Pahia Ammos.

Christos Taverna KRETISCH €
(☎28230 41359; www.christospaleochora.com; Hauptgerichte 6–10 €; ⏲Mai–Okt. 12 Uhr–spät) Unkomplizierte kretische und griechische Gerichte tischt diese alteingesessene, nur im Sommer geöffnete Taverne in der Nähe des kiesigen Chalikia-Strands auf. Die Gäste können nach Lust und Laune unter den frisch geschmorten Leckereien in der Theke auswählen.

Vakakis-Familienbäckerei BÄCKEREI €
(☎28230 41850; Backwaren ab 1 €; ⏲7 Uhr–spät) Zu frisch gebackenem Brot und süßen Köstlichkeiten schmeckt heißer oder geeister Kaffee.

★ **Methexis** KRETISCH €€
(☎28230 41431; www.methexistaverna.com; Hauptgerichte 6–15 €; ⏲Di–So 12.30–23.30 Uhr, Juli & Aug. länger; 📶🌱) Der kurze Bummel zur südöstlichen Spitze der Halbinsel lohnt sich, um die authentische Hausmannskost und herzliche Gastfreundschaft dieses Lieblingslokals der Einheimischen in unmittelbarer Nähe zu einem kleinen Strand zu genießen. Außer den üblichen Klassikern warten hier auch Überraschungen wie der überragende fleischfreie Kastanien-*stifado* (Schmortopf), panierter Stockfisch mit Knoblauchpüree und andere kretische Leckerbissen.

Ausgehen & Unterhaltung

Agios BAR
(☎28230 41258; www.agiosbar.gr; ⏲ganzjährig 12 Uhr–open end) Die zwanglose Lounge, Bar und Musikkneipe gehört zu den besten Ausgehadressen von Paleochora.

Nostos Club CLUB
(⏲April–Okt. 18–2 Uhr) Kleiner Club mit Außenterrasse, der griechische und westliche Musik spielt.

La Jetee BAR
(⏲Mai–Sept. 9–2 Uhr; 📶) Das Touristenlokal am Strand punktet mit Cocktails, hübschem Garten und traumhaftem Sonnenuntergangspanorama. Außerdem bekommt man hier den ganzen Tag über Snacks serviert (2,50–5 €).

Open-Air-Kino KINO
(⏲Juni–Sept.) Das Open-Air-Kino von Paleochora zeigt im Sommer an drei Abenden pro Woche Filme (meist auf Englisch mit griechischen Untertiteln).

Praktische Informationen

Paleochora hat eine hübsche Uferpromenade, die ebenso wie die Hauptstraße Eleftheriou Venizelou von Mai bis September für den Autoverkehr gesperrt ist. An der Venizelou gibt es

Paleochora

Sehenswertes
1 Chalikia-Strand D2
2 Museum der Akriten Europas C4
3 Pachia Ammos A3
4 Venezianische Burg C4

Schlafen
5 Corali D2
6 Homestay Anonymous C2
7 Libyan Princess D1
8 Villa Anna B1

Essen
9 Third Eye B3
10 Familienbäckerei Vakakis C3

Ausgehen & Nachtleben
11 Agios C3
12 La Jetee A1
13 Nostos Club C2

Unterhaltung
14 Freiluftkino B1

KÜSTENWANDERUNG VON PALEOCHORA NACH SOUGIA

Vom Ortszentrum Paleochora den Schildern zu den Campingplätzen im Nordosten folgen. An der Kreuzung mit der Straße nach Anydri rechts abbiegen; hier kommt man bald auf den als „European Footpath E4" beschilderten Küstenpfad. Nach einigen Kilometern steigt der Weg steil an, sodass man einen tollen Blick zurück auf Paleochora hat. Dann geht es am **Anydri-Strand** und mehreren einladenden **Badebuchten** vorbei, wo sich so mancher nahtlos bräunt. Am besten hier abkühlen, denn in der Folge verläuft der Pfad landeinwärts über das **Kap Flomes**. Das mit Gestrüpp bewachsene Plateau bietet atemberaubende Aussicht auf das Libysche Meer. Bald ist das dorische Lissos (S. 86) erreicht; dahinter führt der Weg durch einen Kiefernwald. Die Straße endet am Hafen von Sougia. Auf der gesamten Strecke von 14,5 km (etwa 6 Stunden einkalkulieren) gibt es kaum Schatten, also unbedingt mehrere Liter Wasser und Sonnenschutzmittel mitnehmen. Von Juni bis Ende August empfiehlt es sich, bei Sonnenaufgang zu starten, um Sougia vor der schlimmsten Tageshitze zu erreichen. Für den Rückweg kann man dann die Fähre nehmen.

Tankstellen und Geldautomaten. Hier sollte sich eindecken, wer zu Orten wie Sougia aufbrechen möchte, die weder das eine noch das andere haben.

Postamt (⏲Mo–Fr 7–14 Uhr) An der Uferstraße am Pahia Ammos (Sandstrand).

Selino Travel (☎28230 42272; selino2@otenet.gr; Kondekaki; 3-stündige Tour 18 €; ⏲April–Okt. 8–13.30 & 18–21.30, sonst kürzer) Allgemeine Informationen, Fähr- und Flugtickets, diverse Ausflüge und Touren, u. a. zu den Schluchten Samaria und Agia Irini. Von Mitte Mai bis Oktober wird täglich eine Schiffstour zum Elafonisi-Strand an der Westküste angeboten.

Touristeninformation (☎28230 41507; ⏲Mai–Okt. Mi–Mo 10–13 & 18–21 Uhr) Der Infokiosk an der Strandstraße in der Nähe des Fähranlegers hält ein paar Broschüren mit grundlegenden Informationen bereit.

Tsiskakis Travel (☎28230 42110; www.notoscar.com; Eleftheriou Venizelou 53; ⏲9–13 & 17–21 Uhr) Vermittelt Mietwagen und organisiert Touren und Ausflüge in die Umgebung, u. a. zu den Schluchten Samaria, Agia Irini und Aradena.

ℹ An- & Weiterreise

FÄHRE

Die Fähren legen vom Kai am Südende des Chalikia-Kiesstrands ab. Tickets für alle Fähren und Schiffe gibt es bei Selino Travel.

Von Mitte Mai bis Ende Oktober verkehrt einmal täglich (sofern die Wetterlage es zulässt) ein Ausflugsschiff zum Westküstenstrand Elafonisi (einfache Strecke Erw./Kind 9/4,50 €, 1 Std.).

Paleochora ist der westliche Endpunkt der **Anendyk**-Fährroute (www.anendyk.gr) entlang der Südküste. Der Fahrplan ändert sich je nach Jahreszeit; die aktuellen Abfahrtzeiten immer rechtzeitig online oder bei den örtlichen Reisebüros in Erfahrung bringen. Die Fähren verkehren ostwärts nach Sougia (9 €, 50 Min.) und Agia Roumeli (15 €, 1½ Std.), wo man auf eine Fähre nach Loutro (16 €, 2½ Std.) und Chora Sfakion (17 €, 3 Std.) umsteigen kann. Normalerweise ist es nicht möglich, ein Auto über die ganze Strecke mitzunehmen, da einige der Schiffe reine Passagierfähren sind. Im Sommer verkehrt dreimal pro Woche eine Fähre zur Insel Gavdos (19 €, 2½ Std.).

BUS

Busse fahren von der **KTEL-Bushaltestelle** (☎28230 41914; www.e-ktel.com) nach einem sehr variablen Fahrplan nach Chania (7,60 €, 1¾ Std., 3- bis 4-mal tgl.). Im Sommer fährt einmal täglich (6.15 Uhr) ein Bus nach Omalos (6,40 €, 2 Std.), dem Zugang zur Samaria-Schlucht; er hält auch am Eingang zur Agia-Irini-Schlucht (4,50 €). Außerdem verkehren im Sommer dreimal wöchentlich Busse nach Sougia und Elafonisi.

AUTO

Autofahrer sollten auf keinen Fall versuchen, die Piste nach Elafonisi zu befahren, die früher von Grameno (5 km westlich von Paleochora) ausgeschildert war. Ab dem Dorf Maniatiana ist diese Straße nur noch für extrem robuste Geländewagen passierbar. **Notos Rentals** (☎28230 42110; www.notoscar.com; Eleftheriou Venizelou 53; ⏲8–22 Uhr) vermietet Autos, Motorräder und Fahrräder.

ℹ Unterwegs vor Ort

Paleochora Taxi (☎6979594667, 28230 41128; www.paleochora-taxi.com) Der bequemste Weg, um die Startpunkte von Schluchtwanderwegen oder abgeschiedene Strände zu erreichen.

Rund um Paleochora

Die Berge rund um Paleochora bieten ausgezeichnete Wandermöglichkeiten, teils auf dem Küstenwanderweg E4, teils durch kleine Schluchten mit üppiger Vegetation. Eine nette Tour ist die Rundwanderung von Paleochora nach Anydri und zurück. Alternativ kann man mit dem Taxi nach Azogires fahren, um von dort nach Anydri hinunter- und dann nach Paleochora zurückzuwandern. Wanderkarten gibt es in den Läden in Paleochora.

Anydri Ανύδροι

Das Dörfchen Anydri, 5 km nordöstlich von Paleochora, ist ein beliebtes Ziel für Wanderer. Zu erreichen ist es über eine landschaftlich schöne Straße oder zu Fuß durch die malerische Anydri-Schlucht, die ein kleiner Wasserlauf in den Fels gegraben hat. Gründerväter des Dorfs waren zwei Brüder, die vor einer mörderischen Vendetta aus Chora Sfakion geflohen waren. Deshalb tragen die meisten Dorfbewohner noch heute den gleichen Familiennamen. Vom Dorf führt ein Pfad zur **Agios-Georgios-Kirche** mit Fresken aus dem 14. Jh.

Aktivitäten

Anydri-Schlucht WANDERN

Eine beliebte und besonders schöne Rundwanderung führt von Paleochora nach Anydri, dann durch die Anydri-Schlucht zur Küste hinunter und an dieser entlang zurück nach Paleochora.

Von Paleochora folgt man der Straße, die am Campingplatz vorbeiführt, und nimmt dann die asphaltierte Straße, die nach links abzweigt; sie ist von steilen Felswänden gesäumt. Am Dorfeingang von Anydri weist ein Schild den Weg zur Anydri-Schlucht. Nach einigen Hundert Metern Fußpfad zweigt dann ein überwucherter Pfad nach links ab. Den roten Markierungen zur Schlucht folgen.

Am Ende der Wanderung durch das ausgetrocknete Flussbett tauchen Wegweiser zum breiten **Gialiskari-Strand** am Ausgang der Schlucht auf. Der schönste Abschnitt ist der grobkörnige Sandstrand am östlichen Ende, linker Hand der *kantina*. Von hier gelangt man auf einem anderen Weg zurück nach Paleochora, indem man den E4-Markierungen folgt, die an der Steilküste entlangführen. Der Strand ist auch mit dem Auto über eine unbefestigte Straße zu erreichen, die ein gutes Stück vor der Schlucht nach rechts abzweigt (beschildert).

Schlafen & Essen

Christos Place FERIENHÄUSCHEN €€

(☎28230 41330; www.christosplace.gr; Häuschen 80–130 €; P ❄ 📶) Die 2015 eröffnete Anlage besteht aus bildhübschen Ferienhäuschen in einem Olivenhain oberhalb von Anydri. Sie bieten Platz für drei bis fünf Personen und sind mit Kochnische, eigener Terrasse und Satelliten-TV ausgestattet. Ungewöhnlich sind die Außenduschen. Von den Terrassen bietet sich ein weiter Blick übers Libysche Meer.

★ **To Skolio** MEZEDHES €

(☎28230 83001; Gerichte 3–7 €; ⏲ Ostern–Sept. tgl. ab 9 Uhr zum Kaffee, 12–23 Uhr warme Küche, Okt.–Ostern Mi–So) Ob als Schluchtwanderer oder Mietwagenfahrer, eine Mahlzeit in diesem wunderbaren Lokal sollte man sich unbedingt gönnen. „Die Schule“ residiert, wie der Name vermuten lässt, in einem ehemaligen Schulgebäude. Fröhlich bunte Tische stehen auf einer schattigen Terrasse verteilt, die aus ihrer schwindelnden Höhe einen großartigen Blick talabwärts zum Meer bietet. Die angebotenen *mezedhes* wechseln je nach Jahreszeit und sind immer mit den besten Zutaten der Region zubereitet. Die Preise sind günstig, die Portionen gewaltig.

Aufgetischt werden Leckereien wie Auberginenröllchen mit Feta, Fenchel-Quiche oder stattliche Salate. Die hausgemachten Süßspeisen, u. a. Käsekuchen (2,50 €), sind zum Reinlegen.

Azogires Αζογυρές

Um das verschrobene Bergdorf Azogires, 9 km nördlich von Paleochora, und sein bewaldetes Tal ranken sich allerlei Legenden, die von Nereiden in seinen Wasserfällen und höhlenbewohnenden Asketen des Mittelalters handeln. Sowohl die Wasserfälle als auch die Höhlen kann man heute besuchen; auf einer praktischen Karte der Gegend sind diese und andere Sehenswürdigkeiten verzeichnet.

Karten, Informationen und gute Bewirtung gibt es im **Alpha Restaurant** (Hauptgerichte 4–7 €; ⏲ mittags & abends). Von hier führt der gebürtige Amerikaner Lakkis „Lucky“ Koukoutsakis Besucher durch das Dorf und die **Azogires-Schlucht**. Wer will, kann die Schlucht aber auch auf eigene Faust durchwandern und im Anschluss dem Weg durch die Anydri-Schlucht (S. 91) folgen.

Elafonisi Ελαφονήσι

Am Südwestzipfel von Kreta versteckt sich diese Sinfonie aus feinem rosa-weißem Sand, türkisfarbenem Wasser und rosigen Dünen, eine wahre Märchenlandschaft. Wenn sich das leuchtend blaue Wasser über dem Sand kräuselt, flirren prismenförmige Regenbogen über seine Oberfläche. Vor dem weiten Elafonisi-Strand liegt das Inselchen Elafonisi, das manchmal über eine schmale sandige Landbrücke mit diesem verbunden ist, sodass ein zauberhafter Doppelstrand entsteht. Ansonsten kann man es leicht erreichen, indem man 50 m weit durchs knietiefe Wasser watet. Das Inselchen ist geprägt von niedrigen Dünen und einer Reihe abgeschiedener Buchten, die vereinzelte FKKler anlocken. Wer seinen höchsten Punkt ersteigt, wird mit atemberaubendem Blick über die Strände, das Meer und die schroffe Gebirgslandschaft belohnt. Die ganze Gegend gehört zum Natura-2000-Netzwerk der EU.

Allerdings ist dieses Juwel schon lange kein Geheimtipp mehr. Im Hochsommer, wenn Hunderte von Sonnenschirmen und Liegestühlen (7 €) den Strand zustellen, geht es hier nicht besonders idyllisch zu. Wer will, findet aber draußen auf der Insel noch Ruhe und Frieden. Der Besucheransturm strapaziert das empfindliche Ökosystem und die minimale Infrastruktur, insbesondere die Toiletten. Am besten kommt man am frühen Vormittag oder späten Nachmittag. Wer den Zauber von Elafonisi richtig würdigen möchte, sollte vor Ort übernachten. Außerhalb der Hauptsaison, wenn keine öffentlichen Verkehrsmittel und nur wenige Touren den Strand ansteuern, kommt es sogar vor, dass man ihn ganz für sich allein hat.

Sehenswertes

Kedrodasos-Strand STRAND

Noch weiter abseits der Touristentrampelpfade als der wunderschöne roséfarbene Elafonisi-Strand liegt der ebenso traumhafte Kedrodasos-Strand, 1 km weiter östlich. Der sanfte Bogen aus rosa-weißem Sand, gesäumt von Wacholderbäumen, ist auch bei Textilverächtern beliebt. Zu erreichen ist er über 2,5 km lange unbefestigte Pisten zwischen den Treibhäusern hinter den Stränden oder über den Küstenwanderweg E4.

Schlafen & Essen

Außer den Unterkünften in direkter Strandnähe gibt es auch noch einige Pensionen in der Umgebung von Chrysoskalitissas. Das beste Restaurant hat das Elafonisi Resort; weitere anständige Tavernen säumen die Straße in Chrysoskalitissas. Am Strand selbst gibt es ein paar Snackbars.

★Elafonisi Resort HOTEL, TAVERNE €

(☎28250 61274; www.elafonisi-resort.com; EZ/DZ 35/45 €; ❄📶) Eher ein kleines, gut geführtes Hotel als ein Resort. Die 21 geräumigen Zimmer sind mit Kühlschränken ausgestattet. Zwischen den lauschigen Olivenhainen dahinter gibt es weitere Ferienhäuschen mit nett eingerichteten Zimmern und Apartments mit Küche. Die Gemeinschaftsterrasse bietet Meerblick, und das ausgezeichnete Restaurant (auch für Tagesgäste geöffnet) serviert fangfrischen Fisch und Klassiker der griechischen Küche. Frühzeitig reservieren.

Elafonisi Village HOTEL €

(☎6942254382, 28220 61548; www.elafonisi-village.gr; DZ/4BZ ab 55/75 €; ⏱April–Okt.) Nur 250 m vom Elafonisi-Strand säumen diese zehn Zimmer eine Art Wüstengarten. Jedes verfügt über Kühlschrank, TV und eine kleine Terrasse.

Rooms Panorama & Taverna PENSION €

(☎28220 61548; EZ/DZ-Studios 40/50 €) Eine der Unterkünfte, die am nächsten zum Elafonisi-Strand liegen. Die schlichten Zimmer haben Kochnischen mit Kühlschrank. Das Beste an der Taverne ist ihr Meerblick; die Qualität des Essens und der Bedienung sind sehr wechselhaft.

An- & Weiterreise

Von Mitte Mai bis Ende September verkehrt täglich eine Fähre (S. 86) von Paleochora nach Elafonisi (8 €, 1 Std.). Im selben Zeitraum fährt täglich ein **KTEL-Bus** (www.e-ktel.com) von Chania (15 €, 2½ Std.) und Kissamos (Kastelli; 8,10 €, 1¼ Std.) zum Strand und am Nachmittag wieder zurück. Von Oktober bis Mitte Mai gibt es keine Anbindung durch öffentliche Verkehrsmittel.

Chrysoskalitissas Χρυσοσκαλίτισσας

Fünf Kilometer nördlich von Elafonisi liegt das Dörfchen Chrysoskalitissas mit seinem malerischen Kloster hoch über dem Meer. Seine Unterkünfte sind eine gute Alternative zu den Quartieren am Elafonisi-Strand.

Sehenswertes

Moni Chrysoskalitissas KLOSTER
(Eintritt 2 €; 7–19 Uhr) 5 km nördlich von Elafonisi thront dieses prächtige Kloster auf einem Felsen hoch über dem Meer. Die Kirche ist neueren Datums, doch das angeblich 1000 Jahre alte Kloster steht vielleicht auf den Resten eines minoischen Tempels. Im Kloster wurden zwei kleine **Museen** eingerichtet: ein Volkskundemuseum mit einigen Webarbeiten und dörflichen Alltagsgegenständen sowie ein Kirchenmuseum, das hauptsächlich Ikonen und Manuskripte präsentiert. Die Busse nach Elafonisi halten am Kloster.

Chrysoskalitissas bedeutet „Goldene Treppe“. Eine Version der Legende besagt, die oberste der 98 Treppenstufen zum Kloster hinauf sei aus Gold gewesen, was nur wahre Gläubige zu erkennen vermochten. Einer anderen Version zufolge war eine der Stufen von innen hohl und diente als Versteck für den Kirchenschatz. Wie dem auch sei – unter der Türkenherrschaft gingen das Gold und ein Großteil der Ländereien des Klosters für die horrenden Steuern drauf, die die osmanischen Herrscher verlangten.

Schlafen & Essen

Eine Handvoll guter Tavernen und Unterkünfte säumt die Straße, die durch den Weiler Chrysoskalitissas führt.

Glykeria HOTEL €€
(28220 61292; www.glykeria.com; DZ/3BZ inkl. Frühstück 60/80 €;) Der freundliche kleine Familienbetrieb vermietet schlichte, adrette Zimmer mit Kühlschränken und Balkonen, die zum Meer hinausgehen. Zur Anlage gehören ein einladender Pool und eine beliebte Taverne auf der anderen Straßenseite. Das Hotel liegt an der Hauptstraße, ein Stück vor dem Kloster.

Gavdos Γαύδος

45 EW.

Gavdos ist nicht bloß eine Insel, sondern auch ein Gemütszustand. Es gibt keinen ruhigeren und abgeschiedeneren Ort, um allen Stress von sich abfallen zu lassen. Die Insel liegt 65 km von Paleochora und 45 km von Chora Sfakion entfernt im Libyschen Meer und ist damit der südlichste Punkt Europas. Nur eine Handvoll Fremdenzimmer und Tavernen werben um Besucher, die diese wohltuende Einsamkeit genießen wollen. Gavdos hat eine treue Fangemeide von Campern, FKKlern und anderen Freigeistern, denen naturbelassene Strände, lange Wanderungen und urige Urlaubsatmosphäre wichtiger sind als moderner Komfort. Es ist der perfekte Ort, um alle viere von sich zu strecken, den Bart wachsen zu lassen, Zigaretten zu drehen und des Nachts verträumt in den Sternenhimmel zu starren.

Geografisch gehört die Insel schon eher zu Afrika als zu Europa, und ihr Klima ist überaus mild. Hier kann man schon im Februar schwimmen gehen. Für eine sandige Insel ist Gavdos überraschend grün: Fast 65 % seiner Fläche sind von kleinwüchsigen Kiefern, Zedern und anderer Vegetation bedeckt. Die Insel hat mehrere phantastische Strände, die teils nur zu Fuß oder mit dem Boot zu erreichen sind. Die meisten liegen an der Nordostküste, während die Südküste nur aus Felsen besteht.

Bis Ende der 1960er-Jahre gab es auf Gavdos kaum Wasser und weder Strom noch Telefon. Die meisten Bewohner wanderten nach Paleochora, ins übrige Kreta oder nach Athen ab. Inzwischen gibt es zwar reichlich Wasser, doch kann es besonders im Sommer immer noch zu Stromknappheit und -ausfällen kommen, da nur ein Teil der Insel ans Netz angeschlossen ist. Der Rest ist auf Generatoren angewiesen, die oft über Nacht und um die Mittagszeit abgeschaltet werden. Eine Taschenlampe gehört auf Gavdos unbedingt ins Gepäck. Starke Winde können zur Einstellung des Fährverkehrs führen; dann sitzen Besucher manchmal tagelang fest, aber man wird kaum jemanden finden, der sich darüber beklagt. Auf dem Höhepunkt der Saison kann die Bevölkerung von den rund 45 permanenten Inselbewohnern auf gut 1000 anschwellen.

Geschichte

Archäologische Ausgrabungen haben ergeben, dass Gavdos schon im Neolithikum bewohnt war. In griechisch-römischer Zeit gehörte die damals Clauda genannte Insel zur Stadt Gortys. An ihrer Nordwestecke gab es eine römische Siedlung. Unter den Byzantinern war Gavdos Bischofssitz, doch nachdem die Araber Kreta im 9. Jh. eroberten, verkam die Insel zum Piratennest. Gavdos soll auch die legendäre Insel der Kalypso aus Homers *Odyssee* sein, auf der die Nymphe Odysseus viele Jahre gefangen hielt.

Sehenswertes & Aktivitäten

Auf der Insel gibt es keine richtigen Dörfer, nur Weiler und verstreute Camperkolonien.

Die Fähren legen bei **Karabe** an der Ostseite der Insel an; dort gibt es auch ein paar Tavernen und einen Minimarkt. Auch der winzige Hauptort **Kastri** in der Inselmitte hat einige Tavernen.

Der größte Strandort ist **Sarakiniko**, gleich nördlich von Karabe, mit einem breiten Sandstrand, mehreren Tavernen, einem Minimarkt und Duschen.

Am traumhaften **Agios-Ioannis-Strand** an der Nordspitze der Insel nistet sich im Sommer eine lose zusammengewürfelte Kolonie von FKKlern und Campern ein. Der Strand ist 15 Gehminuten von der nächsten Taverne (die nur sporadisch Strom hat) und von der Straße entfernt. Manche Besucher verbringen hier ganze Monate.

Der **Lavrakas**-Strand liegt einen halbstündigen Fußmarsch von Agios Ioannis entfernt und hat eine natürliche Süßwasserquelle. Er beherbergt eine der abgelegensten Camperkolonien der Insel – die gebräunten, hüllenlosen Dreadlocks-Träger fügen sich mühelos in die Landschaft ein.

Potamos und **Pyrgos** sind noch entlegenere Paradiesstrände an der Nordküste der Insel (null Infrastruktur). Sie sind von Kastri über den Weg zu erreichen, der nordwärts bis über **Ambelos** hinausführt. Der restaurierte **Leuchtturm** von 1880 am Weg nach Ambelos wurde in ein Museum mit Café umgebaut. Bevor die Deutschen ihn 1941 zerbombten, brannte hier das zweithellste Leuchtfeuer der Welt (nach Tierra del Fuego in Argentinien).

Südlich von Karabe bietet **Korfos** einen kiesigen Strand und ein paar Tavernen, die auch Zimmer vermieten. Von hier verläuft ein 3,5 km langer Weg hügelab über das nahezu verlassene **Vatsiana** zum Kap **Tripiti** – der äußersten Südspitze Europas. Die drei gigantischen Bögen, die das Meer ins Felsgestein des Kaps gefressen hat, sind die bekannteste Naturattraktion der Insel. Das Kap wird auch von kleinen Booten angesteuert.

In Vatsiana hat der Geistliche der Insel in einem alten Steinhaus ein kleines **Museum** eingerichtet (☎28230 42167; ⏲Juli–Aug. 10–18 Uhr). Zu den Ausstellungsstücken, die auf der Insel zusammengetragen wurden, gehören Landwirtschafts- und Haushaltsgeräte, ein Webstuhl und Webarbeiten. Wer außerhalb der Hauptsaison kommt, kann nebenan anklopfen, um eingelassen zu werden.

Trotz ihrer spärlichen Besiedlung hat die Insel nicht weniger als 16 kleine **Kirchen**. Die meisten Bootsbesitzer bieten ganz- oder halbtägige **Bootsausflüge** an, u. a. zum abgelegenen, unbewohnten Inselchen Gavdopoula, das allerdings keine guten Strände hat. Einfach bei den Tavernen nachfragen.

Schlafen

Wildes Zelten ist hier eine beliebte Alternative zu den Fremdenzimmern. Die Betreiber der Website www.gavdos-online.com können Besuchern bei der Zimmerreservierung helfen. Die Saison auf Gavdos ist kurz: Sie geht nur von Juni bis August; die meisten Tavernen und Zimmer machen ab Anfang September dicht.

Consolas Gavdos Studios STUDIOS €
(☎210 324 0968, 28230 42182; www.gavdostudios.gr; Sarakiniko-Strand; DZ/3BZ-Studio inkl. Frühstück 50/70 €; ❄📶) Die komfortablen Studios thronen direkt über dem Sarakiniko-Strand. Es gibt auch „Villen“ mit Platz für bis zu fünf Personen (80–100 €). Die Gäste der Taverne können den Internetanschluss über Satellit nutzen. Für 5 € gibt es Fahrräder zu leihen; auf Anruf werden Gäste auch vom Hafen abgeholt.

Akrogiali Taverna & Rooms PENSION €
(☎28230 42384; www.gavdoshotel.com; Korfos-Strand; DZ/3BZ 35/50 €; ❄) Direkt am Korfos-Strand liegen diese einfachen Zimmer mit Kühlschrank und Klimaanlage (und Strom). Die dazugehörige Taverne wird für ihre regionalen Spezialitäten gerühmt.

Sarakiniko Gavdos APARTMENTS €
(☎28230 41103; http://gavdos-crete.com; Sarakiniko-Strand; Zi./Studio 40/50 €) Die Anlage am Sarakiniko-Strand hat Solarstromversorgung und eine Taverne, die von einem Fischer und seiner Frau betrieben wird. Die Zimmer und Apartments sind sehr minimalistisch eingerichtet.

Sofia Rooms PENSION €
(☎6947003533; www.sofiaroomsgavdos.com; nahe Agios-Ioannis-Strand; Zi. 45–50 €; ⏲Mai–Okt.; ❄) Die Unterkunft liegt gute 10–15 Minuten Fußweg vom abgelegenen Agios-Ioannis-Strand entfernt und verfügt über ordentliche, in Naturmaterialien eingerichtete Zimmer und eine einladende Taverne. Die Klimaanlage läuft nur von 9 Uhr bis Mitternacht, aber die Solarstromversorgung funktioniert rund um die Uhr.

Gavdos Princess APARTMENTS €€
(☎ 28230 41181; www.gavdos-princess.com; Kastri; Apt. 55–105 €; ❄ 📶 👪) Das ganzjährig geöffnete Gavdos Princess im kleinen Weiler Kastri vermietet hübsche Steinhäuschen mit ein oder zwei Schlafzimmern für vier bis sechs Personen. Sie verfügen über Klimaanlage, Kochnische und Terrasse. Die Gemeinschaftsbereiche haben WLAN, und ein Restaurant gibt es auch.

Essen

Das absolute kulinarische Highlight auf Gavdos ist natürlich fangfrischer Fisch. Fast jede Pension hat eine dazugehörige Taverne.

Theophilos Taverna GRIECHISCH €
(Hauptgerichte 5–10 €; ⏱ Mai–Okt. mittags & abends) Dieser Laden ungefähr zehn Gehminuten oberhalb des Agios-Ioannis-Strands füttert hungrige Camper nach einem langen Strandtag mit hervorragenden *mayirefta*.

Taverna Sarakiniko FISCH & MEERESFRÜCHTE €€
(☎ 28230 41103; Sarakiniko Beach; Hauptgerichte 5–15 €; ⏱ mittags & abends) Was dem Fischer Manolis ins Netz geht, wird täglich frisch von ihm und seiner Frau Gerti in ihrer Taverne serviert. Besonders gut: der würzige Oktopus vom Grill oder der mit Zitrone und Olivenöl geschmorte Red Snapper.

Praktische Informationen

Der Inselhafen Karabe liegt an der Ostseite der Insel. Hier gibt es eine kleine **Polizeiwache** (☎ 28230 41109). Banken, Geldautomaten und Tankstellen sind überall Fehlanzeige, aber von Sarakiniko aus kann man Post versenden. Ein Minimarkt in Karabe und ein weiterer in Sarakiniko decken die Grundbedürfnisse des täglichen Lebens. Im Sommer gibt es normalerweise auch einen Arzt auf der Insel. Das Mobilfunknetz ist lückenhaft, aber es gibt Kartentelefone. Die meisten Tavernen haben WLAN; je nach Wetter- und Windlage kommt es aber zu Signalstörungen.

Wer zelten will, sollte sich über die Wasserversorgung vor Ort informieren, bevor er sich auf den Weg macht. Die Website www.gavdos-online.com hat eine Menge praktische Infos über die Insel und Tipps, was man mitbringen sollte.

An- & Weiterreise

Die **Anendyk**-Fähren (☎ 28230 41222; www.anendyk.gr) nach Gavdos verkehren je nach Jahreszeit sehr unterschiedlich. Die Überfahrt kann zwischen 2½ und 5 Std. dauern, je nach Fähre und Zwischenstopps. Es gibt zwei Routen: Die eine führt zwei- bis dreimal pro Woche über Agia Roumeli (17 €) und Loutro (17 €) bis Chora Sfakion (17 €), die andere zweimal pro Woche über Agia Roumeli und Sougia (18 €) nach Paleochora (19 €). Wegen der ständig wechselnden Fahrpläne sollte man die aktuellen Zeiten online checken; auf der Anendyk-Website steht auch, an welche Busse man Anschluss hat.

Die kürzeste Route nach Gavdos ist die von Chora Sfakion, die im Sommer manchmal als Direktverbindung angeboten wird (2½ Std.). Nur einige der Fähren transportieren auch Autos; ggf. vorab nachfragen.

In Karabe und Sarakiniko gibt es Fahrräder, Motorroller und Autos zu mieten. Wassertaxis bringen Besucher zu entlegenen Stränden. Von Karabe braucht man zu Fuß etwa 30 Min. bis Sarakiniko, 1 Std. bis Korfos und 1½ Std. nach Agios Ioannis.

LEFKA ORI & DIE SAMARIA-SCHLUCHT
ΣΦΑΚΙΑ & ΛΕΥΚΑ ΟΡΙ

Das Omalos-Plateau tief im Inneren des Regionalbezirks Chania bildet eine Bresche im mächtigen Gebirge der Lefka Ori (Weißen Berge) und dient als nördlicher Zugang zur Samaria-Schlucht. Viele Besucher kommen von Chania in die Region, um vom kleinen Ort Omalos zur Wanderung durch die Schlucht aufzubrechen. Omalos ist aber auch von Paleochora und Sougia an der Südküste leicht zu erreichen. Der Wanderweg durch die Samaria-Schlucht führt hinunter nach Agia Roumeli, das ebenfalls an der Südküste liegt.

Von Chania nach Omalos

Die Straße von Chania zum Beginn der Samaria-Schlucht bei Omalos ist abwechslungsreich und stellenweise spektakulär. Durch Orangenhaine führt der Weg zunächst zum Dorf **Fournes**.

Hier zweigt links eine kurvenreiche Straße nach **Meskla** ab, die unterwegs immer wieder herrliche Ausblicke auf eine Schlucht bietet. Der untere Teil von Meskla wirkt nicht besonders attraktiv, doch die Umgebung wird reizvoller, während sich die Straße bergauf bis zur modernen, farbenfrohen **Panagia-Kirche** windet. Daneben steht eine Kapelle aus dem 14. Jh. auf den Grundmauern einer Basilika aus dem 6. Jh., die ihrerseits vielleicht auf den Resten eines noch früheren Aphrodite-Tempels ruht. Am Ortseingang weist ein Schild den Weg zur

ABSTECHER

THERISO

Als Tagesausflug oder Alternativroute nach Omalos empfiehlt sich die landschaftlich schöne Strecke von Chania über das Dorf Perivolia nach Theriso (Θέρισο), 14 km weiter südlich. Die spektakuläre Straße folgt einem Wasserlauf durch eine grüne Oase und die 6 km lange Theriso-Schlucht. Das Dorf Theriso am Fuß der Lefka Ori (Weiße Berge), 500 m über dem Meer, war Schauplatz historischen Schlachten gegen die Türken und ist berühmt für seine Verbindung zu Eleftherios Venizelos und Kretas revolutionärer Phase Ende des 19. Jhs. Heute richten seine tollen Tavernen sonntags marathonmäßige Mittagessen aus.

Zwei Tavernen konkurrieren um den Spitzenplatz: **Leventogiannis Taverna** (☎28210 74095; https://sites.google.com/site/leventogiannistherisso; Theriso; Hauptgerichte 6–11 €) serviert seine leckere und großzügig portionierte *kreatotourta* (Fleischpastete) im hübschen Hof unter einem riesigen Platanendach. Gute Noten bekommt auch **Antartis** (☎28210 78833; Theriso; Hauptgerichte 6–11 €; ⏲mittags & abends) für seine famosen *mezedhes* und kretischen Spezialitäten wie *staka*, Ziegenmilchsauce zu saftigen Ziegenfleischwürfeln.

Gleich hinter dem Dorf steht rechts das kleine **Museum des Nationalen Widerstands** (☎28210 78780; Eintritt 1,50 €; ⏲variable Öffnungszeiten), das die kretische Widerstandsbewegung der Zeit von 1941 bis 1945 dokumentiert. Davor erinnert ein schauriges Mahnmal an die Widerstandskämpferin Chrysi Tripiti: Den alten Mühlstein benutzten die türkischen Besatzer 1821, um die arme Frau Tripiti in der Olivenpresse des Dorfes zu zerquetschen.

Eine steile Straße windet sich durch das zerklüftete Bergland mit wechselnder Vegetation aus Platanen, Oliven-, Orangen-, Eukalyptusbäumen und Kiefern. Durch die Dörfer Zourva und Meskla gelangt man nach Lakki und von dort entweder weiter nach Omalos oder zurück nach Chania.

Kapelle der Metamorfosis Sotiros (Kapelle der Verklärung Christi) mit Fresken aus dem 14. Jh. Besonders eindrucksvoll ist das Fresko der Verklärung an der Südwand.

Von der Hauptstraße Chania–Omalos, die von Fournes nach Süden führt, ist ungefähr auf halbem Weg zwischen Fournes und Lakki der ausgezeichnete **Botanische Park** (☎6976860573; www.botanical-park.com; Km 17 auf der Straße Chania–Omalos; ⏲Juli & Aug. 9–19.30 Uhr, April–Juni & Sept.–Mitte Nov. 9–17 Uhr) deutlich ausgeschildert. Hier haben vier Brüder die 80 ha Agrarland ihrer Familie in einen hügeligen Park voller Medizin-, Tropen-, Zier- und Obstbäume verwandelt, alles gut beschildert und von der Bergkuppe bis zum Talboden harmonisch arrangiert. Ihr sehr empfehlenswertes Restaurant (Hauptgerichte 5–11 €) serviert stattliche Portionen ortstypischer Spezialitäten aus regionalen Zutaten, von denen einige direkt aus dem Park stammen. Von der Terrasse am Berghang bietet sich ein weiter Panoramablick. Die Küche schließt um 18 Uhr.

Die Hauptstraße führt derweil weiter zum urwüchsigen Dorf **Lakki**, 24 km von Chania, das mit einer umwerfenden Aussicht in alle Richtungen aufwartet und eine prachtvolle **Kirche** besitzt. Das Dorf war ein Zentrum des Widerstands unter der Türkenherrschaft wie auch gegen die Deutschen im Zweiten Weltkrieg.

Rooms for Rent Nikolas (☎28210 67232; Lakki; DZ 35 €) hat gemütliche, schlichte Zimmer über einer Taverne mit herrlichem Blick aufs Tal.

Omalos — Ομαλός

30 EW.

Für die meisten Touristen ist das 36 km südlich von Chania gelegene Omalos nur Durchgangsstation auf dem Weg zur 4 km entfernten Samaria-Schlucht. Aber für alle, die Einsamkeit schätzen oder gerne in der freien Natur sind, lohnt sich auch ein längerer Aufenthalt in dem Örtchen auf der Hochebene. Im Sommer ist es hier im Vergleich zur schwülen Küste erfrischend kühl, und die gebirgige Umgebung verlockt zu tollen Wanderungen mit phantastischen Ausblicken, Vogelbeobachtungen, Höhlen- und Klettertouren.

Omalos besteht hauptsächlich aus ein paar Hotels rechts und links der Hauptstraße über die Hochebene. Nach der morgendlichen Rushhour zur Samaria-Schlucht ist die Hochebene bis auf Ziegen und Hirten erfreulich leer. Im Winter liegt sie praktisch verlassen da.

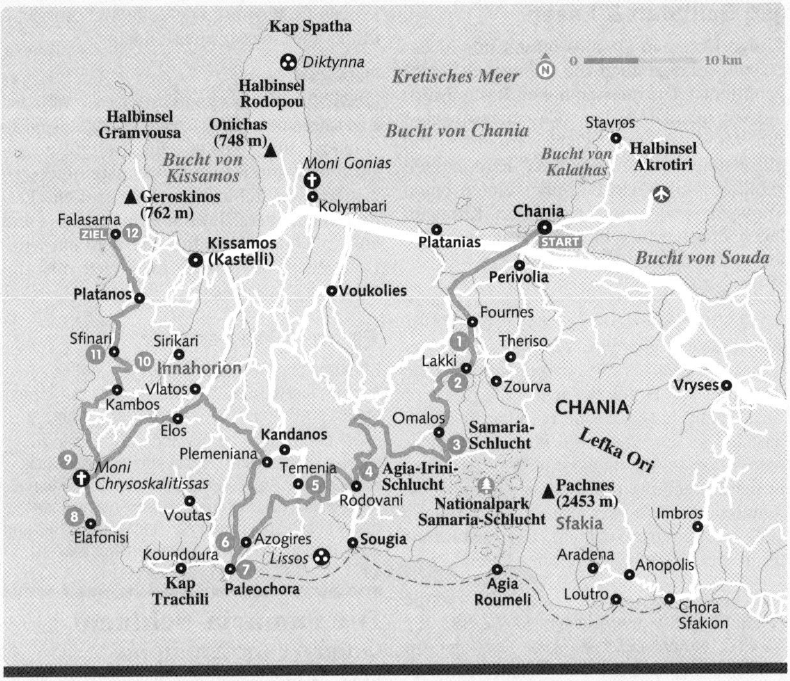

Autotour
Durch den Südwesten der Region Chania

START CHANIA
ZIEL FALASARNA
LÄNGE/DAUER 45 KM; EIN TAG

Die kurvenreiche Bergfahrt in die wildesten Winkel Kretas führt durch verträumte Dörfer, an atemberaubenden Schluchten entlang, wo sich Olivenbäume an schroffe Felswände klammern, und zu den schönsten Paradiesstränden der Insel. Zu diesem ganztägigen Abenteuer sollte man früh aufbrechen!

Von Chania führt die Route südwärts nach Fournes. Nach einem Stop am 1 **Botanischen Park** (S. 96) und einem Kaffee mit Aussicht fährt man weiter zum urigen Bergdorf 2 **Lakki** (S. 96) und zum von Bergen umrahmten Omalos. Bei Xyloskalo bietet sich ein Blick in die überwältigende 3 **Samaria-Schlucht** (S. 98).Ein paar Kilometer zurück und westwärts geht's übers Omalos-Plateau, bis man wieder auf die serpentinenreiche Nord-Süd-Straße stößt. Etwas südlich liegt das obere Ende der 4 **Agia-Irini-Schlucht** (S. 85), die der Samaria um nichts nachsteht. Der Zickzackkurs gen Süden durch mehrere traditionelle Dörfer erfordert volle Konzentration.

Biegt man bei Rodovani nach Westen ab, erreicht man bald die Abzweigung nach 5 **Temenia**, dessen Fruchtsäfte leckere Erfrischung versprechen. Südwestlich liegt das sagenumwobene 6 **Azogires** (S. 91). Dann lädt der entspannte Küstenort 7 **Paleochora** (S. 87) zum Mittagessen in einer Fischtaverne ein. Nächster Halt ist 8 **Elafonisi** (S. 92), mit seinem rosigen Sand Kretas schönster Strand. Der Weg hierher führt landeinwärts über Plemeniana und Elos und keinesfalls über die direktere Holperpiste, die auf manchen Karten ausgewiesen, aber nur für Geländewagen befahrbar ist. Nach einer Runde Strandfaulenzen lockt das malerische Kloster 9 **Moni Chrysoskalitissas** (S. 93), 4 km nördlich. Nun folgt die Straße nach Norden der Küste und führt durch die 10 **Dörfer der Innahorion-Region** (S. 100), die mit traditioneller Architektur und köstlichem Honig, Käse und Olivenöl erfreuen. In 11 **Sfinari** (S. 101) schmeckt eine Portion Frischfisch direkt am Meer. Ein Nachtquartier findet sich in 12 **Falasarna** (S. 102) mit einem weiteren Traumstrand.

Schlafen & Essen

Einige Hotels in Omalos öffnen nur in der Saison, solange auch die Samaria-Schlucht geöffnet ist. Die meisten haben Restaurants, die vor allem mit dem Frühstücksangebot für Wanderer gutes Geld verdienen und ansonsten zu den üblichen Essenszeiten geöffnet sind. Viele Betreiber bieten einen Transportservice zur Schlucht an. Klimaanlagen sind hier wie in anderen Bergdomizilen verzichtbar.

Hotel Neos Omalos HOTEL €
(☎28210 67269; www.neos-omalos.gr; EZ/DZ/3BZ inkl. Frühstück 35/45/55 €; P) Rustikale Gebirgsatmosphäre prägt dieses komfortable und moderne Hotel, wo schon die Aussicht vom Balkon Lust auf tolle Wandererlebnisse weckt. Die Betreiber sind eine ausgezeichnete Informationsquelle für Wanderungen in der Umgebung und andere Outdoor-Aktivitäten. Auf Wunsch fahren sie Wanderer auch zur Samaria-Schlucht. Das Restaurant tischt gutes, frisch zubereitetes Essen auf.

Hotel Exari HOTEL €
(☎28210 67180; www.exari.gr; EZ/DZ/3BZ 30/40/45 €; April–Okt.; P) Das Exari ist im traditionellen Stil aus Bruchstein gemauert und hat 24 schlicht eingerichtete Zimmer mit TV und Balkon. Das dazugehörige Restaurant besticht mit einem offenen Kamin. Der Inhaber fährt die Gäste bei Bedarf zur Samaria-Schlucht.

Kallergi-Hütte BERGHÜTTE €
(☎28210 44647; www.kallergi.co; B mit Gemeinschaftsbad für Mitglieder/Nichtmitglieder 15/20 €) Die spartanische Kallergi-Hütte liegt in den Bergen zwischen Omalos und der Samaria-Schlucht. Sie hat vier Zimmer mit Etagenbetten und wird vom Bergsteigerverein EOS Chania betrieben. Die Hütte eignet sich gut als Basis zur Erkundung des Gingilos und umliegender Gipfel. Bis zur Hütte sind 2 km Fußweg zurückzulegen, sofern man nicht vorab eine Abholung von Omalos vereinbart hat.

Agriorodo VILLEN €€
(☎28210 67237; www.omalos.com; Villa mit 2/3 Schlafzimmern 80/120 €; ganzjährig; P) Von allen Unterkünften liegen diese hübschen, neuen Bruchsteinhäuser am nächsten an der Samaria-Schlucht. Jedes bietet Platz für vier bis fünf Personen und perfekte Ausstattung mit Satelliten-TV, WLAN, Küche und Kamin im Wohnzimmer. Die Inhaber betreiben auch das gute Restaurant Xyloskalo (S. 100) mit spektakulärer Aussicht, direkt am Eingang zur Schlucht.

Omalos Village VILLEN €€
(☎28210 67169; www.omalosvillage.gr; Villen mit 2 Schlafzimmern 80 €; ganzjährig; P) Omalos Village besteht aus drei gut ausgestatteten, geräumigen Bruchsteinhäusern mit je zwei Schlafzimmern, großem Ess- und Küchenbereich samt Spülmaschine und anheimelndem Kamin. Außerdem hat jedes Haus einen Sitzbereich im Freien mit umwerfender Aussicht.

An- & Weiterreise

Es fahren täglich drei Busse (www.e-ktel.com) nach Chania (6,90 €, 1½ Std.). Im Sommer kommt täglich ein Bus aus Paleochora über Sougia.

Wer die Schlucht durchwandern und dann zu seinem Zimmer (und Gepäck) in Omalos zurück will, kann von Agia Roumeli, dem Endpunkt der Wanderung, die Nachmittagsfähre (www.anendyk.gr) nach Sougia nehmen und von dort für rund 50 € mit dem Taxi zurück nach Omalos fahren.

Die Samaria-Schlucht
Φαράγγι της Σαμαριάς

Eine Wanderung durch die **Samaria-Schlucht** (☎28210 67179, 28210 45570; Erw./Kind 5 €/frei; Mai–Ende Okt. 7 Uhr–Sonnenunter-

Samaria-Schlucht

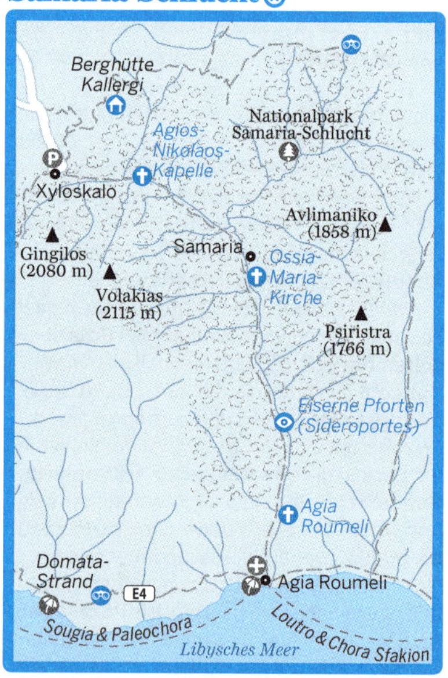

INSIDERWISSEN

TOP-TIPPS FÜR DIE SAMARIA-SCHLUCHT

- Um dem Massenansturm auszuweichen, muss man früh losgehen (vor 8 Uhr). Am besten in Omalos übernachten, um vor den anderen da zu sein. Im Juli und August ist selbst der Frühbus aus Chania manchmal rappelvoll. Oder man startet erst nach 12 Uhr und plant eine Übernachtung in Agia Roumeli ein.
- Wer nach ca. 14 Uhr losgeht, darf nur 2 km weit in die Schlucht hinein – egal, von welchem Ende. Übernachtungen in der Schlucht sind nicht erlaubt; Besucher müssen sie bis spätestens Sonnenuntergang verlassen.
- Das Nord-Süd-Gefälle beträgt insgesamt 1200 m. Wanderer brauchen solides Schuhwerk, Sonnenschutzmittel und -brille, Kopfbedeckung, Proviant und eine Wasserflasche, die sie an Trinkwasserhähnen unterwegs auffüllen können. Reichlich trinken!
- Am Weg gibt es mehrere Rastplätze mit Toiletten, Trinkwasser, Mülleimern und Bänken.
- Gelegentlich gibt es Verletzungen durch Steinschlag, das größte Problem ist aber die Hitze. Vor dem Aufbruch aktuelle Infos einholen: Bei Regen oder extremer Hitze (im Allgemeinen über 40 °C) wird die Schlucht u. U. von der Parkverwaltung gesperrt. Außerdem kann die Schluchtsaison vorzeitig enden, wenn die Regenzeit früh einsetzt.
- Zu Beginn der Saison muss man manchmal durch das Flüsschen waten. Später sinkt der Wasserstand; dann kann man die Felsbrocken im Fluss als Trittsteine nutzen.
- Wer keine 16 km wandern will, kann auch einfach von Agia Roumeli losgehen, die Schlucht so weit nach Norden hinaufwandern, wie er mag, und dann kehrtmachen. Bis zur Sideroporta geht man ca. eine Stunde. Oder man durchwandert eine andere Schlucht der Gegend, wie Agia Irini oder Imbros.

gang) gilt als Muss für Kreta-Besucher. Deshalb ist hier praktisch immer der Bär los. In der Hochsaison trotten bis zu 3000 Leute täglich über den steinigen, 16 km langen Schluchtweg. Selbst im Frühjahr und Herbst sind es selten weniger als 1000 am Tag. Die große Mehrzahl kommt mit organisierten Bustouren aus den großen Touristenorten an der Nordküste. In der Schlucht tummelt sich alles von erfahrenen Trekkern bis zu leichtsinnigen Gelegenheitswanderern mit Flipflops an den Füßen.

Trotzdem hat sich die Samaria ihre ungezähmte Schönheit bewahrt. Ihre Steilwände ragen bis zu 500 m in die Höhe. An der engsten Stelle beträgt der Abstand zwischen ihnen nur 3 m, an der breitesten 150 m. Sie wurde von dem Fluss ausgewaschen, der zwischen den Gipfeln des Avlimaniko (1858 m) und des Volakias (2115 m) hindurchströmt. Die Wanderung beginnt in 1230 m Höhe unmittelbar unterhalb des Omalos-Plateaus und endet beim Küstendorf Agia Roumeli. Am schönsten ist die Schlucht im April und Mai, wenn farbenprächtige Wildblumen den Weg säumen.

Die Samaria ist auch Lebensraum der *kri-kri,* einer gefährdeten Wildziegenart. Die Schlucht wurde 1962 zum Nationalpark erklärt, um die *kri-kri* vor dem Aussterben zu retten. Die scheuen Tiere hegen allerdings eine ausgeprägte Abneigung gegen Wanderer und lassen sich nur selten blicken. Besser stehen die Chancen, Steinadler am Himmel kreisen zu sehen.

Die Schluchtwanderung

Der Weg beginnt mit dem **Xyloskalo**, einem steilen, steinigen Pfad, der in Serpentinen rund 600 m in die Schlucht hinunterführt und dort an der schlichten, von Zypressen umrahmten **Agios-Nikolaos-Kapelle** endet. Ab hier ist die Schlucht auf den nächsten 6 km breit und offen, bis das verlassene Dorf **Samaria** erreicht ist. Seine Einwohner wurden umgesiedelt, als man den Nationalpark einrichtete.

Gleich südlich des Dorfs liegt die kleine Kirche **Ossia Maria** (hl. Maria von Ägypten), von der die Schlucht ihren Namen hat. Jedes Jahr am 1. Mai begehen viele Kreter hier den *panigyri* (Namenstag) der hl. Maria. Nur an diesem Tag ist die Übernachtung im alten Dorf Samaria erlaubt: Zu diesem Zweck werden einige der alten Häuser geöffnet und auch Campen ist erlaubt. Weitere Infos dazu gibt's beim EOS in Chania.

Danach verengt sich die Schlucht immer dramatischer, bis ihre Wände an der 11-km-Marke auf nur noch 3,5 m zusammenrücken: Das sind die berühmten **Sideroportes** (Eisernen Pforten). Hier führt ein klappriger Holzsteg die Wanderer rund 20 m weit übers Wasser.

Die Schlucht endet an der 12,5-km-Marke gleich nördlich der weitgehend verlassenen Ortschaft Palea Agia Roumeli (Altes Agia Roumeli). Dann sind es noch ereignislose 2 km Wanderweg bis zum Küstendorf Agia Roumeli (S. 83), dessen schöner Kieselstrand mit glitzerndem Wasser für die Wanderer ein höchst willkommener Anblick ist.

Die meisten nutzen die Gelegenheit, sich hier im Meer abzukühlen oder zumindest ihre schmerzenden Füße zu baden. Die gesamte Wanderroute ist von Powerwanderern in etwa vier, von Spaziergängern in sechs Stunden zu bewältigen.

Schlafen & Essen

Es ist verboten, in der Schlucht zu zelten. Wanderer können in Omalos an ihrem Nordende oder in Agia Roumeli am Südende übernachten. Am Xyloskalo, dem Startpunkt des Weges in der Nähe von Omalos, gibt es ein Restaurant und ein paar Stände, die während der Öffnungszeiten der Schlucht Souvenirs, Snacks, Wasser in Flaschen usw. verkaufen.

Xyloskalo KRETISCH €

(☎28210 67237; www.omalos.com; Gerichte 5–10 €; ⏲April–Okt. tgl. 10–19 bzw. 20 Uhr, Nov.–März nur Sa & So; 📶) Gleich über dem atemberaubenden Abgrund der Samaria-Schlucht thront dieses gemütliche Restaurant, das kretische und griechische Klassiker auftischt. Manchmal kreisen Adler vor seinen Panoramafenstern. Außerdem bietet es die letzte Chance, vor der Wanderung ein WC und WLAN zu nutzen.

An- & Weiterreise

Die meisten durchwandern die Schlucht in Nord-Süd-Richtung mit einer organisierten Tour, wie sie ab jedem größeren Ort und vielen Hotelanlagen auf Kreta angeboten wird. Achtung: In den aufgeführten Preisen sind normalerweise weder die 5 € Eintritt zur Schlucht noch die Rückfahrt per Fähre von Agia Roumeli nach Sougia oder Chora Sfakion enthalten.

Mit etwas Vorausplanung kann man die Wanderung aber auch in Eigenregie unternehmen. Von Chania (6,90 €, 45 Min.) und Rethymnon (15 €, 1¾ Std.) fahren täglich schon frühmorgens öffentliche Busse nach Omalos ab. Außerdem gibt es in der Hauptsaison ein- oder zweimal täglich Verbindungen ab Sougia (4,20 €, 1 Std.) und Paleochora (6,40 €, 2 Std.). Der Fahrplan ändert sich je nach Jahreszeit; die aktuellen Zeiten sind unter www.e-ktel.com zu erfahren. Oder man nimmt ein Taxi.

Vom Endpunkt der Wanderroute in Agia Roumeli verkehren Fähren (S. 80) nach Sougia oder Chora Sfakion, teils mit Anschluss an öffentliche Busse nach Chania. Wer sein ganzes Gepäck mitgeschleppt hat (oder von Sougia bzw. Paleochora aufgebrochen ist), kann auch gleich nach Paleochora, zur Insel Gavdos oder anderen Zielen weiterschippern.

DIE NORDWESTKÜSTE

Kretas äußerster Nordwesten ist nicht so stark vom Tourismus geprägt wie Chania und die umliegenden Badeorte. Hat man die zugebaute Gegend um Platanias, gleich westlich von Chania, erst mal hinter sich gelassen, besteht der Rest der Nordwestküste vor allem aus den praktisch unbewohnten Halbinseln Gramvousa und Rodopou. Am meisten auf Touristen ausgerichtet ist hier noch Kolymbari an der Zufahrt zur Halbinsel Rodopou – am bekanntesten ist der Ort aber für sein in ganz Griechenland verkauftes Olivenöl.

Die Provinz Kissamos ist eine unwirtliche, landwirtschaftlich geprägte Region mit verstreuten Dörfern und Städtchen. Ihre Hauptstadt, Kissamos (Kastelli), ist Anlaufhafen für Fähren vom Peloponnes. Die Westküste kann mit zwei der schönsten (und erstaunlich unerschlossenen) Stränden Kretas aufwarten: Falasarna und dem noch entlegeneren Balos (Gramvousa). Zur Provinz Selinos gehört die Region Innahorion mit ihren kleinen Bergdörfern.

Die Innahorion-Dörfer
Ινναχωριών

Die Innahorion (abgeleitet von *enneia horia* – „neun Dörfer") gehören zu den malerischsten und am wenigsten besuchten Dörfern im Westen von Kreta. Sie liegen entlang der Route verteilt, die Moni Chrysoskalitissas und Elafonisi im Süden mit Falasarna und Kissamos (Kastelli) im Norden verbindet. Die ruhige Region, die für ihre Kastanien und Oliven bekannt ist, gehört zu den grünsten und fruchtbarsten Gebieten der Insel. Die Küstenstraße von Kefali nach Sfinari ist eine der schönsten Strecken auf Kreta: Sie schlängelt sich um schroffe Felswände und eröffnet hinter jeder Biegung ein neues unglaubliches Küstenpanorama.

ABSTECHER

DAS ÖKODORF MILIA

Das abgeschiedene Bergdorf **Milia** (☎ 28210 46774; www.milia.gr; Ferienhäuschen inkl. Frühstück 70–135 €; ⏲ ganzjährig; P 👪) gehört zu den Pionieren des Ökotourismus auf Kreta. Nach dem Motto „Zurück zur Natur" wurden hier 16 verlassene Bruchstein-Bauernhäuser zu Öko-Ferienhäusern mit Solarstromversorgung für ein bis vier Personen umgebaut. Milia ist aber nicht nur eines der ruhigsten Quartiere auf Kreta, sondern schon wegen seines genialen Biorestaurants einen Besuch wert (Hauptgerichte 5–11 €).

Milia ist die ideale Basis für Besucher, die ausspannen und die Innahorion-Region erkunden wollen. Die Häuser sind mit antiken Betten, rustikalem Mobiliar und offenen Kaminen oder Holzöfen ausgestattet. Laptop und Fön braucht man gar nicht erst auszupacken; das gibt die Solarstromversorgung nicht her.

Die Gerichte auf der saisonal wechselnden Speisekarte des Restaurants werden mit Bioprodukten vom eigenen Hof zubereitet; dazu gehören Öl, Wein, Milch und Käse sowie Hühner, Ziegen und Schafe aus Freilandhaltung. Besonders empfehlenswert sind die *bourekia* (gefüllter Filoteig in Form von Röllchen, Schnecken u. a.), das gefüllte Kaninchen mit *myzithra* (Schafskäse) oder Joghurt oder das sanft über Nacht geschmorte Schweinefleisch mit Zitronenblättern. Wirklich hervorragend ist das typische Wintergericht aus Kartoffeln, Kastanien und Minizwiebeln in Rotweinsauce!

Die Abzweigung nach Milia ist nördlich des Dorfs Vlatos ausgeschildert. Die schmale Zufahrtstraße geht in eine 3 km lange unbefestigte, aber befahrbare Straße über.

Das beste Essen der Region und himmlisch ruhige traditionelle Unterkünfte verspricht die abgelegene Ökotourismussiedlung in Milia (S. 101).

Sehenswertes

Elos DORF

Elos liegt schon fast am Südende der Innahorion-Region und ist die größte Ortschaft der Gegend. Außerdem ist es Dreh- und Angelpunkt des Kastanienhandels, daher auch das alljährliche **Kastanienfest** am dritten Sonntag im Oktober. Der Dorfplatz bietet sich mit seinen Platanen, Kastanien und Eukalyptusbäumen als angenehm schattiger Rastplatz an. Hinter der Taverne am Platz stehen die Überreste eines **Aquädukts**, das einst Wasser zur alten Mühle führte.

Perivolia & Kefali DÖRFER

Zweieinhalb Kilometer westlich von Elos liegt das stimmungsvolle **Perivolia**. Gleich dahinter folgt **Kefali** mit einer freskengeschmückten **Kirche** aus dem 14. Jh. Kefali hat ein paar Tavernen, die Lage und Ausblick bestens ausnutzen. Von hier kann man südwärts zum Strand von Elafonisi weiterfahren oder an der Küste entlang wieder gen Norden zurückkehren.

Pappadiana & Amygdalokefali DÖRFER

Die westlichen Innahorion-Dörfer entlang der Küstenstraße liegen spektakulär zwischen Bergen und Schluchten. Zuerst kommt der Weiler Pappadiana, etwa 2 km westlich von Kefali. Von dort führt die Straße in die Berge hinauf bis zu einem Felsvorsprung bei Amygdalokefali, der unschlagbare Aussicht übers Meer gewährt.

Kambos DORF

Gute Wandermöglichkeiten, Strandzugang und anständige Unterkünfte: Das alles bietet Kambos, ein Minidorf am Rand einer Schlucht an der kurvenreichen Küstenstraße der Innahorion-Region.

Sfinari STRAND, DORF

Die Innahorion-Küstenstraße schlängelt sich auch an Sfinari vorbei. Das verschlafene Bauerndorf 9 km nördlich von Kambos und 9 km südlich von Platanos hat einen langen, grauen Kiesstrand. Das nördliche Ende ist mit Gewächshäusern zugebaut. An der Bucht gibt es einen einfachen Campingplatz und mehrere ausgezeichnete Fischtavernen in direkter Strandlage.

Voulgaro DORF

Das idyllische Voulgaro liegt 9 km südöstlich von Kissamos (Kastelli) an der Straße, die durchs Landesinnere nach Elafonisi führt. Der Name ist eine Anlehnung an das Wort für „bulgarisches Dorf" und weist angeblich darauf hin, dass der byzantinische Kaiser Nikiforos Fokas bulgarische Siedler hierherbrachte, als er Kreta 961 von den Arabern zurückeroberte.

Latsiana & Mouri DÖRFER

Ein Vermächtnis der byzantinischen Ära ist die **Basilika der Agia Varvara** im winzigen Örtchen Latsiana. Es ist vom 2 km entfernten Voulgaro über eine Nebenstraße in südöstlicher Richtung zu erreichen. Die Basilika steht am früheren Standort eines griechischen Tempels. 2 km weiter wartet im Weiler Mouri die ebenfalls byzantinische **Kirche des Agios Nikolaos** mit bemerkenswerten Fresken. Beide Kirchen punkten mit phantastischem Ausblick.

Topolia-Schlucht SCHLUCHT

Südlich von Voulgaro erreicht die Hauptstraße Richtung Elafonisi nach 3 km das hübsche Dorf Topolia, dessen weiß getünchte Häuser mit Wein und anderem Grün bewuchert sind. Dahinter windet sich die Straße am Rand der 1,5 km langen Topolia-Schlucht entlang und bietet unterwegs atemberaubende Ausblicke. Die Schlucht endet am Dörfchen **Koutsomatados**. Von hier aus führt ein Wanderweg in die Schlucht.

Agia-Sofia-Höhle HÖHLE

Unmittelbar südlich des Dörfchens Koutsomatados erreicht man hinter einem engen Tunnel die Höhle der Agia Sofia mit Spuren menschlicher Besiedlung, die bis in die Jungsteinzeit zurückreichen. Sie wird oft für Taufen genutzt; außerdem wird hier am 13. April der Gedenktag ihrer Namenspatronin gefeiert. 250 in den Fels gehauene Stufen führen zur Höhle hinauf. Nach einem Drittel des Wegs stößt man auf eine Taverne mit Traumblick über die Schlucht.

Schlafen

In Sfinari gibt es einen einfachen Campingplatz und Fremdenzimmer; in vielen anderen Dörfern kann man sehr schlichte Zimmer mieten. Die beste Unterkunft der Region ist in Milia.

Sunset Rooms PENSION €

(28220 41128; Kambos; EZ/DZ 25/30 €; P) Die Aussicht übers Tal von dieser Pension in Kambos ist traumhaft. Die Zimmer sind schlicht, aber durchaus annehmbar. Die dazugehörige Taverne serviert günstige Grillgerichte und Salate.

Hartzoulakis Rent Rooms PENSION €

(28220 41445; manolis_hartzoulakis@yahoo.gr; Kambos; Zi. 30–50 €; P) Die Zimmer sind klein und bescheiden, aber blitzsauber und haben große Veranden. Für Wanderer sind sie ein guter Stützpunkt. Die Taverne auf der Terrasse verwöhnt mit guter kretischer Kost und exzellentem Raki.

Essen

Iliovasilema FISCH & MEERESFRÜCHTE €

(Sonnenuntergang; 28220 41627; Sfinari; Hauptgerichte 7–12 €; Mai–Okt. mittags & abends) An Tischen direkt am Kiesstrand von Sfinari und weiter hinten unter schattigen Bäumen serviert die schlichte Taverne den frisch gegrillten Tagesfang und Gerichte aus regionalen Zutaten (teils auch bio). Wie der Name verspricht, bietet sie tatsächlich Blick auf den Sonnenuntergang.

Thalami FISCH & MEERESFRÜCHTE €

(28220 41632; www.thalami-kissamos.gr; Sfinari; Hauptgerichte 6–12 €; Mai–Sept. 11–22 Uhr) Noch eine der ausgezeichneten Fischtavernen von Sfinari, die den Tagesfang direkt am Meer servieren – ideal für einen mittäglichen Sprung in die Fluten, bevor man sich mit gegrilltem Fisch und Gemüse aus den Bergen stärkt.

Panorama Taverna & Rooms GRIECHISCH €

(Kefali; Hauptgerichte 4–10 €; Mai–Okt. mittags & abends) Die kleine Taverne mit Fremdenzimmern im Dorf Kefali wird ihrem Namen dank spektakulärer Aussicht ins Tal hinunter mehr als gerecht.

Falasarna Φαλάσαρνα

25 EW.

Falasarna liegt rund 16 km westlich von Kissamos und ist nicht viel mehr als ein langer Sandstrand – aber was für einer! Der weite Sandbogen gilt als einer der schönsten Strände Kretas, auch wenn die Treibhäuser zwischen den Olivenhainen hinterm Strand das Gesamtbild etwas stören. Wie Elafonisi bezaubert Falasarna mit rosa schimmerndem Sand und tief blaugrünem Wasser. Außerdem ist der Strand für seine spektakulären Sonnenuntergänge berühmt.

Falasarna hat nicht nur extrem klares Wasser, sondern auch wunderbar große Wellen, die als ewig lange Wogen aus dem offenen Mittelmeer hereinrollen. Zwischen Mitte Juli und Mitte August ist hier ziemlich viel los; die Badegäste sind hauptsächlich Tagesausflügler aus Chania und Kissamos (Kastelli).

Am besten breitet man sein Badetuch am **Megali Paralia** (Großen Strand) am Südende aus oder sucht sich ein Plätzchen in einer der kleinen Buchten weiter nördlich, die durch Felszungen voneinander abgetrennt sind.

Falasarna hat zwar Hotels und mehrere Tavernen, Bars und kleine Supermärkte, aber kein eigentliches Ortszentrum.

Geschichte

Die Herkunft des geheimnisvollen Namens „Falasarna" ist bis heute so unklar wie seine Bedeutung. Möglicherweise ist das Wort sogar älter als die griechische Sprache selbst. Das Gebiet war mindestens seit dem 6. Jh. v. Chr. besiedelt und erreichte den Gipfel seiner Macht als Stadtstaat im 4. Jh. v. Chr. Die Ruinen der ursprünglich gleich am Meer erbauten Stadt liegen heute 400 m landeinwärts, weil sich Kretas Westküste im Laufe der Jahrhunderte gehoben hat.

Die Stadt verdankte ihren Reichtum der Landwirtschaft in dem fruchtbaren Tal weiter südlich. Sie diente als Westküstenhafen für Polyrrinia, wurde aber später Polyrrinias größte Rivalin um die Vorherrschaft über Westkreta. Als die Römer Kreta 67 v. Chr. eroberten, war Falasarna schon zum Piratenhafen verkommen. Steinblöcke, die rund um die Einfahrt zum alten Hafen ausgegraben wurden, deuten darauf hin, dass die Römer versuchten, den Hafen zu blockieren, um Piraten fernzuhalten.

Sehenswertes

Das antike Falasarna RUINEN

Die Ruinen der antiken Stadt Falasarna sind über eine 2 km lange unbefestigte Straße zu erreichen, die vom Ende der asphaltierten Straße weiterführt. Der Eingang befindet sich gleich hinter dem „Steinthron". Ein Stück weiter stößt man auf die Überreste der Stadtmauer und eines kleinen Hafens. Die Öffnungen in der Hafenmauer dienten dazu, die Schiffe zu vertäuen. Oben auf dem Hügel liegen die Trümmer der Akropolismauer und eines Tempels sowie vier tönerne Badebecken.

Schlafen

Magnolia Apartments APARTMENTS €

(☎28220 41407; www.magnolia-apartments.gr; Studio/Apt. ab 45/55 €; ganzjährig;) Die kleine Apartmentanlage aus modernen, cremefarbenen Steinbauten befindet sich nur ein paar Schritte hinter dem „Großen Strand" (Megali Paralia) von Falasarna. Die gut ausgestatteten Studios und Apartments mit Balkonen sind blitzsauber und komfortabel.

Rooms Anastasia-Stathis PENSION €€

(☎28220 41480; www.anastasiastathis.com; DZ/Apt. ab 45/60 €;) Die luftigen, hübsch eingerichteten Zimmer mit Kühlschrank und großem Balkon liegen ein Stückchen vom Meer und den Massen von Tagesausflüglern entfernt und sind ideal zum Stressabbau, wie die freundliche Besitzerin Anastasia versichert. Ihr Riesenfrühstück können auch Tagesgäste genießen, doch nur wer hier übernachtet, darf sich außerdem Gemüse aus dem rosenumrankten Garten pflücken.

Sunset Taverna & Apartments APARTMENTS €€

(☎28220 41204; www.sunset.com.gr; DZ/3BZ/Apt./Villa 40/45/65/160 €; P) Die Taverne (Hauptgerichte 7–8 €) hat eine Terrasse mit Feigenbäumen und wunderbarer Aussicht, eine eigene Quelle und Strandzugang. Dazu gehören außer schlichten, aber komfortablen Zimmern auch Apartments mit mehreren Schlafzimmern und relativ luxuriöse freistehende Villen. Das Ganze wird von einer freundlichen Familie betrieben.

Falassarna Beach Hotel HOTEL €€

(☎28220 41436, 28220 41257; www.falassarnabeach.gr; Studio/Apt. ab 40/50 €;) Das gepflegte, moderne Hotel (direkt an der Haltestelle für den Bus aus Kissamos) ist eine gute Wahl für alle, die nach der Bequemlichkeit eines Hotels mit Komplettservice verlangen und es nicht weit zum Strand haben wollen (zu Fuß 2 Min. den Hügel hinunter). Von den meisten der meerseitig gelegenen Zimmer und von der schattigen Terrasse der Taverne hat man einen schönen Blick. Alle Zimmer sind mit Kochnischen ausgestattet.

Essen

Galasia Thea KRETISCH €

(☎28220 41421; Hauptgerichte 4,50–8 €; Ende April–Okt. 10–23.45 Uhr;) Das Café oberhalb des Strands bietet von seiner großen Terrasse mit Spielplatz eine spektakuläre Aussicht und serviert eine große Auswahl kretischer *mayirefta* wie *sfakiano*-Lamm mit Zitrone. Die Bedienung ist freundlich, aber bei großem Besucherandrang nicht besonders fix.

An- & Weiterreise

Von Juni bis Ende August fahren täglich drei Busse von Kissamos (3,50 €, 20 Min.) und Chania (7,60 €, 1¼ Std.) nach Falasarna. Aktuelle Infos zum jahreszeitlich wechselnden Fahrplan gibt's unter www.e-ktel.com.

Die Halbinsel Gramvousa
Χερσόνησος Γραμβούσα

Nordwestlich von Kissamos (Kastelli) erstreckt sich die herrlich wilde und abgelegene Halbinsel Gramvousa. Ihre Hauptattraktion ist der phantastische, lagunenartige Sandstrand Balos am Kap Tigani, an der Westseite der Spitze der Halbinsel. Das Dorf Kaliviani ist eine gute Basis für Besucher der Halbinsel.

Geschichte

Die vorgelagerte Insel Imeri Gramvousa war ein wichtiger Stützpunkt der Venezianer, die hier ein Kastell errichteten, um die Schiffe zu schützen, die die Insel auf ihrem Weg von und nach Venedig passierten. Die bis an die Zähne aufgerüstete Festung galt als uneinnehmbar. So gelang es auch den Türken 1645 nicht, Imeri Gramvousa zusammen mit dem restlichen Kreta zu erobern. Das Kastell blieb in venezianischer Hand. Schließlich zogen die Venezianer ab und das Kastell verfiel, bis kretische Revolutionäre es 1821 zu ihrer Operationsbasis machten. Später war es ein berüchtigtes Piratennest, bevor die Türken es übernahmen, um während des Unabhängigkeitskriegs von dieser Basis aus die Küste zu blockieren. Man munkelt, die Piraten hätten sagenhafte Schätze angehäuft und in Höhlen rund um die Insel versteckt.

Sehenswertes & Aktivitäten

★ Balos STRAND, RUINE

Der idyllische Balos-Strand und seine seichten, türkisfarben schimmernden Lagunen werden von den beiden Inselchen **Agria** (wild) und **Imeri** (zahm) umrahmt. Kein Wunder, dass dieses himmlisch abgelegene Fleckchen Kretas in keiner Broschüre fehlen darf. Der Strand mit seinem glasklaren, sacht plätschernden Wasser voller winziger Muscheln und flinker Fische ist einfach ein Traum.

Im Sommer wird der Strand zwischen 11 und 16 Uhr von vielen Tagesgästen aufgesucht. Sie kommen größtenteils mit Ausflugsschiffen (die nur von Mai bis Oktober verkehren). Wer auf eigene Faust mit dem Auto oder per KTEL-Bus (nur im Juli und August) anreist, braucht für das letzte Stück zum Strand hinunter entweder Allradantrieb oder muss sich auf einen langen, heißen Fußmarsch einstellen.

Es gibt am Strand keinen Schatten; Sonnenschirme mit Liegen kosten 7 €.

Die 12 km lange, sehr holprige und am besten mit Geländewagen zu befahrene Piste nach Balos beginnt am Ende der Hauptstraße des Dorfs Kaliviani. Sie schmiegt sich an die Ostflanke des **Geroskinos** (762 m) und bietet phantastische Ausblicke auf die Küste und die Halbinsel Rodopou. Am Ende der Piste liegt ein Parkplatz mit einem Snackkiosk. Von hier führt ein 1,2 km langer Fußpfad den sandigen Steilhang hinunter zur Lagune. Wer ohne Auto unterwegs ist, kann sich als Anhalter versuchen oder den ganzen Weg zu Fuß marschieren, muss aber damit rechnen, eine Menge Staub zu schlucken, den die vorbeifahrenden Autos aufwirbeln.

Die Ausflugsschiffe legen normalerweise einen Zwischenstopp bei der Insel Imeri ein, auf der eine **venezianische Festung** mit atemberaubendem Ausblick über die Halbinsel thront. Sie ist nach steilem Aufstieg in 20 Minuten erreicht. Darunter liegt ein felsiger und ziemlich unbrauchbarer Strand mit einem modernen und nicht sehr attraktiven Schiffswrack.

Schiffstouren nach Gramvousa und Balos SCHIFFSTOUREN

(☎28220 24344; www.gramvousa.com; Erw./Kind 25/12 €; ⊙Mai–Okt.) Der einfachste Weg zum wunderschönen Balos-Strand ist die Fahrt mit einem Ausflugsschiff. Die Schiffe steuern verschiedene Zwischenstopps an. Online-Bucher bekommen normalerweise Rabatt; an Bord gibt es Essen und Getränke zu zivilen Preisen. Bei starkem Wind kann die Tour ungemütlich werden oder wird ganz abgesagt, also besser am Vortag noch mal checken. Im Sommer verkehren KTEL-Busse aus Chania, deren Ankunft auf die Abfahrtzeiten der Schiffe abgestimmt ist.

Schlafen

Der beste Stützpunkt für die Erkundung der Region ist das Dorf Kaliviani, 7 km westlich von Kissamos (Kastelli). Weitere schöne Apartmentunterkünfte säumen die nahe Küste. Bei Balos gibt es keine Unterkünfte.

Olive Tree Apartments APARTMENT €

(☎28220 24336; www.olivetree.gr; Kaliviani; Apt./Maisonette ab 45/75 €; P ❄ ≋) Der attraktive Komplex in einem Olivenhain gleich östlich von Kaliviani hat geräumige, komfortable und ansprechend eingerichtete Apartments und Maisonettes, die sich gut für Familien und einen längeren Aufenthalt eignen, einen einladenden Pool und herrlichen Meerblick.

INSIDERWISSEN

AUTHENTISCHE KRETAKÜCHE

Die preisgekrönte Taverne **Leventis** (☎28210 68155; www.leventis-tavern.com; Ano Stalos; Hauptgerichte 6,50–14,50 €; ⌚Mo–Fr 17 Uhr–spät, Sa & So 12 Uhr–spät, Mitte Juli–Aug. tgl. 12 Uhr–spät, Jan. & Feb. Mo geschl.), ca. 10 km westlich von Chania, lockt mit ihrer gehobenen, authentischen Kretaküche Einheimische und Besucher gleichermaßen an. Geschmaust wird drinnen zwischen Bruchsteinwänden unter Holzbalken oder auf der großen Terrasse mit Blick auf die grünen Hügel. Eine Superadresse, um kretische Küche der Spitzenklasse zu probieren.

Kaliviani GASTHAUS €€
(☎28220 23204; www.kaliviani.com; Kaliviani; DZ/4BZ ab 60/75 €; P❄) In dem hübschen Steingebäude gibt es gemütliche, geschmackvoll eingerichtete Zimmer mit Kühlschrank und Balkon. Dazu gehören ein ausgezeichnetes Restaurant mit moderaten Preisen und ein Spielbereich für die lieben Kleinen.

Patriko VILLA €€€
(☎6977575080; www.villapatriko.com; Kaliviani; Villa ab 1600 €/Woche; ❄📶🏊) Die voll ausgestattete Luxusvilla im Dorfzentrum bietet Platz für neun Personen und hat einfach alles, von iPod-Docking-Stations über Spülmaschine und Waschküche bis zum Swimmingpool und Bio-Badeprodukten.

Essen

★**Gramvousa** KRETISCH €
(☎28220 22707; www.gramboussa-restaurant.gr; Kaliviani; Hauptgerichte 6–15 €; ⌚12–24 Uhr) Im Zentrum von Kaliviani serviert Gramvousa gute kretische Traditionsküche in einem stilvoll eingerichteten Bruchsteingebäude mit wunderschönem Garten. Das gehobene Lokal verwöhnt seine Gäste mit den frischesten regionalen Zutaten, die die Insel zu bieten hat, und Spezialitäten aus dem Holzofen, wie Spanferkel oder Lamm mit Honig.

An- & Weiterreise

Von Mai bis Oktober fahren Ausflugsschiffe von Kissamos nach Balos; ansonsten braucht man einen Geländewagen. Busse, die von Kissamos Richtung Westen verkehren, setzen Passagiere auf Wunsch an der Abzweigung nach Kaliviani ab.

Kissamos (Kastelli)
Κίσσαμος (Καστέλλι)

4236 EW.

Die Hafenstadt Kissamos (Kastelli) an der Nordküste, rund 40 km westlich von Chania, verströmt einen etwas raueren Charme als die anderen Ortschaften an der Nordküste. Dieser Ort hat sich noch nicht komplett dem Tourismus verschrieben. Trotz seiner spektakulären Lage an einer weiten, leuchtend blauen Bucht, umrahmt von Halbinseln und Bergen, wirkt das Städtchen selbst ein bisschen ungehobelt. Touristenhotels, Cafés und Tavernen säumen die Uferpromenade, von der geschäftige Straßen landeinwärts führen. Es gibt zwei Strände, die durch einen trüben Kanal voneinander getrennt sind: den sandigen **Mavros Molos** im Westen und den kiesigen **Telonio-Strand** im Osten.

Der größte Ort der Provinz Kissamos, der zugleich ihre Hauptstadt ist, wird mal Kissamos, mal Kastelli genannt (offiziell heißt er Kissamos). Im Hafen legen die Fähren vom Peloponnes und von Kythira an; außerdem verkehren von hier Ausflugsschiffe zum Balos-Strand.

Geschichte

Kissamos fungierte als Hafen für den bedeutenden dorischen Stadtstaat Polyrrinia, 7 km landeinwärts. Seine Glanzzeit erreichte es in der römischen Ära. Einige Hinterlassenschaften dieser Zeit sind heute im Museum der Stadt und in den archäologischen Museen in Chania und Iraklion ausgestellt. Der größte Teil der antiken Stadt liegt allerdings unter dem heutigen Kissamos und kann daher nicht ausgegraben werden.

Im 3. Jh. n. Chr. erlangte Kissamos seine Unabhängigkeit und wurde dann unter den Byzantinern Bischofssitz. Im 9. Jh. wurde es von den Sarazenen besetzt. Dann bescherten die Venezianer Kissamos eine neue Blütezeit und bauten hier eine Burg. Fortan wurde die Stadt allgemein Kastelli genannt. Dieser Name hielt sich, bis die Obrigkeit 1966 befand, dass zu viele Leute dieses Kastelli mit Kretas anderem Kastelli bei Iraklion verwechselten. Also wurde die Stadt offiziell wieder in Kissamos umgetauft. Trotzdem wird sie immer noch häufig als Kastelli oder Kissamos-Kastelli bezeichnet. Westlich der Plateia Tzanakaki sind Reste der Burgmauer erhalten.

Sehenswertes

Archäologisches Museum Kissamos MUSEUM
(☎28220 83308; http://odysseus.culture.gr; Plateia Tzanakaki; Erw./Kind 2 €/frei; ⌚Di–So 9–15 Uhr) Das Museum in einem imposanten venezianisch-türkischen Gebäude am Hauptplatz zeigt auf zwei Stockwerken archäologische Funde aus der Umgebung, u. a. Statuen, Schmuck, Münzen und ein großes Bodenmosaik aus einer Villa in Kissamos. Die meisten Exponate stammen aus der griechisch-römischen Antike, aber es sind auch einige minoische Fundstücke zu sehen. Daneben werden auch Funde aus Falasarna, Polyrrinia und Nopigia präsentiert.

Schlafen

Thalassa STUDIOS €
(☎28220 31231; www.thalassa-apts.gr; Paralia Drapanias; Studio ab 40 €; P ❄ @ 📶 👪) Die abgelegene Anlage am Drapanias-Strand etwa 5 km östlich von Kissamos ist ideal für einen ruhigen Strandurlaub. Neben luftigen und gut ausgestatteten Studios gibt es einen Grillplatz auf dem Rasen und einen kleinen Spielplatz. Die Unterkunft ist am besten für Reisende mit Auto zu erreichen.

Camping Mithymna CAMPINGPLATZ €
(☎28220 31444; www.campingmithimna.com; Paralia Drapanias; Stellplätze pro Erw./Kind/Zelt 7/3,50/5 €; P 📶 👪) Rund 5 km östlich der Stadt in ausgezeichneter, schattiger Lage nicht weit von einem schönen Strandabschnitt und mit Restaurant, Bar und Laden. Anfahrt mit dem Bus zum Dorf Drapanias, von dort sind es angenehme 15 Min. (ca. 800 m) zu Fuß durch Olivenhaine bis zum Campingplatz.

Nautilus Bay APARTMENTS €€
(☎28220 22250; www.nautilusbay.gr; Apt. 75–145 €; P ❄ 📶 🏊 👪) Große moderne Apartments in einem Neubaukomplex gleich am Sandstrand im Zentrum der Stadt. Die Balkone bieten weiten Ausblick. Zur Anlage gehören ein Restaurant mit Bar und ein großer Poolbereich.

Christina Beach Hotel APARTMENTS €€
(☎28220 83333; www.christina-beach.gr; Studios 50–80 €; P ❄ @ 📶 🏊) Der schicke Studiokomplex im Westen von Kissamos ist das Beste, was die örtliche Hotellerie aufzubieten hat. Die modernen Studios direkt am Ufer sind geräumig und luftig, und der Sandstrand liegt nur einen Steinwurf entfernt.

Essen & Trinken

Taverna Sunset GRIECHISCH €
(☎28220 41627; Paraliaki; Hauptgerichte 7–10 €; ⌚April–Okt. 11 Uhr–spät; 📶) Einheimische und eingeweihte Touristen bevölkern diese urtypische Familientaverne unter Leitung von Giannis, der die meiste Zeit hinterm Grill steht, um Fleisch und Fisch zu saftiger Perfektion zu brutzeln. Das Lokal liegt direkt an der Uferpromenade.

Papadakis FISCH & MEERESFRÜCHTE €
(☎28220 22340; Paraliaki; Hauptgerichte 4–10 €; ⌚Mai–Okt. 12 Uhr–spät; 📶) Die klassische Taverne in der Mitte der Uferpromenade ist bekannt für frischen Fisch, den der kultige Inhaber selbst an Land zieht. Es sind aber auch jede Menge *mayirefta* und Grillgerichte im Angebot. Besonders gut sind die gegrillten Auberginen oder die *keftedhakia* (Fleischbällchen).

Taverna Petra FAST FOOD €
(Souvlaki 2,30 €; ⌚mittags & abends) Das bescheidene Lokal an einer Ecke des Hauptplatzes serviert neben diversen anderen Fleischgerichten vom Grill das beste *souvlaki* der Stadt und verwendet immer das aromatische Olivenöl der Region.

★ **Babel Cafe Bar** CAFÉ, BAR
(☎28220 22045; ⌚9–2 Uhr; 📶) Die Café-Bar an der Strandpromenade ist ideal für ein schnelles Frühstück, einen Snack oder einfach auf einen Kaffee. Abends ist der Laden ein beliebter Treffpunkt für junge Griechen. Seine Bier- und Cocktailkarte gehört zu den umfangreichsten der Stadt. Ein Zwischenstopp hier lohnt sich schon wegen des umwerfenden Buchtpanoramas von der betriebsamen Terrasse.

Praktische Informationen

An der Hauptgeschäftsstraße Iroon Polytechniou gibt es Supermärkte, Banken mit Geldautomaten, ein Postamt und eine Bushaltestelle. Grundlegende Informationen über Kissamos liefert die Website www.kissamos.net.

Horeftakis Tours (☎28220 23250; www.horeftakistours.com; Skalidi; ⌚9–13.30 & 17–20 Uhr) ist eine gute Informationsquelle, verkauft Schiffstickets und vermittelt Mietwagen.

An- & Weiterreise

AUTO

Kissamos Rent a Car (☎28220 23740; www.kissamosrentacar.com; Iroon Polytechniou;

Mietwagen ab 25 €/Tag) Einer von mehreren Autoverleihern an der Hauptstraße von Kissamos. Auf Wunsch werden Mietwagen auch am Flughafen von Chania bereitgestellt oder abgeholt.

BUS

Die Busse fahren vor dem **KTEL-Büro** (☎ 28220 22035; www.e-ktel.com; Iroon Polytechniou 77) gegenüber der EKO-Tankstelle ab. Der Fahrplan wechselt je nach Jahreszeit und ist auf der Website einzusehen. Es verkehren täglich 14 Busse nach Chania (4,70 €, 1 Std.); wo man u. a. in Richtung Paleochora, Rethymnon und Iraklion umsteigen kann. Außerdem fahren im Sommer täglich zwei bis drei Busse nach Falasarna (3,50 €, 15 Min.); von Mai bis Oktober fährt pro Tag ein Bus nach Elafonisi (8,10 €, 1¼ Std.).

FÄHRE

Vom Hafen 3 km westlich der Stadt verkehren Fähren des Betreibers **Lane** (☎ 27360 37055; www.lane-kithira.com) zweimal wöchentlich nach Piräus (12 Std.) und viermal wöchentlich nach Antikythira (10 €, 2 Std.), Kythira (17 €, 4 Std.) und Gythion (25,10 €, 5 Std.). Von Chania kommt man allerdings viel schneller nach Piräus. Im Sommer steht zu den Ankunftszeiten der Fähren ein Bus bereit; ansonsten kostet ein Taxi in die Stadt ca. 5 €. Tickets gibt es bei **Chalkiadaki Travel** (☎ 28220 22009; Skalidi 49). Die Fahrpläne ändern sich jahreszeitlich; aktuelle Zeiten findet man unter www.openseas.gr.

Polyrrinia Πολυρρηνία

★ Polyrrinia RUINEN

Die eindrucksvollen Ruinen der antiken Stadt Polyrrinia liegen auf einer Hügelkuppe 7 km südlich von Kissamos, oberhalb des Dorfs Ano Paleokastro (auch Polyrrinia genannt). Von der steilen Kuppe bietet sich ein umwerfender Rundblick über Meer, Berge und Täler, und im Frühling überschwemmt ein Meer von Wildblumen die Region.

Die imposanteste Ruine ist die von den Byzantinern und Venezianern errichtete **Akropolis**. Außerdem steht hier eine Kirche, die auf den Grundmauern eines hellenistischen Tempels aus dem 4. Jh. v. Chr. errichtet wurde.

Die im 6. Jh. v. Chr. von den Dorern gegründete Stadt lag im permanenten Krieg mit den Kydoniern von Chania. Münzen aus dieser Zeit zeigen die Kriegsgöttin Athena, die von den kriegerischen Polyriniern offenbar leidenschaftlich verehrt wurde.

Im Gegensatz zur Erzrivalin Kydonia leistete Polyrrinia den römischen Invasoren keinen Widerstand und blieb so von der Zerstörung verschont. Sie war die am besten befestigte Stadt auf ganz Kreta und diente von der Römerzeit bis in die byzantinische Epoche als Verwaltungszentrum des Westteils der Insel. Später nutzten die Venezianer sie als Festung. Viele der historischen Überbleibsel datieren aus römischer Zeit, darunter auch ein von Hadrian erbauter **Aquädukt**. Interessant ist auch eine den Nymphen geweihte **Höhle** in der Nähe des Aquädukts, in der heute noch die Nischen für die Nymphenstatuetten zu sehen sind.

Zu der Ruinenstätte fahren keine öffentlichen Busse.

Die Halbinsel Rodopou
Χερσόνησος Ροδοπού

Nur am Fuß der wüsten, felsigen Halbinsel Rodopou drängen sich ein paar kleine Dörfer, der Rest ist unbewohnt. Eine geteerte Straße führt bis nach **Afrata**, wo es die eine oder andere gute Taverne gibt, wie **Tis Litsas Ta Kamomata** (☎ 6976228778; Afrata; Hauptgerichte 6–10 €; ⏰ April–Okt. tgl. 10–22 Uhr, Nov.–März nur Sa & So). Ab hier verwandelt sich die Straße in einen besseren Feldweg, der sich über die Halbinsel schlängelt.

Das Diktynna-Heiligtum an der Spitze der Halbinsel ist zu Fuß, per Geländewagen, Motorrad oder Boot zu erreichen. Dabei ist aber unbedingt auf gute Planung und ausreichende Ausrüstung zu achten, denn hinter Afrata bekommt man keinen Tropfen Benzin oder Wasser und keinen Bissen Proviant mehr. Von Afrata führt eine kurvige Straße hinunter zum kleinen, kiesigen **Afrata-Strand**. Dort hat im Sommer eine kleine Snackbar geöffnet.

Kolymbari Κολυμπάρι

1088 EW.

Kolymbari liegt 23 km westlich von Chania am südöstlichen Rand der Halbinsel Rodopou und ist ein optimaler Standort für einen unaufgeregten Erholungsurlaub. Das ehemalige Fischerdörfchen hat sich inzwischen in einen kleinen Touristenort verwandelt, wobei es auch von seinem langen Kiesstrand profitiert. Es ist ein guter Ausgangspunkt für eine Kurzwanderung zum Moni Gonias und bekannt für seine Fischtavernen.

Sehenswertes & Aktivitäten

Moni Gonias KLOSTER

(Eintritt frei, Museum 2 €; Mo–Fr 8–12.30 & 16–20, Sa 16–20, So 7–12 & 16–20 Uhr) Das 1618 gegründete Moni Gonias wurde 1645 teilweise von den Türken zerstört, aber 1662 wieder aufgebaut und im 19. Jh. erweitert. Das Kloster hütet eine einzigartige Sammlung von Ikonen aus dem 17. und 18. Jh., die teils in der Kirche und teils in den beiden Räumen des Klostermuseums aufbewahrt werden. Die wertvollste davon ist die Ikone des Agios Nikolaos, 1637 von Palaiokapas gemalt (im Museum). Sie ist ein hervorragendes Beispiel der Kretischen Schule der Ikonenmalerei, die ihre Blütezeit im 17. Jh. erlebte.

Das Kloster, zugleich Standort der Theologischen Akademie von Kreta, ist von Kolymbari leicht zu erreichen: Vom Ortszentrum einfach der Uferstraße rund 500 m nach Norden folgen.

Oceanis Dive TAUCHEN

(28244 00113; www.oceanisdive.com; ganzjährig) Bietet ein Komplettprogramm an Tauchgängen und -kursen für Anfänger (Einführungskurs 80 €) und Fortgeschrittene (50 €/ Tauchgang) sowie Schnorcheltouren (Erw./ Kind 35/25 €).

Schlafen

Aeolos Apartments APARTMENTS €

(28240 22203; Studio/Apt. ab 40/50 €; P) Der betagte, aber gepflegte Komplex auf einem Hügel ist vom Ort aus ausgeschildert. Die luftigen, geräumigen Studios und 2-Zimmer-Apartments haben geschnitzte Holzbetten, TV, Küchenzeilen und große Balkone mit Meerblick.

Grand Bay Beach Resort RESORT €€

(28240 83380; www.grandbay.gr; DZ 125–155 €, Suite 150–250 €; P@) Die Luxusanlage am Ostende des Strands von Kolymbari ist ein Ferienparadies „nur für Erwachsene". Gäste müssen mindestens 16 Jahre alt sein, um sich hier rundum verwöhnen zu lassen.

Essen & Trinken

Argentina FISCH & MEERESFRÜCHTE €€

(28240 22243; Kolymbari-Hafen; Fisch 40–55 €/kg; 12 Uhr–spät) Eine der besten Fischtavernen der Gegend mit Tischen an der Hauptstraße und auf der anderen Straßenseite, gleich am Hafen. Sie serviert Meeresfrüchte-Gerichte wie Tintenfisch mit Oliven und Fisch von erstklassiger Qualität.

Diktina FISCH & MEERESFRÜCHTE €€

(28240 22611; Kolymbari-Hafen; Fisch 40–60 €/ kg) Die moderne Fischtaverne bietet Hafenblick und zuverlässig gute Fischgerichte.

Milos tou Tzerani CAFÉ

(28240 22210; Kolymbari-Hafen; 9 Uhr–spät) Die Café-Bar in einer wunderbar restaurierten Mühle am Meer ist ein ausgesprochen nettes Plätzchen für einen Kaffee oder einen abendlichen Drink mit leichten Snacks und *mezedhes*.

Praktische Informationen

Kolymbari hat einen Geldautomaten an der Hauptstraße und eine Post im Zentrum.

An- & Weiterreise

Die Busse von Chania nach Kissamos halten an der Durchgangsstraße außerhalb von Kolymbari (3,30 €, 45 Min., halbstündl.); von dort sind es 500 m Fußweg bis in den Ort.

Diktynna Δίκτυνα

An der Ostspitze der Halbinsel Rodopou liegen die Überreste eines Tempels der kretischen Göttin Diktynna. Diese Göttin der Jagd wurde in Westkreta glühend verehrt. In römischer Zeit war dies das wichtigste Heiligtum der ganzen Region. Nach dem Zusammenbruch des Römischen Reichs wurde der Tempel zerstört, doch seine Grundmauern, ein Opferaltar und einige römische Zisternen sind noch zu besichtigen. Außerdem gibt es hier einen hübschen Sandstrand.

Diktynna ist nur über eine unbefestigte Straße von Kolymbari zu erreichen, aber Reisebüros in Chania bieten auch Bootstouren an.

Der Legende zufolge ist der Name Diktynna von dem Wort *diktyon* abgeleitet, was „Netz" bedeutet. Ein Fischernetz war nämlich ihre Rettung, als sie sich ins Meer stürzte, um den Avancen von König Minos zu entgehen. Der Tempel stammt aus dem 2. Jh. n. Chr., steht aber vermutlich auf den Resten eines früheren Heiligtums.

STEVE OUTRAM / GETTY IMAGES ©

Kretas Highlights

Mit glitzerndem, azurblauem Meer, dahinter aufragenden zerklüfteten Bergen, bröckelnden antiken Ruinen und traditionellen Bergdörfern zieht Kreta seine Besucher in den Bann. Das vielfältige, jahrtausendealte Leben auf dieser hinreißenden eigenständigen Insel mitten im Mittelmeer wartet auf Erkundung.

Inhalt

Oben: Loutro (S. 82)

MARKUS LANGE / GETTY IMAGES ©

1. Minoischer Behälter, Malia (S. 200) 2. Odeon (S. 184), Gortys
3. Festung Koules (S. 161), Iraklion 4. Moni Toplou (S. 228)

ARSTY / GETTY IMAGES ©

Zeugen der Geschichte

Kreta liegt am Schnittpunkt dreier Kontinente – mit turbulenten Folgen für seine Geschichte. Minoische Paläste, Reste einer Römerstadt, architektonische Schmuckstücke aus Venedig und Klöster mit Verteidigungsanlagen erzählen noch heute davon, wer hier alles die Finger im Spiel hatte.

Magisches Malia

Der Palast von Malia (S. 200), überschaubarer als Knossos und ohne Wiederaufbauelemente und Schnörkel, ist Kretas zugänglichste minoische Stätte. Der hohe Entwicklungsstand dieser Zivilisation zeigt sich in der ausgeklügelten Anlage und Infrastruktur.

Grandioses Gortys

Die stimmungsvollen Ruinen der kretischen Römerhauptstadt laden zu ziellosen Spaziergängen mit Zwischenstopp in der Ruine einer frühchristlichen Kirche ein – und zum Staunen über 2600 Jahre alte Steintafeln mit erstaunlich modernen Gesetzestexten.

Befestigtes Kloster

Trotz seiner Befestigungsanlagen wurde das im 15. Jh. erbaute Kloster Moni Toplou (S. 228) von Piraten überrannt, von den Rittern des Malteserordens geplündert und 1821 von den Türken besetzt. Die Kirche beherbergt eine wertvolle Ikone von Ioannis Kornaros.

Mächtige Festungen

Die eindrucksvollsten Zeugen der venezianischen Herrschaft sind die Festungen, Bollwerke gegen Piraten und Türken. Einen Besuch wert sind die in Chania, Rethymnon, Iraklion und Frangokastello.

Klosterbelagerung

Das Kloster Moni Arkadiou (S. 132) ist wie ein Fenster in die Seele Kretas. Während des Aufstands von 1866 zündete eine Gruppe umzingelter Kreter lieber ihr Pulvermagazin an, als sich den Türken zu ergeben. Fast niemand überlebte, Türken eingeschlossen.

1

2

BANET12 / GETTY IMAGES ©

Triopetra (S. 146) **2.** Matala (S. 189) **3.** Falasarna (S. 102)

Strandfreuden

Kreta ist mit vielen unvergleichlichen Schönheiten gesegnet, darunter bezaubernde Strände mit kristallklarem Wasser in allen Schattierungen von Türkis. Ob es ein lebhafter Strand mit Beachbar, ein romantisches Palmenufer oder eine unberührte, einsame Bucht sein soll – hier geht jeder Wunsch in Erfüllung.

Verborgene Schönheit

Wer den Massen entfliehen will, muss nach Agios Pavlos oder Triopetra, beides betörend schöne, ruhige Strände zwischen Rethymnons Klippen. Im nahe gelegenen Preveli lässt es sich angenehm unter Palmen chillen.

Kretas Karibik

Alle, die am liebsten weißen Sand zwischen den Zehen haben und in türkisfarbenem Wasser planschen, sollten direkt zum wunderbaren Strand von Balos (S. 104) auf der wilden Halbinsel Gramvousa fahren.

Dauerwellen

Wie auf einer Perlenkette reihen sich in Falasarna (S. 74) kleine, durch Felsen getrennte Buchten aneinander. Im roséfarbenen Sand wird jede Bräune perfekt und die Abkühlung in den hohen, langen Wellen ist himmlisch.

Drei Traumstrände

Jeder der südlichen Strände in Iraklion hat seinen ganz eigenen Charme. Matala ist schön, aber voll, Kommos lockt mit einem langen Sandstrand ohne Touristenrummel und Agiofarango ist so weit ab vom Schuss, dass er nur im Boot oder zu Fuß erreichbar ist.

Tropisches Paradies

Elafonisi (S. 76), ein endloser Bogen aus feinem rosa-weißen Sand, ist mit Sicherheit einer der schönsten Strände Kretas. Nur eine flache Lagune mit unglaublich klarem azurblauem Wasser trennt ihn von einem Inselchen aus Dünen und versteckten Buchten.

Zakros-Schlucht (S. 23

Auf in die Wildnis!

Kretas Landschaft ist wie ein guter Wein und will in Ruhe genossen, nicht einfach konsumiert werden. Also raus aus dem Auto und die von Zeit und Elementen geformten Schluchten, den Geburtsberg des Zeus und ein von minoischen Geistern heimgesuchtes Tal erwandern!

Samarias kleine Schwester

Samaria ist die berühmtere, doch die Imbros-Schlucht (S. 56) ist nicht weniger schön. Kürzer, ruhiger und weniger anspruchsvoll ist sie ideal für Familien mit Kindern. Zypressen, Eichen, Feigen- und Mandelbäume beschatten den Pfad.

Liebliches Loutro

Der abgeschiedene natürliche Hafen von Loutro (S. 61) ist der südliche Endpunkt diverser Wanderwege in die spektakuläre und herrlich ruhige Aradena-Schlucht und zu wenig besuchten Stränden, die sonst nur per Boot erreichbar sind.

Epische Wanderung

Bei aller Bewunderung für jene, die den über 10 000 km langen europäischen Fernwanderweg E4 gelaufen sind, ist auch schon das kurze Stück auf Kreta (S. 34), das am kieseligen Ufer von Kato Zakros endet, ein Erlebnis.

Geisterschlucht

Eine Wanderung durch das dramatische Tal der Toten (S. 181), auch Zakros-Schlucht genannt, führt vorbei an hohen Felswänden mit Höhlen, die die Minoer als Grabstätten nutzten, und endet im Strandörtchen Kato Zakros.

Das Dach von Kreta

Der mächtige Psiloritis (S. 138) breitet von hoch oben ein grünes Kleid aus Tälern und Dörfern vor sich aus. Meist trägt er eine Tonsur aus Schnee. Auf Kretas höchsten Berg zu steigen ist nicht gerade ein Spaziergang – erfordert aber auch keine besonderen Fähigkeiten.

Rethymnon

Inhalt ➡

Gut essen

- Castelvecchio (S. 126)
- Avli (S. 127)
- Tasomanolis (S.144)
- Vrisi (S. 143)
- To Steki tou Sifaka (S. 150)

Schön übernachten

- Enagron (S. 136)
- Casa Vitae (S. 123)
- Idili (S. 150)
- Kapsaliana Village (S. 134)
- Sohora (S. 123)

Auf nach Rethymnon

Rethymnon (Ρέθυμνο) ist eine Region von wilder Schönheit. Endlose Bergstraßen schlängeln sich durchs Landesinnere, wo die Zeit stehengeblieben ist, vorbei an mit Wildblumen übersäten Feldern und winzigen, von Olivenhainen eingerahmten traditionellen Weilern. Es ist eine Gegend, in der es von historischen Stätten und Naturwundern nur so wimmelt. Reisende können in die gespenstische Finsternis labyrinthischer Höhlen hinabsteigen, steile, üppig bewachsene Schluchten erkunden und sich im Schatten des hohen Psiloritis, des höchsten Bergs Kretas, ausruhen. Wunderbare Klöster, minoische Gräber und venezianische Festungen warten auf Besucher. Zudem ist Rethymnon ein Magnet für Künstler, von denen viele jahrhundertealte Techniken verwenden, denen sie eine moderne Note verpassen.

Die gleichnamige Hauptstadt an der nördlichen Küste ist eine quirlige Ansammlung malerischer Kopfsteinpflastergassen, zahlloser Läden, Restaurants und Bars, gesäumt von einem breiten Sandstrand. Die südliche Küste wiederum besticht durch traumhafte Strände in paradiesischer Abgeschiedenheit. Auf geht's durch dieses bezaubernde Fleckchen Erde, von Küste zu Küste.

Entfernungen (km)

	Agia Galini	Anogia	Plakias	Rethymnon
Anogia	99			
Plakias	47	94		
Rethymnon	53	56	39	
Argyroupoli	58	79	24	23

RETHYMNON ΡΕΘΥΜΝΟ

32 468 EW.

Rethymnon mit seiner wunderbaren Lage zwischen den massiven Mauern einer Festung aus dem 15. Jh. und dem schimmernden, azurblauen Mittelmeer ist eine der zauberhaftesten Städte auf Kreta. Die reizvolle venezianisch-osmanische Altstadt besteht aus einem Gewirr enger, blumenumrankter Gässchen voller charmanter Häuser mit Holzbalkonen und verschnörkelter Monumente. Minarette verleihen dem Ganzen eine orientalische Note. Doch dank seiner zahlreichen Studenten hat Rethymnon mehr zu bieten als nur Geschichte. Die Stadt hat ein pulsierendes Nachtleben, hervorragende Restaurants und ein belebtes, stylisches Einkaufsviertel. Dazu gibt es sogar einen einladenden Sandstrand, mitten in der Stadt. Die belebteren Strände mit den unvermeidlichen Hotelanlagen liegen alle weiter draußen. Sie erstrecken sich fast ohne Unterbrechung bis ins rund 22 km entfernte Panormos.

Geschichte

Archäologische Funde deuten darauf hin, dass das heutige Stadtgebiet seit spätminoischer Zeit besiedelt war. Im 4. Jh. v. Chr. hatte sich „Rithymna" als autonomer Staat etabliert, der bedeutend genug war, um eigene Münzen zu prägen. Zu Zeiten des Römischen und Byzantinischen Reichs ließ seine Bedeutung nach. Doch unter der Herrschaft der Venezianer (1210–1645) florierte Rethymnon und wurde zu einem wichtigen Handels-, Kunst- und Kulturzentrum.

Die Venezianer legten einen Hafen an und begannen im 16. Jh. damit, die Stadt gegen die wachsende Bedrohung durch die Türken zu befestigen. Doch selbst die massive Bergfestung konnte dem Angriff der Türken von 1646 nicht standhalten. Im Osmanischen Reich war Rethymnon ein wichtiger Verwaltungssitz, aber auch ein Zentrum des Widerstands gegen die osmanische Herrschaft, was ihr schwere Repressalien eintrug.

Die Osmanen regierten bis 1897. Dann wurde Kreta den europäischen Großmächten unterstellt, und Russland übernahm die Kontrolle über Rethymnon. 1923 gelangten im Rahmen des erzwungenen Bevölkerungsaustauschs zwischen der Türkei und Griechenland zahlreiche Flüchtlinge aus Konstantinopel hierher. Im Anschluss erwarb sich die Stadt einen Ruf als künstlerisches und intellektuelles Zentrum.

Heute sorgen die Studenten der Universität von Kreta dafür, dass auch außerhalb der Tourismussaison Leben in der Stadt herrscht.

Sehenswertes

Rethymnon ist eine recht kompakte Stadt. Die meisten Sehenswürdigkeiten, Unterkünfte und Tavernen befinden sich in der überwiegend autofreien Altstadt beim alten venezianischen Hafen. Der Strand liegt östlich vom Hafen; einen Straßenblock landeinwärts davon verläuft die Hauptеinkaufsstraße Arkadiou.

★ Fortezza FESTUNG

(Erw./Fam. 4/10 €; ⌚Juni–Okt. 8.30–19.30 Uhr, Nov.–Mai 10–17 Uhr; P) Die über Rethymnon thronende venezianische Festung wirkt mit ihren massiven Mauern und imposanten Bastionen wirklich ehrfurchtgebietend. Sie wurde in den 1570er-Jahren als Reaktion auf Piratenüberfälle und angesichts einer drohenden Invasion errichtet, konnte aber 1646 die osmanischen Eindringlinge nicht fernhalten. Von hier oben bieten sich fabelhafte Ausblicke und es macht Spaß, zwischen den Befestigungen, Palmen und übriggebliebenen Gebäuden herumzuschlendern. Besonders sehenswert ist die originalgetreu restaurierte **Sultan-Ibrahim-Moschee**.

Sie war ursprünglich eine venezianische Kathedrale, wurde dann aber von den Türken umgeweiht. Heute finden hier manchmal Kunstausstellungen statt. Das Gebäude ist ein architektonisches Meisterwerk. Besondere Beachtung verdienen die von acht Säulen getragene Kuppel und die reich verzierte *mihrab* (eine Gebetsnische, die Richtung Mekka zeigt). Die winzige Kirche in der Nähe des Osttors ist jüngeren Datums (1899) und wurde im Gedenken an die Vertreibung der Türken erbaut. Auf dem Gelände steht auch das **Erofili-Theater**, ein von Pinien umrahmtes modernes Amphitheater. Vor allem während des **Renaissance Festivals** (www.rfr.gr) werden hier zahlreiche Aufführungen gezeigt.

Archäologisches Museum MUSEUM

(☎28310 54668; Argiropoulon; Eintritt 3 €; ⌚Di–So 8–15 Uhr; P) Das kleine Museum in einem Gebäude aus der türkischen Zeit, das bis in die 1960er-Jahre als Gefängnis diente, zeigt archäologische Schätze aus dem Neolithikum bis in die Römerzeit. Neben Bronzegegenständen, mykenischen Figurinen, römischen Öllampen und einer Aphroditestatue

Highlights

1 Durchs Labyrinth des venezianisch-osmanischen Viertels von **Rethymnon** (S. 116) streifen und dann lecker essen gehen

2 Herausfinden, weshalb das Moni Arkadiou (S. 132) für die Kreter eine so große Bedeutung hat

3 An den Südküstenstränden **Triopetra** (S. 146) und **Agios Pavlos** (S. 146) der Zivilisation den Rücken kehren

4 Durch die bezaubernde Altstadt schlendern und bei den Quellen von **Argyroupoli** (S. 130) Forelle schlemmen

5 Den Töpfern von **Margarites** (S. 134) dabei zuschauen, wie sie wahre Wunderwerke schaffen

6 Eine Fahrt durchs **Amari-Tal** (S. 133) mit malerischen Dörfer und herrlichen Ausblicke unternehmen

7 Zum palmengesäumten, sonnenverwöhnten Preveli-Strand (S. 145) pilgern

8 In der spektakulären Unterwelt der **Melidoni-Höhle** (S. 135) kretische Geschichte erleben

aus dem 1. Jh. n. Chr. gibt es auch minoische Keramiken und Artefakte aus den Grabstätten des Friedhofs von Armeni (S. 139) zu sehen. Weitere Highlights sind kunstvolle Glasbläsereiwaren und eine bedeutende Münzsammlung.

Venezianischer Hafen HISTORISCHE STÄTTE

Im alten Hafenbezirk von Rethymnon drängen sich Fischtavernen und Cafés, die auf eine touristische Kundschaft abzielen, auf engstem Raum. Einen besseren Eindruck von diesem Viertel vermittelt ein Spaziergang an der alten Hafenmauer und den Fischerbooten vorbei bis zum weithin sichtbaren **Leuchtturm**, der im 16. Jh. von den Türken errichtet wurde.

Agios-Spyridon-Kapelle KIRCHE

(Kefalogiannidon) Die winzige Agios Spyridon wurde direkt in den Felsen unterhalb der venezianischen Festung gehauen und hat genügend Atmosphäre, um eine ganze Kathedrale zu füllen. In dem byzantinischen Kirchlein voller kostbarer Ikonen und schwingender Kerzenleuchter ist deutlich das Rauschen des nahen Meeres zu hören. In Felsspalten stecken Pantoffeln, Babyschuhe und Sandalen – Gebetsopfergaben für kranke Angehörige. Die Kapelle steht oberhalb einer Treppe an der Westseite der Festung. Sie hat keine festen Öffnungszeiten.

Neratzes-Moschee MOSCHEE

(Vernardou) Die schöne Moschee mit drei Kuppeln war ursprünglich eine Franziskanerkirche und wurde 1657 umgebaut. Heute dient sie als Konservatorium und Konzerthalle. Sie lohnt unbedingt einen Besuch, auch dann, wenn keine Veranstaltung stattfindet. Das Minarett, der ehemalige Glockenturm, wurde 1890 hinzugefügt. An seiner Restauration wird seit Langem gearbeitet.

Rimondi-Brunnen BRUNNEN

(Ecke Paleologou & Petihaki-Platz) Auf die vielen venezianischen Überbleibsel sind die Bewohner Rethymnons mächtig stolz, vor allem auf diesen Brunnen mit seinen wasserspeienden Löwenköpfen und korinthischen

DREI PERFEKTE TAGE

1. Tag

Südlich von Rethymnon lädt der faszinierende, von morgendlichem Vogelgesang erfüllte **Friedhof von Armeni** (S. 139) zu einem stillen Besuch ein. Von dort aus geht's nach Westen zum Ruinen erforschen im reizenden **Argyroupoli** (S. 130), gefolgt von einem erfrischenden Bad in den Quellen und frischem Fisch zum Mittagessen. Wieder zurück in Rethymnon wollen die **venezianische Festung** (S. 116) und das Gassenlabyrinth der Altstadt erkundet werden. Abendessen gibt's im **Avli** (S. 127); danach empfiehlt sich zum Sonnenuntergang ein Verdauungsspaziergang am malerischen Hafen entlang.

2. Tag

Ein früher Aufbruch in Plakias bewahrt vor dem Massenandrang am **Preveli-Strand** (S. 145). Sobald es voll wird, geht's bergaufwärts zu einer Lektion in kretischer Geschichte im **Moni Preveli** (S. 145). Nun heißt es Abschied von der Zivilisation nehmen und sich in ein Gewirr kurviger Küstenstraßen stürzen, die zu den abgeschiedenen Stränden **Triopetra** (S. 146) und **Agios Pavlos** (S. 146) führen. Nach einem Bad geht die Fahrt zurück nach Plakias und von dort nach Norden durch die spektakuläre **Kotsifou-Schlucht** (S. 141). Auf dem Rückweg wird ein Halt in Myrthios eingelegt, um im **Vrisi** (S. 143) ein typisch kretisches Bauernabendessen zu verspeisen.

3. Tag

Eine kurze Fahrt führt von Panormos oder Bali zur düsteren **Melidoni-Höhle** (S. 135), Schauplatz eines Massakers unter osmanischer Herrschaft. Weiter geht's nach **Margarites** (S. 134), wo man handgemachte Keramikwaren einkaufen und bei wunderbarer Aussicht auf einer Tavernenterrasse zu Mittag essen kann. Danach steht ein Besuch des stimmungsvollen, geschichtsträchtigen **Moni Arkadiou** (S. 132) auf dem Programm. Für das abschließende, authentisch kretische Schlemmerabendmahl auf der **Agreco Farm** (S. 119) in der Nähe von Adele ist eine vorherige Tischreservierung erforderlich.

ABSTECHER

EIN VORBILDLICHER BAUERNHOF

Inmitten der sanften Hügellandschaft in der Nähe des Dorfs Adele, 13 km südöstlich von Rethymnon, liegt die **Agreco Farm** (☎28310 72129; www.agreco.gr; Adelianos Kampos; Führung & Mittag- oder Abendessen 58 €; ⏰Mai–Okt. Di–Sa 11–22 Uhr, Hofbesichtigung & Abendessen Di–Sa 18 Uhr, Hofbesichtigung & Mittagessen So 12 Uhr) Diese Rekonstruktion eines Gehöfts aus dem 17. Jh. ist ein Musterbeispiel für jahrhundertealte biologische und umweltfreundliche traditionelle Methoden der Landwirtschaft. Auf dem Hof kommen überwiegend traditionelle Gerätschaften zum Einsatz, darunter eine per Eselkraft betriebene Olivenpresse, eine Wassermühle und eine Weinpresse. Es gibt auch einen kleinen Laden, in dem Produkte und Kunsthandwerk der Region verkauft werden – vorsichtshalber vorher anrufen und die Öffnungszeiten erfragen.

Der Bauernhof hat normalerweise von Mai bis Oktober geöffnet, ist aber oft für Privatveranstaltungen wie Hochzeits- oder Taufgesellschaften reserviert. Normalerweise enden die **Hofführungen** mit einem kretischen 30-Gänge-Schlemmerfest in der Taverne. Die meisten Speisen sind mit Obst und Gemüse, Milchprodukten und Fleisch aus farmeigener Erzeugung zubereitet.

Wer gern selbst Hand anlegt, kommt am Sonntag um 11 Uhr her. Dann sind Gäste dazu eingeladen, bei **traditionellen Landwirtschaftsarbeiten** zu helfen. Je nach Jahreszeit dürfen sie womöglich ein Schaf scheren, eine Ziege melken, bei der Käseherstellung oder beim Traubenstampfen mitmachen (Programm siehe Website). Anschließend gibt's ein Mittagsbuffet, das sogenannte **Erntedankmittagessen**. Führung sowie Teilnahme an den Sonntagsaktivitäten nur nach Reservierung.

Besucher, die einfach so mal tagsüber vorbeischauen, können sich auf eigene Faust umschauen (5 €) und im **Kafenion** etwas trinken.

Kapitellen. Er wurde 1626 vom Statthalter Alvise Rimondi erbaut. Aus drei Löwenmäulern fließt Wasser in drei von korinthischen Säulen umgebene Becken. Über dem mittleren ist das Familienwappen der Rimondis eingelassen.

Loggia HISTORISCHES GEBÄUDE
(Ecke Paleologou & Souliou; ⏰Mo–Fr 7.30–14.45 Uhr) Der gut erhaltene Hingucker aus dem 16. Jh. diente ursprünglich als Versammlungshaus des venezianischen Adels, in dem politische und geschäftliche Belange besprochen wurden. Die türkischen Herrscher machten daraus eine Moschee samt Minarett, und heute ist hier der Geschenkeladen des Archäologischen Museums untergebracht.

Museum für zeitgenössische Kunst KUNSTGALERIE
(☎28310 52530; www.cca.gr; Himaras 5; Eintritt 3 €; ⏰Di–Fr 9–14 & 19–21, Sa & So 10–15 Uhr) In dieser Gemäldegalerie unweit der Festung finden Wanderausstellungen berühmter und aufstrebender einheimischer und internationaler Künstler statt. Die feste Ausstellung zeigt Ölgemälde, Zeichnungen und Aquarelle des lokalen Malers Lefteris Kanakakis sowie Werke moderner griechischer Künstler ab 1950. Zugang von der Mesologiou aus.

Porta Guora HISTORISCHE STÄTTE
(Stadttor; Ecke Ethnikis Antistaseos & Dimakopoulou) Der steinerne Torbogen am Südende der Altstadt ist das einzige Überbleibsel der im 16. Jh. erbauten Festungsmauer. Das Wahrzeichen Venedigs, der Markuslöwe, der ihn ursprünglich krönte, wurde ins Archäologische Museum entführt.

Geschichts- & Volkskundemuseum MUSEUM
(☎28310 23398; Vernardou 26–28; Eintritt 4 €; ⏰Mo–Sa 9.30–14.30 Uhr) Die Ausstellung in einem reizenden Gebäude aus dem 17. Jh. umfasst fünf Säle und dokumentiert das ländliche Leben der vergangenen Jahrhunderte. Zu besichtigen ist eine Sammlung alter Kleidungsstücke, Körbe, Webarbeiten und landwirtschaftlicher Geräte. Die Gegenstände sind auch auf Englisch beschildert.

Paläontologisches Museum MUSEUM
(☎28310 23083; www.gnhm.gr; Mastaba-Tempel; Erw./Kind 3 €/frei; ⏰Di, Do & Sa 9–15 Uhr) Die Aussicht darauf, kretische Zwergelefanten und Zwergflusspferde zu sehen, löst wahrscheinlich nicht gleich einen Run auf die Eintrittskarten aus. Ein Abstecher zu diesem Museum lohnt sich aber schon allein wegen seiner tollen Kulisse, denn es ist im renovierten Mastaba-Tempel (der Veli-Pascha-Moschee) aus dem 17. Jh. untergebracht. Über dem Bau-

Rethymnon

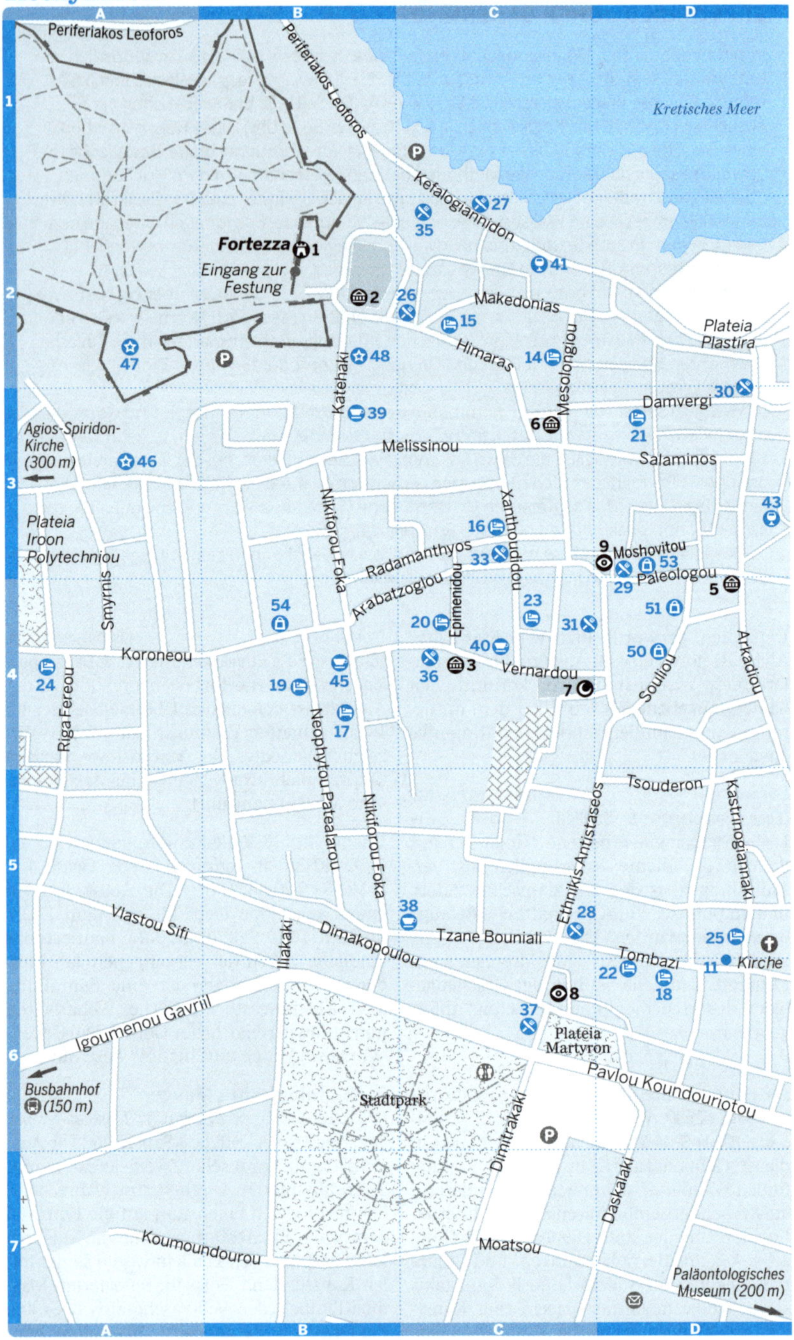
A
B
C
D
1
2
3
4
5
6
7
Periferiakos Leoforos
Kretisches Meer
Kefalogiannidon
Fortezza 1
Eingang zur Festung
2
26
35
27
41
Makedonias
15
Himaras
14
Mesolongiou
Plateia Plastira
30
Damvergi
21
47
48
Katehaki
39
6
Agios-Spiridon-Kirche (300 m)
46
Melissinou
Salaminos
43
Plateia Iroon Polytechniou
Xanthoudidou
16
Radamanthyos
33
9 Moshovitou
29
53
Paleologou
5
Smyrnis
Nikiforou Foka
Arabatzoglou
Epimenidou
54
20
23
31
51
Arkadiou
Koroneou
40
50
24
19
45
36
3
Vernardou
7
Soulio
Riga Fereou
17
Neophytou Patealarou
Tsouderon
Kastrinogiannaki
Ethnikis Antistaseos
Nikiforou Foka
38
28
Vlastou Sifi
Iliakaki
Dimakopoulou
Tzane Bouniali
25
Tombazi
11
Kirche
22
18
8
Igoumenou Gavriil
37
Plateia Martyron
Busbahnhof (150 m)
Stadtpark
Pavlou Koundouriotou
Dimitrakaki
Daskalaki
Koumoundourou
Moatsou
Paläontologisches Museum (200 m)
A
B
C
D

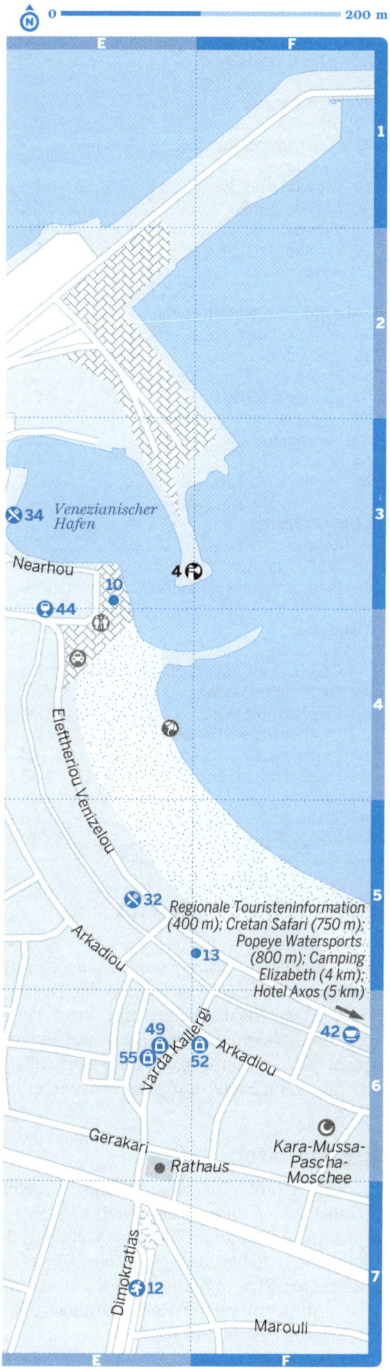

werk mit neun Kuppeln thront das älteste Minarett der Stadt. Das zugehörige Gelände, ehemals ein öffentlicher Garten, ist erfüllt vom Geruch nach Thymian und Oregan. Die feste Ausstellung umfasst Stoßzähne und versteinerte Knochen von Nilpferden, die vor 10 700 Jahren ausgerottet wurden. Das Museum liegt südöstlich vom Stadtpark.

In dem Komplex, einer Zweigstelle des Goulandris-Naturkundemuseums in Athen, werden oft Wanderausstellungen mit Stücken aus der Hauptstadt und dem Ausland abgehalten.

Stadtpark PARK

(Igoumenou Gavriil) Die Wege und schattigen Bänke in dem Park zwischen Iliakaki und Dimitrakaki laden zur Erholung von der Hitze und den Massen ein. Hier dösen oder schwatzen Rentner, während sich auf dem Spielplatz Kinder austoben.

Aktivitäten

Paradise Dive Centre TAUCHEN

(☎28310 26317; www.diving-center.gr; Tauchgänge ab 42 €, Open-water-Zertifikat 400 €) Veranstaltet Tauchausflüge für alle Schwierigkeitsgrade. Ausgangspunkt ist die Zentrale in Petres, 14 km westlich von Rethymnon. Im Angebot sind Höhlentauchen, Nachttauchgänge und verschiedene PADI-Kurse. Anmeldung über ein Reisebüro oder per Telefon.

Happy Walker WANDERN

(☎28310 52920; www.happywalker.com; Tombazi 56; Tageswanderung 32 €; ⏲Mo–Fr 17–20.30 Uhr) Organisiert Tageswanderungen für vier bis 18 Personen durch Schluchten, auf uralten Schäferpfaden und zu traditionellen Dörfern im üppig grünen Landesinneren. Für Mittagessen und Kaffeetrinken unterwegs ist mit 10 € zu rechnen. Buchungen werden am Vorabend entgegengenommen. Es sind auch mehrtägige Touren möglich.

Popeye Watersports ABENTEUERSPORT

(☎6973434275, 28310 52803; www.popeyewatersports.gr; Sofokli Venizelou; ⏲10–18 Uhr) Popeye, am Westende von Rethymnons Sandstrand, bietet Parasailing (ab 60 €), Jetskiing (ab 40 €) und Fahrten im Bananaboat (ab 25 €).

Geführte Touren

Dolphin Cruises BOOTSFAHRTEN

(☎28310 57666; www.dolphin-cruises.com; venezianischer Hafen; Rundfahrten 12–38 €; ⏲9.30–17 Uhr) Veranstaltet ein- bis vierstündige Bootsausflüge mit Besuch von Piratenhöh-

Rethymnon

Highlights
1 Fortezza B2

Sehenswertes
2 Archäologisches Museum B2
3 Geschichts- & Volkskundemuseum C4
4 Leuchtturm E3
5 Loggia D4
6 Museum für zeitgenössische Kunst C3
7 Neratzes-Moschee C4
8 Porta Guora C6
9 Rimondi-Brunnen D3

Aktivitäten, Kurse & Touren
10 Dolphin Cruises E3
11 Happy Walker D6
12 Bergwandererverband Rethymnon E7
13 World of Crete F5

Schlafen
14 Anna's Apartments C2
15 Atelier C2
16 Avli Lounge Apartments C3
17 Casa dei Delfini B4
18 Casa Moazzo D6
19 Casa Vitae B4
20 Hotel Veneto C4
21 Palazzino di Corina D3
22 Rethymno Youth Hostel D6
23 Rimondi Estate C4
24 Sohora A4
25 Vetera Suites D5

Essen
Avli .... (s. 16)
26 Castelvecchio C2
27 En Plo C2
28 Gaias Gefseis C5
29 Meli D3
30 Mojo Burgers D3
31 Othonas C4
32 Peperoncino E5
33 Raki Baraki C3
34 Taverna Knossos E3
35 Thalassografia C2
Veneto .... (s. 20)
36 Yiorgos Hatziparaskos C4
37 yum...me C6

Ausgehen & Nachtleben
38 Ali Vafi's Garden C5
39 Chalikouti B3
40 Figaro C4
41 Inomena Voistasia C2
42 Livingroom F6
43 Metropolis D3
44 Mini Bar E4
45 Tholos B4

Unterhaltung
46 Asteria Cinema A3
47 Erofili-Theater A2
48 Puppentheater Kaloumba B2

Shoppen
Agora .... (s. 16)
Frosso Bora .... (s. 15)
49 Handmade Stories E6
50 Ilias Spondidakis D4
51 Leather Studio Kanakakis D4
52 Liranthos F6
53 Mediterraneo D3
54 Spantis B4
55 Wood Art E6
Xenos Typos .... (S. 28)

len, einer Überfahrt nach Bali oder einfach nur zum Angeln.

World of Crete TOUR
(☎28310 50055, 6949791242; www.ecoevents.gr; 30 Eleftheriou Venizelou; Touren 18–70 €; ⏲10–14 & 17–21 Uhr) Die Mitarbeiter organisieren eine Menge Touren, von Wanderungen durch die Samaria-Schlucht bis zu Bootsausflügen und Fotosafaris. Die Ökotouren führen in traditionelle Dörfer, wo vielleicht eine Raki-Brennerei besichtigt oder ein Kochkurs angeboten wird. Auch Verkauf von Schiffs- und Flugtickets.

Cretan Safari ABENTEUERTOUR
(☎28310 20815; www.cretansafari.gr; 4 Sofokli Venizelou; Tour 75 €; ⏲10–14 & 17–21 Uhr) Bei der Ganztagsgeländewagen-Offroadtour werden Strände, Schluchten und alte Dörfer besucht.

Festivals & Events

Karneval KARNEVAL
(www.carnival-in-rethymnon-crete-greece.com) In den vier Wochen vor Beginn der Fastenzeit wird kräftigst gefeiert, mit Tanz, Maskeraden, Spielen, Schatzsuchen und einem prächtigen Straßenumzug. Die Feierlichkeiten fallen meistens auf den Februar oder März.

Schlafen

In der Altstadt gibt es genügend liebevoll restaurierte Villen, Boutiquehotels und freundliche Pensionen für jeden Geldbeutel. Viele Hotels haben das ganze Jahr über geöffnet. Den Strand östlich der Stadt säumt eine ununterbrochene Reihe zumeist charakterloser Hotels und Resorts.

Atelier PENSION €

(☎28310 24440; www.frosso-bora.com; Himaras 25; EZ 35 €, DZ 45–55 €; ❄📶) Die vier sauberen und hübschen Zimmer über einer Keramikwerkstatt nahe der Festung sind im Preis unschlagbar. Werkstatt (S. 128) und Pension werden von der einheimischen Keramikkünstlerin Frosso Bora geleitet. Die Zimmer mit blanken Steinwänden haben kleine Flachbildfernseher, neue Bäder und Küchenzeilen. Die Gästezimmer im Obergeschoss haben einen kleinen Balkon, die im Erdgeschoss dagegen venezianische Details und Deckenbalken.

Rethymno Youth Hostel HOSTEL €

(☎28310 22848; www.yhrethymno.com; Tombazi 41; B 10 €; ⏲Rezeption 8–13 & 17–23 Uhr; 📶) Die freundliche, gut geführte Jugendherberge hat saubere, zweckmäßige Schlafsäle für sechs bis acht Personen. Sie ist zentral gelegen und besitzt einen geselligen Patio, eine Bar und einen gemütlichen Garten voller Blumen. Zum Angebot gehören Wäscheservice, warme Duschen, Frühstück (2 €) und Snacks sowie Schlafsäle nur für Frauen.

Camping Elizabeth CAMPINGPLATZ €

(☎28310 28694; www.camping-elizabeth.net; 84 Ionias, Missiria; Erw./Kind 7,50/4 €, Zelt/Auto/Wohnwagen 6,50/4/6,50 €; ⏲ganzjährig; @📶) Der Stadt am nächsten liegt dieser Campingplatz, 4km östlich und in Nachbarschaft zum herrlichen Mysiria-Strand. Bambus, Palmen und Olivenbäume spenden reichlich Schatten. Es gibt eine Taverne, eine Snackbar und einen Minimarkt, dazu einen gemeinschaftlich genutzten Kühlschrank, kostenlose Strandsonnenschirme und Liegestühle. Es werden auch einfache Bungalow und Wohnwagen ab 38 € sowie Zelte ab 9 € vermietet. Der Bus nach Iraklion hält hier auf Wunsch.

Anna's Apartments PENSION €

(☎6987830516; www.facebook.com/Annas.apartments.rethymno; Mesologiou 38; DZ/3BZ 35/60 €; ❄📶) Die fünf einfachen, aber ordentlichen Zimmer liegen nur ein paar Schritte von der Action entfernt und reißen wirklich kein großes Loch ins Portemonnaie. Einige sind allerding viel heller und besser eingerichtet als die anderen; am besten nimmt man eins nach vorn heraus. Alle haben eine Küchenzeile.

★Sohora BOUTIQUEHOTEL €€

(☎2831 300913; www.sohora.gr; Plateia Iroon Politehniou; Studio/DZ/Apt. 60/80/100 €; ❄📶) Neben restaurierten Vintage-Möbeln weisen die extrem bequemen und ein wenig ausgefallenen vier Zimmer in diesem 200 Jahre alten Wohnhaus auch noch originale Bauteile auf. Solarerhitztes Wasser, luxuriöse Biokosmetikartikel und ein herzhaftes, hausgemachtes Frühstück sorgen dafür, dass sich die Gäste ökologisch korrekt verwöhnen lassen können. Der Service ist ebenso freundlich wie professionell.

Das Hotel liegt im Schatten der Festung auf einem bei den Anwohnern beliebten Platz, nur einen kurzen Spaziergang vom Herzen der Altstadt entfernt.

★Casa Vitae BOUTIQUEHOTEL €€

(☎28310 35058, 6973237897; www.casa-vitae.gr; Neophytou Patealarou 3; Zi. 95–150 €; ❄📶) Ein hinreißendes Gebäude aus venezianischer Zeit mit acht zurückhaltend-elegant dekorierten Zimmern in einem Stein-Holz-Mix um einen Hof, in dem unter der weinberankten Pergola das Frühstück serviert wird. Romantik regiert in den größeren Suiten mit Himmelbett, Whirlpool und eigener Terrasse.

Casa dei Delfini BOUTIQUEHOTEL €€

(☎28310 55120, 6937254857; www.casadeidelfini.com; Nikiforou Foka 66–68; Studio/Maisonette 70/110 €; ❄📶) Um einen kleinen Patio gruppieren sich die vier individuell gestalteten Zimmer dieser eleganten Unterkunft mit jeder Menge historischem Flair. Ein Zimmer besitzt ein Hamam und ein anderes einen abgedeckten und beleuchteten venezianischen Brunnen. Alle haben eine moderne Küchenzeile und hochwertige Bettwäsche. Wer mehr Platz braucht, bucht die zweigeschossige Maisonette mit einer großen privaten Terrasse.

INFOS IM INTERNET

Rethymno (www.rethymnon.gr) Offizielle Website mit Geschichtsübersicht, Kartenmaterial, Festkalender, Adressen von Unterkünften und Sehenswürdigkeiten.

Crete Travel (www.cretetravel.com/guide/rethymno) Reisebüro-Website mit Links zu Hotels, Fährtickets und Aktivitäten.

Rethymnon.biz (www.rethymnon.biz) Eventkalender, Adressen von lokalen Geschäften und Lokalnachrichten.

DIE GEBURT DES EINÄUGIGEN MONSTERS

In der Region Rethymnon scheint es von Höhlen voller Fossilien nur so zu wimmeln. Und in der Tat gibt es im Mittelmeergebiet keine andere Gegend, die mehr endemische Fossilien aufweist. Darunter befinden sich versteinerte Teile von Zwergelefanten. Einige Wissenschaftler glauben, dass die alten Griechen mächtig erschraken, als sie beim Betreten der Küstenhöhlen die Schädel von Zwergelefanten entdeckten. Sie könnten die riesige leere Nasenhöhle des Rüssels, ungefähr zweimal so groß wie ein Menschenschädel, gut für eine einzige enorme Augenhöhle gehalten haben. Und das könnte zur Geburt des Zyklopen geführt haben. Im Paläontologischen Museum in Rethymnon (S. 119) kann man die Skelette mit eigenen Augen betrachten.

Hotel Veneto BOUTIQUEHOTEL €€
(☎28310 56634; www.veneto.gr; Epimenidou 4; EZ/DZ/Suite 70/110/120 €; ❄📶) Venezianisches Flair verbreiten diese zehn Hotelzimmer, die traditionelle Elemente wie abgezogene Holzfußböden und freie Deckenbalken mit modernen Annehmlichkeiten wie Satelliten-TV und Kochnischen vereinen. Jedes Zimmer hat eine Geschichte zu erzählen; Nr. 101 z. B. war früher einmal eine Mönchszelle, Nr. 106 ein H*amam*. Das Veneto liegt mitten in der Altstadt. Frühstück kostet 6 € extra.

Palazzino di Corina BOUTIQUEHOTEL €€
(☎28310 21205; www.corina.gr; Damvergi 9; DZ 80–120 €; ❄📶🏊) Die noble venezianische Villa ist eine edle Absteige. Antike Möbel, unverputzte Steinwände und schwere Balkendecken sorgen für ein stilvoll altmodisches Ambiente. Auf neuzeitliche technische Errungenschaften, darunter Whirlpool-Badewannen, muss hier trotzdem niemand verzichten. Im Hof lädt ein kleiner, tiefer Pool zu einem Sprung ins Wasser ein und in der Lobby wimmelt es von Antiquitäten, von Grammofonen bis zu Tretnähmaschinen.

Vetera Suites BOUTIQUEHOTEL €€
(☎28310 23844, 6972051691; www.vetera.gr; Kastrinogiannaki 39; Zi. 110–190 €; ❄📶) Entzückend und ausgesprochen komfortabel ist dieses Hotel mit seinen vier Suiten, die mit viel Charakter und Liebe zum Detail eingerichtet sind. Himmelbetten, antike Holzmöbel, hochwertige Produkte im Bad und clever integrierte Kochnischen verleihen jedem Zimmer ein individuelles Aussehen. Das Haus ist in venezianischer Architektur gehalten, mit nackten Steinmauern und Holzbalken. Aber auch moderner Komfort in Form von DVD-Player und WLAN fehlt nicht. Frühstück kostet 10 € extra.

Casa Moazzo BOUTIQUEHOTEL €€
(☎28310 36235; www.casamoazzo.gr; 57 Tobazi; Zi. mit Frühstück 85–155 €; ❄📶) Das Haus mit seinen neun eleganten, schmucken Zimmern liegt nur einen Steinwurf vom Hafen entfernt und war früher die Residenz venezianischer Adliger. Jedes Zimmer ist anders eingerichtet und die jeweiligen Tapeten, freiliegenden Steinwände und hölzernen Balken verleihen ihnen ein klassisch italienisches Flair. Manche verfügen über einen Balkon, eine freistehende Badewanne und eine Küchenzeile und alle haben Kingsize-Betten und (auf Wunsch) Daunenkopfkissen. Der Service ist erstklassig.

Nähere Betrachtung verdient der venezianische Rahmen der Tür, die von der Straße zum Hof führt. Er wurde 1276 errichtet und ist der einzige noch erhaltene dieser Art in Rethymnon.

Axos Hotel HOTEL €€
(☎28310 54472; www.axos-hotel.gr; Maxis Kritis 167, Platanes; Studio/Apt. 65/80 €; ❄📶🏊) Von der verkehrsreichen Durchgangsstraße darf man sich hier nicht abschrecken lassen: Das mittelgroße Hotel in Platanias, rund 5 km östlich von Rethymnon, ist ein nettes Refugium mit modernen und gut geschnittenen Wohneinheiten um einen Pool. Auf der anderen Straßenseite gibt es einen Supermarkt, ein hübscher Strand ist 200 m entfernt. Frühstück kostet 4 € extra.

Avli Lounge Apartments BOUTIQUEHOTEL €€€
(☎28310 58250; www.avli.gr; Xanthoudidou 22; Zi. mit Frühstück 140–270 €; ❄📶) Luxus wird großgeschrieben in diesem eleganten Hotel. Die Studios sind in warmen Farben gestaltet; Steinwände, Balkendecken und Whirlpool-Badewannen sorgen für maximales Wohlgefühl. Und nach einem erstklassigen Abendessen in Avlis romantischen Hofgartenrestaurant wartet auf einen schon das feudale Bett.

Rimondi Estate BOUTIQUEHOTEL €€€
(☎28310 51001; www.rimondiestate.com; Xanthoudidou 21; Suite mit Frühstück 190–390 €;

(❄📶🏊) Diese phantastische venezianische Villa im Herzen der Altstadt brummt nur so vor historischem Flair und plüschigen Möbeln. In den 13 Studios im Estate-Gebäude sind noch Originalkuppeln und -steinbögen erhalten. Die Zimmer im Palazzo fallen gleichermaßen nobel, aber nicht ganz so stimmungsvoll aus. Im einladenden Innenhof gibt es einen glitzernden Pool und das Frühstücksbuffet ist ein wahres Festbankett.

Essen

Nach einem Besuch von Rethymnon muss der Gürtel wahrscheinlich um ein oder zwei Löcher weiter gestellt werden. Hier wird ganz hervorragend gekocht; die besten Esslokale verstecken sich in den Gässchen der Altstadt. Die Tavernen rund um den venezianischen Hafen, die sich auf touristische Kundschaft eingestellt haben, profitieren zwar von ihrer märchenhaften Lage, sind mit wenigen Ausnahmen aber bestenfalls mittelmäßig. Bessere Esslokale, ebenfalls mit Blick aufs Wasser, gibt's in der Kefalogiannidon unterhalb der Festung. Die meisten Gäste bestellen ein Tagesgericht (Zwei- oder Drei-Gänge-Menü plus Wein, Wasser, Raki und Kaffee).

★ Raki Baraki GRIECHISCH €
(☎28310 26213; Arabatzoglou 17; Hauptgerichte 6–9 €; ⏲mittags & abends; 📶) Das rustikale, farbenfrohe und gut besuchte Lokal ist ein tolles Plätzchen für einen ausgedehnten Abend bei *mezedhes* (Appetithäppchen) wie mit Kräutern gefüllten Sardinen, Würstchen mit gegrilltem Gemüse oder in Salbeisud gedämpften Muscheln. Der gebackene Feta mit karamellisierten Feigen und Minze schmeckt einfach göttlich. Donnerstag bis Sonntag kann man bei Livemusik dinieren.

Taverna Knossos GRIECHISCH €
(www.knosos-rethymno.com; venezianischer Hafen; Hauptgerichte 6–12 €, Festmenü 2,30 €; ⏲mittags & abends; 📶👪) Die unmittelbar am venezianischen Hafen gelegene Taverna Knossos unterscheidet sich von ihren Nachbarn durch erstklassiges Essen und schnelle, zuvorkommende Bedienung. Das Restaurant ist seit einem halben Jahrhundert im Besitz der Familie Stavroulaki; wer einen Blick in die Küche wirft, sieht wahrscheinlich Großmutter Stavroulaki am Herd stehen. Die Gerichte sind einfach, aber authentisch; besonders gut schmeckt der Fisch. An den dicht beieinander stehenden Tischen mit Blumenvasen speist es sich wie im Schoß der Familie. Es gibt auch spezielle Kindergerichte.

Mojo Burgers AMERIKANISCH €
(☎6987328252, 28310 50550; www.facebook.com/mojoburgers; Damvergi 38; Mahlzeiten 3–7 €; ⏲13–24 Uhr) Mojo hat nicht nur ein hippes, mit Graffiti geschmücktes Interieur und eine riesige Speisekarte, sondern produziert auch einige der besten Burger und Hot Dogs auf dieser Seite des Atlantiks. Lecker sind beispielsweise der Alabama Mama mit knusprigem Schweinefleisch, Weißkohl und Pickles und der Boston Dog mit Blauschimmelkäse. Die Gäste können sich an Extras wie Jalapeños oder karamellisierten Zwiebeln bedienen und als Beilage handgeschnittene Käsefritten bestellen. Mojo hat auch einen Lieferservice.

Peperoncino PIZZA €
(Eleftheriou Venizelou 45; Hauptgerichte 6–12 €; ⏲mittags & abends; 📶) Hier gibt's reichlich mit frischen Zutaten belegte Pizzas, die in einem Steinofen gebacken werden, den selbst Italiener gutheißen würden. Wer möchte, kann sich aber auch an frisch zubereiteter Pasta und einem Glas von der ansehnlichen Weinkarte erfreuen. Serviert wird draußen an Esstischen mit Strandblick oder drinnen in der kleinen, klassisch gehaltenen Pizzeria.

yum...me BÄCKEREI €
(Plateia Martyron; Gebäck 1,50–4 €; ⏲morgens & mittags) Perfekt für ein schnelles Frühstück oder einen Imbiss wie Spinatpastete, Focaccia mit Grillhühnchenfleisch, Riesenbretzeln und Gebäck. Außerdem gibt's eine Selbstbedienungstheke, Frozen yoghurt mit sämtlichen Toppings sowie alle möglichen starken Kaffees. Wer das Essen nicht mitnehmen möchte, kann sich an einem Tisch auf dem Bürgersteig unter die aufgeschlossene Stadtjugend mischen.

NICHT VERSÄUMEN

BAKLAVA & KATAÏFI

Als einer der letzten traditionellen Filobäcker von Griechenland knetet **Yiorgos Hatziparaskos** (Vernardou 30; Gebäck 2–4 €; ⏲10–14 & 17.30–19 Uhr) diesen superdünnen Teig in seiner Backstube immer noch von Hand. Der ganz große Moment ist der, wenn Yiorgos den Teig zu einer Riesenblase wirft, bevor er ihn auf einem großen Tisch auswalzt. Seine Frau Katerina lädt die Passanten dazu ein, sich das Schauspiel anzusehen und die unvergleichlich leckeren *baklava* und *kataïfi* („Engelshaar"-Gebäck) zu probieren.

ABSTECHER

MAROULAS

Wer auf Kräuter, Aromatherapie, Biokräutertees und Kosmetika aus Naturprodukten steht, fährt von Rethymnon 10 km weit Richtung Südosten nach **Maroulas**, einem entzückenden, bunt zusammengewürfelten Dorf mit weitem Ausblick aufs Meer. Architektonisch ist das denkmalgeschützte Städtchen ein Mix aus hübsch restaurierten spätvenezianischen und türkischen Bauten, darunter zehn Olivenpressen und ein 44 m hoher Turm, der zwischen den übrigen Dorfgebäuden emporragt. Nach dem Heilkräutereinkauf geht's zum Mittagessen in das gemütliche Freiluftrestaurant.

Marianna's Workshop (☎28310 72432; www.mariannas-workshop.gr; Maroulas; ⏲Sommer 10–15 & 17–19 Uhr, Winteröffnungszeiten telefonisch erfragen) Direkt an der Hauptstraße von Maroulas liegt der winzige Marianna's Workshop. Marianna Founti-Vassi sammelt aromatische medizinische Pflanzen in den Bergen. Daraus produziert sie in diesem winzigen Laden ihr einzigartiges Sortiment an Teesorten und Ölen, die sie aus natürlichen Extrakten unter Verwendung traditioneller Methoden gewinnt. Hier gibt's Mittelchen zur Linderung jeder Art von Beschwerden, darunter auch einen Tee aus 40 Kräutern, den die Hebammen früher aufkochten.

Mariannas Interesse an alternativen Heilverfahren wurde zur Vollzeitbeschäftigung, nachdem sie Mitte der 1990er-Jahre nach Maroulas gezogen war und von den Einheimischen die genauen Eigenschaften der zahlreichen einheimischen Heilkräuter gelernt hatte. Marianna berichtet, dass sie sich bei der Unterscheidung von Kräutern und Blumen auch an Tieren orientiert, weil sie giftige Pflanzen nicht anrühren. Und in der Tat wurden kretische *kri-kri*-Ziegen dabei beobachtet, wie sie das endemische Kraut *diktamo* zur Wundheilung fraßen.

Katerina (Maroulas; ⏲Mai–Okt.) Die richtige Adresse für ein traditionelles Mittagessen ist Katerina, ein Freiluftrestaurant mit sensationellem Meerblick. Es liegt am Ende einer schmalen Gasse neben dem venezianischen Turm.

Meli EISCREME €
(☎28310 50847; Eiscreme 2–5 €; ⏲10–21 Uhr) Die Einheimischen schwören auf Meli mit seiner gigantischen Auswahl an Eiscreme und Sorbets in allen erdenklichen Geschmacksrichtungen. Eine Filiale befindet sich beim Rimondi-Brunnen.

Gaias Gefseis BÄCKEREI €
(☎28310 22440; Ethnikis Antistaseos 15; Backwaren 1–4 €; ⏲7 Uhr–spät) Bei Appetit auf *loukoumadhes* (fettgebackene Krapfen mit Honig und Zimt) geht's einfach nur der Nase nach zu Gaias Gefseis. Diese Bäckerei produziert köstliche traditionelle Kuchen und Kekse sowie hausgemachtes *gelato* aus Schafsmilch. Wenn der Hunger nach Süßem schon gestillt ist, wartet auch eine Riesenauswahl verführerischer Brote auf Abnehmer; superlecker ist zum Beispiel das mit Feta und Oliven gefüllte.

★ **Castelvecchio** GRIECHISCH €€
(☎28310 55163; Himaras 29; Hauptgerichte 15–21 €; ⏲Juli & Aug. abends, Sept.–Juni mittags & abends) Das klassische und dennoch legere familiengeführte Castelvecchio ist die perfekte Location für ein abendliches Date – vor allem, wenn man eine Verabredung mit einer Portion geräuchertem Schweinefleisch in Wein oder einem Lamm ohne Knochen in cremiger Tomaten- und Fetasoße hat. Aber unbedingt noch Platz für eine hausgemachte Nachspeise lassen! Wer sich dabei für den Walnusskuchen entscheiden, wird wahrscheinlich noch einen Nachschlag bestellen. Auf der Terrasse herrscht Hochbetrieb und der Service ist erstklassig.

En Plo GRIECHISCH €€
(☎28310 30950; Kefalogiannidon 28; Mezedhes 10–15 €; ⏲mittags & abends; 📶👪) Im En Plo am Wasser unterhalb der Festung wird griechische und kretische Wohlfühlkost der absoluten Spitzenklasse geboten. Das Wildgemüse bekommt durch das Tamarindendressing einen Hauch von Haute Cuisine verpasst, der schlichte Kabeljau wird mit einer sämigen Knoblauchsauce serviert und die sahnige Fischsuppe ist herz- und schmackhaft. Gegessen wird je nach Laune drinnen im mit Kunstwerken geschmückten Lokal oder draußen an einem Tisch unweit der Brandung. Für die kleinen Freibeuter unter den Gästen gibt's ein Little Pirates' Menu.

Veneto KRETISCH €€
(☎28310 56634; www.veneto.gr; Epimenidou 4; Hauptgerichte 15–20 €; ⌚Mai–Okt. abends; 📶) Das Veneto, das zusammen mit einem Boutiquehotel (S. 124) eine Villa aus dem 14. Jh. bezogen hat, versprüht aus allen Ecken und Winkeln historischen Charme. In der Küche bekommen traditionelle kretische Rezepte einen zeitgenössischen Touch verpasst; das Resultat sind dann beispielsweise Fisch mit Fenchel und Limone oder Fleischbällchen an Basilikumsoße. Der Besitzer ist Weinkenner und berät seine Gäste mit Freude, wenn es darum geht, die passende Flasche zum Essen auszusuchen. Sein beeindruckender Keller befindet sich in einem ehemaligen Mönchsquartier.

Thalassografia MEDITERRAN €€
(☎28310 52569; Kefalogiannidon 33; Hauptgerichte 5–20 €; ⌚Mai–Okt. mittags & abends; 📶) Wenn sie zum Abendessen ausgehen, steuern die Einheimischen diese Terrassen am Hang zwischen Festung und Meer an. Auf der hochkarätigen mediterranen Speisekarte stehen fachmännisch zubereitete Gerichte wie gefüllte Pilze, kretischer Käse in Filoteig mit Tomaten und Pfefferminze oder Fisch mit Meerrettichkruste. Dazu passt am besten ein Bier aus der örtlichen Brauerei Brink. Bei windigem Wetter ist warme Kleidung ratsam.

Othonas KRETISCH €€
(☎28310 55500; Plateia Petihaki 27; Hauptgerichte 7–15 €; ⌚morgens, mittags & abends) Mit seinem Kundenfänger auf dem Bürgersteig und der mehrsprachigen Speisekarte sieht das Othonas verdächtig nach einer Touristenfalle aus. In Wirklichkeit genießt es aber einen hervorragenden Ruf für seine Regionalküche. Zu den kulinarischen Hochgenüssen zählen das Lamm mit Artischocken und das göttliche „Zeus Chicken" (mit Raki, Feta, Senf und Zwiebeln).

★Avli KRETISCH €€€
(☎28310 58250; www.avli.com; Xanthoudidou 22; Hauptgerichte 13–30 €; ⌚mittags & abends; 📶) Mit Recht wird behauptet, dass in dem bezaubernden Patio der venezianischen Villa mit Garten einige der kreativsten kretischen Gerichte der Stadt zu haben sind. Die farmfrischen Zutaten werden mit gewagten Geschmackskomponenten angereichert: Zickleinfleisch trifft auf Honig und Thymian, Seebarsch auf Zitronen-Safran-Soße und Oktopus auf karamellisierte Zwiebeln. Alles ist makellos zubereitet und wunderbar angerichtet. Es werden auch Kochkurse angeboten, siehe Website.

Ausgehen & Nachtleben

Die wichtigste Kneipen- und Cafémeile ist die bei Studenten und Touristen gleichermaßen beliebte Eleftheriou Venizelou. Eine ordentliche Kneipendichte findet sich auch rund um den Rimondi-Brunnen und auf der Plateia Petihaki. Wer ein Lokal mit weniger hohem Geräuschpegel sucht, wird in den Seitenstraßen fündig. Die meisten öffnen gegen 9 oder 10 Uhr und dienen tagsüber als Cafés, bevor sie sich abends in Bars verwandeln.

Die Clubs konzentrieren sich um den venezianischen Hafen. Sie öffnen ihre Tore so gegen 23 Uhr, aber die meisten der gut gelaunten Partygänger treffen erst um Mitternacht oder sogar erst um 1 Uhr ein. Manche Clubs ziehen im Sommer von der Stadt an den Strand um.

Livingroom CAFÉ, BAR
(www.livingroom.gr; Eleftheriou Venizelou 5; ⌚9–3 Uhr; 📶) Tagsüber kann man sich draußen am Wasser auf eleganten Sofas niederlassen und abends drinnen zwischen riesigen Spiegeln, samtbezogenen Stühlen und stylischen Lampen unter die Jungen und Wilden von Rethymnon mischen. Der Livingroom ist seit mehr als einem Jahrzehnt eine feste Institution in der städtischen Kneipenszene.

Chalikouti CAFÉ, BAR
(☎28310 42632; Katehaki 3; ⌚9–1 Uhr; 📶) Das Cafékollektiv im Künstlerviertel unterhalb der Fortezza zieht kommunikative Einheimische an, die den Kaffee von mexikanischen Zapatistas, Zucker von landlosen Arbeitern aus Brasilien und Raki von einer kretischen Frauenkooperative zu würdigen wissen. Das winzige Lokal steckt voller Bücher und Schachbretter und hat auch Tische im Freien.

Inomena Voistasia BAR
(☎28310 54758; Kefalogiannidon 20; ⌚9.30–1 Uhr) Keramikfliesen, Holz und Zeitungspapier verleihen dieser Kneipe ein cooles, rustikales Ambiente. Ihr umfangreiches Sortiment umfasst auch eine ordentliche Auswahl griechischer Biere und eine ansehnliche Palette an Cocktails. Am nächsten Tag kann man dann auf einen kretischen Bergkräutertee oder eine Tasse arabischen oder guatamaltekischen Kaffee einkehren.

Ali Vafi's Garden CAFÉ, BAR
(Tzane Bouniali 65a; ⏲10–2 Uhr; 📶) Im Sommer findet sich kaum ein charmanteres Fleckchen als der idyllische Garten hinter der Töpferei von Natasha und Giorgos. Einige ihrer Lieblingsstücke zieren Nischen, die sich in den Steinwänden des gewölbeartigen Eingangsraums sowie zwischen den Orangen- und Zitronenbäumen im Garten befinden. Oft treten Livebands auf, dann drängen sich hier massenhaft Gäste bei Wein und Cocktails.

Figaro CAFÉ, BAR
(www.facebook.com/FigaroSocial; Vernardou 21; ⏲20–1 Uhr) Das Figaro ist in einem schön restaurierten Altbau untergebracht und beliebter Treff nicht mehr blutjunger, überwiegend einheimischer Gäste. Das ungezwungene Ambiente eignet sich prima, um Leute kennenzulernen. Die regelmäßig gebotene Livemusik macht den Laden noch besser.

Tholos CAFÉ, BAR
(Nikiforou Foka 86; ⏲22–2 Uhr) In dem stimmungsvollen Lokal in einer stillen Straße der Altstadt chillen die Gäste unter den steinernen Bögen und der Kuppel eines ehemaligen venezianisch-osmanischen Badehauses. Es gibt Bier, Kaffee und unkomplizierte Cocktails.

Metropolis CLUB
(Nearhou 12; ⏲23 Uhr–Sonnenaufgang) Der Partypalast brummt und ist unter Hipstern extrem angesagt. Im Sommer legen DJs für die Touristen Hits aus den internationalen Charts auf. In der Nebensaison dominiert griechische Popmusik.

Mini Bar BAR, CLUB
(☎28310 20771; Petihaki 6; ⏲23 Uhr–Sonnenaufgang) Der Klassiker zum Abhängen in Rethymnon wurde umgetauft und aufgemöbelt, hat aber immer noch zwei Bars und eine Tanzfläche, auf der sich jede Nacht Touristen und Studenten drängen.

☆ Unterhaltung

Asteria Cinema KINO
(☎28310 22830; Melissinou 21; Tickets 7 €; ⏲Sommer 21 Uhr) Das kleine Freiluftkino nahe der Festung hat überwiegend Neuerscheinungen im Programm.

Kaloumba Puppet Theatre THEATER
(Katehaki; ⏲Vorführungen So 11 Uhr, Café 9–24 Uhr) Die Stücke werden oft in Griechisch aufgeführt, aber auch wenn sie die Sprache nicht verstehen, werden Kinder (und Junggebliebene) bestimmt von den Puppen fasziniert sein, die in dem winzigen, unprätentiösen Theater die Bühne beherrschen. Die Vorstellungen finden normalerweise sonntags um 11 Uhr statt. Es ist aber ratsam, vorher vorbeizugehen und sich zu vergewissern. Programminfos gibt's im benachbarten Café.

Wer Lust hat, kann an einem Workshop teilnehmen und seine eigene Puppe schnitzen oder ein Holzspielbrett zum Mitnehmen entwerfen und bauen (10 €, 3 Std.). Im Café gibt's Dutzende Brettspiele aus aller Welt, die als Inspirationshilfe dienen.

Shoppen

Rethymnons Altstadt ist ein Einkaufsparadies. In den schmalen, kopfsteingepflasterten Straßen drängen sich Geschäfte, vorwiegend solche, die auf Touristen ausgerichtet sind. Aber dazwischen befinden sich auch ein paar Schätze, die einen Besuch wert sind, vor allem auf der Mellissinou, der Souliou und der Arabatzoglou. Haupteinkaufsmeile ist die Arkadiou.

Wer Bücher, Reiseführer, Zeitungen, Zeitschriften und Landkarten auf Deutsch sucht, kann es in diesen Geschäften probieren: **Ilias Spondidakis** (☎28310 54307; Souliou 43), **Mediterraneo** (Paleologou) und **Xenos Typos** (☎28310 29405; Ethnikis Antistaseos 21).

Agora LEBENSMITTEL & GETRÄNKE
(www.avli.gr; Avli, Xanthoudidou 22; ⏲9–14 & 17–23 Uhr) Feinschmecker werden Avlis Laden lieben. Es hat eine Riesenauswahl an Delikatessen aus ganz Griechenland, darunter hervorragende Weine, Olivenöle und Seifen.

Liranthos MUSIK
(☎28310 29043; Arkadiou 66; ⏲9–14 & 17–20 Uhr) Der winzige Laden voller Musikinstrumente ist die richtige Adresse für den Kauf einer kretischen Lyra (ein dreisaitiges geigenähnliches Instrument) oder einer Bouzouki. Auch CDs mit kretischer Musik aus der Region sind zu haben.

Frosso Bora KERAMIKWAREN
(www.frosso-bora.com; Himaras 27; ⏲9–14 & 17–19 Uhr) Der einheimische Künstler stellt tolle Töpfe, Vasen, Kerzenständer, Schüsseln und andere Behältnisse aus kretischer Tonerde her. Die auf der Töpferscheibe oder Töpferplatte gefertigten Stücke sind echt günstig.

Handmade Stories KERAMIKWAREN
(☎28310 42410; Varda Kallergi 46; ⏲9–14 & 17–23 Uhr) Hübsche und nützliche Mitbringsel sind die glasierten Tonwaren, von Salzstreuern mit minoischen Mustern über Olivenschälchen bis zu Raki-Schnapstöpfchen.

NICHT VERSÄUMEN

TRADITIONELLE KUNSTGEWERBELÄDEN

Viel Kunsthandwerk, das als regional angepriesen wird, ist in Wahrheit importierte Massenware. Es lassen sich aber trotzdem ein paar Kunsthandwerker finden, die traditionelle Techniken ausüben, oft gemischt mit modernen Elementen. Diese Geschäfte lohnen einen Besuch nicht nur der meisterhaft ausgeführten Stücke wegen: Die Künstler, die man dort antrifft, sind mit Leidenschaft bei der Sache und halten die Traditionen am Leben.

Spantis (www.leather-workshop.com; Koroneou 9; ⌚9–14 & 17–21 Uhr) John Spantidakis verarbeitet Rohleder zu Taschen, Gürteln und Portemonnaies, die alles in den Schatten stellen, was man sich vorher an Ledersachen gewünscht hat. Farbstriche und ungewöhnliche Schnitte heben diese traditionelle Kunst auf ein neues Niveau (Geldbörsen/Gürtel/Taschen kosten von 18/80/130 € aufwärts). Sie erscheinen in erdigen Grün-, dunklen Rot-, ägäischen Blau- und rauchigen Schwarztönen unterschiedlicher Intensität. John fertigt hier in seiner Werkstatt auch Gegenstände nach individuellen Wünschen an.

Wood Art (www.siragas.gr; Varda Kallergi 38; ⌚9–14 & 17–20 Uhr) Viele der in Griechenland verkauften Holzgegenstände stammen eigentlich aus Tunesien. Aber Niko Siragas produziert hier seine ureigenen Sachen, und zwar nach Holzverarbeitungstechniken, die auf die Minoer zurückgehen. Bei den handgefertigten Schüsseln, Vasen und anderen Gegenständen des international anerkannten Künstlers und Lehrers handelt es sich durchweg um seidenweiche Einzelstücke. Seine Muster sind kompliziert und haben oft eine urige, organische Note. Niko bietet auch Kurse in Holzbearbeitung an. Näheres siehe Website.

Spanoudakis (Nikiforou Foka 93; ⌚9–14 & 17–20 Uhr) Die im Verschwinden begriffene griechische Tradition des verzierten Brots hat ihre Wurzeln auf Kreta. Die Backkunst des Großvaters fortführend stellt auch die Bäckerei Spanoudakis aufwendig dekoriertes Brot her, darunter Hochzeitskringel *(koulouri tou gamou)*, das typische griechische Hochzeitsgebäck. Die hübschen Muster haben symbolische Bedeutung: Granatäpfel stehen für Glück, Bäume für ein langes Leben und Ringe für ein ewiges Band. Man kann sie nicht essen, sie sind lackiert und halten jahrelang. Neben dem traditionellen Gebäck gibt's auch Brot in Form von Dinosauriern oder Flamingos – sicher ein ganz besonderes Souvenir.

Vieles davon wird in der Nachbarstadt Margarites hergestellt. Der Ladenbesitzer packt die Einkäufe so gut ein, dass sie die Reise eigentlich unbeschadet überstehen müssten.

Leather Studio Kanakakis ACCESSOIRES (www.leatherstudio.gr; 23 Souliou; ⌚9–14 & 17–20 Uhr) In dem kleinen Laden plus Werkstatt können Passanten bei der Herstellung handgefertigter Ledergürtel in allen möglichen Farben und Mustern zuschauen. Dazu gibt's eine gute Auswahl an Handtaschen, Portemonnaies und Schuhen aus Leder.

Praktische Informationen

In der Altstadt gibt es mehrere kostenlose öffentliche WLAN-Hotspots: im Rathaus, auf der Plateia Iroon Polytechniou, am venezianischen Hafen und im Stadtpark. Die allermeisten Restaurants und Hotels bieten Gratis-WLAN.

Cool Holidays (☎28310 35567; Melissinou 2; ⌚9–14 & 17–21 Uhr) Hilfreiches Büro, wo Schiffs- und Flugtickets verkauft, Autos und Motorräder vermietet und Tourbuchungen erledigt werden.

Cybernet (Varda Kallergi 44–46; 2,50 € pro Std.; ⌚10–4 Uhr) Internetzugang.

Krankenhaus (☎28210 27491; Triandalydou 17; ⌚24 Std.) Rund um die Uhr geöffnete Notaufnahme, ein paar Blöcke vom Hafen landeinwärts, im neueren Teil der Stadt.

National Bank (Ecke Dimokratias & Gerakari; ⌚8–14 Uhr) Die Nationalbank bietet meist bessere Kurse und verlangt niedrigere Gebühren als die meisten anderen Banken. Gegenüber vom Rathaus, auf der anderen Straßenseite.

Postamt (Moatsou 21; ⌚Mo–Fr 7–19 Uhr) Für Postsendungen und Pakete.

Regionale Touristeninformation (☎28310 29148; www.rethymnon.gr; Sofokli Venizelou; ⌚Mo–Fr 8–14 Uhr) Das Büro am Handelshafenkai hat Karten und Informationen zur Region.

Touristenpolizei (☎28310 28156, 28310 54340, Notfall 171; Sofokli Venizelou; ⌚24 Std. Rufbereitschaft) Im gleichen Gebäude wie die Regionale Touristeninformation.

An- & Weiterreise

Der **Busbahnhof** (Ecke Igoumenou Gavriil & Kefalogiannidon) liegt am Westrand der Innenstadt. Am Wochenende und außerhalb der Saison sind die Verbindungen eingeschränkt. Aktuelle Busfahrpläne hat **KTEL** (www.e-ktel.com/de).

BUSVERBINDUNGEN AB RETHYMNON

REISEZIEL	PREIS (€)	DAUER	HÄUFIGKEIT
Agia Galini	6,50	1½ Std.	bis zu 5-mal tgl.
Anogia	5,50	1¼ Std.	2-mal tgl. (nur Mo–Fr)
Argyroupoli	3,30	40 Min.	bis zu 3-mal tgl.
Hania	6,20	1 Std.	stündl.
Chora Sfakion	7,30	2 Std.	1-mal tgl.
Iraklion	7,60	1½ Std.	stündl.
Margarites	3,50	30 Min.	2-mal tgl. (nur Mo, Mi & Fr)
Moni Arkadiou	2,80	40 Min.	bis zu 3-mal tgl.
Omalos (Samaria-Schlucht)	15	1¾ Std.	3-mal tgl.
Plakias	4,50	1 Std.	bis zu 5-mal tgl.
Preveli	4,50	1¼ Std.	2-mal tgl.

Unterwegs vor Ort

Rethymnon ist überschaubar und die Innenstadt lässt sich leicht zu Fuß erkunden. Das ist auch gut so, denn viele Altstadtstraßen sind so schmal, dass kein Auto durchpasst. Alle Orte am Stadtrand sind mit Stadtbussen oder per Taxi erreichbar. Wer zu einem abgelegeneren Strandteil möchte, mietet für die mühelose Fahrt auf ebener Strecke einfach ein Fahrrad.

Auto Moto Sports (☎28310 24858; www.automotosport.com.gr; Sofoklis Venizelou 48; Fahrrad/Auto ab 10/32 € pro Tag; ⌚10–19 Uhr) Vermietet Fahrräder, Autos und Motorräder.

Rent-a-Bike (Paleologou 14; ab 7 € pro Tag; ⌚9–14 & 17–21 Uhr) Verleiht neue, robuste Mountainbikes, auch für Kinder.

WESTLICH VON RETHYMNON

Die Dörfer südwestlich von Rethymnon, am Fuß der Lefka Ori (die Weißen Berge), eignen sich wunderbar für einen Nachmittagsausflug mit dem eigenen Fahrzeug. Beliebtestes Ziel ist das Gebirgsdorf Argyroupoli. Es wurde auf den Trümmern einer antiken Siedlung erbaut und ist für seine Quellen und Wasserfälle berühmt. Die Straße führt auch durch **Episkopi**, ein hübsches Dorf um einen Marktplatz mit verschlungenen Gässchen und Häusern im traditionellen Baustil.

Argyroupoli Αργυρούπολη

400 EW.

Wenn die Sommerhitze am Strand zu heftig wird, findet man in Argyroupoli, 25 km südwestlich von Rethymnon, eine Art natürliche Klimaanlage im Freien. Am unteren Ende des Dorfs liegt eine Oase, gebildet aus Quellen, die in den Lefka Ori entspringen und dafür sorgen, dass die Temperaturen hier deutlich niedriger sind als an der Küste. Das Quellwasser strömt durch Aquädukte, fließt an Wänden herab, sickert aus Steinen, rinnt aus Wasserhähnen und versorgt die gesamte Stadt Rethymnon.

Argyroupoli steht auf den Ruinen der antiken Stadt Lappa, einer der wichtigsten römischen Städte in Westkreta, von der aber kaum noch Überreste erhalten sind. Dank ihrer Lage an den Ausläufern der Lefka Ori lassen sich von Argyroupoli aus ein paar tolle Spazier- und Wanderwege erreichen.

Sehenswertes

Argyroupoli teilt sich in ein Ober- und ein Unterdorf. Die meisten Sehenswürdigkeiten von historischer Bedeutung befinden sich in der Nähe des Hauptplatzes im oberen Teil, die Quellen und Tavernen dagegen liegen im unteren. Wer auf der Straße von Rethymnon her kommt, kann rechts, bevor die Straße ins Oberdorf hinaufführt, die Zufahrt zum Unterdorf nehmen.

Nekropole ANTIKE STÄTTE

Der Friedhof des antiken Lappa liegt nördlich der Stadt. Er ist vom Hauptplatz aus auf einem ausgeschilderten, 1,5 km langen Fußweg zu erreichen. Hunderte Gräber wurden in den Felsen gehauen, die meisten im Umkreis der Kapelle der Fünf Jungfrauen. Von der Nekropole führt der Weg weiter zu einer Platane, die 2000 Jahre alt sein soll.

Oberdorf

Die Erkundung von Argyroupoli beginnt am Hauptplatz im Schatten der stattlichen venezianischen **Agios-Ioannis-Kirche** aus dem 17. Jh. Hier befinden sich auch die Überreste des **Antiken Lappa**.

Dann geht's die Pflastersteinstraße hoch, vorbei an den bröckelnden Resten von aus Ruinen erbauten Gebäuden, Seite an Seite mit fröhlich bunt gestrichenen Wohnhäusern. Beim Streifzug durch die verschlungenen Gassen kann man antike venezianische Säulen und Olivenpressen sehen.

Linker Hand steht ein **Römertor** mit der Inschrift *Omnia Mundi Fumuset Umbra* (frei übersetzt: Alles auf dieser Welt ist Schall und Rauch). An der T-förmigen Kreuzung geht es geradeaus direkt zur **Kirche des hl. Paraskevi**. Dort dient die Platte eines Kindergrabs heute als Eingangsstufe zum Hof. Dann biegt man nach links ab und umrundet ein beeindruckendes **römisches Bodenmosaik** aus dem 1. Jh. v. Chr., das aus 7000 Teilen zusammengesetzt ist. Dahinter führt die Straße zurück zum Hauptplatz.

Unterdorf

Vom Hauptplatz den Hügel hinunter und über die erste große Abzweigung links gelangt man zu den Tavernen bei den Quellen im Unterdorf. Hohe Kastanienbäume und Platanen inmitten üppiger Vegetation erschaffen ein schattiges, erholsames Plätzchen zum Mittagessen zwischen den Wasserfällen und Springbrunnen, die in die Anlagen sämtlicher Tavernen integriert wurden. Besonders reizvoll ist es hier an Sommerabenden. Abgesehen von den Tavernen gibt es eine wassergetriebene **Walkmaschine** aus dem 17. Jh., mit der Stoff angefeuchtet, geknetet und dadurch verfestigt wurde. Außerdem finden sich dort die überwucherten Reste eines **römischen Bades** und die **Marienkirche**, die auf einem ehemals Poseidon gewidmeten Tempel steht.

Schlafen

Villa Eleva PENSION €

(☎28310 81269; EZ/DZ mit Frühstück 20/30 €) Über ihrer Taverne vermietet die Familie Zografakis einfache, saubere Zimmer. Die Aussicht von den Balkonen ist phantastisch und das traditionell kretische Frühstück reichlich. Das Haus steht neben dem Platz im Oberdorf.

Arcus Villas BOUTIQUEHOTEL €€

(☎28312 00201; www.arcus.com.gr; Argyroupoli; Suite 110–120 €, Apt. ab 180 €;) Mitten im Unterdorf befindet sich dieses alte venezianische Wohnhaus, das eine schicke neue Bestimmung erhalten hat. Jede der fünf Suiten besitzt eine Kochnische und einen steingemauerten Kamin und in den Apartments ist Platz für bis zu sechs Personen. Beim Grillen im Garten neben dem Pool fühlt man sich wie in einer anderen Welt.

Essen

Die Tavernen an den Quellen sind etwas touristisch, aber am Essen ist nichts auszusetzen und die schattige Lage im Tal ist wirklich spektakulär. Qualitätsmäßig unterscheiden sich die Tavernen kaum voneinander; also einfach das Lokal wählen, das einem am meisten zusagt. Alle haben Tische im Freien zwischen phantasievollen (und oft auch sehr geräuschvollen) Wasserspielen. Außer an warmen Sommerabenden werden in den meisten Tavernen gegen 19 Uhr die Stühle hochgestellt.

Lokale Spezialitäten sind Zuchtforelle und Stör. Mancherorts sieht man sie in Wasserbecken herumschwimmen. Eine leckere Alternative zum Fisch ist das am Spieß über Olivenholz gebratene Lamm- und Schweinefleisch.

UNTERWEGS VOR ORT

Die Straßen in Rethymnon sind in gutem Zustand. Die Schnellstraße E75 verbindet Rethymnon mit Iraklion und Chania; die Küstenorte sind über die parallel verlaufende Alte Nationalstraße zu erreichen. An der Südküste wartet abseits der Hauptstraße zwischen Rethymnon und Agia Galini ein Gewirr winziger Sträßchen. Die Fahrt ist landschaftlich reizvoll, aber man kommt nur langsam voran. Dasselbe gilt für andere ländliche Regionen wie Amari-Tal und Psiloritis-Ausläufer. Anstatt sich auf die rudimentären Karten zu verlassen, die man mit dem Mietwagen überreicht bekommt, sollte man Geld für eine ordentliche Landkarte ausgeben. Etwa von April bis Oktober verkehren regelmäßig Busse zwischen Rethymnon und allen größeren Städten und Orten von touristischem Interesse.

NICHT VERSÄUMEN

HISTORISCHE STÄTTEN

- **Moni Arkadiou** (S. 132) – ultimatives Symbol des kretischen Widerstands
- **Festung von Rethymnon** (S. 116) – massive venezianische Festungsanlage
- **Moni Preveli** (S. 145) – berühmt wegen seiner Schlüsselrolle im Zweiten Weltkrieg
- **Melidoni-Höhle** (S. 135) – Schauplatz eines schrecklichen Massakers
- **Friedhof von Armeni** (S. 139) – Stätte mit mehr als 200 minoischen Gräbern

O Kipos Tis Arkoudenas KRETISCH €€
(☎28310 61607; Hauptgerichte 5–12 €; ⊙mittags & abends) Der „Garten von Arkoudenas" ist eine der besten Tavernen weit und breit. Hier entstehen aus erstklassigen Bioprodukten ausgezeichnete Gerichte, von denen viele im Holzofen zubereitet werden

Shoppen

Lappa Avocado Shop KOSMETIK
(☎28310 81070; www.lappa-avocado.gr; ⊙März–Nov. 10–19 Uhr, Dez.–Feb. 11–15 Uhr) Auf der Straßenseite gegenüber den Ruinen des antiken Lappa unter dem Steinbogen liegt der Lappa Avocado Shop. Er hat nicht nur hervorragende Kosmetikartikel auf Avocadobasis im Angebot, sondern dient auch als inoffizielles Fremdenverkehrsbüro. Im Geschäft gibt's auf Anfrage einen kostenlosen Stadtplan, auf dem ein kurzer Rundgang durch die Altstadt eingezeichnet ist. Der Spaziergang beginnt gleich hinter dem Laden.

An- & Weiterreise

Montags bis freitags fahren drei Busse täglich von Rethymnon nach Argyroupoli. Wer sich auf den Weg macht, sollte sich vergewissern, dass am gleichen Tag auch wirklich ein Bus zurück nach Rethymnon (3,30 €, 40 Min.) fährt.

HINTERLAND & PSILORITIS

Das gebirgige Landesinnere Rethymnons wartet mit zahlreichen faszinierenden Routen und interessanten Abstechern auf. Schon ein Tag genügt, um das historische Moni Arkadiou zu besuchen, sich im Töpferdorf Margarites umzuschauen und die Ruinen der antiken Stadt Eleftherna zu besichtigen. Weiter östlich, an den Ausläufern des Psiloritis, warten zwei faszinierende Höhlen und traditionsreiche Kleinstädte wie Axos und Anogia. Letztere ist auch Ausgangspunkt für die steile Fahrt zur Nida-Hochebene.

Moni Arkadiou
ΜονήΑρκαδίου

★ **Moni Arkadiou** HISTORISCHE STÄTTE
(Arkadi-Kloster; ☎28310 83136; www.arkadimonastery.gr; Eintritt 2,50 €; ⊙ Juni–Aug. 9–20 Uhr, Sept.–Mai kürzere Öffnungszeiten) Das Arkadi-Kloster in einer Hügellandschaft 23 km südöstlich von Rethymnon ist für die Kreter von großer Bedeutung. Als die Stätte, wo Hunderte eingeschlossener Einheimischer sowohl sich als auch türkische Eindringlinge umbrachten, ist das Kloster ein kraftvolles Widerstandssymbol und gilt als ein Ausgangspunkt des Befreiungskampfes gegen die osmanische Besatzung. Besucher müssen Kleidung tragen, die die Schultern bedeckt. Täglich fahren drei Busse (am Wochenende zwei) von Rethymnon zum Kloster (2,80 €, 40 Min.).

Im November 1866 schickten die Türken eine gewaltige Armee, um die Aufstände niederzuschlagen, die überall auf der Insel aufflammten. Hunderte von Männern, Frauen und Kindern flohen aus ihren Dörfern in das Kloster, um dort Schutz zu suchen. Es erwies sich jedoch keineswegs als sicherer Hafen und wurde schon bald von 2000 türkischen Soldaten angegriffen. Doch die Kreter ergaben sich nicht, sondern versammelten sich in einem Pulvermagazin und setzten es in Brand. Bei der Explosion kamen alle Beteiligten um, einschließlich vieler Türken. Nur ein kleines Mädchen überlebte. Sie wurde in einem Nachbardorf aufgenommen und erreichte ein hohes Alter. Vor dem Kloster stehen eine Büste jener Frau und eine des Abts, der das Schießpulver entzündete. In der alten Kloster-Windmühle (neben der Cafeteria mit mäßigem Essen) sind im makabren **Beinhaus** fein säuberlich in einer Glasvitrine die Totenschädel und Gebeine einiger der Opfer von 1866 aufgereiht.

Das Highlight von Arkadi ist die venezianische **Kirche** (1587). Sie besitzt eine üppig verzierte Renaissancefassade mit acht schlanken korinthischen Säulen und wird von einem verschnörkelten Glockenturm mit drei Glocken gekrönt. Im dämmrigen,

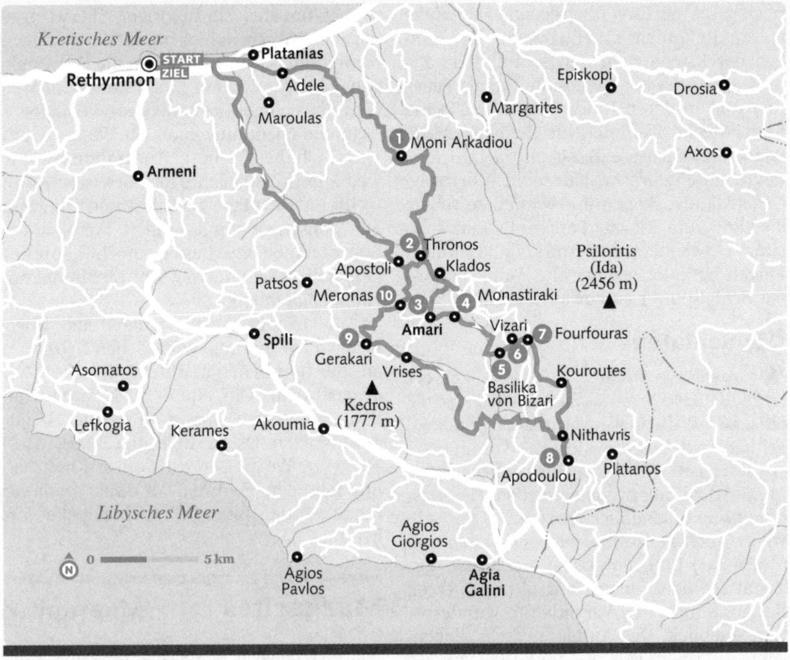

Autotour
Amari-Tal

START RETHYMNON
ZIEL RETHYMNON
LÄNGE/DAUER 150 KM; EIN TAG

Das Amari-Tal ist ein Flickenteppich aus von Olivenhainen und Obstplantagen eingerahmten Dörfern mit byzantinischen Kirchen. Majestätisch thront der Psiloritis über der Landschaft. Man braucht eine gute Karte.

Zuerst besucht man das beeindruckende 1 **Moni Arkadiou** (S. 132). Die Fahrt dorthin führt östlich von Rethymnon bis zur Abfahrt nach Adele und dann den Wegweisern nach. Danach geht's Richtung Süden nach 2 **Thronos**, dessen Agia Panagia außergewöhnliche, wenn auch verblasste Fresken aus dem 14. Jh. aufweist (Schlüssel im Café nebenan). Von hier folgt man der Straße bergab und nimmt die Abzweigung nach links Richtung Fourfouras.

Man folgt den Schildern nach 3 **Amari**, einem bezaubernden Ort mit venezianischen Häusern und einem Platz voller Cafés und üppiger Blumentöpfe. Vom Glockenturm aus dem 19. Jh. hat man eine wunderbare Aussicht. Weiter geht's nach 4 **Monastiraki**, wo sich eine (schlecht beschilderte) minoische Stätte befindet, und dann durch Lamiotes; hinter Petrochori nach Osten abbiegen. Durch Olivenhaine geht's zu den Überresten der 5 **Basilika von Bizari** aus dem 7. Jh., die 824 von den Osmanen zerstört wurde.

In 6 **Vizari** gibt's Olivenholzwerkstätten zu besuchen, weiter östlich im hübschen 7 **Fourfouras** mit Tankstelle plus Bäckerei führen Pfade auf den Psiloritis. Die Tour führt südwärts nach 8 **Apodoulou**, zur Villa Kalitsa Psaraki, die nach einem Mädchen benannt ist, das von den Türken entführt und von einem englischen Reisenden gerettet (und geheiratet) wurde. Eine westlich abgehende Schotterpiste führt zur Agios-Georgios-Kirche, mit farbenfrohen Fresken aus dem 17. Jh.

Zurück nach Norden nimmt man die Abfahrt durchs westliche Tal nach Agios Ioannis. Über Anomeros geht's zum modernen, bunten 9 **Gerakari**. Der Marktflecken ist bekannt für Kirschen, Tulpen und die Agios-Ioannis-Kirche aus dem 13. Jh. mit schönen Fresken.

Letzte Station ist 10 **Meronas**. Die Marienkirche aus dem 14. Jh. mit ihren Fresken ist ein echtes Highlight. Über Agia Fontini geht's schließlich zurück nach Rethymnon.

reich geschmückten Inneren sind zahlreiche antike Reliquien untergebracht. Zur Linken der Kirche steht der Stamm einer Zypresse, die bei der Explosion damals Feuer fing und in deren Rinde immer noch eine Kugel steckt. Dahinter, im ehemaligen Refektorium (Speisesaal), ist ein kleines **Museum** untergebracht. Hier sind liturgische Gegenstände, Ikonen und Waffen zu sehen, die 1866 zum Einsatz kamen. Es gibt auch einen Geschenkeladen. Am Ende des linken Flügels befindet sich der alte Weinkeller, wo das Schießpulver aufbewahrt wurde.

Schlafen

★Kapsaliana Village HOTEL €€€

(☎28310 83400; www.kapsalianavillage.gr; EZ 120 €, DZ 170–210 €, alle mit Frühstück; P❄📶🏊) Früher bildeten die kleinen Wohnhäuser ein Dörfchen, wo Oliven fürs nahegelegene Moni Arkadiou angebaut wurden. Heute ist daraus ein unglaublich charmantes und stilvolles Hotel geworden. Die zwölf alten und fünf neuen Bungalows sind erstklassig ausgestattet, nicht zuletzt mit ultrabequemen Betten, Kamin und Veranda mit wunderbarem Ausblick. Das Ambiente ist gediegenruhig, selbst am Pool und im Restaurant, wo fachmännisch zubereitete Biokost serviert wird.

Eleftherna Ελεύθερνα

Ancient Eleftherna ARCHÄOLOGISCHE STÄTTE

7 km östlich des Moni Arkadiou liegt an der Straße das archäologische Ausgrabungsgelände der **antiken Stadt Eleftherna**. Der von den Dorern erbaute Ort gehörte im 8. und 7. Jh. v. Chr. zu den bedeutendsten griechischen Niederlassungen und stand auch in hellenistischer und römischer Zeit in voller Blüte. Seit den 1985 begonnenen Ausgrabungen machen die Archäologen ständig neue Entdeckungen. 2010 sorgte der Fund der sterblichen Überreste einer Frau mit Goldschmuck in einem 2700 Jahre alten Doppelgrab weltweit für Schlagzeilen. Die Entdeckung des Grabs einer Hohepriesterin und dreier Gehilfen im Jahr davor veranlasste das Archaeological Institute of America sogar dazu, Eleftherna in die Liste seiner „Top 10 Discoveries of 2009" aufzunehmen.

Leider ist die Stätte größtenteils eingezäunt und daher nicht gerade besucherfreundlich. Der am leichtesten zugängliche Abschnitt ist die **Akropolis** auf einem langen, schmalen Felsvorsprung hinter der Akropolis-Taverne. Ein holpriger, überwachsener Pfad führt von hier hinunter zu riesigen **römischen Zisternen**, die in die Felswände gehauen wurden. Ein Stück weiter am Weg befindet sich eine **hellenistische Brücke**.

In den Niederungen an der Westseite des Hügels haben neuere Ausgrabungen die weitläufige, 2800 Jahre alte **Nekropole von Orthi Petra** zutage gefördert und Hinweise auf Menschenopfer gefunden. Wer sich die Stätte näher anschauen möchte, nimmt den steilen Schotterweg von Eleftherna am Hang nach unten.

Am Osthang werden zurzeit die Überreste von Wohn- und öffentlichen Gebäuden aus der Römischen und Byzantinischen Zeit ausgegraben. Um einen Blick durch den Zaun zu werfen, nimmt man die Hauptstraße nach Osten Richtung Margarites, biegt am Wegweiser zur Sotiros-Kirche ab und folgt dem Feldweg, der direkt an dieser bezaubernden byzantinischen Kapelle vorbeiführt.

Margarites Μαργαρίτες

270 EW.

Weil das winzige Margarites für seine schönen Keramikarbeiten bekannt ist, wird es vormittags von Touristenbussen geradezu überschwemmt. Nachmittags herrscht dann wieder Ruhe – der richtige Zeitpunkt, um durch die Werkstätten zu spazieren und im Schatten gigantischer Eukalyptusbäume von den Terrassen der Tavernen am Dorfplatz aus den herrlichen Blick ins Tal zu genießen.

Margarites besitzt nur eine einzige Straße und weder Bank noch Postamt, dafür aber mehr als 20 Töpferläden und -ateliers. Die meisten der angebotenen Keramikwaren sind hübsch und alltagstauglich.

Sehenswertes

Keramion KERAMIKWAREN

(www.keramion.gr; ⏲9–19 Uhr) George und Marinki stellen viele ihrer Stücke nach minoischen Techniken und Vorlagen her und brennen sie im Holzofen, was ihnen den braunen Grundton verleiht. (Die rote Farbe wird durch elektrisches Brennen erreicht.) Der Ton ist von so hervorragender Qualität, dass er nur einmal gebrannt und nicht glasiert werden muss. Die Außenseite wurde einfach mit einem flachen Kieselstein geglättet. Der Ausstellungsraum ist eine kühle Oase und die Töpfer erläutern gern die Einzelheiten ihrer Arbeit.

Ilys KERAMIKWAREN

(www.ilysceramics.gr; ⌚9–19 Uhr) Ein wahres Farbfeuerwerk entfaltet sich in diesem Ausstellungsraum. Leuchtend bunt glasierte Teller, Magneten, Raki-Töpfchen und anderer kleiner (und weniger kleiner) Krimskrams füllen die Regale. Während Ilys an der Töpferscheibe arbeitet, teilt er sein Fachwissern gern mit Besuchern.

Ceramic Art KERAMIKWAREN

(⌚9–19 Uhr) Konstantinos Gallios produziert sehr schöne Stücke, die er in seiner einladenden Galerie in einer Gasse am oberen Dorfrand ausstellt.

Schlafen & Essen

Kouriton House BOUTIQUEHOTEL €€

(☎28340 55828; www.kouritonhouse.gr; Tzanakiana; Zi. mit Frühstück 60–110 €) Von der Holzbalkendecke baumeln Sträuße mit getrockneten Kräutern und Blumen, um die Gäste in diesem Schmuckstück am Nordrand von Margarites in Tzanakiana zu begrüßen. Das wunderschön restaurierte steinerne Herrenhaus wurde 1750 erbaut und beherbergt heute sieben Gästezimmer, jedes mit kleiner Küche. Besitzerin Anastasia Friganaki ist eine sprudelnde Informationsquelle und führt traditionelle Methoden der Honigherstellung, des Kräuter- und Gemüsesammelns und kretischer sowie minoischer Kochkunst vor.

Mandolos GRIECHISCH €

(Hauptgerichte 5–7 €; ⌚mittags & abends) Die Taverne Mandolos am schattigen Hauptplatz genießt einen guten Ruf. Hier können die Gäste entspannt unter Platanen sitzen, großzügige Portionen lokaler Standardgerichte wie Kaninchenfleischbällchen verspeisen und sich dabei gleichzeitig an Wein und an der herrlichen Aussicht berauschen.

An- & Weiterreise

Von Montag bis Freitag fahren zwei Busse täglich von Rethymnon nach Margarites (3,50 €, 30 Min.).

Von Perama nach Anogia
Πέραμα Προς Ανώγεια

Die Straßen vom kleinen Handelsstädtchen Perama nach Anogia führen durch einige der spektakulärsten Landschaften Nordkretas. Unterwegs laden faszinierende Höhlen zu einer Erkundungstour ein, und die zahlreichen Dörfer an den Ausläufern des Psiloritis eignen sich für einen Zwischenstopp und ein gemütliches Mittagessen.

Melidoni Μελιδόνι

Melidoni-Höhle HÖHLE

(Gerontospilios; ☎28340 22650; Eintritt 3,50 €; ⌚April, Mai & Okt. 9–19 Uhr, Juni–Sept. 9–20 Uhr) Rund 2 km außerhalb des Dorfs Melidoni liegt die auch als Gerontospilios bezeichnete **Melidoni-Höhle** (☎28340 22650; Eintritt 3 €; ⌚ März–April tgl. 9–18 Uhr, Juni–Mitte Okt. 9–19 Uhr, Mitte–Ende Okt. bis 17 Uhr). Sie ist von eindringlicher Schönheit und immenser historischer Bedeutung. Der seit der Jungsteinzeit als Höhlenheiligtum genutzte Ort war 1824, während der türkischen Besatzung, Schauplatz eines schrecklichen Massakers. Im Oktober 1823 hatten 370 Dorfbewohner und 30 Soldaten in der Tropfsteinhöhle Schutz vor der osmanischen Armee gesucht. Nach dreimonatiger Belagerung entzündeten die Türken ein Feuer und erstickten die Menschen in der Höhle, darunter 340 Frauen und Kinder.

Besucher gedenken zuerst der Opfer in der Heldenhalle und erkunden dann in den benachbarten Kammern diese zauberhafte Unterwelt mit Stalaktiten und Stalagmiten. Aber Vorsicht: unbedingt festes Schuhwerk anziehen, denn die Höhle ist schlecht beleuchtet und der Boden uneben und stellenweise rutschig. Bis zum Boden der Höhle sind 70 Stufen zu bewältigen. Und auch ein Pullover sollte mitgebracht werden, denn 24 m unter der Erde wird es nie wärmer als 18 °C.

Episkopi Επισκοπή

Das reizende kleine Dorf 9 km von Melidoni entfernt war unter den Venezianern Bischofssitz. Es besteht aus einem Labyrinth verwinkelter Gassen voller gut erhaltener Steinhäuser. In den bröckelnden Ruinen der **Kirche von Episkopi** aus dem 15. Jh. sind noch einige verblichene Fresken zu sehen. Neben der Brücke am Ortsende steht ein sehenswerter venezianischer **Brunnen**.

Zoniana Ζωνιανά

Sfendoni Cave HÖHLE

(☎28340 61734; www.zoniana.gr; Erw./Kind inkl. Führung 4/2 €; ⌚April–Okt. tgl. 10–17 Uhr, Nov.–März nur Sa & So 10.30–14.30 Uhr) Die Führungen gehen bis in eine Tiefe von 270 m und durch sieben Kammern mit phantasievollen

Namen wie „Feenheiligtum" und „Palast des Zeus". In allen wimmelt es von angestrahlten Stalagmiten und Stalaktiten in Form von Orgelpfeifen, Kuppeln, Vorhängen, Wellen und anderen seltsamen Gebilden. In der Höhle leben mehr als 400 Fledermäuse; es ist durchaus möglich, dass Besucher, die morgens herkommen, von ihnen begrüßt werden. Führungen finden ungefähr alle 45 Minuten statt und dauern ebenso lang. Dank eines neuen, 270 m langen Stegs ist die Höhle für jedermann zugänglich.

Der Ort Zoniana ist modern und nicht besonders attraktiv. Montags bis freitags fahren täglich zwei Busse von Rethymnon nach Zoniana (5,50 €, 1 Std.).

Axos Αξός

Das Dorf Axos ist wegen seiner beschaulichen kretischen Atmosphäre ein beliebter Zwischenstopp für Touristenbusse. Tagsüber herrscht Ruhe im Dorf, doch abends steppt auf den Terrassen der Tavernen der Bär.

Sehenswertes

Holzskulpturenmuseum MUSEUM
(6937691387; www.woodenmuseum.gr; Eintritt 5 €; 9–20 Uhr) Eine mächtige Skulptur vor dem Eingang dieses privaten Museums zeigt Herkules, wie er den Löwen tötet. Das Museum dient in erster Linie als Schaufenster für die Arbeiten des Self-made-Künstlers Georgios Koutantos. Der gesprächige Georgios führt Besucher mit Begeisterung durch seine Werkstatt und erläutert die Geschichten und kulturellen Hintergründe, die hinter jeder seiner Skulpturen stecken. Er hat mehr als 100 davon hergestellt, jede aus Holz von Bäumen aus der Gegend geschnitzt. Die Stücke sind alle unverkäuflich. Am eindrucksvollsten sind die großflächigen Arbeiten, darunter ein Adler mit 6 m Flügelspannweite. Andere Kunstwerke stellen Familienmitglieder dar – oft auf sehr eigenwillige Art.

Schlafen

★ **Enagron** FERIENANLAGE €€
(28340 61611; www.enagron.gr; Studio & Apt. 90–150 €;) Das im Tal unterhalb von Axos gelegene Enagron bietet die perfekte Verbindung aus Ökotourismus und Komfort – für alle, die gepflegten Luxus ohne Gewissensbisse schätzen. Die traditionellen, aus Stein gebauten Studios sind geräumig, bestens ausgestattet und haben Kochnischen und Kamine. Zur Anlage gehören ein Pool mit Bergblick und eine Taverne, in der die hauseigenen Bioprodukte serviert werden. Die Gäste können sich in die Geheimnisse der kretischen Kochkunst einweihen lassen, auf Naturlehrpfaden herumspazieren und Brotbacken, Käseherstellen und Raki-Brennen lernen.

Auch geführte Wanderungen werden angeboten. Nach vorheriger Anmeldung kann man den Bauernhof besichtigen und im Restaurant essen.

Anogia Ανώγεια

2380 EW.

Anogia ist die Hochburg des sogenannten „Teufelsdreiecks" aus Harte-Männer-Bergdörfern, in denen es zur Begeisterung der Athener Boulevardpresse hin und wieder zu bewaffneten Auseinandersetzung mit der Polizei kommt. Auslöser ist meistens illegaler Cannabisanbau, manchmal fühlt sich aber auch ein Dorfmacho in seiner Ehre gekränkt und muss deshalb zur Waffe greifen. Anogia ist das Herzstück einer blühenden Schafzuchtindustrie, außerdem ein beliebter Zwischenstopp von Tagesausflüglern und Touristen auf dem Weg zur Nida-Hochebene. Das Dorf hat auch einige der besten Musiker Kretas hervorgebracht.

Im Zweiten Weltkrieg war Anogia ein Zentrum des Widerstands und musste teuer dafür bezahlen. Die Nazis legten den Ort in Schutt und Asche und ermordeten alle Männer, weil die Bewohner alliierte Soldaten versteckt und bei der Entführung des deutschen Generals Heinrich Kreipe geholfen hatten.

Deshalb sind die meisten Gebäude noch relativ neu. Trotzdem steht Anogia im Ruf, intensiv an überlieferten Traditionen festzuhalten. Männer in schwarzen Hemden, die traditionellen Pumphosen in schwarze Stiefel gesteckt, erfreuen sich am Nichtstun in den *kafenia* (Kaffeehäusern) und wetteifern darum, wer den längsten Schnauzbart hat – ein Zeichen von Stärke. Die Straßenschilder sind von Schusslöchern durchsiebt, und in den Läden regieren ältere Damen mit Krückstock, die energisch den Staub von ihren gewebten Decken und mit traditionellen Mustern bestickten Textilien klopfen.

Sehenswertes

Anogia erstreckt sich über einen Berghang. Die Textilgeschäfte sind in der unteren Ortshälfte und die meisten Unterkünfte und sonstigen Geschäftsbetriebe in der oberen Hälfte zu finden.

ANOGIA: MUSIKALISCHE TALENTSCHMIEDE

Anogia ist für seine mitreißende Musik bekannt und hat überproportional viele der berühmtesten Musiker Kretas hervorgebracht. Wichtigstes Musikinstrument ist die Lyra, ein birnenförmiges Instrument mit drei Saiten, das im Sitzen bespielt und oft von Lauten und Gitarren begleitet wird. Einer, der es mit diesem Musikinstrument (und seinem Riesenschnauzbart) zu Weltruhm gebracht hat, war der aus Anogia stammende Nikos Xylouris (1936–1980), der auch lange nach seinem Tod noch als bester Sänger und Lyra-Spieler von Kreta gilt.

Nikos etwas exzentrischer Bruder Psarantonis ist mittlerweile in Nikos' Fußstapfen getreten. Mit seinem unverkennbaren Timbre in der Stimme ist er in ganz Griechenland ungeheuer populär und tritt auch oft im Ausland auf. Ein anderer Bruder, Giannis Xylouris (Psaroyiannis), ist Griechenlands begnadetster Lautenspieler. Als Nikos' musikalischer Erbe darf Psarantonis' charismatischer Sohn Giorgos Xylouris (Psarayiorgis) gelten. Er hat sich dadurch einen Namen gemacht, dass er die Laute – traditionellerweise ein Begleitinstrument – als Soloinstrument einsetzt. Giorgos' Schwester Niki ist eine der wenigen Sängerinnen Kretas.

Weitere namhafte Musiker aus Anogia sind z. B. die Lyraspieler Manolis Manouras, Nikiforos Aerakis, Vasilis Skoulas (Sohn des „naiven" Malers Alkiviadis Skoulas) und Giorgos Kalomiris.

Der talentierte, aber extravagante Georgos Tramoundanis alias Loudovikos ton Anogion (Ludwig aus Anogia) erreicht mit seinen balladenähnlichen kretischen Kompositionen Musikfreunde in ganz Griechenland. Er ist auch die treibende Kraft hinter dem jährlichen **Yakinthia Festival** (www.yakinthia.com). Im Rahmen dieses Festivals finden in der ersten Juliwoche Openair-Konzerte an den Hängen des Psiloritis statt.

Grilios-Museum MUSEUM
(☎28340 31593; Spende erwünscht) Am Hang, ein kurzes Stück Fußweg hinter dem Unterdorfplatz, steht dieses bescheidene Museum. Es zeigt die Gemälde und Skulpturen des in Anogia gebürtigen naiven Malers Alkiviadis Skoulas (1900–1997), alias Grylios. Viele seiner Werke zeigen lokale Kriegsszenen. Es gibt auch ein paar Erklärungen auf Englisch, aber die Gemälde sprechen überwiegend für sich selbst. Das Museum wird jetzt von seinem Sohn Giorgos geleitet, der gern mal spontan zur Lyra greift. Da es keine offiziellen Öffnungszeiten gibt, können Besucher einfach nebenan klopfen oder am Platz nach Yiorgos fragen.

FNikos-Xylouris-Haus MUSEUM
(⌚9–14 & 17–20 Uhr) GRATIS In diesem kleinen Haus am Unterdorfplatz, heute ein von seiner Schwester betriebenes *kafenion*, wurde der Musiker Nikos Xylouris geboren. Der winzige Raum ist vom Boden bis zur Decke mit Postern, Briefen und anderen Erinnerungsstücken an den Sänger und Lyra-Spieler zugekleistert – ein Beweis dafür, welche Verehrung er hier auch mehr als 30 Jahre nach seinem Tod noch genießt.

Schlafen

Hotel Aristea HOTEL €
(☎28340 31459; www.hotelaristea.gr; EZ/DZ mit Frühstück 35/40 €, Apt. 70–110 €; P WLAN) Das freundliche Hotel im oberen Dorfabschnitt hat einfache, saubere Zimmer mit TV, Bad und großem Balkon samt phantastischem Talblick und frischer Brise. Wer es etwas geräumiger und komfortabler mag, findet für etwas mehr Geld noch Apartments nebenan, von denen einige bis zu sechs Personen Platz bieten.

Delina Mountain Resort HOTEL €€
(☎28340 31701; www.delina.gr; DZ mit Frühstück 100–150 €; Klimaanlage WLAN Pool) Die mit allen Schikanen ausgestattete Anlage 1 km außerhalb von Anogia an der Strecke zur Nida-Hochebene ist ein bequemer Ausgangspunkt für Ausflüge zum Berg Psiloritis. Entspannung nach einer Wanderung versprechen eine Sauna, ein Pool und ein Wellnessbereich, oder man steigt einfach gleich in den zimmereigenen Whirlpool. Jedes Zimmer besitzt eine Veranda mit Bergblick. Besitzer der Anlage ist der bekannte kretische Lyra-Spieler Vasilis Skoulas, der gelegentlich auch ein Konzert gibt.

Essen

Melissa CAFÉ €
(Süßigkeiten & Eiscreme 1–3 €; ⌚9–21 Uhr) Hier gibt's hausgemachte Eiscreme aus Schafsmilch, Gebäck, Raki und Kaffee, der so stark ist, dass der Löffel in der Tasse stehenbleibt. Die Gäste können entweder im gewölbeartigen Lokal sitzen oder an einem Tisch auf dem Bürgersteig und das gemächliche Oberdorfleben an sich vorbeiziehen lassen.

Ta Skalomata KRETISCH €
(☎28340 31316; Hauptgerichte 4–9 €; ⌚mittags & abends; 📶) Im Skalomata im Oberdorf werden seit über 40 Jahren Einheimische und Reisende „abgespeist"; damit ist es das älteste Restaurant am Ort. Wer es geschafft hat, sich von dem Ausblick loszureißen, der sich durch die großen Panoramafenster bietet, kann in die offene Küche schauen und das traditionelle Dekor betrachten. Auf der Speisekarte stehen ausgezeichnetes Grillfleisch sowie Würste, Wein und Brot aus eigener Herstellung, außerdem gibt's leckere fleischlose Gerichte.

Arodamos KRETISCH €
(☎28340 31100; www.arodamos.gr; Hauptgerichte 6–10 €; ⌚mittags & abends; @) Das große Restaurant in einem neuen Steinhaus im Oberdorf genießt wegen seiner frischen kretischen Küche und der liebenswürdigen Bedienung bei Einwohnern und Touristen gleichermaßen einen guten Ruf. Alles mit Lamm ist spitzenmäßig, das Gleiche gilt aber auch für das *saganaki* (gebackener Käse) aus *katsohiri* (eine Ziegenkäseart der Region). Krönender Abschluss einer jeden Mahlzeit ist ein Stück Kuchen mit Eiscreme – auf Kosten des Hauses.

Aetos KRETISCH €
(☎28340 31262; Grillgerichte 5–8,50 €; ⌚mittags & abends) Die traditionell eingerichtete Taverne im Oberdorf hat vor dem Haus einen gigantischen Holzkohlegrill und nach hinten raus eine phantastische Aussicht auf die Berge. Eine regionale Spezialität, die hier angeboten wird, ist *ofto* (auf offener Flamme geröstetes Lamm- oder Ziegenfleisch). Im Aetos steht auch noch ein anderes lokales Standardgericht auf dem Speisezettel: in Brühe gekochte Spaghetti mit Käse.

Praktische Informationen

Im Oberdorf gibt es einen Geldautomaten und ein Postamt. Yakinthos, gegenüber vom Hotel Aristea hat Internet.

An- & Weiterreise

Täglich halten bis zu drei Busse aus Iraklion (3,80 €, 1 Std.) und montags bis freitags zwei aus Rethymnon (5,50 €, 1¼ Std.) in Anogia.

Psiloritis Ορος Ψηλορείτης

Der imposante Psiloritis, auch Ida genannt, ist mit 2456 m der höchste Berg Kretas. An seiner Ostseite liegt die **Nida-Hochebene** (1400 m). Das ausgedehnte, fruchtbare Hochplateau ist von Anogia her auf einer 21 km langen Asphaltstraße zu erreichen. Die kurvenreiche Straße, von der sich wunderbare Bergblicke eröffnen, führt an mehreren *mitata* (runde, steingemauerte Schäferhütten) vorbei. Sie endet an einem riesigen Parkplatz bei einer schlichten Taverne, wo Getränke und spartanische Gästezimmer (25 €) zu haben sind. Weil es hier oben auch im Sommer empfindlich kühl wird, empfiehlt es sich, einen Pullover oder eine leichte Jacke mitzunehmen.

Rund 1 km vor dem Ende der Straße zweigt ein rund 3 km langer, geteerter Weg nach links zum **Skinakas-Observatorium** (www.skinakas.org.gr; ⌚Vollmond 17–23 Uhr) ab, der bedeutendsten Sternwarte Griechenlands. Von Mai bis September ist das Observatorium einmal im Monat für Besucher geöffnet, und zwar bei Vollmond zwischen 17 und 23 Uhr; im Juli und August sind englischsprachige Guides zugegen. Nähere Informationen auf der Website.

Das größte historische Highlight des Psiloritis ist die **Idäische Grotte**, kurz Ideon genannt. Hier wurde der Sage nach der Gott

DEN PSILORITIS BEZWINGEN

Die übliche Wanderstrecke zum Gipfel des Psiloritis führt von der Nida-Hochebene über den Europawanderweg E4-und dauert insgesamt ungefähr sieben Stunden. Hochgebirgskondition ist nicht erforderlich, aber der Weg ist lang und strapaziös. Außerdem kann es sein, dass die Aussicht vom Gipfel durch Dunstschleier oder Wolken getrübt ist. Unterwegs bieten einige *mitata* (runde, steingemauerte Schäferhütten) Schutz vor Schlechtwettereinbrüchen. Oben auf dem Gipfel steht eine kleine Kapelle mit zwei Kuppeln. Die beste Landkarte ist die Karte Psiloritis (Berg Ida) von Anavasi im Maßstab 1:25.000.

Zeus aufgezogen (die Diktäische Grotte am Rand der Lassithi-Hochebene beansprucht diese Ehre jedoch ebenfalls für sich). Seit dem späten 4. Jahrtausend v. Chr. wurde in der Ideon den Göttern gehuldigt; man hat hier zahlreiche Gegenstände, darunter Goldschmuck und einen Bronzeschild, ausgegraben. Die Höhle selbst ist eigentlich nur eine riesige Grotte ohne besondere Merkmale, rund 1 km vom Parkplatz entfernt.

Von der Hochebene lässt sich vor der Bergkulisse eine mächtige Landschaftsskulptur namens **Andartis – Partisan des Friedens** ausmachen. Sie wurde 1991 von der deutschen Künstlerin Karina Raeck in Würdigung des kretischen Widerstands im Zweiten Weltkrieg geschaffen. Das Kunstwerk besteht aus einer Anhäufung von großen Steinen aus der Umgebung. Die Steinbrocken wurden so arrangiert, dass sie von oben betrachtet die Form eines Engels bilden. Die Mitarbeiter der Taverne zeigen Besuchern die richtige Stelle, falls sie die Skulptur nicht selbst ausfindig machen können. Ein müheloser, 1,25 km langer Spaziergang auf flachem Gelände führt zum „Partisan des Friedens" hinaus.

Der Psiloritis lässt sich nur mit einem eigenen Fahrzeug erreichen. An Wochentagen fahren zweimal täglich Busse von Rethymnon nach Anogia (4 €, 2 Std.).

VON KÜSTE ZU KÜSTE

Die schnellste und kürzeste Verbindung von Rethymnon zur Südküste führt über Armeni und Spili. Gemütlicher ist die Fahrt durch das schon fast kitschig idyllische Amari-Tal, einen Teil Kretas, in dem die Zeit scheinbar stehen geblieben ist.

Armeni — Αρμένοι

Mit seiner modernen Architektur und ohne besondere Attraktionen ist das nur 10 km südlich von Rethymnon gelegene Armeni kein offensichtliches Besuchsziel. Es liegt deshalb nahe, einfach durchzufahren. Aber man sollte unbedingt einen Stopp einlegen, denn hier befindet sich eine der sehenswertesten minoischen Stätten der Region.

Sehenswertes

★ Friedhof von Armeni FRIEDHOF

(Eintritt 2 €; Di–So 8–15 Uhr) Ein Spaziergang durch diesen schönen Eichenwald ist gruselig und faszinierend zugleich. In der Zeit zwischen 1300 und 1150 v. Chr. wurden hier 231 Grabstätten in den Fels gehauen. Ihre langen, versunkenen Korridore und klammen Kammern stehen Besuchern offen. Einige der sehenswertesten liegen oben am Hang. Mit den Ausgrabungen wurde 1961 begonnen; zu den Fundstücken zählen Töpferwaren, Zierstücke aus Bronze, Waffen, Schmuck und ein Helm aus einem Keilerstoßzahn. Sie sind im Archäologischen Museum von Rethymnon ausgestellt, 8 km nördlich von hier.

Am Eingang zum Friedhof gibt es Informationen auf Englisch zur Geschichte der Stätte. Interessant ist beispielsweise, dass in der Nähe keine Ortschaft nennenswerter Größe existierte, die eine Erklärung für die Anzahl der Gräber liefern könnte.

Essen

Alekos Kafeneio TAVERNE €

(Hauptgerichte 4–9 €; mittags & abends) Die kleine Taverne mit einer begrenzten, aber vorzüglichen Auswahl traditioneller Gerichte ist eine gute Wahl zum Mittagessen. Eine Speisekarte gibt es nicht, aber die Kellner nehmen die Gäste mit nach unten in die Küche, damit sie sich aus den brodelnden Töpfen selbst etwas aussuchen können. Das Lokal ist beliebt bei den Einheimischen und hat auch ein paar Tische im Freien.

Spili — Σπήλι

700 EW.

Ungefähr auf halbem Weg zwischen Rethymnon und Agia Galini liegt Spili, ein entzückendes Bergdorf mit Kopfsteinpflaster, Balkonen voller Blumenkästen, weinblattumrankten rustikalen Häusern und Platanen. Tagsüber halten hier Touristenbusse, aber abends gehört Spili ganz den Einheimischen. Es ist ein nettes Plätzchen zum Mittagessen und eine hervorragende Anlaufstätte für Wanderer. Ein Stückchen südlich von Spili beginnt die wilde Kourtaliotiko-Schlucht, die bis zum palmenbestandenen Strand von Preveli reicht.

Sehenswertes

Venezianischer Brunnen BRUNNEN

Hauptattraktion von Spili ist der liebevoll restaurierte venezianische Brunnen, dessen Wasser aus 19 Löwenköpfen in einen langen Trog sprudelt. Wer eine Wasserflasche dabeihat, kann sie hier mit Trinkwasser füllen, das zum besten der Insel gehört. Vom Brunnen führt ein Fußweg hoch zu den stillen, pittoresken Seitengässchen des Dorfs.

Volkskundemuseum von Spili MUSEUM
(Eintritt auf Spendenbasis; ⏲10–18 Uhr) Am nördlichen Ortsrand führt ein Fußweg zu diesem Schmuckkästchen voller lokaler Vintage-Stücke. Besonders ins Auge fallen der riesige traditionelle Webstuhl und der Kaffeebohnenröster, aber auch die Schuhmacherwerkstatt und die traditionelle Küche von vor 220 Jahren sind echte Hingucker. Das vom gut informierten Manolis geleitete und bestens in Schuss gehaltene Museum lohnt wirklich einen Abstecher.

Kloster KLOSTER
Spili ist Bischofssitz; Seine Exzellenz residiert in dem mächtigen, modernen Kloster am Westrand des Ortes. Besucher dürfen auf der Anlage herumspazieren und die Eingangstore mit ihren Bögen, den mit Marmor gepflasterten Hof und die verschwenderisch ausgeschmückte Kirche besichtigen sowie den bezaubernden Ausblick ins Tal genießen. Es gibt keine festen Öffnungszeiten.

Schlafen

Heracles PENSION €
(☎28320 22111, 6973667495; www.heracles-hotel.eu; EZ/DZ 30/40 €; ❄📶) Die fünf Zimmer mit Balkon sind ruhig, blitzsauber und praktisch eingerichtet, doch eigentlich ist es der Besitzer Heracles, der die Unterkunft so besonders macht. Der ausgebildete Geologe kennt praktisch jeden Stein in der Gegend und verrät gern den perfekten Wanderweg, den besten Ort zur Vogelbeobachtung oder den noch unentdeckten Strand. Er betreibt außerdem den Naturprodukteladen Creta Natura an der nahen Hauptstraße. Das hausgemachte Frühstück gibt's ab 4 € extra.

Green Hotel HOTEL €
(☎28320 22225; www.maravelspili.gr; EZ/DZ/3BZ 25/30/35 €; ⏲März–Okt.; 📶) Die zwölf Zimmer sind nicht gerade Paradebeispiele für innovative Innenarchitektur, haben aber jedes einen Balkon. Die Sauna (5 €) im Haus ist prima zum Entspannen. Der Eigentümer betreibt auch den Maravel Shop, wo Biokosmetikprodukte mit Inhaltsstoffen verkauft werden, die aus seinem großen Garten in der Nähe stammen. Frühstück kostet 5 €.

Essen

Stratidakis KRETISCH €
(Tagesgerichte 5–7 €; ⏲mittags & abends) Mutter und Sohn bilden das Team, dem die älteste Taverne der Stadt gehört. Draußen im Freien gibt's gegrilltes Fleisch am Spieß und in den Kochtöpfen, die man drinnen in der Tavernenküche inspizieren darf, brutzeln kretische Tagesgerichte nach Hausfrauenart. Auf dem Frühstückstisch stehen u. a. Honig und Joghurt. Von der schattigen Gartenveranda eröffnet sich eine atemberaubende Aussicht auf die Berge.

Maria Kostas Taverna TAVERNE €
(Hauptgerichte 5–10 €; ⏲mittags & abends) In dem mit Flaschenkürbissen geschmückten Patio voller Blumen wird echte Hausmannskost aufgetragen. Wer hier eingekehrt, findet höchstwahrscheinlich Maria in der Küche vor, wo sie Tomaten füllt und phantastische Gerichte vom Grill und aus der Pfanne zaubert. Das Lokal befindet sich an der Hauptstraße am nördlichen Ortsrand.

Yianni's GRIECHISCH €
(☎28320 22707; Hauptgerichte 5–8 €; ⏲mittags & abends) Hinter dem venezianischen Brunnen liegt dieses nette Restaurant mit geräumiger Straßenterrasse, durchweg guten traditionellen Gerichten und einem ordentlichen roten Hauswein. Eine gute Wahl sind das köstliche Kaninchen in Weinsauce oder die Bergschnecken.

Panorama KRETISCH €€
(☎28320 22555; Hauptgerichte 6–13 €; ⏲abends, So auch mittags; 📶) Pantelis Vasilakis und seine Frau Calliope leiten diese ausgezeichnete traditionelle Taverne am Ortsrand von Spili. Die Aussicht von der Terrasse ist ebenso unvergesslich wie das selbst gebackene Brot, die köstlichen *mezedhes* und die verlockenden Hauptspeisen, z. B. junge Ziege mit *chorta* (Wildgemüse). Die Taverne ist offizielles Mitglied von Concred.

Praktische Informationen

An der Hauptstraße gibt es zwei Geldautomaten und ein Postamt. Einige der Cafés in der Nähe vom Brunnen haben WLAN.

An- & Weiterreise

In Spili halten täglich bis zu fünf Busse der Route Rethymnon–Agia Galini (3,50 €, 40 Min.).

DIE SÜDKÜSTE

Rethymnons südliche Küste Rethymnons Südküste wird von den Badeorten Plakias im Westen und Agia Galini im Osten eingerahmt. Zwischen beiden erstreckt sich eine Kette herrlich abgeschiedener Strände, darunter der berühmte Palmenstrand von Preveli. Im Sommer wehen hier stürmische Winde, was die Gegend vor den touristischen Exzessen bewahrt hat, welche die Nordküste kennzeichnen.

Auf dem Weg von Norden her wird die Landschaft immer beeindruckender und bietet herrliche Ausblicke aufs Libysche Meer. Ein Abzweig von der Strecke Rethymnon–Agia Galini führt durch die faszinierende, wilde **Kotsifou-Schlucht** nach Plakias. Die Straße nach Preveli passiert die ebenso spektakuläre Kourtaliotiko-Schlucht.

Plakias Πλακιάς

145 EW.

Eingerahmt von zwei mächtigen Schluchten, die als Windschleusen dienen, liegt das ehemals bescheidene Fischerdörfchen Plakias an einem langen Strand an der Südküste. Bei der staatlichen Volkszählung 1961 wurden genau sechs Einwohner registriert. Heute explodiert die Einwohnerzahl jeden Sommer angesichts der mitteleuropäischen Pauschaltouristen und Legionen von Besuchern aus aller Welt, die sich in der beliebten Jugendherberge einquartieren. Dann steppt hier echt der Bär.

Plakias hat ein paar gute Restaurants und zahlreiche Unterkünfte. Im Ort selbst ist es nicht gerade ruhig, aber es gibt Spazierwege durch Olivenhaine und an Meeresklippen entlang, von denen einige zu versteckt gelegenen Stränden mit glitzerndem Wasser führen. Der Ort eignet sich auch gut als Ausgangspunkt zur Erkundung der Region.

Aktivitäten

Tauchen

Diverse Unternehmen veranstalten alle möglichen Kurse sowie Tauchgänge vor der Küste und von Booten aus, die nahe gelegene Felsbuchten, Höhlen und Meeresschluchten anlaufen.

Dive 2gether TAUCHEN
(☎28320 32313, 6974031441; www.dive2gether.com; Tauchpakete inkl. Ausrüstung ab 110 €; ⌚April–Okt. 8.30–12.30 & 14–19 Uhr) Der erstklassige Anbieter unter niederländischer Leitung mit Sitz im Ort hält seine Ausrüstung auf dem neuesten Stand der Technik und befolgt extrem hohe Sicherheitsstandards. Er hat auch einen „Discover Scuba Diving"-Schnuppertauchgang in Einzelbetreuung (86 €) und einen „Blubbertauchgang" für Kinder schon ab acht Jahren im Angebot.

Kalypso Rock's Palace Dive Center TAUCHEN
(☎06983666422; www.kalypsodivecenter.com; Kalypso Cretan Village Resort & Spa; Tauchpakete inkl. Ausrüstung ab 95 €; ⌚April–Okt. 9–14 & 17–20 Uhr) Der im Kalypso Holidays Village am Dorfrand ansässige Veranstalter bietet PADI-Kurse, nächtliche Schnorcheltrips und Küstentauchen an vielen verschiedenen Stellen an.

Wandern

Wanderwege, auf denen ganz schön viel Betrieb herrscht, führen zum wunderbar gelegenen Dorf Sellia, zum Moni Finika und nach Lefkogia. Außerdem bietet sich eine traumhafte Wanderung durch die Kourtaliotiko-Schlucht zum Moni Preveli an. Kurz

ABSTECHER

KRETISCHES BIER

Nachdem der aus Dortmund stammende Mathematiker Dr. Bernd Brink mit seiner frischgebackenen kretischen Ehefrau auf die Insel zog, tat er das, was jeder Deutsche, der etwas auf sich hält, tun würde: Er eröffnete eine Brauerei. Seit 2001 produziert die hochmoderne **Brink's Brewery** (☎28310 41243; www.brinksbeer.gr) vollmundige helle und dunkle Biobiere, die in ganz Griechenland verkauft werden. Die Brauerei liegt rund 12 km südlich von Rethymnon, gleich hinter Armeni. Führungen werden keine mehr angeboten, aber in Kreta gibt es jede Menge Lokalitäten, in denen man das Erzeugnis der Brink'schen Brauerei probieren kann.

Das ungefilterte und nicht pasteurisierte Bier wird nach dem deutschen Reinheitsgebot aus dem 16. Jh. hergestellt, das nur die Verwendung von Wasser, Hopfen, Hefe und Malz zulässt.

NICHT VERSÄUMEN

KOTSIFOU-SCHLUCHT

Eine Fahrt durch diese schmale, vegetationsreiche Schlucht ist schlichtweg atemberaubend. Nördlich von Plakias windet sich die kurvige Straße zwischen Wildblumenteppichen in Spitzkehren an der Wand der Schlucht von der Küste hoch. Auf dem Weg nach Norden lädt die bezaubernde, direkt in den Fels gebaute **Agios Nikolaos-Kirche** zu einem Zwischenstopp ein.

Am Hang oberhalb der Schlucht befindet sich die **Taverna Iliomanolis** (☎28320 51053; Kanevos; Hauptgerichte 4–7 €; ⌚Di–So mittags & abends, Nov. geschl.) die an sich allein schon die Anfahrt wert ist. Das herzhafte, nach Hausmacherart zubereitete kretische Essen ist ganz vorzüglich. Eine Speisekarte ist hier überflüssig: Die Gäste werden direkt in die Küche gebeten. Dort dürfen sie an den verführerischen Eintöpfen, Schmorgerichten, Suppen und lokalen Spezialitäten schnuppern, die jeden Tag zubereitet werden, und ihre Wahl treffen. Fleisch, Wein, Olivenöl, Käse und Raki stammen allesamt vom Bauernhof der Wirtsfamilie. Es werden auch Tüten mit Kräutern und Tee aus der Region verkauft.

Wer einen Kompass und viel Zeit hat, fährt von hier aus weiter nach Norden. Die Straßen sind eng, kurvenreich und schlecht beschildert, aber die Landschaft – Bergbauernhöfe und bewaldete Abhänge – lädt zum ziellosen Herumfahren ein. Nach und nach kann man sich bis nach Rethymnon zurücktreiben lassen.

vor der Jugendherberge beginnt ein leicht begehbarer, 30-minütiger Fußweg hoch nach Myrthios.

Anso Travel WANDERN
(☎6944755712, 28320 31444; www.ansotravel.com) Organisiert begleitete Wanderungen – darunter eine zum Preveli-Strand inkl. Rückfahrt per Boot.

Reiten

Horseback Riding Plakias REITEN
(☎28320 32033; www.cretehorseriding.com; Erw. 25–100 €, Kind 15–25 €; ⌚8–17 Uhr) Die Familie, die diesen Reitstall in einem Olivenhain außerhalb von Plakias führt, bietet Ausritte am Strand und in die Berge der Umgebung an. Bei mehr als 30 Pferden und elf verschiedenen Strecken hat man die Qual der Wahl. Die Ausflüge dauern von einer bis vier Stunden; Kindern stehen mehrere Reitponys zur Verfügung.

Geführte Touren

Baradakis Lefteris BOOTSFAHRTEN
(☎28320 31940, 6936806635; smernabar@gmail.com) Im Sommer veranstaltet Baradakis Lefteris, der Besitzer der Smerna Bar, Bootsfahrten zu nahe gelegenen Stränden wie Preveli (15 €) und Frangokastello (39 €).

Elena Tours TOUREN
(☎6936371451, 28320 20465; Touren 40–60 €; ⌚9.30–13.30 & 18–21 Uhr) Mit Elenas Minibus geht es in die weniger touristischen Ecken der Gegend. Die Teilnehmer wandern durch Schluchten, fahren in Booten zu nahezu unbekannten Stränden, besuchen alte Kirchen und lernen die Bewohner schmucker Dörfer kennen. Es sind jeweils nicht mehr als acht Personen mit von der Partie. Das Tourbüro liegt im Zentrum von Plakias, gleich hinter der Brücke.

Schlafen

Livikon Beach Hotel HOTEL €
(☎28320 31420; www.hotel-livikon-plakias.com; DZ/3BZ 45/50 €; P❄📶) Das familiengeführte Hotel auf der Straßenseite gegenüber vom Strand hat zehn makellose, geräumige und gut ausgestattete Zimmer, die vor Kurzem einen frischen Anstrich bekommen haben. Jedes verfügt über Balkon und Küchenzeile. Der Service lässt nichts zu wünschen übrig.

Plakias Youth Hostel JUGENDHERBERGE €
(☎28320 32118; www.yhplakias.com; B 10 €; ⌚Ostern–Okt.; P@📶) Die Jugendherberge für entschlossene Faulenzer liegt von Rasen (mit vielen Hängematten) umgeben inmitten eines Olivenhains, rund 500 m vom Meer entfernt. Hier herrscht eine gesellig-fröhliche Atmosphäre, die Gäste jeden Alters und jeder Nationalität schätzen. Es gibt Acht-Bett-Schlafräume mit Ventilator und gepflegten Einrichtungen, außerdem günstiges Frühstück und Softdrinks. Eine Reservierung ist empfehlenswert.

Gio-Ma APARTMENTS €
(☎28320 32003; www.gioma.gr; DZ/Apt. 35/40 €; ⌚Check-in 8–24 Uhr; ❄📶) Das Haus mit

blumengeschmücktem Balkon im ruhigen Teil der Stadt hat einfache, saubere Zimmer. Das Besondere am Gio-Ma ist der phantastische, postkartenreife Meerblick, vor allem von den Unterkünften oben. Die Eigentümer betreiben auch die Taverne am Ufer auf der anderen Straßenseite.

Camping Apollonia CAMPINGPLATZ €
(☎28320 31318; Erw./Zelt/ Auto/Wohnwagen 9/6/5/8 €; ⏲Mai–Okt.;) Intimsphäre ist hier Fehlanzeige, aber dafür gibt's Stellplätze mit Picknicktischen im Schatten von Oliven- und Eukalyptusbäumen. Zur Anlage gehören ein großer Pool samt Poolbar und gleich daneben ist der Strand. Die Einrichtungen könnten etwas mehr Aufmerksamkeit vertragen. Der Platz liegt an der Hauptstraße in den Ort.

Plakias Suites APARTMENTS €€
(☎28320 31680, 6975811559; www.plakiassuites.com; Suite 100–150 €; ⏲April–Okt.;) Diese stylische Unterkunft ist modern-ästhetisch, aber durchaus gemütlich gehalten. Schicke Details wie Flachbildfernseher und Mini-Stereoanlagen gehören ebenso zur Einrichtung wie Regenduschen und eine schicke Küche. Der schönste Abschnitt des hiesigen Strands liegt nur einen Steinwurf entfernt.

Alianthos Garden Hotel HOTEL €€
(☎28320 31280; www.alianthos.gr; EZ/DZ mit Frühstück ab 75/95 €;) Die Zimmer in diesem modernen Hotelkomplex leuchten in erfrischendem Türkis und haben Luxusmatratzen sowie Balkone mit Blumenkästen und oft auch Meerblick. Zu den Gemeinschaftsbereichen zählen eine edle Bar, Pool, Bücherei und Billardtisch. Der Kinderpool, alle möglichen Spiele und ein Spielplatz machen das Hotel besonders für Familien interessant.

Essen

To Xehoristo GRIECHISCH €
(Hauptgerichte 3–8 €; ⏲mittags & abends) Die bebilderte Speisekarte kann getrost ignoriert werden: Einheimische schwören auf *souvlaki* und Gegrilltes. Das Restaurant liegt am Ostrand der Hauptstraße gegenüber vom Meer.

NICHT VERSÄUMEN

MYRTHIOS

Das postkartenreife Dorf Myrthios (Μύρθιος) an einem Hang oberhalb von Plakias ist eine friedlichere und ländlichere Alternative zur Übernachtung in einem Hotel am Strand. Nicht zu verachten sind auch das leckere Essen und die günstigen Übernachtungspreise. Myrthios liegt eine kurze Autofahrt (4 km) oder 30 Min. zu Fuß (2 km) von Plakias entfernt.

Anna Apartments (☎6973324775; www.annaview.com; DZ/3BZ ab 50/60 €;) Eine gastfreundliche Familie betreibt diese attraktiven, geräumigen und gemütlichen Apartments. Sie wurden erst kürzlich renoviert, sind sauber und modern und verfügen über voll ausgestattete Küchen. Die Balkone bieten eine wunderbare Rückzugsmöglichkeit, besonders bei Sonnenuntergang.

Stefanos Village Hotel (☎28320 32252; www.stefanosvillage.gr; DZ & Apt. 80–95 €; ⏲Mai–Nov.;) Die gepflegten Zimmer in dem Hotel am Ortsrand sind makellos sauber und haben Kamin, Küchenzeile und einen Balkon mit toller Aussicht. Vom Infinitypool eröffnet sich ein unschlagbarer Blick auf Plakias und den Strand.

Vrisi (www.tavernavrisi.gr; Hauptgerichte 8–12 €; ⏲Mai–Sept. 9–24 Uhr) In dem stilvollen Restaurant unterhalb der Hauptstraße gibt's kretische Cuisine mit Pfiff. In einem idyllischen Patio werden Gerichte wie Hühnchen mit Honig und Senf, Hühnersalat mit Feigen und geräuchertes Schweinefleisch mit Bulgursalat aufgetischt. Der Service ist tipptopp. Wer ganz viel Glück hat, wird von Fidel, dem Hauspapagei, angesprochen (oder angeschnauzt). Das Restaurant wurde nach einem alten Brunnen in der Nähe benannt, der früher das Dorf mit Wasser versorgte.

Plateia (Hauptgerichte 6–13 €; ⏲mittags & abends) Auf der Speisekarte des recht schicken Plateia mit Blick auf Plakias stehen griechische Standardgerichte mit kreativem Touch. Lecker sind z. B. Hühnchen mit Okraschoten, Kaninchen-*stifado* und die verführerischen Eintöpfe.

Lisseos INTERNATIONAL €
(☎28320 31479; Gerichte 6,50–13,50 €; ⏰morgens, mittags & abends) In dem unscheinbaren Lokal an der Brücke gibt's hervorragendes Essen nach Hausmannsart; empfehlenswert ist z. B. das Schweinefleisch in Zitronensoße mit Mandeln. Auch ein paar internationale Gerichte stehen auf der Karte: Gulasch, Shrimpscocktail und ein fabelhafter Schokoladenkuchen.

★ **Tasomanolis** FISCH & MEERESFRÜCHTE €€
(☎28320 31129; Hauptgerichte 4–16 €; ⏰mittags & abends; 📶) Wer sich den Tagesfang schmecken lassen möchte, steuert die freundliche, im Nautik-Look gehaltene Taverne am ruhigeren Ende der Stadt an, wo das, was Manolis ins Netz gegangen ist, von seiner Frau Eleni zubereitet wird. Im farbenfrohen Patio werden Seafoodlasagne, Bruschetta mit Anchovis oder der gegrillte Tagesfang mit Wildgemüse und Wein serviert.

Taverna Christos KRETISCH €€
(☎28320 31472; Hauptgerichte 5–15 €; ⏰mittags & abends; 📶) Diese altbewährte Taverne am Hafen hat eine romantische Terrasse mit schattigen Tamarisken direkt an der rauschenden Brandung und viele interessante, ausgefallene Gerichte, z. B. hausgeräucherten Wolfsbarsch, schwarze Spaghetti mit Calamari und Lamm *avgolemono* (in einer Brühe aus Ei und Zitronen gekochtes Fleisch oder Gemüse) mit frischer Pasta. Zum Nachtisch empfiehlt sich der Orangenkuchen.

Ausgehen & Nachtleben

Das westliche Strandende säumen jede Menge Cafés und Bars.

Ostraco Bar CAFÉ, LOUNGEBAR
(⏰9 Uhr–spät; 📶) Wer möchte, kann sich in dieser alteingesessenen Lokalität mit stilvollem Café im Erdgeschoss, Tischen am Wasser und einer Bar im Obergeschoss den ganzen Tag lang aufhalten. Abends treffen sich die Leute hier zum Trinken und Tanzen und tagsüber ist es ein tolles Plätzchen zum Relaxen.

Joe's Bar BAR
(Nufaro; ⏰9 Uhr–spät; 📶) Früher oder später landet wahrscheinlich jeder bei Joe's. Die schummrige Kneipe hat etwas von einer Lagerhalle, heißt eigentlich Nufaro und steht direkt am mittleren Strandabschnitt. Hier wird eine gute Auswahl an Rock und Pop gespielt und die Bedienung ist freundlich.

Praktische Informationen

Am mittleren Strandabschnitt gibt es zwei Geldautomaten. Das Postamt ist in der ersten Seitenstraße, wenn man von Osten her kommt. In den meisten Cafés am Meer gibt's bei Verzehr kostenloses WLAN.

Plakias **Leihbücherei** (⏰ So, Mo & Mi 9.30–12.30, Di, Do & Sa 17–19.30 Uhr), 250 m hinter der Jugendherberge, hat ein gutes Sortiment in mehreren Sprachen.

An- & Weiterreise

Bis zu fünf Busse fahren täglich nach Rethymnon (4,50 €, 1 Std.) und einer nach Preveli (2,30 €, 30 Min.).

Unterwegs vor Ort

Anso Bike Hire (☎28320 31444; www.ansotravel.com; 10–25 € pro Tag; ⏰9–14 & 17–21 Uhr) Anso Travel vermietet Mountainbikes, Tourenräder und Elektroräder für Ausflüge in die Berge ringsum. Auch Mehrtagesmieten sind möglich.

Cars Alianthos (☎28320 32033; www.alianthos-group.com; ab 36 € pro Tag; ⏰24 Std.) ist eine zuverlässige Autovermietung.

Rund um Plakias

Zwischen den Stränden von Plakias und Preveli liegen mehrere abgeschiedene Buchten, die bei Wildcampern und FKKlern beliebt sind. Trotz der alles beherrschenden Hapimag-Touristenanlage ist der **Damnoni-Strand** außerhalb der Hochsaison ein angenehmes Plätzchen.

Westlich von Plakias schließt sich **Souda** an, ein ruhiger Strand, wo es zwei Tavernen mit Gästezimmern gibt. Noch weiter westlich befinden sich die unaufdringlichen Badeorte **Polyrizos-Koraka** (auch Rodakino

NICHT VERSÄUMEN

TOP-STRÄNDE

- **Preveli-Strand** (S. 145) – berühmter Palmenhain am Eingang einer Schlucht
- **Triopetra** (S. 146) – lang, sandig und abgeschieden
- **Agios Pavlos** (S. 146) – einsame, von Klippen umgebene Bucht
- **Karavostasi** (S. 151) – für Kinder geeigneter, halbmondförmiger Sandstrand in Bali

genannt). Sie bestehen aus einer Handvoll Tavernen und kleiner Hotels, die sich über einen einladenden Strandabschnitt verstreuen. Ein ideales Fleckchen, um in Ruhe und Abgeschiedenheit ein paar Tage auszuspannen.

Das **Panorama** (☎28320 32179; Rodakino; DZ 45 €; P❄📶) am Dorfrand von Rodakino hat einfache, preiswerte Zimmer mit Aussicht. Es steht auf einer Anhöhe über dem Strand, hinter der strohgedeckten Taverne. Wer etwas mehr Bewegungsfreiheit haben möchte, nimmt ein Selbstversorgerstudio.

Preveli Πρέβελη

Eine gut befahrbare, aber kurvenreiche Straße schlängelt sich vom Fuß der Kourtaliotiko-Schlucht in Richtung Südküste, hoch zum Moni Preveli und anschließend hinab zum Preveli-Strand. Als Heimat von zwei der größten Sehenswürdigkeiten der Region zieht Preveli zahlreiche Besucher an, macht jedoch trotzdem einen recht weltabgeschiedenen Eindruck.

Bevor die Straße ansteigt, passiert sie 3 km vor Moni Preveli das geschwärzte **Untere Kloster**. In diesen stimmungsvollen, mittlerweile aber ungenutzten Gemäuern wohnten die „Arbeitsmönche". Diese Klosterbrüder erbauten in den 1800er-Jahren von Hand die nahegelegene Steinbrücke über den Fluss Megalopotamos.

Wer einen Abstecher in diese sehr ländliche Gegend unternimmt, sollte sich darauf einstellen, dass es hier keine größeren Ortschaften gibt. Im Sommer fahren täglich zwei Busse von Rethymnon zum Moni Preveli (4,50 €, 1¼ Std.) und einer von Plakias (2,30 €, 30 Min.). Ausstieg ist am Abzweig zum Preveli-Strand, 1 km vor dem Kloster.

Selbstfahrer zweigen 27 km von Rethymnon entfernt nach Preveli ab. In der Hochsaison fahren Boote von Plakias und Agia Galini zum Preveli-Strand.

Sehenswertes

Moni Preveli KLOSTER

(Μονή Πρεβέλης; ☎28320 31246; www.preveli.org; Eintritt 2,50 €; ⏲Mitte März–Mai 9–18.30 Uhr, Juni–Okt. 9–13.30 & 15.30–18.30 Uhr) Das altehrwürdige Moni Preveli liegt in grandioser Einsamkeit hoch über dem Libyschen Meer. Wie die meisten kretischen Klöster war es ein Zentrum des Widerstands gegen die osmanische Besatzungsmacht und wurde beim Angriff von 1866 in Brand gesteckt. Im Inneren befinden sich die wunderschöne, reich verzierte Kirche und ein Museum voller Ikonen, in dem auch Teile eines Freskos aus dem 13. Jh. zu sehen sind. Das Kloster ist noch aktiv, deshalb sind die Mönchsquartiere für Besucher tabu. Frauen, die nicht der Örtlichkeit entsprechend angezogen sind, erhalten Röcke und Umschlagtücher, um sich zu bedecken.

Besondere Beachtung verdient das Benediktinerkreuz, dem Wunder zugesprochen werden (insbesondere bei Augenleiden). Es wurde im 18. Jh. angefertigt und führte seither jeden Kriegszug an. Nach der Schlacht um Kreta im Zweiten Weltkrieg fanden hier viele Soldaten der Alliierten Schutz, bis sie nach Ägypten evakuiert werden konnten. Direkt vor dem Kloster an der Steilküste steht ein bronzenes Kriegerdenkmal, das an sie erinnert.

Preveli-Strand STRAND

(Παραλία Πρεβέλης) Der traumhafte Preveli-Strand, auch Palmenstrand genannt, gehört zu den beliebtesten Stränden Kretas. Er liegt am Eingang der Kourtaliotiko-Schlucht, wo sich der Megalopotamos ins Libysche Meer ergießt. Am palmengesäumten Flussufer befinden sich einige Süßwasserbecken, die tief genug für einen Sprung ins kühle Nass sind. Hinter dem Strand mit dem herzförmigen Felsbrocken am Wasserrand ragen zackige Klippen empor.

Ein steiler Weg (10 Min.) führt von einem Parkplatz (2 €), 1 km vor dem Moni Preveli, zum Strand hinunter.

Am Strand gibt's ein bisschen natürlichen Schatten und in der Saison haben hier auch zwei Imbissbuden geöffnet, wo Sonnenschirme und Liegen vermietet werden. Wer den Strandstreifen mit dem meisten Sand erreichen möchte, muss durch den knöchelhohen Bach waten.

Essen

Taverna Gefyra TAVERNE €

(Hauptgerichte 4–9 €; ⏲mittags & abends) Die Taverne hat schattige Tische unter Bäumen. Dort kann man sich wunderbar entspannen und die Aussicht auf den Fluss und eine von hiesigen Mönchen erbaute Steinbrücke genießen. Das nach traditionell kretischer Art zubereitete Essen ist frisch und der Service freundlich.

Strände zwischen Plakias & Agia Galini

Die wildromantische Schönheit der unberührten Sandstrände im Süden von Rethymnon lässt sich mit Worten kaum beschreiben. Östlich vom ziemlich betriebsamen Strand von Preveli liegen die abgeschiedenen und friedlichen Strände von Ligres, Triopetra und Agios Pavlos. Sie sind perfekt für einen stressfreien Erholungsurlaub inmitten einer herrlichen Umgebung, die ein erstklassiges Postkartenmotiv abgibt. Dies ist ein beliebtes Rückzugsgebiet von Yoga- und Meditationsgruppen. Es gibt nur ein paar einsame Tavernen mit schlichten Gästezimmern, und kein Megaresort stört die Idylle. Über die Strände fegt im Sommer meistens ein heftiger Wind. Keiner lässt sich mit öffentlichen Verkehrsmitteln erreichen.

Ligres — Λίγκρες

Ligres ist ein netter langer Strandstreifen mit hellgrauem Sand und ein paar guten Stellen zum Schwimmen. Man erreicht ihn auf einem schmalen, kurvigen Sträßchen: Bei Akoumia von der Autobahn abbiegen und dann immer den Schildern nach.

Wer Trubel und Action sucht, steigt besser nicht in der **Villa Maria** (☎ 28320 22675, 6973232793; www.ligres.eu; DZ ab 45 €, Studio ab 70 €; ⏲ April–Okt.; ❄ 📶) ab. Das einzige Unterhaltungsprogramm in dieser freundlichen, familiengeführten Anlage an einem wunderbaren, einsamen Strand bieten nämlich die Meereswellen und ein rauschender Bach – die perfekte Location, um in aller Ruhe auszuspannen. Die Zimmer sind nicht schick, aber gemütlich und verfügen über Balkon und Küchenzeile. Die Spezialität der hervorragenden Taverne sind Fleisch vom Grill und frisch gefangener Fisch (Hauptgerichte 5–10 €).

Triopetra — Τριόπετρα

Triopetra verdankt seinen Namen den drei riesigen aus dem Meer ragenden Felsblöcken. Eine Landzunge teilt den Strand in „Klein-Triopetra" im Osten und „Groß-Triopetra" im Westen. Wegen der Sandbänke im Wasser eignet sich Klein-Triopetra nicht wirklich zum Schwimmen. Wer ins Wasser möchte, spaziert einfach zum viel längeren Weststrand.

Triopetra erreicht man von Agios Pavlos aus oder über eine kurvenreiche, 12 km lange Asphaltstraße vom Dorf Akoumia, das an der Straße von Rethymnon nach Agia Galini liegt. Am Westende des Strands von Groß-Triopetra beginnt die neue Straße nach Ligres; die ersten rund 200 m sind nicht geteert und bei stürmischem Wetter manchmal gesperrt.

Schlafen

Pension Girogiali — PENSION €
(☎ 6974559119; EZ/DZ/3BZ 30/35/40 €; ⏲ April–Okt.; ❄) Zwei Brüder und ihre Mutter, die in der Küche das Zepter schwingt, betreiben diese Unterkunft direkt am langen Strand von Triopetra. Die sauberen, einfachen Zimmer haben Marmorfußboden und Balkon; die Matratzen könnten allerdings erheblich dicker sein.

Pension Pavlos — PENSION €
(☎ 28310 25189; www.triopetra.com.gr; EZ/DZ/3BZ 33/43/48 €; ⏲ April–Okt.; ❄) Die schlichten Zimmer der Pension am Klein-Triopetra haben keinen Fernseher, aber Kochecke und Balkon mit Meeresbrise. Allerdings würden sie sich über einen frischen Anstrich freuen. Das Essen in der dazugehörigen Taverne wird überwiegend mit Zutaten aus dem eigenen Garten zubereitet (Hauptgerichte 5–12 €). Abgesehen vom Abhängen am Strand oder einer Mietbootsfahrt durch den kleinen Hafen steht hier nichts außer Relaxen auf dem Programm. Die Zimmer sind oft von Teilnehmern einmonatiger Yoga-Workshops belegt.

Agios Pavlos — Αγιος Παύλος

Agios Pavlos besteht im Grunde nur aus zwei kleinen Hotels und Tavernen rund um eine kleine Bilderbuchbucht mit Sandstrand zwischen schroffen Felsen. In der Ferne lässt sich die unverwechselbare Silhouette der Insel Paximadia ausmachen. Das Dorf nimmt für sich in Anspruch, der Ort zu sein, von dem aus Ikarus und Dädalus ihren legendären Flug antraten (das nahe gelegene Agia Galini macht ihm diese Ehre aber streitig).

Trotz aller Abgeschiedenheit ist an der Hauptbucht im Juli und August eine Menge los. Zuflucht vor den Massen bieten die Strände hinter der Landzunge nach Westen hin, die erst nach dem Abstieg von einer steilen Sanddüne erreichbar sind. Die am weitesten entfernte Bucht ist die ruhigste und ein beliebtes Ziel für Nudisten. Dank der landschaftlichen Schönheit und traumhaften Stille von Agios Pavlos veranstaltet das in Großbritannien beheimatete Unternehmen **Yoga Plus** (www.yogaplus.co.uk) hier gern seine Yoga-Seminare.

Das Agios Pavlos Hotel (S. 147) vermietet Gästezimmer unten im Dorf und traumhafte Apartments oben am Hang. Außerdem verfügt es über eine gemütliche Taverne und eine Bar.

Autofahrer auf dem Weg nach Agios Pavlos achten an der Straße von Rethymnon Richtung Agia Galini auf den Wegweiser Richtung Kato Saktouria und folgen der kurvenreichen, abschüssigen Straße zum Meer.

Die kürzlich renovierten Zimmer im **Agios Pavlos Hotel** (☎28320 71104; www.agiospavloshotel.gr; DZ 32–40 €, Apt. 45–60 €; ⌚April–Okt.; ❄) sind luftig und modern und bieten grandiose Ausblicke über die kleine Bucht. Am Hang über dem Hotel befinden sich nagelneue, voll ausgestattete Apartments mit jeweils vier Schlafplätzen. In der Taverne gibt's gutes kretisches Essen und im angegliederten, palmstrohgedeckten Café Frühstück und Getränke, die man bequem in der Hängematte schaukelnd zu sich nehmen kann. Sogar ein Spielplatz für kleinere Kinder ist vorhanden.

Autofahrer auf dem Weg nach Agios Pavlos achten an der Straße von Rethymnon Richtung Agia Galini auf den Wegweiser Richtung Kato Saktouria und folgen der kurvenreichen, abschüssigen Straße zum Meer.

Agia Galini Αγια Γαλήνη

860 EW.

Das ehemalige Fischerdorf Agia Galini hat durch Pauschaltourismus und rücksichtslose Bauprojekte viel von seinem ursprünglichen Charme verloren. Die Siedlung mit ihren vielen in die Jahre gekommenen Hotels und einem mit Wohnblocks übersäten Steilhang ist zwischen hohen Felsen und einem belebten Hafen eingezwängt. Der Ort hat etwas von einem altmodischen Seebad, kann aber erdrückend wirken, besonders in der Hochsaison, auch wenn hier nicht ganz so viel Massenbetrieb herrscht wie in den Hotelanlagen im Norden. Agia Galini ist ein eher gesetzter Ferienort für Leute mittleren Alters, Familien, Busladungen voller Pauschaltouristen und ausländische Langzeitgäste. In der Vor- und Nachsaison bildet das Städtchen eine gute Ausgangsbasis für Abstecher nach Festos, Agia Triada und zu den entlegeneren Stränden Agios Pavlos und Triopetra. Aber im Winter werden in Agia Galini praktisch die Bürgersteige hochgeklappt.

Das Ortszentrum zieht sich an einer abschüssigen Hauptstraße entlang, die unten am kleinen Hafen des Ortes in einen riesigen, von Statuen von Dädalus und Ikarus bewachten Parkplatz übergeht. Von dort aus winden sich zwei autofreie Gassen den Berg hoch. Die erste Gasse links (vom Hafen aus gesehen) ist voller Souvenirläden und Reisebüros – und trägt deshalb den Spitznamen „Shopping Street". Parallel dazu verläuft die „Food Street", in der es – logisch – von Tavernen wimmelt. Der Strand liegt unmittelbar östlich der Stadt und ist vom Hafen aus leicht zu Fuß erreichbar.

Aktivitäten

Elizabeth Boat ANGELN

(☎6936848445; Tour inkl. Mittagessen 30 €) Das kleine Boot nimmt Passagiere mit auf eine Fahrt durchs Libysche Meer. Unterwegs können sie Höhlen und Buchten besuchen, ihr Anglerglück in erstklassigen Fischgründen versuchen und schließlich an einem einsamen Strand das auf dem mitgebrachten Grill zubereitete Mittagessen verspeisen. Abfahrt am Hafen um 10.30 Uhr, Rückkehr gegen 15.30 Uhr.

Acrogiali WASSERSPORT

(☎6946905781) Der Besitzer der Taverne Acrogiali am Hauptstrand organisiert nebenberuflich auch Wassersportaktivitäten wie Paragliding, Wakeboarding und Windsurfing. Außerdem vermietet er ein Bananaboat.

Geführte Touren

Argonaftis BOOTSFAHRTEN

(☎28320 91346) Von Ende Mai bis September veranstaltet der Eigentümer der Taverne Faros jeden Tagen Bootsausflüge zum Preveli-Strand (25 €) und zur unbewohnten, vorgelagerten Insel Paximadia (30 €, inkl. kleinem Lunchpaket). Die Abfahrtszeiten hängen vom Wetter ab. Wer mitfahren möchte, geht am Abend vorher bei der Taverne vorbei oder findet sich gegen 10 Uhr am Hafen ein.

Sactoris Cruises BOOTSFAHRTEN

(☎6976693729; Bootstour 20 €; ⌚9.30–10.30 & 18–22 Uhr) Das moderne, gut ausgestattete Motorboot bringt Passagiere zum Preveli-

Strand, wo sie sich vier Stunden lang vergnügen können. Reservierung beim Stand am Hafen während der o. g. Öffnungszeiten.

Schlafen

In Agia Galini mangelt es keineswegs an Unterkünften, aber viele sind charakterlos und in der Hauptsaison schon lange im Voraus von Pauschalreiseveranstaltern ausgebucht.

Camping No Problem CAMPINGPLATZ €
(28320 91386; Pers./Zelt/Auto/Wohnwagen 6/4/2/4 €; ganzjährig; P) Der gepflegte Campingplatz mit sauberem blauem Pool und schattigen Zeltplätzen liegt rund 100 m vom Strand und 10 Min. Fußweg vom Ortszentrum entfernt. Zur Anlage gehören ein hübscher Garten, eine exzellente Taverne und ein kleiner Supermarkt.

Palazzo Greco BOUTIQUEHOTEL €€
(28320 91187; www.palazzogreco.com; DZ 85–110 €; P) Die Leidenschaft fürs Design spiegelt sich in den zahlreichen schmückenden Details dieses Juwels mit Meerblick wider. Für die individuelle Farbpräferenz gibt's die ruhigen, modernen Zimmer mit grünem, blauem oder rotem Wandanstrich. Alle haben eine Veranda mit schöner Aussicht, Flachbildfernseher, Kühlschrank und eine fabelhafte Dusche. Das Frühstück wird im malerischen Patio mit Aussicht auf den Pool serviert. Der Palazzo liegt im oberen Ortsteil, auf halbem Weg zwischen Strand und Hafen.

Irini Mare FERIENANLAGE €€
(28320 91488; www.irinimare.com; DZ/FZ mit Frühstück und Meerblick 110/150 €; Mai–Okt.; @) Diese sehr schön gestaltete, unaufdringliche Ferienanlage ist nur einen kurzen Fußweg vom Strand entfernt und ideal für Familien. Die meisten der 98 hellen, modernen, unterschiedlich geschnittenen Zimmer haben Meerblick und Terrasse. Den Gästen stehen ein Fitnessraum, eine Sauna und ein Tennisplatz zur Verfügung; für Kinder gibt es einen separaten Pool und einen Spielplatz. WLAN gibt's nur in den Gemeinschaftsbereichen.

Glaros Hotel HOTEL €€
(28320 91151; www.glaros-agiagalini.com; EZ 60–75 €, DZ 80–100 €;) Die gepflegten Zimmer dieses Hotels besitzen modernes Flair – und das ist etwas Besonderes in einem Ort voller 08/15-Hotels. Einige der Zimmer haben einen Balkon mit Aussicht auf den Pool. Das Hotel besitzt einen stilvollen Gemeinschaftsbereich und einen eleganten Frühstücksraum. Das Tüpfelchen auf dem i ist der exzellente, freundliche Service. Das Glaros befindet sich am Ortsrand von Agia Galini, vom Hafen direkt geradeaus nach oben.

Essen

Platia CAFÉ €
(8–14 & 18–1 Uhr;) Die Einheimischen lieben dieses Café plus Bistro plus Bar auf einem Platz direkt über dem Hafen. Es hat ausgezeichnete Frühstücksgerichte (6–10 €), darunter Joghurt und Müsli und Eier mit Schinken. Zum Abendessen gibt's vielleicht Spaghetti mit Porree und Ziegenkäse oder einen Riesengarnelen-Salat. Sobald die Sonne untergeht, taucht die lange Cocktailgetränkeliste auf.

Taverna Kipos GRIECHISCH €€
(Pizza & Pasta 4–8 €, Hauptgerichte 7–13 €; April–Okt. 9–24 Uhr;) Der mit schattenspendenden Bäumen und Blumen versehene Patio von Giorgos und Yiannis auf dem Campingplatz No Problem bildet eine entspannte Kulisse für traditionelle, aber auch innovative Regionalküche wie am Spieß gebratenes Lammfleisch oder Schweinefilet mit Honig und Walnüssen. Im Sommer wird freitags kretische Livemusik geboten. Von der Stadt bis zum Campingplatz sind es rund 750 m. Wer Badezeug mitbringt, kann zur Abkühlung in den großen Pool hüpfen.

Faros FISCH & MEERESFRÜCHTE €€
(28320 91346; Shopping St; Hauptgerichte 7–13 €, Fisch 30–55 € pro kg; mittags & abends) Diese schnörkellose Fischtaverne in Familienbesitz ist aus gutem Grund meistens bis auf den letzten Platz besetzt: Der Eigentümer wirft nämlich höchstpersönlich im Mittelmeer seine Netze aus. Was abends auf den Tisch kommt, hat also morgens noch im Meer geschwommen. Spezialitäten des Hauses sind Hummerspaghetti, Fischsuppe und in der eigenen Tinte gekochter Tintenfisch.

Onar GRIECHISCH €€
(Food St; Hauptgerichte 7–16 €; mittags & abends;) Auch nach vielen Geschäftsjahren ist das Onar immer noch ein Renner. Natürlich gibt es noch genügend andere Tavernen mit idyllischem Hafenblick, aber wegen der köstlichen *mezedhes* und dem megaleckeren Grillfleisch steht das Onar ganz oben auf der Restaurant-Hitliste. Es hat auch eine Kinderspeisekarte.

Ausgehen & Nachtleben

Die Partymeile von Agia Galini ist der Hafen, wo aus zahllosen Bars laute Musik schallt. Sie unterscheiden sich kaum voneinander; einfach den Massen nachlaufen.

Blue Bar BAR

(Shopping St) Insider versichern, dass in dieser Bar, die seit Menschengedenken ihre Pforten geöffnet hat, die beste Musik von Agia Galini geboten wird. Kneipenwirt Heinz ist Singer-Songwriter mit erstklassigem Musikgeschmack. Folglich dreht sich alles Mögliche auf dem Plattenteller, von Rock und Pop bis Soul und R&B.

Praktische Informationen

Die Busse halten unweit vom Hafen, mitten im Geschäftsbezirk von Agia Galini. Das Postamt liegt gleich hinter der Bushaltestelle und in der Nähe befinden sich mehrere Geldautomaten. Die meisten Cafés und Restaurants bieten kostenloses WLAN. Informationen gibt's unter www.gogalini.com und www.agia-galini.com.

An- & Weiterreise

In der Hochsaison fahren täglich bis zu sechs Busse nach Iraklion (8 €, 2 Std.), bis zu fünf nach Rethymnon (6,20 €, 1½ Std.) und Festos (2,10 €, 30 Min.) sowie zwei nach Matala (3,30 €, 45 Min.) in Iraklion.

Galini Express (www.galiniexpress.com) hat Direktbusse zum Flughafen von Iraklion (20 €) und nach Chania (25 €).

Unterwegs vor Ort

Regelmäßig fahren Busse von Galini Express zum Matala-Strand (6 €). Mehrere Mietwagenfirmen befinden sich in unmittelbarer Hafenhähe. Taxiruf ☎ 6936906217 oder 6942989520.

Auto Galini (☎ 28320 91241; www.autogalini.com; ⌚ 9–14 & 17–20 Uhr) Vermietet Pkw und Autos mit Vierradantrieb.

Ostria (☎ 28320 91555; www.ostria-agiagalini.com; ⌚ 9–14 & 17–20 Uhr) Verleiht kleine Pkw zum Herumkurven, aber auch geländegängige Wagen mit Schiebedach.

DIE NORDOSTKÜSTE

Jenseits der Ferienanlagen östlich von Rethymnon präsentiert sich die Küste zerklüftet. Sie ist von vielen Wasserhöhlen und abgeschiedenen Buchten durchzogen, die sich nur per Boot erreichen lassen. Die Hauptstrandorte an der Nordküste sind Bali und Panormos. Beide eignen sich prima als Sprungbrett für Abstecher zu den Dörfern an den Ausläufern des Psiloritis, z. B. nach Axos und Anogia.

Panormos Πάνορμο

880 EW.

Panormos, 22 km östlich von Rethymnon, ist einer der wenigen noch relativ unverdorbenen Standorte der Nordküste. Trotz der beiden großen Hotelanlagen hat sich Panormos seinen gemächlichen, authentischen Dorfcharakter bewahrt. Der Ort bietet sich als ruhigere Alternative zum Massenrummel unmittelbar östlich von Rethymnon und im nahen Bali an. Im Sommer finden in einer zum Kulturzentrum umfunktionierten Johannisbrotfabrik Konzerte und andere Events statt.

In Panormos sind die Katzen Könige. An mehreren Stellen im Ort stehen hölzerne Futterhütten, ein Service, den einige hier ansässige Ausländer extra für streunende Katzen eingerichtet haben.

Sehenswertes & Aktivitäten

Agios-Giorgos-Kirche KIRCHE

Wer etwas für Kirchenkunst übrig hat, sollte einen Blick in die Pfarrkirche von Panormos werfen, die beeindruckende moderne Fresken aufweist.

Agia-Sophia-Basilika ANTIKE STÄTTE

In Panormos gefundene Münzen deuten darauf hin, dass sich hier zwischen dem 1. und 9. Jh. n. Chr. ein blühendes Dorf befand. Das Einzige, was vor Ort noch von jener Zeit erzählt, sind die bröckelnden Überreste dieser Kirche aus dem 6. Jh. Sie steht am Hang oberhalb vom Dorf, das Gelände ist aber abgesperrt. Schilder weisen den Weg zu den Ruinen der Basilika.

Rodialos KOCHKURSE

(☎ 28340 51310; www.rodialos.gr) In der wunderbaren Villa werden regelmäßig ein- bis siebentägige Kochkurse abgehalten. Die Teilnehmer lernen aus erster Hand die Grundlagen der kretischen Kochkunst und nehmen die Rezepte mit nach Hause. Workshops kosten 50 € pro Tag, der Verzehr der zubereiteten Gerichte ist im Preis enthalten. Eine Übernachtung in der Villa ist für 30 € zu haben. In der Villa Rodialos finden außerdem jedes Jahr ein Yoga-Retreat sowie Griechischsprachkurse statt. Näheres siehe Website.

Atlantis Diving Center TAUCHEN
(☎28310 71640; www.atlantis-creta.com; 2 Tauchgänge mit Ausrüstung 100 €, Schnorchelausrüstung 15 € pro Tag; ⊙9–14 & 17–20 Uhr) Das renommierte PADI-Unternehmen im Grecotel Club Marine Palace veranstaltet Tauchgänge vor der Küste oder vom Boot aus sowie Tauchkurse aller Schwierigkeitsgrade, vom Anfänger- bis zum Ausbilder-Niveau. Wenn Platz ist, werden auf dem Taucherboot auch Schnorchler mitgenommen (22 €).

Geführte Touren

Touristenbahn BAHN
(⊙Mai–Sept. durch den Ort 14.30–23 Uhr, nach Margarites & Melidoni 9.30–14.15 Uhr) Im Sommer zuckelt ein niedliches kleines Bähnchen durch Panormos (Erw./Kind 4/2 €) sowie hinaus zum Töpferdorf Margarites und zur Melidoni-Höhle (Erw./Kind 15/7,50 €). Abfahrt ist im Osten der Ortschaft, gegenüber der umfunktionierten Johannisbrotfabrik.

Aitidis Travel TOUR
(☎28340 52040; www.aitidistravel.com; ⊙9–14 & 17–20 Uhr) Hat ein umfangreiches Tourprogramm, darunter Exkursionen in die Samaria-Schlucht, hinaus zur Insel Gramvousa und zum Preveli-Strand.

Schlafen

Captain's House APARTMENTS €
(☎28103 80833; www.captainshouse.gr; Apt. 40–60 €; ⊙April–Okt.; ❄📶) Diese geräumigen Apartments über dem Hafen besitzen sogar ein wenig Eigencharakter. Sie sind alle unterschiedlich, sowohl in der Größe als auch in ihrer Ausstattung, aber gemütlich und profitieren von der Meeresbrise.

Christina APARTMENTS €
(☎28340 51277; www.apartments-christina.gr; Studio 50 €, Apt. ab 60 €; ⊙April–Okt.; ❄📶) Eine tipptopp in Schuss gehaltene und hervorragend gemanagte Unterkunft. Die Zimmer sind nicht mehr nagelneu, aber tadellos. Alle haben Balkon oder Terrasse mit Meerblick; besonders behaglich sind die Studios. Unerwartetes Plus: die Hydromassage-Duschen.

★ **Idili** APARTMENTS €€
(☎28340 20240, 6972405863; www.idili.gr; Apt. 60–75 €; P❄📶) Wer das Besondere sucht, wird diese drei traditionell eingerichteten Apartments in einem denkmalgeschützten Steinhaus lieben. Früher diente es schon als Gerichtsgebäude, Tischlerwerkstatt und Wohnhaus. Bögen, Holzdecken und z. T. separate, offene Schlafetagen verleihen jedem Apartment individuellen Charme, und vor dem Kamin oder auf der Veranda lässt es sich wunderbar entspannen. Der schattige Garten voller Blumen ist wunderschön zum Entspannen.

Dalabelos FERIENANLAGE €€
(☎28340 22155; www.dalabelos.gr; DZ/Apt. ab 70/90 €; ❄📶) Umgeben von Weinreben, Olivenbäumen und Kräutern bieten diese zehn Häuser in traditionellem Stil Ausblick über die sanften Hügel bis zum Meer. Die modernen Zimmer haben Kamine, Balkons und schöne Bäder. Zu den Aktivitäten für Gäste zählen z. B. die Olivenernte, das Brennen von Raki und Kurse in kretischer Kochkunst. Die Anlage befindet sich 15 Minuten westlich von Perama, landeinwärts von Panormos, und ist nur mit eigenem Fahrzeug erreichbar.

In der Hochsaison gilt ein Mindestaufenthalt von drei Nächten, aber wer würde hier schon früher wegwollen?

Kastro APARTMENTS €€
(☎28340 51362, 6937097757; www.kastro.com; Studio/Apt. 75/85 €; ❄📶) Die Zimmer in dem vom Meer zurückversetzten Haus an der Straße in Richtung Ortsausgang sind schon älter, weisen aber ein paar nette Details auf, z. B. Himmelbetten. Die Apartments mit eigenem Eingang haben vier Schlafgelegenheiten und die Studios eine schöne Aussicht.

Essen

In den touristischen Hafentavernen serviert man griechische Standardgerichte, internationale Küche und Fisch. Die traditionelleren Lokale liegen ein, zwei Querstraßen weiter landeinwärts.

★ **To Steki tou Sifaka** KRETISCH €
(Hauptgerichte 5–10 €; ⊙mittags & abends) Das Lokal ist auch unter dem Namen George & Georgia's bekannt, nach dem Paar, das hier leckere kretische Hausmannskost zaubert. Dank der reichlichen, ofengebackenen Gerichte, darunter auch viele vegetarische, herrscht in diesem einladenden kleinen Restaurant immer Hochbetrieb. Es liegt zwischen der Hafenpromenade und der Hauptstraße in der Nähe der Post.

Kharas To Kafeneio CAFÉ €
(Kleine Gerichte 3–5 €; ⊙9–21 Uhr) Das freundliche Kharas beim Postamt ist ein guter Ort, um das Alltagsleben zu beobachten, denn

hier kommen die Einheimischen zum Kaffeetrinken, auf einen Imbiss und zum Kartenspielen her. Die Tische reichen bis zu dem Raum mit den großen Fenstern auf der anderen Straßenseite hinüber.

Porto Parasiris KRETISCH €
(Hauptgerichte 5–10 €; ⏲ morgens, mittags & abends) Toll zum Relaxen ist dieser hippe, farbenfrohe Patio am Hafen. Die Gerichte haben einen kreativen Touch: Da gibt's zum Beispiel Schweinefleisch mit Trockenfrüchten oder Hühnchen mit Lavendel. Was immer gut ankommt, sind das Lachsrisotto und die hausgemachte Pasta.

Taverna Kastro KRETISCH €€
(Hauptgerichte 7–12 €; ⏲ Mai–Okt. abends; 📶) Die blumengeschmückte Terrasse ist ein wunderschönes Plätzchen zum Chillen, aber noch umwerfender ist das, was die Küche hergibt. Klassische kretische Rezepte bekommen hier einen modernen Look verpasst. Das Resultat sind Gaumenfreuden wie Linsen mit *apaki* (geräuchertes Schweinefleisch), Hecht mit Kartoffeln oder Kaninchen in Oregano. Die Taverne liegt vom Meer zurückversetzt im Osten von Panormos.

Angira FISCH & MEERESFRÜCHTE €€
(Hauptgerichte 6–12 €; ⏲ mittags & abends) Noch frischer als hier am Hafen können Meeresfrüchte nicht sein. Abgesehen von den üblichen Verdächtigen umfasst die Speisekarte marinierte Sardellen, Garnelensalat und gegrillten Fisch.

Praktische Informationen

Die Bushaltestelle liegt an der Hauptstraße am Stadtrand. Das Postamt und ein Geldautomat befinden sich mitten im Ort. Autos verleiht z. B. **Rent-A-Car** (www.bestcars-rental.gr; ⏲ 9–14 & 17–20 Uhr), gegenüber vom Kulturzentrum. Weitere Informationen unter www.panormo.gr.

An- & Weiterreise

In der Hochsaison fährt stündlich ein Bus von Rethymnon nach Panormos (2,20 €, 25 Min.). Die Busse halten an der Hauptstraße direkt am Ortsrand.

Bali Μπαλί

330 EW.

Bali, 38 km östlich von Rethymnon und 51 km westlich von Iraklion, liegt so atemberaubend schön wie nur wenige Orte an der Nordküste. Mehrere kleine Buchten verstecken sich entlang der zerklüfteten Küste, die von Hügeln, Felsvorsprüngen und schmalen Sandstränden geprägt ist. Doch die unkontrollierte Erschließung dieses Küstenstreifens hat die ursprüngliche Schönheit des früheren Fischerdorfs arg beeinträchtigt und der Ort ist praktisch unter dem Ansturm der Pauschaltouristen verschwunden. Im Sommer drängen sich die Sonnenanbeter an den Stränden wie Sardinen in der Büchse. Außerhalb der Saison dagegen ist Bali ein geniales Reiseziel in spektakulärer Landschaft mit supergünstigen Hotelzimmern.

Der Name Bali hat nichts mit der tropischen Namensschwester in Indonesien zu tun. Er bedeutet auf Türkisch „Honig", denn in alten Zeiten wurde hier ausgezeichneter Honig gesammelt und verarbeitet. In der Antike hieß der Ort Astali, doch davon sind keine Spuren mehr erhalten.

Sehenswertes & Aktivitäten

Bali ist eine weit auseinander gezogene Siedlung. Der lange, hügelige Weg von einem Ende zum anderen dauert zu Fuß mindestens 25 Min. Der Ort besitzt vier Strände mit grauem Sand, die auch recht gut für Kinder geeignet sind.

Livadi STRAND
Der Livadi ist der größte und breiteste Strand, wo allgemeine Partystimmung herrscht. Er ist vollgestellt mit Sonnenliegen und -schirmen und wird auf ganzer Länge von Bars, Tavernen und Cafés gesäumt.

Varkotopo STRAND
An den Livadi schließt der Varkotopo an, ein winziger, schmaler Sandstreifen zwischen jungen Palmen. Hier gibt es zwei ziemlich schicke Bars – nette Läden für einen Sundowner.

Limani STRAND
Nördlich vom Varkotopo liegt der alte Hafen Limani, ein ziemlich schmaler halbmondförmiger Strand, der aber mühelosen Zugang zu Wassersportmöglichkeiten und Esslokalen bietet.

Karavostasi STRAND
Karavostasi, der letzte der Bali-Strände, ist der kleinste und ruhigste. Nur zwei Tavernen ducken sich dort unter die Küstenfelsen. Die Karavostasi-Bucht lässt sich vom Hafen aus zu Fuß über einen Küstenpfad oder mit dem Touristenzug Bali Express erreichen.

Lefteris WASSERSPORT
(☎6937200333; cat_cruises@yahoo.gr; Limani; ⌚9–18 Uhr) Lefteris am Hafen verleiht Kanus (8 € pro Std.), Motorboote (35 € pro Std.), Jetski (50 € für 20 Min.) und Tretboote (12 €). Wer möchte, kann einen dreistündigen Katamaranausflug (30 €) mit Möglichkeiten zum Schwimmen, Schnorcheln und Angeln unternehmen oder an einer 1½-stündigen Rundfahrt zu einigen Höhlen der Umgebung teilnehmen (15 €).

Hippocampos Dive Centre TAUCHEN
(☎28340 94193; www.hippocampos.com; Limani; 1 Tauchgang inkl. Ausrüstung 50 €, Schnorchel und Flossen 15 € pro Tag; ⌚9–13 & 17–21 Uhr, April–Juni, Sept. & Okt. Mo geschl., Juli & Aug. So geschl.) Der professionell geführte Veranstalter hat diverse Tauch- und Schnorcheltrips sowie alle gängigen Kurse im Programm, darunter einwöchige Open-Water-Diver-Zertifizierungskurse (410 €). In der Hochsaison ist es ratsam, zwei oder drei Tage im Voraus zu reservieren. Das Tauchcenter befindet sich am Hafen.

Geführte Touren

Bali Travel TOUR
(www.balitravel.gr; Livadi; ⌚9–14 & 17–21 Uhr) Ob es einen nach Preveli (30 €), Chania (40 €), Knossos (30 €) oder in die Samaria-Schlucht (45 €) zieht – Bali Travel hat die passende Tour. Der Veranstalter bietet auch Ausflüge mit Übernachtung nach Santorin an.

Mellisi Travel TOUR
(☎28340 94500; www.mellisitravel.com; Varkotopo; ⌚9–14 & 17–21 Uhr) Die Mitarbeiter organisieren Tagestouren zu bekannten Stränden und Stätten in der Region, bei denen auch an einigen von Touristen weniger frequentierten Orten angehalten wird, um den Teilnehmern eine Vorstellung vom Alltag in der Region zu vermitteln.

Schlafen

★ **Petrino Horio** FERIENANLAGE €
(☎28340 94125; Vlihada; DZ mit Frühstück 45–65 €; ⌚ganzjährig; ❄@📶🏊) Wer eins der traditionell gehaltenen Zimmer des „Steindorfs“ in den ruhigen Hügeln über Bali bezieht, hat tatsächlich das Gefühl, in sein eigenes kleines kretisches Haus einzuziehen. Das Dorf umfasst 37 sorgfältig gestaltete Apartments mit Terrasse oder Balkon, Küche und Kamin, umgeben von blühenden Bäumen und Kübelpflanzen. Der Strand liegt 600 m entfernt, zur Haltestelle des Touristenzugs ist es ebenfalls nicht weit. Drei Pools, ein Streichelzoo, eine Sauna und saisonal angebotene Aktivitäten wie das Keltern von Trauben und die Herstellung von Käse lassen keine Langeweile aufkommen. Ein gutes Restaurant und freundlicher Service runden das Ganze ab.

Lisa Mari HOTEL €
(☎28340 94072; lizamary.hotel@hotmail.gr; Livadi; EZ/DZ/3BZ mit Frühstück 50/60/70 €; P❄📶🏊👪) Das Hotel zeichnet sich durch ein exzellentes Preis-Leistungs-Verhältnis aus. Es stehen jede Menge Zimmer zur Verfügung. Viele beherbergen Pauschalreisende, aber alle sind sauber, gemütlich und modern eingerichtet; auf Wunsch gibt's auch eins mit Meerblick. Das große Plus ist der wunderbare Pool mit Bar und Garten. Die Mitarbeiter sind megafreundlich, und das helle Restaurant lässt nichts zu wünschen übrig.

Sunrise Apartments APARTMENTS €€
(☎28340 94267; Karavostasi; DZ/Apt. 60/80 €; ❄) Die geräumigen, gepflegten Studios mit Kochecke am Karavostasi-Strand bieten viel fürs Geld und sind ideal, wenn man dem Rummel in Bali entfliehen und trotzdem am Strand wohnen will. Als perfekte Location für einen Sundowner bieten sich die Patios mit Blick auf die Sandbucht an. Da die Anlage sehr gefragt ist, sollte lange im Voraus gebucht werden.

Bali Blue Bay HOTEL €€
(☎28340 20111; www.balibluebay.gr; Limani; DZ mit Frühstück 75 €; ❄📶🏊) Modern und gut ausgestattet, aber nicht todschick sind die geräumigen Zimmer hier, die einen wunderschönen Meerblick bieten. Die gemütlichen Gemeinschaftsbereiche gehen aufs Meer hinaus, und der Service ist tipptopp.

Essen

★ **Taverna Karavostasi** GRIECHISCH €
(Karavostasi; Tagesgerichte 5–10 €; ⌚Mai–Sept. mittags & abends) In dieser Taverne am tischtuchgroßen Karavostasi-Strand gibt's Gemüse aus dem eigenen Garten, regionalen Wein vom Fass und lokale Gerichte, die wahre Geschmacksfeuerwerke entfalten. Die Spezialität des Hauses sind gefüllte Auberginen, aber auch die Linsensuppe und das gebackene Zitronenhühnchen sind nicht zu verachten. Weitere Pluspunkte: traumhafte Aussicht, Kinderkarte und freundliche Bedienung.

Taverna Nest KRETISCH €
(Hauptgerichte 4–14 €; ⌚Mai–Okt. mittags & abends) Auf dieser von Weinranken überwucherten Terrasse kommen ausschließlich grundsolide Zutaten frisch vom Bauernhof auf den Tisch. Die hausgemachten Gerichte werden in großzügigen Portionen und mit einem breiten Lächeln serviert. Die Stammgäste stürzen sich mit Begeisterung auf das Fleisch oder den Fisch vom Grill und die ausgezeichneten Beilagen: hausgemachte *dolmadhes* und handgeschnitzte Bratkartoffeln. Das Lokal liegt ein paar Schritte landeinwärts vom Hafen und hat auch ordentliches Frühstück.

Bonsai CAFÉ €
(Limani-Strand; Mahlzeiten 3–5 €; ⌚9 Uhr–open end) Das Lokal am Limani-Strand eignet sich prima für ein Frühstück oder Mittagessen aus Crêpes, Sandwiches, Burger oder Wraps. Abends verwandelt es sich in eine Bar mit umfangreicher Cocktailkarte.

Praktische Informationen

In Bali, hinter dem Limani-Strand, gibt es einen Geldautomaten und ein **Internetcafé** (2 € pro Std.; ⌚9–23 Uhr).

Anreise & Unterwegs vor Ort

Die Busse der Strecke Rethymnon–Iraklion (7,60 €) halten an der Hauptstraße. Von dort sind es 2 km Fußweg zum Hafen von Bali (6,30 €).

Ein ausgezeichnetes Fortbewegungsmittel ist der **Bali Express** (einfach/hin und zurück 3/5 €; ⌚Mai–Sept. 9–23 Uhr), eine Touristenbahn mit elf Haltestellen im Ort und an den Stränden.

Auto Bali (☎28340 94504; www.autobali.com; Varkotopo; ⌚9–14 & 17–21 Uhr) vermietet Fahrzeuge, die man schon am Flughafen übernehmen kann. Auch die Reisebüros vermitteln Mietwagen.

Iraklion

Inhalt ➡

Gut essen

- Elia & Diosmos (S. 180)
- Kritamon (S. 177)
- Pizza Ariadni (S. 193)
- Peskesi (S. 164)
- Vegera (S. 183)

Schön übernachten

- Eleonas Cottages (S. 183)
- Villa Kerasia (S. 180)
- Villa Ippocampi (S. 199)
- Thalori Guest House (S. 196)
- Pension Kofinas (S. 196)

Auf nach Iraklion

Iraklion (Ηράκλειο) ist die dynamischste Region Kretas. Sie beherbergt fast die Hälfte der Bevölkerung und die wichtigste Touristenattraktion der Insel, den minoischen Palast von Knossos. Unbezahlbare Kostbarkeiten, die hier und in den zahlreichen anderen minoischen Stätten in ganz Kreta ausgegraben wurden, haben das archäologische Museum der Hauptstadt Iraklion auf Weltniveau katapultiert.

Der Küstenstreifen östlich von Iraklion ist zwar eine einzige Ansammlung von Hotels und Badeorten, aber nur ein paar Kilometer landeinwärts bieten verträumte Dörfer ein Kontrastprogramm. Besucher können den neuerdings bei Sommeliers von Jahrgang zu Jahrgang höher geschätzten Rebensaft verkosten, der in der Weinregion Iraklions gekeltert wird, auf den Spuren von El Greco und Nikos Kazantzakis wandeln und sich an der urwüchsigen Erhabenheit entlegener Bergdörfer wie Zaros laben.

An der ruhigeren Südküste ist der ehemalige Hippie-Treffpunkt Matala der einzige kommerziell voll erschlossene Urlaubsort. In den bezaubernden Dörfern dagegen geht das Leben noch beinahe den gleichen beschaulichen Gang wie schon seit Menschengedenken.

Entfernungen (km)

	Iraklion	Malia	Matala	Peza
Malia	37			
Matala	69	106		
Peza	17	48	70	
Festos	57	90	10	61

IRAKLION ΗΡΑΚΛΕΙΟ

140 730 EW.

Iraklion (auch bekannt als Heraklion), Geburtsort von El Greco und Nikos Kazantzakis, ist vielleicht das am meisten unterschätzte Reiseziel Kretas. Stimmt schon – wer voller Vorfreude auf einen geruhsamen Griechenlandurlaub in der geschäftigen, fünftgrößten Stadt Griechenlands ankommt, empfindet sie im ersten Moment wahrscheinlich als Zumutung in jeder Hinsicht. Doch obwohl Iraklion nach herkömmlichen Maßstäben nicht schön ist, gewinnt die Stadt an Reiz, wenn man sich die Zeit nimmt, durch ihre Seitenstraßen zu schlendern und ihre verschiedenen Gesichter zu erkunden.

Iraklion durchlief in jüngerer Zeit eine Phase intensiver Stadterneuerung und strotzt vor Energie, auch wenn die Stadtkasse leer ist. Das Hafenviertel lädt zu Spaziergängen ein und der schöne alte Stadtkern wurde inzwischen in eine Fußgängerzone verwandelt. Die geschäftigen Plätze der Altstadt säumen Gebäude, die noch aus der Zeit stammen, als Kolumbus die Segel setzte.

Iraklion besitzt durchaus urbanes Flair: eine florierende Café- und Restaurantszene, die besten Einkaufsmöglichkeiten der Insel und nicht zuletzt dank seiner vielen Studenten ein pulsierendes Nachtleben. Natürlich sollte man darüber nicht die Top-Sehenswürdigkeiten vergessen, wie das eindrucksvolle archäologische Museum und den Palast von Knossos.

Geschichte

Iraklion ist seit der Jungsteinzeit besiedelt und wurde im Jahr 824 n. Chr. von den Sarazenen erobert. Danach entwickelte es sich offenbar zur Hauptdrehscheibe des Sklavenhandels im östlichen Mittelmeerraum und zum Stützpunkt der berüchtigten Piraten der Region. Nach einer langen Belagerung im Jahr 961 vertrieben byzantinische Truppen die Araber und die Stadt wurde nun unter dem Namen Handakas bekannt. Als Kreta im Jahr 1204 an Venedig verkauft wurde, änderte sich der Name in Candia.

Unter venezianischer Herrschaft entwickelte sich die Stadt zu einem Zentrum der schönen Künste und brachte berühmte Maler wie Damaskinos und El Greco hervor. Die prächtige Festung sowie viele der eleganten öffentlichen Gebäude und stolzen Kirchen stammen aus dieser Zeit. Die Einwohner Candias kämpften verbissen, um sich die Osmanen vom Leib zu halten, und erweiterten sogar die Festungsmauern. Aber 1645 überrannten die Türken Kreta und begannen im Jahr 1648 mit der Belagerung Candias.

Unter den Türken wurde die Stadt als Megalo Kastro (Großes Schloss) bekannt. Die künstlerischen Aktivitäten gingen zurück und viele Kreter flohen oder wurden getötet. Im August 1898 massakrierte ein türkischer Mob Hunderte Kreter, 17 britische Soldaten und den britischen Konsul. Wenige Wochen später legte eine Schwadron britischer Schiffe im Hafen an und setzte der türkischen Herrschaft über die Stadt ein Ende.

Seinen heutigen Namen erhielt Iraklion im Jahr 1922. Damals war noch Chania die Hauptstadt des unabhängigen Kreta, aber aufgrund seiner zentralen Lage wurde Iraklion bald zum Handelszentrum der Insel. Im Zweiten Weltkrieg litt die Stadt schwer unter den Bombardierungen, die einen großen Teil der unter Venezianern und Türken erbauten Stadtteile dem Erdboden gleichmachten. Im Jahr 1971 wurde Iraklion erneut zur Hauptstadt Kretas ernannt.

Sehenswertes

Iraklions Hauptsehenswürdigkeiten befinden sich innerhalb des historischen Stadtkerns zwischen dem Hafenviertel und den alten Stadtmauern. Viele der eindrucksvollsten Gebäude liegen an der Hauptverkehrsstraße 25 Avgoustou, die am hübschen innerstädtischen Hauptplatz Plateia Venizelou vorbeiführt. Wegen der Verzierungen am Morosini-Brunnen, dem Wahrzeichen des Platzes, wird er auch „Löwenplatz" genannt. Die östlich vom Platz verlaufende Fußgängerzone Korai bildet den Mittelpunkt der Cafészene von Iraklion. Sie führt zur weitläufigen Plateia Eleftherias, in deren Nähe das archäologische Museum steht.

★ Archäologisches Museum Iraklion — MUSEUM

(http://odysseus.culture.gr; Xanthoudidou 2; Erw./Kind 6 €/frei, mit Knossos 10 €; ⏲ April–Okt. 8–20 Uhr, Nov.–März Mo 11–17, Di–So 8–15 Uhr) Das 2014 nach langer Sanierung wiedereröffnete Archäologische Museum von Heraklion ist das funkelnde Juwel Kretas. Die beiden Stockwerke des restaurierten Bauhaus-Gebäudes aus den 1930er-Jahren bilden einen wunderbaren Rahmen für Ausstellungsstücke aus 5500 Jahren Geschichte – vom Neolithikum bis zu römischer Zeit – und die

Highlights

1 Die minoischen Kunstwerke im **Archäologischen Museum von Heraklion** (S. 155) bewundern

2 In der **Weinregion von Iraklion** (S. 178) köstliche kretische Tropfen kosten

3 Die umwerfende Aussicht in **Festos** (S. 186) genießen

4 Eine Audienz bei König Minos im **Palast von Knossos** (S. 170) beantragen

5 Bei einer Wanderung durch die **Rouvas-Schlucht**

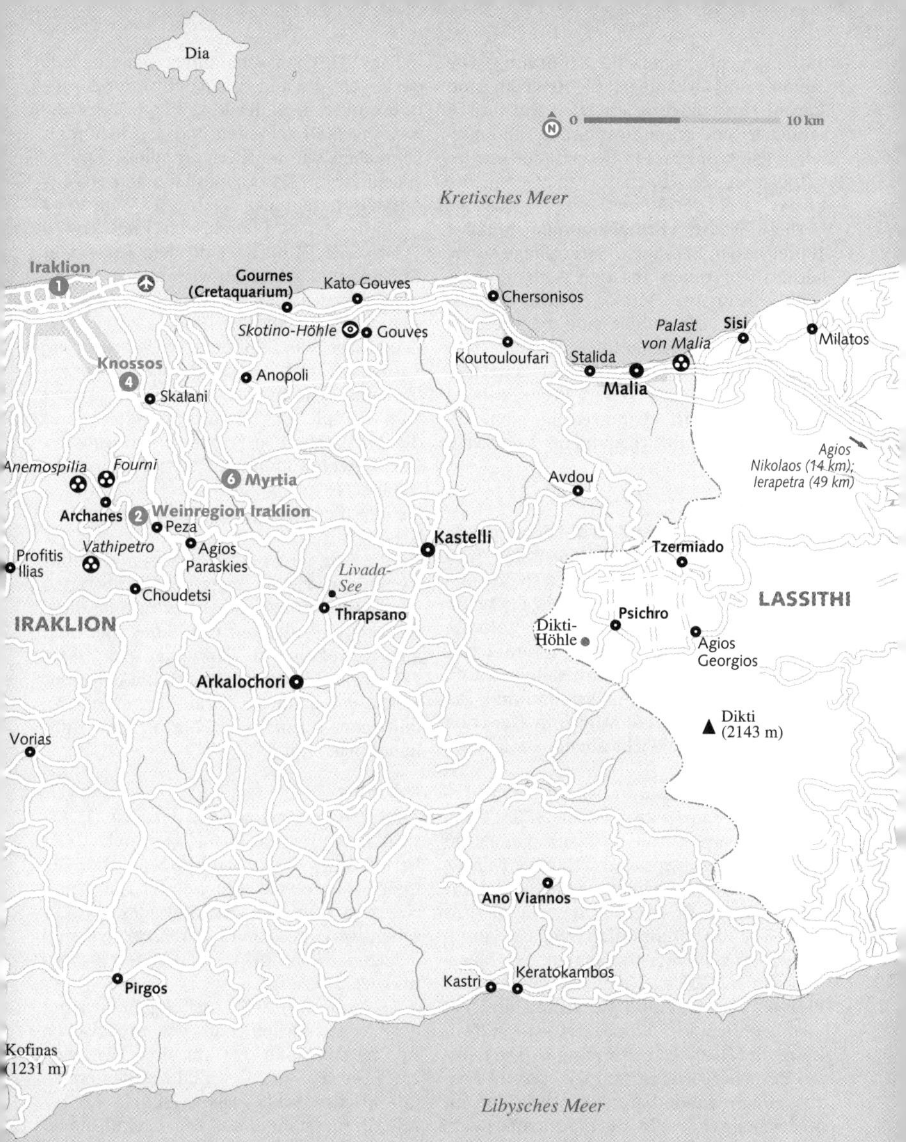

(S. 182) die Schöpferkraft der Natur bewundern

6 In **Myrtia** (S. 181) einen Eindruck vom Genie des auf Kreta geborenen Schriftstellers Nikos Kazantzakis bekommen

7 In den klaren Gewässern von **Kommos** (S. 190) im Schatten minoischer Ruinen abkühlen

8 Durch Olivenhaine in **Kamilari** (S. 192) zu einem Tholos-Grab gehen

9 In **Gortys** (S. 184) hinter die Kulissen der römischen Vergangenheit Kretas schauen

umfangreiche minoische Sammlung. Die Zimmer sind farbkodiert; die Artefakte sind sowohl chronologisch als auch thematisch arrangiert und schön präsentiert, mit englischen Erklärungen. Ein Besuch hier vermittelt jede Menge Wissen über die Geschichte Kretas – nicht versäumen!

Diese wahre Schatzkammer umfasst Töpferwaren, Schmuck, Sarkophage sowie berühmte Fresken aus den Ausgrabungsstätten Knossos, Tylissos, Amnissos und Agia Triada. Die Stücke sind zu Themenkomplexen wie Besiedlung, Handel, Tod, Religion und Verwaltung zusammengefasst. Zusammen mit den klaren Erläuterungen vermitteln sie ein lebendiges Bild vom Alltag und von der Entwicklung der kretischen Kulturen.

➡ Erdgeschoss

Die **Säle I–III** befassen sich mit der Zeit vom Neolithikum bis zur Altpalastzeit (7000–1700 v. Chr.) und erzählen vom Leben in den ersten Siedlungen Kretas und insbesondere um Knossos. Interessant hier sind der **goldene Bienenanhänger** aus Malia, ein raffiniertes Meisterwerk der Goldschmiedekunst, und die umfassende Schmucksammlung. Bei dem reich verzierten **Kamares-Geschirr** handelt es sich vielleicht um ein königliches Abendservice.

Die **Säle IV, V** und **VI** beleuchten das Leben in der Neupalastzeit (1700–1450 v. Chr.). Die minoische Kultur erreichte damals ihren Höhepunkt, geprägt durch neue Paläste, eine aufwendige Architektur und einen sehr regen Handel. Da überrascht es kaum, dass diese Säle mit ihren umfangreichen Sammlungen zu den meistbesuchten des Museums zählen. Zu den Highlights gehören ein **kleines Tonhaus aus Archanes** und ein atemberaubendes **Spielbrett mit Elfenbein- und Bergkristall-Einlagen**. Die meisten Besucher zieht es zum **Diskos von Festos**, einem wunderbaren Tonstück, das mit 45 Zeichen verziert ist, die nie entziffert werden konnten. Die großen **Kupfergewichte** aus Agia Triada und dem Palast von Zakros ganz in der Nähe stellen wichtige Zeugnisse des wirtschaftlichen Austauschs dar. Weitere Schätze sind das **Stierspringerfresko** und das unglaubliche **Stierspringermodell** (Saal VI), auf denen mutige Sportpraktiken jener Zeit dargestellt sind.

Die Kultobjekte und Figurinen in den **Sälen VII** und **VIII** zeugen von der Bedeutung der minoischen Religion und Weltanschauung. Der **Prinzenbecher** aus Agia Triada in Saal VII zeigt zwei Männer: Der eine hält ein Zepter, der andere ein Schwert. Sehr interessant ist auch der **Ring des Königs Minos**, der 2001 gefunden und den Behörden übergeben wurde. Zwei grandiose Kultgegenstände aus Knossos sind die **Schlangengöttinnen** und der **steinerne Stierkopf** (mit Muschel- und Bergkristall-Einlagen).

Die **Säle IX** und **X** sind dem Palast von Knossos und seiner Entwicklung zu einem Zentralstaat nach dem administrativen Zusammenbruch anderer Paläste sowie den Zeugnissen der Mykener gewidmet. Die **Tontafeln mit Linear-B-Schrift** zeigen die erste „griechische" Schrift und zeugen vom komplexen Verwaltungssystem und den bürokratischen Praktiken von Knossos. Der außergewöhnliche **Eberhelm** und die **Schwerter mit Goldgriff** in Saal X weisen auf die Bedeutung des Status als adliger Krieger hin.

Die **Säle XI** und **XII** befassen sich mit Siedlungen, Heiligtümern und Grabstätten der späten Bronzezeit, u. a. mit faszinierenden Darstellungen des Todes. Bei dem außergewöhnlichen Sarkophag aus **Agia Triada** (Saal XXII) soll es sich um den eines Herrschers handeln: Darauf deuten die detailreichen Szenen von ehrerbietigen Kulthandlungen hin.

➡ 1. Stock

Saal XIII zeigt minoische Fresken (1800–1350 v. Chr.) sowie Evans' berühmte (oder berüchtigte) Rekonstruktionen. Die Gemälde zeugen vom Interesse für Kunst und Natur zu jener Zeit. Sie sind allesamt sehr sehenswert, besonders herausragend sind jedoch der **Lilienprinz**, die **Damen in Blau** und der **Stierkopf**.

Die **Säle XV–XIX** beschäftigen sich mit der geometrischen und der archaischen Epoche (10.–6. Jh. v. Chr.), dem Übergang zur Eisenzeit und der Bildung der ersten griechischen Städte. Die **Apollonische Triade**, Bronzestatuen aus Deros, sind die ältesten bekannten griechischen Plastiken aus gehämmerter Bronze; extravagante Kultgaben sind die **Bronzeschilde aus der Idäischen Grotte**.

In den **Sälen XX–XXII** gelangt man zur klassischen, hellenistischen und römischen Zeit (5.–4. Jh. v. Chr.): Hier bilden Gegenstände und Figurinen sowie atemberaubende Mosaikböden und Amphoren den Rahmen für die Gründung der autonomen griechischen Stadtstaaten, gefolgt von Bürgerkriegen und schließlich der römischen

DREI PERFEKTE TAGE

1. Tag

Wer früh aufsteht und sich in die Warteschlange vor dem Eingang von **Knossos** (S. 170) einreiht, kann die größten Sehenswürdigkeiten einigermaßen ungestört betrachten. Danach gibt's ein kretisches Gourmet-Mittagessen bei **Elia & Diosmos** (S. 180) in Skalani, am Rand der Weinregion Iraklions, gefolgt von einem Abstecher nach **Myrtia** (S. 181), um Nikos Kazantzakis, Kretas renommiertestem Schriftsteller des 20. Jhs., seine Aufwartung zu machen. Wer genügend Zeit im Gepäck hat, kann noch die minoischen Stätten von **Archanes** (S. 176) besichtigen. Anschließend geht's zurück nach Iraklion zu einem Gourmetdinner bei **Peskesi** (S. 164).

2. Tag

Der Vormittag gehört dem **Archäologischen Museum von Heraklion** (S. 155) mit seinen Schätzen der minoischen Kultur, u. a. aus Knossos. Nach einer kleinen Stärkung zu Mittag geht's in die **Weinregion** (S. 178) um Dafnes und Siva zu ein paar Verkostungen. Eine Alternative für Leute, die mit Kindern unterwegs sind, ist das **Cretaquarium** (S. 197) oder das benachbarte **Dinosauria** (S. 197) in Gournes, oder man begibt sich in die Eingeweide der **Skotino-Höhle** (S. 198), einer gruseligen Unterwelt.

3. Tag

Heute steht eine Besichtigung des **Palasts von Festos** (S. 186) und des nahen **Agia Triada** (S. 187) auf dem Programm, danach unterwegs Richtung Süden ein Mittagessen im **Kafeneio Ksa Sou** (S. 194). Anschließend geht's direkt zur **Agiofarango-Schlucht** (S. 194), wo ein Spaziergang zu einem schönen abgeschiedenen Strand mit kristallklarem Wasser führt. Zum Abendessen lockt eine der Tavernen von **Kamilari** (S. 192).

Epoche. Bei dem riesigen **Phalagari-Silbermünzenschatz** (Saal XXI) soll es sich um eine militärische Staatskasse handeln. Besonders faszinierend sind die Grabfunde aus diesen Zeiten wie z. B. der Schädel mit dem Goldkranz (Saal XXII).

In **Saal XXIII** sind zwei Privatsammlungen ausgestellt, die dem Museum gestiftet wurden.

Die **Säle XXVI** und **XXVII** (7.–4. Jh. v. Chr.) beleuchten die Rolle Kretas für die Herausbildung der Monumentalskulptur. Außerdem sind römische Skulpturen zu sehen und es wird der Obsession nachgegangen, mit der Statuen von Helden und Göttern der vorhergehenden klassischen Epoche kopiert wurden.

Zur Zeit der Recherche waren ein Multimedia- und ein Tagungsraum noch im Entstehen begriffen, dazu eine Garderobe und ein Multimedia-Ausstellungssaal.

Historisches Museum von Kreta MUSEUM
(www.historical-museum.gr; Sofokli Venizelou 27; Eintritt 5 €; ⏲April–Okt. Mo–Sa 9–17 Uhr, Nov.–März Mo–Sa bis 15.30 Uhr) Wer wissen möchte, was in Kreta in den letzten 1700 Jahren so alles passiert ist, darf keinesfalls einen Besuch in diesem hochinteressanten Museum versäumen. Die Bandbreite der Exponate reicht von der byzantinischen über die venezianische bis zur türkischen Ära und endet mit dem Zweiten Weltkrieg. Im ganzen Museum gibt's ausgezeichnete englischsprachige Beschilderung, Multimedia- und Hörstationen. In einem kleinen Café kann man sich nach dem Rundgang stärken.

Die unumstrittenen Highlights im ersten Stock sind die beiden einzigen Gemälde von El Greco, die sich auf Kreta befinden – *Blick auf den Berg Sinai und das St.-Katharinen-Kloster* (1570) sowie das winzige *Die Taufe Christi* (1569). In anderen Ausstellungsräumen werden Fresken aus dem 13. und 14. Jh. gezeigt, ergänzt durch auserlesenen venezianischen Goldschmuck und Brokatgewänder. Eine weitere historische Ausstellung zeichnet den Weg Kretas in die Unabhängigkeit von den Türken im 20. Jh. nach.

Die interessantesten Räumlichkeiten befinden sich im 2. Stock. Fans von Nikos Kazantzakis können das nachgebildete Arbeitszimmer des berühmten kretischen Schriftstellers aus seinem Haus in Antibes in Frankreich besichtigen und sich Szenen aus *Alexis Sorbas* und anderen Verfilmungen

Iraklion

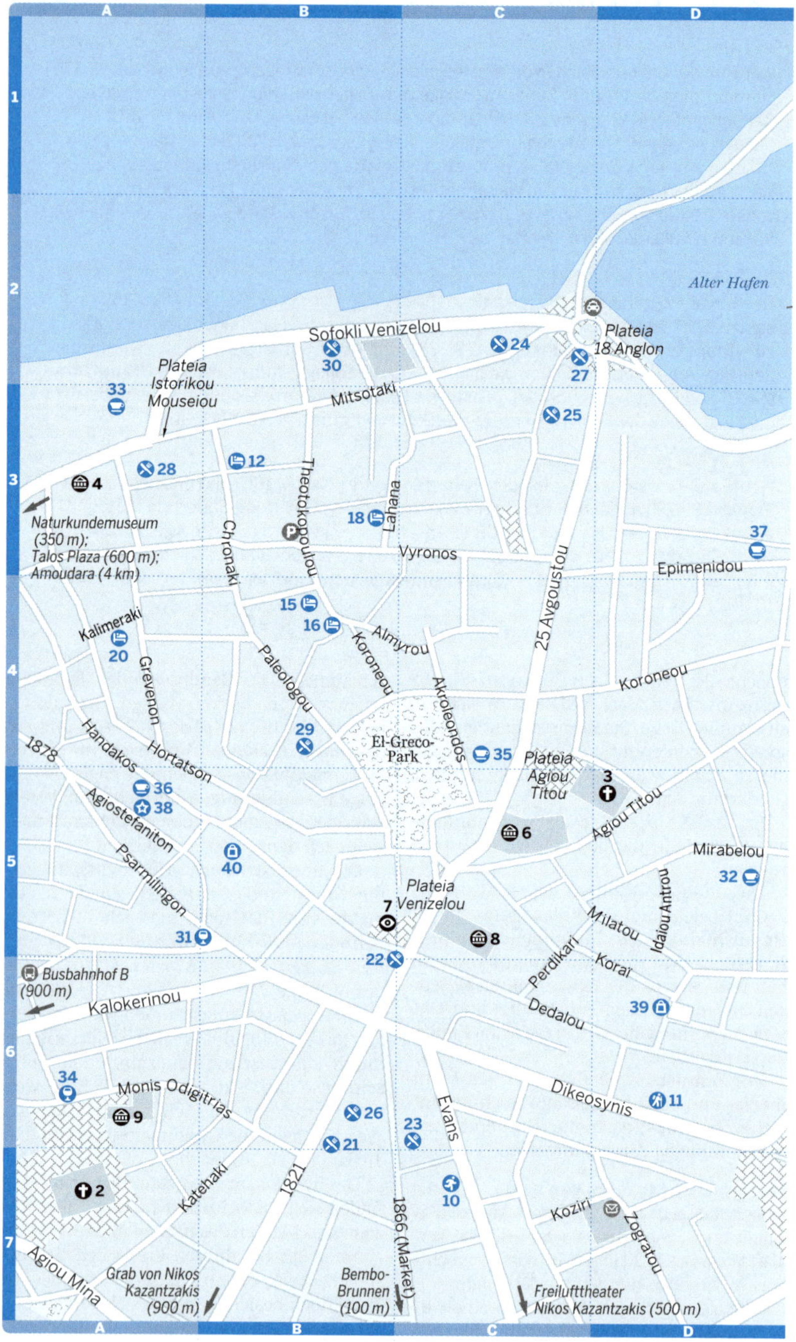
A
B
C
D
1
2
3
4
5
6
7
Alter Hafen
Sofokli Venizelou
30
24
Plateia
18 Anglon
27
Plateia
Istorikou
Mouseiou
33
Mitsotaki
25
28
12
Theotokopoulou
4
Lahana
18
Naturkundemuseum
(350 m);
Talos Plaza (600 m);
Amoudara (4 km)
Chronaki
Vyronos
37
Epimenidou
25 Avgoustou
15
16
Almyrou
Kalimeraki
20
Koroneou
Paleologou
Akroleondos
Koroneou
Grevenon
29
El-Greco-
Park
35
Plateia
Agiou
Titou
3
Handakos
1878
Hortatson
36
38
Agiou Titou
6
Agiostefaniton
40
Mirabelou
32
Psarmilingon
Plateia
Venizelou
7
Idaiou Antrou
Milatou
31
8
Perdikari
22
Korai
Busbahnhof B
(900 m)
Kalokerinou
39
Dedalou
34
Monis Odigitrias
Dikeosynis
11
9
26
23
Evans
21
1821
10
Katehaki
2
Koziri
Zogratou
1866 (Market)
Agiou Mina
Grab von Nikos
Kazantzakis
(900 m)
Bembo-
Brunnen
(100 m)
Freilufttheater
Nikos Kazantzakis (500 m)

seiner Bücher anschauen. Der historische Schwerpunkt liegt auf dem Zweiten Weltkrieg, vor allem auf der Schlacht um Kreta. Eine Hightech-Ausstellung erzählt auf bewegende Weise vom kretischen Widerstand, erläutert die Rolle des alliierten Geheimdienstes und schildert die Zerstörung Iraklions, die Entführung des deutschen Generals Kreipe und andere Ereignisse des Krieges. Ein Highlight ist das Originalbüro von Emmanouil Tsouderos, dem auf Kreta geborenen Premierminister Griechenlands von 1941 bis 1944. Seine Familie hat es dem Museum gestiftet.

Im obersten (3.) Stockwerk findet man eine hervorragende Sammlung zu Volkskunde und Kunsthandwerk.

Kastell Koules FESTUNG

(Venezianischer Hafen) Die wuchtige Festung aus dem 16. Jh. wurde von den Venezianern als Rocca al Mare bezeichnet und ist das sichtbarste Wahrzeichen Iraklions. 21 Jahre trotzte sie dem Ansturm der Osmanen, bevor die Eroberer sie zum Gefängnis für kretische Rebellen umfunktionierten. An drei der Mauern sind Marmorreliefs mit dem Symbol Venedigs, dem geflügelten Löwen des Heiligen Markus, zu sehen. Zur Zeit der Recherche war die Festung zwecks Restaurierung geschlossen.

Naturkundemuseum MUSEUM

(www.nhmc.uoc.gr; Sofokli Venizelou; Erw./erm. 8/5 €; ⌚ Juni–Sept. 9–20 Uhr, Okt.–Mai Mo–Fr 9–14, Sa & So 10–17 Uhr) Das Museum ist ein clever umgebautes Elektrizitätswerk rund zehn Minuten Fußweg auf der 25 Avgoustou am Meer entlang nach Westen. Es stellt auf riesigen Dioramen und in einem Gebäudeflügel voller Terrarien die Flora und Fauna des Mittelmeerraums vor. Star der Ausstellung sind die lebensgroße (5 x 7 m) Nachbildung des elefantenartigen *Deinotherium giganteum,* des größten landlebenden Säugetiers aller Zeiten, sowie der 3-D-Erdbebensimulator.

Morosini-Brunnen BRUNNEN

(Löwenbrunnen; Plateia Venizelou) Der Springbrunnen auf der Plateia Venizelou ist das populärste unter den venezianischen Überbleibseln der Stadt. Jedoch speien die vier Steinlöwen heute nicht mehr ihre Fontänen in die acht Marmorbecken. Die Marmorstatue Poseidons, die einst in der Mitte des Brunnens stand, wurde unter osmanischer Herrschaft zerstört.

Iraklion

Städtische Kunstgalerie
KUNSTGALERIE

(Agios Markos Basilica, 25 Avgoustou; ⌚ Mo–Fr 10–13 & 18–20.30, Sa bis 13 Uhr) GRATIS Die dreischiffige, im 13. Jh. erbaute Agios-Markos-Basilika wurde mehrmals umgebaut und unter den Türken in eine Moschee umgewandelt. Heute finden hier Wechselausstellungen mit Werken griechischer und ausländischer Künstler statt. Es lohnt sich auf jeden Fall, hier vorbeizuschauen, um zu sehen, was gerade gezeigt wird.

Agios-Titos-Kirche
KIRCHE

(Plateia Agiou Titou; ⌚7.30–13 & 16.30–19.30 Uhr) Die majestätische Agios-Titos-Kirche überragt den gleichnamigen Platz. Sie wurde 961 von den Byzantinern erbaut, später von den Venezianern in eine katholische Kirche umgewandelt und schließlich unter den Osmanen als Moschee genutzt und nach dem verheerenden Erdbeben von 1856 auch wieder aufgebaut. 1925 verwandelte sie sich in eine orthodoxe Kirche. Seit 1966 ruht hier auch wieder die hoch verehrte Schädelreliquie des Heiligen Titus. Sie war nach Venedig gebracht worden, um sie vor den türkischen Besatzern zu schützen.

Stadtmauer
BEFESTIGUNGSANLAGE

Iraklion ist schon vor langer Zeit aus den Nähten, sprich Stadtmauern, geplatzt. Die alten venezianischen Befestigungsanlagen mit ihren sieben Bastionen und vier Toren sind aber immer noch deutlich auszumachen und stellen die Betonklötze aus dem 20. Jh. locker in den Schatten. Erbaut wurde die Verteidigungsanlage zwischen 1462 und 1562 unter den Venezianern. Wer mag, kann an der Mauer entlang um die Innenstadt herumgehen, aber ein besonders malerischer Spaziergang ist das nicht.

Bembo-Brunnen
BRUNNEN

(Plateia Kornarou) Dieser entzückende Springbrunnen auf der Plateia Kornarou, am Südende der Odos 1866, wurde Mitte des 16. Jhs. errichtet. Als Baumaterial diente antiker „Bauschutt“, darunter auch die Statue eines römischen Beamten, die man in der Nähe von Ierapetra gefunden hatte. Der Brunnen war der erste der Stadt und versorgte Iraklion über ein Aquädukt mit Wasser aus einer 13 km weiter südlich gelegenen Quelle auf dem Berg Giouchtas. Das sechseckige Brunnenhäuschen nebendran steuerten die Türken bei. Heute beherbergt es ein uriges *kafenion*. Zur Zeit der Recherche war der Brunnen aufgrund von Sanierungsarbeiten nicht zu sehen.

Loggia HISTORISCHES GEBÄUDE
(25 Avgoustou) Das Rathaus von Iraklion ist in der liebevoll restaurierten Loggia aus dem 17. Jh. untergebracht. In dieser venezianischen Version eines Herrenclubs traf sich damals der männliche Adel auf einen Schluck und ein Schwätzchen.

Grab von Nikos Kazantzakis HISTORISCHE STÄTTE
(Martinengo-Bastion) Das Grab des renommiertesten kretischen Schriftstellers des 20. Jhs., Nikos Kazantzakis (1883–1957), liegt südlich der Innenstadt in der gut erhaltenen Martinengo-Bastion. Die Grabinschrift wurde einem seiner Werke entnommen und lautet „Ich erhoffe nichts, ich fürchte nichts, ich bin frei". Am Südende der Odos 1821 die Mossourou nehmen und bis an deren Ende gehen, dort rechts in die Plastira einbiegen. Linker Hand erhebt sich drohend die Bastion.

Museum religiöser Kunst MUSEUM
(Agia-Ekaterini-Kirche; Ekaterini-Platz; Eintritt 4 €; ⏲ April–Okt. 9.30–19 Uhr, Nov.–März bis 13.30 Uhr) Dieses winzige, aber faszinierende Museum befindet sich in einem Kloster des 13. Jhs., aus dem später eine Moschee wurde. Es beherbergt historische sakrale Kunstwerke aus verschiedenen Klöstern auf ganz Kreta. Zu den Highlights zählen die Arbeiten des Ikonen-Hagiografen Angelos Akotantos aus dem 15. Jh. und des postbyzantinischen Malers Michael Damaskinos. Die Gemälde, Holzkunst, Manuskripte und Steinschnitzarbeiten sind klar präsentiert und englisch beschriftet. Gegenüber der Agios-Minas-Kathedrale.

Agios-Minas-Kathedrale KATHEDRALE
Agios Minas, eine der größten Kathedralen Griechenlands, wurde zwischen 1862 und 1895 erbaut. Der hl. Minas ist der Schutzheilige von Iraklion.

Strände

Ammoudara, rund 4 km westlich von Iraklion, und **Amnisos**, 2 km östlich der Stadt, sind die am nächsten gelegenen Strände. Letzterer befindet sich allerdings gleich hinter dem Flughafen und bekommt einiges an Lärm ab. Angenehmer sind die Strände bei Agia Pelagia, etwa 20 km westlich der Stadt.

Aktivitäten

Cretan Adventures OUTDOOR-AKTIVITÄTEN
(☎28103 32772; www.cretanadventures.gr; 3. Stock, Evans 10) Dieses angesehene ortsansässige Unternehmen, geleitet vom freundlichen und kenntnisreichen Fondas, der auch Englisch spricht, organisiert Wanderungen, Mountainbiketouren sowie diverse Extremaktivitäten. Außerdem werden tolle Touren auf eigene Faust mit detaillierten Wanderhinweisen sowie Unterkunft mit Frühstück und Gepäcktransport arrangiert (ab 740 € für eine Woche). Fondas' Büro ist oben im dritten Stock und leicht zu übersehen.

Schlafen

Hotel Mirabello HOTEL €
(☎28102 85052; www.mirabello-hotel.gr; Theotokopoulou 20; DZ mit/ohne Bad ab 60/45 €; ❄📶) Das freundliche, entspannte Hotel in einer ruhigen Straße ist zwar nicht mehr das jüngste, doch das Preis-Leistungs-Verhältnis stimmt immer noch. Die Zimmer sind picobello, wenn auch etwas beengt, und haben TV und Telefon, z. T. auch Balkon, Kühlschrank und Geräte zum Tee- und Kaffeekochen. Die Straße ist recht ruhig, aber freitag- und samstagabends kann der Studententreff nebenan für Lärm sorgen.

Rea Hotel HOTEL €
(☎28102 23638; www.hotelrea.gr; Kalimeraki 1, Ecke Hortatson; DZ mit/ohne Bad 45/35 €, 3BZ 55 €; ❄📶) Dieses familiengeführte Hotel wurde 2014 renoviert und verströmt eine relaxte, freundliche Atmosphäre. Die 16 einfachen, makellosen Zimmer verteilen sich auf zwei Stockwerke und haben alle TV und Balkon; einige teilen sich ein Bad. Auch Familienzimmer sind im Angebot. Es gibt eine Bücherbörse und einen Gemeinschaftskühlschrank.

Lena Hotel HOTEL €
(☎28102 23280; www.lena-hotel.gr; Lahana 10; EZ mit/ohne Bad 40/35 €, DZ mit/ohne Bad 50/40 €, 3BZ 70 €; ❄📶) Alles ist hier schon ein wenig in die Jahre gekommen, aber das schlichte Hotel ist nach wie vor eine gute Wahl für preisbewusste Reisende. Die Ausstattung der 16 Zimmer variiert, nicht alle haben ein Bad, aber auch die Gemeinschaftseinrichtungen sind einwandfrei gepflegt. Das Personal ist außerordentlich freundlich. Frühstück 8 €.

Kastro Hotel HOTEL €€
(☎28102 84185; www.kastro-hotel.gr; Theotokopoulou 22; EZ/DZ/3BZ mit Frühstück 55/85/110 €;

) Die Zimmer des Kastro laufen mit origineller Tapete, Marmorschreibtisch und lederverkleideten Wänden fast Gefahr, in *Schöner Wohnen* aufzutauchen. Alle haben Flachbildfernseher, einen kleinen Kühlschrank und einen Balkon. Der Frühstücksraum ist nett und das Personal extrem hilfsbereit. Gutes Preis-Leistungs-Verhältnis.

Atrion Hotel BUSINESSHOTEL €€
(28102 46000; www.atrion.gr; Chronaki 9; EZ/DZ/3BZ/FZ mit Frühstück ab 70/95/120/135 €;) Das moderne 60-Zimmer-Businesshotel wartet mit all dem elektronischen Schnickschnack und dem gesichtslosen Standarddesign auf, das man bei einem Businesshotel erwartet. Mit seiner Lage beim El-Greco-Park und Hafen ist es aber auch für Urlaubsreisende praktisch. Eine verlässliche, wenn auch etwas teurere Unterkunft.

Capsis Astoria HOTEL €€
(28103 43080; www.capsishotel.gr; Plateia Eleftherias 11; EZ 85–100 €, DZ 100–120 €, 3BZ 115–140 €, jeweils mit Frühstück; P) Hinter dem drögen klotzigen Äußeren macht sich Klasse breit, die bis zum Pool auf dem Dach mit herrlichem Panoramablick auf Iraklion reicht. Die Zimmer kommen in angenehm neutralen Farbtönen daher, mit schicken historischen Schwarz-Weiß-Fotos. 30 der 131 Zimmer sind „Skylight"-Zimmer – mit Fenstern, aber ohne Ausblick. Das Frühstücksbuffet ist phantastisch.

Lato Boutique Hotel BOUTIQUEHOTEL €€
(28102 28103; www.lato.gr; Epimenidou 15; DZ mit Frühstück 85–120 €;) Iraklion trifft Hollywood – mit Pomp, aber ohne Protz – in diesem modernen Boutiquehotel mit Blick auf den alten Hafen. Die engen Zimmer sind in warmen Rottönen mit viel Holz, modernsten Matratzen und einer verspielten Beleuchtung eingerichtet. Der kürzlich eröffnete neue Hotelteil in einem separaten Gebäude ist noch moderner.

Marin Dream Hotel HOTEL €€
(28103 00018; www.marinhotel.gr; Epimenidou 46; EZ/DZ mit Frühstück ab 65/75 €;) In erster Linie ist das Marin Dream ein Businesshotel, doch punktet es auch bei Urlaubern dank der tollen Lage mit Blick auf den Hafen und die Festung (unbedingt ein Zimmer nach vorne raus mit Balkon nehmen). Die merkwürdig beleuchteten Flure vermitteln einem das Gefühl, sich in einem Raumschiff zu befinden, aber die schokobraunen und kirschroten Farbtöne und die schnörkellosen Möbel verleihen den Zimmern ein gepflegtes und seriöses Flair. Die Preise schwanken je nach Nachfrage – siehe Website!

GDM Megaron HOTEL €€€
(28103 05300; www.gdmmegaron.gr; Doukos Beaufort 9; EZ/DZ mit Frühstück ab 140/170 €;) Vom klobigen Äußeren dieses Hotels am Hafen sollte sich niemand abschrecken lassen, denn drinnen ist es top durchgestylt. Zur Ausstattung gehören bequeme Betten, Jacuzzis in den VIP-Suiten und Flachbildfernseher in allen Zimmern. Abhängen im Pool oder bei einem Drink mit weitem Blick vom Restaurant und der Bar auf dem Dach sind zusätzliche Verlockungen, die über das Herkömmliche hinausgehen.

Essen

Iraklion bietet Restaurants für jeden Geschmack und Geldbeutel, von der ausgezeichneten Fischtaverne über internationale Küche bis zum Gourmetrestaurant. Achtung: Viele Restaurants haben sonntags geschlossen. Am Nordrand vom El-Greco-Park steht ein Supermarkt.

Loukoumades BÄCKEREI €
(9 Odos 1821; 6 Stück 2,50 €; Mo–Sa 5–22 Uhr) Die richtige Adresse für köstliche, lockere *loukoumadhes*, fettgebackene Krapfen, die mit Honig beträufelt und in Sesam und Zimt gewälzt werden.

Bitzarakis Bakery BÄCKEREI €
(7 Odos 1821; Snacks ab 0,50 €) Verkauft ausgezeichnete frisch gebackene *kalitsounia* (gefüllte, kurz frittierte Teigtaschen) und viele andere traditionelle süße Teilchen, die in einer Frauenkooperative hergestellt werden.

Fyllo...Sofies CAFÉ €
(2810 284774; www.fillosofies.gr; Plateia Venizelou 33; Snacks 3–7 €; 6 Uhr–spät;) Das Lokal, dessen Tische fast bis zum Morosini-Brunnen reichen, ist der perfekte Ort, um *bougatsa* (mit Zimtzucker bestreuter Grießpudding in Blätterteig) zu frühstücken. Die weniger süße Variante ist mit *myzithra* (Schafskäse) gefüllt.

★ **Peskesi** KRETISCH €€
(28102 88887; www.peskesicrete.gr; Hauptgerichte 8–16 €; 12 Uhr–spät) Dieses hübsche Lokal, ein Neuling unter den edlen Restaurants der Stadt, befindet sich in einem raffiniert umgebauten traditionellen Haus und verströmt eine ordentliche Prise Snobismus.

Am besten trifft den Stil des Hauses vielleicht „postmodern-altgriechisch" (auch wenn sich mancher Leser jetzt fragen mag, was das wohl sein soll). Hier hängt an einem Metzgerhaken über Kräutern geräuchertes Schweinefleisch *(apaki)* und es gibt *kandavlos* (ein uraltes *souvlaki*). Das Restaurant liegt in einer kleinen Gasse bei der Nordwestecke des El-Greco-Parks. Reservierung ratsam.

Parasties GRIECHISCH €€
(www.parasties.gr; Plateia Istorikou Mouseiou, Sofokli Venizelou 19; Hauptgerichte 7–24 €; ⌚12–24 Uhr) Der Besitzer des Parasties, Haris, legt viel Wert auf erstklassige regionale Zutaten und lokale Spitzenweine, und das zeigt sich auch auf der kleinen, aber ausgezeichneten Karte. Top-Tipps sind Rinderleber und gegrillte Pilze, und auch die leckeren Salate und tollen Fleischgerichte verleiten zum Schlemmen über den Hunger hinaus. Die Einrichtung ist stilvoll, man kann draußen speisen oder auch drinnen und dann der Köchin dabei zusehen, wie sie in der offenen Küche ihre Schnecken und anderen Köstlichkeiten verarbeitet.

Brillant/Herbs' Garden GRIECHISCH €€
(☎28102 28103; www.brillantrestaurant.gr; Lato Boutique Hotel, Epimenidou 15; Hauptgerichte 12–23 €; ⌚13–24 Uhr) Im Brillant, dem modischen Foodie-Anhängsel des Boutiquehotels Lato, könnte das Avantgarde-Dekor fast von der einfallsreichen, gut gewürzten kretischen Küche ablenken. Die Karte wechselt mit den Jahreszeiten. Von Mai bis Oktober tauft sich das Restaurant in „Herbs' Garden" um, zieht aufs recht beengte Hoteldach und bietet dort Open-Air-Schmausen mit Hafenblick. Über den Apostroph kann man sich streiten, aber sicher nicht über die Qualität der Küche, die z. B. mit zartem Lamm mit Tomaten, kretischen roten Bohnen und griechischem Joghurt aufwartet.

Ippokambos FISCH & MEERESFRÜCHTE €€
(Sofokli Venizelou 3; Hauptgerichte 6–13 €; ⌚Mo–Sa 12–24 Uhr; 📶) Die schicke *ouzeri* erhält von den Einheimischen durchweg Bestnoten – von uns ebenfalls. Hier dreht sich alles um Fisch; frisch gefangen, ohne viel Chichi, aber fachmännisch zubereitet und zu fairen Preisen. Im Sommer sitzt es sich wunderbar auf der überdachten Terrasse mit Meerblick.

O Vrakas FISCH & MEERESFRÜCHTE €€
(Marinelli 1; Hauptgerichte 8,50–12 €; ⌚11–4 Uhr) Das Lokal am Wasser an der Touristenmeile ist weder besonders prachtvoll noch entstammt es den Seiten eines Gourmet-Magazins, doch seit es vom Großvater des Betreibers ins Leben gerufen wurde, hat es sich von einer Straßen-*ouzeri*, die auf dem Bürgersteig Fisch grillt – was nicht mehr erlaubt ist –, zu einem verlässlichen und preiswerten Restaurant für griechische Klassiker gemausert.

INFOS IM INTERNET

Stadt Iraklion (www.heraklion-city.gr) Die Website der Stadt bietet kurze allgemeine Informationen über Iraklion.

Geschichte von Iraklion (http://history.heraklion.gr) Liefert einen ausgezeichneten Überblick über die Geschichte der Stadt und seiner Monumente im Verlauf der Jahrhunderte.

Historisches Museum von Kreta (www.historical-museum.gr) Die offizielle Museumswebsite bietet einen hervorragenden Überblick über Kreta seit der byzantinischen Zeit.

Giakoumis TAVERNE €€
(Theodosaki 5–8; Hauptgerichte 6–13 €; ⌚7–23 Uhr) Das Giakoumis ist die älteste unter den vielen Tavernen, die sich in einer ruhigen Seitenstraße der Odos 1866 gegenseitig Konkurrenz machen. Sie hat jede Menge *mayirefta* (vorgekochte Gerichte) und gegrilltes Fleisch im Angebot. Zu empfehlen sind v. a. die Lammkoteletts: Der Koch grillt sie schon seit 40 Jahren und hat das Würzen und Zubereiten perfektioniert. Hier gibt's, wie Giannis, der Besitzer, sagt, „heimische Portionen für alle!" – also volle Teller.

Kouzinerie GRIECHISCH €€
(Marinelli 11; Hauptgerichte 10–18 €; ⌚mittags & abends) Wer etwas authentisch Griechisches sucht, wird vielleicht enttäuscht, aber ein jüngeres Publikum auf der Suche nach einem modernen Speiseerlebnis freut sich sicher über zeitgenössische Musik, hypermodernes Design und eine global ausgerichtete Küche mit Speisen von scharfen *buffalo wings* bis zu kretischen Pasteten. Dies ist eines der modernen Lokale, die überall in der Stadt auftauchen. Die Bedienung kann etwas schroff ausfallen. Wer's eher traditionell mag, kann hier auch die Schweinshaxe bestellen, die im Holzofen gebacken wird – ganz langsam bis zu sieben Stunden lang.

Thalassinos Kosmos FISCH & MEERESFRÜCHTE €€
(www.thalassinoskosmos.gr; Sofokli Venizelou 11; Hauptgerichte 8–12 €, Fisch ab 50 € pro kg; ⌚11 Uhr–spät) Mit seinen Possen gelingt es dem Eigentümer schnell, seine Gäste einzufangen, wenn sie an dem Lokal vorbeigehen, das sich teils auf der anderen Straße an der Mole befindet. Aber die Einheimischen schwören auf seinen Fisch; Interessenten zeigt er gerne seinen Tagesfang.

Ausgehen & Nachtleben

Als Universitätsstadt kann Iraklion mit einem der besten Nachtleben der Insel punkten. Die In-Szene hängt auf überdimensionierten Sofas in den Clubs an der Korai, Perdikari und Milatou (bekannt als das Korai-Viertel) und rund um den El-Greco-Park ab. Westlich von hier, in der Handakos, Agiostefaniton und Psaromiligkon, gibt's eher alternativ angehauchte Locations. Die meisten Lokalitäten öffnen am Vormittag oder um die Mittagszeit und schließen in den frühen Morgenstunden. Das Ambiente und die Zusammensetzung des Publikums hängen von der jeweiligen Tageszeit ab und verändern sich laufend.

Clubs säumen die Epimenidou und die Beaufort in Hafennähe sowie die westliche Uferpromenade nahe der Talos Plaza. Der Eintritt kostet ab 5 € und doppelt so viel, wenn ein international bekannter DJ auflegt. Die eigentliche Action beginnt normalerweise erst ab 1 Uhr.

Es öffnen ständig neue Bars und andere schließen – am besten erkundigt man sich bei den Studenten, was gerade angesagt ist.

Utopia CAFÉ
(www.outopia.eu; Handakos 51; ⌚9–2 Uhr) Dieses kultivierte Café im alten Kaffeehausstil hat die beste heiße Schokolade (5,50–8,50 €) in der Stadt sowie ein sündhaft verlockendes Schokoladen-Fondue, allerdings zu exorbitanten Preisen. Verführerisch sind auch die ausgezeichnete Eiscreme und die hausgemachten Kekse. Das Alter Ego des Cafés, das Beer Utopia gegenüber, wartet mit über 500 Biersorten auf.

★ **Bar Blow-Up** BAR
(http://barblowup.blogspot.de; Psaromiligkon 1; ⌚22 Uhr–open end; 📶) In diesem Partyschuppen mit hohem Energielevel herrscht eine funkige Underground-Stimmung, die mehr an Berlin als Iraklion erinnert. Die gute Musik und das kühle Bier zieht ein legeres Publikum gemischten Alters an.

Jailhouse Bar BAR
(Agiostefaniton 19a; ⌚17–4 Uhr) Diese Bar in den Gewölben eines Gebäudes aus venezianischer Zeit hat sich dem Rock und dem Punk verschrieben. Für die Ohren gibt's Musik von Johnny Cash bis Johnny Rotten und für die Augen trashig-edles Dekor. Happy Hour ist von 19 bis 23 Uhr, montags gibt's zwei Biere zum Preis von einem.

Fix CAFÉ, BAR
(Ecke Mirabello & Aretousa; ⌚10 Uhr–open end; 📶) Wer nicht unbedingt auf die trendigen Cafés in dieser Fußgängerzone steht, kann sich in dieses bodenständige Café setzen. Das ältere Publikum ist immer zu einem kleinen Plausch aufgelegt.

Miniatoura BAR
(11 Monis Odigitrias; Getränke ab 4 €; ⌚8 Uhr–open end) In dem gemütlichen Lokal werden rund 80 griechische Weine geboten sowie für einen Koffeinschuss einige gute südamerikanische Bohnen.

Mare CAFÉ, BAR
(www.mare-cafe.gr; Sofokli Venizelou; ⌚9 Uhr–open end) In dem Café in beneidenswerter Lage an der aufgehübschten Strandpromenade gegenüber dem Historischen Museum können sich müde Museumsbesucher einen Kaffee oder einen Sundowner genehmigen.

UNTERWEGS VOR ORT

Von allen Regierungsbezirken Kretas besitzt Iraklion die beste Verkehrsinfrastruktur. Entlang der Nordküste führt die Autobahn E75, weiter landeinwärts gelegene Orte können über die parallel dazu verlaufende Alte Nationalstraße erreicht werden. Eine Schnellstraße verbindet Iraklion mit der Messara-Ebene und den Strandorten in der Umgebung von Matala; eine weitere führt durch Knossos und das Weingebiet von Iraklion sogar bis nach Arkalochori. Auch die kleineren Straßen sind überwiegend in gutem Zustand, doch in den Dörfern ist eine umsichtige Fahrweise geboten: Die alten Straßen sind natürlich nicht für Autos geschaffen und sehr eng. Am besten parkt man am Ortseingang und geht zu Fuß weiter. Vor allem im Sommer verkehren zahlreiche Busse und alle größeren Ortschaften werden regelmäßig angesteuert.

Veneto CAFÉ
(www.venetocafe.gr; Epimenidou 9) Wer sich abends mal was Besonders gönnen möchte, steuert auf einen Kaffee, einen Cocktail oder eine leichte Mahlzeit dieses stilvolle Gemäuer über dem venezianischen Hafen an. Unter der hohen Decke mit den freiliegenden Dachsparren gibt's gemütliche, von einem langen Bartresen gesäumte Ledersessel, Panoramafenster und ein naives Wandgemälde von Venedig.

Take Five CAFÉ, BAR
(Akroleondos) Dieser alteingesessene Favorit am El-Greco-Park, eine der ältesten Café-Bars der Stadt, zieht vor allem ein älteres Publikum an.

Rolling Stone LIVEMUSIK
(Agiostefaniton 19; ⌚ Juni–Aug. geschl.) Wer auf Rock'n'Roll steht, kommt in dieser unkonventionellen Bar voll auf seine Kosten.

☆ Unterhaltung

Odeon KINO
(www.talosplaza.gr/gr/cine-odeon) Das Odeon im Einkaufszentrum Talos Plaza am Meer westlich des Zentrums zeigt Hollywood-Blockbuster in der Originalsprache.

Freilufttheater Nikos Kazantzakis THEATER
(Jesus-Bastion, Nähe Evans & Plastira) Im Sommer werden auch im Freilufttheater Nikos Kazantzakis hinter der Jesus-Bastion Filme gezeigt. Wegbeschreibung: Auf der Evans rund 700 m Richtung Süden gehen, dann rechts in die Papandreou einbiegen und erneut nach rechts in die Georgiadou. Rechter Hand befindet sich das Theater.

Shoppen

Iraklion bietet die meisten und besten Einkaufsmöglichkeiten auf Kreta. In den Fußgängerzonen der Straßen Dedalou und Handakos konzentrieren sich überwiegend konventionelle Geschäfte. Zwei Fachgeschäfte:

Aerakis MUSIK
(www.aerakis.net; Korai-Platz 14) Dieser kleine Laden, seit 1974 eine Institution, hat die beste Auswahl an kretischer Musik. Das Angebot reicht von seltenen alten bis zu gerade erst auf den Markt gekommenen Aufnahmen. Viele Sachen sind bei Aerakis' eigenem Label erschienen, Aerabus – Cretan Musical Workshop & Seistron.

NICHT VERSÄUMEN

DER MARKT VON IRAKLION

Der enge Markt entlang der Odos 1866 (Straße 1866), auf dem es vor Menschen nur so wimmelt, ist aus Iraklion nicht wegzudenken und einer der besten Märkte Kretas, wenn er inzwischen auch etwas touristisch ist. Hier gibt's alle erforderlichen Zutaten für ein köstliches Picknick: knackfrisches Obst und Gemüse, cremigen Käse, Honig, saftige Oliven, frisch gebackenes Brot und tausend andere leckere Sachen. Außerdem locken jede Menge Stände mit duftenden Kräutern, Lederwaren, Hüten, Schmuck und Souvenirs. Ist der Kaufrausch vorbei, bietet sich eine Pause in einem der urigen Cafés an.

Roadside Travel BÜCHER, KARTEN
(Handakos 29; ⌚März–Okt. 9–21 Uhr, Nov.–Feb. 9–14 & 17.30–21, Sa bis 14.30 Uhr) Reisebuchhandlung mit einem tollen Sortiment an Landkarten und Reiseführern sowie Veröffentlichungen zu Kreta und seinen antiken Stätten.

Praktische Informationen

Die beiden Krankenhäuser von Iraklion liegen weit vom Zentrum entfernt und haben abwechselnd geöffnet – also vorher anrufen, um zu erfahren, wo es hingehen soll. Banken mit Geldautomat gibt's reichlich, besonders auf der 25 Avgoustou.

Hauptpost (Plateia Daskalogianni; ⌚ Mo–Fr 7.30–20, Sa bis 14 Uhr)

Paleologos (☎28103 46185; www.greekislands.gr; 25 Avgoustou 5; ⌚ Mo–Fr 9–20, Sa bis 16 Uhr) Gutes Reisebüro für Fähren, Flüge usw. Die praktische Website bietet aktuelle Fahrpläne.

Touristenpolizei (☎28103 97111; Halikarnassos; ⌚7–22 Uhr) Im Vorort Halikarnassos in Flughafennähe.

Tunnel Internet Cafe (Ecke Agiou Titou & Milatou; 2 € pro Std.; ⌚8–5 Uhr) Internetcafé in zentraler Lage, mit Möglichkeit zu drucken.

Universitätsklinik (☎28103 92111) Die am besten ausgestattete medizinische Einrichtung der Stadt liegt in Voutes, 5 km südlich von Iraklion.

Venizelio-Krankenhaus (☎28103 68000) An der Straße nach Knossos, 4 km südlich von Iraklion.

An- & Weiterreise

BUS

Iraklion hat zwei große Fernbusbahnhöfe. Infos zu Verbindungen nach Rethymnon siehe www.bus-service-crete-ktel.com, zu Bussen nach Westkreta siehe www.e-ktel.com.

Busstation A (☎28102 46530; www.ktelherlas.gr) Von diesem Busbahnhof in Kainähe östlich der Koules-Festung fahren Busse zu Zielen im Osten und Westen der Insel (inklusive Knossos). Auch Stadtbusse halten hier. Die meisten Busse fahren über die Küstenautobahn, aber jeden Tag nehmen wenigstens einer oder zwei die landschaftlich reizvolle, aber langsamere Alte Nationalstraße. Fahrgäste sollten sich also vor dem Einsteigen vergewissern, dass der Bus auch die gewünschte Route fährt.

Busstation B (☎28102 55965; www.ktelherlas.gr) Gleich hinter dem Chania-Tor westlich des Stadtzentrums, bietet Verbindungen nach Anogia, Festos, Agia Galini und Matala. Am Wochenende sind die Busverbindungen stark eingeschränkt.

FLUGZEUG

Am Nikos Kazantzakis International Airport (S. 287), etwa 5 km östlich des Stadtzentrums, gibt's eine Bank, einen Geldautomaten, einen Duty-Free-Shop und eine Café-Bar. Aegean Airlines fliegt mehrmals am Tag von/nach Athen.

SCHIFF/FÄHRE

Der Fährhafen liegt 500 m östlich der Koules-Festung und des alten Hafens und der Busbahnhof befindet sich gleich beim Eingang zum Hafen. Iraklion ist ein wichtiges Tor zu vielen der Inseln, wenn auch außerhalb der Hauptsaison die Fährverbindungen stark ausgedünnt sind. Tickets sind über mehrere Reisebüros in der Stadt erhältlich, z. B. bei der Agentur Paleologos (S. 167), die Tickets auch übers Internet verkauft.

Es verkehren täglich Fähren von Iraklion nach Piräus sowie schnellere Katamarane nach Santorin und zu anderen Kykladeninseln. Außerdem fahren Fähren Richtung Osten über Agios Nikolaos, Sitia, Kasos, Kapathos und Chalki nach Rhodos. Aktuelle Fahrpläne gibt's auf www.openseas.gr.

ÜBERLANDTAXI

Bei **Crete Taxi Services** (☎6970021970; www.crete-taxi.gr) und **Heraklion Taxi** (www.heraklion-taxi.com) können Taxis für Fahrten auf der Insel bestellt werden. Am Flughafen, an der Plateia Eleftherias (vor dem Hotel Astoria Capsis) und an der Busstation A warten zudem Überlandtaxis. Fahrpreis für bis zu vier Passagiere z. B.: Agios Nikolaos 69 €, Elounda 74 €, Malia 39 €, Matala 78 € und Rethymnon 87 €.

FÄHRVERBINDUNGEN AB IRAKLION (HAUPTSAISON)

ROUTE	REEDEREI	PREIS (€)	DAUER (STD.)	HÄUFIGKEIT
Iraklion–Chalki	Aegeon Pelagos (Anek)	21	11¾	1-mal wöchentl.
Iraklion–Ios	Hellenic Seaways	66	4	1-mal tgl.
Iraklion–Ios	Sea Jets	63	3½	1-mal tgl.
Iraklion–Karpathos	Aegeon Pelagos (Anek)	18	7½	1-mal wöchentl.
Iraklion–Kasos	Aegeon Pelagos (Anek)	19	5¾	1-mal wöchentl.
Iraklion–Mykonos	Hellenic Seaways	81	4¾	1-mal tgl.
Iraklion–Mykonos	Sea Jets	83	5½	1-mal tgl.
Iraklion–Naxos	Sea Jets	70	5	1-mal tgl.
Iraklion–Paros	Hellenic Seaways	71	4	1-mal tgl.
Iraklion–Piräus	Minoan	43	6½–7½	1- bis 2-mal tgl.
Iraklion–Piräus	Anek-Superfast	36	6½–9½	1- bis 2-mal tgl.
Iraklion–Rhodos	Aegeon Pelagos	27	14	1-mal wöchentl.
Iraklion–Santorin (Thira)	Sea Jets	60	2	1-mal tgl.
Iraklion–Santorin (Thira)	Hellenic Seaways	63	2	1-mal tgl.
Iraklion–Sitia	Aegeon Pelagos (Anek)	15	3	1-mal wöchentl.

BUSVERBINDUNGEN AB IRAKLION

Von Busstation A

REISEZIEL	PREIS (€)	DAUER	HÄUFIGKEIT
Agia Pelagia	3,50	45 Min.	2-mal tgl.
Agios Nikolaos	7,10	1½ Std.	stündl.
Archanes	1,80	30 Min.	stündl.
Chania	13,80	3 Std.	bis zu 17-mal tgl.
Chersonisos	3	40 Min.	mind. halbstündl.
Ierapetra	11	2½ Std.	bis zu 6-mal tgl.
Kastelli	3,70	1 Std.	bis zu 5-mal tgl.
Knossos	1,50	30 Min.	3-mal stündl.
Lassithi-Ebene	6,50	2 Std.	1-mal tgl.
Malia	3,80	1 Std.	mind. halbstündl.
Rethymnon	7,60	1½ Std.	bis zu 17-mal tgl.
Sitia	14,20	3¼ Std.	4-mal tgl.

Von Busstation B

REISEZIEL	PREIS (€)	DAUER (STD.)	HÄUFIGKEIT
Agia Galini	8	2	bis zu 7-mal tgl.
Anogia	3,80	1	bis zu 3-mal tgl.
Festos	6,50	1½	bis zu 6-mal tgl.
Matala	7,80	2	bis zu 6-mal tgl.
Mires	5,50	1¼	bis zu 11-mal tgl.

Unterwegs vor Ort

AUTO & MOTORRAD

Die Straßen in Iraklion sind eng und chaotisch. Vom Parken an der Straße ist dringend abzuraten: Am besten ist es, unverzüglich eins der zahlreichen Parkhäuser in der Innenstadt anzusteuern. Die Gebühr liegt bei etwa 6 € pro Tag. Die billigste Parkmöglichkeit ist mit 2 € pro Tag der Marina-Parkplatz im Osten der Stadt.

Alle internationalen Mietwagenfirmen haben einen Ableger am Flughafen. Büros einheimischer Verleiher säumen das Nordende der 25 Avgoustou.

Caravel (☎ 28103 00150; www.caravel.gr; 25 Avgoustou 39; Pkw ab 42 € pro Tag) Gute Preise und hilfsbereite Betreiberin Elsa.

Motor Club (☎ 28102 22408; www.motorclub.gr; Plateia 18 Anglon; Pkw ab 40 € pro Tag, Motorroller ab 28 €) Hat neben Autos auch eine Menge Motorräder im Angebot.

Sun Rise (☎ 28102 21609, 6981761340; www.sunrise-cars.com; 25 Avgoustou 46; Pkw ab 35 € pro Tag) In einer Seitengasse der 25 Avgoustou.

Hertz (☎ 28103 00744; www.hertz.gr; 25 Avgoustou 4) Praktische zentrale Hertz-Vertretung mit freundlichem und hilfsbereitem Personal.

VOM/ZUM FLUGHAFEN

Der Flughafen liegt gleich an der Autobahn E75. Bus Nr. 1 pendelt im Sommer von 6.15 bis 24 Uhr alle 5 Min. zwischen Airport und Innenstadt. Ein Fahrschein kostet 1,10 €. Die Haltestelle befindet sich gleich hinter dem Parkplatz vor dem Flughafengebäude. Endstation in der Stadt ist die Platia Eleftherias in der Nähe des Hotels Capsis Astoria. Infos zu Stadtbussen siehe http://astiko-irakleiou.gr. Ein Taxi in die Stadt kostet um die 12–15 €.

TAXI

Kleine Taxistände gibt es überall in der Stadt, aber die größten befinden sich bei der Busstation A, an der Plateia Eleftherias und am nördlichen Ende der 25 Avgoustou. Taxis können auch telefonisch bestellt werden unter ☎ 28102 10102/146/168.

RUND UM IRAKLION

Knossos Κνωσσός

Die allergrößte historische Sehenswürdigkeit Kretas ist der **Palast von Knossos** (☎28102 31940; Erw./Kind 6 €/frei, mit Archäologischem Museum Heraklion 10 €; ⏲Mai–Okt. 8–20 Uhr, Nov.–April bis 17 Uhr) 🍃. Knossos (Betonung auf der letzten Silbe) war in minoischen Zeiten die Hauptstadt Kretas und liegt nur 5 km südlich von Iraklion. Um den Menschenmassen und der Mittagshitze zu entgehen, empfiehlt es sich, schon vor 10 Uhr dort zu sein. Eine ausführliche Besichtigung von Knossos dauert mehrere Stunden. Da kaum etwas beschildert ist, fällt es den meisten Normalsterblichen schwer, das Gesehene wirklich zu würdigen – es sei denn, man engagiert einen Führer oder schließt sich einer Reisegruppe an. Führungen dauern etwa 90 Minuten und beginnen am kleinen Kiosk in der Nähe des Kartenverkaufs. Die meisten Führungen sind auf Englisch, aber es werden auch welche in anderen Sprachen angeboten. Die Preise variieren je nach Gruppengröße und betragen rund 80 € für eine private Führung und 10 € pro Person in einer Gruppe.

Das Café auf dem Gelände und die Touristentavernen auf der gegenüberliegenden Straßenseite sind bestenfalls mittelmäßig. Deshalb ist es ratsam, ein eigenes Picknickpaket mitzubringen – oder man hebt sich den Appetit für eine Mahlzeit im nahe gelegenen Weinbaugebiet Iraklions auf, z. B. für einen Besuch im ausgezeichneten Restaurant Elia & Diosmos (S. 180).

Geschichte

Der erste Palast von Knossos wurde ca. 1900 v. Chr. erbaut, um 1700 v. Chr. durch ein Erdbeben zerstört und anschließend in größerer und prächtigerer Gestalt neu errichtet. Zwischen 1500 und 1450 v. Chr. wurde der Palast erneut teilweise zerstört. Der intakte Trakt blieb aber noch bewohnt, bis 50 Jahre später ein Feuer alles verschlang.

Der zweite Palast wurde sorgfältig in Hinblick auf die Anforderungen einer komplexen Gesellschaft konzipiert. Er beherbergte Gemächer für den König und die Königin, Residenzen für Beamte und Priester, Behausungen für das gemeine Volk und Begräbnisstätten. Empfangssäle, Andachtsstätten, Werkstätten, Schatzkammern und Vorratsräume gruppierten sich um einen gepflasterten Innenhof. Ihre Anordnung war so unübersichtlich, dass viele darin den Ursprung

Palast von Knossos

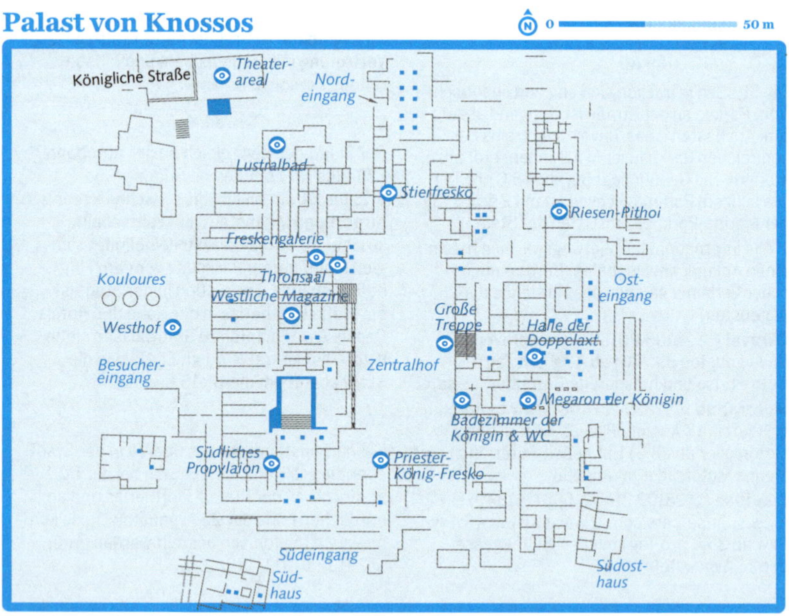

SIR ARTHUR EVANS: DER MANN, DER KNOSSOS AUSGRUB

Der britische Archäologe Sir Arthur Evans, ein begeisterter Freizeitjournalist und Abenteurer, war von 1884 bis 1908 Kurator des Ashmolean Museum in Oxford. Sein spezielles Interesse an antiken Münzen und die Schriftzüge in kretischen Prägesiegeln führten ihn 1894 erstmals auf die Insel. Er hegte den Verdacht, dass die mykenische Kultur auf dem Festland ursprünglich aus Kreta stammen könnte. Mit Unterstützung der neu gegründeten Archäologischen Gesellschaft Kretas nahm er Verhandlungen über den Kauf des für ihn interessanten Grundstücks auf, die schließlich im Jahr 1900 nach einer Gesetzesänderung in Griechenland von Erfolg gekrönt wurden – auf dem Land hatte 1878 schon der kretische Archäologe Minos Kalokerinos gegraben. Schon bald nach Beginn von Evans' Ausgrabungen kam der Palast zum Vorschein.

Der erste Schatz, der unter dem oben abgeflachten Hügel namens Kefala zum Vorschein kam, war ein Fresko, das einen Minoer zeigte. Die nächste Entdeckung war der Thronsaal. Die Archäologen aus aller Welt staunten nicht schlecht. Keiner hatte eine so hoch entwickelte Zivilisation in Europa vermutet, die parallel zu den großen Pharaonen Ägyptens existiert hatte.

Im Laufe von 35 Ausgrabungsjahren legte Evans unter dem minoischen Palast aus der Bronzezeit auch Überreste einer Zivilisation aus der Jungsteinzeit frei. Außerdem fand er etwa 3000 Tontafeln mit Linear-A- und Linear-B-Schrift. Evans beschrieb seine Arbeit in Knossos in dem vierbändigen Werk *The Palace of Minos*. Er erhielt diverse Auszeichnungen für seine Arbeit und wurde 1911 zum Ritter geschlagen.

Evans' Rekonstruktionsmethoden werden bis heute kontrovers diskutiert. Viele Archäologen vertreten die Meinung, dass seine überbordende Phantasie mit ihm durchgegangen sei und dies die wissenschaftliche Genauigkeit beeinträchtigt habe.

für die Sage vom Labyrinth des Minotaurus vermuten.

Die Ruinen von Knossos wurden 1878 vom kretischen Archäologen Minos Kalokerinos und dann 1900 von dem britischen Archäologen Sir Arthur Evans (1851–1941) freigelegt. Evans war von seiner Entdeckung so begeistert, dass er 35 Jahre seines Lebens und 250 000 Pfund seines Privatvermögens darauf verwendete, die Ausgrabungen voranzutreiben und Teile des Palastes – auf nicht unumstrittene Weise – zu rekonstruieren.

Rundgang

Beim Rundgang durch die Stätte sollte man im Hinterkopf behalten, dass die den Gebäuden zugedachten Namen und Funktionen nicht unbedingt der Wirklichkeit zu minoischer Zeit entsprechen. Auch Evans' Reproduktionen sind umstritten, wie z. B. seine nachgebauten Säulen und reproduzierten Fresken. Einigen Leuten bieten sie willkommenen Kontext, für andere stellen sie störende Eingriffe dar.

Details wie die ausgeklügelten Kanalisationsanlagen und die geschickte Anordnung der Räume, die durch Durchgänge, Lichtschächte, Schutzdächer und Verandas im Sommer kühl und im Winter warm gehalten wurden, zeigen, wie hochentwickelt die minoische Gesellschaft war.

Als ersten Teil des Palastes passieren Besucher den **Westhof**. Er könnte ein Marktplatz oder Ort öffentlicher Zusammenkünfte gewesen sein. Links davon befinden sich drei runde Schächte, sogenannte **Kouloures**, die zur Getreidelagerung dienten.

Richtung Norden, entlang der westlichen Palastmauer, gelangt man zum **Theaterareal**, einer Ansammlung flacher Stufen, deren Funktion bis heute unbekannt ist. Es könnte sich um ein Theater gehandelt haben, wo Tänzer und Akrobaten ihre Künste zeigten. Vielleicht haben sich dort auch die Menschen versammelt, um hohen Besuch zu begrüßen, der von Westen her auf der **Königlichen Straße** entlangkam. Diese erste Straße Europas säumten damals Werkstätten und die Wohnhäuser der einfachen Bevölkerung. Hier, auf der rechten Seite, befindet sich auch ein **Lustralbad**, von dem Evans annahm, dass die Minoer dort rituelle Waschungen als Vorbereitung auf eine religiöse Zeremonie durchführten.

Beim Nordeingang des Palasts ist das **Stierfresko** zu bewundern, bevor es weiter ins Herzstück des Palastes geht, zum gewaltigen **Zentralhof**, der in minoischer Zeit von hohen Mauern umgeben war. In

Der Palast von Knossos

DIE HIGHLIGHTS IN ZWEI STUNDEN

Der Palast von Knossos ist die größte Touristenattraktion Kretas und das aus gutem Grund. Ein Rundgang durch den in Teilen und mit Phantasie rekonstruierten Komplex (der hier so gezeigt wird, wie er zu seiner Blütezeit ausgesehen haben mag) vermittelt einen aufschlussreichen Einblick in die ausgesprochen hoch entwickelte Gesellschaftsstruktur der Minoer, die vor rund 4000 Jahren die führende Zivilisation Südeuropas waren.

Besucher nehmen vom Ticketschalter den beschilderten Weg zum **Nordeingang** **1**, wo das Stierfresko einen Vorgeschmack auf die minoische Kunst vermittelt. Weiter geht es zum Zentralhof und der Warteschlange vor dem mystischen **Thronsaal** **2**, um einen Blick in den Saal zu werfen, wo wahrscheinlich religiöse Rituale abgehalten wurden. Nach Verlassen des Thronsaals wendet man sich nach rechts und steigt die Treppe zum sogenannten Piano Nobile hoch. Dort befindet sich der **Freskensaal** **3**, in dem (sehr besucherfreundlich!) Repliken der berühmtesten Kunstwerke des Palastes ausgestellt sind. Nun geht es am Piano Nobile entlang, unterwegs wirft man einen Blick auf die tönernen Vorratskrüge in den Westlichen Magazinen. Dann kehrt man um und steigt hinab zum **Südportal** **4**, das vom wunderschönen Vasenträgerfresko geziert wird. Jetzt führt der Rundgang wieder zurück zum Zentralhof und von dort zum Ostflügel des Palastes. Dort gilt es, die Bauweise der **Großen Treppe** **5** zu bewundern, über die man einst in die Privatgemächer der königlichen Familie gelangte – so zumindest stellte Evans sich das vor. Wer einige Räume näher inspizieren möchte, spaziert zum Südende des Hofs, betrachtet unterwegs das **Lilienprinzfresko** **6** und steigt dann ins Erdgeschoss hinab. Eines der Highlights dort ist das **Megaron der Königin** **7** (laut Evans das Schlafgemach der Königin), das mit einem Fresko spielender Delfine verziert ist. Hier unten stehen auch die **Riesen-Pithoi** **8**, mächtige Tonkrüge, die zur Aufbewahrung von Lebensmitteln dienten.

ANDREA SCHULTE-PEEVERS ©

Südportal
Prächtige Fresken, darunter das berühmte Vasenträgerfresko, schmücken diesen Palasteingang an einer massiven offenen Freitreppe, die zum Piano Nobile führt. Die nachgebildeten Kulthörner in der Nähe krönten einst die gesamte Südfassade.

ANDREA SCHULTE-PEEVERS ©

Freskensaal
Vom Obergeschoss des Westflügels, dem Piano Nobile, genießt man zuerst den weiten Ausblick über das Palastgelände und betrachtet dann im Freskensaal die Kopien der berühmtesten Palast-Kunstwerke.

HUNGRIG?

Nicht in Knossos essen, sondern in der benachbarten Weinregion Iraklions zwischen sonnenüberfluteten Hängen und grünen Tälern. Das Weingebiet liegt südlich von Knossos.

ANDREA SCHULTE-PEEVERS ©

Lilienprinzfresko
Eine der am meisten bewunderten Wandmalereien von Knossos wurde ohne Rücksicht auf Originaltreue aus verschiedenen Fragmenten zusammengesetzt und zeigt einen mit Lilien und Pfauenfedern geschmückten jungen Mann.

PLANUNG

Es lohnt sich, vor 10 Uhr einzutreffen, um dem Massenansturm und der Hitze zu entgehen. Für eine ausführliche Besichtigung sind mehrere Stunden zu veranschlagen.

ANDREA SCHULTE-PEEVERS ©

Thronsaal

Sir Arthur Evans, der im Jahr 1900 mit der Ausgrabung des Palasts von Knossos begann, stellte sich vor, wie der mythische König Minos höchstpersönlich von diesem Alabasterthron in dem wohl proportionierten Saal aus Hof hielt. Das Lustralbad und die Greifenfresken legen aber eine sakrale Verwendung nahe, möglicherweise unter Aufsicht einer Priesterin.

ANDREA SCHULTE-PEEVERS ©

Nordeingang

Stiere spielten in der minoischen Zivilisation eine bedeutende Rolle. Davon zeugt das berühmte Fresko eines angreifenden Stiers an der säulenbewehrten Westfront des Nordpalasts, wo sich Werkstätten und Vorratsräume befanden.

Große Treppe

Über diese monumentale Freitreppe mit vier von Säulen gestützten Treppenfluchten aus Gips ließen sich die königlichen Gemächer im Ostflügel erreichen. Die beiden unteren Treppenabschnitte sind im Originalzustand erhalten. Die Treppe darf nicht betreten werden.

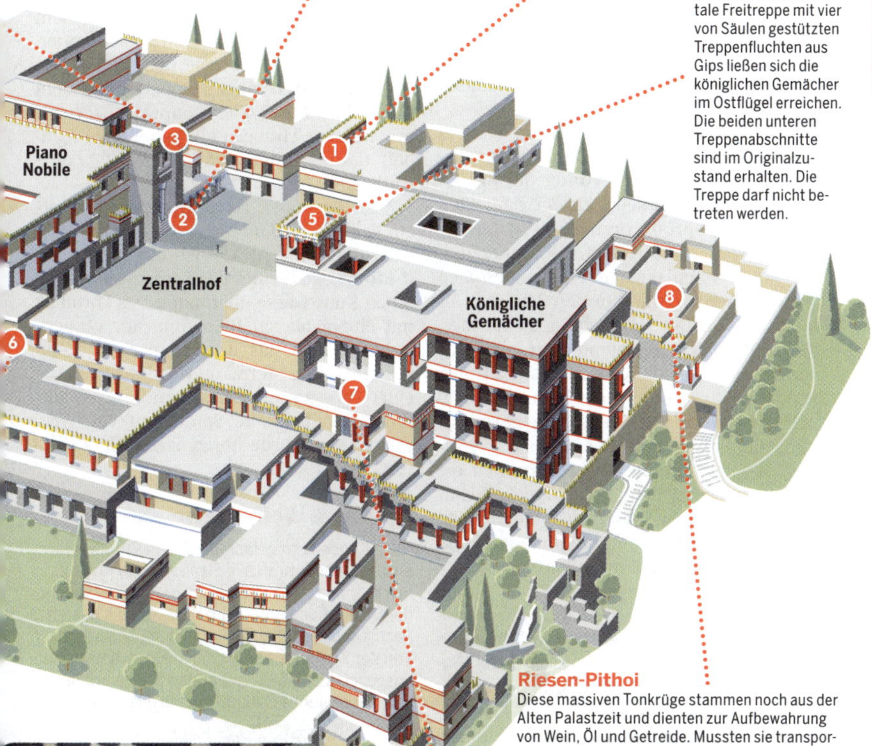

Riesen-Pithoi

Diese massiven Tonkrüge stammen noch aus der Alten Palastzeit und dienten zur Aufbewahrung von Wein, Öl und Getreide. Mussten sie transportiert werden, zog man sie an Seilen, die zuvor durch die Henkel geschlungen wurden.

ANDREA SCHULTE-PEEVERS ©

ANDREA SCHULTE-PEEVERS ©

Megaron der Königin

Dank des verspielten Delfinfreskos gehört das Schlafzimmer der Königin zu den schönsten Gemächern im Ostflügel. Das Badezimmer und die Toilette zeugen von einem ausgeklügelten Kanalisationssystem.

NICHT VERSÄUMEN

ANTIKE STÄTTEN

Knossos (S. 170) Die Mutter aller minoischen Stätten.

Malia (S. 200) Knossos ohne die Rekonstruktionen.

Gortys (Γόρτυς; ☎28920 31144; Erw./Kind 4 €/frei, mit Agia Triada 6 €/frei; ⏲ Juli & Aug. 8–20 Uhr, Sept.–Juni 8–15 Uhr) Zeugnisse des römischen Kreta.

Festos (S. 186) Der am schönsten gelegene minoische Palast.

minoischen Palästen war es üblich, dass die der westlichen Seite des Innenhofes zugewandten Räume offiziellen und religiösen Zwecken dienten. Die Wohnräume dagegen lagen auf der gegenüberliegenden Seite.

Über den zentralen Hof gelangt man zu den wichtigsten Räumen des Palastes, darunter zum **Thronsaal**. Hinter der Sicherheitsglasscheibe lassen sich ein schlichter, harmonisch proportionierter Alabasterthron sowie Wandfresken mit Darstellungen von Greifen und anderen mythischen Wesen erkennen, die bei den Minoern als heilig galten. Der Raum besitzt eine mystische, Ehrfurcht gebietende Aura und war vermutlich eine Art Kultstätte. Die Minoer verehrten ihre Götter nicht in großen Tempeln, sondern in kleinen Schreinen, von denen jeder Palast mehrere hatte.

Jetzt geht es hinter dem Thronsaal die Treppe hoch in den ersten Stock. Evans fühlte sich an die Palazzi der italienischen Renaissance erinnert und nannte den Trakt **Piano Nobile**. Er nahm an, dass in diesem Palastteil die Empfangs- und Prunksäle lagen. Von hier bietet sich auch ein hervorragender Blick auf die **westlichen Magazine** – Vorratsräume, wo in **riesigen Pithoi** (Tontöpfen) einst Öl, Wein und andere Lebensmittel aufbewahrt wurden.

Der restaurierte Raum am nördlichen Ende des Piano Nobile schaut auf das Lustralbecken und die Nachbildungen der berühmtesten Fresken hinab, die in Knossos gefunden wurden. Dazu zählen unter anderem der **Stierspringer**, die **Damen in Blau** und der **Blaue Vogel**. Die Originale befinden sich im Archäologischen Museum von Iraklion. Am südlichen Ende des Piano Nobile führt eine Treppe hinunter zum **Südlichen Propylaion**, wo das Vasenträgerfresko zu bewundern ist.

Zurück über den Zentralhof geht es zu einem imposanten **Treppenhaus**, das zu den königlichen Gemächern eine Etage tiefer führt. Bevor man am **Lilienprinzfresko** an der Südseite des Zentralhofs vorbei hinabsteigt, verschafft man sich von oben noch einen Überblick über den Grundriss der Königsgemächer.

Die meisten sind abgesperrt, aber die **Halle der Doppelaxt** erlaubt einen Blick in die Räumlichkeiten des Königs (Megaron). Die „Halle" besteht aus zwei geräumigen, zusammenhängenden Zimmern, in denen der Herrscher laut Evans sowohl schlief als auch seinen Regierungsgeschäften nachging. Ein Lichtschacht an einem und ein Balkon am anderen Ende sorgten für Belüftung. Der Name der Halle rührt von den Spuren einer Doppelaxt auf dem Lichtschacht her. Die Doppelaxt *(labrys)* war bei den Minoern ein geheiligtes Symbol; daraus leitet sich das Wort „Labyrinth" her.

Von der Halle der Doppelaxt aus führt ein Durchgang zum **Megaron der Königin**. Über der Tür befindet sich eine Kopie des **Delfinfreskos**, eines der erlesensten minoischen Kunstwerke überhaupt. Das Portal ist mit einem blauen Blumenmuster verziert. Nebenan liegt das Badezimmer der Königin mit einer Terrakotta-Badewanne und einer **Toilette mit Wasserspülung** – wahrscheinlich das erste Spülklosett der Welt. Das Wasser wurde übrigens per Hand hineingeschüttet.

ℹ An- & Weiterreise

Nach Knossos zu gelangen ist kein Problem – anscheinend führen alle Straßen nach Knossos. In Iraklion fährt Bus Nr. 2 alle 20 Minuten von der Busstation A oder vom Hotel Capsis Astoria nach Knossos (1,50 €). Anfahrt per Mietwagen: Von der Küstenstraße ist der Weg nach Knossos ausgeschildert. Gegenüber den Souvenirläden gibt's kostenlose Parkplätze, die allerdings schnell besetzt sind.

WESTLICH VON IRAKLION

Westlich von Iraklion verläuft die Autobahn E75 durch eine besonders malerische Landschaft mit Bergen, an deren Fuß zwei kleine Badeorte liegen.

Agia Pelagia Αγία Πελαγία

Obwohl ziemlich zugebaut, bietet dieser Badeort 20 km westlich von Iraklion einen wunderschönen Sandstrand mit sauberem Wasser und ausgezeichneten Bedingungen zum Schwimmen. Die Strandtavernen setzen zwar nicht gerade kulinarische Maßstäbe, eignen sich aber prima zum Leutebeobachten. Wer einen Blick in die Unterwasserwelt werfen möchte, wendet sich an den **Diver's Club** (☎6944565462, 28108 11755; www.diversclub-crete.gr; Agia Pelagia; Anfänger ab 75 € pro Pers., PADI-Kurse ab 330 €; ⏲Mai–Okt.), der die gesamte Palette an PADI-Kursen, Höhlen- und Rifftauchen und Tauchgänge zu einem Flugzeugwrack aus dem Zweiten Weltkrieg im Programm hat.

Zehn Minuten bzw. drei kurvenreiche Kilometer mit dem Auto von Agia Pelagia, aber scheinbar Welten entfernt, stehen die sieben modernen, loftartigen Apartments der **Mourtzanakis Residence** (☎6970709525, 28108 12096; www.ecotourismgreece.com; Achlada; Studio 85–95 €, Apt. 95–110 €; ⏲April–Nov.; P ❄ 📶 🏊 👪) mit viel Platz und sinnvoll ausgestatteten Küchen. Ein kleiner Pool gehört auch dazu. Der Blick vom Balkon aufs Meer ist großartig, ein kurzer Spaziergang führt ins historische Dorf Achlada. Wer keine Lust hat, Töpfe und Teller zu spülen, kann für 17 € Abendessen und für 9 € Frühstück bekommen.

Fodele Φόδελε

460 EW.

Das winzige Dorf Fodele (Betonung auf der ersten Silbe), 25 km westlich von Iraklion, schmiegt sich in ein fruchtbares Tal des kleinen Pantomantris-Flusses mit byzantinischen Kapellen. Das Dorf nimmt für sich in Anspruch, Geburtsort des berühmten Malers El Greco zu sein. Ihm ist ein kleines Museum gewidmet.

Sehenswertes

El-Greco-Museum MUSEUM

(www.el-greco-museum-birthplace-fodele.gr; Fodele; Erw./Kind 2,50 €/frei; ⏲Mai–Sept. 9–19 Uhr, Okt. bis 17 Uhr) Die Gelehrten sind sich nicht einig, ob Fodele wirklich der Geburtsort von El Greco ist. Dieses Museum versteckt sich in einem urigen kleinen Steingebäude und zeigt Reproduktionen seiner Werke. Wer erwartet, dass der Geist von El Greco in allen Zimmern schwebt, wird vielleicht enttäuscht, doch dafür entschädigt die hübsche Lage rund 1 km vom Dorf.

Panagia-Kirche KIRCHE

(⏲Juni–Okt.) Die schöne kleine byzantinische Panagia-Kirche gegenüber vom El-Greco-Museum ruht auf den Ruinen einer Basilika des 8. Jhs. und ist in phantastischem Zustand. Drinnen sind einige stimmungsvoll verblichene Fresken zu sehen. Zur Zeit der Recherche gab es keinen offiziellen „Schlüsselverwalter", daher am besten in den Tavernen des Dorfs nachfragen.

Essen

Stousgioustous KRETISCH €

(Hauptgerichte 6,50–11 €; ⏲Di–So mittags & abends) Das rustikale und gemütliche Stousgioustous, eine von mehreren Tavernen am Flüsschen, ist eine gute Wahl für Liebhaber herzhafter Kretaküche.

Arolithos Αρόλιθος

Arolithos DORF

(☎28108 21050; www.arolithos.com; 📶) Arolithos (Betonung auf der zweiten Silbe), 11 km südwestlich von Iraklion, ist die Mitte der 1980er-Jahre entstandene, einigermaßen authentisch anmutende Nachbildung eines traditionellen kretischen Dorfs. Hier gibt es Werkstätten, ein *kafenion* und Geschäfte, die heimische Erzeugnisse anbieten.

Die meisten Besuchter sind Reisebusgruppen, die kurz durchs Dorf schlendern und einen Blick ins **Museum für ländliche Geschichte und Volkskunst** (☎28108 21050; www.arolithosvillage.gr; Erw./Kind 3/1,50 €; ⏲Mai–Sept. Mo–Fr 9–21, Sa & So bis 17 Uhr, Okt.–April Mo–Fr 9–17, Sa 10–18 Uhr) werfen. Dort illustrieren Haushalts- und Landwirtschaftsgeräte verschiedene Aspekte des Landlebens. Im Museumsdorf warten auch ein paar Hotelzimmer (ab 60 €) auf Gäste.

BEZIRK IRAKLION – MITTE

Im Süden von Iraklion, hinter Knossos, geht die städtische Bebauung in eine geruhsame Landschaft mit sanft geschwungenen Hügeln, Olivenhainen und Weinbergen über – alles überschattet von der stolzen Silhouette des **Giouchtas** (811 m). Auf und am Berg liegen mehrere minoische Stätten. Diese gehörten einst zum alten Archanes, der größten Siedlung in der Region. Sie bildet das Tor zum Weinbaugebiet Iraklions, wo die Erzeugnisse verschiedener Weingüter auf Verkoster warten. Ebenfalls besuchenswert sind das Nikos-Kazantzakis-Museum in Myrtia und das Keramikstädtchen Thrapsano.

Wein wächst auch in der Nähe von **Dafnes** und **Venerato** südwestlich von Iraklion entlang der Hauptstraße nach Malata in Richtung Südküste. Eine wunderschöne Strecke führt zu den südlichen Ausläufern des Psiloritis. Dort steht das bezaubernde Gebirgsdorf Zaros, das für sein Quellwasser und seine Forellen bekannt ist.

Um diese Region ausgiebig zu erkunden, ist ein eigenes Fahrzeug notwendig.

Archanes & Umgebung Αρχάνες

4500 EW.

Archanes, 14 km südlich von Iraklion, ist eine landwirtschaftlich geprägte Kleinstadt mit einer langen Geschichte, wichtigen archäologischen Ausgrabungsstätten, interessanten Museen sowie hervorragenden Tavernen. Es macht Spaß, durch das Gewirr enger, blumenverzierter Gassen zu bummeln, vorbei an sorgfältig restaurierten Häusern, die auf schattige Plätze blicken. Seit minoischer Zeit wurde in Archanes Wein angebaut.

Die heutige Stadt steht auf einem **minoischen Palast**, von dem nur ein kleiner Teil freigelegt wurde. Bei diesem Palast soll es sich um den Sommerpalast von Knossos gehandelt haben. Im Zweiten Weltkrieg war Archanes die Kommandozentrale des deutschen Militärs unter General Heinrich Kreipe. An der Straße von Iraklion her steht an der Ausfahrt nach Kato Archanes ein modernes **Denkmal** des örtlichen Künstlers Manolis Tsompanakis. Es erinnert an die aufsehenerregende Entführung Kreipes im Jahr 1944.

Sehenswertes

Archanes ist zweigeteilt, wobei der obere Abschnitt (Ano Archanes) der interessantere ist. Mit seinen Einbahnstraßen und schmalen Gässchen hat der Ort etwas von einem Labyrinth. Sich in den Einbahnstraßen und engen Gassen fortzubewegen, kann recht verwirrend sein. Daher ist es ratsam, die Stadt zu Fuß zu erkunden. Liebhaber minoischer Ruinen können nach einer kurzen Autofahrt unweit von Archanes auf diversen Stätten nach Herzenslust ihrem Hobby frönen.

Archäologisches Museum von Archanes MUSEUM

(Archanes; Mi–Mo 8.30–15 Uhr) GRATIS Das kleine Museum stellt viele bedeutende Funde regionaler Ausgrabungen aus, vor allem Gegenstände aus minoischer Zeit. Zu den interessantesten Stücken zählen tönerne *larnakes* (Särge), Nachbauten von Musikinstrumenten aus Fourni und die Nachbildung eines Dolchs aus dem Anemospilia-Tempel, der vermutlich bei Menschenopfern zum Einsatz kam. Das Museum steht in einer Seitenstraße direkt nördlich vom Hauptplatz.

Anemospilia ANTIKE STÄTTE

(Windhöhlen; Archanes) Anemospilia ist eine kleine, aber äußerst bedeutende Stätte. Ausgabungen in den drei Räumen dieses Tempels aus der Mittleren Palastzeit bewiesen, dass Menschenopfer in der minoischen Gesellschaft zumindest eine gewisse Rolle spielten. Die Ausgrabungsstätte ist der Öffentlichkeit nicht zugänglich. Besucher können aber einen Blick durch den Zaun werfen und den weiten Ausblick auf Archanes und seine Umgebung genießen. Anemospilia liegt rund 1,5 km nordwestlich von Archanes, ist aber nicht ausgeschildert – in der Stadt nach dem Weg fragen.

Fourni ANTIKE STÄTTE

(Archanes) Auf einem Hügel im Westen der Stadt und über einen steilen Fußpfad erreichbar liegt Fourni, die größte minoische Nekropole der Insel. Über einen Zeitraum von 1000 Jahren fanden hier Begräbnisse statt, von denen die ältesten auf die Zeit um 2500 v. Chr. datieren. In einem der Gräber ruhen die Gebeine einer minoischen Adligen, deren Schmuck im Archäologischen Museum von Iraklion zu sehen ist. Zur Zeit der Recherche war die Stätte wegen Ausgrabungen vorübergehend geschlossen.

Giouchtas-Gipfelheiligtum ANTIKE STÄTTE

Auf der Fahrt von Archanes Richtung Süden kommt nach kurzer Zeit ein Wegweiser zum Gipfel des Giouchtas. Für die 4 km lange Holperfahrt auf der schmalen Straße entschädigt am Ende der herrliche Ausblick auf den Psiloritis und Iraklion. Auf dem Hügel, in der Nähe einer Radarstation, liegen die umzäunten Ruinen eines minoischen Gipfelschreins aus der Zeit um 2100 v. Chr. Vermutlich diente er den Einwohnern von Knossos als Kultstätte.

Freigelegt wurden u. a. ein Altar und mehrere Räume.

Vathypetro ANTIKE STÄTTE
(Di–So 8–15 Uhr) GRATIS Rund 5 km südlich von Archanes liegt das gut ausgeschilderte Vathypetro, ein um 1600 v. Chr. errichtetes Gebäude, vermutlich die Villa eines reichen minoischen Adligen. Archäologen fanden Lagerräume mit Wein- und Ölpressen, einem Webstuhl und einem Keramik-Brennofen. Die Weinpresse ist vor Ort ausgestellt. Die Archäologen meinen, Vathypetro habe eine der ältesten Weinkellereien weltweit beherbergt.

Schlafen

Eliathos APARTMENT €€
(6951804929, 28107 51818; www.eliathos.gr; Archanes; Studio 110 €, Villen 130–180 €;) Der Komplex aus sechs Häusern an einem Hang, etwa 500 m südlich von Archanes und mit tollem Blick auf den Berg Giouchtas, ist eine Oase des Friedens und der Ruhe. Wer tiefer in die lokale Kultur eintauchen möchte, kann an einem Kochkurs, Exkursionen oder an Seminaren zur Herstellung von Olivenöl, Raki und Wein teilnehmen.

Arhontiko APARTMENT €€
(28107 52985; www.arhontikoarhanes.gr; Archanes; Apt. 75–95 €;) Eine elegante Leichtigkeit verströmt diese Villa, die früher als Militärkaserne und Grundschule gedient hat. Spuren davon finden sich jedoch in keinem der vier Apartments, die sich über zwei Etagen erstrecken und mit Antiquitäten, alten bestickten Stoffen, komplett eingerichteter Küche, einem Kamin und der ganzen Skala moderner Annehmlichkeiten ausgestattet sind.

Troullos Traditional Apartments APARTMENT €€
(28107 53153; www.troullos.gr; Dimotikis Ananeosis; DZ/3BZ/Apt. 70/90/170 €;) Diese zwanglose Unterkunft ist um einen schönen steinernen Hof drapiert. Jedes der drei Apartments und die Maisonettewohnung sind mit alten Möbeln und Gegenständen ausstaffiert - kein Top-Luxus, aber reizvoll. Die nette Betreiberin Athina serviert ein hervorragendes Frühstück (12 € pro Pers.). In der Gartenpagode können die Gäste nach einem Besichtigungs-, Wander- oder Taverne ntag bestens entspannen.

Kalimera Archanes VILLEN €€€
(28107 52999; www.archanes-village.com; Archanes; 1-/3-Schlafzi.-Villen 180/330 €;) In der Nähe des Archäologischen Museums liegen diese drei sorgfältig restaurierten traditionellen Häuser aus dem frühen 19. Jh. Neben antikem Mobiliar und nostalgischem Zierschmuck haben sie einen Kamin, einen großzügigen Balkon und eine Küche, die groß genug ist, um üppige Mahlzeiten zuzubereiten. Drumherum gibt's einen Garten.

Essen

So gut wie alle Tavernen der Stadt haben einen guten Ruf, auch die am Hauptplatz. In den angrenzenden Gassen befinden sich ein paar hübsche Cafés.

Bakaliko GRIECHISCH €
(www.bakalikocrete.com; Hauptplatz; Hauptgerichte 6–8 €; tgl. 10 Uhr–spät, Nov.–März Sa & So;) Bakaliko heißt „Treffpunkt", und traditionell waren das ein *kafenion* und ein Lebensmittelladen unter einem Dach. Diese Idee ist in diesem bunten Feinkostladen wiederbelebt worden, wo es neben kretischen Erzeugnissen erstklassige Küche (zumeist bio) und Weine gibt, trotz Gourmetqualität zu vernünftigen Preisen.

Geführt wird der Laden von Agnes und Susanna (Letztere tischt auch ein köstliches Frühstück auf), während George sich bestens mit den Weinen der Gegend auskennt.

★ **Kritamon** KRETISCH €€
(www.kritamon.gr; Vathy Petrou 4; Hauptgerichte 9–14 €; tgl. abends, Sa & So mittags) Dieses Esslokal in einer Straße jenseits vom Hauptplatz liegt schön in einem Garten mit Walnussbäumen und ist etwas für Leute, die ihren Geschmacksknospen etwas besonders Gutes gönnen wollen. Was hier nach traditionellen kretischen und kreativen modernen Rezepten gezaubert wird, sind göttliche Salate, bodenständige Hauptspeisen und Desserts zum Niederknien. Die Zutaten stammen entweder aus dem Garten der Familie oder von Anbietern der Region.

To Spitiko GRIECHISCH €€
(Hauptplatz; Hauptgerichte 6–13 €; 12 Uhr–spät) Weiß getünchte Wände, burgunderrote Tischtücher und große Panoramafenster verleihen dieser Ein-Raum-Taverne am Hauptplatz modernes Flair. Tipps: Spaghetti mit Zicklein (7 €) und gebackenes Lamm (7,50 €). Bei gutem Wetter empfiehlt sich einer der Tische im Freien.

Praktische Informationen

Am Hauptplatz gibt's Geldautomaten.

An- & Weiterreise

Autofahrer, die aus Iraklion anreisen, sollten die landschaftlich reizvolle Straße über Knossos nehmen. An Wochentagen fahren stündlich Busse von Iraklion nach Archanes (1,80 €, 30 Min.); am Wochenende sind die Verbindungen sehr eingeschränkt. Die Busse halten am Kopfende des Städtchens sowie in der Nähe vom Hauptplatz.

Die Weinregion Iraklions

Kretischer Wein ist ausgezeichnet. Das ist Kennern zwar schon lange bekannt, aber auch normale Weintrinker kommen langsam auf den Geschmack. Die Winzer bauen hier viele einheimische Rebsorten an, z. B. Kotsifali, Mandilari und Malvasia. Etwa 70 % des Weines, der in Kreta hergestellt wird, kommt aus der Weinregion Iraklions, die unmittelbar südlich von Knossos beginnt. Fast zwei Dutzend Weingüter liegen eingebettet in eine harmonische Landschaft aus sanft gewellten Hügeln, sonnengebleichten Hängen und saftig grünen Tälern.

Die Weingüter konzentrierten sich im Wesentlichen in zwei Ecken: in der Gegend um Peza und Archanes südlich von Iraklion an der Straße, die auch Knossos berührt, sowie weiter westlich um Dafnes entlang der Hauptstraße nach Festos und Matala.

Fast alle Winzer sind Mitglieder der **Winzergenossenschaft der Präfektur Heraklion** (www.winesofcrete.gr). Der 2006 gegründete Verband zur Förderung kretischer Weine sorgt für Internetpräsenz, organisiert Weinverkostungen und Weinfeste und gibt Infomaterial heraus. Bei den Weingütern ist die ausgezeichnete vom Verband erstellte Karte *Wine Roads of Heraklion* (Weinstraßen von Heraklion) erhältlich.

Aktivitäten

In der Region bieten zahlreiche Winzereien Weinproben an, manchmal gegen eine kleine Gebühr. Neben Probierräumen haben einige Weingüter auch kleine Museen mit alten Werkzeugen und Maschinen. Bei allen ist der Wein billiger zu haben als im Einzelhandel.

Boutari WEINGUT
(☎ 28107 31617; www.boutari.gr; Skalani; ⊙ ganzjährig Mo–Fr 9–17 Uhr, am Wochenende nach Absprache) Boutari, in der Nähe von Skalani, rund 8 km von Iraklion entfernt, ist der größte Weinerzeuger der Insel und ein sehr gepflegtes, modernes Anwesen. Besucher können an einer Führung (nach Absprache) teilnehmen, um mehr über die lokalen Rebsorten und die Weinherstellung zu erfahren, oder gleich im großen, modernen Verkostungsraum mit Blick auf den Weingarten bleiben und probieren, was hier so gekeltert wird. Im Angebot sind die meisten kretischen Rebsorten.

Minos-Miliarikis WEINGUT
(☎ 28107 41213; www.minoswines.gr; Peza; ⊙ Mo–Fr 9–16, Sa 10.30–15 Uhr) Direkt an der Hauptstraße von Peza befindet sich diese riesige Kellerei, die 1952 als erste in Kreta Wein in Flaschen abfüllte. Sie produziert sehr ordentliche Weine. Besonders gut sind die mit dem Label Miliarakis, z. B. der vollmundige, reinsortige Bio-Rotwein und der aromatische Blanc Noir. Verkostungen finden nach Absprache auch im **Weingartenhaus** (⊙ Mo–Sa 11–18 Uhr) der Winzerei statt, gleich neben den Rebstöcken in Sambas, ca. 10 km östlich von Peza in Richtung Kastelli.

Domaine Gavalas WEINGUT
(☎ 28940 51060; www.domainegavalas.gr; Vorias; ⊙ Mo–Fr 8–16 Uhr) Diese Winzerei, eine der größten Bio-Winzereien Kretas, wurde 2004 gegründet. Unbedingt probierenswert sind der preisgekrönte Efivos Rot- und Weißwein. Die Kellerei liegt in Vorias, etwa 20 km südlich von Peza.

Douloufakis Winery WEINGUT
(☎ 28107 92017; www.cretanwines.gr; Dafnes; ⊙ Mo–Fr 10–15.30 Uhr nach Absprache) Das sehr empfehlenswerte Weingut Douloufakis in Dafnes keltert kretische Rebsorten und verarbeitet auch die Trauben umliegender kleiner Weingüter. Bekannt ist das Gut für seine Weiß- (besonders den Femina) und Rotweine (Aspros Lagos und Enotria). Schön sind auch die originellen bunten Flaschenetiketten.

Lyrarakis WEINGUT
(☎ 6981050681; www.lyrarakis.gr; Alagni; ⊙ April–Okt. Mo–Fr 10–17, Sa 11–16 Uhr) Diese fortschrittliche Winzerei rund 6 km südlich von Peza hat in den letzten Jahren mehrere Auszeichnungen eingeheimst, besonders für ihre Weißweine. Besonders bekannt wurde sie für ihre Entscheidung, zwei fast ausgestorbene weiße Rebsorten namens Dafni und Plyto wieder anzubauen. Die Öffnungszeiten

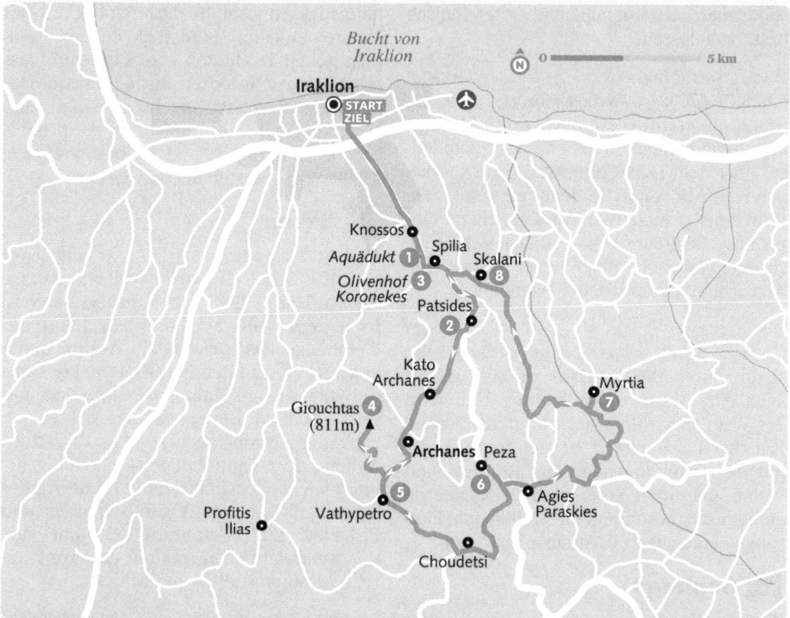

Autotour
Die Weinregion Iraklions

START IRAKLION
ZIEL IRAKLION
LÄNGE/DAUER 45 KM; EIN TAG

Die Vororte von Iraklion gehen langsam in üppig grünes Weinland über, durchsetzt mit schmucken Dörfern, die unter Blumen fast verschwinden, und sonnengetränkten Reben, die sich an sanfte Hänge schmiegen, während in der Ferne der Giouchtas (811 m) aufragt. Die schönste Zeit für einen Besuch ist während der Frühlingsblüte oder der Erntezeit im Spätsommer.

Von Iraklion geht die Fahrt nach Süden Richtung Knossos. 2 km hinter den Palastruinen überquert die Straße ein doppelbögiges 1 **Aquädukt** vom Anfang des 19. Jhs., das Iraklion einst mit Wasser aus Archanes versorgte. Weiter geht's durch Spilia nach Patsides, wo ein martialisches 2 **Denkmal** an der Ausfahrt nach Kato Archanes die Stelle markiert, wo General Heinrich Kreipe 1944 verschleppt wurde. Auf dem wundervollen Olivenhof 3 **Koronekes** (http://koronekes.org) südlich von Spilia kann man sich mit Öl und anderen kretischen Erzeugnissen eindecken. Archanes selbst ist ein Zentrum des Weinhandels mit minoischen Wurzeln. Nachdem man das kleine Museum des Orts besucht und die Atmosphäre auf dem schattigen Hauptplatz genossen hat, führt ein Abstecher zum Gipfel des 4 **Giouchtas**, mit toller Aussicht auf die Weinberge und einem minoischen Gipfelschrein.

Wieder zurück in Archanes geht es südwärts Richtung Choudetsi mit einem Zwischenstopp in 5 **Vathypetro** (S. 177) mit einer minoischen Weinpresse. Die Hauptattraktion des malerisch gelegenen Weilers Choudetsi ist das ausgezeichnete Museum für traditionelle Musikinstrumente. Von hier aus ist es nur eine kurze Fahrt nordwärts bis 6 **Peza**, dem Zentrum der kretischen Weinherstellung, wo mehrere Weingüter Verkostungen und Führungen anbieten. Anschließend folgt man den Wegweisern nach 7 **Myrtia** (S. 181), um dort im hervorragenden Museum direkt am Stadtplatz Nikos Kazantzakis, dem aus Kreta stammenden Autor von *Alexis Sorbas*, die Ehre zu erweisen. Krönender Abschluss des Tages ist ein kretisches Gourmetdinner in Begleitung erstklassiger lokaler Weine im einladenden 8 **Elia & Diosmos** (S. 180) in Skalani.

sollte man sich vorsichtshalber telefonisch bestätigen lassen.

Rhous Tamiolakis WEINGUT
(28107 42083; www.rhouswinery.gr; Houdetsi; nach Absprache) Diese Bio-Winzerei liegt in atemberaubender Umgebung auf einem Hügel über dem Dorf Choudetsi, 4 km südlich von Peza. Mit den in Bordeaux ausgebildeten Winzern, der modernen Ausstattung und ihrer besucherfreundlichen Anlage gehört sie zu den Vorreitern einer neuen Generation hervorragender kretischer Weinbauern.

Silva Wines WEINGUT
(28107 92021; www.silvawines.gr; Siva) Zum Team dieses Bio-Weinguts in Siva gehört auch eine Mutter samt Tochter. Hier wird der Wein tatsächlich nach biodynamischen Prinzipien gekeltert, d. h. auch im Einklang mit dem Mondkalender. Das Resultat sind Weine, die einen Preis nach dem anderen einheimsen, besonders die Weißweine. Führungen einen Tag im Voraus reservieren.

Schlafen

★ Villa Kerasia PENSION €€
(28107 91021; www.villa-kerasia.gr; Vlachiana; Zi. mit Frühstück 70–95 €; April–Okt.;) Das umgebaute ehemalige Bauernhaus mit fünf Zimmern und zwei Suiten liegt in grandioser Umgebung im winzigen Ort Vlachiana am westlichen Rand der Weinregion. Natursteinmauern, Balkendecken und Holzfußböden sorgen für eine idyllische, heimelige Atmosphäre. Der Tag beginnt mit einem opulenten Frühstück aus rein einheimischen Produkten – so sättigend, dass das Mittagessen locker ausfallen kann. Das Abendessen, sofern angeboten, sollte man sich nicht entgehen lassen: Besitzer Babis ist ein Spitzenkoch und zaubert kretische Küche vom Feinsten auf den Tisch.

Essen

★ Elia & Diosmos KRETISCH €€
(28107 31283; www.olive-mint.gr; Skalani; Hauptgerichte 10–19 €; Di–So mittags & abends) In diesem Schlaraffenland am Rand des Weinbaugebiets verwandelt Argiro Barda knackfrische Zutaten in raffinierte kretische Gerichte, die ein wahres Geschmacksfeuerwerk entfalten. Die Speisekarte richtet sich nach der Saison, aber zu den Klassikern zählen saftige Lammkoteletts mit Honig, die luftig-leichte Fenchelpastete und herzhaftes Schweinefleisch mit Feigen, Pflaumen und Pistazien. Das Restaurant liegt nur eine kurze Autofahrt von Iraklion entfernt rund zehn Minuten südlich von Knossos.

Roussos Taverna KRETISCH €€
(28107 42189; Choudetsi; Hauptgerichte 5–10 €; 15. Juni–Ende Sept. mittags & abends, Okt.–Mai Sa & So mittags & abends) Eingefleischte Gourmets kommen von weit her nach Choudetsi, um Roussos' schmackhafte, original kretische Küche zu genießen, beispielsweise die phantastischen Lammkoteletts und regionales *chorta* (wild wachsendes Blattgemüse).

NICHT VERSÄUMEN

MUSIKMUSEUM & -WORKSHOPS

In Choudetsi, 4 km südlich von Peza, stehen ein paar byzantinische Kirchen. Einen Eintrag auf der Landkarte verdiente sich Choudetsi aber erst durch das **Labyrinth** (28107 41027; www.labyrinthmusic.gr; Choudetsi; Mo–Sa 9–14 & 17–20 Uhr). Der wunderschöne, aus Naturstein erbaute Gutshof dient als Museum für traditionelle Musikinstrumente und den ganzen Sommer über finden hier international renommierte Musikworkshops statt, die Toptalente aus aller Welt anziehen.

Das Labyrinth wurde 1982 von dem angesehenen Musiker Ross Daly ins Leben gerufen. Der gebürtige Ire zählt zu den virtuosesten Spielern der kretischen Lyra. Er ist auch ein Meister der modalen, nichtharmonischen Musik aus Griechenland, dem Balkan, der Türkei, dem Nahen Osten, Nordafrika und Nordindien und hat mehr als 35 Alben veröffentlich. Näheres unter www.rossdaly.gr.

Daly sammelt auch mit Begeisterung traditionelle Musikinstrumente. Rund 250 Stücke aus seiner Sammlung sind in dem Herrenhaus ausgestellt. Es handelt sich überwiegend um Saiten- und Perkussionsinstrumente aus aller Welt, darunter viele von hohem Seltenheitswert.

Im Sommer bildet der wunderschöne Gutshof freitagabends eine zauberhafte Kulisse für Konzerte, bei denen Labyrinth-Dozenten und -Studenten auftreten (Eintritt frei). Das Programm lässt sich telefonisch erfragen oder auf der Website einsehen.

Die Taverne steht am Hauptplatz gegenüber von Ross Dalys *Labyrinth*, dessen Musiker hier manchmal ein Konzert geben.

Taverna Onisimos GRIECHISCH €€

(☎28107 41754; Peza; Hauptgerichte 8–10 €; ⏲tgl. 12.30 Uhr–spät, Nov.–März Mo mittags geschl.) Diese hübsch eingerichtete Taverne liegt in der Hauptstraße von Peza, unweit der Winzerei Minos Miliarakis. Sie eignet sich prima, um nach einer allzu ausgiebigen Weinverkostung wieder einen klaren Kopf zu bekommen. Im Angebot sind u. a. leckere gebratene Zucchinibällchen, verschiedene Fleischsorten vom Grill und *mayirefta* (vorgekochte Gerichte) wie Lamm in Zitronensauce.

Myrtia Μυρτιά

Myrtia, rund 15 km südöstlich von Iraklion, ist der Geburtsort von Kretas berühmtestem Schriftsteller. An ihn erinnert das ausgezeichnete **Nikos-Kazantzakis-Museum** (☎28107 41689; www.kazantzaki.gr; Myrtia; Erw./Kind 3/2 €; ⏲März–Okt. 9–17 Uhr, Nov.–Feb. So 10–15 Uhr). Die wirkungsvoll in Szene gesetzte Ausstellung ist in einem modernen Gebäude an dem von *kafenia* gesäumten Zentralplatz untergebracht. Sie erzählt vom Werdegang, der Geisteshaltung und von den Verdiensten Kazantzakis'. Am besten schaut man sich zuerst den kurzen Dokumentarfilm an und begutachtet dann die persönlichen Besitzstücke, Filmplakate, Briefe, Fotos und andere Memorabilien. Die oberen Räume bieten einen Überblick über Kazantzakis' berühmteste Werke, darunter natürlich auch *Alexis Sorbas*.

Thrapsano Θραψανό

1300 EW.

Die riesigen *pithoi* im minoischen Stil, die Hotellobbys, Restaurants und Wohnhäuser auf der ganzen Insel zieren, stammen überwiegend aus Thrapsano, 32 km südöstlich von Iraklion. Die heutigen Designs und Herstellungsmethoden sind eindeutig von denen der Antike beeinflusst. Diese Werkstätten sind besonders dann interessant, wenn man sich an den archäologischen Stätten und in den Museen schon die alten Keramiken angeschaut hat. In ganz Thrapsano gibt es Töpfereien. Bei diesen handelt es sich nicht um Touristenläden, sondern eher um Fabriken, in denen Töpferwaren für den Verkauf in ganz Griechenland und im Ausland produziert werden. Dennoch heißen sie normalerweise Besucher willkommen. Mitte Juli findet jedes Jahr ein Töpferfest statt.

Von Iraklion aus ist Thrapsano am besten über die Straße nach Knossos zu erreichen. Die Abzweigung befindet sich im Ort Agies Paraskies, in der Nähe von Peza.

Keramikwerkstatt Nikos Doxastakis WERKSTATT

(☎28910 41160) In der traditionsreichen Werkstatt Nikos Doxastakis kann man zuschauen, wie riesige Tontöpfe produziert werden. Die Werkstatt liegt vom Ortszentrum aus gesehen hinter dem Rathaus.

Koutrakis Art KERAMIK

(☎28910 41000; www.cretan-pottery.gr) Diese wunderbare Töpferei bietet eine ausgezeichnete Website, talentierte Töpfer und kleine Tontöpfe zum Verkauf. An der Straße von Voni nach Thrapsano.

Töpferei Vasilakis KERAMIK

(☎28910 41666) Verkauft kleine Tontöpfe. 300 m bergab von der Dorfschule.

Timios-Stavros-Kirche KIRCHE

Wer sich an den Töpfereien sattgesehen hat, kann in der zweischiffigen Timios-Stavros-Kirche aus dem 15. Jh. die gut erhaltenen Fresken bewundern. Eventuell muss man auf der Suche nach dem Schlüssel herumfragen.

Livida-See SEE

Vor den Toren Thrapsanos, an der Straße nach Norden Richtung Apostoli, liegt der Livada-See. Das geschützte Feuchtgebiet hat einen recht vernachlässigten Aussichtspunkt zur Vogelbeobachtung und eine Picknickstelle. Das Schutzgebiet ist die Heimat von Vogelarten wie Seidenreiher, Bruchwasserläufer, Rötelschwalbe und Weißbart-Seeschwalbe. Die Größe des Sees soll sich im Laufe der Jahre verdoppelt haben, weil die Keramikbetriebe Lehm aus dem See baggern.

Zaros Ζαρός

2110 EW.

Das traditionelle Bergdorf Zaros ist berühmt für sein natürliches Quellwasser. Es liegt traumhaft schön am Fuß des Psiloritis, und schon die Anfahrt über die landschaftlich reizvolle Straße von Agia Varvara her (auf der Schnellstraße zwischen Iraklion und Mires) ist toll. Zaros bietet einige schöne byzantinische Klöster, ausgezeichnete Wandermöglichkeiten und Tavernen, in denen köstliche Forellen serviert werden. Ausgrabungen in der Nähe deuten darauf hin, dass die ständige Versorgung mit frischem Wasser die Minoer und später auch die Römer dazu verlockte, sich hier niederzulassen. Wer ganz genau hinschaut, kann noch Überreste der Wasserkanäle entdecken, die einst dafür sorgten, dass in der 12 km südlich gelegenen großen römischen Siedlung Gortys die Brunnen gefüllt waren.

Sehenswertes & Aktivitäten

Votomos-See SEE

Dieses smaragdgrüne, von Bäumen umgebene kleine Staubecken gleich nordöstlich von Zaros wurde 1987 angelegt, um das Quellwasser der Stadt zu speichern. Der See zieht Scharen von Vögeln an und ist ein herrliches Plätzchen zum Chillen im schattigen Park oder für einen Imbiss in der ausgezeichneten Café-Taverne. Ein Pfad führt von hier aus sowohl zum Moni Agios Nikolaos (1 km) als auch zur Rouvas-Schlucht (2,5 km).

Moni Agios Nikolaos KLOSTER

(Sonnenauf- bis Sonnenuntergang, 13–16 Uhr geschl.) An der Straße von Zaros nach Westen weisen Schilder den Weg zu diesem Kloster am Eingang der Rouvas-Schlucht, etwa 2 km das Tal hinauf. Die Kirche birgt einige schöne Fresken aus dem 14. Jh. Diese alte Kirche steht hinter einer neuen (mit blauen Kuppeln), die gerade errichtet wird.

Moni Vrondisi KLOSTER

(Sonnenauf- bis Sonnenuntergang) Dieses Kloster liegt nur 4 km nordwestlich von Zaros. Es ist für seinen venezianischen Springbrunnen aus dem 15. Jh. bekannt, auf dem ein Relief von Adam und Eva abgebildet ist. Außerdem beherbergt das Kloster berühmte Fresken der kretischen Schule aus dem frühen 14. Jh., darunter eine Darstellung des Letzten Abendmahls. Wenn man Glück hat, weist einen ein älterer Priester mit seinen Gehstock auf die Highlights hin.

Heimatmuseum von Zaros MUSEUM

(Zaros; Erw./Kind 3/2 €; Mai–Sept. 10–14 & 16–18 Uhr) Das 2015 eröffnete winzige Museum in einem traditionellen Steinhaus ist eine dieser Einrichtungen, bei denen man denkt, dass man allein schon deshalb hingehen sollte, um sie zu unterstützen. Das Museum beherbergt eine kuriose Sammlung von gespendeten Dingen aus der Vergangenheit und gewährt einen Einblick in die Zeit vor der Ankunft der Elektrizität. Im zweiten Stock ist eine originelle geologische Sammlung untergebracht. Am interessantesten ist die Gegenüberstellung von Mineralien im reinen Zustand und Produkten, in denen sie verarbeitet sind, wie Plastikflaschen und Batterien.

★ Rouvas-Schlucht WANDERN

Als Teil des Europäischen Fernwanderweges E4 führt diese Schlucht zum geschützten Rouvas-Wald, wo einige der ältesten Eichen Kretas stehen. Reizvoll ist eine Wanderung im Frühling, wenn Orchideen, Mohnblumen, Schwertlilien und andere Wildblumen blühen und der Landschaft die Lebendigkeit eines impressionistischen Gemäldes verleihen. Der Weg beginnt nördlich von Zaros – man folge den Schildern zum See. Vom See sind es hin und zurück rund fünf Stunden.

Domaine Zacharioudakis WEINGUT

(28920 24733; www.zacharioudakis.com; Plouti; Mo–Sa 10–17 Uhr) Seine ausgefallene Architektur und die steilen Weinberge an den Hängen des Orthi Petra kennzeichnen diese mit neuester Technik ausgestattete Boutique-Winzerei in Plouti, rund 7 km südlich von Zaros. Der Verkostungsraum mit Blick aufs Meer ist ein angenehmer Ort, um die Qualitätsweine des Hauses zu probieren, darunter der preisgekrönte weiße Vidiano und der rote Orthi Petra Syrah-Kotsifali. Es werden auch Führungen angeboten. Wer nur Zeit für ein Weingut hat, sollte sich vielleicht dieses hier aussuchen.

Schlafen

Studios Keramos PENSION €

(28940 31352; www.studiokeramos-zaros.gr; Zaros; EZ/DZ/3BZ mit Frühstück 30/45/55 €;) Die altmodische kleine Pension nahe dem Dorfzentrum wird von der freundlichen Katerina geleitet und ist mit kretischem Kunsthandwerk, Webereien und Familienerbstücken eingerichtet. In vielen Zimmern und Studios stehen antike Möbel, aber auch an modernem Komfort in Form von TV und Kochgelegenheit fehlt es nicht. Katerina steht früh auf, um den Gästen ein phantastisches, reichhaltiges traditionelles Frühstück zuzubereiten. Es gibt sogar einen kleinen Aufzug.

★ **Eleonas Cottages** COTTAGE €€
(☎28940 31238, 6976670002; www.eleonas.gr; Zaros; Studio/Cottage mit Frühstück ab 90/100 €; P ❄ @ 📶 🏊 👪) Mit großem Einsatz hat Eigentümer Manolis für seine Gäste ein Paradies geschaffen. Die hübsche Hanganlage zwischen Olivenhainen ist in einen atemberaubenden terrassierten Garten hineingebaut. Dies ist ein echtes Stück Kreta, mit frischer Luft, entspanntem Ambiente und sehr gastfreundlichem Personal. Die schick eingerichteten Studios und Apartments präsentieren sich sehr geschmackvoll.

Alle Zimmer verfügen über jeglichen modernen Komfort sowie Kamine. Wer nicht nur faul am Pool herumhängen möchte, kann hier ein Mountainbike mieten, in der nahen Rouvas-Schlucht wandern gehen oder an einem Kochkurs teilnehmen. Applaus gibt's auch für das opulente Frühstücksbuffet und die umweltfreundliche Einstellung. Auch für die Kinder ist gesorgt, z. B. mit schönen Spielplätzen. Gastgeber Manolis kümmert sich liebevoll um jedes Detail.

Essen

★ **Vegera** KRETISCH €
(☎28940 31730; www.vegerazaros.gr; Hauptstraße; mehrgängige Mahlzeit 12 €; ⏲8 Uhr–spät; ✎) Die muntere Vivi hat ein gutes Händchen dafür, frische regionale Zutaten mithilfe traditioneller Rezepte in Gerichte voller Geschmack zu verwandeln. Ihre Philosophie, sagt sie, besteht darin, so zu kochen wie in der eigenen Küche. Und tatsächlich könnte man sich angesichts der Blümchentischdecken und des heimeligen Ambientes auch wie bei Vivi zu Hause fühlen.

Eine komplette Mahlzeit mit frischem Brot, einem Gartensalat, Käse und Oliven, mehreren köstlichen Speisen, Gebäck und Raki kostet nur 12 €. Es werden auch Kochkurse angeboten (25 € pro Pers., mind. 2 Pers.).

Limni KRETISCH €€
(Hauptgerichte 8–17 €; ⏲März–Okt. 11 Uhr–spät) Diese Taverne am See ist eine Oase der Ruhe, wo frisch gegrillte Forelle und kretische Spezialitäten serviert werden. Eine willkommene kleine Aufmerksamkeit sind die Appetithäppchen, die mit Brot auf den Tisch kommen.

Eleonos Taverna MEDITERRAN €€
(Eleonas Cottages; Hauptgerichte 5–10 €; ⏲mittags & abends; 📶) Hier gibt's mediterrane Küche wie frische Salate, köstliche Fisch- und Fleischgerichte vom Grill (täglich wechselnd) oder kleinere Gerichte wie Suppen. Dazu kommen noch eine tolle Kinderkarte und eine der besten Weinkarten ganz Kretas. Schon auf der um einen Olivenbaum herum angelegten Terrasse inmitten von Vogelgezwitscher zu sitzen ist die wahre Freude. Die Taverne liegt ein paar Kilometer außerhalb des Orts: Richtung Norden durchs Dorf und den grün-weißen Schildern folgen. Mittagessen gibt's ab 13 Uhr, Abendessen ab 18 Uhr.

Taverna Votomos GRIECHISCH €€
(Forelle 25 € pro kg, Hauptgerichte 7–10 €; ⏲25. März–Ende Nov. 12 Uhr–spät) Obwohl man hier im Gebirge ist, besteht kein Zweifel daran, dass der Fisch in dieser familienbetriebenen Taverne wirklich frisch ist. Die Gäste können die Forellen und Lachse nämlich in großen Zuchtwasserbecken umherschwimmen sehen, bevor sie auf dem Teller landen. Dies ist die zweite Taverna Votomos, wenn man den Schildern zum See folgt; die erste Taverne dieses Namens ist nur 50 m entfernt gleich hinter dem Hotel Idi. Der Besitzer legte als Erster in der Gegend Forellenzuchten an.

Praktische Informationen

Das Geschäftsviertel von Zaros liegt am südlichen Ortsrand. Das Postamt und ein Supermarkt befinden sich gegenüber dem Polizeirevier. An der Hauptstraße gibt's einen Geldautomaten.

An- & Weiterreise

Wer über die Hauptstraße von Iraklion her kommt, biegt bei Agia Varvara nach Westen ab. Von Süden her führt eine kleinere Straße von Kapariana unmittelbar östlich von Mires Richtung Norden nach Zaros (genau auf die Karte schauen und auf eine kleine Straße zwischen einer Bäckerei und dem Kafeneio i Zariani Strofi abbiegen – hier steht kein Schild!). Täglich fährt ein Direktbus von Iraklion nach Zaros (5,50 €, 1 Std.). Die beste Alternative ist, einen der stündlich verkehrenden Busse nach Mires und von dort ein Taxi (ca. 15 €) zu nehmen.

BEZIRK IRAKLION – SÜDEN

Der Süden Mittelkretas ist mit drei archäologischen Schatztruhen gesegnet: Festos, Agia Triada und Gortys. Außerdem kann er mit einer Reihe kleinerer Fundorte aufwarten, die zusammen die bewegte kretische

Geschichte von den Minoern bis zu den Römern widerspiegeln. Die Erkundung dieser Orte führt über die Messara-Ebene, eine der fruchtbarsten Gegenden Kretas. Sie wird im Norden vom Psiloritis, im Osten vom Dikti-Gebirge und im Süden von den Asterousia-Bergen begrenzt.

Eine vielbefahrene Fernstraße verbindet die betriebsamen Wirtschaftszentren Tymbaki, Mires, Agii Deka und Pyrgos, die Besuchern aber nicht viel zu bieten haben. Anders verhält es sich mit den Küstenorten Matala, Kamilari und Kalamaki. Sie locken mit langen Sandstränden, und kleine landeinwärts gelegene Dörfer wie Sivas sind perfekte Ausgangspunkte, um die vielen Reize der Region zu entdecken. Es wäre geradezu verwerflich, das schier unbegrenzte Angebot an Freizeitaktivitäten nicht auszunutzen. Man kann durch Schluchten wandern, uralte Klöster besuchen, in blumengeschmückten Dörfern herumbummeln, gemütlich zwischen den Einheimischen auf dem Dorfplatz sitzen oder einfach ziellos auf den kurvenreichen Landstraßen herumkutschieren.

Gortys Γόρτυς

Die Ausgrabungsstätte in Gortys (S. 174), 46 km südwestlich von Iraklion, ist die größte ihrer Art in ganz Kreta und eine der faszinierendsten. Gortys, auch Gortyn oder Gortyna (Betonung auf der ersten Silbe) genannt, kann nicht viel aus der minoischen Periode vorweisen, da es zu der Zeit nur eine kleine Trabantenstadt des florierenden Festos war. Erst unter den Dorern gelangte Gortys zu Reichtum, der hauptsächlich aus der Piraterie stammte. Im 5. Jh. v. Chr. war die Stadt jedenfalls bereits so bedeutend wie Knossos.

Als die Insel von den Römern bedroht wurde, handelten die Einwohner von Gortys geschickt einen Vertrag mit ihnen aus und so wurde Gortyna nach der Eroberung durch Rom im Jahr 67 v. Chr. zur Hauptstadt der Insel erkoren. Unter der römischen Verwaltung florierte die Stadt und wurde großzügig mit prächtigen öffentlichen Gebäuden ausgestattet, darunter ein Prätorium, ein Amphitheater, Bäder, eine Musikschule und mehrere Tempel. Auf ihrem Höhepunkt hatte die Stadt vermutlich um die 100 000 Einwohner. Abgesehen von dem Apollon-Tempel aus dem 7. Jh. v. Chr. und der byzantinischen Titus-Basilika stammen die meisten Ruinen in Gortys aus römischer Zeit. Der Glanz der Stadt erlosch erst im Jahr 824, als die Sarazenen die Insel überfielen und Gortys zerstörten.

Die Stadt erstreckt sich auf 1 km^2 Gelände aus Flachland, Gebirgsausläufern und Hochebenen, Hügeln und Feldern und nur ein kleiner Teil ist ausgegraben worden. Über ein Aquädukt wurde Quellwasser vom 15 km entfernten Zaros nach Gortys geleitet, um die Brunnen und öffentlichen Bäder der Stadt zu versorgen.

Gortys besteht aus zwei Abschnitten, die durch die Hauptstraße voneinander getrennt sind. Die meisten Leute bleiben nur lange genug, um das umzäunte Gebiet nördlich der Straße hinter dem Parkplatz und dem Eingangstor zu erforschen. Dabei befinden sich die wichtigsten römischen Tempel, Bäder und sonstigen Gebäude auf der anderen Seite der Straße. Allerdings liegen sie über ein weites, offenes Gelände verstreut und lassen sich daher nicht so einfach besichtigen. Dort ist immer geöffnet und der Zutritt kostenlos.

Busse von Iraklion nach Festos halten in Gortys (4,70 €).

Das abgesperrte Gebiet

Das erste auffällige große Bauwerk innerhalb des Sperrgebiets ist die byzantinische **Titus-Basilika** aus dem 6. Jh., die großartigste frühchristliche Kirche auf Kreta. Sie wurde möglicherweise auf den Fundamenten einer noch älteren Kirche erbaut. Von der Basilika ist nur noch der hoch aufragende Altarraum mit zwei Seitenschiffen erhalten; ins linke kommen immer noch Gläubige zum Beten.

Ein paar Schritte weiter steht das **Odeon**, ein römisches Theater aus dem 1. Jh. v. Chr., das bei einem Erdbeben zerstört und unter Trajan im 2. Jh. wieder aufgebaut wurde. Das Gewölbe an der Rückseite des Theaters beherbergt die Hauptattraktion von Gortys: die Steintafeln mit den im 6. Jh. v. Chr. eingemeißelten Gesetzestafeln, auf denen das **Stadtrecht von Gortys** festgeschrieben steht. Die 600 Zeilen, die in einem dorischen Dialekt in die Steinplatten eingemeißelt sind, bilden den ältesten bekannten Gesetzestext der griechischen Kultur. Interessanterweise plagten sich die alten Kreter mit den gleichen Angelegenheiten herum, die uns auch heute noch vor den Kadi treiben: Heirat, Scheidung, Eigentumsrecht,

Gortys

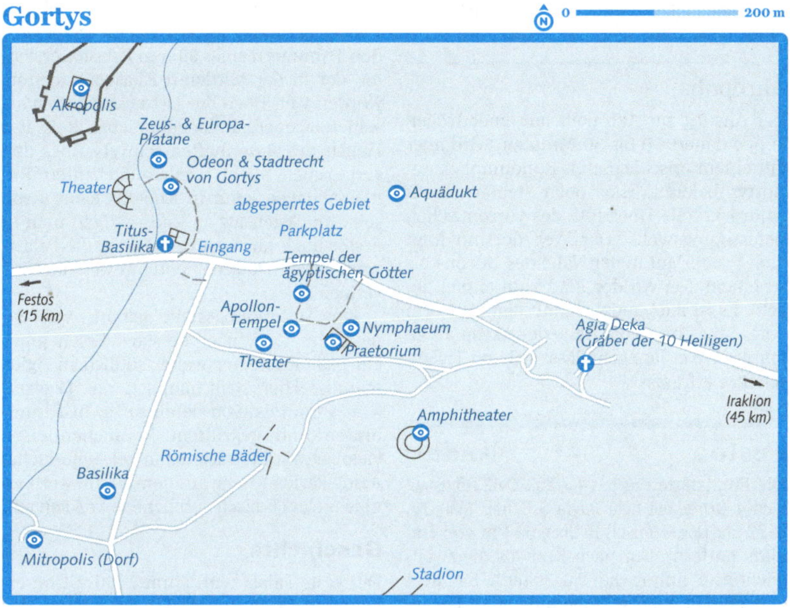

Erbschaft, Adoption und Straftaten. Die kretische Gesellschaft war streng hierarchisch gegliedert und unterteilte sich in Sklaven sowie mehrere Kategorien freier Bürger, die jeweils genau definierte Rechte und Pflichten hatten.

Nicht weit von hier steht eine **immergrüne Platane**, angeblich eine von nur rund 50 auf Kreta. Der Sage nach diente sie Zeus und Europa als Liebesnest. Bald gebar Europa Drillinge, die mythischen Könige Minos, Rhadamanthys und Sarpedon. Die Platane jedoch, die als stumme Zeugin des Liebesaktes hatte herhalten müssen, fühlte sich offenbar in ihrem Schamgefühl verletzt und weigerte sich von da an, ihre Blätter fallen zu lassen. Mythen sind langlebig – noch heute pilgern Leute in der Hoffnung auf reichlich (männlichen) Kindersegen zur Platane.

Südlich der Schnellstraße

Die Bauwerke auf dieser Seite der Straße sind sehr viel größer, erstrecken sich aber über ein weitläufiges Gebiet und sind daher nicht so leicht zu lokalisieren. Es macht durchaus Spaß, einfach ziellos umherzustreifen und zufällig über die Ruinen zu stolpern. Wer aber die Stätte etwas systematischer erkunden möchte, sollte das Schild an der Hauptstraße suchen, das den Weg zum Apollon-Tempel weist, und dem Steinweg folgen. Zunächst geht es an den Überresten des **Tempels der ägyptischen Götter** vorbei, der Isis, Serapis und Anubis geweiht war. Dahinter steht der **Apollon-Tempel**, das bedeutendste Heiligtum des vorrömischen Gortys. Im 7. Jh. v. Chr. erbaut, wurde der Tempel im 3. Jh. v. Chr. erweitert und im 2. Jh. n. Chr. in eine christliche Basilika verwandelt. Vor Ort sind noch der rechteckige Grundriss und große Teile des Altars zu sehen. Dahinter erhebt sich das gut erhaltene **Theater**.

Wer sich vor dem Apollon-Tempel nach links wendet, gelangt zum gewaltigen **Praetorium**. Es war der Palast des römischen Statthalters auf Kreta und diente als Verwaltungsgebäude, Kirche und Privatresidenz. Der größte Teil der Ruinen stammt aus dem 2. Jh. Ein Teil des Prätoriums wurde im 4. Jh. wiederaufgebaut. Nördlich davon befindet sich das im 2. Jh. erbaute **Nymphaeum**, ein öffentliches Badehaus, das über ein Aquädukt mit Wasser aus Zaros versorgt wurde. Ursprünglich war es mit Nymphen-Statuen verziert. Südlich des Nymphaeums liegt das **Amphitheater** aus dem späten 2. Jh.

Busse von Iraklion nach Matala oder Mires halten hier.

Akropolis

Der Anstieg zur Akropolis auf einer Hügelkuppe dauert 20 bis 30 Minuten, wird aber mit einem unschlagbaren Rundumblick auf Gortys belohnt. Hier oben stehen zudem eindrucksvolle Überreste des vorrömischen Befestigungswalls. Der Weg dorthin folgt dem Wasserlauf in der Nähe des Odeons bis zu einem Tor, wo der Pfad zum Gipfel abgeht. Es ist auch möglich, mit dem Auto ein gutes Stück bis in die Nähe der Akropolis zu fahren. Wo es langgeht, lässt sich am Ticketschalter erfragen.

Festos Φαιστός

Die Fundstätte **Festos** (☎ 28920 42315; Erw./Kind 4 €/frei, mit Agia Triada 6 €/frei; Mai–Okt. 8–20 Uhr, Nov.–März bis 15 Uhr), 63 km von Iraklion entfernt, war nach Knossos die zweitwichtigste minoische Palaststadt. Sie liegt ebenfalls in einer atemberaubenden Umgebung und bietet eine herrliche, unverstellte Aussicht auf die Messara-Ebene und den Psiloritis. Der Grundriss des Palastes mit Räumen, die sich um einen zentralen Innenhof gruppieren, gleicht dem in Knossos. Wie Knossos wurde auch der größte Teil von Festos (Betonung auf der zweiten Silbe) auf den Trümmern eines älteren Palastes errichtet, der in der Mittleren Palastzeit zerstört worden war. Doch der Ort besitzt durchaus seinen eigenen, unnachahmlichen Reiz. Ein Hauch des Rätselhaften schwebt über den verlassenen, nicht wiederaufgebauten Ruinen – davon kann in Knossos keine Rede sein. Im Gegensatz zu Knossos fand man in Festos auch nur wenige Fresken; die Palastwände waren anscheinend mit weißem Gips verkleidet.

Zur Ausgrabungsstätte gehört zwar ein passables Café, aber besseres Essen gibt's ein paar Kilometer weiter südlich in Agios Ioannis: Hier steht nämlich die **Taverna Agios Ioannis**, von deren saftigem Lammbraten und gegrilltem Kaninchenfleisch viele schwärmen. Die nahe gelegene kleine Agios-Pavlos-Kirche aus dem 10. Jh. weist einige melancholisch verblichene Fresken auf.

Geschichte

Der erste Palast wurde um 2000 v. Chr. erbaut und durch jenes Erdbeben zerstört, das auch andere minoische Paläste dem Erdboden gleichmachte. Die Ruinen bildeten das Fundament für einen neuen Palast, mit dessen Bau um 1700 v. Chr. begonnen wurde. Dieser wiederum fiel der Katastrophe

Festos

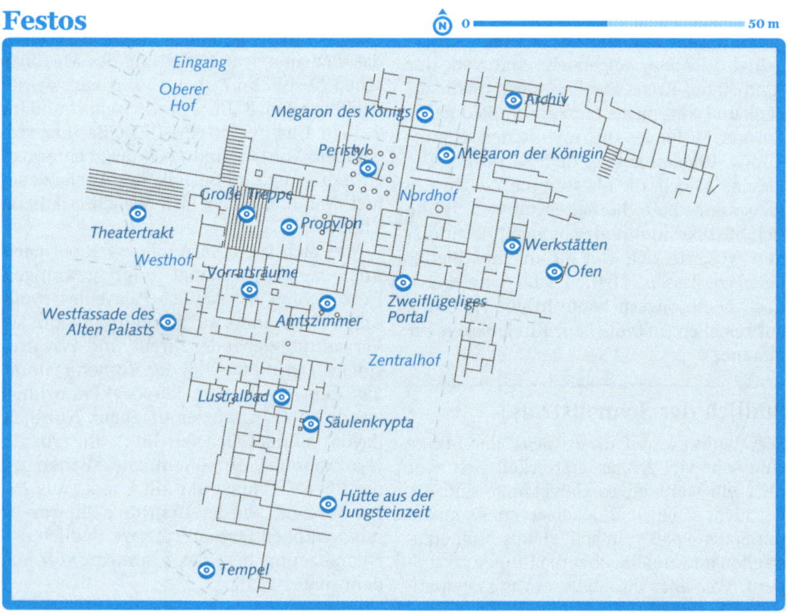

von 1450 v. Chr. zum Opfer. In den Jahrhunderten dazwischen war Festos das politisch-religiöse und administrative Zentrum der Messara-Ebene. Alte Schriften bezeugen die Bedeutung des Palastes und vermerken, dass er sogar seine eigenen Münzen prägte. Obwohl mit dem Aufstieg Gortys' die Bedeutung von Festos abnahm, blieb die Stadt weiterhin bewohnt. Unter den Dorern stand Festos einem Militärbündnis mehrerer Städte vor, darunter Matala und Polyrrinia in Westkreta, musste sich aber im 2. Jh. v. Chr. Gortys geschlagen geben.

Rundgang

Hinter dem Kartenhäuschen beginnt der Obere Hof, der im Alten wie auch im Neuen Palast genutzt wurde. Hier finden sich Gebäudereste aus der hellenischen Epoche. Eine Treppe führt nach unten zum Westhof mit dem sogenannten **Theatertrakt**, der wahrscheinlich als Bühne für Veranstaltungen diente. Die Sitze befinden sich am nördlichen Ende. Das Südende ist gleichzeitig die Westfassade des Alten Palastes. Die 15 m breite **Schautreppe** führt zum **Propylon**, einem großen, überdachten Portal. Unter dem Propylon befinden sich die Lagerräume, in denen immer noch *pithoi* (Vorratskrüge) stehen.

Die benachbarte Halle wurde vermutlich als Amtszimmer genutzt; 1955 kamen dort unter dem Fußboden Steintafeln mit Linear-A-Schrift zum Vorschein. Südlich der Magazine führt ein Durchgang zur Westflanke des **Zentralhofs**. Im Süden des Korridors liegen ein **Lustralbad**, Räume mit Sitzbänken und eine **Pfeilerkrypta**.

Der Zentralhof, der einst von Säulengängen umrahmt war, ist das Herzstück des Palastes. Er ist gut erhalten und vermittelt einen Eindruck von der einstigen Ausdehnung und Pracht der Palastanlage. Südlich des Zentralhofs befindet sich ein **Tempel** aus dem 7. Jh., der aus drei Teilen besteht; er soll der Göttin Leto geweiht gewesen sein, Mutter von Artemis und Apollo. In der Südwestecke des Zentralhofs lohnt ein Blick auf die **Hütte aus der Jungsteinzeit**. Nördlich des Hofes liegen die am besten erhaltenen Abschnitte des Palastes: die Empfangsräume und Privatgemächer. An einem mit Säulen flankierten **zweiflügeligen Portal** vorbei führt ein Durchgang zum Nordhof. An dessen Westflanke befindet sich das **Peristyl**, zu dem früher eine gepflasterte Terrasse gehörte. Die königlichen Gemächer (**Megaron der Königin** und **Megaron des Königs**) schließen sich im Nordosten an das Peristyl an. In einem Gebäude im Nordteil der Anlage wurde der berühmte Diskos von Festos gefunden, der heute im Archäologischen Museum von Iraklion zu bewundern ist.

An- & Weiterreise

Die meisten Busse von Iraklion nach Matala halten in Festos (6,50 €, 1½ Std.) und zudem in Gortys – am besten vergewissert man sich jedoch beim Fahrer und fragt ihn auch nach den Rückfahrzeiten, da diese variieren. Außerdem bestehen Busverbindungen ab Agia Galini (2,10 €, 45 Min.) und Matala (1,80 €, 30 Min., 2- bis 3-mal tgl.).

Agia Triada Αγία Τριάδα

Agia Triada (☎27230 22448; Erw./Kind 3 €/frei, mit Festos 6 €/frei; ⏲Sommer 9.30–16.30 Uhr, Winter 9–16 Uhr), 3 km westlich von Festos, war höchstwahrscheinlich ein kleinerer Palast oder eine Sommerresidenz des Herrschers von Festos. Die Stätte erfreut sich einer bezaubernden Lage an einem baumbestandenen Hang mit Blick auf den Golf von Messara. Agia Triada (Betonung jeweils auf der zweiten Silbe) fiel um 1400 v. Chr. einer Feuersbrunst zum Opfer, wurde aber nie geplündert. Dieser Tatsache ist es zu verdanken, dass hier außergewöhnlich viele Meisterwerke minoischer Kunst geborgen werden konnten – darunter ein berühmtes Vasentrio (die Schnittervase, die Boxervase und der Fürstenkelch), das im Archäologischen Museum von Iraklion steht.

Rundgang

Leider ist die Stätte nicht besonders besucherfreundlich. Es gibt keine Beschriftungen, nur eine einfache Broschüre. Andererseits hat der Ort historisches Ambiente im Überfluss und lässt sich mangels Besucherhorden in aller Ruhe erkunden.

Nach Passieren des Ticketschalters steht man vor den Ruinen des Palastes, dessen Zentralhof an zwei Seiten von Bauten gesäumt ist. Die byzantinische **Agios-Georgios-Kapelle** zur Linken beherbergt einige schöne Fresken (am Kartenschalter um den Schlüssel bitten). Rechts vom Palast erstreckt sich das Gelände der ehemaligen **Siedlung**. Hinter dem Zaun liegt ihr (Besuchern unzugänglicher) Friedhof.

Agia Triada

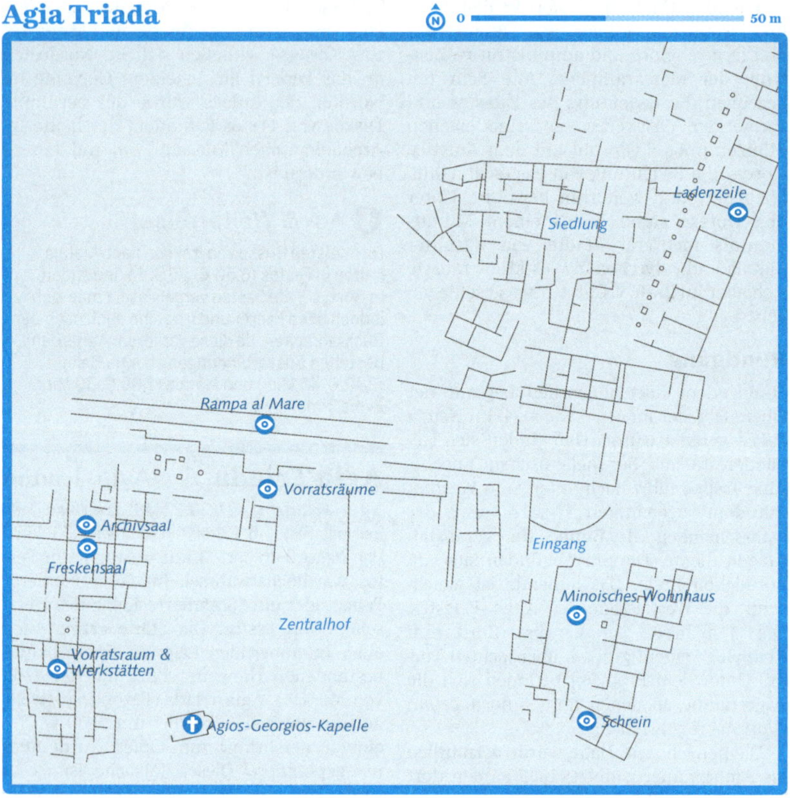

Wer links die Treppen hinuntersteigt, gelangt durch die Ruinen eines **minoischen Wohnhauses** zu einer Kultstätte aus dem frühen 14. Jh. v. Chr. Sie besaß einst einen Fußboden mit üppigen Fresken, die Delfin- und Tintenfischmotive zeigten und ins Archäologische Museum von Iraklion gewandert sind. Dahinter liegt der gepflasterte Zentralhof mit dem Wohntrakt auf der rechten Seite (unter einem Schutzdach). Der Westflügel am anderen Ende des Hofes beherbergt ein Geflecht aus Magazinen und Werkstätten. In einem dieser Räume wurde der „Prinzenbecher" gefunden. Eine der schönsten Räumlichkeiten in der nordwestlichen Ecke ist der sogenannte Freskensaal, der mit einer modernen Zementdecke versehen wurde. Er weist eingebaute Bänke, Alabasterverkleidungen an den Wänden und einen Gipsboden auf.

Entlang der Nordseite des Palastes verläuft eine Trasse, die einstmals vermutlich bis zum Meer führte, da der Meeresspiegel damals noch sehr viel höher war. Daher rührt auch der Name, den die Archäologen dem Bauwerk gaben – **Rampa al Mare**. Sie führt hoch zum Dorfgelände, wo sich der Marktplatz und einfache Wohnhäuser befanden. Besonders interessant ist die Reihe von Geschäften, vor denen einst ein Säulengang stand.

Auf der anderen Seite des Zauns, hinter den Läden, liegt die um 2000 v. Chr. angelegte Nekropole mit zwei *tholoi*-Kuppelgräbern. Hier wurde der berühmte, mit Begräbnisszenen verzierte Sarkophag gefunden, der wie so vieles von hier in Iraklion ausgestellt ist.

An- & Weiterreise

Die Ausgrabungsstätte lässt sich mit öffentlichen Verkehrsmitteln nicht erreichen und liegt etwa 5 km von jeder größeren Siedlung entfernt. Autofahrer nehmen die Abfahrt nach Agia Triada, etwa 500 m hinter Festos an der Straße nach Matala.

Matala Μάταλα

70 EW.

Matala (Betonung auf der ersten Silbe), 11 km südwestlich von Festos an der Küste gelegen, ging als der Ort in die Geschichtsbücher ein, wo Zeus in Form eines Stieres mit Europa auf dem Rücken an Land ging, bevor er sie nach Gortys verschleppte. Die Minoer nutzten Matala als Hafen für Festos, und unter römischer Herrschaft diente der Küstenort als Hafen von Gortys. Am Grund des Meeres lassen sich noch Ruinen dieser alten Siedlungen ausmachen.

Trotz dieses historischen Erbes denken die meisten Leute beim Namen Matala nur an eins: Hippies. In den 1960er- und 1970er-Jahren beheimatete das Städtchen eine Blumenkinderkommune, darunter Prominente wie Joni Mitchell und Cat Stevens. Teil der Anziehungskraft war das mietfreie Wohnen in den Höhlen. Diese romantischen Anwandlungen lenkten davon ab, dass es sich bei den Höhlen eigentlich um alte römische Grabstätten handelte. Inzwischen versuchen die Behörden, die Höhlen wieder als archäologische Sehenswürdigkeit zu etablieren.

Außerhalb der Saison ist immer noch ein wenig von der Magie Matalas zu verspüren. Die Lage des Städtchens an einer halbmondförmigen Bucht mit Strand zwischen zwei Landzungen könnte traumhafter nicht sein.

In Matala und Umgebung brüten zahlreiche Unechte Karettschildkröten. Die griechische Gesellschaft zum Schutz der Meeresschildkröten hat einen Stand in der Nähe des Parkplatzes.

Sehenswertes & Aktivitäten

Matala-Höhlen HÖHLE

(Alt-Matala, Römische Grabstätten; Eintritt 3 €; ⏲April–Sept. 10–19 Uhr, Okt.–März 8.30–15 Uhr) Es sind eindeutig die Höhlen, die Matala so einzigartig machen, und zwar nicht nur wegen der Hippie-Connection. Die Höhlen wurden in prähistorischer Zeit in den porösen Sandstein der Klippen gehauen. Später nutzten die Römer, unter deren Herrschaft Matala der Handelshafen für Gortys war, sie als Grabstätten. Angeblich wurden diese von den Hippies, die hier in den 1960er- und 1970er-Jahren lebten, geplündert.

Red Beach STRAND

Der Hauptstrand von Matala liegt am Fuß der Höhlen. Er bildet ein malerisches Halbrund, ist aber oft überlaufen. Wer den Massen entkommen will, folgt den Wegweisern zum „Roten Strand“, den man nach einer halbstündigen Kraxelei über die Klippen erreicht. Er ist zwar alles andere als ein Geheimtipp, zieht aber weniger Sonnenanbeter an, darunter auch textilfreie. Proviant (Wasser und etwas zu essen) mitbringen.

Panagia-Matalon-Kirche KIRCHE

(Panagia-Kirche) Die kleine Kapelle wurde vermutlich in venezianischer Zeit in die Klippen gehauen. Sie ist so winzig, dass sie leicht übersehen werden kann. Im Inneren befinden sich hübsche Ikonen und beschnitzte Ikonenwände. Zur Kirche einfach den Schildern gegenüber vom Restaurant Petra and Votsalo folgen – es ist nicht die kleine Kirche in der Ortsmitte.

Schlafen

Matala Valley Village RESORT €

(☎28920 45776; www.valleyvillage.gr; EZ/DZ/Bungalow 50/60/90 €; ⏲Mai–Okt.; P❄📶🏊👪) Vor allem Familien schätzen diese ausgedehnte Anlage im Grünen nahe der Ortszufahrt. Von den verschiedenen Unterkunftstypen sind die 23 weiß verputzten Bungalows, die 2008 hinzukamen, die schönsten. Jeder davon hat zwei Schlafzimmer, einen Kühlschrank und ein großes Bad mit Jacuzzi-Badewanne und separater Dusche. Kinder können sich auf einer Rasenfläche, einem Spielplatz und in einem großen Pool austoben.

Hotel Nikos HOTEL €

(☎28920 45375; www.matala-nikos.com; Matala; EZ 25–30 €, DZ 40–45 €, 3BZ 50–55 €, FZ 65–70 €; ❄📶) Die beste Unterkunft an der Hotelmeile hat 17 kürzlich renovierte, nette Zimmer auf zwei Etagen um einen Hof voller Blumen. Frühstück 7 €.

Antonio PENSION €

(☎28920 45123, 6932760145; www.antonios-apartments.com.gr; Matala; EZ 35 €, DZ 40–50 €, 3BZ 50 €, FZ 80 €; ⏲März–Okt.; ❄) Die gemütliche Pension wartet mit unterschiedlich ausgestatteten Zimmern auf. Nach einer kürzlich erfolgten Renovierung gibt's jetzt einen Mischmasch aus Alt und Neu: Einige Zimmer sind moderner als andere, aber alle sind hell und luftig – eine zweckmäßige Unterkunft in der Nähe des Ortskerns.

Coral Hotel HOTEL €€

(☎28920 45785; www.matala-coral.gr; Matala; DZ/3BZ mit Frühstück 60/75 €; ⏲April–Okt.; P❄📶🏊) Das Coral Hotel wartet mit 19 sauberen, einfachen und kompakten Zim-

NICHT VERSÄUMEN

ETHNOLOGISCHES MUSEUM VON KRETA

Das interessante **Ethnologische Museum von Kreta** (☎28920 91110; www.cretanethnologymuseum.gr; Voroi Pirgiotissis, Vori; Eintritt 3 €; ⌚April–Okt. 11–17 Uhr, im Winter nach Absprache) im Dorf Vori, 4 km östlich von Tymbaki, erlaubt faszinierende Einblicke in die kretische Kultur. Die auf Englisch beschrifteten Exponate behandeln Themen wie Landleben, Krieg, Sitten und Bräuche, Architektur, Musik und Lebensmittelanbau. Bei den meisten Ausstellungsstücken handelt es sich um ganz normale Alltagsgegenstände (Spitzhacken, Olivenpressen, Korbwaren, Textilien, Instrumente usw.). Sie werden jedoch sehr liebe- und effektvoll in abgedunkelten Räumen präsentiert, von einzelnen Spotlights angestrahlt. Der Weg zum Museum ist von der Hauptstraße aus gut beschildert.

mern in zwei Flügeln auf. Einige verfügen über eine eigene kleine Terrasse. Sehr verlockend ist der hübsche Pool mit Sonnenliegen. Weitere Pluspunkte sind ein gutes Frühstücksbuffet und der tüchtige Betreiber.

Essen & Ausgehen

Wer in Matala essen geht, sollte nicht mit gehobener Küche rechnen, und die Touristenlokale in der Bucht unterscheiden sich nur unwesentlich voneinander. Selbstversorger finden alles Notwendige in dem großen Supermarkt neben dem geräumigen Parkplatz. Die meisten Bars liegen am südlichen Strandende und haben bis Sonnenaufgang geöffnet.

Gianni's GRIECHISCH €
(Hauptgerichte 5,50–12 €; ⌚12–16 & 18–24 Uhr) Dieses alteingesessene, familienfreundliche Lokal gleich hinter dem Hauptplatz stellt eine erfrischende Alternative zu den Nullachtfünfzehn-Ufertavernen dar. Hier gibt's solide griechische Küche, darunter eine ausgezeichnete gemischte Grillplatte mit Salat und Kartoffeln.

Scala Fish Tavern FISCH & MEERESFRÜCHTE €€
(☎28920 45489; Hauptgerichte 7–15 €; ⌚11.30–24 Uhr; 📶) Ganz am Ostende vom Strand, noch hinter den Bars, steht dieses moderne Lokal, das beste Restaurant von Matala. Seit mehr als 30 Jahren befindet es sich im Besitz derselben Familie und bekommt zu Recht höchstes Lob für seinen frischen Fisch, den hervorragenden Service und die fabelhaften Desserts. Die Aussicht auf die Höhlen ist zur Blauen Stunde besonders faszinierend.

Lions GRIECHISCH €€
(www.lentas-elgreco.com; Hauptgerichte 8–13 €) Das bodenständige Lions mit Blick aufs Meer ist seit vielen Jahren ein Dauerbrenner und das Essen überdurchschnittlich gut. Abends herrscht hier jede Menge Rummel – ein prima Plätzchen für einen Absacker am Ende des Tages.

Praktische Informationen

An der Hauptstraße gibt's zwei Geldautomaten und einen guten Buchladen. Direkt in der Ortsmitte von Matala ist **Zafiria Internet** (2 € pro Std.; ⌚8–24 Uhr).

An- & Weiterreise

Von Montag bis Freitag fahren täglich fünf, am Samstag sechs und am Sonntag drei Busse (nur in der Hauptsaison) nach Iraklion (7,80 €, 2 Std.), Festos (1,70 €, 30 Min.) und Mires (2,80 €, 45 Min.). Das Parken an der Zufahrtsstraße in den Ort ist kostenlos; am Strand gibt's einen gebührenpflichtigen Parkplatz (2 € pro Nutzung).

Rund um Matala

Wer Matala zu stressig findet, kann in verschiedene ruhigere und authentischere Orte in der Nachbarschaft ausweichen, die sich als Basis für die Erkundung dieser südlichen Ecke Iraklions anbieten. Schöne Strände locken in Kommos und Kalamaki, und Dörfer im Inland wie Pitsidia, Sivas und Kamilari mit ihren unglaublich engen Straßen haben sich bis heute ihren beschaulichen, traditionellen Charme bewahrt. Archäologiefans kommen in Kommos und Kamilari auf ihre Kosten.

Kommos Κομμός

Die minoische Ausgrabungsstätte Kommos, 3 km nördlich von Matala an einem phantastischen weiten Sandstrand gelegen, war vermutlich der Hafen von Festos. Sie ist zwar abgesperrt, aber die Anlage der früheren Stadt mit ihren Straßen, Höfen, Werkstätten, Wohnhäusern und Tempeln lässt sich trotzdem erkennen. Auf der mit Kalkstein gepflasterten Straße Richtung Festos sind bei genauem Hinschauen die Fahrspuren von minoischen Karren und an der Nordseite ein Abflusskanal zu erkennen. Die Abzweigung nach Kommos ist mehrere Kilometer vor Matala rechts ausgeschildert – diese Zufahrt ist besser als die alte Straße, die von Pitsidia ausgeschildert ist.

Essen

Bunga Bunga GRIECHISCH €

(Strand von Kommos; Hauptgerichte 6,50–9 €; ⏲10 Uhr–spät) Das karibisch gestylte Bunga Bunga, eine von zwei Tavernen am Strand von Kommos rund 2 km nördlich von Matala, serviert köstliche frische Biokost. Benannt ist das Lokal nach dem Bunker aus dem Zweiten Weltkrieg in den Klippen oberhalb des Hauses.

Mystical View GRIECHISCH €€

(Strand von Kommos; Hauptgerichte 7–13 €; ⏲mittags & abends;) Die nette Taverne mit dem unbezahlbaren Blick auf den Sonnenuntergang über dem Kommos-Strand überzeugt mit ihren Fleisch- und Fischgerichten. Sie liegt 1,2 km vor Matala an der Straße zwischen Matala und Pitsidia am Kreisverkehr.

Pitsidia Πιτσίδια

Das friedliche, unverfälschte Pitsidia liegt nur 5 km nordöstlich von Matala. Es sieht aber völlig anders aus und fühlt sich ganz anders an. Mit seiner gelassenen Atmosphäre, den schön restaurierten Steingebäuden und dem Geflecht enger Gassen, die mit Blumenkästen geschmückt sind, verströmt der Ort Charme und künstlerisches Flair. Abends sitzen die Dorfbewohner und Besucher einträchtig zum Klönen und Schmausen in einer der schlichten Tavernen oder *kafenia* um den Dorfplatz. Die Busse nach Matala halten an der Hauptstraße.

Schlafen & Essen

Aretoussa PENSION €

(☎28920 45555; www.pensionaretoussa.com; Hauptstraße; EZ/DZ/3BZ mit Frühstück ab 30/40/45 €;) Dieses alte Steinhaus mit vielen Bäumen und Blumen heißt seine Gäste in 17 frisch herausgeputzten Zimmern mit Mückennetzen über den Betten willkommen. Einige haben Zugang zu einem Garten – ideal für Familien. Wer lärmempfindlich ist, sollte die Zimmer zur Hauptstraße raus meiden (auch wenn die etwas billiger sind). Frühstück wird auf der gemütlichen Veranda serviert. Nette Betreiber, die auch Englisch sprechen.

Patelo PENSION €

(☎28920 45006; http://patelo.messara.de; Pitsidia; EZ/DZ 30/40 €, Studio 45–50 €;) Wie eine kleine weiße Burg krönt dieses weiß verputzte Gästehaus den höchsten Punkt von Pitsidia. Die Aussicht ist entsprechend grandios, vor allem vom großen Studio im oberen Geschoss mit einer Küche und großer Terrasse. Es gibt ansonsten auch eine Gemeinschaftsküche. Das Patelo ist nicht unbedingt luxuriös, aber dafür recht preisgünstig. Gastgeberin ist die humorvolle, überschwängliche Maria.

Mike's KRETISCH €

(Hauptgerichte 5–10 €; ⏲18–23.30 Uhr) Die schlicht gehaltene Taverne unweit vom Dorfplatz ist ein herrliches Plätzchen, um abends abzuhängen und die Ereignisse des Tages bei einem Glas Wein und einfachen, aber köstlichen lokalen Leckerbissen Revue passieren zu lassen.

Raftis INTERNATIONAL €€

(Hauptgerichte 7–14 €; ⏲Kaffee ab 17 Uhr, Essen 18.30–23.30 Uhr) Dieses kleine Lokal bringt moderne internationale Gerichte nach Pitsi-

IRAKLION FÜR KINDER

Jede Menge Aktivitäten für Kinder locken an der Nordküste rund um Gournes und Chersonisos östlich von Iraklion. Feuchtfröhlich geht's in den Wasserparks **Water City** (S. 197), **Acqua Plus** (S. 199) und **Star Beach** (S. 199) zu. In Gournes kann man im **Dinosauria** (S. 197) seinem inneren Brontosaurus Rex nachspüren oder im **Cretaquarium** (S. 197) mit seiner inneren Meerjungfrau flirten. Wer Pythons und andere Reptilien mag, ist auch in der **Aqua World** (S. 198) in Chersonisos gut aufgehoben. Pferdenarren kommen bei den Ausritten der **Arion Stables** (S. 199) auf ihre Kosten. Kultivierter, aber trotzdem vergnüglich ist das **Lychnostatis Museum** (S. 198), das kleine Geister anspricht, die es mit archäologischen Ruinen nicht so haben.

Weiter südlich können die Kids im **Agia Marina Donkey Sanctuary** (S. 192) Esel füttern und bei der **Melanouri Horse Farm** (S. 192) sandige Ausritte unternehmen.

dia – auch wenn die Musikbeschallung eher zur Hippiezeit Matalas zu passen scheint. Das Raftis punktet nicht nur mit einem hübschen Garten mit Zitronenbäumen und eigenem Gemüsegarten, sondern auch erstklassiger Bioküche, vom Fleisch bis zu den exzellenten Salaten. Es residiert in einer alten Werkstatt, die seit 1914 betrieben worden war.

Aktivitäten

Melanouri Horse Farm REITEN
(☎28920 45040; www.melanouri.com; Pitsidia; Ausritte ab 25 €) Organisiert Ausritte am Strand entlang oder in die Berge, u. a. eine Tagesexkursion zum Kloster Odigitrias bei der Agiofarango-Schlucht für 70 €.

Sivas Σίβας

Nördlich von Pitsidia, 2 km von der Hauptstraße landeinwärts, liegt das hübsche, heimelige Dorf Sivas mit vielen Steingebäuden unter Denkmalschutz und einem schmucken, von Tavernen gesäumten Hauptplatz.

Sehenswertes

Agia Marina Donkey Sanctuary TIERSCHUTZGEBIET
(☎28929 42556; www.agia-marina-donkeyrescue.com; bei Sivas; Mo–Sa 10–14 & 18–20 Uhr) GRATIS Dies ist ein Mekka für Tierfreunde. Die Leute der Agia Marina Donkey Sanctuary kümmern sich leidenschaftlich um herrenlose Esel. Zur Zeit der Recherche waren hier 18 Esel im Alter von zwei bis 42 Jahren in Obhut. Besucher dürfen gerne ein paar Möhren oder Äpfel mitbringen und sich mit den Tieren anfreunden. Kinder können kleine Reitrunden drehen. Achtung: Die Öffnungszeiten werden strikt eingehalten – viele der Esel sind alt und brauchen ihre Ruhe. Das Reservat ist an der Straße von Matala nach Mires ausgeschildert, rund 1 km von Petrokefali Richtung Matala.

Schlafen & Essen

Horiatiki Spiti APARTMENT €€
(☎28920 42004; www.horiatiko-spiti.de; Sivas; Studio 45 €, Apt. 70 €; WLAN) Dieses umgebaute Wohnhaus (in dem Maria aufgewachsen ist) wird von den reizenden Eigentümern Maria und Michales geführt. Historische Elemente wie ein alter Brunnen und ein Holzofen im Garten blieben erhalten. Das Haus umfasst heute mehrere heimelige Studios und ein größeres Apartment (mit steiler Treppe). Besonders ansprechend sind die Studios oben mit Terrasse. Ein ruhiges Örtchen, perfekt zum Ausspannen.

Sigelakis Studios APARTMENT €€
(☎6974810905; www.sigelakis-studios.gr; Apt. 50 €; P Klimaanlage WLAN) George, der auch die gleichnamige Taverne betreibt, bietet am Ortsrand schön im traditionellen kretischen Stil eingerichtete Apartments.

Sigelakis GRIECHISCH €
(Hauptgerichte 6–9 €; ab 17 Uhr) Diese Taverne etwas nördlich vom Hauptplatz ist nicht so hübsch gelegen wie einige der Tavernen im Ortskern von Sivas, bietet aber eine tolle Palette an traditionellen Gerichten, z. B. köstliches Ziegenfleisch in Tomatensauce.

Taverna Sactouris GRIECHISCH €
(www.sactouris-sivas.com; Hauptgerichte 6–10 €; April–Okt. mittags & abends) Die älteste Taverne am Hauptplatz, die sich aus gutem Grund so lange gehalten hat. Sie tischt hervorragende Salate und Gemüsegerichte auf, für die manchmal Wildkräuter verwendet werden, die Eigentümer und Küchenchef Giannis höchstpersönlich in Wald und Wiese gezupft hat. Nach Voranmeldung bereitet er auch eine verführerische Fischsuppe zu.

Kamilari Καμηλάρι

Das schöne kleine Dorf Kamilari, 8 km von Matala, ist auf drei Hügeln erbaut und bietet Zugang zu den Stränden um das nahe Kalimaki herum. Besonders beliebt ist der Ort bei Deutschen, die hier einige Ferienhäuser haben – je länger man bleibt, desto besser erschließt sich einem der besondere Reiz des Orts. Hervorragende Tavernen und ein uriges *kafenion* sorgen für erstklassige Verköstigungsmöglichkeiten. Außerdem gibt es hier eine wunderbare minoische Grabstätte.

Sehenswertes

Minoische Grabstätte ARCHÄOLOGISCHE STÄTTE
GRATIS Inmitten von Feldern außerhalb des Orts befindet sich eine kreisrunde, außergewöhnlich gut erhaltene minoische Grabstätte mit 2 m hohen Steinmauern. Nebenräume wurden zu rituellen Zwecken verwendet. Um hierher zu gelangen, folgt man den Schildern nach Tymbaki und hält nach einer kleinen weißen Kirche Ausschau nach Schildern rechts und nach 500 m noch einmal links. Eine unbefestigte Straße führt von hier aus rund 1,2 km durch die Olivenhaine – auch als Spaziergang sehr angenehm. Auf einem Gehweg gelangt man nach rund 500 m zur Stätte.

NICHT VERSÄUMEN

FLUCHT AUFS LAND

Viele Dörfer der Region sind wunderbar gelegen und bieten tolle Übernachtungsmöglichkeiten.

Archanes (S. 176) Das Herz der Weinregion.

Fodele (S. 175) Ein hübsches Dorf, das für sich beansprucht, Geburtsort des Malers El Greco zu sein.

Kamilari Stimmungsvolles Bergdorf mit minoischem Grab.

Zaros (S. 181) Bergdorf am Fuß der Rouvas-Schlucht.

Schlafen

Ambeliotissa APARTMENT €

(28920 42690; www.ambeliotissa.com; Studio 30–35 €, Apt. 50–55 €;) Ein ungezwungenes Miteinander herrscht in dieser reizenden Unterkunft mit Studios und Apartments, die etwas heruntergekommen wirken, was aber wiederum keine große Rolle spielt. Kinder werden sich hier besonders wohlfühlen: Für sie gibt es einen Spielplatz, Spielsachen und einen Pool. Der Grillplatz im Freien ist prima, um andere Gäste kennenzulernen.

Asterousia APARTMENT €

(28920 42832; www.asterousia.com; Studio/Apt. ab 35/45 €;) Stress ade, so könnte das Motto dieser zauberhaften Unterkunft lauten. Geführt wird sie von Monica und Giorgos, die ihre Liebe für die Natur und die einfachen Dinge im Leben an die Gäste weitergeben möchten. Passend dazu sind die etwas in die Jahre gekommenen Studios und Apartments auch recht schnörkellos und das WLAN ist eher mittelprächtig, aber hier geben die Gastgeber eindeutig den Ausschlag.

Mindestaufenthalt eine Woche; kürzere Aufenthalte sind möglich, wenn sich zwischen Buchungen Lücken auftun.

Aloni Villas APARTMENT €

(6934404574; www.aloni-kamilari.net; DZ-Studio 35 €; P) Vier schlichte, kompakte Studio-Apartments in Blau-Weiß und mit nichts als einem Bett, Badezimmer und einer kleinen Küche zur Zubereitung eines Picknicks – das ist alles. Ach nein, dazu kommt eine schöne kleine Terrasse mit Liegen zum Baden in der kretischen Sonne. Das Haus liegt abgeschieden fünf Minuten zu Fuß vom Dorf Kamilari und bietet Ausblicke aufs Meer Richtung Kalamaki. Herrlich!

Plaka APARTMENT €

(28920 42697; www.plakakreta.com; Apt. 35 €; April–Okt.;) Diese vier gut ausgestatteten Apartments auf einem Hügel gleich außerhalb des Dorfs haben Balkon mit Meerblick und sind in kühlem Blau und Weiß gehalten. Ein Garten mit Liegestühlen lädt zum Faulenzen ein. Weitere Auskünfte in der Taverne Mylonas.

Essen

Kentriko CAFÉ €

(www.kafenio-kentriko.gr; Getränke ab 1 €; 16 Uhr–spät;) Das Kentriko ist ein schönes, freundliches, aus Stein gebautes *kafenion* von 1922 an der schmalen Hauptstraße. Es ist mit alten Fotos von Familien aus dem Dorf geschmückt und eignet sich gut für ein Frühstück, einen Schlummertrunk oder irgendwas dazwischen. Wie die freundliche Betreiberin Irini erklärt, folgt das Café seinem ganz eigenen Tagesrhythmus: Erst kommen die Touristen, dann die älteren Herren zum Tratschen bei einem Kaffee und schließlich bis in die Morgenstunden die Dorfjugend. Zu den Getränken werden kleine Häppchen serviert.

★**Pizza Ariadni** ITALIENISCH €€

(Hauptgerichte 8–13 €; Mai–Okt. 19.30 Uhr–spät) In einem kretischen Dorf italienisch zu essen liegt vielleicht nicht unbedingt auf der Hand, doch schon seit über 20 Jahren knetet Manolis für eine treue Kundschaft Pizzateig. Diese wird nicht nur angelockt von der schönen, kerzenbeschienenen Gartenterrasse, sondern auch von der sicher besten Pizza außerhalb Italiens. Später am Abend kommen die Gäste dann in Partylaune.

Taverna Acropolis GRIECHISCH €€

(Hauptgerichte 5–10,50 €; April–Nov. 15 Uhr–spät, Dez.–März Do–Sa) Die entspannte Taverne in einem historischen Gemäuer ist toll für einen Drink vor oder nach dem Abendessen. Die Wände sind mit allen möglichen Kunstwerken geschmückt und die Einrichtung zeugt vom unaufdringlich guten Geschmack der Wirtsleute. Das gilt auch für das gesunde griechische Essen, das wirklich sehr gut ist: In der Küche kann man sich aus dem Tagesangebot etwas aussuchen. Schöne Terrasse mit Dorfblick.

NICHT VERSÄUMEN

MONI ODIGITRIAS & AGIOFARANGO-SCHLUCHT

Dieser Abstecher auf dem Weg nach Matala hält drei Highlights bereit: ein Kloster, einen Spaziergang durch eine Schlucht und eine hübsche Badebucht.

Moni Odigitrias (⌚9–20 Uhr) GRATIS Moni Odigitrias, 6 km südlich von Sivas, ist ein altes Kloster mit einem Turm, von dem aus die Mönche Türken, Deutsche und nicht zuletzt den einen oder anderen Piraten in die Flucht schlugen. Wer den Weg über die wacklige Leiter nicht scheut, kann von oben die traumhafte Aussicht genießen. Anschließend bietet sich ein kurzer Rundgang durch das kleine Museum mit seinen Wein- und Olivenpressen an, gefolgt von der Besichtigung der Fresken und Ikonen aus dem 15. Jh. in der Kirche oben am Hang.

Agiofarango-Schlucht Vom Parkplatz gegenüber dem Kloster Moni Odigitrias sind es ungefähr 7 km durch die Agiofarango-Schlucht bis zum Strand. Die mit Oleanderbüschen bewachsene Schlucht ist ein beliebtes Übungsgelände für Felskletterer. Höhlen, roh behauene Kapellen und Einsiedlerklausen durchlöchern die Felswände, und unterwegs steht eine byzantinische Kirche. Die Schlucht endet an einem bezaubernden Kieselsteinstrand mit kristallklarem Wasser. Trotz aller Abgeschiedenheit kann es an diesem Strand voll werden.

Wer nicht den ganzen Weg gehen möchte, fährt in Richtung Kali Limenes, bis es nach etwa 3,5 km an einer scharfen Gabelung rechts abgeht. Diese unbefestigte Straße endet nach etwa 2,5 km an einem Parkplatz. Von hier sind es noch rund 1,5 km zu Fuß zum Meer. Ein kleiner Hinweis: Am besten parkt man sein Auto nicht im Schatten von Bäumen – manchmal springen dann Ziegen aufs Dach, um an die Blätter zu kommen.

Kafeneio Ksa Sou (www.listarossa.gr; Mezedhes 4–8 €; ⌚Di–Sa 16–23, So 13–23 Uhr, im Winter nur am Wochenende) In diesem künstlerisch angehauchten Lokal in der Nähe des Dorfs Listaros winken ein Glas selbst gemachte Limonade und andere Bio-Leckereien. Die Besitzer sind engagierte Umweltschützer. Sylla ist außerdem eine begnadete Köchin. Eine ihrer Eigenkreationen ist die superleckere Kessarias-Pastete mit reichlich *kaseri* (Schafskäse) und einer pikanten Wurst. Und auch ihr „cretamisu" sollte man sich nicht entgehen lassen!

Wer über Nacht bleiben möchte, kann sich erkundigen, ob in einem von Syllas beiden traditionellen Gästehäusern ein Zimmer frei ist (90–100 €).

Taverna Mylonas GRIECHISCH €€
(www.milonaskamilari.gr; Hauptgerichte 7,50–12 €; ⌚April–Okt. 17 Uhr–spät) Kamilaris älteste Taverne wird vom geselligen Giorgos geführt und bietet leckere traditionelle kretische *mezedhes* und eine täglich wechselnde Auswahl an *mayirefta*, deren Zutaten teils vom nahe gelegenen Bauernhof der Familie stammen. Wer einen Platz auf der Terrasse ergattert, kann die herrliche Aussicht genießen.

Kalamaki Καλαμάκι

Mit seinen langen Sandstränden und der ansprechenden Lage 7 km von Matala erfüllt Kalamaki sämtliche Bedingungen eines begehrten Urlaubsresorts. Trotz mehrerer halbfertiger Bauten ist dies ein netter, ruhiger Ort mit preiswerten Unterkünften und relaxten Einheimischen. Die mit Tavernen und Lounge-Bars gespickte Strandpromenade ist toll zum Spazierengehen, und wer gut zu Fuß ist, kann am Wasser entlang bis zum Kommos-Strand wandern. Viele Einrichtungen im Ort haben von Dezember bis Februar geschlossen.

Schlafen

★ **Arsinoi Studios** APARTMENT €
(☎28920 45475, 6986858923; www.arsinoi-studios.gr; Kalamaki; Studios 35–40 €, Apt. 50–80 €; P❄📶) Es wäre eigentlich nur ein weiteres Apartmentgebäude in Strandnähe, gäbe es da nicht die überaus freundliche Gastgeberfamilie Papadospiridaki. Sofort stellt sich ein heimeliges Gefühl ein, wenn einen die großherzige Noi in eins der blitzsauberen, geräumigen Gästezimmer führt, in denen als weiterer Willkommensgruß eine Schale mit Obst vom Familienbauernhof steht. Sie ist außerdem eine Top-Köchin und überrascht ihre Gäste am Abend gerne

schon mal mit hausgemachten *mezedhes* und Raki auf der Gemeinschaftsterrasse. (Glücklicherweise verkauft auch der Laden CretaNature im Dorf ihre hausgemachten Köstlichkeiten.) Wenn möglich, ein Zimmer mit Meerblick nehmen. Frühstück 6 €.

Alexandros Beach HOTEL €
(☎28920 45195; www.alexandros-kalamaki.com; Kalamaki; DZ mit Frühstück 45–60 €; ⌚März–Nov.; ❄📶) Direkt am Strand, am ruhigen Ende der Uferpromenade, steht dieses pfirsichfarbene Hotel mit 28 Zimmern – eine gute Basis für einen Tag am Strand oder zur Erkundung der näheren Umgebung. Die Zimmer mit Meerblick sind die größten; die nach hinten raus gelegenen sind billiger, aber auch düster und beengt. Alle haben jedoch Balkon. Wenn es mehr Platz sein soll, gibt es noch Villen (70–100 €) auf einem Hügel zwischen Kalamaki und Kamilari. Ohne Frühstück ist alles 8 € pro Person billiger.

Essen

Aristides GRIECHISCH €
(Hauptgerichte 5,80–9 €; ⌚9 Uhr–spät) In diesem Lokal stört sich niemand daran, dass man dicht gedrängt zusammensitzt. Der scheunenartige Laden mit dem Schiffssteuerrad vorne bietet bodenständige griechische Küche, die sich großer Beliebtheit erfreut – kein Wunder, denn die Preise stimmen und das Ambiente ist authentisch.

Neben verschiedenen Pizzas gibt's hier auch Fisch (teils gefroren, was einem aber gesagt wird) und gute hausgemachte *mayirefta* wie Lamm mit Bohnen.

★ **Yiannis** GRIECHISCH €€
(mehrgängiges Menü 12 €; ⌚Nov.–März 11 Uhr–spät) Eine sehr gute Wahl für Leute, die sich nach altmodischem Lokalkolorit sehnen. Das spartanisch eingerichtete Restaurant einen Block landeinwärts vom Kalamaki-Strand besteht schon seit über 30 Jahren. Dank seiner leckeren *mezedhes* und des liebenswert-exzentrischen Eigentümers genießt es bei Einheimischen und Stammgästen Kultstatus.

Hier geht's recht locker zu, und für 12 € bekommt man eine Spontanauswahl an Köstlichkeiten. Im Sommer werden auch Picknickboxen (ca. 8 €) geboten.

Delfinia FISCH & MEERESFRÜCHTE €€
(Hauptgerichte 7–10 €, Fisch ab 55 € pro kg; ⌚März–Nov. 9 Uhr–spät) Von den vielen Tavernen am Strand – die alle gut sind – ist die Taverne Delfinia mit ihrem auf Alt getrimmten, weißen Mobiliar eine der schicksten. Außerdem genießt sie einen guten Ruf für ihren frischen Fisch.

Lentas Λέντας

80 EW.

Lentas besticht durch Abgeschiedenheit und relaxtes Urlaubsfeeling. Der Weg in das kleine Küstendorf, das wie ein Adlerhorst in den Felsen nistet, führt über ein kurvenreiches Sträßchen, das auf den letzten paar Kilometern hinunter zum Strand einige schwindelerregende Ausblicke bietet. Der Ort zieht vor allem Stammgäste und Individualreisende an, deren Reisekasse vielleicht nicht so prall gefüllt ist. Abgesehen von der Sonne und ein paar Strandbars und Tavernen ist hier nicht viel los.

Sehenswertes

Der Dorfstrand ist schmal, steinig und nicht besonders reizvoll, aber nicht weit entfernt locken bessere Strände.

Diskos STRAND
Rund 1 km westlich liegt hinter der Landzunge ein schöner, langer Strand mit Namen Diskos (oder Dytikos), der besonders bei Nudisten beliebt ist.

Loutro STRAND
Etwa 5 km östlich von Lentas liegt der schmale, aber hübsche Strand Loutro, wo auch der wunderschöne, 6 km lange Wanderweg durch die Trakhoula-Schlucht nach Kronos beginnt.

Lebena-Ruinen ARCHÄOLOGISCHE STÄTTE
Unter den Römern war Lebena, das heutige Lentas, ein wegen seiner heilsamen Quellen geschätzter Kurort. Die antike Siedlung lag direkt oberhalb des Strands, aber ihre einzigen Überreste sind zwei Granitsäulen eines Tempels aus dem 4. Jh. v. Chr. Neben dem Tempel befand sich ein Schatzamt, dessen Mosaikboden noch sichtbar ist. Ansonsten lässt sich kaum etwas erkennen und die Quellen wurden in den 1960er-Jahren geschlossen.

Schlafen

Villa Tsapakis STUDIOS €
(☎28920 95378, 6947571900; www.villa-tsapakis.gr; Lentas; DZ/3BZ 35/40 €, Studio 40–45 €; ❄) Hinter der Landzunge liegt am herrlichen (überwiegend FKK-) Sandstrand von Dis-

kos (oder Dytikos) diese blumenerfüllte Oase mit gut ausgestatteten, preiswerten Studios um einen Innenhof, alle mit Küche und Balkon.

Casa Doria HOTEL €€
(☎28920 95376; www.casadoria.net; Lentas; DZ mit Frühstück 80 €; ⊙April–Ende Okt.; ❄) Es gibt abgeschieden und es gibt die Casa Doria: Das selbsternannte „Slow Life"-Hotel bietet 7 individuell und leicht schräg eingerichtete Zimmer in Zen-artiger Schlichtheit. Die Hauptattraktion sind jedoch die charismatischen italienischen Betreiber und das Restaurant, das mediterrane Geschmackserlebnisse liefert. Halbpension kostet 15 € extra.

Außerhalb der Hauptsaison sinken die Preise erheblich. Die Nähe zur Trakhoula-Schlucht macht das Hotel zur idealen Basis für Wanderer, Kletterer und Mountainbiker. Die Casa Doria liegt etwa 3 km von Lentas entfernt und ist an der ersten Abzweigung aus dem Ort Richtung Osten, der Straße von Loutra nach Trakhoulas, ausgeschildert.

Essen

El Greco GRIECHISCH €
(www.lentas-elgreco.com; Lentas; Hauptgerichte 6–11 €) In der freundlichen Taverne von Familie Delakis wird im Garten mit Meerblick eine gute Auswahl an *mayirefta* und traditionellen griechischen Gerichten aufgetischt. Für ca. 40 € gibt's Gästezimmer zu mieten.

Taverna Casa Doria ITALIENISCH €€
(☎6972648013; www.casadoria.net; Loutra; Hauptgerichte 6–12 €; ⊙13–15 & 19.30–22 Uhr) Da die Betreiber Italiener sind, überrascht es kaum, dass die Geschmacksnerven hier einige Mailänder Aromen zu spüren bekommen. Isobellas hausgemachte Pasta ist göttlich, genauso wie ihre Hauptgerichte wie *vitello tonnato* (mit Schweinelende statt Kalb und mit Thunfisch und Kapern). Aber auch fürs Dessert sollte man Platz lassen, besonders für die *panna cotta* (4 €).

Dank schönem Blick und reizendem Gartenambiente fällt das Mittag- oder Abendessen hier vielleicht ein wenig ausgedehnter aus. Wer vorher anruft, den kutschiert Alessandro die 3 km von Lentas zum Restaurant und wieder zurück.

Praktische Informationen

Am besten lässt man den Wagen auf dem Parkplatz am Ortseingang stehen. Rechts geht's zum Hauptplatz. Die Busse halten vor dem Parkplatz. Lentas hat zwei Minimärkte, aber keine Tankstelle.

An- & Weiterreise

Um nach Lentas zu kommen, muss man in Mires umsteigen. In der Hauptsaison verkehrt zwischen Mires und Lentas (4 €, 1 Std.) ein Bus pro Tag, allerdings nicht sonntags. Ein Taxi von Mires kostet etwa 40 €.

Kapetaniana Καπετανιανά

Im Herzen des Asterousia-Gebirges, das sich an der gesamten Südküste des Bezirks Iraklion entlangzieht, klebt an den Hängen des höchsten Gipfels Kapetaniana, ein abgeschiedenes, autofreies Bergdorf und ein Mekka für Kletterer und Wanderer. Die letzten 8 km der Straße winden sich kurvenreich hinauf in die Berge – eine der spannendsten Autostrecken Kretas.

Kapetaniana ist mit zwei wunderbaren Unterkünften und einer einfachen Taverne gesegnet. Kato (das „untere") Kapetaniana wartet mit einer hübschen byzantinischen Kirche aus dem 14. Jh. auf.

Schlafen & Essen

★**Pension Kofinas** PENSION €
(☎28930 41440, 6977747797; www.korifi.de; Ano Kapetaniana; EZ 25 €, DZ 35–40 €, jeweils mit Frühstück; P📶) In Ano Kapetaniana, dem oberen Dorfteil, befindet sich dieses abgeschiedene und zwanglose Refugium, betrieben von dem äußerst gastfreundlichen österreichischen Paar Gunnar und Louisa. Das Haus verströmt ein wunderbar altmodisches Skihüttenflair und am großen Gemeinschaftstisch und im Garten kann man Kontakt zu den anderen Gästen aufnehmen, aber sich auch in eine ruhige Ecke zurückziehen. Ohne Reservierung geht hier nichts.

Es gibt nur drei Doppelzimmer (eins davon kürzlich aufgefrischt und mit eigenem Bad) und einen kleinen Schlafsaal mit Herbergsbetten. Gunnar ist außerdem ein toller Koch, der auf der Terrasse mit Blick auf den Kofinas und hinaus aufs Meer ein himmlisches Abendessen (ab 14 €) serviert. Als alter Wanderer und Kletterer war er zusammen mit dem tschechischen Bergsteiger Zbynek Cepela einer der ersten, die die Pfade und Kletterrouten der Gegend kartografierten, und er kennt sich in der Gegend bestens aus.

★**Thalori Guest House** APARTMENT €€
(www.thalori.com; Kapetaniana; Studio/Apt. ab 75/85 €; ❄📶) Fast wie im Märchen: Die Eigentümer Marcos und Poppy haben dem

sterbenden Dorf Kato Kapetaniana neues Leben eingehaucht. 21 traditionelle Steinhäuser wurden renoviert und in stimmungsvolle Unterkünfte mit moderner Behaglichkeit verwandelt. Trotz dem Augenmerk auf Nachhaltigkeit ist dies nicht unbedingt eine umweltfreundliche Unterkunft: Für Heizung und Kühlung gibt's keine Solaranlage.

In jeder anderen Hinsicht ist dies eine umwerfende Unterkunft. Es wird Transport zum Strand (8 km) angeboten, außerdem gibt's Fahrräder und Bootstouren.

Taverno Miro KRETISCH €
(Ano Kapetaniana; Hauptgerichte 5–8 €; Mitte April–Mitte Nov. Mi–Mo 10 Uhr–spät) Diese namenlose Taverne, nach dem emsigen Wirt einfach Miro genannt, ist relaxt und einfach – aber alles andere wäre hier auch fehl am Platz. Denn wer braucht schon mehr als frisch gegrilltes Fleisch (von Miros Bauernhof), gewürzt mit heimischen Kräutern, und einen unglaublichen Ausblick auf das Libysche Meer vom hoch oben gelegenen Dorf? An Sommerabenden kann man hier den Mond über der See aufgehen sehen.

Aktivitäten

Korifi Tours WANDERN, KLETTERN
(28930 41440; www.korifi.de) Firmengründer Gunnar hat viele der Kletterrouten der Gegend kartografiert und verkauft den informativen *Crete Topo Climbing Guide* zu acht verschiedenen Kletterrevieren und 120 Routen. Korifi Tours bietet Wander- und Klettertouren um Kapetaniana an.

DIE NORDOSTKÜSTE

Seitdem 1972 die Nationalstraße entlang der Nordküste ihren Betrieb aufnahm, ist der Küstenabschnitt zwischen Iraklion und Malia Schauplatz schwindelerregender, ungebremster Bautätigkeit, insbesondere in den Küstenorten Chersonisos und Malia. Die Hotels sind fast ausschließlich das Refugium von Pauschaltouristen, die ihre Hotelzimmer bereits Monate im Voraus buchen. Für Individualreisende sind die Dörfer oberhalb von Chersonisos (Koutouloufari, Piskopiano und Alt-Chersonisos) die verlockendsten Orte in dieser Gegend.

Während es in Chersonisos einige familienfreundliche Unterhaltungsangebote gibt, darunter Erlebnisbäder, ist Malia in erster Linie eine Partydomäne. Paradoxerweise befindet sich hier aber auch die einzige bedeutsame historische Stätte der Gegend, der wundervolle minoische Palast.

Busse verbinden sämtliche Küstenorte entlang der Alten Nationalstraße im Abstand von höchstens 30 Minuten. Wer die Gegend ganz und gar meiden möchte, rauscht einfach auf der Autobahn E75 an ihr vorbei.

Gournes & Umgebung Γούρνες

Gournes, etwa 15 km östlich von Iraklion, war lange Zeit durch einen riesigen Stützpunkt der US-Luftwaffe geprägt, bis dieser 1994 geschlossen wurde.

Sehenswertes & Aktivitäten

Cretaquarium AQUARIUM
(28103 37788; www.cretaquarium.gr; Erw./Kind 9/6 €, Audioguide 3 €; Mai–Sept. 9.30–21 Uhr, Okt.–April bis 17 Uhr;) Dieses High-Tech-Meeresaquarium ist auf dem ehemaligen Militärgelände untergebracht. Mit rund 2500 mediterranen und tropischen Meereslebewesen dürfte dieses riesige Aquarium ein Lächeln auf die Gesichter auch der abgebrühtesten Sprösslinge zaubern. Hier sieht man Quallen tanzen, Haie herumflitzen, Rochen vorbeifliegen und Korallen sich im Wasser wiegen, es gibt interaktive Multimediatechnik und mehrsprachige Displays. Weiterführende Erläuterungen liefern Audioguides. Das Aquarium arbeitet mit dem Hellenischen Zentrum für Meeresforschung zusammen, das gleich nebenan liegt.

Dinosauria FREIZEITPARK
(28103 32089; www.dinosauriapark.com; Erw./Kind 9,50/7,50 €; Mai–Okt. 10–20 Uhr, Nov.–April bis 17 Uhr) Dieser vergnügliche und zugleich lehrreiche Freizeitpark spricht sicher nicht nur kleine Kinder an, denn die eher kompakte Einrichtung ist mit allen möglichen Aktivitäten vollgestopft. Man betritt einen Zeittunnel (mit Erläuterungen unterwegs) und kommt in der Welt der Saurier wieder heraus, komplett mit röhrenden lebensgroßen Nachbildungen, einem sandigen Knochenfeld, einem 3-D-Kino und vielem anderen. Der Park liegt nördlich von Gournes Richtung Küste – den Schildern folgen.

Water City WASSERPARK
(28107 81317; www.watercity.gr; Erw./Kind unter 140 cm/Kind unter 90 cm 25/17 €/frei; Mai–

ABSEITS DER ÜBLICHEN PFADE

SKOTINO-HÖHLE

Die **Skotino-Höhle** (Σπήλαιο Σκοτεινού), wegen der über ihr errichteten Kapelle auch Agia-Paraskevi-Höhle genannt, ist eine der größten Höhlen Kretas und obendrein schön schaurig. Ein gähnender Schlund öffnet sich zu einer dunklen Kammer, die hoch wie eine gotische Kathedrale und mit Stalaktiten, Stalagmiten und massiven Kalksteinformationen übersät ist. Wer seiner Phantasie freien Lauf lässt, erkennt im Dämmerlicht alle möglichen Figuren (einen Bären, einen Drachen, einen Kopf).

Besucher ohne Taschenlampe und Erfahrung als Höhlenforscher sollten besser nicht mehr weiter vorstoßen, denn die Grotte reicht noch 15 m tiefer ins Innere, wo es stockfinster wird.

Die Skotino-Höhle wurde erstmals 1933 von Arthur Evans erforscht. Spätere Ausgrabungen förderten Vasen, Nähnadeln aus Knochen und Figurinen zutage. Das Alter der Gegenstände reicht bis in die Zeit der Minoer zurück und legt die Vermutung nahe, dass die Höhle eine Kultstätte war. Bis zum heutigen Tag hinterlassen Pilger hier Votiv- und Opfergaben.

Der Eintritt ist frei, es gibt keinen Wächter und nur wenige Besucher. Wer aber den Weg hierher findet, muss unbedingt festes Schuhwerk tragen und sehr vorsichtig einen Fuß vor den anderen setzen.

Die Grotte liegt in der Nähe des Dorfs Skotino, 8 km landeinwärts von Kato Gouves. Ungefähr 1 km hinter Skotino steht an der Ausfahrt Richtung Höhle ein Schild mit der Aufschrift „Cave of Agia Paraskevi“. Bis zum Eingang sind es dann noch 2,3 km.

Sept. 10–18.30 Uhr) Nicht nur die Kleinen werden an einem heißen Sommertag in Kretas größtem Wasserpark in Anopoli, 3 km landeinwärts, ihren Spaß haben. Besucher können eine abgefahrene High-Speed-Rutsche runterdüsen, im Wellenbad schwimmen oder einfach im Pool relaxen. Für einige der 34 Attraktionen bestehen Einschränkungen hinsichtlich Körpergröße und/oder -gewicht.

Chersonisos Χερσόνησος

Chersonisos, etwa 25 km östlich von Iraklion, hat sich vom kleinen Fischerdorf zu einem der größten und meistbesuchten Touristenorte Kretas gemausert und wird im Sommer regelrecht überrannt. An der Hauptstraße reihen sich Hotelkolosse und Ferienapartmenthochhäuser sowie laute Bars, Cafés, Souvenirläden, Diskos, Fastfood-Restaurants, Reisebüros und Quadbikeverleiher aneinander. Der beste Strand hier ist der urige Sarandaris-Strand.

Um dem Trubel zu entgehen, kann man sich den Berg hoch in einem der drei benachbarten Dörfer Koutouloufari, Piskopiano und Alt-Chersonisos einmieten. Auch diese Dörfer sind touristisch erschlossen, haben sich aber noch einigen Charme bewahrt und verfügen über ausgezeichnete Tavernen und Unterkünfte.

Sehenswertes & Aktivitäten

★ Lychnostatis Museum MUSEUM
(☎ 28970 23660; www.lychnostatis.gr; Erw./Kind 5/2 €; ⏲ So–Fr 9–14 Uhr) Dieses familienbetriebene Freilicht-Volkskunstmuseum in traumhafter Meereslage am Ostrand von Chersonisos ist die bemerkenswert authentisch wirkende Nachbildung eines traditionellen kretischen Dorfs. Unter den diversen Dorfgebäuden befinden sich Windmühle und eine Bauernkate. In anderen Bauernhäusern finden Vorführungen im Weben, Töpfern und Pflanzentrocknen statt. Außerdem gibt's Obst- und Kräutergärten sowie eine Bühne, auf der Musik und Tanz geboten werden. Besucher können sich einer Führung anschließen oder einen Audio-Guide (1 €) erwerben und im *kafenion* eine Erfrischung zu sich nehmen.

Aqua World AQUARIUM
(www.aquaworld-crete.com; Erw./Kind 6/4 €; ⏲ April–Okt. 10–18 Uhr, letzter Einlass 17.15 Uhr) Mitten in Chersonisos, hinter dem großen Spar-Supermarkt, steht dieses kleine private Aquarium und Reptilienzentrum, das von einem freundlichen Briten betrieben wird. Es beherbergt vor allem einheimische Fische, darunter Publikumslieblinge wie den giftigen Skorpionfisch und den goldfarbenen Pfauenlippfisch, außerdem Schildkröten, Geckos, einen Python und andere Reptilien. Fast alle Tiere stammen aus Rettungsaktionen.

Acqua Plus WASSERPARK

(www.acquaplus.gr; Erw./Kind 26/17 €; Mai–Sept. 10–18 Uhr, Juli & Aug. bis 19 Uhr) Feuchtfröhlich geht's auf Griechenlands ältestem Wasserspielplatz zu. Er befindet sich in herrlicher Hanglage 5 km landeinwärts an der Straße nach Kastelli. Hier gibt's für Adrenalin-Junkies konzipierte Sachen wie eine „Kamikaze" und vier Extremwasserrutschen. Weniger Nervenstarke lassen sich wahrscheinlich lieber gemächlich auf dem 270 m langen „Lazy River" treiben.

Star Beach WASSERPARK

(www.starbeach.gr; April–Mai 10–18 Uhr, Juni–Sept. bis 19 Uhr) GRATIS Dieser Wasserpark gehört zur gleichnamigen Hotelanlage. Er ist kleiner und technisch nicht ganz so ausgefuchst wie die Konkurrenz und daher vielleicht für kleinere Kinder besser geeignet. Der Eintritt ist frei, aber die meisten Aktivitäten – von Jetski bis Parasailing – sind kostenpflichtig.

Crete Golf Club GOLF

(28970 26000; www.crete-golf.gr; 9/18 Löcher 50/80 €) Dies ist Kretas einziger 18-Loch-Golfplatz. Das wüstenähnliche, recht schwierige Gelände in den Hügeln ist definitiv nichts für Anfänger. Zur Zeit der Recherche wurde die Anlage gerade umfassend saniert.

Arion Stables REITEN

(6973733825; www.arionstables.com; Alt-Chersonisos; 30 € pro Std.) Dieser Reitstall wird allenthalben für seine liebevolle Behandlung der Tiere und seine Ausritte gelobt. Es gibt sogar einen Streichelzoo mit geretteten Tieren. Mindestens zwei Personen.

Schlafen

Wer dem Urlaubstrubel an der Küste entfliehen will, sollte oben am Berg in den Dörfern Koutouloufari, Piskopiano oder Alt-Chersonisos nächtigen.

Camping Creta CAMPINGPLATZ €

(28970 41400; www.campingcrete.de.ki; Stellplätze pro Zelt/Pers./Auto 7,50/4/3,50 €) Rund 7 km westlich von Chersonisos an einem Sand- und Kieselstrand im kleinen Ort Gouves. Es gibt nette schattige Stellplätze für Zelte und Wohnwagen, außerdem einen kleinen Supermarkt und eine Taverne am Wasser.

Villa Iokasti APARTMENT €€

(28970 22607; www.iokasti.gr; Koutouloufari; 1-/2-Schlafzi.-Apt. 65/110 €;) Die 20 modernen, hellen Ein- und Zwei-Zimmer-Apartments mit fröhlichen Farbakzenten und Balkonen liegen in hübscher Gartenumgebung abseits der Hauptstraße am Dorfende von Koutouloufari. Was vom Garten übrig ist, nimmt jetzt der Pool ein, und wer sich nicht für Sonnenliegen begeistern kann, findet vorm Haus nette Sitzmöglichkeiten. Mit gleichnamigem mediterranem Restaurant.

★ **Villa Ippocampi** APARTMENT €€€

(28970 22316; www.ippocampi.com; 4G Seferi St, Koutouloufari; Apt. ab 130 €;) Diese relaxte Unterkunft hat reichlich Stil und verzaubert einen von dem Augenblick an, in dem man die Lavendelbüsche und den Pool hinter sich gelassen hat. Die Apartments sind allesamt in kräftigem Blau und Weiß gehalten, bis hin zu den Schachbrett-Kacheln im Bad. Und dann – soll man am Pool abhängen oder lieber mit den reizenden Betreibern Lydia und Nikos plaudern?

Das Frühstück (9 €) ist ein echtes Schlemmermahl: Nikos fährt ordentlich kretische Leckereien auf (und pflückt sogar Maulbeeren vom Baum im Garten). Und wer sich dann mal von seinem Buch losgerissen hat oder seinen Cappuccino im geschmackvollen, hellen und luftigen angeschlossenen Café zu Ende geschlürft hat, kann sich vielleicht aufraffen, die urigen Dörfer in der Nähe zu erkunden. Achtung: fernseh- und radiofreie Zone! Mindestaufenthalt drei Nächte.

Essen

Wer ein authentisches Geschmackserlebnis schätzt, lässt die praktisch identischen Touri-Tavernen links liegen und schaut nach, was weiter oben am Hang in Koutouloufari auf dem Küchenzettel steht.

David Vegera Kafeneio KRETISCH €

(Piskopiano; Teller 3–7 €; Mo–Sa 17 Uhr–spät) Ein fabelhaftes Restaurant in einem alten *kafenion* mit munterer Stimmung, in dem gern auch mal Tische gerückt werden, wenn ab 17 Uhr Griechen und Urlauber den Laden bevölkern. Hier gibt's altmodische *mezedhes* – schnörkellos und effizient. Man füllt seine Bestellung selbst aus, sollte aber nicht vergessen, nach den Tagesgerichten zu fragen. Billig. Fröhlich. Sehr zu empfehlen.

Drinnen sind stimmungsvolle Schwarzweißfotos des alten Chersonisos zu sehen.

Mythos GRIECHISCH €
(Sanoudaki 19, Chersonisos; Hauptgerichte 5–10 €; ⌚April–Okt. 11–24 Uhr) Bodenständiges griechisches Essen ist mitten in Chersonisos eine Seltenheit. Deshalb stellt die Taverne von Gianna und Manos einen echten Glücksgriff dar. Das Lokal liegt versteckt in einer Seitenstraße vom Touristenstrip.

Kostas & Eliotas GRIECHISCH €€
(Kirchplatz, Piskopiano; Hauptgerichte 7–15 €; ⌚April–Okt. mittags & abends) Wer sich in Koutouloufari von den Lokalen an der Straße ablenken lässt, was leicht passieren kann, wird an diesem Juwel am Kirchplatz oberhalb der Hauptstraße des Dorfs einfach vorbeilaufen. Kostas ist einer von sieben Brüdern, von denen jeder auf Kreta eine Taverne betreibt. Er hat die Kunst des schnörkellosen Grillens sowie die Zubereitung anderer traditioneller griechischer Gerichte perfektioniert. Tipp: das Lammfilet mit Ouzo. Wer Glück hat, erlebt in der Kirche am Platz eine Trauung mit; ansonsten tobt auf dem Platz das Dorfleben, mit Fußballspielen und Radfahrunterricht.

Saradari FISCH & MEERESFRÜCHTE €€€
(www.saradari.com; Chersonisos; Hauptgerichte 10–25 €, Fisch ab 50 € pro kg; ⌚mittags & abends) Das edle Fischrestaurant an den oberen Hängen am Ostende von Chersonisos hat einiges zu bieten, u. a. erstklassige Küche und hübschen Seeblick. Nach dem Mittagsmahl kann man den Nachmittag dann vergessen.

An- & Weiterreise

Von Iraklion fahren mindestens halbstündlich Busse nach Chersonisos (3 €, 40 Min.).

Malia Μάλια

Die Partyszene von Malia, 34 km östlich von Iraklion, muss man nicht lange suchen – sie drängt sich einem nämlich von allen Seiten auf. Auf der Touristenmeile Dimokratias wimmelt es von geräuschvollen Bars, Kneipen und brodelnden Clubs voller feiernder Twens aus dem Ausland. Ein reizendes Eckchen bewahrt den Ort davor, gänzlich im Touritrubel zu versinken: Die winzige Altstadt von Malia ist ein kretatypisches Labyrinth aus engen Gassen.

Ein kulturelles Gegengewicht zum wilden Treiben bilden die Ruinen des faszinierenden minoischen Palasts von Malia – ein absolutes Muss.

Die Strände hier sind voll, doch östlich der Stadt gibt's beim Palast von Malia einen hübschen Sandstrand.

Sehenswertes

★ Palast von Malia ARCHÄOLOGISCHE STÄTTE
(☎28970 31597; Erw./Kind 4 €/frei; ⌚8–17 Uhr, Winter Mo geschl.) Dieser Palast 3 km östlich von Malia entstand ungefähr zur gleichen Zeit wie die großen minoischen Paläste in Festos und Knossos. Der ältere Palast stammt aus der Zeit um 1900 v. Chr. Er wurde nach dem Erdbeben von 1700 v. Chr. wiederaufgebaut, nur um von einem weiteren Beben um 1450 v. Chr. erneut dem Erdboden gleichgemacht zu werden. Was heute zu sehen ist, sind größtenteils Überreste des neueren Palastes. Darin wurden viele erlesene minoische Gegenstände entdeckt, nicht zuletzt der berühmte goldene Bienenanhänger.

Es ist relativ leicht, sich in der Palastanlage zurechtzufinden, vor allem wenn man schon in Knossos war, wo der Grundriss vergleichbar ist. Besucher erhalten einen kostenlosen Übersichtsplan und die gesamte Stätte ist mit Infotafeln versehen. Außerdem gibt es eine Ausstellungshalle gleich hinter dem Eingang. Die dort ausgestellten Fotos und maßstabsgetreue Modelle des zerstörten und wiederaufgebauten Komplexes helfen, sich eine Vorstellung vom Hauptpalast und der übrigen Anlage zu machen.

Der Zugang zu den Ruinen befindet sich am **Westhof**. Der Rundgang führt jedoch nicht in den Hof, sondern nach rechts, Richtung Süden, an den **westlichen Magazinen** vorbei zu acht runden Schächten, die vermutlich **Getreidesilos** waren. Östlich der Schächte befindet sich der Südeingang des Palastes. Hier geht's nach links zum Südende des **Zentralhofs**. Linker Hand steht der **Kernos**, ein runder Kalkstein mit 24 Vertiefungen am Rand. Seine Bedeutung wurde bis heute nicht entschlüsselt, doch Archäologen nehmen an, dass er sakralen Zwecken diente. Gleich daneben befinden sich die vier noch vorhandenen Stufen einer großen Schautreppe, die vermutlich zu einem **Theaterareal** gehörte.

Die Besichtigung führt weiter zur Hofmitte, wo sich eine **Altargrube** mit den beachtlichen Dimensionen von 48 m Länge und 22 m Breite befindet. Unter einem Schutzdach zur Rechten stehen die **östlichen Magazine**, wo in riesigen *pithoi* Flüssigkeiten aufbewahrt wurden. Gegenüber, im westlichen Flügel des Gebäudes, lagen

Palast von Malia

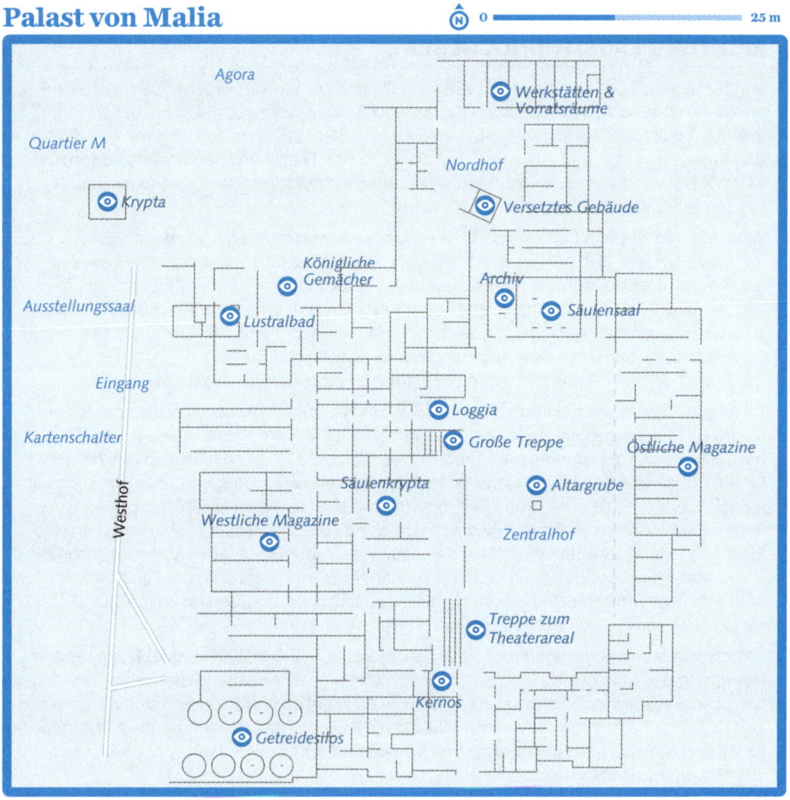

die wichtigsten Räume des Palastes. Dazu gehörten beispielsweise die **Pfeilerkrypta** hinter einer steingepflasterten Vorhalle, die elf erhaltenen Stufen der **Großen Treppe**, die möglicherweise zu einem Schrein führte, und die erhöhte **Loggia**, die vermutlich zeremoniellen Zwecken diente. Vom Nordende des Hofs aus sind die Stümpfe der Säulen zu sehen, auf denen einst das Portal des **Pfeilersaals** ruhte. Die eingebauten Bänke lassen vermuten, dass es sich um eine Art Ratssaal handelte. Ganz in der Nähe wurden Tafeln mit Linear-A-Schrift gefunden.

Der gepflasterte Durchgang westlich vom Pfeilsaal führt zum **Nordhof**, den früher **Werkstätten und Vorratsräume** säumten. Der windschiefe Raum am Weg dorthin stammt aus der Nachpalastzeit. Westlich des Nordhofes lassen sich die **königlichen Gemächer** erspähen. Sie gruppieren sich um die abgesperrte **Empfangshalle** (Polythyron, „viele Türen"), einen rechteckigen, auf einem Podest erbauten Raum. Dahinter befindet sich das **Lustralbad**, in dem vielleicht religiöse oder symbolische Reinigungen stattfanden.

Den Palast von Malia umgab eine ganze Stadt, deren Ausgrabung bis heute andauert. Das mit einem Vordach versehene Gebäude gleich westlich der Palastanlage war vermutlich eine **Krypta**. Nördlich von hier befindet sich die **Agora**, in erster Linie ein großes Gebäude mit Innenhof. Der faszinierendste Teil der Stadt ist das **Viertel M**, ein Wohngebiet etwas weiter westlich. Es ist zwar eingezäunt, aber seine Ausdehnung und dichte Bebauung sind unübersehbar. Diese Randgebäude stammen aus der Zeit des älteren Palastes.

Am Eingang bieten Guides ihre Dienste an. Ein sehr zu empfehlender deutschsprachiger Führer ist der charismatische Giorgos Pothos, der die Stätte wirklich mit Leben zu füllen weiß.

ABSTECHER

RICHTUNG LASSITHI-HOCHEBENE

Von Malia geht's auf der steilen Straße schnell hoch zur Lassithi-Hochebene, vorbei am entzückenden Dorf **Krasí** und dem Kloster von **Kerá**. Krasí verdankt seine Berühmtheit in erster Linie einer 2000 Jahre alten **Platane** mit dem sagenhaften Umfang von 16 m. Gleich daneben sprudelt aus einem Steinbecken eine Quelle und versorgt den Baum mit Wasser. Der wiederum spendet den Tavernentischen Schatten, die unter seinem riesigen Blätterdach aufgestellt sind.

Aposelemis-Damm Der Weg nach Krasí führt am umstrittenen Aposelemis-Staudamm vorbei, der 2012 fertiggestellt wurde. Das einst zwischen den Dörfern Potamies und Advou eingezwängte Dorf Sfendile wurde für die Eindämmung des Flüsschens Aposelemis überflutet. Der Stausee liefert den Großräumen Iraklion und Agios Nikolaos nun Trinkwasser. Je nach Wasserstand sind noch Häuserdächer und ein Teil der Dorfkirche von Sfendile zu sehen sowie eine zerschlissene griechische Fahne.

Zur Zeit der Recherche füllte sich der Damm im Zuge der Schneeschmelze noch.

Panagia Kardiotissa (Eintritt 2 €; ⌚7–19.30 Uhr) Nach dem Aposelemis-Damm ist die nächste Etappe Kerá, Heimat eines der namhaftesten Klöster Kretas, Panagia Kardiotissa. Die winzige Klosterkapelle zieren Fresken aus dem 14. Jh., die Szenen aus dem Leben Christi und der Jungfrau Maria wiedergeben. Die Verehrung der Einheimischen gilt jedoch in erster Linie einer Ikone der Jungfrau mit Kind aus dem 18. Jh. Der Legende zufolge verschleppten die Türken sie dreimal nach Konstantinopel. Aber obwohl sie an eine Marmorsäule angekettet war, kehrte sie auf wundersame Weise jedes Mal wieder zurück.

Die Ikone befindet sich links neben der *iconostatis* (der Wand, die das Kirchenschiff vom Sanktuarium trennt); die besagte Marmorsäule steht draußen im Freien. Zum Kloster gehört auch ein kleines Museum mit Sakralobjekten.

Taverna Niki (www.nikitaverna.gr; Kerá; Hauptgerichte 7–13 €; ⌚12 Uhr–spät) Nach der Besichtigung des Klosters Panagia Kardiotissa bietet sich eine Pause in der Taverna Niki an der Ecke am Ortsausgang von Kerá an, um die Aussicht zu genießen und sich zu stärken. Niki bereitet in einem traditionellen Holzofen jeden Tag Köstlichkeiten zu, die nicht mit rauchigen Aromen geizen. Außerdem ist sie bekannt für ein eigentlich sehr einfaches Gericht, ein Kartoffelomelette.

Busse aus Iraklion halten 250 m vom Palast an der Hauptstraße.

Schlafen

Matheo Hotel HOTEL €€
(☎28970 32980; www.hotel-matheo.com; Theodoros 1; EZ 60–80 €, DZ 80–160 €; ❄📶🏊) Eine gute Unterkunft, wenn man ruhig wohnen, aber nahe genug am Getümmel sein will. Die 70 modernen Zimmer des Hotels befinden sich in strahlend weißen Villen inmitten von Oliven- und Zitronenbäumen. Die Standardzimmer könnten allerdings wirklich größer sein, aber es gibt auch Suiten und weitere Zimmerkategorien. Zum Strand sind es rund 900 m, in den Ort 500 m.

Villa Sonia PENSION €€
(☎28970 32221, 6932066776; www.villasonia.gr; DZ ab 45 €; ❄) Die Villa Sonia liegt an der belebten Strandstraße zwischen Malia und Stalis. Auf zwei Gebäude zwischen Palmen verteilen sich 18 saubere und funktionale Zimmer. Gäste können kostenlos die Pools der benachbarten Hotels nutzen und der Strand liegt ebenso wie die Bushaltestelle nur einen kurzen Fußweg entfernt. Zum Haus gehört eine kleine Bar. Die Nutzung der Klimaanlage kostet 6 € pro Tag.

Essen

Höhere Qualität und authentischeres Ambiente gibt's in der Altstadt von Malia oder am Potamos-Strand beim Palast von Malia.

Taverna Kalyva GRIECHISCH €€
(Potamos-Strand, Malia; Hauptgerichte 8–14 €; ⌚April–Okt. 11 Uhr–spät) Die Taverna Kalyva liegt westlich der archäologischen Stätte von Malia kurz vor dem Potamos-Strand. Die schnörkellose Taverne verköstigt schon seit 1964 Einheimische und Touristen, besonders sonntags, wenn die Griechen sich

hier zum ausgedehnten Mittagsschmaus einfinden.

Das Angebot wechselt täglich, aber der Eigentümer und Koch zaubert stets tolle Meeresfrüchte-Gerichte und *mayirefta* (vorgekochte Gerichte).

Stablos & Elisabeth GRIECHISCH **€€**
(Altstadt von Malia; Hauptgerichte 6–15 €) Die beste der Tavernen am Hauptplatz in der Altstadt von Malia hat sich mit viel Nippes und Spitzenvorhängen einem Look verschrieben, der irgendwo zwischen Kreta und englischem B&B angesiedelt ist. Das leckere griechische und internationale Essen schmeckt am besten im Dachgarten.

Mylos GRIECHISCH **€€**
(☎28970 33150; Giorgio Lapidi 9; Hauptgerichte 9–12 €; ⌚April–Okt. 19 Uhr–spät) Wer sich in Malia nach einer Oase sehnt, wird am ehesten hier fündig – Knoblauchgirlanden an den Wänden und üppiges Grün im Garten. Die Kundschaft begeistert sich aber vor allem für die *psito*-Fleischgerichte aus Holzkohleofen im Garten, der jeden Nachmittag angefeuert wird. Reservierung empfohlen. Am Ostrand der Altstadt von Malia.

An- & Weiterreise

Mindestens halbstündlich fährt ein Bus von Iraklion nach Malia (3,80 €, 1 Std.).

Lassithi

Inhalt ➡

Gut essen

- Pelagos (S. 205)
- Arodamos (S. 217)
- Ta Kochilia (S. 224)
- Zorba's Tavern (S. 226)
- Napoleon (S. 235)

Schön übernachten

- Terra Minoika (S. 231)
- Cretan Villa Hotel (S. 235)
- Villa Olga (S. 209)
- Petra Nova Villas (S. 223)
- Big Blue (S. 238)

Auf nach Lassithi

Lassithi (Λασίθι) ist die wildeste Region Kretas und die mit der höchsten Biodiversität. Mit ihren Höhlen, Schluchten, kristallblauen Buchten und schneebedeckten Bergen scheint sie von den Göttern besonders reich gesegnet worden zu sein. Obendrein hat die Gegend eine bewegte Geschichte aufzuweisen, und hinter jeder Wegbiegung gibt es minoische und mykenische Ausgrabungsstätten zu erkunden.

Hier befinden sich auch die besten Hotelanlagen der Insel. Die von Agios Nikolaos kommen kosmopolitisch und cool daher, die im nahegelegenen Elounda sind todschick und herausgeputzt bis zum Gehtnichtmehr. Für Griechenlandliebhaber, die Outdoorabenteuer und Gastronomie zu würdigen wissen, ist Lassithi ein Traumziel. Radfahrer zieht es auf die dunstige Lassithi-Hochebene, Wanderer in Schluchten wie das dramatische „Tal der Toten", während auf Foodies einige der besten Tavernen und Restaurants der Insel warten.

Attraktionen wie das historische Kloster Toplou und der einladende, palmenbeschattete Strand in Vai verleihen dem Ganzen noch eine besondere Note, während das kretische Herz vieler Städte und Dörfer eindeutig noch schlägt und auch ihre Geschichte noch sehr lebendig ist.

Entfernungen (km)

	Ierapetra	Agios Nikolaos	Elounda	Sitia
Agios Nikolaos	36			
Elounda	45	10		
Sitia	62	73	70	
Kato Zakros	98	106	116	36

DIE NORDKÜSTE

Agios Nikolaos
Αγιος Νικόλαος

11 421 EW.

Agios Nikolaos ,die Hauptstadt von Lassithi, erstreckt sich über die Hänge am Ufer des wunderschönen Golfs von Mirabello. Sie zieht Besucher aus aller Welt an und begrüßt sie mit der landestypischen *filoxenia* (Gastlichkeit). Ihre Straßen sind eine bunte Mischung aus Bars, traditionellen Tavernen und edlen Bekleidungsgeschäften, zwischen denen sich aber auch Fischmärkte und bodenständige *kafeneia* (Kaffeehäuser) finden. Nachts, wenn die Lichter quirliger Bars den Hafen beleuchten, erwacht die Stadt erst so richtig zum Leben, und der benachbarte flaschengrüne Voulismeni-See sieht dann noch bezaubernder aus.

Was das Erscheinungsbild anbelangt, so lässt die Architektur von Agios Nikolaos (wie die vieler Städte auf Kreta) vielleicht die neoklassische Eleganz der Dodekanes-Inseln und die Zuckerwürfel-Schlichtheit der Kykladen vermissen. Aber Stil besitzt die Stadt dennoch, mit ihren zahlreichen schicken Boutiquen, in denen Schmuck, echte Schwämme sowie die üblichen geschnitzten Olivenholzwaren und Achillesbüsten verkauft werden.

Besucher können zwischen hippen jungen Griechen die Hafenpromenade entlangschlendern, es sich in einem Café bequem machen und dem Stimmengewirr lauschen oder einen von mehreren Stränden in der Nähe ansteuern. Trotz aller noblen Erscheinung gibt es dabei überraschend viele bezahlbare Unterkünfte, und auch Tavernen und Restaurants haben von erschwinglichen kretischen Spezialitäten bis zur breiter gefächerten mediterran inspirierten Küche alles im Angebot. Am und um den Hafen gibt's außerdem kostenlosen WLAN-Zugang.

Der Busbahnhof liegt knapp einen Kilometer nordwestlich vom Voulismeni-See. Die meisten Banken, Reisebüros und Geschäfte befinden sich in der Koundourou und der parallel dazu verlaufenden Fußgängerzone 28 Oktovriou.

Sehenswertes

Archäologisches Museum MUSEUM
(☎28410 24943; Paleologou Konstantinou 74; 📶) Aufgrund der zum Zeitpunkt der Recherche herrschenden Wirtschaftskrise war das Museum bis 2016 wegen Renovierungs- und Anbauarbeiten geschlossen. Falls geöffnet sein sollte, lohnt es sich, denn die umfangreiche minoische Sammlung ist die zweitwichtigste ihrer Art auf der ganzen Welt. Zu sehen sind tönerne Särge, Musikinstrumente und Gold von der Insel Mochlos. Das Highlight ist die seltsame „Göttin von Myrtos", ein Tonkrug aus der Zeit um 2500 v. Chr.

Volkskundemuseum MUSEUM
(☎28410 25093; Paleologou Konstantinou 4; Eintritt 3 €; ⏲ Di–So 10–14 Uhr) Das Museum neben der Touristeninformation hat eine kleine, gut kuratierte Sammlung traditioneller Handwerksarbeiten und Kleidung.

Strände

Die beiden Stadtstrände, der sandige **Ammos** und der kiesige **Kytroplatia**, sind klein und überfüllt. Besser spaziert man 1 km nach Norden oder Süden zu den Stränden **Ammoudi** bzw. **Almyros**, wo mehr feiner Sand im Angebot ist. Der Almyros ist ruhiger als die anderen Strände in der Umgebung der Stadt; hier gibt's weichen Sand und wunderbar klares Wasser. An allen Stränden werden Sonnenschirme und Strandstühle vermietet.

Aktivitäten

General BOOTSFAHRTEN
(☎28410 24376; www.sailcrete.com; Minos, Beach Hotel Bungalows; halber/ganzer Tag mit Essen & Getränken 900/1300 €; ⏲9–18 Uhr) Kapitän Apostolos steuert die *General,* einen schmucken 44-Fuß-Katamaran mit Platz für bis zu sechs Passagieren, in halb- und ganztägigen Rundfahrten zur Insel Spinalonga und noch weiter hinaus. Die Fahrgäste steigen entweder in Agios Nikolaos ein oder lassen sich am Hafen Elounda abholen.

Creta Underwater Center TAUCHEN
(☎28410 22406; www.cretaunderwatercenter.com; Mirabello Hotel, Agios Nikolaos; Tauchgänge ab 50 €) Veranstaltet Riff-, Wrack- und Nachttauchgänge an vielen verschiedenen Locations und bietet auch viertägige PADI Open-Water-Kurse an.

Creta Semi-Submarine BOOTSFAHRTEN
(☎28410 24822, 6936051186; www.semi-submarine.gr; Erw./Kind 15/10 €) Die *Nautilus* hat eine Aussichtskabine unter der Wasseroberfläche, die Jung und Alt staunen lässt.

Pelagos TAUCHEN
(☎28410 24376; www.divecrete.com; Minos Beach Art Hotel; Tauchgänge ab 50 €, Nachttauchgänge 70 €) Bietet Tauchgänge und PADI-Kurse.

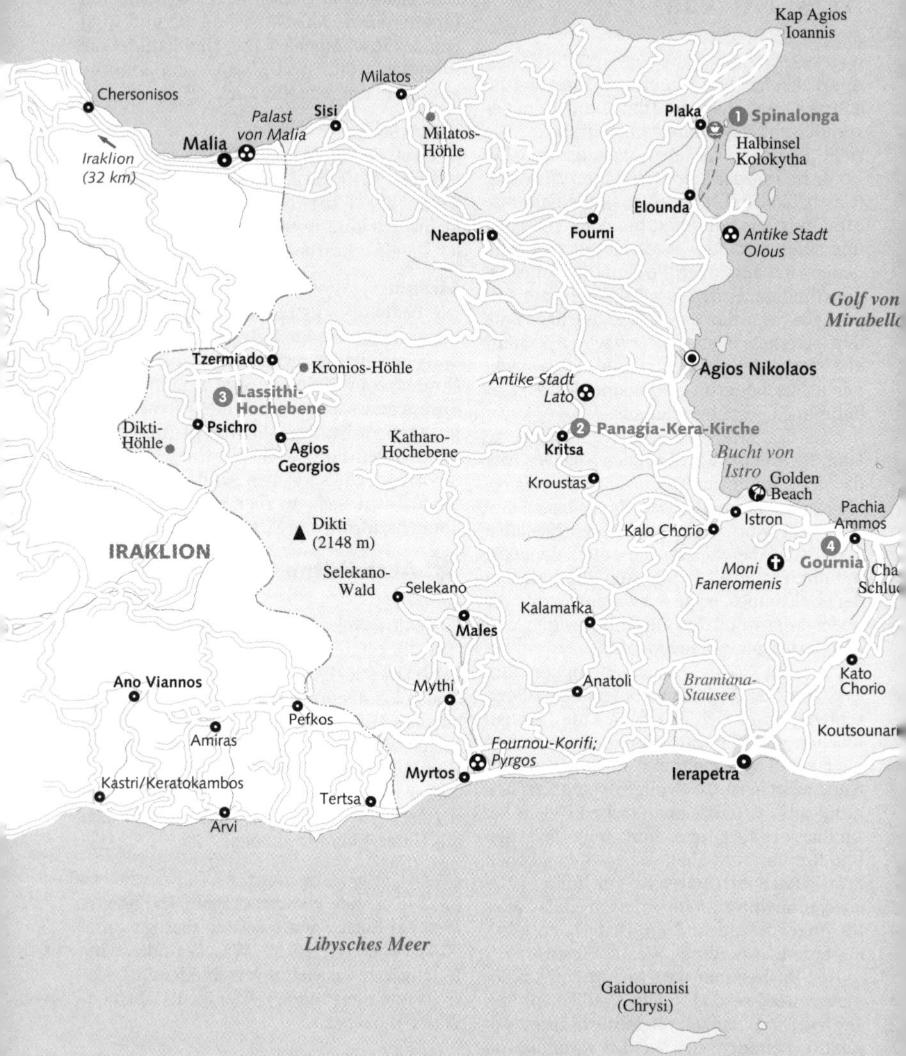

Highlights

1 Durch die faszinierenden Ruinen der Insel **Spinalonga** (S. 219) und ihre tragische Leprakolonie streifen

2 Ganze 630 m Anstieg zurücklegen, um in der **Panagia-Kera-Kirche** (S. 215), einer der wichtigsten Kirchen der Insel, die schönsten Fresken von Kreta zu bewundern

3 Mutig in die unheimliche, finstere Dikti-Höhle hinabsteigen, den mythischen Geburtsort von Zeus hoch oben auf der **Lassithi-Hochebene** (S. 219)

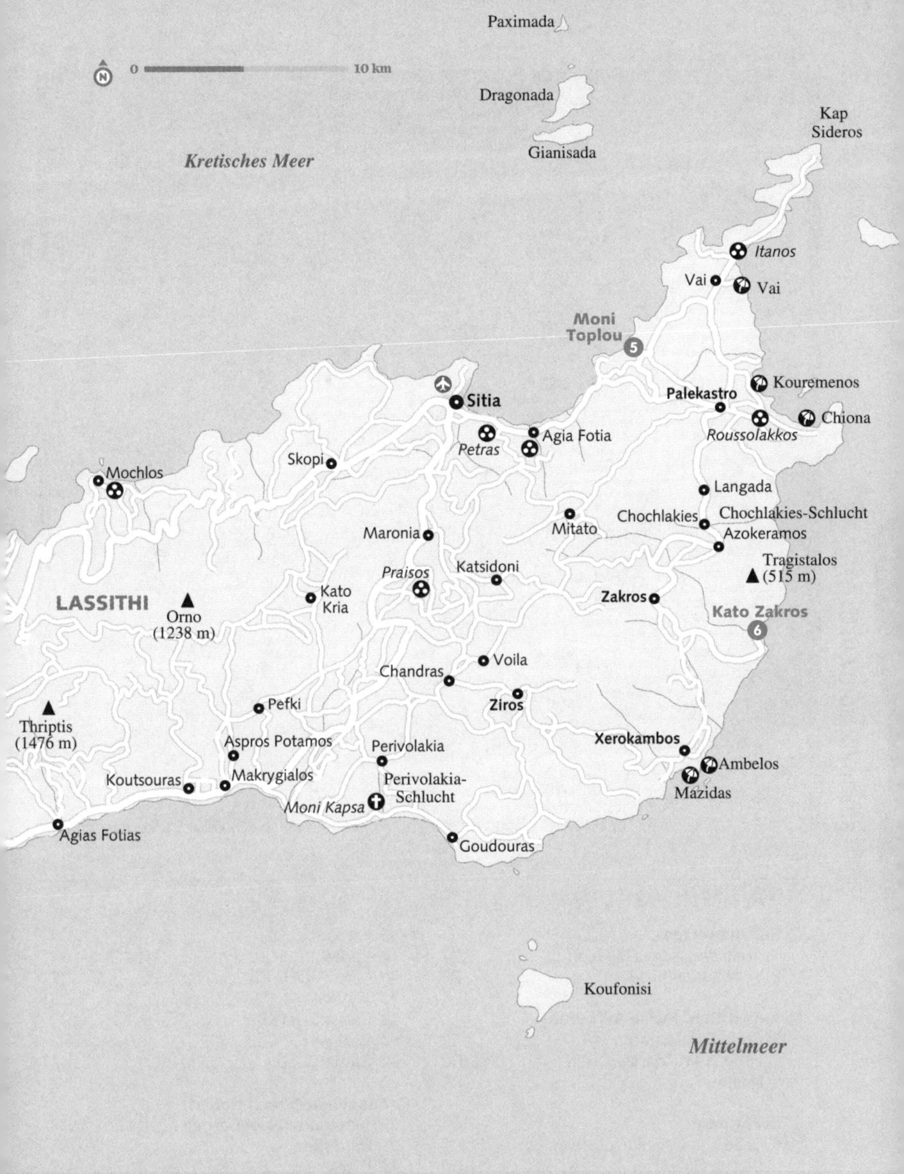

4 Die Ruinen von **Gournia** (S. 222) erkunden, um etwas über ihre minoischen Einwohner zu erfahren

5 Die wechselvolle Geschichte des Klosters **Moni Toplou** (S. 228) entdecken, mehr Festung denn Gotteshaus und Eckpfeiler griechischen Widerstands und Heldenmuts

6 In **Kato Zakros** (S. 230) auf von Wildblumen gesäumten Pfaden unter den wachsamen Augen von Adlern das Tal der Toten erforschen

Agios Nikolaos

Agios Nikolaos

Sehenswertes
1 Archäologisches Museum A1
2 Volkskundemuseum B2

Aktivitäten, Kurse & Touren
3 Creta Semi-Submarine C2
4 Little Train Tours D2
5 Nostos Tours B3

Schlafen
6 Delta C3
7 Du Lac Hotel B3
8 Hotel Creta D3
9 Hotel Doxa A4
10 Pension Mary C3
11 Pension Mylos D3
12 Pergola Hotel D3

Essen
13 Chrisofyllis D3
14 Embassy B2
15 Faros C4
16 Itanos B4
17 Katzarolakia Ble C2
18 Migomis B3
19 Palazzo Cafe Bar C3
20 Pelagos B2
21 Sarri's B4

Ausgehen & Nachtleben
22 Alexandros Roof Garden B2
23 Bar Arudo B2
24 Dioliko C2
25 Peripou Cafe B3
26 Yianni's Rock Music Bar D2

Shoppen
27 Anna Karteri Bookshop B3
28 Aroma Coffee Shop B3
29 Kerazoza C3
30 Marieli B3
Zakros Souvenirs .... (s. 7)

Nostos Tours BOOTSFAHRTEN
(☎28410 22819; 30 Rousou Koundourou; Fahrten nach Spinalonga ohne/mit Barbecue 15/25 €, Angelausflüge 50 €) Organisiert Bootsausflüge nach Spinalonga mit Schwimmpause in Kolokytha oder mit Grillen. Im Angebot sind außerdem Angeltrips mit Essen, einschließlich des eigenen Fangs.

Martinbike Crete RADFAHREN
(☎28410 26622; www.martinbike.com; Hotel Sunlight, Straße nach Elounda, Agia Gallini; Tagesausflug ab 65 €; ⏲April–Nov.) Der hervorragende Radtourenspezialist mit über 20 Jahren Kreta-Erfahrung hat sein Büro im Hotel Sunlight, auf halbem Weg zwischen Agios Nikolaos und Elounda. Er bietet ein- und fünftägige Touren in die Umgebung auf stabilen Scott-Rädern mit erfahrenen Guides. Die abwechslungsreichen Fahrten führen u. a. durch Olivenhaine und über Berge, wo sich weite Ausblicke bieten.

Geführte Touren

Diverse Reisebüros bieten Bustouren zu Kretas Top-Attraktionen; die Boote am Hafen machen auch Werbung für verschiedene Ausflüge.

Little Train Tours BAHNFAHRTEN
(☎28140 25420; www.littletraintours.gr; Akti Themistokleous; ½-stündige Fahrt Erw./Kind 9/3 €, 3½-stündige Fahrt 20/14 €) Bei diesen Bahnfahrten steht einiges zur Auswahl, von der halbstündigen Stadtrundfahrt bis zum 3½-stündigen Ausflug, der den Besuch einer Olivenfarm und des Dörfchens Kritsa einschließt. Die Tour beginnt jeweils am östlichen Ende der Hafenpromenade und ist für Kinder immer ein Knüller.

Festivals & Events

Lato-Kulturfestival MUSIK, TANZ
(⏲Juli & Aug.) Im Juli und August findet in Agios Nikolaos das Lato-Kulturfestival statt. Es treten lokale und internationale Künstler auf, dazu gibt's Folkloretänze, Theateraufführungen, Kunstausstellungen und *mantinadhes*-Wettbewerbe, bei denen sich die Teilnehmer im Verseschmieden messen. Nähere Auskünfte erteilt die Touristeninformation.

Woche des Meeres WASSERSPORT
(⏲Juni) Dieses Fest wird in der letzten Juniwoche der „geraden" Jahre gefeiert; auf dem Programm stehen Bootsrennen und Wettbewerbe im Schwimmen und Windsurfen.

Schlafen

Hotel Doxa HOTEL €
(☎28410 24214; www.doxahotel.gr; Idomeneos 7; EZ/DZ/3BZ mit Frühstück 45/50/65 €; ❄📶) Das schattige, entspannte Hotel in einer Seitenstraße besitzt hübsche, aber enge Zimmer mit dunkelbraunen Bettüberwürfen, Marmorfußböden, Flachbildfernsehern und makellosen Bädern. Es gibt einen Aufzug und ausgezeichnetes Frühstück. Nicht weit vom Ammos-Strand und Parkmöglichkeiten entfernt.

Pension Mary PENSION €
(☎28410 23760; Evans 13; EZ/DZ/3BZ 15/35/45 €; ❄) Altmodischer Stil wird in dieser freundlichen Pension in einer schmalen Straße etwas bergauf vom Kytroplatia-Strand gepflegt. Die weißgetünchten Zimmer sind schlicht und haben Kühlschrank, Kiefernholzmöbel und Bad. Den Gästen stehen eine Gemeinschaftsküche und hinter dem Haus eine gemütliche, schattige Ecke im Freien zur Verfügung, wo sie lesen oder essen können. Das Beste am Ganzen ist, dass man vom Meeresrauschen in den Schlaf gewiegt wird!

Pergola Hotel HOTEL €
(☎28410 28152; Sarolidi 20; EZ/DZ/Apt. mit Frühstück 35/40/60 €; ❄📶) Sympathische Leute betreiben dieses schlichte Gästehaus. Es vermietet supergemütliche Zimmer mit TV, tadellosen Bädern und Balkonen mit toller Aussicht auf die Bucht. Interessant für Familien oder zwei Paare ist das neuerdings hinzugekommene Apartment, das weite Ausblicke bietet und ein erstklassiges Bad hat. Zum Frühstück gibt's frisches Brot, Honig und gekochte Eier.

Delta HOTEL €
(☎28410 28893; www.agiosnikaloas-hotels.gr; Tselepi 22; Zi. 50 €; ❄) Unter derselben Leitung wie das Hotel Creta gibt es hinter einer Taverne nahe dem Kytroplatia-Strand helle, saubere Zimmer. Mindestaufenthalt zwei Nächte.

★ **Villa Olga** APARTMENTS €€
(☎28410 25913; www.villa-olga.gr; Anapafseos 18, Ellinika; EZ 45 €, Apt. 80–95 €; ❄📶🏊) Die wunderbaren Selbstversorgerstudios und -apartments (2–6 Pers.) bieten von ihren Hangterrassen aus eine sagenhafte Aussicht auf die Bucht von Mirabello. Die dazugehörigen Veranden liegen in üppigen Gärten voller schattenspendender Olivenbäume. Das

DREI PERFEKTE TAGE

1. Tag

Von Agios Nikolaos aus ist nach kurzer Fahrt auf der Straße nach Kritsa die **Panagia-Kera-Kirche** (S. 215) erreicht, deren Fresken aus dem 13. Jh. ein wahrer Augenschmaus sind. Danach führt die Zeitreise weitere 2000 Jahre zurück zur hellenistisch-dorischen Stadt **Lato** (S. 215). Zurück in **Kritsa** (S. 213) muss man erst mal die Stickereiverkäufer geschickt umlaufen, um danach einen Spaziergang durch die Altstadt zu genießen. In einem der **urkretischen Restaurants** in Agios Nikolaos wie dem **Pelagos** (S. 205) kann man abends diesen äußerst geschichts- und kulturträchtigen Tag noch einmal wunderbar Revue passieren lassen.

2. Tag

Der romantische Roman *Insel der Vergessenen* ist die ideale Vorbereitung für einen Besuch auf der faszinierenden Insel und ehemaligen Leprakolonie **Spinalonga** (S. 219), auf der Buch und Fernsehfilm spielen. Schiffe zur Insel legen in Agios Nikolaos, Elounda und Plaka ab. Vor der Abfahrt vermittelt ein Besuch im entzückenden **Volkskundemuseum** (S. 221) von Agios Nikolaos ein Gefühl für das Leben zu der Zeit, in der das Buch spielt. Der Tag endet mit guter kretischer Küche im Restaurant **Arodamos** (S. 217) in Elounda.

3. Tag

Heute ist frühes Aufstehen angesagt. Von Sitia aus führt die Fahrt zum Kloster **Moni Toplou** (S. 228), einem der sehenswertesten Klöster Kretas. Anschließend geht's nach Palekastro, um sich dann inmitten der Überreste eines antiken Palastes in **Kato Zakros** (S. 230) ganz der minoischen Magie hinzugeben. Nach einem Spaziergang im unglaublichen **Tal der Toten** (S. 230) geht die Fahrt durch die Berge zurück nach Sitia zu einem Gourmetessen in der traditionellen **Zorba's Tavern** (S. 226).

Innere der Ferienwohnungen ist im traditionell griechischen Chic gehalten: geflieste Böden und geschmackvolle Bettwäsche und Möbel. Es gibt auch einen kleinen Swimmingpool.

Anfahrt vom Zentrum von Agios Nikolaos über die Uferstraße Akti Koundourou nach Nordosten bis zu einer Kreuzung über dem Amoudi-Strand, dort rechts Richtung Elounda abbiegen und nach ca. 500 m nach dem Schild auf der linken Straßenseite Ausschau halten.

Du Lac Hotel HOTEL €€

(☎28410 22711; www.dulachotel.gr; 28 Oktovriou 17; EZ/DZ/Studio mit Seeblick 40/55/70 €; ❄ 📶) Dieses einladende Hotel im Stadtzentrum ist modern eingerichtet und bei Geschäftsreisenden beliebt. Jedes der blitzsauberen, mit Laminat ausgelegten Studios und Apartments hat einen Balkon mit schöner Aussicht auf den Voulismeni-See. Die Küchenzeilen der Studios sind modern und prima ausgestattet, in den Bädern der Apartments gibt's sogar eine Badewanne. Im Erdgeschoss befindet sich ein angenehmes Restaurant. Außerhalb der Saison darf mit saftigen Preisnachlässen gerechnet werden.

Lato Hotel HOTEL €€

(☎28410 24581; www.lato-hotel.com.gr; Ammoudi; EZ/DZ 55/70 €; P❄📶🏊) Viele Reisende wissen die Sauberkeit, das Frühstücksbuffet, den Pool und die freundlichen Hotelbesitzer zu schätzen. Die gemütlichen Zimmer haben Kühlschrank und makellose Bäder, aber man sollte versuchen, eines der ruhigeren nach hinten raus mit Meerblick zu bekommen. Zu erreichen mit dem Elounda-Bus von Agios Nikolaos; den Fahrer bitten, am Hotel anzuhalten. Zum Strand sind es rund 300 m.

Unter gleichem Management stehen auch die charmanten Karavostassi- („Das Steinhaus") Apartments in einem alten Johannisbrotlagerschuppen in einer abgeschiedenen Bucht, rund 8 km östlich vom Lato Hotel.

Pension Mylos PENSION €€

(☎6945992661, 28410 23783; www.pensionmylos.com; 24 Sarolidi; EZ/DZ/3BZ 45/55/65 €; ❄📶👪) Das verwitterte Schild außen lässt nicht vermuten, dass sich innen ganz entzückende Zimmer mit Nachttischlampen, blitzsauberen Bädern und aufs Meer hinausgehenden Balkonen verbergen. Zum Gesamtpaket gehören so angenehme Details wie orthopädische Matratzen und Leinenbettwäsche. Die gastfreundliche Eigentümerin sorgt dafür, dass sich die Gäste wirklich wie zu Hause fühlen. Auch Kühlschrank, Fernseher und Kaffeebereiter samt Zutaten sind vorhanden. Das Haus liegt ein paar Minuten zu Fuß oberhalb vom Hafen. Auf der Straße gibt es ein paar Parkplätze.

Hotel Creta APARTMENTS €€
(☎28410 28893; www.agiosnikaloas-hotels.gr/creta; Sarolidi 22; EZ/DZ/3BZ 50/60/70 €; ❄ @ 📶) Ein gutes Preis-Leistungs-Verhältnis bieten diese anonymen Studios mit Küchenzeile, Balkon und schöner Aussicht auf die Bucht unten. Zum Hafen sind es nur ein paar Minuten; die Lage ist ideal für alle, die zentral und doch ruhig wohnen möchten. Es gibt einen Aufzug und begrenzte Parkmöglichkeiten in den umliegenden Straßen.

Minos Beach Art Hotel BOUTIQUEHOTEL €€€
(☎28410 22345; www.minosbeach.com; Akti Ilia Sotirchou; Zi. mit Frühstück ab 280 €; P ❄ 📶 🏊) Die stilvolle Hotelanlage in vorzüglicher Lage direkt vor den Toren der Stadt ist eine veritable Kunstgalerie. Skulpturen führender griechischer und ausländischer Künstler schmücken das Gelände bis runter zum Strand. Die Niedrigbauweise und der unprätentiöse Stil unterstreichen den Status als eines der besten Hotels der Insel. Vom Stadtzentrum befährt man die Uferstraße Akti Koundourou ca. 1 km nach Nordosten. Auf der Meerseite der Straße ist das Hotel als „Minos Beach Hotel" ausgeschildert.

Essen

Wer bodenständigere, schmackhaftere Küche zu schätzen weiß, spaziert um den Hafen herum zum Kytroplatia-Strand, wo die Einheimischen essen.

Sarri's GRIECHISCH €
(Kyprou 15; Hauptgerichte 10 €; ⏲mittags & abends) Das im Schatten eines Eukalyptusbaums gelegene Sarri's mit den karierten Tischdecken und seiner von der Sonne gebleichten Fassade lässt das alte Griechenland wieder aufleben. Es verwöhnt seine Gäste mit Shrimp-*saganaki, souvlaki*, Calamari, Pizza oder einer *mezedhes*-Platte mit Wein für 9 €. Die Gartenterrasse ist ideal zum Frühstücken, Mittag- oder Abendessen. Ein 20 m langer Fußweg führt von der Spitze des Hügels runter zu dem Lokal.

Faros GRIECHISCH €
(Kytroplatia-Strand; Hauptgerichte 10 €; ⏲12 Uhr–spät) Diese familiengeführte Taverne direkt am Meer strahlt viel Atmosphäre aus. Verführerische Düfte steigen von dem Fleisch und Fisch aus, die auf dem Grill vor dem Haus brutzeln. Es gibt Tische im Freien unter einem Sonnensegel sowie im gemütlichen Innenraum. Das Essen ist ganz vorzüglich: riesige Salate, köstliche Calamari, *kleftiko* (langsam im Ofen gegartes Lamm- oder Ziegenfleisch) und *stifadho* (mit Zwiebeln in Tomatenpüree gekochtes Fleisch); vielleicht auch Baklava und Raki auf Kosten des Hauses. *Filoxenia* (Gastlichkeit) in Reinkultur!

Katzarolakia Ble GRIECHISCH €
(Akti Koundourou; Hauptgerichte 8 €; ⏲mittags & abends; 📶) Eine sensationelle Aussicht auf den Hafen bietet dieses quirlige Restaurant. Es ist modern gehalten, mit unverputztem Stein, türkisfarbenen Wänden und weißen Holzböden. Geboten wird zeitgenössisch griechische Cuisine, z. B. Tzatziki, Haloumi, *souvlaki*, Tintenfisch und vieles mehr. Das Lokal liegt im obersten Stockwerk des Hauses und ist – zu Recht – bei jungen Griechen sehr beliebt. Ein Aufzug bringt die Gäste hoch.

Itanos KRETISCH €
(☎28410 25340; Kyprou 1; Hauptgerichte 9 €; ⏲12–24 Uhr; 📶 🥕) Küchenchef Kostas sorgt dafür, dass im unscheinbaren Itanos erstklassige kretische Hausmannskost aufgetischt wird. Dabei stehen reihenweise frische *mayirefta* (Eintöpfe und Ofengegartes) wie Ziege mit Artischocken, würzige Hackfleischbällchen, Moussaka, zahlreiche vegetarische Gerichte und himmlisches *kleftiko* (langsam im Ofen gegartes Lamm) zur Auswahl. Von außen macht das Lokal nicht viel her, aber drinnen in der Küche sind Zauberkräfte am Werk.

Embassy GRIECHISCH €
(www.cretaembassy.com; Kondylaki; Hauptgerichte 7 €; ⏲12 Uhr–spät) Das einladende traditionelle Restaurant schmücken Zierspiegel und venezianische Masken. An den nach kunterbunt gedeckten Tischen werden u. a. Lamm-*kleftiko,* Kalbfleisch mit Zitrone, Ofenpasteten und Calamari mit köstlichen Oliven serviert.

Palazzo Cafe Bar CAFÉ €
(Kytroplatia-Strand; Hauptgerichte 4 €; ⏲8 Uhr–spät; 📶) In minimalistischem Schick – d. h. Pseudo-Marmorwände und Tische mit Holzplatten – erstrahlt dieses noble Café plus Bar und einer Veranda mit Meerblick. Auf der Speisekarte stehen Salate, Toasties, Eiscremes und Sandwiches. Abends gibt's Geschichtenerzähler und Livemusik.

UNTERWEGS VOR ORT

In ganz Lassithi sind die Straßen zwischen den wichtigsten Städten und größeren Touristenorten gut ausgebaut. Die kleineren Teerstraßen sind in Ordnung – aber immer auf Schlaglöcher achten! Wer keinen Geländewagen mit Vollkasko hat, sollte die unbefestigten Straßen links liegen lassen.

Die meisten größeren Dörfer und Touristenorte lassen sich gut von Agios Nikolaos, Sitia und Ierapetra aus per Bus erreichen. Aktuelle Informationen am besten im jeweiligen Busbahnhof erfragen. In vielen Orten fährt nur während des Schuljahres frühmorgens und mittags ein Bus. Beliebte Touristenziele haben ausschließlich im Sommer eine Busverbindung.

In den größeren Städten und den meisten Touristenorten gibt es Auto-, Motorrad- und Rollervermietungen.

Chrisofyllis KRETISCH €

(☎28410 22705; Akti Pagalou; Mezedhes 4–8 €; ⏲12.30–0.30 Uhr; 📶) Die fairen Preise weisen dieses *mezedhopoleio* bereits als das typische Lokal der kleinen Häppchen aus. Zu den Tagesgerichten gehören Leckereien wie Käsetaschen, frische Miesmuscheln und Hühnchen mit Safran. Abgerundet wird das Ganze durch mehrere Ouzo-Sorten und ein paar griechische Weine. Reservierung ist auch hier angeraten.

★ **Pelagos** MEDITERRAN €€

(☎28410 25737; Ecke Stratigou Koraka & Katechaki; Hauptgerichte 10 €; ⏲mittags & abends; 📶) Neoklassizismus trifft auf modernes Griechenland in diesem luftigen, gehobenen Restaurant mit Glaslämpchen und Ikonen an den Wänden und appetitlich in Orange und Weiß gedeckten Tischen. Auf der Speisekarte stehen Salate, Meeresfrüchte, Fleisch und Pasta. Wer einmal die gegrillten Garnelen gekostet hat, kommt garantiert wieder! Exquisit. Zu dem Lokal gehört auch eine Gartenterrasse.

Migomis MEDITERRAN €€€

(☎28410 24353; www.migomis.gr; Nikolaou Plastira 20; Hauptgerichte 12–38 €; ⏲April–Okt. mittags & abends; 📶) Einen unnachahmlichen Ausblick über den Voulismeni-See bietet das geschmackvoll eingerichtete Migomis: Kerzenleuchter, freigelegte Steinwände, Tischdecken und Servietten aus Leinen und an Sommerabenden gedämpfte Live-Pianomusik. Das Speisenangebot reicht von griechischen Klassikern bis zu italienischer Küche. Reservierung ist ratsam.

🍷 Ausgehen & Unterhaltung

Die Café-Bars mit Hafenblick an der Akti Koundourou erwachen um etwa 10 Uhr zum Leben und entwickeln sich mit fortschreitender Stunde zu lebendigen Bars. Es gibt aber auch in der ganzen Stadt genügend Alternativen.

Bar Arudo BAR

(Akti Koundourou; ⏲9.30 Uhr–open end) Die spärlich beleuchtete Kneipe brummt vom Stimmengewirr der künstlerisch angehauchten einheimischen Stammgäste, die sich gern bei coolen Klängen in dieser gemütlichen Bar mit Holztheke und auf der Terrasse mit Seeblick aufhalten.

Alexandros Roof Garden BAR

(Kondylaki; ⏲12 Uhr–open end; 📶) Klassische Klänge zwischen Hängepflanzen, Büschen und unkonventionellem Dekor.

Yianni's Rock Music Bar BAR

(Akti Koundourou; ⏲22–5 Uhr) Seit 1983 flackern in der ältesten Musikkneipe des Ortes am Hafen die Kerzen bis zum frühen Morgen. Die Wänder zieren alte Fotos von Brando und Stallone. Wummernde Rockmusik und Atmosphäre satt – ein Paradies für Nachtschwärmer.

Peripou Cafe CAFÉ

(28 Otkovriou 13; ⏲9.30–2 Uhr; 📶) Die entspannte Bar samt Veranda mit Blick aufs Wasser hat einen kleinen Buchladen, spielt Indiemusik, verkauft Toasties und verströmt Bohemecharme von dem Moment an, wo man hinter die weinrote Fassade getreten ist.

Dioliko BAR

(Koundourou; ⏲22 Uhr–open end) Zeitgenössisches Interieur mit offenen Steinwänden, Sportveranstaltungen auf dem Flachbildschirm und einer umfangreichen Cocktailkarte, durch die sich die Gäste in den intimen Nischen hindurcharbeiten können. Es gibt auch Frühstück, Crêpes und Kaffee.

Ellinadiko CLUB

(25 Martiou; ⏲22 Uhr–open end) Der bei Einheimischen und Besuchern gleichermaßen beliebte Club rühmt sich, der einzige in Agios Nikolaos zu sein, der *ausschließlich* griechische Musik spielt.

Cube Bar CLUB
(25 Martiou; ⌚22 Uhr–open end) Besonders bei jüngeren Leute beliebt ist diese trendige, bis frühmorgens geöffnete Bar, wo Hip-Hop und R&B geboten werden.

Shoppen

Aroma Coffee Shop ESSEN & TRINKEN
(Plateia Venizelou 24) In diesem Laden breitet sich eine unwiderstehliche Duftwolke aus, denn hier gibt's verschiedene Kaffeesorten, Kekse, Süßigkeiten, Nüsse, Wein und Spirituosen, aber auch wunderschöne *briki* (Kaffeekannen aus Kupfer).

Zakros Souvenirs SOUVENIRS
(28 Oktovriou; ⌚10–22 Uhr) Klassische Statuen und Repro-Ikonen vom Boden bis zur Decke. Die angesagte Adresse für eine Herkulesstatue, Keramiken oder Puppen.

Marieli KLEIDUNG
(28 Oktovriou 33; ⌚10–23 Uhr) In der hübschen kleinen Boutique gibt's stylische Damen-T-Shirts, Kleider, Schuhe und Bademoden.

Kerazoza KUNST & HANDWERK
(Koundourou 42; ⌚10–22 Uhr) Der erstklassige Laden mit der türkisfarbenen Hauswand hat wunderschöne Halsketten, Armbänder und Ringe, außerdem Masken, Marionetten und Figuren, die dem antiken griechischen Theater nachempfunden sind, sowie einige Skulpturen und Keramikwaren von guter Qualität.

Anna Karteri Bookshop BÜCHER
(Koundourou 5 & Oktovriou; ⌚10–23 Uhr) Gute Auswahl an Landkarten, Reiseführern und Krimis in Englisch und anderen Sprachen. Der Laden ist von beiden Straßen aus zugänglich.

Praktische Informationen

Weitere Informationen auf www.lasithitravel.com und www.agiosnikolaos.com.

Byron Travel (Akti Koundourou 4; ⌚8–20.30 Uhr) Der hervorragende Tourveranstalter am Hafen wird von Magdalene gemanagt. Hier kann man Flug- und Fährtickets buchen und gut gewartete Pkw mit Vollkasko schon ab 30 € pro Tag mieten, die sogar am Flughafen Iraklion abgegeben werden können.

Griechische Nationalbank (Nikolaou Plastira) Hat einen rund um die Uhr geöffneten Geldautomaten.

Krankenhaus (☎28410 66000) In Ordnung bei Knochenbrüchen und für Röntgenaufnahmen, aber kompliziertere Sachen lässt man besser in Iraklion behandeln. Im Westen der Stadt, am oberen Ende der steilen Paleologou Konstantinou.

Postamt (28 Oktovriou 9; ⌚Mo-Fr 7.30–14 Uhr)

Städtische Touristeninformation (☎28410 22357; www.agiosnikolaos.gr; ⌚April–Nov. 8–22 Uhr) Hat nützliche Informationen und Karten, wechselt Geld und hilft bei der Unterkunftssuche. Gegenüber der Nordseite der Brücke am Voulismeni-See.

Touristenpolizei (☎28410 91408; Erythrou Stavrou 47; ⌚ Mo–Fr 7.30–14.30 Uhr)

An- & Weiterreise

Busse fahren vom **Busbahnhof** in Agios Nikolaos nach Elounda (16-mal tgl., 1,70 €, 20 Min.), Ierapetra (7-mal tgl., 3,80 €, 1 Std.), Iraklion (18-mal tgl., 7,10 €, 1½ Std.), Kritsa (10-mal tgl., 1,60 €, 15 Min.), zur Lassithi-Hochebene (Dikti-Höhle; 2-mal tgl., 6 €, 3 Std.), Vaï (14 €) und Sitia (7-mal tgl., 7,60 €, 1½ Std.). Der Bus nach Elounda hält auch gegenüber der Touristeninformation, wo außerdem alle 30 Minuten ein Regionalbus zum Busbahnhof abfährt.

Morgens fahren in regelmäßigen Abständen Boote nach Spinalonga. Fahrpreis 15 €, Rückfahrt am Nachmittag.

Unterwegs vor Ort

Taxis (☎28410 24100) haben Standardpreise für Elounda (13 €), Plaka (13 €), Kritsa (13 €) und Lato (15 €).

In der 28 Oktovriou und im nördlichen Abschnitt des Hafenviertels gibt es mehrere Auto- und Motorradvermietungen. **Club Cars** (☎28410 25868; www.clubcars.net; ab 40 € pro Tag) verleiht Autos ab circa 40 € pro Tag.

Manolis Bikes (☎28410 24940; 25 Martiou 12; Roller/Mountainbike ab 20/12 € pro Tag) hat eine Riesenauswahl an Rollern, Motorrädern und Quads.

Kritsa Κριτσά

1296 EW.

Kritsa liegt 11 km von Agios Nikolaos entfernt am Eingang der spektakulären Chauga-Schlucht und ist so schön, dass es fast wehtut. Seine größte Anziehungskraft geht von dem authentisch ländlich-gemächlichen Treiben und der gepflasterten, fahnengeschmückten Straße Kritzotopoula aus. Unterhalb der Straße versuchen walnussbraune, strickende alte Frauen ihre bestickten Tischtücher und Bettläufer an den Mann zu bringen.

DIE KRETISCHE HELDIN KRITSOTOPOULA

Die mitreißende Geschichte der schönen und mutigen Kreterin Kritsotopoula (wörtlich: Kind von Kritsa) handelt von Rhodanthe, wie Kritsotopoula eigentlich hieß. Sie lebte Anfang des 19. Jhs. während der osmanischen Besatzung in Kritsa auf Kreta. Der Erzählung nach hatte sie eine wunderschöne Singstimme, die ihr allerdings eines Tages zum Verhängnis wurde, als ein betrunkener türkischer Offizier sie hörte und versuchte, in ihr Haus einzudringen. Rhodanthes Mutter wehrte sich dagegen und wurde von ihm erstochen. Anschließend entführte er Rhodanthe, die ihm aber noch in derselben Nacht im Schlaf die Kehle durchtrennte. Darauf stutzte sie ihr langes Haar und floh als Mann verkleidet in die Berge, wo sie sich den kretischen Freiheitskämpfern anschloss.

1823 tat sie sich nahe der antiken Stadt Lato in einem erbitterten Kampf gegen die Türken hervor, kassierte dann allerdings leider einen Treffer in die Brust und starb. Beim Versuch, die Blutung zu stillen, kam ihr eigentliches Geschlecht ans Tageslicht; fortan wurde sie als Kritsotopoula verehrt und zum klassischen Symbol des kretischen Widerstands. Neben einer Büste an der Plateia Melinas Merkouri (Melina-Mercouri-Platz) in Kritsa wurde der Kämpferin auch vom britischen Bildhauer Nigel Ratcliffe-Springall in Form eines Basreliefs auf regionalem Stein ein Denkmal gesetzt, das in einer eigenen Anlage auf dem Weg nach Lato steht. Es zeigt die sterbende Kritsotopoula in den Armen ihres Vaters, der hier in der Gegend Priester war.

In der Mitte des Dorfplatzes Plateia Melinas Merkouri (Melina-Merkouri-Platz) steht eine schöne Büste von Kritsotopoula, einer Dorfschönheit, die in den 1820er-Jahren als Heldin verehrt wurde. Am Anfang der Kritzotopoula, die gleich oberhalb des Dorfplatzes nach rechts abbiegt, steht der freundliche kleine Laden **Olive Wood** (Kritzotopoula; ⌚10–21 Uhr), der lauter echte, handgemachte Löffel, Schüsseln und Kerzenhalter aus Olivenholz sowie handbemalte Keramikwaren verkauft. Gleich nebenan ist der altehrwürdige Schuster **Detorakis** (Kritzotopoula; ⌚9–23 Uhr), bei dem man ein Paar hübsche kretische Sandalen für Erwachsene (25 €) und Kinder (18 €) erstehen kann. Einen Besuch lohnt auch **Philema** (Kritzotopoula; ⌚9–23 Uhr), wo es Olivenöl und Wein aus der Region gibt.

Nach der vergleichsweisen Hektik von Agios Nikolaos ist dieses Dörfchen eine echte Oase der Ruhe – trotz des vom späten Vormittag bis späten Nachmittag nicht abreißenden Stroms an Touristenbussen.

Schlafen

Rooms Argyro PENSION €
(☎28410 51174; www.argyrorentrooms.gr; EZ/DZ/3BZ/4BZ 30/40/50/70 €; ❄) Von Osten her kommend links hinter dem Dorfeingang befindet sich diese einladende, saubere Unterkunft, die von einer reizenden Dame geführt wird. Die Zimmer sind bezaubernd; sie haben kühle Marmorfußböden, blitzblanke Bäder, heimelige Bettüberwürfe mit Blumenmuster, Glashängelampen und shabby-schicke Möbel. Viele besitzen einen Balkon, aber den besten Bergblick hat das Dreibettzimmer.

Essen

Taverna Café Platanos GRIECHISCH €
(Kritzotopoula; Hauptgerichte 6,50 €; ⌚10–21 Uhr) In der Mitte der Kritsotopoula genießt die Taverne/*kafenion* Platanos, umgeben von den Ranken eines Weinstocks, einen angenehm schattigen Platz unter einer riesigen 200 Jahre alten Platane. Auf der Speisekarte steht eine leckere Auswahl an Grillgerichten, *stifadho* (Lammgulasch) und *mayirefta* (fertige Gerichte).

Saridakis Kafeneio CAFÉ €
(Kritzotopoula; Saft 3 €; ⌚8–24 Uhr) Für einen kühlen Stopp im Schatten bei hausgemachtem Honig und Joghurt oder einem frisch gepressten Orangensaft eignet sich dieses exzellente kleine Café ganz hervorragend.

Cafe Bar Massaros CAFÉ €
(Kritzotopoula; ⌚7–15 Uhr; @📶) Die angenehme Café-Bar gleich oberhalb des Dorfplatzes hat Internetzugang (30 Min. 1 €) und WLAN. Zu essen gibt's Toasties, Crêpes, Salate und Pizza.

An- & Weiterreise

Im Stundentakt fahren Busse von Agios Nikolaos nach Kritsa (10-mal tgl., 1,60 €, 15 Min.). Ein Taxi von Agios Nikolaos kostet 13 €.

Rund um Kritsa

Panagia-Kera-Kirche

★ Panagia-Kera-Kirche KIRCHE

(☎28410 51806; Eintritt 3 €; ⏲Di–So 8.30–15 Uhr) 1 km nordöstlich von Kritsa steht die zierliche, dreischiffige Panagia-Kera-Kirche. Die dortigen byzantinischen Freskenmalereien zählen zu den schönsten Kretas. Das Mittelschiff aus dem 13. Jh. ist der älteste Teil des Gebäudes, die meisten Fresken entstanden Anfang bis Mitte des 14. Jhs. Vier Bibelszenen zieren Kuppel und Wände: die Verkündigung, die Taufe, die Auferweckung des Lazarus und der Einzug nach Jerusalem. An der westlichen Mauer prangen eine Darstellung der Kreuzigung und eine sehr realistische Illustration der Höllenstrafen.

In der Apsis des Südschiffes wird das Leben der Jungfrau Maria geschildert, im Nordschiff geht's um das Jüngste Gericht. Nicht weit davon ist eine verlockende Darstellung des Paradieses zu finden, daneben die Jungfrau Maria und die Urväter Abraham, Isaak und Jakob. Am Westende kündigt der Erzengel Michael mit seiner Trompete die Wiederkunft Jesu an, eine weitere Freske zeigt das Jüngste Gericht.

Die antike Stadt Lato Λατώ

Die antike Stadt Lato ARCHÄOLOGISCHE STÄTTE

(Eintritt 2 €; ⏲Di–So 8.30–15 Uhr) Die antike Stadt Latolohnt die Anreise schon der malerischen Landschaft wegen: Die Berghänge bedeckt ein silbern schimmernder Wildblumenteppich und die Gipfel eine Schneemütze. Lato liegt 4 km nördlich von Kritsa und ist einer der wenigen Orte Kretas, die nicht auf die Minoer zurückgehen. Es wurde im 7. Jh. v. Chr. von den Dorern gegründet und war zu seiner Blütezeit eine der mächtigsten Städte der Insel. 200 v. Chr. wurde Lato jedoch zugunsten des günstiger gelegenen Hafens verlassen, auf deren Grundmauern heute Agios Nikolaos steht.

Inmitten der einsamen Bergwelt ragen zwei von Ruinen bestandene Akropolen auf, die einen herrlichen Blick auf den Golf von Mirabello freigeben. Nachdem man ein Stück hochgestiegen ist, beginnen sie Form anzunehmen, und beim Hinabschauen kann man sich vorstellen, wie die von Menschen wimmelnde *agora* (Marktplatz) ausgesehen hat.

Durch das **Stadttor** betritt man die Anlage auf einer langen, gestuften Straße. Vorbei an einer Mauer zur Linken mit zwei Türmen, die als Wohnraum dienten, erreicht man die **Agora** aus dem 4. Jh. v. Chr., die eine Zisterne und einen kleinen, rechteckigen Altarraum beherbergte. Als der Tempel ausgegraben wurde, kamen auch mehrere Statuen aus dem 6. Jh. v. Chr. zum Vorschein. Kreisförmig angeordnete Steine hinter der Zisterne dienten als Dreschplatz. An der Westseite der Agora steht eine **Stoa** mit Steinbänken, ganz in der Nähe sind die Reste eines Kieselmosaiks zu bewundern. Auf der Terrasse über der Südostecke der Agora stehen die Ruinen eines **rechteckigen Tempels**, der wahrscheinlich Ende des 4./Anfang des 3. Jhs. v. Chr. erbaut wurde. Zwischen den beiden Türmen am Nordende der Agora führen Stufen zum **Prytaneion**, dem Verwaltungssitz des Stadtstaates. Im Zentrum des Gebäudes stand ein Herd, der Tag und Nacht befeuert wurde. Östlich des Prytaneions befindet sich ein Säulenhof, unterhalb liegt das halbmondförmige **Theater** mit rund 350 Sitzplätzen und der **Exedra** (Bühne), in deren umlaufende Wand Bänke eingelassen sind.

Neachus, ein General von Alexander dem Großen, stammte angeblich aus Lato. Der Name der Stadt kommt von der Göttin Leto, die Zeus zwei Kinder (Artemis und Apollo) gebar. Beide wurden hier verehrt.

Lato wird nicht von Bussen angefahren. Die Straße zur Ausgrabungsstätte zweigt kurz vor Kritsa rechts ab. Zu Fuß spaziert man ab hier angenehm im Schatten des Waldes etwa eine halbe Stunde entlang der Straße.

Katharo-Hochebene & Kroustas

Von Kritsa aus führt auf 16 km ein landschaftlich schöner Wanderweg hinauf zur spektakulären **Katharo-Hochebene**, die von den Bewohnern Kritsas bewirtschaftet wird. Teilweise leben sie im Sommer auf der Hochebene. Auf dem wunderschönen, mit Wildblumen überzogenen Plateau in 1200 m Höhe liegt im Winter oft eine dicke Schneedecke, und knapp 500 Menschen leben hier. In der Saison sind eine Handvoll Tavernen geöffnet.

Nur 4,5 km südlich von Kritsa liegt die Ortschaft **Kroustas**, die von einheimischen Kennern für ihre traditionelle lokale Küche geschätzt wird. Im beliebten **O Kroustas** (⏲10–22 Uhr) gibt's (na was wohl) kretische

Küche, z. B. die ausgezeichneten *lazania* (handgemachte, gedrehte Nudeln, manchmal auch *stroufikta* genannt), die mit dem trockenen, weißen *anthotiro*-Käse in Brühe gekocht werden, oder der Zwieback aus dem Holzofen.

Elounda Ελούντα

2185 EW.

In den letzten Jahren ist das urige kleine Fischerdorf dank der benachbarten mega-exklusiven Hotels, in denen Promis wie Ronaldo, Leonardo DiCaprio, U2 und Lady Gaga ein und aus gehen, zu Berühmtheit gelangt. Dem Ort selbst fehlt allerdings jeglicher Glamour, worüber er keineswegs traurig zu sein scheint. Die Bewohner nehmen Gäste gern mit zum Fischen oder zur benachbarten Insel Spinalonga, und bleiben völlig ungerührt, wenn sich mal eine der Hollywood-Gottheiten blicken lässt, die von ihrem festungsartig umzäunten Olymp herabgestiegen ist.

Nachts, wenn der Hafen im Licht der Tavernen und Bars erstrahlt, sieht Elounda ein gutes Stück einladender aus. Der angenehme, wenn auch unspektakuläre Stadtstrand nördlich des Hafens ist an manchen Tagen ziemlich überlaufen. Südlich von Elounda führt ein künstlicher Damm zur Halbinsel Kolokytha.

Aktivitäten

In Elounda legt regelmäßig eine Fähre zur Insel Spinalonga ab, und zahlreiche andere Schiffe bieten Ausflüge in der ganzen Umgebung an. Alle werden von einer Genossenschaft am Hafenkai betrieben.

Blue Dolphin Diving Centre TAUCHEN
(28410 41802; www.dive-bluedolphin.com; Tauchen ab 50 €, Open-Water-Kurse 390 €) Das Meer um Elounda ist ein hervorragendes Tauchrevier. Eine gute Adresse ist die PADI-Basis im Hotel Aquila.

Amazing Sailing in Crete SEGELN
(6944586475; www.amazingsailingincrete.com; Porta Elounda Resort, Elounda; 3-stündige Sonnenuntergangsfahrt/4-stündige Halbtagsfahrt/ganztägige Fahrt 650/750/1100 €) Betreut vom freundlichen Kapitän Yiannis besuchen die Teilnehmer Buchten, die nur auf dem Seeweg erreichbar sind, und essen in einem traditionellen Fischerdorf zu Mittag. Getränke und Obst sind im Preis inbegriffen.

Schlafen

Viele Hotels in und um Elounda sind von Reiseveranstaltern vorgebucht.

Delfinia Apartments APARTMENTS €
(28410 41641; www.pediaditis.gr; Studio/Apt. 40/50 €;) Die hübschen, geschmackvoll möblierten Zimmer haben Meerblick und gut ausgestattete Kochnischen mit Sandwichtoaster, Kühlschrank und Mikrowelle. Die Apartments liegen so nah am Wasser, dass einen die Wellen in den Schlaf wiegen. Dieselbe Familie leitet die nahen **Milos Apartments**, wo es einen Pool gibt.

Hotel Aristea HOTEL €
(28410 41300; www.aristeahotel.com; Hauptplatz; EZ/DZ mit Frühstück 35/45 €;) In Hafennähe, an der Ecke des Hauptplatzes, thront dieses vornehm gealterte Hotel. Es fühlt sich ganz familiär an, und die Besitzerin ist sehr charmant. Die gemütlichen Zimmer haben orangefarbene Bettüberwürfe, Kühlschrank, Föhn, Balkon mit Meerblick und makellos saubere Badezimmer. Echter Old-World-Charme.

Marin APARTMENTS €
(28410 41588; DZ/Apt. 40/55 €;) In dem Haus an der Straße nach Plaka mit Blick auf den Stadtstrand gibt es schlichte, weißgetünchte Zimmer und Apartments mit sauberen Böden, geschmackvollen Möbeln und Kochnischen, die mit dem Notwendigsten ausgerüstet sind. Jedes Zimmer hat einen Schreibtisch und einen Balkon. Das Sahnehäubchen ist die gemütliche Snackbar vor dem Gebäude, in der hausgemachtes Essen verkauft wird.

Kalypso Hotel HOTEL €
(28410 41367; www.kalypsoelounda.gr; EZ/DZ 30/60 €;) In dem charaktervollen, zinnenbewehrten Hotel neben dem Uhrturm am Hauptplatz in der Dorfmitte warten 16 helle, tipptopp in Schuss gehaltene Zimmer auf Gäste. Jedes hat ein blitzblankes Bad, große, komfortable Betten, einen Schreibtisch und minimalistisches Dekor. Auf der Speisekarte des einladenden Restaurants im Erdgeschoss finden sich alle üblichen Verdächtigen.

Corali Studios APARTMENTS €€
(28410 41712; www.coralistudios.com; Akti Poseidonos; Zi. 45–75 €;) Die Corali Studios bieten Aussicht auf den nahegelegenen Stadtstrand und besitzen einen schattigen

Patio, umgeben von grünem Rasen. Die Studios haben Stuckwände, gepflegte Zimmer mit Balkon, großem Bad und hübschen Möbeln. Das Gebäude steht ein paar hundert Meter außerhalb von Elounda Richtung Plakia. Dieselbe Familie betreibt die **Portobello Apartments** (65–75 €) nebenan.

Elounda Island Villas APARTMENTS €€
(☎28410 41274; www.eloundaisland.gr; DZ 85, 4-Pers. Apt. 115 €; P ❄ ☎) Abgeschiedene Unterkunft auf der Kolokytha-Halbinsel, die über eine schmale Landzunge zu erreichen ist. Die zweistöckigen, traditionell eingerichteten Apartments mit gut ausgestatteter Küche liegen in einer hübschen Gartenanlage. Zu Fuß ist es knapp 1 km in den Ort.

Essen

★ **Arodamos** GRIECHISCH €
(☎28410 41122; Naksou 6; Hauptgerichte 4–9 €; ⏱11 Uhr–spät; ☎) Dieses verborgene Schmuckstück liegt zwei Minuten zu Fuß hinter dem Hauptplatz. Es ist in einem 100 Jahre alten viereckigen Haus mit kykladisch blauen Fensterläden untergebracht und besitzt einen Vorgarten mit schattenspendenden Olivenbäumen und Palmen. Die Speisekarte ist traditionell griechisch gehalten: Fleisch, das vor den Augen der Gäste am Spieß gebraten wird, Lammkoteletts, regionaltypische Wurst und *kondosouvli* (in Kutteln gewickelte gebratene Leber).

Marilena GRIECHISCH €
(Hauptgerichte 11 €; ⏱11–23 Uhr; 👪) Das Marilena ist eines der ältesten und traditionellsten Esslokale von Elounda. Es besticht durch karierte Tischtücher, kretisches Kunsthandwerk, mit Musikinstrumenten verzierte Wände und eine lebhafte Atmosphäre bei gutem Service und leckerem Essen. Wer sich etwas Gutes tun will, bestellt z. B. das *kleftiko* (langsam im Ofen gegartes Lamm). Das romantische Restaurant liegt an der Straße nach Plaka.

Oceanis KRETISCH €
(☎28410 42246; Hauptgerichte 6,50–16 €; ⏱mittags & abends) Adonis Bebelakis, Koch aus Leidenschaft, führt seinen Laden mit Lust und Liebe, sorgt für genügend Platz an seinen Tischen und wählt seine regionalen Zutaten mit Bedacht. Geboten werden langsam gegarte kretische Klassiker wie im Ofen geschmortes Lamm mit Knoblauch und süßem Wein sowie Favoriten der Bebelakis-Familie wie *melidzanes tis mamas* (gebackene Auberginenscheiben mit Tomaten, Hartkäse und grüner Minze). Das Oceanis befindet sich 500 m außerhalb von Elounda an der Straße Richtung Plaka.

Fresco Eatery MEDITERRAN €
(Hauptgerichte 6 €; ⏱6 Uhr–spät) An der Ecke des Hauptplatzes neben dem Uhrturm steht dieses tolle Esslokal mit begehrter Freiluftabteilung. Drinnen und draußen werden riesige Portionen frischer Salate, Pizza, Pasta, Gyros und Burger aufgetischt.

Ausgehen & Nachtleben

Elounda hat mehrere fröhliche Bars und Clubs, das Angebot ist aber immer noch recht überschaubar.

Haroupo Ergospacio Cafe Bar BAR
(⏱12–24 Uhr) Angenehme Musik, cremefarbene Einrichtung im Shabby-Chic, eine hübsche Bartheke aus Stein und Holz sowie Sofas und dekorative Holzkisten – kurz gesagt, ein geschmackvoller Treffpunkt am Wasser, um den Wellen zu lauschen und der Sonne beim Untergehen zuzuschauen. Cocktails, Säfte und kleine Gerichte.

Katafygio BAR
(⏱9 Uhr–open end) Das mittlerweile ein wenig abgewetzte Katafygio ist bekannt für seine kretische und griechische Livemusik. Hin und wieder gibt's hier auch Bauchtanz. Die Bar befindet sich in einer ehemaligen Johannisbrotverarbeitungsfabrik am südlichen Ende der Hafenpromenade.

Alyggos Bar BAR
Die 25 Jahre junge beliebte Touristenbar gegenüber an der Hauptstraße bietet Late-Night-Disco und ist tagsüber ein kühles, schattiges Plätzchen zum Fußballgucken. Holzdecke, Kandelaber und angenehme Atmosphäre.

Babel BAR
(Akti Vritomartidos) Ansprechendes Dekor und eine lebhafte Atmosphäre machen aus dem Babel einen richtig coolen Ort für einen Drink. Die Bar ist gleich neben dem auffälligen Uhrturm am Hafen.

Shoppen

Trilogy KUNST & HANDWERK
(A Papandreou 9; ⏱10–20 Uhr) Ein attraktiver Kunsthandwerk- und Souvenirladen, der neben Büchern, Papeterie und Artefakten auch einen Fotokopierer hat.

Praktische Informationen

Eloundas Hauptplatz ist eher so etwas wie ein riesiger Parkplatz (Parken 1 Std. 1 €, 6 Std. 3,50 €), blickt aber auf einen hübschen, auch heute noch aktiven Fischerhafen. Hier gibt's ein Postamt und ein paar Geldautomaten.

Babel Internet Café (28410 42336; 2 € pro Std.) Ein Ableger der Babel Bar.

Olous Travel (28410 41324) Das Reisebüro mit Blick auf den Hauptplatz bucht Flug- und Fährentickets sowie Unterkünfte.

Städtische Touristeninformation (28410 42464; Juni–Okt. 8–20 Uhr) Bietet Infos, hilft bei der Unterkunftssuche und wechselt Devisen.

Anreise & Unterwegs vor Ort

Alle 30 Minuten fährt ein Schiff zur Insel Spinalonga (Erw./Kind 10/5 € hin & zurück, 10 Min.).

Täglich verkehrt 13-mal der Bus von Agios Nikolaos nach Elounda (1,70 €, 20 Min.). Die Busse halten am Hauptplatz, wo sich ein **Taxistand** (28410 41151) befindet. Die Fahrt nach Agios Nikolaos kostet 13 €, nach Plaka 7 €.

Elounda Travel (28410 41800; www.eloundatravel.gr) vermietet Autos, Motorräder und Roller in mehreren Niederlassungen in der Stadt, u. a. am Hauptplatz). In der Hochsaison kostet ein Auto pro Tag zwischen 50 € und 105 €.

Die Halbinsel Kolokytha
Χερσόνησος Κολοκύθα

Gegenüber von Elounda liegt die Halbinsel Kolokytha, zu erreichen über einen niedrigen Damm. Auf dem Isthmus und um ihn herum stand einst die **antike Stadt Olous**, die zum Hafen von Lato gehörte. Die minoische Siedlung Olous war ein bedeutendes Handelszentrum, das seine Blütezeit von 3000 bis 900 v. Chr. erlebte und im 9. Jh. n. Chr. offenbar von den Sarazenen zerstört wurde.

Die Ruinen liegen größtenteils unter Wasser zu beiden Seiten des Damms, wo sie für regen Schnorchelbetrieb sorgen. Viele Vögel kommen zum Nisten hierher oder ziehen im Frühjahr und Herbst durch die Region. Die Überreste eines frühchristlichen Delfinmosaiks sind in einem abgetrennten Bereich in der Nähe des Damms zu sehen.

Wer aus südlicher Richtung kommt, erreicht Damm und Halbinsel gleich nach der Ortseinfahrt von Elounda. Hinter den auffällig gelben Schildern der Autovermietung Elounda Rent a Car gegenüber der Snackbar Mam's House geht es rechts von der Hauptstraße ab. Vorsicht: Die Kurve ist ziemlich eng.

Auf der Ostseite der Halbinsel Kolokytha liegt 1 km nach Ende des Damms ein Sandstrand, zu dem eine schmale, unbefestigte Straße führt

Plaka Πλάκα

94 EW.

Das windgepeitschte Plaka, 5 km von Elounda entfernt, ist ein sympathisches, künstlerisch angehauchtes Dörfchen mit attraktiven Boutiquen, einladenden Restaurants und Cafés sowie ein paar sehr behaglichen Tavernen am Wasser. Draußen im Meer, hinter den gelben Netzen und dem kobaltblauen Meer, liegen die Ruinen von Spinalonga, einer ehemaligen Leprakolonie. Die bescheidene Ortschaft Plaka steht heute durch den Erfolg des Buchs und der Fernsehserie *To Nisi (Die Insel)* international im Rampenlicht.

Im Dorf oder in einer der Tavernen bekommt man Auskunft zu den Schiffen nach Spinalonga (hin & zurück etwa 10 €); es fahren ständig Boote im Auftrag von Tourenveranstaltern sowie bei entsprechender Nachfrage.

Petros Watersports (6944932760; www.spinalonga-windsurf.com; Marmin Bay Palace) verleiht Kajaks pro Stunde (15 €) oder Tag und bietet Ringo Rides (15 €), Wasserskifahren (30 €) und Wake-Boarding.

Schlafen & Essen

★ **Stella Mare Studios** APARTMENTS €
(28410 41814; Studio/Apt. 45/55 €;) Im Dorfzentrum, abseits der Hauptstraße und umgeben von einem Garten voller Blumen, befinden sich diese gemütlichen Studios. Sie sind mit Holzbetten, Tischen mit karierten Decken, Häkelgardinen, Kochnische und farbenfrohen Bildern eingerichtet und besitzen alle einen Balkon. Die Familienapartments haben vier Schlafgelegenheiten und eine wunderbare Aussicht aufs Meer und Spinalonga.

★ **Taverna Giorgos** KRETISCH €
(Hauptgerichte 8–16 €; 11–24 Uhr;) Das stimmungsvolle Lokal erinnert an eine Hobbit-Höhle und ist eine beliebte Kulisse des TV-Serienschlagers *Die Insel* (die Wände zieren Filmfotos). Erlesenes Nautikdekor schmückt das Lokal, zu dem auch eine hübsche Terrasse mit Blick auf Spinalonga gehört. Das köstliche Speisenangebot umfasst Kalbskoteletts, Steaks, Souvlakia, Oktopus, Tzatziki und vieles mehr.

ABSTECHER

DIE INSEL SPINALONGA

Die winzige **Insel Spinalonga** (Νήσος Σπιναλόγκα; Eintritt 2 €; ⌚9–18 Uhr) und ihre Festung liegen malerisch vor der nördlichen Spitze der Halbinsel Kolokytha und gegenüber dem Dorf Plaka auf dem Festland. Der Erfolg von Victoria Hislops romantischem Roman *Insel der Vergessenen* (griechisch: To Nisi) über die Zeit, als die Insel eine Leprakolonie war, hat das Interesse an Spinalonga sprunghaft erhöht. Daher ist kaum anzunehmen, dass bei Besuchern ein Gefühl von Einsamkeit aufkommen wird. Es gibt einen nachgebauten Straßenabschnitt aus der Zeit des Romans, und trotz des Geschreis der Touristenführer kann man durchaus einen netten Spaziergang um die Insel machen, vorbei an stimmungsvollen Kirchenruinen, Türmen und anderen Gebäuden.

Die eindrucksvolle **Festung** (Eintritt 3 €; ⌚10–18 Uhr) errichteten 1579 die Venezianer zum Schutz der Bucht von Elounda und des Golfs von Mirabello. Spinalonga ergab sich schließlich 1715 den Osmanen. Nachdem diese Kreta verlassen hatten, war die Insel 1903–1955 eine Quarantänekolonie für Griechen mit Lepra (Morbus Hansen). Anfangs war die Kolonie angeblich verdreckt und armselig. Das änderte sich 1953 mit der Ankunft des charismatischen leprakranken Jurastudenten Epaminondas Remoundakis, der für bessere Lebensbedingungen und eine versöhnlichere Einstellung auf der Insel sorgte. Die Kolonie wurde 1973 schließlich geschlossen. Diese dramatische, rührende Geschichte ist die Grundlage für Hislops Roman. Bereits 1968 spielte die Insel in Werner Herzogs Kurzfilm *Letzte Worte* eine Rolle.

Auf Spinalonga gibt es ein Café und diverse Souvenirläden. Von Agios Nikolaos fahren regelmäßig Ausflugsdampfer nach Spinalonga (ab 15 €). Außerdem gibt es Fähren von Elounda (12 €) und Plaka (10 €).

Captain Nikolas GRIECHISCH €
(Hauptgerichte 8 €; ⌚12–24 Uhr; 👪) Die Spezialität der attraktiven, nach einem hiesigen Kapitän benannten Steintaverne am Wasser sind köstlich zubereitete Langusten, Tintenfische und Calamari. Alles begleitet von herrlichen Ausblicken auf – na was wohl – die Insel Spinalonga.

Ostria GRIECHISCH €€
(Hauptgerichte 10–50 €; ⌚12–24 Uhr) Am Meer, von Wind und Brise geküsst, liegt das treffend Ostria („Südwind") getaufte Esslokal mit fabelhafter Aussicht auf Spinalonga. Das hausgemachte Essen wird ausschließlich in Olivenöl zubereitet und es gibt eine Riesenauswahl an Gerichten, von *mezedhes* über Tintenfisch, Seeigel und Miesmuscheln bis zu Langusten.

Milatos Μίλατος

178 EW.

Das beschauliche Milatos nimmt den westlichsten Strand der Nordküste von Lassithi ein und bildet einen starken Kontrast zu den Touristenhochburgen, die die Küste von hier bis Iraklion prägen. Das Dorf selbst liegt 2 km landeinwärts vom gleichnamigen Kieselstrand mit seinen verstreuten Tavernen und Unterkünften.

An den äußersten Enden des Strands steht jeweils eine gute Fischtaverne: **Panorama** (☎28410 81213; ⌚10–16 Uhr) und **To Meltemi** (☎28410 81353; ⌚10–16 Uhr).

Die faszinierende **Milatos-Höhle** liegt etwa 3 km östlich des Dorfs und ist gut ausgeschildert. In dieser Höhle versteckten sich 1832 während Kretas Kampagne für die Vereinigung mit Griechenland geschätzte 2500 Menschen, als türkische Truppen die Gegend verwüsteten. Die Höhle befindet sich hoch oben auf einer Steilklippe über einer einsamen Schlucht, wo die Flüchtlinge zwar sicher waren, dafür aber eingeschlossen. Als sie nach zwei Wochen zu entkommen versuchten, wurden sie niedergemetzelt oder als Sklaven verkauft. Am Eingang zur Höhle steht eine winzige Kirche. Besucher erreichen die Höhle über einen entzückenden Weg oberhalb der Schlucht, der manchmal recht rutschig ist. Taschenlampe mitnehmen!

DIE LASSITHI-HOCHEBENE
ΟΡΟΠΕΔΙΟ ΛΑΣΙΘΙΟΥ

Neunhundert Meter über dem Meeresspiegel, im Reich der Adler, ertönt überall auf der Lassithi-Hochebene das Klingeln der

Ziegenglocken. Das von den wolkenverhangenen Gipfeln der felsigen Dikti-Berge eingerahmte Plateau ist atemberaubend schön und erlaubt einen kleinen Einblick ins weltabgeschiedene, ländliche Kreta in seiner ursprünglichsten Form: eine Landschaft aus grünen Feldern und Apfel- oder Birnenplantagen sowie einzelnen Mandelbäumen, durchsetzt von den Skeletten alter Windmühlen. Im 17. Jh. drehte sich hier ein Meer aus weißen Segeln auf etwa 20 000 venezianischen Windmühlen. Damals muss Lassithi ein wirklich atemberaubender Anblick gewesen sein. Weniger als 5000 der Mühlen stehen heute noch; die meisten wurden mit der Zeit durch weniger schöne, aber praktischere mechanische Pumpen ersetzt.

Schon die Minoer hatten erkannt, dass sich der fruchtbare Boden der Lassithi-Hochebene bestens zum Plantagenanbau eignet. Nach einem Aufstand gegen die Besatzungsmacht im 13. Jh. wurden jedoch die Einwohner von Lassithi von den Venezianern vertrieben und ihre Obstgärten zerstört. Danach lag die Hochebene 200 Jahre brach, bis eine Nahrungsmittelknappheit die Venezianer zwang, die Region neu zu besiedeln und zu bewirtschaften. Nun wurden auch die heute noch genutzten Bewässerungsgräben und Brunnen gegraben.

Von Iraklion aus führt der einfachste Weg zur Hochebene Richtung Osten über die Küstenstraße und dann kurz vor Chersonisos nach Süden. Von Agios Nikolaos fährt man am besten über Neapoli. Verschiedene Wege führen kreuz und quer über die zentrale Hochebene, die sich daher zur beliebten Fahrradroute gemausert hat. Allein schon die steile Haarnadelkurvenfahrt bedeutet ein Abenteuer. Kaum ein Hinweisschild ist während der ganzen beschwerlichen Steigung hoch zur Dikti-Höhle (S. 221) zu sehen, dem Geburtsort des Göttervaters; einer verdienten Belohnung für die Anstrengung, die es erfordert, hierher zu gelangen.

Besucher müssen auf unvorhersehbare, unangenehme Wetterumschwünge vorbereitet sein – bei unserer Recherche Mitte April wurden wir von heftigem Schneefall überrascht! Auf der Hochebene sind zahlreiche Radwege ausgewiesen. Wer hier Rad fahren möchte, wendet sich an den ausgezeichneten Veranstalter Martinbike Crete (S. 209) in Agios Nikolaos.

Von Iraklion fahren täglich Busse nach Tzermiado (6,50 €, 2 Std.), Agios Georgios (6,90 €, 2 Std.) und Psychro (6,50 €, 2¼ Std.). Auch von Agios Nikolaos aus fahren Busse in die Dörfer.

Tzermiado Τζερμιάδο

637 EW.

Tzermiado ist ein sympathisches, bodenständiges Bauerdorf – das größte und bedeutendste auf der Lassithi-Hochebene. Daher kommen auch recht viele Reisegruppen auf dem Weg zur Dikti-Höhle durch den Ort. Die größten Hotels und Restaurants sind erstaunlich gut und auch gut geführt. Zahlreiche Läden verkaufen Teppiche und Stickereien.

Auf der südlichen Zufahrtsstraße nach Tzermiado steht rechts ein Schild zur **Kronios-Höhle** (Eintritt 4 €; ⏲April–Okt. 8–20 Uhr, Nov.–März 8.30–15 Uhr). Man vermutet, dass die Höhle von der frühesten menschlichen Besiedlungszeit an als eine Art Schrein und zur Zeit der Minoer als Grabstätte genutzt wurde. Von der Hauptstraße aus führt ein ungefähr 500 m langer unbefestigter Weg bergan zum Fuß des Felsens, wo die Höhle dann über mehrere Hundert Stufen erreichbar ist. Wer es bis hierher geschafft hat, sollte aber auch eine starke Taschenlampe dabei haben und auf dem unebenen und teilweise schlammigen Untergrund der Höhle trittsicher sein.

Den Ort durchquert eine einzige Hauptstraße. Auf dem Dorfplatz sind ein paar Geldautomaten und ein Postamt.

Schlafen & Essen

Argoulias HOTEL €€

(☎28440 22754; www.argoulias.gr; DZ mit Frühstück 55–80 €; ❄) Das fast schon alpine Flair macht das Besondere dieser Unterkunft mit viel Naturstein aus. Sie liegt am Hang hoch über dem Hauptdorf und bietet einen weiten Blick über die Lassithi-Hochebene auf die Berge. Traditionell, aber edel ist die Einrichtung der Apartments; im Winter sorgen Kaminfeuer für wohlige Gemütlichkeit. Zwar sind die Apartments für Selbstversorger ausgelegt, Frühstück gibt's aber trotzdem jeden Morgen. Dieselben Besitzer betreiben auch das exzellente Restaurant auf der anderen Straßenseite. Für Gäste gibt's Leihfahrräder. Am östlichen Ortseingang Tzermiado weisen Schilder den Weg.

Taverna Kourites GRIECHISCH €

(www.kourites.eu; Hauptgerichte 7,50–10,50 €; ⏲9–22 Uhr) Am Ortseingang von Tzermiado befindet sich das **Kourites** (www.kourites.eu; Hauptgerichte 6–12 €), eine große, gut geführte Taverne mit angenehmem Garten. Das Angebot umfasst kretische Gerichte wie Lamm und Spanferkel aus dem Holzofen sowie einige vegetarische Optionen. Über der Taverne sowie in einem nahe gelegenen Hotel sind auch saubere, schlichte Zimmer zu haben (DZ 40 €, Frühstück 5 €). Auf Anfrage können kostenlos Fahrräder ausgeliehen werden.

Agios Georgios
Αγιος Γεώργιος

541 EW.

Das staubige, windgepeitschte und ein wenig gespenstische Agios Georgios ist ein winziges Dorf am Südrand der Lassithi-Hochebene. Unter einer Reihe ziemlich gleichförmiger Ortschaften ist diese die hübscheste zum Übernachten. Wer ein eigenes Fahrrad mitbringt, kann sich hier einmieten und in Ruhe das Hochplateau erkunden.

Sehenswertes

Volkskundemuseum MUSEUM

(☎28440 31462; Eintritt 3 €; April–Okt. 10–16 Uhr) Im Ort gibt es ein Volkskundemuseum, das in dem originellen Haus der Familie Katsapakis untergebracht ist. Die Exponate, darunter auch einige faszinierende persönliche Fotos des Schriftstellers Nikos Kazantzakis, verteilen sich auf fünf Räume.

Schlafen & Essen

Hotel Maria HOTEL €€

(☎28440 31774; DZ/3BZ/4BZ mit Frühstück 60/80/100 €) Angenehm verschrobene Zimmer in einem ebenso verschrobenen Gebäude mit grünem Vorgarten im nördlichen Teil des Dorfs. Die traditionellen Betten sind recht schmal und ruhen auf einem steinernen Unterbau. Lokaltypisches Mobiliar und gewebte Wandbehänge unterstützen die freundliche Atmosphäre.

Taverna Rea GRIECHISCH €

(Hauptgerichte 7–8 €; 9–22 Uhr) Ein nettes kleines Restaurant, dessen Steinwände und in Orange gehaltenes Inneres kretische Artefakte zieren. Manchmal überrascht der freundliche Wirt seine Gäste mit einem Extragericht auf Kosten des Hauses. Das *souvlaki* ist hervorragend, ebenso die Schweine- und Lammkoteletts. Im Obergeschoss gibt es vier Gästezimmer (30 €) mit je zwei Betten und Bad.

Psychro Ψυχρό

133 EW.

Kein anderes Dorf liegt näher an der Dikti-Höhle als Psychro. Der Ort hat eine einzige Hauptstraße, ein martialisches Denkmal, ein paar Tavernen und jede Menge Souvenirläden. Die Busse nach Psychro halten am nördlichen Ortsende; von hier aus läuft man etwa einen Kilometer bergauf zur Höhle. Wenn viele Fahrgäste zur Höhle wollen, fährt der Bus auch manchmal zum Parkplatz an der Höhle – darauf verlassen sollte man sich allerdings nicht.

Essen

Stavros KRETISCH €

(Grillgerichte 7–9 €; 9–22 Uhr) Ein echter Hingucker ist das altbewährte, mit Geranienkästen und Oldtimern geschmückte Stavros. Es hat Tische im Freien und bietet Salate, Pasta, *souvlaki* sowie Gemüse aus der Region. Das Lokal liegt an der Hauptstraße.

Petros Taverna GRIECHISCH €

(Hauptgerichte 6–8,50 €; 9–17 Uhr) Herzhafte griechische Kost wird in diesem altbewährten Restaurant am Fuß der Treppe zur Höhle aufgetischt. Die Mitarbeiter geben Auskunft über Wanderungen in der Umgebung (z. B. die lange Wanderung zum Gipfel des gleichnamigen Bergs).

Die Dikti-Höhle
Δικταίον Αντρον

Dikti-Höhle HÖHLE

(Höhle von Psychro; ☎28410 22462, 28440 31316; http://odysseus.culture.gr; Eintritt 4 €; April–Okt. 8–20 Uhr, Nov.–März 8.30–15 Uhr) Ein kurviger, steiler Pfad führt in der Nähe von Psychro 800 m hoch zur Dikti-Höhle, die genauso geheimnisvoll und schaurig ist wie die griechischen Mythen. Hier brachte Rhea angeblich den neugeborenen Zeus vor Kronos in Sicherheit, bevor dieser ihn – wie vorher schon seine Geschwister – verspeisen konnte. Korkenziehermäßig führen die schwindelerregenden Stufen hinab ins glitschige, feuchte Dunkel, vorbei an in Jahrtausenden gewachsene Stalaktiten, die wie zerquetschte Zwiebelknollen aussehen. In der von gruslig roten und grünen Lichtern effektvoll beleuchteten Höhle leben Fledermäuse.

Man sollte aber die Phantasie nicht zu weit schweifen lassen, während man wie Orpheus in die Unterwelt hinabsteigt. Weiter unten, im Inneren der Höhle, wird es nämlich noch dramatischer! Links hinten befindet sich eine kleinere Nische, in der Zeus geboren sein soll. Rechts in der geräumigeren Halle stehen auf einer Seite kleine Steinbecken, aus denen sich schon Zeus laben konnte. Auf der anderen ist ein Riesenstalagmit, der so genannte „Umhang des Zeus", zu bewundern.

Die 2200 m² große Höhle wurde 1900 von dem britischen Archäologen David Hogarth freigelegt. Dabei fand er eine ganze Reihe von Votivgaben, die heute im Archäologischen Museum von Iraklion ausgestellt sind. Sie bezeugen, dass es sich hier um eine Kultstätte handelt. Noch früher, nämlich im Jahr 1894, hatte bereits der Knossos-Entdecker Sir Arthur Evans die Höhle besucht.

Von der Mittleren Palastzeit bis ins 1. Jh. n. Chr. wurde die Höhle für religiöse Rituale genutzt. Zu den Funden aus der Höhle gehören neben Steintafeln mit Linear-A-Schrift auch religiöse Bronze- und Tonfiguren.

Die Höhle erreicht man nach einer anstrengenden Viertelstunde Kraxelei (800 m) steil bergauf. Es gibt einen sehr unebenen, aber schattigen Weg zur Rechten (mit Ausblick auf die Hochebene) und einen weniger spannenden, schattenlosen Asphaltweg zur Linken des Parkplatzes. Wegen der Höhenlage regnet es hier oft, und beide Wege können auf dem Rückweg gefährlich rutschig sein.

DIE NORDOSTKÜSTE

Gournia Γουρνιά

★Gournia ARCHÄOLOGISCHE STÄTTE

(Eintritt 3 €; ⌚Di–So 8.30–15 Uhr) Die faszinierende spätminoische Ausgrabungsstätte Gournia liegt ein kleines Stück abseits der Küstenstraße, 19 km südöstlich von Agios Nikolaos. Die Ruinen stammen von einer Stadt, die zwischen 1550 und 1450 v. Chr. erbaut wurde. Etwas oberhalb davon stand ein Palast, der aber lange nicht so prächtig war wie die in Knossos und Festos. Er gehörte nämlich nicht einem König, sondern nur einem Verwalter. Die Siedlung ist ein munteres Gewirr von Straßen und Treppen, die von bis zu 2 m hohen Hausmauern gesäumt werden. Funde von Haushaltsgegenständen, Ackergeräten und Handelsgütern zeigen, dass Gournia einst ein betriebsamer Ort war. Busse, die von Agios Nikolaos aus nach Sitia und Ierapetra fahren, halten auf Wunsch an der Stätte (30 Min.).

Südlich des Palastes liegt ein großer, rechteckiger **Hof**, den ein Netz von gepflasterten Straßen umschließt. Der große **Steinblock** in der Nähe wurde für Stieropfer benutzt. Ein Raum westlich davon enthält einen steinernen **Kernos** (Kultbecken), der von 32 Vertiefungen umrandet ist und wahrscheinlich rituellen Zwecken diente. Nördlich des Palasts stand der **Schrein der minoischen Schlangengöttin**, in dem viele Objekte aus der Nachpalastzeit gefunden wurden. Im Norden und Osten der Ausgrabungsstätte befinden sich Vorratsräume, Werkstätten und Wohnräume.

Mochlos Μόχλος

121 EW.

Das winzige Mochlos lohnt die 5 km lange, schwindelerregende Haarnadelkurvenfahrt bergabwärts auf der Straße, die von der Hauptstraße Sitia–Agios Nikolaos abzweigt. Es ist nämlich ein echtes Fischerdorf mit schlichten Tavernen, gutgelaunten Bewohnern und einem kleinen Strand aus Kieseln und grauem Sand. An stürmischen Tagen donnern die Meeresbrecher mit der Macht des Zorns von Poseidon ans Ufer. In der Antike war es mit der kleinen Insel verbunden, die heute 200 m vor der Küste liegt; von 3000 bis 2000 v. Chr. befand sich hier eine blühende frühminoische Stadt. Die Ausgrabungen dauern sowohl auf der Insel als auch im Ort Mochlos an – allerdings finden sie nur recht sporadisch statt.

Die Unterbringungsmöglichkeiten reichen von einfach im Dorf bis superluxuriös ein paar Hundert Meter außerhalb. Es gibt einen Minimarkt und Souvenirläden, und im Zentrum steht WLAN zur Verfügung.

Schwimmer, die sich weiter hinauswagen, sollten sich vor der starken Strömung im Kanal zwischen Insel und Festland in Acht nehmen.

Schlafen

Hotel Sofia HOTEL €

(☎28430 94554; sofia-mochlos@hotmail.com; Zi. 35–45 €; ❄) Die bodenständige Taverne direkt am Meer hat im oberen Stockwerk kleine Gästezimmer mit weinroten Bettüberwürfen, antiken Möbeln, Kühlschrank und Bad, manche besitzen auch einen Balkon. Wer ein Zimmer mit Meerblick möchte,

KRETISCHE MYTHEN

Einige der Schlüsselgeschichten der griechischen Mythologie spielen auf Kreta.

Zeus & Kronos

Bevor Zeus den Götterhimmel schuf, herrschten auf der Erde sein Vater Kronos und dessen Ungeheuer, die Titanen. Nachdem Kronos vorhergesagt worden war, dass einer seiner Söhne ihm die Macht entreißen würde, fraß er alle seine Kinder gleich bei der Geburt auf, darunter auch Hades und Poseidon. Doch als Zeus in der Dikti-Höhle auf der kretischen Lassithi-Hochebene zur Welt kam, wickelte seine schlaue Mutter Rhea einen Stein in Säuglingskleidung und reichte ihn Kronos, der das Bündel auf der Stelle verschlang. Zeus wuchs heran, stürzte Kronos, befreite seine Brüder und Schwestern aus dem Bauch des Vaters und verbannte die Titanen in die Unterwelt.

Theseus & der Minotaurus

Sieben Söhne und sieben Töchter Athens wurden jedes Jahr dem Monster – halb Mensch, halb Stier –, das im Labyrinth von König Minos' Palast in Knossos eingesperrt war, zum Fraß vorgeworfen. Prinz Theseus meldete sich freiwillig als Opfer und erhielt durch Aphrodites Vermittlung die Unterstützung von Minos' Tochter Ariadne. Sie gab ihm ein Garnknäuel zum Abwickeln, das ihm half, wieder aus dem Labyrinth herauszufinden. Theseus tötete die Bestie und flüchtete zusammen mit Ariadne aus Kreta. Allerdings vergaß er, als Zeichen seiner sicheren Rückkehr an König Ägeus von Athen die Segel von Schwarz auf Weiß zu setzen. Mit gebrochenem Herzen warf sich Ägeus von den Klippen in die Brandung – und die Ägäis war geboren.

Ikarus & Dädalus

Königin Parsiphae beauftragte den genialen Erfinder Dädalus, eine Vorrichtung zu bauen, die es ihr erlaubte, Verkehr mit Poseidons Stier zu haben. Das Ergebnis und gleichzeitig die Strafe der Götter war, dass sie ein Monster zur Welt brachte, halb Mann, halb Stier, Minotaurus genannt. Dädalus legte ein für das Ungeheuer undurchdringliches Dickicht an, das berühmte „Labyrinth". Aber als Parsiphaes Ehemann König Minos von der schändlichen Konstruktion erfuhr, die sein Obertüftler für die Königin gebaut hatte, hetzte er ihm seine Soldaten auf den Hals. Flugs fabrizierte Dädalus Flügel aus Wachs und Möwenfedern für sich und seinen Sohn Ikarus und warnte den Jungen, während ihrer Flucht von Kreta nicht zu dicht an die Sonne heranzufliegen. Ikarus hörte nicht auf ihn, das Wachs schmolz, und während Dädalus weiterflog, stürzte der Junge in den Tod.

muss ein wenig tiefer in die Tasche greifen. Die Besitzer vermieten außerdem geräumige Apartments (40–55 €) 200 m östlich vom Hafen, vorzugsweise für längere Aufenthalte.

Kyma Apartments STUDIOS €

(☎28430 94177; soik@in.gr; Studio/Apt. 35/50 €; ❄) Zu einem vernünftigen Preis gibt's diese gut gepflegten Studios für Selbstversorger in der westlichen Ortshälfte von Mochlos zu mieten. Das Familienzimmer hat drei Betten. Im Supermarkt im Dorf nach dem Weg fragen.

★Petra Nova Villas VILLAS €€

(☎6984365277, 28430 94080; www.petranovavillas.gr; Mochlos; Apt. 95–125 €; P❄📶👪) Nahtlos passen sich diese steinernen Bungalows in den Felshang ein, dabei liegen sie nur ein paar Minuten zu Fuß auf der Straße vom Wasser entfernt. Es stehen Villas mit einem oder zwei Schlafzimmern zur Auswahl. Alle haben einen eigenen Parkplatz, Satellitenfernseher und Balkon und sind exquisit eingerichtet. Nähere Infos gibt's bei Elaine.

Mochlos Mare APARTMENTS €€

(☎28430 94005; www.mochlos-mare.com; Studio & Apt. 50–80 €; P❄📶👪) Direkt vor den Toren von Mochlos entfalten korallenrote Bougainvilleen ein wahres Farbfeuerwerk zwischen den schneeweißen Fassaden dieser heimeligen Apartments. Sie haben ordentliche Küchenzeilen, recht geräumige Zimmer und von den etwas erhöhten Balkonen aus einen unverstellten Meerblick. Den Gästen stehen eine gemeinsame Freiluftküche samt Grillstelle zur Verfügung. Eins der vier Apartments besitzt zwei Schlafzimmer und bietet Platz für bis zu sechs Personen.

Essen

To Bogazi GRIECHISCH €
(☎28430 94200; Mezedhes 2–7 €, Hauptgerichte 7 €; ⏱10 Uhr–spät) Weite Ausblicke aufs türkisfarbene, nur ein paar Meter entfernte Mittelmeer bieten sich nicht nur von der bezaubernden Terrasse, sondern auch vom darüber gelegenen Lokal aus. Es ist mit Holzbalken versehen, und wenn es kühl ist, wird dort der Holzofen angeworfen. Zu essen gibt's Grillgerichte, Salate, Kaninchen in Rotweinsoße, Oktopus, Ziegenfleisch und *mezedhes*.

Cafe Dimitris GRIECHISCH €
(Hauptgerichte 7 €; ⏱10 Uhr–spät; 📶) In dem superfrischen, blau-weißen Ufercafé mit einem Schwertfischskelett und farbenfrohen Kunstwerken an der Wand werden schmackhafte Gerichte wie Omeletts und *mezedhes*, Salate und Crêpes aufgetischt.

★ **Ta Kochilia** GRIECHISCH €€
(☎28430 94432; Hauptgerichte 7 €; ⏱mittags & abends; 📶) Diese hübsche, im Kykladenstil weiß-blau gehaltene Taverne am Meer ist vor allem für ihren Seeigelsalat (nur im Hochsommer!) bekannt. Auf der Speisekarte stehen aber auch viele Pasta- und traditionelle kretische Gerichte wie Spinatpastete, Lamm mit Artischocke in Zitronensoße und ofengebackener Feta mit Tomaten, Paprika, Oregano und Olivenöl.

An- & Weiterreise

Öffentliche Verkehrsmittel ins Dorf gibt es nicht, aber die Busse von Sitia nach Agios Nikolaos lassen Fahrgäste bei der Abzweigung nach Mochlos aussteigen. Von dort aus sind es per Anhalter oder zu Fuß fünf steile Kilometer bergab ins Dorf.

Sitia Σητεία

9348 EW.

Mit durchschnittlich 300 Sonnentagen im Jahr gesegnet, ist Sitia ein attraktives Städtchen am Meer, terrassenförmig an einen Hang gebaut. Es besitzt einen großen, offenen Hafen vor einer breiten Promenade mit Tavernen und Cafés. Es ist ein freundlicher Ort mit wenig Tourismus, der sich hauptsächlich von Landwirtschaft (Wein und Oliven) ernährt.

Östlich der Stadt befindet sich eine weitere große Bucht mit Sandstrand. Sitias Urlauber kommen meist aus Frankreich und Griechenland, die entspannte Atmosphäre hält sich zum Glück auch in der Hauptsaison. Sitia ist ein guter Zwischenstopp für alle, die per Fähre zu den Dodekanes-Inseln weiterreisen wollen.

SITIAS FRANZÖSISCHE WURZELN

In den ruhigen Gassen der Altstadt von Sitia, wo die kieselgepflasterten Treppen vom Meer sanft bergauf steigen, sticht hier und da ein venezianischer Bau zwischen seinen griechischen Nachbarn hervor. An der Ecke der Straßen G Arkadiou und Metaxaki steht z. B. ein venezianisches Haus mit schönem Holzbalkon. Hier war das Verwaltungszentrum einer französischen Garnison – Teil des *Corps d'occupation de Creta* –, die im späten 19. Jh. während der Ablösung der Osmanen in Sitia stationiert war.

Oberhalb des wunderbaren Türstocks heißt es auf Französisch: „8. Regiment ... Salle de Rapports".

Geschichte

Von Ausgrabungen weiß man, dass es um Sitia bereits in der Jungsteinzeit Siedlungen gab. Ein wichtiger minoischer Ort war das nahe gelegene Petras. Die damalige Siedlung wurde 1700 v. Chr. durch ein Erdbeben zerstört und aufgegeben.

Während der griechisch-römischen Periode gab es eine Stadt namens Iteia. Sie muss in etwa dort gelegen haben, wo sich das heutige Sitia erhebt, aber der exakte Standort wurde bis jetzt nicht festgestellt. In der byzantinischen Ära wurde Sitia zum Bistum, das durch die Sarazenen im 9. Jh. wieder aufgelöst wurde. Unter den Venezianern entwickelte sich Sitia zum wichtigsten Hafen Ostkretas; angeblich stammt der heutige Name der Region Lassithi ebenfalls vom venezianischen Namen des Hafens: La Sitia. 1508 wurde die Stadt durch ein schweres Erdbeben in Schutt und Asche gelegt und hat sich davon nie mehr erholt. Der Todesstoß kam dann 1648 durch die Blockade der Osmanen. Die letzten Einwohner flohen, und die noch verbleibenden Gebäude wurden dem Erdboden gleichgemacht. Im ausgehenden 19. Jh. beschlossen die Osmanen, das ehemalige Sitia in ein Verwaltungszentrum zu verwandeln, sodass die Stadt wieder zu neuem Leben erwachte. Kretas berühmtester Dichter, Vitzentzos Kornaros, Verfasser des epischen Gedichts *Erotokritos*, wurde 1614 in Sitia geboren,

Sehenswertes

Archäologisches Museum MUSEUM
(☎28430 23917; Piskokefalou; Eintritt 2 €; ⌚Di–So 8.30–15 Uhr) Das Museum zeigt eine bedeutende Sammlung lokaler Funde aus der Jungsteinzeit bis zur römischen Ära. Der Schwerpunkt liegt auf der minoischen Zivilisation, Beschriftungen sind in griechischer und englischer Sprache. Eine der Attraktionen ist der *Kouros von Palekastro*, eine aus Stücken von Nilpferdstoßzähnen und Gold zusammengefügte Statue. Des Weiteren gibt es Fundstücke aus dem Palast von Zakros, darunter eine Traubenpresse, eine Bronzesäge, Krüge, religiöse Objekte und Schüsseln, die alle Spuren der Feuersbrunst tragen, die den Palast verschlang.

Volkskundemuseum MUSEUM
(☎28430 28300; Kapetan Sifinos 28; Eintritt 2 €; ⌚Mo–Fr 10–13 Uhr) Dieses Museum zeigt eine Sammlung regionaler Webarbeiten und anderer völkerkundlicher Exponate.

Petras ANTIKE STÄTTE
Etwa 2 km südöstlich der Stadt liegen auf einem kleinen Hügel oberhalb des Meeres die Überreste eines minoischen Palasts und anderer Gebäude aus späteren Perioden. Die Stätte ist immer zugänglich, hat aber nur begrenzte Parkmöglichkeiten.

Kazarma FESTUNG
(Neas Ionias; ⌚8.30–15 Uhr) GRATIS Die Anwohner bezeichnen das in strategisch günstiger Lage auf einem Hügel über der Stadt von den Venezianern als Garnison errichtete Bauwerk als *kazarma* (abgeleitet vom venezianischen *casa di arma*). Das ist alles, was von der Festungsanlage noch übrig ist, die früher einmal die Stadt umgab. Die Stätte dient jetzt als Freilichtbühne.

Festivals & Events

Kornaria Festival DARSTELLENDE KÜNSTE
(⌚Mitte Juli–Aug.) Das Festival mit Konzerten, Volkstänzen und Theatervorstellungen in der Kazarma und an anderen Veranstaltungsorten dauert von Mitte Juli bis Ende August. Plakate in der Stadt kündigen die oft kostenlosen Veranstaltungen an.

Schlafen

El Greco Hotel HOTEL €
(☎28430 23133; www.elgreco-sitia.gr; G Arkadiou; Zi. mit Frühstück 40–55 €; ❄📶) Die hübschen, makellos sauberen Zimmer haben Fliesenboden, ausgesuchtes Mobiliar, Fernseher, Kühlschrank und Balkon mit Meerblick. Das Frühstücksbuffet wird in der einladenden, mit Holzbalken verzierten Lobby aufgebaut.

Hotel Arhontiko HOTEL €
(☎28430 28172; Kondylaki 16; DZ/Studio 30/35 €) In ruhiger Lage am Hang über dem Hafen befindet sich diese Unterkunft in einem klassisch inspirierten Gebäude. Klassisch elegant ist es auch drinnen, und von der Eingangshalle bis zu den Gemeinschaftsbädern blitzt alles vor Sauberkeit. Im kleinen Vorgarten spenden Jasmin- und Orangenbäume Schatten.

Hotel Krystal HOTEL €
(☎28430 22284; www.ekaterinidis-hotels.com; Kapetan Sifinos 17; EZ/DZ/3BZ mit Frühstück 35/50/60 €; ❄📶) Das Krystal ist ein sauberes Hotel mit zweckdienlichen Zimmern unterschiedlicher Größe, jedoch alle mit Bad, gefliesten Böden, Schreibtisch und Möbeln aus dunklem Holz. Gefrühstückt wird in einer netten Essecke.

Sitia Bay Hotel HOTEL €€
(☎28430 24800; www.sitiabay.com; EZ/DZ 105/120 €; P❄📶🏊) Modernes Hotel mit persönlichem und freundlichem Service allererster Güte. Die meisten der komfortabel und geschmackvoll eingerichteten Ein- und Zwei-Zimmer-Apartments haben Meerblick. Weitere Vorzüge: Pool, Hydromassagen, Mini-Fitnessraum und Sauna. Frühstück kostet 6 €.

Hotel Flisvos HOTEL €€
(☎28430 27135; www.flisvos-sitia.com; Karamanli 4; EZ/DZ mit Frühstück 45/70 €; P❄📶) Das moderne Hotel im Hafenviertel hat komfortable Zimmer mit Safe, sauberem Bad, Balkon, Fernseher und großen Betten. Wer schlau ist, lässt sich eins mit Meerblick geben. Es gibt auch einen Aufzug.

Itanos Hotel HOTEL €€
(☎28430 22900; www.itanoshotel.com; Karamanli 4; Zi. mit Frühstück 45–70 €; ❄@) An der Uferpromenade liegt das picobello saubere Itanos. Es hat einen Aufzug und geräumige Zimmer im Business-Look mit Balkon, Kühlschrank, Bad, kühlen cremefarbenen Wänden und Flachbildfernseher. Dazu kommt noch ein Restaurant unter freiem Himmel und ein Café im Erdgeschoss.

Sitia

Essen & Ausgehen

★ Zorba's Tavern TAVERNE €

(Plateia Iroon Polytechniou; Hauptgerichte 8 €; ⌚12 Uhr–spät) Mit seinem Rettungsring, der Kapitänsmütze und dem buschigen Schnauzer sieht der gesellige Gastwirt Zorba aus, als wäre er direkt aus einem traditionellen griechischen Gemälde herausgestiegen. Und traditionell ist tatsächlich alles an diesem Lokal: Bouzoukimusik, blaue Tische und Stühle und das köstliche Aroma von hausgemachtem Essen. Saftige Lammkoteletts, knackige Salate und vieles mehr lassen die Geschmacksknospen vor Freude Sirtaki tanzen!

Oinodeion GRIECHISCH €

(El Venizelou 157; Hauptgerichte 6–9 €; ⌚mittags & abends; 📶) In dem künstlerisch angehauchten Lokal mit Kochutensilien und alten Schwarzweißfotos an den Wänden kommt traditionelle griechische Kost auf den Tisch. Es gibt *saganaki* (gebackener Käse), *souvlaki*, Oktopus und Shrimpssalat und obendrein einen wunderbaren Meerblick von der Terrasse draußen. Atmosphäre satt.

Sitia

Sehenswertes

Balcony FUSIONSKÜCHE €€

(☎28430 25084; www.balcony-restaurant.com; Foundalidou 19; Hauptgerichte 13–20 €; ⏲mittags & abends; 📶) Sitias schickstes Restaurant befindet sich im 1. Stock eines rot- und cremefarbenen neoklassizistischen Gebäudes, wo der Inhaber Tonya Karandinou höchstselbst theatralisch den Kochlöffel schwingt. Das Angebot orientiert sich an der kretischen Küche, mit mexikanischen und asiatischen Einschlägen, und reicht von gegrilltem Tintenfisch bis zu zarter gegarter Ziege. Erstklassige griechische Weine sind die perfekte Ergänzung.

Nouvelle Boutique CAFÉ

(El Venizelou 161; ⏲9 Uhr–open end) Vor allem junges Publikum zieht es in diese gutbesuchte Bar mit hippem Sounds, blanken Steinwänden, einer riesigen Bartheke und einem Flachbildschirm, auf dem den ganzen Tag Sportveranstaltungen übertragen werden. Zur Bar gehört ein Patio draußen am Wasser. Cocktails und Snacks werden auch tagsüber serviert. Hin und wieder finden Karaoke- und Livemusikabende statt.

Kafe CAFÉ

(Karamanli; ⏲9 Uhr–open end) Hippe Kunstwerke und ohrenschmeichelnde Musik verbreiten Bohemecharme. Obstsalate, Clubsandwiches, frisch gepresste Säfte und Kaffee machen das Kafe zu einem einladenden Plätzchen zum Frühstücken oder für einen Nachmittagsimbiss (Snacks 5 €).

Praktische Informationen

Der Hauptplatz des Ortes ist die Plateia Iroon Polytechniou, erkennbar an den Palmen und dem Denkmal des sterbenden Soldaten. In der Stadt gibt's jede Menge Geldautomaten und Wechselstuben. Ausführlichere Infos siehe www.sitia.gr.

Griechische Nationalbank (A Papanastasiou & Katapoti) Hat einen rund um die Uhr geöffneten Geldautomaten.

Java Internet Café (☎28430 22263; Kornarou 113; 2 € pro Std.; ⏲9 Uhr–open end)

Postamt (Dimokritou; ⏲7.30–15 Uhr) Vom Wasser aus gesehen auf der El Venizelou landeinwärts gehen und an der ersten Ecke nach links abbiegen.

Touristeninformation (☎28430 28300; Karamanli; ⏲Mo–Fr 9.30–14.30 & 17–20.30, Sa 9.30–14 Uhr) Im Winter sind die Öffnungszeiten etwas unsicher. An der Uferpromenade.

Touristenpolizei (☎28430 24200; Therisou 31) In der Hauptdienststelle der Polizei. Außerhalb der Stadt, zu erreichen auf der Therisou Richtung Westen.

Tzortzakis Travel (☎29211; www.tzortzakistravel.com; 17 M Alexandrou St; ⏲9–21 Uhr) Hilfsbereit in Sachen Zimmerbuchung, Flug- und Fährtickets sowie Mietwagenvermittlung.

An- & Weiterreise

BUS

Vom **Busbahnhof** (☎28430 22272) in Sitia fahren Busse nach Ierapetra (6-mal tgl., 8 €, 1½ Std.). Außerdem bestehen Verbindungen nach Iraklion (7-mal tgl., 14 €, 3 Std.) über Agios Nikolaos (8 €, 1½ Std.), nach Vai (4-mal tgl., 3 €, 1 Std.) und nach Kato Zakros (2-mal tgl., 8 €, 1 Std.) über Palekastro (5 €, 45 Min.) und Zakros (8 €, 1 Std.). Die Busse nach Vai und Kato Zakros verkehren nur von Mai bis Oktober.

FÄHRE

Der Fährhafen liegt rund 600 m nördlich der Plateia Iroon Polytechniou. Pro Woche fahren zwei Fähren der **Aegeon Pelagos Sea Lines** (EP; ☎Hania 28210 24000) von Sitia nach Iraklion (11 €, 3 Std.), Milos (25 €, 11½ Std.), Piräus (41 €, 17 Std.), Santorin (26 €, 7½ Std.) und Rhodos (27 €, 9 Std. 20 Min.). Vier Fähren fahren wöchentlich nach Kassos (11 €, 2½ Std.) und Karpathos (8 €, 4 Std.). Mehrere dieser Schiffe legen schon in den frühen Morgenstunden ab.

FLUGZEUG

Sitias **Flughafen** (S. 287) hat inzwischen eine größere Runway für internationale Flüge gebaut. Im Sommer gibt es Verbindungen nach Amsterdam und Lyon.

Astra Airlines (www.astra-airlines.gr) bietet pro Woche fünf Flüge nach Athen (68 €, 1 Std.). **Olympic Air** (www.olympicair.com) hat täglich eine Flugverbindung nach Kassos (57 €, 20 Min.) und weiter nach Karpathos (63 €, 1 Std.) und Rhodos (63 €, 2 Std.).

Unterwegs vor Ort

Der Flughafen liegt 1,5 km außerhalb der Stadt (ausgeschildert), ein Taxi kostet ca. 6 €.

Die meisten Mietwagenagenturen haben ihre Büros in der Papandreou und der Itanou, z. B. **Club Cars** (☎ 28430 25104; Papandreou 4; ab 35 € pro Tag).

Moni Toplou Μονή Τοπλού

★ Moni Toplou KLOSTER

(☎ 28430 61226; Eintritt 3 €; ⊙ April–Okt. 10–17 Uhr, Nov.–März nur Fr) Das imposante Moni Toplou, 18 km östlich von Sitia, sieht aus wie eine Festung – nicht umsonst, denn als es gebaut wurde, musste es einigen Gefahren trotzen. Toplou ist eines der historisch bedeutendsten und fortschrittlichsten Klöster der Insel. Mitte des 15. Jhs. hielten Banditen, Piraten und Rebellen die Gegend in Atem, und gegen die mussten sich die Mönche verteidigen. Das taten sie mit allen zur Verfügung stehenden Mitteln: gepanzerte Tore, Kanonen (der Klostername Toplou kommt aus dem Türkischen und bedeutet „mit einer Kanone"), Mauerausparungen, um die Angreifer mit einem Guss heißen Öls zu empfangen. Trotzdem wurde das Kloster 1498 von Piraten eingenommen, 1530 von den Malteserrittern geplündert, 1646 von den Osmanen ausgeraubt und 1821 von den Türken eingenommen.

Das Kloster Toplou hat sich immer aktiv für die Unabhängigkeit Kretas eingesetzt. Unter der türkischen Besatzung unterhielt das Kloster eine geheime Schule. Da die Mönche im Ruf standen, Rebellen Unterschlupf zu gewähren, waren sie ständig Repressalien ausgesetzt. Im Zweiten Weltkrieg wurde Abt Silingakis hingerichtet, weil er Widerstandskämpfern erlaubt hatte, einen Radiosender im Untergrund zu betreiben.

Hauptattraktion des Klosters ist zweifellos die Ikone mit dem Titel *Groß bist Du, unser Herr* von dem gefeierten kretischen Künstler Ioannis Kornaros. Jede einzelne der 61 dargestellten Szenen ist liebevoll ausgearbeitet und bezieht sich auf eine Zeile des orthodoxen Gebets, das mit den Worten „Groß bist Du, unser Herr" beginnt. Im **Museum** wird die Geschichte des Klosters nacherzählt. Außerdem ist eine bedeutende Sammlung von Ikonen, Stichen und Büchern, Waffen und Militaria aus den Zeiten des Widerstands zu besichtigen.

Toplou ist über die Straße Sitia–Palekastro erreichbar, wo der Bus auf Wunsch an der Abzweigung hält. Von dort sind's noch 3 km zu Fuß. Ein Taxi von Sitia kostet etwa 22 €.

DIE OSTKÜSTE

Vai Βάι

Der 24 km nordöstlich von Sitia gelegene Vai-Strand ist eine winzige, türkisfarbene Sandbucht mit einem Palmenwald als Kulisse, und draußen im Meer liegt ein Inselchen. Wer hierher kommt, kriegt womöglich angesichts von so viel Schönheit den Mund nicht mehr zu, nicht zuletzt wegen der unerwarteten Anwesenheit dieser Palmen *(phoenix theophrastii)*. Im örtlichen Dialekt bedeutet *vai* sogar „Palmwedel". Einer Theorie zufolge sind die vielen Palmen hier aus den Dattelsteinen gesprossen, die ägyptische Soldaten, römische Legionäre, Phönizier oder Piraten bei ihren Fressgelagen ausspuckten.

Im Juli und August muss man schon sehr früh kommen, um sowohl Palmen als auch Strand genießen zu können, denn dann ist hier alles überlaufen und der ganze Strand mit Sonnenliegen und -schirmen bedeckt (6 €). Vor dem Strand kreuzen unaufhörlich die Jetskis.

Am südlichen Ende des Strands führt eine Steintreppe zu einem Pavillon mit Aussichtspunkt. Wer danach immer der Nase nach geht, erreicht nach etwa einem Kilometer einen steinigen Pfad, der schließlich zu einem weniger überfüllten Strand führt. Am nördlichen Ende des Strands von Vai geht es über einen Hügel außerdem zu diversen FKK-Buchten.

Das **Restaurant-Caféteria Vai** (Hauptgerichte 10 €; ⊙ 9 Uhr–spät) ist eine entzückende, schicke Taverne am Meer, wo kretischer Käse, *dolmadhes*, Salate, Calamari, Schwertfisch und Brasse aufgetischt werden. Das optimale Plätzchen, um frischen Fisch zu schlemmen!

Von Sitia fahren von Mai bis Oktober Busse nach Vai (5-mal tgl., 3 €, 1 Std.). Sie halten auf einem Parkplatz; ein paar Hundert Meter dahinter liegt der eigentliche Strandparkplatz (3 €).

Itanos Ιτανος

Etwa 3 km nördlich von Vai liegt die antike minoische Stadt Itanos. Was heute sehr verloren aussieht, war einst ein sehr wichtiger Ort: Eine Siedlung gab es hier wohl schon seit 1500 v. Chr.; im 7. Jh. v. Chr. war sie als bedeutendes Handelszentrum für Exporte in den Vorderen Orient bereits recht wohlhabend geworden. Sie lag im ständigen Streit mit lokalen Konkurrenten wie Praisos oder später auch Ierapetra (damals Ieraptyna). Aufmerksame Besucher können die Überreste zweier christlicher Basiliken und einer hellenistischen Mauer entdecken. Eine Basilikaruine auf einem Hügel mit Ausrichtung zum Meer ist mit umgestürzten Säulen übersät. Besonders interessant ist ein Steinsockel, der mit kreisförmigen Motiven verziert ist. In den nahegelegenen Buchten lässt es sich gut schwimmen. Wer baden möchte, kann aber auch die Straße vom Vai-Strand nehmen, an der ersten Kreuzung nach rechts (Norden) abbiegen und dann noch circa 2,5 km weiterfahren.

Palekastro Παλαίκαστρο

953 EW.

Palekastro ist ein unprätentiöses Bauerndorf, das zwischen vereinzelten Feldern in einer steinigen Landschaft liegt und sein Einkommen mit unaufdringlichem Tourismus aufbessert. Gut erreichbar sind von hier aus ein Strand in Kouremenos sowie die Strände von Moni Toplou und Vai. Was man so alles für einen Aufenthalt braucht, ist größtenteils im Ort vorhanden. Wer die Umgebung entdecken will, kommt aber nicht wirklich um einen fahrbaren Untersatz herum.

Etwa 1 km östlich des Orts liegt auf dem Weg zum Strand Chiona die Ausgrabungsstätte der antiken Stadt Roussolakkos, wo Archäologen einen versunkenen minoischen Palast vermuten. Hier wurde auch der *Palekastro Kouros*, eine Figurine aus Elfenbein – heute im Archäologischen Museum in Sitia (S. 225) – gefunden.

Sehenswertes & Aktivitäten

Volkskundemuseum von Palekastro MUSEUM
(Eintritt 2 €; Mitte Juni–Mitte Okt. Mo–Sa 10–13 & 17–20 Uhr) Recht versteckt in einer kleinen Straße, aber auf der Hauptstraße beschildert, steht ein traditionelles Herrschaftshaus, in dem das gut präsentierte Volkskundemuseum von Palekastro untergebracht ist. Teile der Ausstellung sind im ehemaligen Stall und der Bäckerei.

Hiona-Strand STRAND
Der 2 km östlich von Palekastro gelegene Hiona-Strand ist ein ruhiges Plätzchen, wo es ein paar tolle Fischrestaurants gibt.

Kouremenos STRAND
Kouremenos, nördlich von Palekastro, ist ein Kieselsteinstrand mit hervorragenden Bedingungen zum Windsurfen und untiefem Wasser, das sich gut zum Schwimmen eignet.

Freak Mountain Bike Centre WINDSURFING
(6979253861; www.freak-mountainbike.com; Juni–Okt. 10–18 Uhr) In einem Steingebäude am Dorfrand von Palekastro befindet sich das ausgezeichnete Freak Mountain Bike Centre von Jan De Vriendt. Er bietet Radverleih und tolle viertägige geführte Touren im östlichen Kreta. Windsurfbretter kann man in seiner Filiale **Freak Windsurf** (28430 61116, 6979254967; www.freak-surf.com) am Kouremenos-Strand ausleihen.

Schlafen

Hotel Hellas HOTEL €
(28430 61240; www.palaikastro.com/hotelhellas; EZ/DZ 25/40 €;) Das Hotel im Ortszentrum hat saubere, sonnige Zimmer mit kühlem Fliesenboden, Balkon, Fernseher, Schreibtisch und geräumigem Bad. Im Erdgeschoss ist ein sehr gutes Restaurant untergebracht.

Hiona Holiday Hotel HOTEL €€
(28430 29623; EZ/DZ mit Frühstück 50/65 €; P) Hinter der schlichten Fassade dieses Hotels verbergen sich gemütliche Zimmer und ordentliche Einrichtungen. Dazu zählen eine gut bestückte Bar und einladende Gemeinschaftsbereiche. Es liegt ein paar Minuten zu Fuß vom Zentrum des Dorfs hügelabwärts.

Esperides APARTMENTS €€
(28430 61433, 6945255243; isabel-t@otenet.gr; Apt. 85–105 €; P) Diese hübschen Gebäude aus Naturstein in schöner Lage etwas landeinwärts von der Bucht von Kouremenos sind traditionell eingerichtet, bieten Selbstversorgern aber allen modernen Komfort.

Grandes Apartments APARTMENTS €€
(28430 61496; www.grandes.gr; 4-Bett-Studio 85 €; P) Die stilvoll und gut ausgestattete Anlage für Selbstversorger liegt umgeben von einem Blumengarten und Bäumen am

Kouremenos-Strand. Die Besitzer betreiben auch eine nahe Strandtaverne.

Essen

To Finistrini MEZEDHES €
(Mezedhes/Hauptgerichte 4/7 €; ⏲10 Uhr–spät) Etwa 200 m die Straße nach Vai hinunter steht diese hübsche kleine *ouzeri* plus *mezedhopoleio* (*mezedhes*-Lokal), das leckere *mezedhes* samt Raki serviert. Außerdem stehen zahlreiche Grillgerichte, *souvlaki*, Hühnchenfilet, Pasta und *moussakas* zur Auswahl. Es gibt auch Tische im Freien.

Mythos GRIECHISCH €
(Hauptgerichte 5 €; ⏲10–24 Uhr) In der freundlichen Taverne an der Hauptstraße mit ihren farbenfrohen Wandgemälden wird ausschließlich mit Olivenöl gekocht. Die Gäste dürfen mit leckeren Gerichten wie Hühnchen in Zitronensauce, Rote Meeräsche und köstlichen *mezedhes* rechnen, darunter zahlreichen vegetarischen. Abends sehr romantisch.

Praktische Informationen

Im Dorfzentrum teilt sich die Hauptstraße neben einer großen, von Palmen beschatteten Kirche. Die **Touristeninformation** (☎28430 61546; ⏲Mai–Okt. Mo–Fr 9–17 Uhr) bietet Informationen zu Unterkünften und öffentlichem Verkehr. Gleich nebenan ist ein Geldautomat, noch etwas weiter eine Poststelle, eine Bank mit Geldautomat und der nützliche Argo Bookshop, der nicht nur einen Internetzugang (30 Min. 1 €), sondern auch einen Fotokopierer hat.

An- & Weiterreise

Die Busse von Sitia nach Vai (5-mal tgl.) halten in Palekastro. Außerdem fahren täglich zwei Busse von Sitia nach Palekastro (1,70 €, 45 Min.) und weiter nach Kato Zakros (2,80 €, 1 Std.). Die Bushaltestelle ist im Ortszentrum.

Zakros & Kato Zakros
Ζάκρος & Κάτω Ζάκρος

640 & 22 EW.

Das 45 km südöstlich von Sitia gelegene Dorf Zakros ist höchstens eine Ouvertüre für das fesselnde Kato Zakros, das 7 km weiter an der Küste liegt. Das Dorf hat aber ein paar ordentliche Tavernen, einen Minimart und ein ausgezeichnetes Naturkundemuseum. Zakros ist der Ausgangspunkt für den Wanderweg durch die Zakros-Schlucht, auch bekannt unter dem Namen **Tal der Toten** (nach den zahlreichen Höhlen mit uralten Grabstätten entlang der Felswände).

Die Lage von **Kato Zakros** ist ganz einfach unglaublich. Von der Ortschaft Zakros aus schlängelt sich eine lange Straße bergab durch unwirtliches Terrain. Auf halber Höhe zeigt sich in einer weiten Linkskurve die großartige Kulisse der Berge: Die beiden höchsten, Traóstalos (515 m) und Lakómata (378 m), beherrschen das Panorama, während die Felsen im Vordergrund vom roten Schlund des Tals der Toten durchbrochen werden. Auf dem niederen Gelände, in der Nähe einer Reihe einladender Tavernen und eines Kieselstrands am kobaltblauen Meer, befindet sich die spektakuläre Ruine des minoischen **Palasts von Zakros**. Wenn man die allgemeine Ruhe der Umgebung dazu addiert, ist hier der ideale Ort für Zivilisationsflüchtlinge. Aber die Götter haben diesem Fleckchen Erde noch ein weiteres Geschenk gemacht: Jedes Jahr im August scheint der Vollmond direkt aus dem Ozean aufzusteigen wie ein festlich beleuchtetes Flaggschiff – eine kleine optische Täuschung vonseiten der Natur.

Sehenswertes

Naturkundemuseum von Zakros MUSEUM
(Dorf Zakros; Eintritt 2 €; ⏲Mitte Juni–Mitte Okt. Mo–Sa 10–13 & 17–20 Uhr) Kurz hinter dem Dorfplatz Richtung Kato Zakros befindet sich dieses entzückende kleine Museum. Es beschäftigt sich mit der Flora und Fauna des Tals der Toten und zeigt präparierte Tiere, Gestein und Fossilien.

Palast von Zakros ARCHÄOLOGISCHE STÄTTE
(☎28410 22462; Kato Zakros; Erw./Kind 3 €/frei; ⏲8.30–15 Uhr) Der Palast von Zakros wurde zwar erst 1962 als vorerst letzte von Kretas minoischen Anlagen entdeckt, aber die Ausgrabungen waren äußerst ergiebig. Die exquisite Bergkristallvase und der aus Stein gehauene Stierschädel sind nur zwei Beispiele aus dem Schatz minoischer Antiquitäten, die hier ans Tageslicht kamen. Beide sind heute im Archäologischen Museum Heraklion zu bewundern. Alt-Zakros ist die kleinste der vier kretischen Palastanlagen, war aber unter den Minoern ein wichtiger Hafen mit Handelsbeziehungen zu Ägypten, Syrien, Anatolien und Zypern. Teile des Palastkomplexes liegen heute unter der Wasseroberfläche.

Wer das Gelände an der Südseite betritt, kommt zuerst zu den **Werkstätten** des Palastes. Das **Megaron des Königs** und das der **Königin** liegen rechts hinter dem Eingang. An das Megaron des Königs schließt

Palast von Zakros

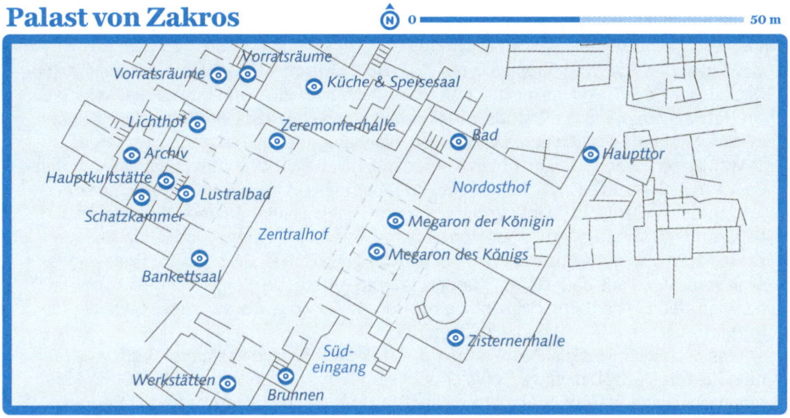

sich die **Zisternenhalle** an, in deren Mitte einst eine Zisterne lag, die von einer Säulenbalustrade umringt war. Sieben Stufen führten zum Zisternengrund hinunter – vielleicht war das der königliche Pool, oder aber ein Riesenaquarium oder sogar das Becken für ein heiliges Boot? Auf der anderen Seite der Megara erstreckt sich der **Zentralhof**, das Herz des Palastes. In seiner Nordwestecke steht ein Altarsockel; acht Stufen führen hinunter zu einem **Brunnen** in der Südostecke.

Als die Anlage ausgegraben wurde, enthielt der Brunnen konservierte Reste von Oliven, die vielleicht den Göttern geopfert worden waren.

Links neben dem Zentralhof liegt die **Zeremonienhalle**, in der zwei *rhyta* (zeremonielle Trinkgefäße) gefunden wurden. Südlich davon gelangt man in den **Bankettsaal**, der seinen Namen den vielen Weinbehältern verdankt, die hier ans Tageslicht kamen. Nördlich des Zentralhofs befindet sich die **Küche**. Die Säulensockel dort stützten einst vielleicht einen darüber liegenden Speisesaal. An der Nordwestseite des Zentralhofs befindet sich ein **Lichthof**, links des Bankettsaals ist ein **Lustralbad**, das eine wunderschöne Marmoramphore enthielt. Im Lustralbad konnte man sich reinigen, bevor man die angrenzende **Hauptkultstätte** betrat. Dort sind noch gut ein Sims und eine Nische zu erkennen, wo Kultfiguren standen.

Unterhalb des Lustralbads liegt die **Schatzkammer**, die die Archäologen mit fast 100 Krügen und *rhyta* beglückte. Daneben befindet sich ein **Archiv**, in dem Registraturtafeln mit Linear-A-Schrift gefunden wurden. In der Nähe der nordwestlichen Ecke des Nordosthofes liegt das **Bad** mit einer Latrine.

Schlafen

Zakros ist eigentlich nur ein Anhängsel von Kato Zakros, wo sich auch die Unterkünfte befinden, von ganz schlichten bis zu ganz bezaubernden. Da in der Hauptsaison die Gästebetten in Kato Zakros schnell ausgebucht sind, ist es sinnvoll, ein Zimmer zu reservieren.

Katerina Apartments APARTMENTS €
(☎28430 26893; www.katozakros.cretefamilyhotels.com; Kato Zakros; Apt. 50–60 €) Hoch oben am Hang mit Blick auf Kato Zakros, die türkisfarbene Brandung und die Ruinen eines alten Palastes weit unten stehen diese vier Steinhäuser mit ausgezeichneten Studios und Maisonettes. Die Lage ist natürlich super und Platz ist für bis zu vier Personen.

Athena & Coral Rooms PENSION €
(☎6974656617, 28431 10710; www.kato-zakros.gr; Zi. 60 €; ❄) Die Pension über dem Strand hinter der Taverne Akrogial hat Zimmer mit Kühlschrank, Fernseher, Bad und freundlichen orangefarbenen Bettüberwürfen. Sie sind einfach und romantisch und nur ein paar Meter vom wunderbar einschläfernden Geräusch der Wellen entfernt. Der Meerblick von der gemeinschaftlichen Sonnenterrasse ist traumhaft.

★ **Terra Minoika** VILLAS €€
(☎28430 23739; www.stelapts.com; Kato Zakros; Villa 120 €; P ❄ ☎) Dieser Komplex aus Steinvillen an den Hängen weit über dem Meer

TREKKING IM TAL DER TOTEN

Inzwischen sind die Wanderwege in der **Zakros-Schlucht** (Kato Zakros) komplett ausgewiesen, dank der Trekkingexperten und Umweltschützer Elias und Stella Pagianidis, die ein Netz angelegt und in minutiöser Kleinarbeit sämtliche Pfade innerhalb der Schlucht markiert haben. Es ist ihnen ein Vergnügen, Wanderer mit Ratschlägen zu versorgen.

Wer längere Wanderungen unternehmen möchte, begibt sich zum Eingang A und dem Park – von hier sind es zwischen 1½ und zwei Stunden bis Kato Zakros, dem Ende der 2,5 km langen Schlucht. Der Weg zum Eingang B, gleich hinter Zakros, ist einfacher und dauert nur 45 Minuten. Am schönsten ist der Abschnitt zwischen A und B. Ein Taxi von Zakros zum Eingang A kostet circa 12 €, zum Eingang B 10 €. Die gesamte Rundwanderung von Zakros aus dauert vier Stunden. Wir raten dazu, sie nicht im Winter zu unternehmen, denn in der Schlucht kann noch bis Ende April das Wasser stehen. Wanderkarten gibt's bei Stella's Traditional Apartments.

Eine neu ausgewiesene Route führt zur **Pelekita-Höhle** in Karoumbi, 3 km von Kato Zakros. Die 300 m lange Höhle erlaubt wunderbare Ausblicke auf das 100 m weiter unten gelegene Meer. Ihr Inneres voller Stalaktiten und Stalagmiten weist Spuren neolithischer Besiedlung auf. Für die Höhlenerkundung sind festes Schuhwerk und eine Taschenlampe erforderlich.

ist atemberaubend: Holzbalken an der Decke, weite Ausblick von den Balkonen, schickes rustikales Mobiliar und Steinböden. Das Ganze ist unglaublich romantisch; jede Villa besitzt ihre ganz individuelle Einrichtung und hat eine voll ausgestattete Kochnische. Zur Anlage gehört ein erstklassiger Fitnessraum, den die Gäste gern benutzen dürfen. Der Besitzer Elias Pagianidis, ein ehemaliger Mr.-Griechenland-Bodybuilder, hat für die Markierung der Wanderwege im Tal der Toten gesorgt; er und seine Frau Stella sind Experten in Sachen Trekking und lokaler Ökologie. Sie betreiben auch Stella's Traditional Apartments.

Stella's Traditional Apartments APARTMENTS €€
(☎28430 23739; www.stelapts.com; Kato Zakros; Studio 60–90 €; P❄📶) Unweit vom bewaldeten Eingang zur Zakros-Schlucht liegen diese bezaubernden Selbstversorgerstudios in hübscher Gartenumgebung. Die erlesenen Holzmöbel und andere Einrichtungsgegenstände hat Mitbesitzer Elias Pagianidis selbst gefertigt. Es gibt Hängematten unter den Bäumen, Grillplätze und eine Freiluft-Küche mit Lebensmitteln, deren Verbrauch auf Vertrauensbasis abgerechnet wird. Elias und seine Frau Stella kennen sich ausgezeichnet auf und mit den Wanderwegen in der Gegend aus.

Kato Zakros Palace APARTMENTS €€
(☎28430 29550; www.katozakros-apts.gr; Kato Zakros; Zi./Studio 60/70 €; P❄📶) In Hügellage hoch über dem Strand von Kato Zakros neben der Zufahrtsstraße befinden sich diese makellosen Studios, die weiß gestrichen und mit Safe, tadellosem Bad, Kochgelegenheit, Satellitenfernseher, Moskitonetzen und Föhn bestens ausgestattet sind. Auch eine Waschmaschine für Gäste gibt es.

Essen

Akrogiali Taverna KRETISCH €
(☎28430 26893; Kato Zakros; Hauptgerichte 8 €; ⏱8–24 Uhr; 📶) In der hübschen, blau-weiß gehaltenen Taverne am Meer gibt's Hummer, Schwertfisch und *souvlaki* bis zum Abwinken. Die Tintenfischportionen sind riesig und die Salate haben jede Menge Pfiff.

Kato Zakros Bay GRIECHISCH €€
(Hauptgerichte 7 €; ⏱8–24 Uhr; 📶🍷) Mit seinen Steinböden, offenen Räumlichkeiten und den mit kretischen Läufern bedeckten Tischen ist dieses Lokal eine gute Wahl für ein romantisches Abendessen. Das Gemüse stammt aus dem Garten nebenan, und der Besitzer sorgt manchmal für Livemusik. Auf dem Speisezettel stehen Muscheln, *dolmadhes* und andere griechische Favoriten, darunter Kaninchen-*stifadho* (in Tomatenpüree und Rotwein gekochtes Fleisch).

An- & Weiterreise

Von Sitia und Palekastro aus fahren Busse nach Zakros (2-mal tgl., 4,80 €, 1 Std.). Von Mai bis Oktober fahren einige auch weiter bis Kato Zakros (5,20 €, 1 Std. 20 Min.)

Der freundliche Fahrer Yiannis von **Sitia Taxi** (Yiannis Soldatos; ☎6995900900; www.sitia

taxi.com) holt Leute, die nach Kato Zakros wandern möchten, auf Wunsch in Sitia ab und bringt sie nach Zakros. Er wartet am Meer in Kato Zakros auf ihre Rückkehr und bringt sie wieder nach Sitia. Das Ganze kostet 60 €.

Xerokambos Ξερόκαμπος

56 EW.

Xerokambos ist ein ruhiger Badeort und Bauerndorf im äußersten Südosten der Insel. Aufgrund der isolierten Lage gibt es wenig Tourismus, sogar in den Hauptreisemonaten Juli und August. Hauptattraktion für die Besucher sind die beiden unberührtesten und schönsten Strände von Ostkreta. Sie liegen vor einer Kulisse aus Bergen, und das Wasser ist unglaublich klar. Ansonsten hat der Ort ein paar verstreute Tavernen und Studiounterkünfte zu bieten. Die Stadt, die in hellenistischer Zeit hier florierte, unterhielt Handelsbeziehungen mit Rhodos und Karpathos.

Es gibt keine Busverbindungen nach Xerokambos. Von Zakros aus führt eine beschilderte Abzweigung über 8 km Serpentinen, die aber immerhin geteert sind. Auf der Weiterfahrt in Richtung Ziros werden sowohl Umgebung als auch Kurven noch etwas wilder.

DIE SÜDKÜSTE

Ierapetra Ιεράπετρα

12 355 EW.

Bei der Anreise nach Ierapetra drängt sich einem nicht gerade der Eindruck besonderer Schönheit auf. Aber bei näherer Betrachtung erweist sich der von schneebedeckten Bergen gesäumte Ort am Meer als eine pulsierende Stadt mit eleganten Geschäften, Tavernen und stylischen Coffeeshops. Die Einwohner sind freundlich und das Angebot an Aktivitäten ist groß, es reicht von Tauchgängen bis zu Bootsausflügen zur nahegelegenen Sandinsel Gaidouronisi (auch: Chrysi).

Ierapetra ist das Handelszentrum der gewächshausbasierten Agrarindustrie im Südosten Kretas und die Landschaft ringsum voller Gewächshäuser, zu denen sich einzelne Lagerhäuser und andere Gebäude gesellen.

Was die geschichtliche Entwicklung angeht, so spielte die Stadt für die Dorer eine wichtige Rolle. Als einer der letzten Außenposten ergab sie sich den römischen Legionen, die den Hafen im Eroberungsfeldzug gegen Ägypten als wichtigen Zwischenstopp nutzten. Unter den Venezianern führte die Stadt eher ein Schattendasein, bekam aber immerhin eine Festung am westlichen Ende des Hafens. Selbst Napoleon machte hier angeblich Halt auf dem Weg nach Ägypten.

Es gibt hier eine reichhaltige archäologische Sammlung, eine venezianische Festung am Hafen und verstreute Überreste eines türkischen Viertels zu erkunden. Der Stadtstrand und die umliegenden Strände sind passabel, das Nachtleben lebhaft und das Ambiente insgesamt wunderbar kretisch.

Samstags findet von 7 bis 14 Uhr auf der Psilinaki ein **Straßenmarkt** statt.

Sehenswertes

Der größte Strand liegt in Hafennähe, ein zweiter östlich des unteren Endes der Odos Patriarhou Metaxaki. Beide haben grobkörnigen, grauen Sand; schattiger ist es am Hafen.

Archäologisches Museum Ierapetra MUSEUM
(☎28420 28721; Adrianou 2; Eintritt 2 €; ⏲Di–So 8.30–15 Uhr) Ierapetras archäologische Sammlung in einem alten osmanischen Schulgebäude ist klein – aber durchaus oho! Als Highlight steht zwischen einer Ansammlung kopfloser klassischer Statuen eine intakte Statue der Göttin Persephone aus dem 2. Jh. n. Chr. Wunderschön ist auch ein großer Larnax (Tonsarg) aus der Zeit um 1300 v. Chr. Den Sarkophag zieren zwölf Gemäldetafeln, auf denen Jagdszenen, ein Oktopus und eine Wagenprozession dargestellt sind.

Kales-Festung FESTUNG
(⏲Di–So 8.30–15 Uhr) GRATIS Im Süden erhebt sich am Ufer die mittelalterliche Festung, die zu Beginn der venezianischen Herrschaft erbaut und von Francesco Morosini 1626 weiter befestigt wurde. Von den oberen Festungsmauern (Vorsicht beim Hochklettern!) ist der Blick in die östlichen Berge grandios.

Altstadt STADTVIERTEL
Landeinwärts schmiegt sich das Labyrinth der Altstadt direkt an die Mauern der Festung. Zu besichtigen sind ein **türkischer Brunnen**, eine restaurierte **Moschee** mit Minarett und die alten Kirchen **Agios Ioannis** und **Agios Georgios**.

Napoleon-Haus DENKWÜRDIGES GEBÄUDE
Hier soll der berühmte Franzose angeblich inkognito bei einer einheimischen Familie

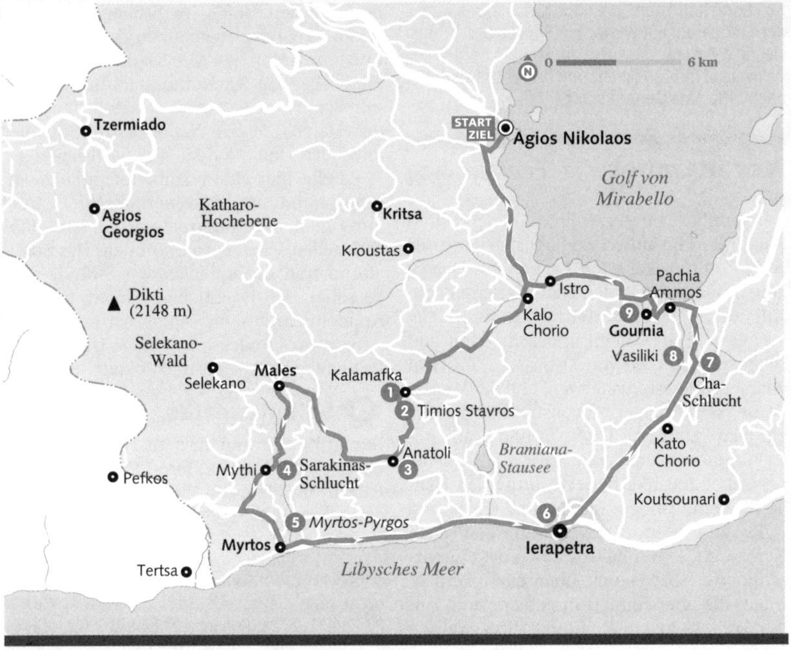

Autotour
Durch die Berge mäandern

START/ZIEL AGIOS NIKOLAOS
LÄNGE/DAUER 55 KM; EIN TAG

Die Landschaft am südöstlichen Rand des Dikti-Gebirges ist geprägt von kargen Felsen oder Steilhängen mit dichten Wäldern und Gestrüpp. Die winzigen Ortschaften in diesem Gebiet sind durch ein Netzwerk von Serpentinen verbunden.

Von Agios Nikolaos aus führt die Route Richtung Süden auf der E75 nach Sitia. Nach 5,3 km nach rechts in Richtung Kalo Chorio abbiegen und der Straße anschließend bis nach 1 **Kalamafka** folgen. Von dort aus beginnt sie ihren unaufhaltsamen Anstieg in die Berge. Hier lohnt die Wanderung über mehr als 220 Stufen zur Höhlenkapelle 2 **Timios Stavros** auf dem felsigen Gipfel Kastelos. Die Aussicht ist spektakulär!

Südlich von Kalamafka lässt sich ein schöner Spaziergang durch das Dorf 3 **Anatoli** unternehmen, wo der langsame Verfall inzwischen aufgehalten wurde: Die Originalfassaden der Läden werden wiederhergestellt und alte Häuser als Zweitwohnsitz hergerichtet.

Nordwestlich von Anatoli führt die Rundfahrt durch wildes, felsiges Terrain bis zum Beginn des großen Sarakinas-Tals. Die Straße durchquert das Tal bis nach Mythi, wo Schilder den Weg zur 4 **Sarakinas-Schlucht** weisen; wer sich die Beine vertreten will, wird selbst bei einem kurzen Spaziergang nicht enttäuscht. Noch weiter südlich erreicht man in Myrtos die Küste. Unmittelbar östlich des Ortes führt ein Fußweg auf einen Hügel hinauf zur minoischen Villenruine 5 **Myrtos-Pyrgos**.

Die Küstenstraße führt nun durch eine nicht sehr berauschende Landschaft voller Plastikgewächshäuser weiter nach Osten bis nach 6 **Ierapetra**. Nach einer kurzen Erkundungstour der schönen Uferpromenade und des Stadtzentrums geht die Reise am Steilhang des Thripti-Gebirges weiter nach Norden, wo die letzten Kilometer einen Einblick in den dramatischen Einschnitt der 7 **Cha-Schlucht** geben. Nach etwa 10 km links abbiegen zur kleinen minoischen Ruine von 8 **Vasiliki**. In Pahia Ammos stößt die Straße wieder auf die E75, wo es nach links an der prächtigen minoischen Ausgrabungsstätte 9 **Gournia** (S. 222) vorbei zurück nach Agios Nikolaos geht.

übernachtet haben, als er auf seinem Weg nach Ägypten 1798 einen Tag lang in Kreta vor Anker ging. Es heißt, er habe eine Notiz hinterlassen, die seine wahre Identität preisgab. Wer in seine Fußstapfen steigen will, biegt in die Gasse rechts neben Babis Taverna ab, wo ein unverputztes, zweistöckiges Steinhaus mit hölzernen Fensterläden und der Hausnummer 9 steht. Hineingehen kann man allerdings nicht.

Festivals & Events

Kyrvia-Festival KULTUR
(Juli & Aug.) Dieses Fest findet jedes Jahr im Juli und August statt. Geboten werden verschiedene kulturelle Veranstaltungen wie Gesangs- und Tanzaufführungen mit regionalen Volksgruppen und populären Kombos, Konzerte berühmter Künstler, Film- und Theatervorführungen sowie Gesang und Tanz an allen Ecken der Altstadt.

Aktivitäten

Ausflugsboote (rund 20 €, 30 Min.) nach Gaidouronisi (S. 238) legen morgens am Hafen von Ierapetra ab und kommen nachmittags wieder zurück.

Ierapetra Diving Centre TAUCHEN
(6944531242 28420 26703; www.ierapetradivingcentre.com; Hafen von Ierapetra, Altstadt; Tauchgänge ab 55 €, Open-Water-Kurs 550 €; 8–14 & 17–22 Uhr) Der von Lefteris geleitete, PADI-zertifizierte Ausrüster bietet Höhlen- und Wracktauchgänge sowie Open-Water-Kurse an.

Schlafen

★ **Cretan Villa Hotel** HOTEL €
(28420 28522; www.cretan-villa.com; Lakerda 16; DZ/3BZ 50/70 €;) Hinter einer dicken Holztür, die in einen von Weinlaub beschatteten Patio führt, versteckt sich dieses beschauliche, einladende Hotel. Es hat wunderschöne Zimmer mit Buntglasfenstern, edlen Möbeln, großen Bädern, Holzbalkendecken und Satellitenfernseher. Die Betreiber sind außergewöhnlich hilfsbereit. Die Bushaltestelle liegt nur ein paar Minuten zu Fuß entfernt.

Coral Hotel HOTEL €
(28420 27755; Katzonovatsi 12; EZ/DZ 30/40 €) Das kleine Hotel unweit vom Meer in der Altstadt hat saubere (allerdings etwas enge), weißgetünchte Zimmer mit Holzmöbeln, gestärkter Bettwäsche und tadellosen Bädern.

Koutsounari Camping CAMPINGPLATZ €
(28420 61213; www.camping-koutsounari.gr; Erw./Kind/Zelt 6,50/3,50/4,50 €, Hütte/Studio 18/30 €;) Der Campingplatz mit Pool, Restaurant, Snackbar und Minimarkt liegt rund 7 km östlich in Koutsounari an der Busstrecke nach Sitia. Abgesehen von Stellplätzen gibt es auch Holzhütten und Studios.

Akrolithos Apartments APARTMENTS €€
(28420 28522; www.ierapetra-apartments.net; Lakerda 16; Apt. 70 €;) Die wunderschönen, kürzlich renovierten Apartments in ausgezeichneter, zentraler Lage haben noch die alten, ursprünglichen Kachelöfen, gut ausgestattete Küchenzeilen und viel Platz. Sie sind so gemütlich, dass man am liebsten bleiben möchte.

El Greco BOUTIQUEHOTEL €€
(28420 28471; www.elgreco-ierapetra.gr; Mihali Kothri 42; EZ/DZ/Suite mit Frühstück 85/95/145 €;) 20 moderne Zimmer mit olivgrünen Akzenten, gläsernen Hängelampen, Balkon, Rattanmöbeln, Satelliten-Flachbildschirmfernseher und höhlenartigem Bad mit Regendusche. Weite Ausblicke auf das nahegelegene Meer und im Erdgeschoss eine gemütliche Café-Bar sowie ein Restaurant sind inklusive. Wer sich was gönnen möchte, nimmt die Suite mit Jacuzzi auf dem Balkon.

Astron Hotel BUSINESSHOTEL €€
(28420 25114; www.hotelastron.com.gr; Kothri 56; EZ/DZ/3BZ mit Frühstück 75/85/100 €;) Hat 66 stylische Zimmer in Braun- und Grautönen mit indirekter Beleuchtung, modischem Mobiliar, Satelliten-Flachbildschirmfernseher, Kühlschrank, Balkon und viel Platz. Das Astron profitiert von seiner guten Lage am Ostende der Promenade, nur ein paar Schritte vom Meer entfernt. Das ausgezeichnete Frühstücksbuffet wird in der mit Jugendstildetails eingerichteten Lobby aufgebaut.

Essen

★ **Napoleon** GRIECHISCH €
(28420 22410; Stratigou Samouil 26; Hauptgerichte 6 €; 12–24 Uhr;) Zu dem geräumigen, traditionell kretischen Lokal gehören ein überdachtes, von Palmen flankiertes Areal am Meer und ein attraktives Restaurant. Die Gäste werden mit köstlichen *dolmadhes*, Spinattaschen, Calamari und Tintenfischrisotto verwöhnt.

Ierapetra

I Kalitexnes GRIECHISCH, ARABISCH €

(☎28430 28547; Kyprou 26; Hauptgerichte 5–9 €; ⏲Mo–Sa mittags & abends; 📶) Das schrullige Kalitexnes versteckt sich in einer Seitenstraße und hat sich auf kulinarische Klassiker aus Biozutaten spezialisiert. Der ägyptische Inhaber hat aber auch pikantere Gerichte wie Falafel und Kebab in die Speisekarte eingeschmuggelt.

Taverna Gorgona GRIECHISCH €

(Stratigou Samouil; Hauptgerichte 8 €; ⏲12 Uhr–spät) Zu erkennen an dem verblassten Wandgemälde mit der Meerjungfrau, das die Fassade ziert. Dann einfach der Nase nach, immer dem köstlichen Aroma von gegrillter Brasse, *souvlaki* und Calamari hinterher – und schon ist man mittendrin in diesem traditionellen Restaurant mit faszinierender Aussicht aufs Meer.

Ariston Cafe CAFÉ €

(Imbiss 4 €; ⏲7 Uhr–spät) Das Café gegenüber dem Rathaus eignet sich prima für ein Frühstück oder Mittagessen aus Kaffee und belegten Brötchen aus der Frischtheke. Außerdem gibt's Kuchen, Käsepasteten und Omelettes.

Ierapetra

Sehenswertes
1 Agios-Georgios-Kirche B3
2 Agios-Ioannis-Kirche B4
3 Archäologisches Museum Ierapetra C3
4 Kales-Festung B5
5 Moschee A4
6 Napoleon-Haus B4
7 Türkischer Brunnen A4

Aktivitäten, Kurse & Touren
8 Ierapetra Diving Centre D2

Schlafen
9 Akrolithos Apartments D1
10 Astron Hotel D1
11 Coral Hotel B4
12 Cretan Villa Hotel C1
13 El Greco D2

Essen
14 Ariston Cafe C3
15 Chocolicious B4
16 Napoleon B4
17 Pizzeria Ristorante Siciliana D2
18 Taverna Gorgona B4

Ausgehen & Nachtleben
19 Island Cafe B3
20 Ntoukiani B3
21 Privilege B3

Chocolicious SÜSSWAREN €
(Stratigou Samouil; 7.30 Uhr–spät) Ein Kalorienparadies für Reisende mit einem Hang zu Süßem. Wie der Name ahnen lässt, wird in diesem Café plus Chocolaterie hausgemachte Schokolade mit allen möglichen Variationen aus Milch, Nüssen und Früchten verfeinert. Es gibt aber auch Waffeln, Schokoladenkuchen, Kekse und Apfelküchlein.

Pizzeria Ristorante Siciliana PIZZA €€
(Promenade Markopoulou 1; Hauptgerichte 5–15 €; 12 Uhr–spät) Diese Pizzeria mit Blick auf das weite blaue Mittelmeer ist innen pfirsichfarben gehalten. Sie bietet eine Auswahl der typischen griechischen Vorspeisen sowie Holzofenpizza, Fleisch vom Grill, Crêpe und kretischen Wein.

Ausgehen & Nachtleben

Ierapetras Nachtleben spielt sich hauptsächlich in der Kyrva ab. Noch mehr Clubs gibt's gleich um die Ecke in der Foniadaki.

Ntoukiani BAR
(Ethnikis Antistaseos 19; 20 Uhr–open end; WLAN) Mit seinem roséfarbenen Interieur und den alten Campari-Postern an der Wand hat das Ntoukiani etwas von einer Künstlerkneipe; die Spezialität des Hauses ist Raki.

Island Cafe CAFÉ
(Stratigou Samouil; Imbiss 4 €; 8 Uhr–open end) Das türkisblau und weiß gehaltene Café mit seinen modernen Klängen und einem gemischten Publikum aus jungen Studenten und erheblich älteren Semestern, die Gebetsperlenschnüre durch die Finger gleiten lassen, eignet sich prima zum Frühstücken oder für einen Kaffee, einen Eisbecher und frische Säfte.

Privilege CLUB
(22 Uhr–open end) Bietet nonstop griechische Tanzmusik für das einheimische Partyvolk.

Parados BAR
(22 Uhr–open end; WLAN) Das winzige Jazzcafé ist mit Bildern von Ella Fitzgerald und Ray Charles tapeziert und spielt den passenden Soundtrack dazu. Eine Treppe höher befindet sich eine Bücherei, und am Sonntagabend gibt's Livemusik. Ein ruhiges Plätzchen für einen Eiskaffee und zum Abhängen.

Praktische Informationen

Geldautomaten sind rund um den Hauptplatz zu finden. Nähere Infos siehe www.ierapetra.gr.

Ierapetra Express (28420 28673; express@ier.forthnet.gr; Kothri 2; 9–21 Uhr) Zentrale Touristeninformation mit freundlichem Service und guten Infos.

Postamt (Koraka 25; 7.30–14 Uhr)

Street Café (Promenade Markopoulou 73; 10–22 Uhr; WLAN) Dieses beliebte und trendige Bar-Café hat WLAN-Zugang für seine Kunden.

An- & Weiterreise

Der **Busbahnhof** (28420 28237; www.ktelherlas.gr; Lasthenous) liegt abseits vom Wasser im Osten der Stadt. Von dort fahren neunmal täglich Busse über Gournia (2,10 €, 40 Min.) und Agios Nikolaos (3,80 €, 1 Std.) nach Iraklion (11 €, 2½ Std.). Sieben Busse fahren täglich über Koutsounari (dort gibt's Campingplätze; 1,60 €) nach Sitia (6,30 €, 1½ Std.). Außerdem bestehen Verbindungen nach Myrtos (7-mal tgl., 2,20 €, 30 Min.).

Taxis (28420 26600) fahren zum Festpreis überallhin. Die Fahrpreise sind am **Taxistand**

vor dem Rathaus angeschlagen, z. B. nach Iraklion (110 €), Agios Nikolaos (45 €), Sitia (75 €) und Myrtos (20 €). Ein weiterer Taxistand befindet sich an der Plateia Venizelou.

Auto Tours (☎ 28420 22571; Plateia Plastira; ab 25 € pro Tag; ⏲ 9–20 Uhr) ist eine zuverlässige Adresse für Mietwagen.

Rund um Ierapetra

Gaidouronisi (Insel Chrysi) Γαιδαρουνήσι (Χρυσή)

Unmittelbar vor Ierapetra liegt eine Insel der Ruhe: Gaidouronisi (oder, wie sie in Ierapetra heißt, Chrysi oder Chryssi: die Goldene Insel!). Was sie zu bieten hat? Schöne Sandstrände, eine Taverne und Europas einzige Libanonzedern.

Im Sommer legen jeden Morgen die **Ausflugsschiffe** vom Hafenkai in Ierapetra ab und kommen nachmittags zurück. Dann wird's auf der Insel teilweise sehr voll, aber meist findet sich trotzdem ein ruhiges Plätzchen. Die meisten Reisebüros um den Kai verkaufen Fahrkarten für etwa 20 €.

Östlich von Ierapetra

Etwa 13 km weiter im Osten liegt der wunderschöne Strand von **Agia Fotia**. Zwar sind große Teile dieses Küstenabschnitts an Plastikgewächshäusern und chaotischer touristischer Entwicklung erstickt, aber es gibt auch immer noch attraktive Ecken.

Um **Koutsouras** führt eine neue Umgehungsstraße herum – in einer Seitenstraße ist die **Taverna Robinson** (☎ 28430 51026; www.robinsontaverna.gr; Mezedhes 5–7,50 €; ⏲ 15 Uhr–spät) in einem schön renovierten Gebäude im venezianischen Stil. Im pinkfarbenen Innenraum hängt eine Installation aus Glühlampen, und auf der Speisekarte stehen verschiedene Sorten regionaltypischer Käse sowie frischer Fisch und Fleisch vom Grill.

24 km von Ierapetra, am östlichen Ende von **Makrygialos**, liegt einer der schönsten Strände der Südostküste. Der weiße Sandstrand ist im Sommer sehr voll, aber dafür gibt's eine fröhliche Strandpromenade mit vielen Cafés und Restaurants

Oberhalb von Makrygialos, an der Straße nach Pefki, befindet sich **Aspros Potamos** (☎ 28430 51694; www.asprospotamos.com; DZ/3BZ/4BZ 50/65/75 €). Aleka Halkia hat die 300 Jahre alten Steinhäuschen liebevoll restauriert und in Gästehäuser verwandelt. Das von Öllampen und Kerzen beleuchtete Potamos ist kompromisslos umweltfreundlich und setzt komplett auf erneuerbare Energien; es gibt wirklich absolut keine Steckdosen, nirgendwo. Die Steinböden, traditionellen Möbel und Kachelöfen für den Winter verstärken das traditionelle Ambiente. Das hier ist die perfekte Unterkunft für Naturliebhaber und Wanderer, denn es ist gar nicht weit bis zur 2 km langen Pefki-Schlucht.

Myrtos Μύρτος

441 EW.

Dunkler Sand und leuchtend blaues Wasser umgeben das wenig bekannte Myrtos, 14 km westlich von Ierapetra. Im Ort, zwischen den vereinzelten windgepeitschten, sonnengebleichten Läden und Gästehäusern, herrscht eine gelassene Atmosphäre, und an der verträumten Strandpromenade gibt's eine Reihe Tavernen. Kurz gesagt: ein Traveller-Juwel, das perfekte Gegenstück zu Lärm und Hektik.

Sehenswertes & Aktivitäten

Myrtos' Museum MUSEUM

(☎ 28420 51065) GRATIS Das kleine Museum von Myrtos zeigt die Privatsammlung eines ehemaligen Lehrers, der die archäologischen Grabungen in der Gegend in Gang brachte, nachdem er auf Exkursionen mit Schulklassen minoische Artefakte gefunden hatte. Dazu gehören Vassiliki-Keramikobjekte aus den nahe gelegenen minoischen Stätten **Fournou-Korifi** und **Pyrgos** und ein beeindruckendes Modell der Stätte Fournou-Korifi in exakt dem Zustand, in dem sie vorgefunden wurde, einschließlich aller Töpfe und Haushaltsgegenstände.

Paradise Scuba Diving Centre TAUCHEN

(☎ 28420 51554; www.paradisedivingmirtos.com; Tauchgänge ab 75 €, Open-Water-Kurs 500 €; ⏲ 10–20 Uhr) Unter Leitung von Nikos veranstaltet das Paradise Ausflüge zum Höhlen- und Wracktauchen. Das Büro liegt direkt am Ufer.

Schlafen

★ **Big Blue** APARTMENTS €

(☎ 28420 51094; www.big-blue.gr; Studio 30–40 €, Apt. 50–80 €; P❄📶👪) In diesen exquisiten Studios mit Meerblick und erlesener Kunst an den weißen Wänden treffen moderne Annehmlichkeiten auf traditionell

Griechisches. Von den Balkonen mit Markisen eröffnen sich weite Ausblicke, und dank der erhöhten Lage ist die Aussicht atemberaubend. Jedes Apartment ist anders eingerichtet; das Apartment „Blue Eye" bietet ein spektakuläres Pop-Art-Kunstwerk, das ein *mati* (blaues Glasauge gegen den bösen Blick) zeigt. Der vom Duft blühender Pflanzen erfüllte Garten vor dem Haus ist ein tolles Plätzchen für Sundowners.

Villa Mertiza APARTMENTS €€
(☎ 28420 51208, 6932735224; www.mertiza.com; Studio/Apt. 55/65 €; ❄ 📶) Die geräumigen, geschmackvoll gestalteten Studios und Apartments für Selbstversorger sind mit marokkanischen Wandbehängen und faszinierenden Fotos dekoriert und haben ordentliche Badezimmer sowie Flachbildfernseher. Es gibt sogar einen Büchertausch. Der freundliche holländische Besitzer vermietet auch bezaubernde Villen (110 €) etwas außerhalb und bietet weitere Unterkunftsmöglichkeiten an.

Essen

★ **Thalassa Taverna** GRIECHISCH €
(Hauptgerichte 8–12 €; ⏲ 10–24 Uhr; 📶) Korallen und Muschelschalen zieren das Innere des winzigen, hellblauen Restaurants am Wasser, das auch ein paar Tische im Freien hat. Das gastronomische Angebot umfasst Muscheln, Calamari, Tintenfisch, Shrimps, Oktopus … – auf jeden Fall genügend Meeresfrüchte, um einen ganzen Nixenschwarm abzufüttern.

Platanos KRETISCH €
(Hauptgerichte 5–12 €; ⏲ 11 Uhr–spät; 📶) Das unter einer riesigen Platane gelegene Platanos ist ein Mittelpunkt des sozialen Lebens im Dorf und an Sommerabenden gibt's hier oft Livemusik. Auf der Speisekarte stehen kretische Klassiker wie Kaninchen-*stifadho* (mit Zwiebeln in Tomatenpüree gekochtes Fleisch), Auberginensalat, Hackfleischbällchen und Baklava.

Taverna Myrtos GRIECHISCH €
(Main St; Hauptgerichte 7–12 €; ⏲ 6.30–24 Uhr; 📶 ✎) Hausmannskost ist angesagt unter dem hohen Dach dieses Restaurants im Myrtos Hotel: *souvlaki*, Schwertfisch, Rote Meeräsche und Kalbskotelett. Die Einheimischen lieben das ungezwungene, altmodische Lokal.

ℹ Praktische Informationen

Postamt und Bank sucht man hier vergeblich. Aber Internetzugang gibt's – und zwar bei **Prima Travel** (☎ 28420 51035; www.sunbudget.net; 3,50 € pro Std.), wo man außerdem Auskunft über verschiedene Dienste und Aktivitäten in der Umgebung bekommt.

ℹ An- & Weiterreise

Es gibt eine Busverbindung von Ierapetra nach Myrtos (7-mal tgl., 2,20 €, 20 Min.).

Kreta verstehen

Kreta aktuell

Die große, eigenwillige Insel mit ihrer ganz eigenen Geschichte scheint manchmal sehr weit weg vom griechischen Festland. Aber auch die Kreter sind von der Wirtschaftskrise, der schwierigen Beziehung zur EU und den politischen Missständen betroffen, mit denen sich die ganze Nation herumschlagen muss. Dazu kommen Probleme wie Kretas Umgang mit seiner Natur und seine geografische Nähe zum Nahen Osten und Afrika, von wo aus sich viele Flüchtlinge auf den Weg nach Norden machen.

Top-Filme

Alexis Sorbas (1964) Der dreifache Oscar-Gewinner nach dem hervorragenden gleichnamigen Roman ist immer noch der absolute Kreta-Kultfilm.

Ill Met by Moonlight (Night Ambush) (1957) Kriegsschinken um die Entführung des Nazigenerals Heinrich Kreipe durch britische Offiziere 1944.

El Greco (2007) Die griechische Filmbiografie erzählt das Leben des auf Kreta geborenen Renaissancemalers.

Die zwei Gesichter des Januars (2014) Der Thriller spielt u. a. in den Ruinen von Knossos und im kretischen Hinterland.

Top-Bücher

Freiheit oder Tod (Nikos Kazantzakis, 1950) Eindringliche Schilderung des kretischen Aufstands gegen die Türken 1889.

The Cretan Runner (Georgios Psychoundakis, 1955) Die Geschichte eines Hirten, der im Zweiten Weltkrieg zum Boten der kretischen Widerstandsbewegung wurde.

Das dunkle Labyrinth (Lawrence Durrell, 1958) Philosophische Erzählung über eine Gruppe englischer Reisender, die ein gefährliches Labyrinth erkunden wollen.

Insel der Vergessenen (Victoria Hislop, 2005) Spannende Strandlektüre verspricht dieser Mix aus Romanze und Tragödie rund um die Insel Spinalonga.

Kreta & die Finanzkrise

Griechenlands Schuldenkrise ist auch an Kreta nicht spurlos vorbeigegangen. Zwischen 2010 und 2012 billigte die „Troika" (Europäische Kommission, Europäische Zentralbank und Internationaler Währungsfonds) Rettungspakete im Gesamtwert von 240 Mrd. € (die nicht komplett ausgezahlt wurden), um Griechenland, dessen Staatsverschuldung 150 % des Bruttoinlandsprodukts erreicht hatte, vor der Staatspleite zu retten. Dafür wurde die Regierung verpflichtet, strikte Sparmaßnahmen zu ergreifen und durch die Privatisierung öffentlicher Einrichtungen Milliarden Euro hereinzuholen.

Seitdem ist das Land in eine tiefe Wirtschaftskrise gestürzt: Das Bruttoinlandsprodukt ist innerhalb von fünf Jahren um rund 20 % geschrumpft. Bis 2014 war die Arbeitslosigkeit auf 28 % geklettert, die Jugendarbeitslosigkeit sogar auf 60 %. Anfang 2015 stoppte die Europäische Zentralbank die Nothilfen (nachdem bereits 130 Mrd. € geflossen waren), die Banken schlossen vorübergehend, und es wurden Kapitalverkehrskontrollen eingeführt, die auch Anfang 2016 noch in Kraft waren.

Die dramatischen Entwicklungen führten zu Massenprotesten und Streiks. Bei vorgezogenen Parlamentswahlen im Januar 2015 wurden die langjährigen Regierungsparteien PASOK und Nea Dimokratia abgewählt. Alexis Tsipras von der linksgerichteten Syriza-Partei, die die harte Sparpolitik ablehnte, wurde Ministerpräsident. Monatelang taumelte Griechenland am Rande der Staatspleite, die Gespräche mit der EU über ein drittes Rettungspaket und Schuldenerleichterungen gestalteten sich schwierig, und die Möglichkeit, dass Griechenland die Eurozone verlässt, stand im Raum. Erst im August 2015 konnte mit der Vereinbarung eines dritten Rettungspakets die Staatspleite vorerst abgewendet werden.

Die harte Realität der Arbeitsplatzverluste, Kapitalverkehrskontrollen, Lohn- und Rentenkürzungen, Steuererhöhungen und Streichungen von Sozialleistungen wird verschärft durch die lähmende Ungewissheit, die all diese

Maßnahmen begleitet. Kreta wird möglicherweise den Stürmen, die noch kommen mögen, besser trotzen als andere Landesteile. Sein Reichtum an natürlichen Ressourcen und die räumliche Entfernung vom urbaneren Festland schirmen es ein Stück weit von dessen Problemen ab. Die immer noch starken Familienbande und tief verwurzelten Traditionen bilden ein alternatives soziales Netz. Aber wie weit werden Erfindungsreichtum und Ersparnisse der Kreter noch reichen?

Der Kreta-Tourismus

Wie die übrigen Griechen atmeten auch die Kreter erleichtert auf, als der Tourismus 2014 um 15 % anzog. Die Branche ist der Hauptwirtschaftsfaktor der Insel; auf sie entfallen rund 40 % der kretischen Wirtschaftsleistung und mindestens 20 % der Arbeitsplätze. Doch der Aufwärtstrend bedeutet nicht, dass Kreta schon über den Berg ist, zumal manche Besucher vor allem von den sinkenden Preisen angelockt wurden.

Umweltbewusstsein

Immer mehr Einheimische entwickeln ein Bewusstsein für die Gefahren der Umweltzerstörung und entdecken das Potenzial des nachhaltigen Tourismus. Der Mangel an langfristiger Planung und Regulierung wird am deutlichsten in den Touristengebieten entlang der stark erschlossenen Nordküste. Als Reaktion darauf haben sich einheimische Umweltschützer, Studenten und auf Kreta ansässige Ausländer erfolgreich zusammengetan, um mehrere große Bauvorhaben zu verhindern. Es bleibt abzuwarten, ob sich solche Initiativen angesichts der Finanzkrise und des Ringens um Einnahmen in Zukunft noch durchsetzen können.

Grenzprobleme

Die EU sieht Griechenlands Rolle als Einfallstor für illegale Zuwanderung und Flüchtlingsströme mit Sorge. Ab 2010 nahm die europäische Grenzschutzagentur Frontex ihre Operationen an der griechisch-türkischen Grenze und auf dem Mittelmeer auf. Nach dem Beginn des „Arabischen Frühlings" 2011 schwoll der Strom der Zuwanderer aus Nordafrika immer mehr an; durch die Flüchtlinge aus Afghanistan, Pakistan und Syrien verzehnfachten sich die Flüchtlingszahlen von 2014 auf 2015 auf mehr als 800.000 Menschen.

In den letzten Jahren sind auch an Kretas Küsten immer wieder Schlepperboote voller Flüchtlinge angetrieben. Laut Amnesty International sind allein 2014 von den schätzungsweise 150 000 Menschen, die die Überfahrt versuchten, über 2500 spurlos verschwunden oder ertrunken. Orte an Kretas Südküste wie Ierapetra oder Paleochora stehen vor einem Dilemma: Sie versuchen, den Gestrandeten so gut wie möglich zu helfen, können ihnen aber keine dauerhafte Zuflucht bieten. Manche werden als politische Flüchtlinge anerkannt und erhalten ein vorläufiges Bleiberecht in Griechenland; andere werden abgeschoben.

Das Problem, das inzwischen ganz Griechenland und Europa vor gewaltige Herausforderungen stellt, dürfte für Kreta auch weiterhin akut bleiben.

EINWOHNER: **623 000**

FLÄCHE: **8336 KM²**

BIP: **10,955 MRD. €**

BIP PRO KOPF: **19 500 €**

BESUCHER PRO JAHR: **3,5 MIO.**

ZAHL DER OLIVENBÄUME: **30 MIO.**

Hätte Kreta nur 100 Einwohner, lebten …

58 in ländlichen Regionen
42 in den sechs größten Städten

Religionszugehörigkeit

(% der Bevölkerung)

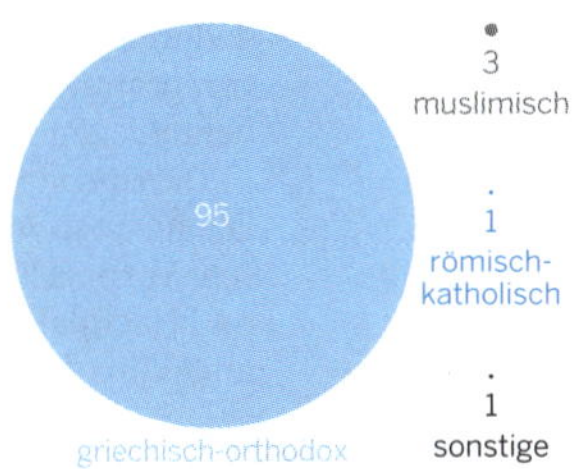

Einwohner pro km²

Geschichte

Kretas bewegte Geschichte reicht 5000 Jahre zurück und hat überall auf der Insel ihre Spuren hinterlassen – von uralten minoischen Palästen und römischen Städten bis zu spektakulären byzantinischen Kirchen, venezianischen Festungen und osmanischen Bauten. Kretas prominente Rolle in der Weltgeschichte geht bis auf die Zeit der illustren Minoer zurück, die luxuriöse Paläste bewohnten, als andere Europäer noch in primitiven Hütten saßen. Seit dieser Zeit stand Kreta durch seine strategische Lage mitten im Mittelmeer immer wieder im Brennpunkt weltbewegender Ereignisse.

Mythos & Minoer

Kretas Frühgeschichte liegt größtenteils im Nebel der Geschichte verborgen, was sie umso faszinierender macht. Legenden und physische Hinterlassenschaften sprechen jedoch eine deutliche Sprache: Hier war Europas erste moderne Zivilisation zuhause – die Minoer.

Die geheimnisvolle Kultur entwickelte sich während der Bronzezeit, noch bevor die große mykenische Kultur auf dem griechischen Festland entstand. Beeinflusst wurden die Minoer von zwei großen Kulturen im orientalischen Raum, den Mesopotamiern und den Ägyptern, mit denen sie auch in Verbindung standen. Um 3000 v. Chr. brachten Einwanderer aus Anatolien die Kunst der Bronzeherstellung mit. Dieser technologische Quantensprung ermöglichte es der aufstrebenden minoischen Zivilisation, sich mehr als anderthalb Jahrtausende fast ungestört zu entwickeln.

Die frühe minoische Periode hat in vielen Aspekten noch Ähnlichkeit mit der weniger gut dokumentierten Jungsteinzeit. Doch die Verarbeitung von Bronze versetzte die Minoer in die Lage, bessere Schiffe zu bauen und dadurch ihre Handelsbeziehungen im Vorderen Orient auszubauen. Davon profitierten auch Töpferei und Goldschmiedekunst, die sich später zu herausragenden minoischen Kunstformen entwickeln sollten.

Die Chronologie des minoischen Zeitalters ist ein umstrittenes Thema. Die meisten Archäologen unterteilen die minoische Periode in drei Phasen: Vorpalastzeit (3400–2100 v. Chr.), Neue Palastzeit (2100–1450 v. Chr.) und Nachpalastzeit (1450–1200 v. Chr.). Diese Zeitabschnitte entsprechen ungefähr der älteren Unterteilung in Frühminoikum (abschnittsweise

Highlights: Minoische Stätten

Knossos (Iraklion)

Festos (Iraklion)

Zakros (Lassithi)

Malia (Iraklion)

ZEITLEISTE

6500 v. Chr.

Kretas erste Bewohner sind Jäger und Sammler. Die Menschen der Jungsteinzeit leben in Höhlen oder Holzhäusern, verehren Fruchtbarkeitsgöttinnen, betreiben Ackerbau und Viehzucht und fertigen primitive Töpferwaren.

3000 v. Chr.

Mit nordafrikanischen oder levantinischen Einwanderern kommt die Bronzeverarbeitung nach Kreta; das Bronzezeitalter beginnt und mit ihm der Handel. Töpferei und Schmuckherstellung entwickeln sich.

2000 v. Chr.

Die minoische Kultur erreicht ihren Höhepunkt. Architektonische Fortschritte ermöglichen den Bau der Paläste in Knossos, Festos, Malia und Zakros, das erste Schriftdokument entsteht.

auch schon als Vorpalastzeit bezeichnet), Mittelminoikum und Spätminoikum, wobei sie sich teilweise auch überlappen. Die Begriffe werden in diesem Führer synonym verwendet.

Ihren Höhepunkt erreichte die Kultur während der Vorpalastzeit (auch Altpalastzeit oder Mittelminoikum) um 2000 v. Chr. mit dem Bau der großen Paläste von Knossos, Festos, Malia und Zakros. Sie markiert einen deutlichen Bruch mit dem dörflichen Leben der Jungsteinzeit.

Während dieser Zeit wurde Kreta wahrscheinlich von lokalen Herrschern regiert, wobei sich Macht und Reichtum in Knossos konzentrierten. Die Gesellschaft war hierarchisch strukturiert (mit einem großen Anteil an Sklaven), und es kam zu herausragenden Fortschritten in der Architektur. Nun entstand auch die erste kretische Schrift. Zunächst extrem bildhaft, entwickelte sie sich schrittweise von Darstellungen natürlicher Objekte zu abstrakteren Zeichen ähnlich den ägyptischen Hieroglyphen.

1700 v. Chr. wurden die Paläste urplötzlich zerstört, nach Meinung der meisten Archäologen durch ein Erdbeben. Bald darauf folgte jedoch das sogenannte „Goldene Zeitalter" der Minoer, und die Paläste in Knossos, Festos, Malia und Zakros wurden mit einer wesentlich komplexeren, erstaunlich modernen Architektur wieder aufgebaut. Die Prachtbauten hatten mehrere Stockwerke, verschwenderisch gestaltete königliche Quartiere, prunkvolle Empfangshallen, Lagerräume, Werkstätten, Wohnräume für das Personal und ein komplexes Abwassersystem. Aus dieser Art der Architektur entwickelte sich später der Mythos des kretischen Labyrinths und des Minotaurus.

Während der Neuen Palastzeit stieg der minoische Staat zu einer großen Thalassokratie (Seehandelsmacht) auf, die König Minos von seiner Hauptstadt Knossos aus regiert haben soll. Der Handel mit dem östlichen Mittelmeerraum, Kleinasien und Ägypten florierte, unterstützt von mehreren minoischen Kolonien in der Ägäis. Minoische Keramik, Textilien, Vieh, Olivenöl und landwirtschaftliche Erzeugnisse waren im gesamten ägäischen Raum sowie in Ägypten, Syrien und möglicherweise auch Sizilien sehr gefragt.

Die minoische Zivilisation wurde vielleicht durch einen Tsunami zerstört. Minoische Gegenstände, die vermischt mit Kieseln, Muscheln und Meereslebewesen an Fundstellen in 7 m Höhe über dem Meeresspiegel entdeckt wurden, ließen sich auf 1450 v. Chr. datieren. Damals brach der Vulkan von Santorin aus und löste eine 23 m hohe Welle aus, die an Kretas Nordküste 15 km weit ins Landesinnere schwappte.

KRETA IN DER GRIECHISCHEN MYTHOLOGIE

In der antiken griechischen Mythologie spielt Kreta eine bedeutende Rolle: Hier gebar Rhea ihren Sohn Zeus und versteckte ihn vor seinem kinderverschlingenden Vater; hier war es auch, dass Zeus' Sohn Minos seine legendäre Herrschaft antrat. Von der Insel starteten Ikarus und Dädalus zu ihrem verhängnisvollen Flug, und Theseus reiste von Athen nach Kreta, um im berühmten Labyrinth den Minotaurus zu erlegen. Mehr Infos über die kretischen Mythen gibt's im Kasten auf S. 223.

1700 v. Chr.

Die minoischen Paläste werden zerstört, wahrscheinlich durch ein Erdbeben. Sie werden aber durch größere Paläste mit mehreren Stockwerken und einem hoch entwickelten Abwassersystem ersetzt.

1450 v. Chr.

Die minoische Kultur kommt auf abrupte und mysteriöse Weise zum Stillstand. Manche Archäologen glauben, ein Tsunami nach einem Vulkanausbruch auf Santorin habe alle Paläste außer Knossos zerstört.

1400 v. Chr.

Die Mykener kolonisieren Kreta. Die Waffenproduktion floriert; die Kunst liegt darnieder. Griechische Götter ersetzen die Verehrung der Muttergöttin.

1100 v. Chr.

Die Dorer überrennen die mykenischen Städte und werden die neuen Herrscher auf Kreta. Sie reformieren das politische System. Eine rudimentäre Demokratie ersetzt die Monarchie.

KRETAS ERSTE SEEFAHRER

Als Ausgrabungen bei Plakias und Preveli in den Jahren 2008 und 2009 gemeißelte Steinwerkzeuge zutage förderten, stellten Archäologen erstaunt fest, dass diese mindestens 130 000 Jahre alt waren – der erste Hinweis überhaupt, dass die Menschheit bereits zu dieser Zeit zur See fuhr. Bis dahin ließ sich die älteste bekannte Seereise lediglich 60 000 Jahre zurückdatieren.

Die Vorstellung, dass die ersten Kreter bereits viel früher als gedacht übers Meer auf die Insel kamen, hat die ganze konventionelle Anthropologie auf den Kopf gestellt. Diese hatte bis dahin angenommen, dass die ersten Menschen ausschließlich über Land nach Europa eingewandert waren. Da Wissenschaftler vermuten, dass die kretischen Werkzeuge in Wirklichkeit bis zu 700 000 Jahre alt sein könnten, ist schon jetzt klar, dass weitere Überraschungen bevorstehen. Die Ausgrabungen dauern noch an.

Um 1450 v. Chr. kam die minoische Kultur auf abrupte und geheimnisvolle Weise zum völligen Stillstand. Alle Paläste (außer Knossos) und zahlreiche kleinere Siedlungen versanken in Schutt und Asche. Wissenschaftliche Erkenntnisse deuten darauf hin, dass eine gewaltige Flutwelle und eine riesige Aschewolke als Folge eines verheerenden Vulkanausbruchs auf der nahe gelegenen Inselgruppe Santorin die minoische Zivilisation schwächten. Doch Zeitpunkt und Ursache des endgültigen Niedergangs der Minoer werden unter den Archäologen äußerst kontrovers diskutiert. Einige behaupten, dass ein zweites mächtiges Erdbeben ein Jahrhundert später der Auslöser war, andere machen die Invasion der Mykener dafür verantwortlich. Ob die Mykener nun selbst den Untergang der minoischen Gesellschaft herbeiführten oder sich die Katastrophe lediglich zunutze machten – klar ist, dass ihre Präsenz auf der Insel zeitlich in engem Zusammenhang mit der Zerstörung der Paläste und der minoischen Kultur steht.

Aufstieg und Niedergang der Mykener

Die mykenische Zivilisation war die erste Hochkultur auf dem griechischen Festland. Ihren Höhepunkt erreichte sie zwischen 1500 und 1200 v. Chr. Sie hat ihren Namen von der Stadt Mykene, man nennt sie aber auch die achäische Kultur (nach dem indoeuropäischen Einwandererstamm, der sich auf dem griechischen Festland niederließ).

Bei den Minoern deutet das Fehlen von Stadtmauern auf ein relativ friedliches Zusammenleben unter irgendeiner Art von Zentralautorität hin. Die mykenische Kultur bestand dagegen aus unabhängigen Stadtstaaten wie dem übermächtigen Mykene, deren Könige in ihren Palästen hinter mächtigen Mauern auf strategisch günstigen Anhöhen residierten.

800 v. Chr.

Ackerbau und Viehzucht werden so produktiv, dass der Seehandel wieder auflebt.

431–386 v. Chr.

Während Griechenland in den Peloponnesischen Krieg verstrickt ist, werden auf Kreta interne Kämpfe ausgetragen: Knossos gegen Lyttos, Festos gegen Gortys, Kydonia gegen Apollonia, Itanos gegen Ierapitna.

67 v. Chr.

Die Römer erobern Kreta, nachdem sie zwei Jahre zuvor in Kydonia eingefallen waren. Gortys wird neue Hauptstadt und mächtigstes Zentrum der Insel. Mit der *Pax Romana* enden die internen Konflikte.

27 v. Chr.

Kreta wird mit Ostlibyen zur römischen Provinz Creta et Cyrenaica zusammengefasst; Ballungsräume werden umstrukturiert, eine neue Ära des Wohlstands bricht an.

Die Mykener verwendeten die sogenannte Linearschrift B. Lehmtafeln mit Inschriften aus dem Palast von Knossos zeugen von der mykenischen Besetzung Kretas. Ihre Kolonialherrschaft dauerte von 1400 bis 1100 v. Chr. Knossos blieb vermutlich Hauptstadt von Kreta, doch die Inselherrscher waren fortan den Festlandmykenern untertan. Die minoischen Kreter verließen die Insel oder zogen sich ins Inselinnere zurück, während die Mykener neue Städte wie Lappa (Argyroupolis) gründeten.

Die Wirtschaft der Insel blieb davon relativ unberührt. Der Export der lokalen Produkte lief weiter, aber die Kunst verfiel. Nur die Waffenherstellung florierte – passend zum neuen militaristischen Geist, den die Mykener nach Kreta brachten. Anstelle der Muttergöttin führten die Mykener neue griechische Götter wie Zeus, Hera und Athena ein.

Die Macht der Mykener reichte weit, wurde aber durch interne Fehden untergraben. So waren sie den kriegerischen Dorern nicht gewachsen.

Das klassische Kreta

Gegen heftigen Widerstand eroberten die Dorer um 1100 v. Chr. auch Kreta, worauf viele der Inselbewohner nach Kleinasien flohen. Andere, die sogenannten Eteokreter oder „echten" Kreter, verschanzten sich in den Bergen und bewahrten so ihre Kultur.

Durch die Dorer kam es zu einem traumatischen Bruch mit der Vergangenheit. Die nächsten 400 Jahre werden oft als Kretas „finsteres Mittelalter" bezeichnet, obwohl die Dorer das Eisen mitbrachten und einen neuen Keramikstil mit auffallenden geometrischen Mustern entwickelten. Sie verehrten männliche Götter statt der früheren Fruchtbarkeitsgöttinnen und übernahmen die mykenischen Götter Poseidon, Zeus und Apollo, womit sie den Weg für die spätere griechische Götterwelt ebneten.

Die Dorer reorganisierten Kretas politisches System und unterteilten die Gesellschaft in drei Klassen: freie Bürger, die Eigentum und politische Rechte hatten (dazu gehörten auch Bauern mit Grundbesitz), Händler und Seeleute und zuletzt die Sklaven. Eine Art rudimentäre Demokratie löste das monarchische Herrschaftssystem ab. Die freien Bürger wählten einen Regierungsausschuss, dem wiederum ein Ältestenrat zur Seite stand und der sich vor der Versammlung der freien Bürger verantworten musste. Im Unterschied zur minoischen Zivilisation waren Frauen den Männern untergeordnet.

Um 800 v. Chr. waren lokale Landwirtschaft und Viehhaltung so produktiv geworden, dass der Seehandel wieder auflebte. Rund um das Mittelmeer entstanden neue griechische Kolonien, und Kreta übernahm eine wichtige Rolle im regionalen Handel.

Die Entwicklung eines griechischen Alphabets, die Verse von Homer und die Einführung der Olympischen Spiele trugen dazu bei, die verschiedenen Stadtstaaten Griechenlands allmählich zu einen. Mit dem

Das *Stadtrecht von Gortys* aus dem 6. Jh. v. Chr., das Ende des 19. Jhs. bei Ausgrabungen in Gortys entdeckt wurde, vermittelt Einblicke in die Gesellschaftsordnung des dorischen Kreta. Die zwölf Steintafeln behandeln zivil- und strafrechtliche Fragen, wobei zwischen freien Bürgern sowie sonstigen Bürgern und Sklaven klar unterschieden wird.

63 n. Chr.
Paulus führt bei seinem Besuch auf Kreta das Christentum ein und überlässt seinem Schüler Titus die Konvertierung der Insel. Der hl. Titus wird der erste Bischof Kretas.

250
Rom beginnt, die Christen auf Kreta in großem Stil zu verfolgen. Die ersten christlichen Märtyrer, die sogenannten *Agii Deka* („heilige Zehn"), werden im gleichnamigen Dorf ermordet.

395
Das Römische Reich spaltet sich: Kreta fällt unter byzantinische Herrschaft und wird selbstverwaltete Provinz. Religiöses und Verwaltungszentrum ist Gortys. Der Handel floriert, viele Kirchen entstehen.

727
Kretische Anhänger der Ikonenverehrung lehnen sich gegen das Ikonenverbot von Kaiser Leo III. auf. Der Aufstand wird niedergeschlagen; es folgt eine brutale Vergeltungswelle.

Bau zentraler Heiligtümer wie Delphi begannen auch die Kreter nach und nach, sich als Griechen zu fühlen.

Rethymnon, Polyrrinia, Falasarna, Gortys und Lato wurden im neuen Befestigungsstil dorischer Stadtstaaten erbaut: eine befestigte Akropolis auf dem höchsten Punkt, darunter eine *agora* (Markt), ein geschäftiges Handelsviertel und die Wohnquartiere.

Während das übrige Griechenland vom 6. bis 4. Jh. v. Chr. sein Goldenes Zeitalter erlebte, blieb Kreta tiefste Provinz. Durch ständige Kleinkriege zwischen den großen Handelszentren und kleineren, alteingesessenen Gemeinwesen verarmte die Insel immer mehr. Obwohl sich Kreta weder an den Perserkriegen noch am Peloponnesischen Krieg beteiligte, waren viele Kreter aus wirtschaftlichen Gründen gezwungen, als Söldner bei fremden Armeen anzuheuern oder sich aufs Piratentum zu verlegen.

Gleichzeitig zog Kreta als Geburtsort der griechischen Kultur die Aufmerksamkeit von Philosophen wie Plato und Aristoteles auf sich, die ausführlich über seine politischen Institutionen schrieben. Knossos, Gortys, Lyttos und Kydonia (Chania) rangelten weiterhin um die Vorherrschaft und sorgten für ständige Unruhe. Auch Ägypten, Rhodos und Sparta mischten sich in Kretas Streitigkeiten ein, und die Piraterie florierte.

In Gortys stehen die Überreste der Basilika Agios Titus aus dem 6. Jh. n. Chr. als stumme Zeugen des Jüngers von Apostel Paulus. Die Reliquien des hl. Titus wurden während der Osmanenbesetzung zur sicheren Verwahrung nach Venedig gebracht und 1966 wieder an Kreta zurückgegeben. Heute befinden sie sich in Iraklion in der Kathedrale, die dem Heiligen geweiht ist.

Das Römische Reich

Um das Mittelmeer zu seinem „Hausmeer" zu machen, musste das Römische Reich die Piraterie in den Griff bekommen und die Schifffahrtsrouten kontrollieren. Als strategisch wichtigste Insel des zentralen Mittelmeers stand Kreta schon seit dem 3. Jh. v. Chr. auf Roms Einkaufsliste. Aber erst während des dritten Mithridatischen Kriegs (73–63 v. Chr.) kam Roms Stunde, indem es die Piratenkarte ausspielte. Nach einem erfolglosen Angriff des Marcus Antonius (Vater von Mark Anton) schickten die Kreter Gesandte nach Rom, die jedoch abgewiesen wurden. Anschließend stellte man in Windeseile eine 26 000 Mann starke Armee zur Verteidigung der Insel auf. 69 v. Chr. führte der römische Konsul Metellus den entscheidenden Eroberungsfeldzug bei Kydonia (Chania) und hatte trotz tapferen Widerstands der einheimischen Bevölkerung innerhalb von zwei Jahren Kreta eingenommen.

Die römische Herrschaft und die damit verbundene Umstrukturierung brachten für Kreta wieder friedliche Zeiten mit sich. Dabei wurden Ländereien und Städte als Gefälligkeit an verschiedene Verbündete Roms verschenkt. 27 v. Chr. wurde Kreta mit Libyen zur römischen Provinz Creta et Cyrenaica zusammengefasst. In der Zwischenzeit hatten die Römer mehrere Jahrzehnte an ihrer neuen Errungenschaft herumgebaut und Gortys (gegründet ca. 67 v. Chr.) zur Hauptstadt und mächtigsten Stadt der Insel gemacht. Römische Amphitheater, Tempel und öffentliche Bäder brachten das Inselleben in Schwung, und die Bevölke-

824

Arabische Sarazenen erobern Kreta und errichten zum Horten ihrer Piratenschätze die Festung Khandaq in Iraklion. Die nächsten 150 Jahre sind finster; das kulturelle Leben kommt zum Stillstand.

960

Der byzantinische General Nikiforos Fokas führt die „Expedition nach Kreta" und befreit die Insel. Die Küstenabwehr wird verstärkt, Khandaq wird Hauptstadt und Sitz der Erzdiözese.

1204

Nach der Einnahme Konstantinopels durch Kreuzritter fällt Kreta an Venedig. Die Venezianer bringen Siedler auf die Insel und bauen Städte und Verteidigungsanlagen, u. a. in Rethymnon, Chania und Iraklion.

1363

Venedig wirft beim Aufstand des hl. Titus eine gemeinsame Revolte der venezianischen Führung auf Kreta und der Griechen nieder, wobei die Kämpfe gegen einige adlige Clans noch jahrelang andauern.

rung wuchs. Knossos wurde aufgegeben und verfiel, während Kydonia (Chania) im Westen zu einem bedeutenden Zentrum aufstieg. Die römischen Städte waren durch Straßen, Brücken und Aquädukte verbunden, die stellenweise heute noch zu sehen sind. Unter den Römern fuhren die Kreter fort, Zeus in den Dikti- und Ida-Höhlen anzubeten, bezogen aber auch römische und ägyptische Gottheiten in ihre religiösen Rituale ein.

Das Christentum erreicht Kreta

63 n. Chr. brachte der Apostel Paulus höchstpersönlich das Christentum nach Kreta. Als er die Insel wieder verließ, blieb sein Jünger, der hl. Titus, der Kreta nach und nach konvertierte, erster Bischof der Insel wurde und schließlich 107 n. Chr. im biblischen Alter von 94 Jahren starb. In den ersten Jahren blieb alles ruhig um die kretische Christenheit. Mit dem 3. Jh. n. Chr. begann jedoch wie überall im Römischen Reich die groß angelegte Christenverfolgung. Im Jahr 250 starben mit den *Agii Deka* („Zehn Heiligen") im gleichnamigen Dorf die ersten christlichen Märtyrer auf Kreta.

324 verlegte der römische Kaiser Konstantin I. (der Große), der selbst zum Christentum konvertiert war, die Reichshauptstadt von Rom nach Byzanz und taufte die Stadt in Konstantinopel um (heute Istanbul). Ende des 4. Jhs. war das Römische Reich schließlich offiziell in eine West- und eine Osthälfte geteilt. Kreta gehörte mit dem übrigen Griechenland zur Osthälfte, dem sogenannten Byzantinischen Reich.

Die Differenzen in der Doktrin, die später zur Abspaltung der Orthodoxen von der Katholischen Kirche führen sollten, lagen noch Jahrhunderte in der Zukunft. Dennoch führte die geografische Teilung des Römischen Reichs auch zu den abweichenden Praktiken, Gebräuchen und Loyalitäten, die die Orthodoxe Kirche unter der Führung des Patriarchs von Konstantinopel später kennzeichnen sollten.

In der Frühzeit des Byzantinischen Reichs war Kreta eine selbstverwaltete Provinz. Administratives und religiöses Zentrum war Gortys. Die Seeräuberei flaute ab, der Handel blühte auf, und die Insel wurde reich genug, um jede Menge Kirchen zu bauen.

Kretas Hang zur Ikonenverehrung löste 727 eine Revolte aus, als Kaiser Leon III. den Ikonenkult im Rahmen des byzantinischen „Bilderstreits" verbot. Der Bilderstreit brach im 8. und 9. Jh. in mehreren Phasen immer mal wieder aus. Er hatte komplexe theologische, wirtschaftliche und politische Wurzeln, war aber teils auch durch den Islam beeinflusst, der zu dieser Zeit immer weiter erstarkte. Der Aufstand wurde gnadenlos niedergeschlagen, und erbarmungslose Repressalien des byzantinischen Kaisers zwangen Kretas Ikonenliebhaber in die Knie. Dieses Vorgehen wurde jedoch 843 ein für alle Mal durch einen Erlass der Kaiserin Theodora beendet – ein Ereignis, das am ersten Sonntag der Fastenzeit noch heute als „Triumph der Orthodoxie" gefeiert wird.

Das 2008 erschienene Buch *Klöster und byzantinische Kirchen auf Kreta* des kretischen Autors Nikos Psilakis ist ein sehr nützlicher, handlicher und schön illustrierter Führer für Hunderte von Kretas Gotteshäusern.

1453

Konstantinopel fällt an die Türken. Byzantinische Gelehrte und Intellektuelle fliehen nach Kreta und sorgen für eine Renaissance der byzantinischen Kunst. Es entsteht die neue Kretische Schule der Ikonenmalerei.

1541

Dominikos Theotokopoulos, der spätere „El Greco", wird in Candia geboren. Seine in Italien und Spanien entstandenen Werke zeigen sowohl den Einfluss der „Kretischen Schule" als auch kühne Innovation.

1587

Vitsentzos Kornaros aus Sitia schreibt den *Erotokritos*, ein voluminöses Versepos, das als Kretas größte literarische Leistung gilt und bis heute zu den wichtigsten Werken der griechischen Literatur gehört.

1645

Eine gewaltige türkische Streitmacht landet in Chania; die Türken fassen erstmals Fuß auf der Insel. Nach der Eroberung Rethymnons sichern sie sich auch den westlichen Teil der Insel.

Zwischen Piraten und Papst

Die friedliche Zeit der byzantinischen Herrschaft endete um 824 mit der Ankunft der Araber aus Spanien, die nach und nach ganz Kreta eroberten und als Basis für Raubzüge quer durch die Ägäis nutzten. Sie errichteten am Standort des heutigen Iraklion eine Festung namens Khandaq, um dort die Schätze zu horten, die sie durch Piraterie anhäuften. So geriet die Insel in Verruf, ihre Wirtschaft verkümmerte, und das kulturelle Leben kam zum Erliegen. Diese Zeit gilt als Kretas düsterstes Kapitel – entsprechend spärlich ist die Geschichtsschreibung dazu. Zwar wurde ein Teil der Bevölkerung wohl zum Islam zwangskonvertiert, jedoch hielt sich die Religion nicht über die Besatzungszeit hinaus auf der Insel.

In den Jahren 842, 911 und 949 startete Byzanz fruchtlose Rückeroberungsversuche. Erfolg hatte erst 960 Nikiforos Fokas mit seiner legendären „Expedition nach Kreta". Nach der erbitterten Belagerung von Khandaq wurde Kreta 961 befreit, worauf sich Byzanz beeilte, die kretische Küste möglichst gut zu befestigen und seine Macht zu konsolidieren. Khandaq wurde zur neuen Hauptstadt des Themas (byzantinische Bezeichnung für „Provinz") Kreta und zum Sitz der wiederhergestellten Erzdiözese erklärt. Die Kirche war bemüht, irregeleitete Schäfchen wieder in die christliche Herde zurückzuholen.

Die nächsten 250 Jahre waren relativ friedlich – bis auf einen kurzlebigen Aufstand des Gouverneurs Kerykes im Jahr 1092. Einige Jahre später kam Kreta zusammen mit Südgriechenland und dem Peleponnes unter die Herrschaft des Oberbefehlshabers der byzantinischen Flotte.

Das glückliche Dasein endete 1204 ziemlich jäh mit dem perfiden Vierten Kreuzzug, als von Venedig finanzierte westliche Kreuzfahrer es vorzogen, anstelle der Abtrünnigen in Ägypten das christliche Konstantinopel anzugreifen. Kreta wurde danach Bonifazius von Montferrat, dem Anführer des Kreuzzugs, zugesprochen, der die Insel jedoch an die Venezianer verkaufte. Doch deren Erzrivalen aus Genua kamen ihnen zuvor, und es gelang den Venezianern erst 1212, ihnen die Insel endgültig zu entreißen. Ihre Kolonialherrschaft sollte bis 1669 dauern. Heute ist der Einfluss Venedigs noch in allen größeren Städten Kretas zu sehen, wo sowohl Herrschaftshäuser als auch riesige Festungen stehen, die Hafenstädte und Häfen bewachten.

Venedig siedelte Adels- und Militärfamilien auf Kreta an, von denen sich viele in Iraklion (Candia) niederließen. Allein im 13. Jh. kamen rund 10 000 Siedler, die mit den besten, fruchtbarsten Ländereien der Insel belohnt wurden. Die Kreter, die zuvor Landbesitzer waren, arbeiteten nun als Leibeigene für die neuen venezianischen Herren. Kretische Bauern wurden erbarmungslos ausgebeutet, und die Steuerlast war im-

Venezianische Juwele

- *Hafenfestungen, Iraklion, Rethymnon und Chania*
- *Morosini-Brunnen (Löwenbrunnen), Iraklion*
- *Die Insel Spinalonga bei Elounda*
- *Moni Arkadiou, südlich von Rethymnon*
- *Frangokastello, Südküste*

1669
Iraklion (Candia) fällt 24 Jahre nach der Eroberung der restlichen Insel schließlich an die Türken. Die Osmanen bauen Moscheen und belegen Christen mit hohen Steuern.

1770
Unter Ioannis Daskalogiannis rebellieren 2000 Kreter in der Sfakia, werden jedoch besiegt. Daskalogiannis wird in Iraklion bei lebendigem Leibe die Haut abgezogen.

1821
Der Griechische Unabhängigkeitskrieg greift auf Kreta über, doch die türkisch-ägyptischen Truppen sind den Rebellen zahlenmäßig überlegen. Der zähe Widerstand führt zu grausamen Massakern an Kretern.

1828
In einer der blutigsten Schlachten des Unabhängigkeitskriegs bäumen sich 385 tapfere Rebellen unter ihrem Anführer Chatzimichali Dalianis ein letztes Mal auf. Neben den Rebellen sterben auch etwa 800 Türken.

mens. Außerdem versuchten die Venezianer unter dem Einfluss des allmächtigen Papsttums, Kreta den Katholizismus anstelle der Orthodoxen Kirche aufzudrücken. Entsprechend häufig gab es natürlich Aufstände.

Kulturelle Blüte

Die venezianische Herrschaft brachte Kreta Wohlstand und Stabilität; mit der Zeit sollte sich das kulturell für die Insel auszahlen. Es entwickelte sich ein Umfeld, in dem sich die weltoffenen Ideen und die Güter der seefahrenden Handelsmacht mit den kreativen Talenten und Traditionen der Insel vereinten. Während in Europa, auf dem Balkan und im Byzantinischen Reich Bürgerkriege, Thronfolgerangeleien und islamische Invasionen wüteten, war Kreta (bis auf gelegentliche Revolten) die meiste Zeit eine friedliche Sonneninsel und Refugium der Dichter und Denker mit erstklassigem, meist kirchlich finanziertem Bildungsangebot. Das venezianische Kreta war auch bekannt für seine intellektuellen Zentren wie die *Accademia degli Stravaganti* in Candia (Iraklion), wo Rhetoriker Wortgefechte austrugen und Philosophen über antike Texte nachsannen.

Diese kulturelle Blüte wurde von zwei Faktoren erheblich begünstigt: dem Wiederaufleben westlichen Interesses an altgriechischen und lateinischem Gedankengut sowie dem Fall Konstantinopels im Jahr 1453. Nachdem ein paar Jahre später Trebizond und Mystras am Peleponnes eingenommen wurden, war Kreta die letzte verbliebene Bastion des Hellenismus und wurde damit zum Anziehungspunkt für byzantinische Gelehrte und Intellektuelle. Mit ihnen kamen Manuskripte, Ikonen, Erfahrung, etablierte Denkschulen, Bibliotheken und Druckerpressen auf die Insel.

Die gegenseitige Befruchtung byzantinischer Traditionen und der aufblühenden italienischen Renaissance ist vor allem dafür bekannt, dass sie die „Kretische Schule" der Ikonenmalerei hervorbrachte. Diese vereinte byzantinische und venezianische Elemente und erreichte ihren Höhepunkt im 16. und 17. Jh. Schon vom 13. bis Anfang des 16. Jhs. waren kretische Kirchen mit Fresken verziert worden, die vielfach bis heute erhalten sind. Der großartigste Ikonenmaler des 14. Jhs. war Ioannis Pagomenos. Weltberühmt wurde Dominikos Theotokopoulos (1541–1614), der in Italien Malerei studierte, bevor er nach Spanien übersiedelte, wo er sich als El Greco („Der Grieche") einen Namen machte.

Gleichzeitig erlebte Kreta eine ungeheure literarische Blüte. Dabei beeinflussten sich der Stil der traditionellen kretischen Volksdichtung und die poetischen und musikalischen Strömungen aus Frankreich, Italien und Kontantinopel. Als Paradebeispiel hierfür dient das epische Meisterwerk der Insel, *Erotokritos*, das Vitsentzos Kornaros aus Sitia, ein Nachfahre der Venezianer, im späten 16. Jh. auf Griechisch verfasste. Die Versstruktur des über 10 000 Zeilen langen Mundartepos basiert auf den

Das Museum für christliche Kunst in Iraklion hat eine bedeutende Ikonensammlung von Künstlern wie dem großartigen Michael Damaskinos, der im 16. Jh. einen unverwechselbaren Stil in der kretischen Kunst prägte.

1830–1840

Kreta geht an Ägypten. Die Türken besiegen die Ägypter in Syrien und nehmen Kreta wieder in Besitz. Die Verletzung zugesicherter Privilegien führt zu erneuten Aufständen und dem Ruf nach Vereinigung mit Griechenland.

1866

Etwa 2000 türkische Soldaten greifen Moni Arkadiou an, wo sich über 900 Rebellen mit ihren Familien verschanzt haben. Die Kreter setzen ein Pulvermagazin in Brand; es gibt nur eine Überlebende.

1877–1878

Der Russisch-Türkische Krieg löst einen weiteren kretischen Aufstand aus, doch der Berliner Kongress lehnt die Einheit mit Griechenland ab. Kreta wird zur halbautonomen, unzufriedenen Osmanenprovinz.

1883

Nikos Kazantzakis, Griechenlands berühmtester Dichter, wird in Iraklion geboren. Mitte des 20. Jhs. wird er durch Werke wie *Alexis Sorbas* und *Die letzte Versuchung* bekannt.

REBELLION & EINE KURZLEBIGE REPUBLIK

Einige interessante Wendungen in Kretas zahlreichen Aufständen gegen die venezianischen Unterdrücker zeugen von der komplexen und spannenden Realität des damaligen Lebens. Ein Beispiel ist der Aufstand des hl. Titus im August 1363, bei dem sich die unterdrückten Kreter gemeinsam mit venezianischen Siedlern gegen eine neue Steuer auflehnten. Alle Versuche einer friedlichen Einigung stießen bei den Herrschenden auf taube Ohren, sodass die Aufständischen zu den Waffen riefen. Die wirtschaftlich motivierte Rebellion zeigt, dass sich die Siedler nach nur ein paar Generationen auf der Insel ihren griechischen Nachbarn näher fühlten als ihren einstigen Landsleuten im fernen Venedig.

Die Rebellion führte rasch zum Sturz der Inselregierung; gleiches Recht für Griechen und Orthodoxe wurde ausgerufen. Der hl. Titus, Schutzpatron der Insel, wurde zum offiziellen Symbol dieser neuen „Kommune von Kreta". Doch venezianische Diplomaten überzeugten die übrigen Großmächte (vor allem Genua), die Rebellen nicht zu unterstützen, sodass das venezianische Militär im Frühjahr 1364 Candia wieder einnehmen konnte. Nach der Hinrichtung der Rebellenanführer feierten die venezianischen Herrscher ihren Sieg. Aber die Unruhen waren damit noch lange nicht vorbei.

Die meisten Kämpfer hatte sich nämlich längst in die zerklüfteten Berge abgesetzt, wo griechische Adelsfamilien wie der Kallergis-Clan im Westen der Insel Pläne schmiedeten, die Italiener endgültig von der Insel zu jagen und sich wieder mit Byzanz zusammenzuschließen. Das war dem venezianischen Dogen endgültig zu viel. Er überzeugte den Papst, einen Kreuzzug gegen die Kallergis zu führen. Nun schloss sich jedoch ganz Westkreta zur Rettung der Orthodoxen Kirche der Rebellion an. Die Venezianer brauchten fast fünf Jahre, um die Ordnung wiederherzustellen.

Obwohl Venedig letztlich am Ruder blieb, waren diese Aufstände nicht ganz umsonst, denn sie zwangen die Kolonialmacht, Zugeständnisse zu machen. So kam es, dass Kreter griechischer und italienischer Abstammung im 15. Jh. eine Art Waffenstillstand erreichten. Dieser ermöglichte überhaupt erst die bemerkenswerte und einmalige kulturelle Blüte, die eine so wichtige Rolle in der italienischen Renaissance spielte.

traditionell kretischen *mantinadhes* (Paarreimen), vom Thema her (höfische Liebe und Tapferkeit) ähnelt es aber eher französischen Vorgängern aus dem 15. Jh., die ihrerseits von älteren Epen aus dem byzantinischen Griechenland beeinflusst waren.

Widerstand & die Tourkokratia

Im 17. Jh. war das wachsende Osmanische Reich schließlich in der Lage, auf hoher See gegen Venedig zu bestehen und die beiden strategisch wichtigsten venezianischen Inseln Zypern und Kreta für den Sultan einzunehmen. 1645 fiel Chania nach zweimonatiger Belagerung durch die Türken, kurz darauf auch Rethymnon. Candias massive Mauern hielten

1898

Türken töten in Iraklion Hunderte christliche Zivilisten, 17 britische Soldaten und den britischen Konsul. Großbritannien verweist die Türken der Insel und stellt Kreta unter internationale Verwaltung.

1900

Arthur Evans beginnt seine Ausgrabungen in Knossos, legt den Palast frei und verblüfft die archäologische Forschung mit der Entdeckung einer hoch entwickelten minoischen Kultur.

1905

Eine revolutionäre Versammlung in Theriso erklärt die Einheit mit Griechenland. Eleftherios Venizelos stellt eine Gegenregierung auf, die Kreta verwalten soll. Die Großmächte ernennen einen neuen Gouverneur.

1908

Die kretische Versammlung proklamiert erneut die Einheit mit Griechenland; bis zur endgültigen Vereinigung wird es aber weitere fünf Jahre dauern.

den Eroberern jedoch bis 1669 stand. Nur die Festungen Gramvousa, Spinalonga und Souda blieben in venezianischer Hand, die beiden letzteren sogar bis 1715. So begann die *Tourkokratia* (Türkenherrschaft).

Die Kreter, die den Türken entkamen, setzten sich in die Bergregionen ab (vor allem in die abweisende Sfakia im Südwesten), um in Freiheit zu leben und Angriffe auf die Türken zu starten. Im Jahr 1700 versprach Russland den Aufständischen seine Unterstützung, worauf der sfakiotische Rebellenführer Ioannis Daskalogiannis 2000 Kämpfer in die Schlacht führte. Die russische Hilfe kam jedoch nie, und die Türken zogen Daskalogiannis auf dem Hauptplatz in Iraklion bei lebendigem Leibe die Haut ab.

Im Jahr 1821 legte der Griechische Unabhängigkeitskrieg die Lunte an einen weiteren fruchtlosen Aufstand. Die Folgen waren bitter: Die Osmanen massakrierten kretische Zivilisten und Priester, die sie als ideologische Aufwiegler hinter dem griechischen Nationalismus vermuteten. Aufgrund der Widerstandsbewegungen auf Kreta, dem Peleponnes und dem griechischen Festland sah sich der Sultan jedoch gezwungen, in Ägypten Hilfe zu suchen. Er bat die dortigen Herrscher um einen Angriff auf die Christen, eine Bitte, der sie nur zu gerne nachkamen: Rund um die Ägäis wurden Tausende massakriert. Kretas Rebellen setzten sich zwar energisch zur Wehr, hatten aber rein zahlenmäßig gegen die türkisch-ägyptischen Truppen keine Chance.

1830 wurde Griechenland unabhängig, doch Kreta wurde Ägypten zugesprochen. Dann bekriegten sich die Türken und die Ägypter in Syrien, Ägypten unterlag und Kreta geriet 1840 wieder unter die Herrschaft der Osmanen. *Enosis i Thanatos* (Einheit oder Tod) wurde zum Schlachtruf der fortgesetzten Aufstände im Westen der Insel. Türken und Ägypter brachten weitere Massaker nach Kreta, die 1866 ihren international berüchtigten Höhepunkt fanden, als sich 900 entschlossene Rebellen zusammen mit ihren Familien in Moni Arkadiou mit ihrem gesamten Pulvervorrat in die Luft sprengten und 2000 türkische Belagerer mit in den Tod rissen. Das Ereignis schockierte die ganze Welt und schürte Sympathien für die heldenhaften Kreter. Großbritannien und Frankreich unterstützten jedoch weiterhin die Türkei und hinderten die Griechen daran, die kretischen Rebellen zu unterstützen.

Wo sonst kann man morgens am Strand eine Geisterarmee ins Meer marschieren sehen? Die *drosoulites* – die Geister von 385 kretischen Kämpfern, die 1828 heldenhaft bei der Verteidigung von Frangokastello an der Südküste gegen die Türken starben – erscheinen angeblich jedes Jahr im Mai.

Freiheit & Einheit

Selbst die Großmächte (Frankreich, Großbritannien, Italien, Österreich-Ungarn und Russland) konnten nicht verhindern, dass die Welle des revolutionären Nationalismus schließlich über ganz Südosteuropa schwappte. 1877 führte der Russisch-Türkische Krieg zur Befreiung Bulgariens und fast zum Sturz der osmanischen Regierung. Sowohl die kretischen Rebellen als auch die griechische Regierung schöpften Mut.

1913

Die Türkei sucht Vergeltung, wird aber in den Balkankriegen von Griechenland, Bulgarien, Serbien und Montenegro besiegt. Nach dem Krieg wird Kreta im Bukarester Vertrag offiziell mit Griechenland vereint.

1923

Im Frieden von Lausanne wird ein griechisch-türkischer Bevölkerungsaustausch vereinbart; 30 000 kretische Muslime werden gegen anatolische Griechen ausgetauscht.

1941

Die Nazis besetzen Griechenland; zur Verteidigung Kretas treffen alliierte Truppen ein. Deutschland startet eine Luftlandeoperation zur Eroberung des Flugplatzes Maleme, westlich von Chania.

1944

Kretische Widerstandskämpfer entführen den deutschen General Kreipe und bringen ihn mit Unterstützung der Alliierten nach Ägypten. Die Deutschen reagieren mit brutaler Vergeltung.

Trotz der nicht unerheblichen Erfolge der kretischen Rebellen wurde 1878 beim Berliner Kongress die Idee der *enosis* (Vereinigung) abgelehnt. Stattdessen erhielt Kreta einen halbautonomen Status mit Griechisch als Amtssprache, blieb aber unter türkischer Herrschaft.

Nach internen Machtkämpfen im Parlament kam es 1889 zu einem erneuten Aufstand gegen die Türkenherrschaft, gefolgt von neuen Repressalien. In Sfakia belagerte Manousos Koundouros' Geheimbund (der Autonomie und die spätere Vereinigung mit Griechenland zum Ziel hatte) die türkische Garnison in Vamos. Die Aktion zog brutale Vergeltungsmaßnahmen nach sich, was schließlich zur Intervention der Großmächte führte, die den Osmanen eine neue Verfassung aufzwangen.

Beim nächsten Ausbruch der Unruhen im Jahr 1896 entsandte die griechische Regierung Truppen nach Kreta und erklärte die Einheit mit der Insel. Die Großmächte errichteten jedoch eine Blockade der Küste, sodass weder Türken noch Griechen ihre Truppen verstärken konnten. Schließlich zog Griechenland seine Truppen ab. Anschließend ernannten die Großmächte den unbeliebten Prinzen Georg, Sohn des Königs Georg von Griechenland, zum Hochkommissar von Kreta.

Wer die Augen aufhält, findet hin und wieder bis heute (vor allem in Dorfläden) Fahnen aus dem späten 19. Jh. mit der berühmten Parole der kretischen Rebellen im Kampf gegen die Türken: *Enosis i Thanatos* (Einheit oder Tod).

Wenig später bewirkten gewalttätige Ausschreitungen das, woran die internationale Diplomatie jahrzehntelang gescheitert war: die Vertreibung der Türken. 1898 stürmte eine Gruppe von Türken durch Iraklion und massakrierte Hunderte von christlichen Zivilisten sowie 17 britische Soldaten und den britischen Konsul. Die Rädelsführer wurden aufgespürt und gehängt, die Briten entsandten ein ganzes Schiffsgeschwader nach Kreta, und die osmanische Herrschaft über die Insel war endgültig vorbei.

Der charismatische junge Politiker Eleftherios Venizelos aus Chania, ursprünglich Prinz Georgs Justizminister, brach mit seinem Regenten, nachdem dieser sich weigerte, die *enosis* in Betracht zu ziehen. Venizelos berief 1905 in Theriso bei Chania eine revolutionäre Versammlung ein, wo er die griechische Flagge hisste und die Einheit mit Griechenland ausrief.

Richtigen Biss erhielt seine Revolutionsregierung durch die bewaffnete Unterstützung der Kreter aus seinem Umfeld. Die Großmächte baten König Georg, einen neuen Gouverneur zu ernennen. 1908 erklärte die kretische Nationalversammlung die Einheit mit Griechenland und wählte Venizelos zum Premierminister. Trotzdem verwehrte die griechische Regierung kretischen Abgesandten den Zutritt zum Parlament, aus Angst, die Türkei und die Großmächte gegen sich aufzubringen. Erst im Ersten Balkankrieg (1912) wurden Kreter endlich zum Athener Parlament zugelassen. 1913 erkannte der Bukarester Vertrag Kreta formell als Teil des griechischen Staates an.

Nach der verheerenden griechischen Invasion von Smyrna schrieb der Vertrag von Lausanne 1923 einen Bevölkerungsaustausch zwischen Griechenland und der Türkei vor. Daraufhin wurden Kretas 30 000 Muslime gegen griechische Flüchtlinge aus Anatolien ausgetauscht

1946–1949

In Griechenland entbrennt ein Bürgerkrieg zwischen Kommunisten und konservativen Royalisten. Kreta bleibt von seinem Blutvergießen weitgehend verschont.

1951

Griechenland wird gemeinsam mit der Türkei Nato-Mitglied. Beide werden im Kalten Krieg zu wichtigen Verbündeten des Westens. Die bis heute aktiven Militärbasen an der Bucht von Souda werden eingerichtet.

1955

Georgios Psychoundakis veröffentlicht *The Cretan Runner* über seine Zeit als Bote der Widerstandsbewegung während der deutschen Besatzung.

1960er–1970er Jahre

Mit dem Beginn des internationalen Tourismus entsteht einer der wichtigsten modernen Wirtschaftszweige der Insel.

Zweiter Weltkrieg & die Schlacht um Kreta

Wie bei unzähligen Konflikten seit uralter Zeit war Kreta wegen seiner strategischen Lage für Invasoren im Zweiten Weltkrieg eine begehrte Beute. Hitler wollte das Mittelmeer beherrschen und von Kreta aus das britische Ägypten und die Streitkräfte im östlichen Mittelmeerraum herausfordern. Am 6. April 1941 wurde das griechische Festland von Norden her in Windeseile überrannt, nachdem die jugoslawische Royalistenregierung besiegt war. Daraufhin richtete der griechische Regierungschef Emmanouil Tsouderos (1882–1956) eine Exilregierung auf seiner Heimatinsel Kreta ein.

Da alle verfügbaren griechischen Truppen in Albanien gegen die Italiener kämpften, baten die Griechen Großbritannien um Unterstützung bei der Verteidigung Kretas. Churchill willigte ein, da er die strategische Bedeutung der Insel erkannte und entschlossen war, Deutschlands Vorstoß durch Südosteuropa zu stoppen. Über 30 000 britische, australische und neuseeländische Soldaten strömten auf das letzte Stückchen freien Griechenlands; zwei Drittel von ihnen waren gerade erst vom griechischen Festland evakuiert worden.

Die Verteidiger hatten von Anfang an einen schweren Stand. Die militärischen Ressourcen der Alliierten waren durch ihr Engagement im Nahen Osten bereits überstrapaziert. Es gab kaum Kampfflugzeuge, und die militärische Vorbereitung litt darunter, dass das Kommando allein im ersten Halbjahr 1941 sechs Mal wechselte. Auch das Terrain war ein Problem: Die einzigen brauchbaren Häfen lagen an Kretas exponierter Nordküste; die besser geschützten Häfen der Südküste waren wegen der schlechten Straßenverbindungen für den Nachschub nicht geeignet.

Nach einwöchigem Fliegerbombardement startete Hitler am 20. Mai 1941 die erste reine Fallschirmjäger-Invasion der Geschichte. Sie war der Beginn der sogenannten Schlacht um Kreta, einer der heftigsten Schlachten des Zweiten Weltkriegs. Tausende deutsche Fallschirmjäger schwebten auf Chania, Rethymnon und Iraklion herab – Hauptziel war die Besetzung des Flugplatzes von Maleme, 17 km westlich von Chania.

Kretische Zivilisten jeden Alters griffen nach Flinten, Sicheln und was immer ihnen in die Hände fiel, um die Insel gemeinsam mit den Soldaten zu verteidigen. Die Verluste der Deutschen waren horrend, aber es gelang ihnen, sich zu sammeln und am nächsten Tag den Flugplatz Maleme einzunehmen. Trotz erbitterter Gegenwehr mussten Alliierte und Kreter die Schlacht nach rund zehn Tagen verloren geben.

Nach der Schlacht um Kreta riskierten viele Inselbewohner ihr Leben, indem sie Tausende alliierte Soldaten vor den Nazis versteckten und ihnen bei der Flucht über das Libysche Meer halfen. Geheimagenten der Alliierten koordinierten den Guerillakrieg der kretischen Widerstandskämpfer, der sogenannten *andartes*. Alliierte Soldaten und

Der angesehene britische Archäologe John Pendlebury, der die Arbeit von Arthur Evans in Knossos übernommen hatte, wurde 1941 von den Nazis hingerichtet, weil er sich dem kretischen Widerstand angeschlossen hatte. Er liegt auf dem Soldatenfriedhof der Alliierten in Souda begraben.

1967–1974

Armeeoffiziere inszenieren einen Staatsstreich und verhängen das Kriegsrecht über Griechenland. Die Junta stürzt sieben Jahre später nach der türkischen Invasion in Nordzypern.

1981

Griechenland wird als 10. Mitglied in die EG (heute EU) aufgenommen; kretische Bauern erhalten erstmals EU-Subventionen. Viele Kreter unterstützen die erste sozialistische Regierung unter Andreas Papandreou.

2002

Griechenland wird Vollmitglied der Europäischen Währungsunion; der Euro ersetzt die Drachme. Im ganzen Land steigen die Preise sprunghaft an.

2008–2009

Ausgrabungen bei Plakias und Preveli fördern behauene Steinwerkzeuge zutage, die mindestens 130 000 Jahre alt sind.

ERINNERUNG AN DEN KRIEG

Die Schlacht um Kreta hatte enormen Einfluss auf den Ausgang des Zweiten Weltkriegs, und die hohen Verluste aller Seiten machten die Insel zu einer bedeutenden Gedenkstätte. Jedes Jahr im Mai versammeln sich Kriegsveteranen aus Großbritannien, Australien, Neuseeland und Griechenland zu Gedenkfeiern überall auf Kreta. Zu besonderen Anlässen wird sogar die Luftlandeoperation bei Maleme nachgestellt.

Über 1500 alliierte Soldaten liegen auf dem Soldatenfriedhof an der Bucht von Souda in der Nähe von Chania bestattet. Außerdem erinnern verschiedene Denkmäler an den Krieg – auf der Steilküste beim Moni Preveli, bei Stravromenos an der Nordküste und in Chora Sfakion, dem Südküstenhafen, von dem die alliierten Truppen evakuiert wurden.

Übrigens war einer der Friedhofswärter des deutschen Soldatenfriedhofs bei Maleme, auf dem 4500 Soldaten begraben sind, ausgerechnet George Psychoundakis (1920–2006), der einstige Hirtenjunge, der seine Geschichte als Kurier der Widerstandsbewegung während der deutschen Besatzung in dem Buch The Cretan Runner (1955) erzählt.

Kreter mussten ständig vor den Nazis auf der Hut sein, während sie in Höhlen hausten, sich in Klöstern wie Preveli versteckten, durch die Berge marschierten oder an der Südküste Schiffe mit Nachschub entluden. Einer von ihnen war der gefeierte Reiseschriftsteller Sir Patrick Leigh Fermor (1915–2011), der zwei Jahre lang mit kretischen Widerstandskämpfern in den Bergen lebte. 1944 war er an der waghalsigen Entführung des deutschen Generals Kreipe beteiligt.

Die Nazis übten grausame Vergeltung an der Zivilbevölkerung: Sie bombardierten Städte, legten ganze Dörfer in Schutt und Asche; Männer, Frauen und Kinder wurden in Reihe aufgestellt und erschossen. Als die Deutschen 1945 kapitulierten, bestanden sie darauf, sich in britische Hände zu begeben – zu sehr fürchteten sie die Rache der Kreter für die Gräueltaten, die sie über einen Zeitraum von vier Jahren verübt hatten.

Griechischer Bürgerkrieg & Wiederaufbau

Mit dem Ende der deutschen Besetzung Griechenlands waren die harten Zeiten jedoch lange noch nicht vorbei. Das Nachkriegsszenario eines kapitalistischen Westens, der versuchte, den kommunistischen Osten in Schach zu halten, hatte in Griechenland blutige Auswirkungen, denn der Widerstand auf dem Festland war stets von Kommunisten dominiert. 1946 boykottierten sie die Wahlen, die König Georg II. mit Unterstützung von Winston Churchill und anderen westlichen Staatsoberhäuptern den Thron zurückgaben. Kreta hatte Glück und blieb vom Blutvergießen des Griechischen Bürgerkriegs (1946–49) weitgehend verschont. Letztlich schlug sich Griechenland auf die Seite des Westens und trat 1951

2009
Die Länder der Eurozone billigen ein 110 Mrd. € schweres Rettungspaket für die kriselnden griechischen Staatsfinanzen und fordern im Gegenzug eine strikte Sparpolitik. Es folgen weitere Rettungsaktionen.

2011–2012
Zehntausende demonstrierten vor dem Parlament in Athen gegen die Sparpolitik. Trotzdem wird ein zweites Rettungspaket über 130 Mrd. € vereinbart.

2009–2015
Die Unzufriedenheit mit den Regierungsparteien Nea Dimokratia und PASOK wächst. 2015 kommt die linksgerichtete Syriza an die Macht; auch radikale Parteien wie die neonazistische Goldene Morgenröte erstarken.

2015
Die neue Regierung muss sich mit Griechenlands Wirtschaftskrise auseinandersetzen. Trotz einer Volksabstimmung gegen die Sparpolitik wird mit der „Troika" ein drittes Rettungspaket vereinbart.

der Nato bei. Die Luftwaffen- und Marinebasis an der Bucht von Souda ist der wichtigste Nato-Stützpunkt auf Kreta und spielte 2011 bei den Luftangriffen auf das Gaddafi-Regime in Libyen eine wichtige Rolle.

Nach dem Krieg standen Kreta und ganz Griechenland vor der Mammutaufgabe, das Land und die zerrüttete Wirtschaft wiederaufzubauen und sich gleichzeitig an die rapide Modernisierung der Welt anzupassen. Ländliche Traditionen spielen auf Kreta eine wichtige gesellschaftliche Rolle, doch in den 1960er- und 1970er-Jahren begann mit der Ankunft der ersten ausländischen Touristen ein tiefgreifender Wandel. Der Tourismus wurde zu einem der wichtigsten Wirtschaftszweige der Insel.

Die Junta & das moderne Kreta

1967 putschten vier griechische Obristen gegen die griechische Regierung, etablierten eine Militärjunta und führten das Kriegsrecht ein. Alle politischen Parteien wurden ebenso wie die Gewerkschaften abgeschafft, die Presse wurde zensiert und Tausende griechischer Bürger wurden inhaftiert, gefoltert und ins Exil gezwungen. Auf Kreta wuchs der Unmut, als die Militärs große Tourismusprojekte durchdrückten, für die ihre Günstlinge verantwortlich zeichneten. Nach dem Sturz der Junta erstarkte die Unterstützung für Anliegen der politischen Linken und eine neue demokratische Verfassung. 1975 wurde König Konstantinos II. aufgrund eines Referendums schließlich abgesetzt und damit der letzte Rest des griechischen Royalismus hinweggefegt. Der zuvor ins Ausland verbannte Politiker Andreas Papandreou kehrte nach Griechenland zurück. Papandreou, ein Riese der neueren griechischen Geschichte, gründete die sozialistische Partei PASOK, mit der er 1981 den Wahlkampf gewann.

2004 erhielten die Athleten der Olympischen Spiele in Athen Zweige von einem 3250 Jahre alten Olivenbaum (einem der ältesten weltweit), der in Nordostkreta bei Kavousi steht.

Seit dem griechischen Beitritt zur EU (damals noch EG) im Jahr 1981 profitieren die kretischen Bauern von EU-Agrarsubventionen und die Insel konnte ihre Infrastruktur mit EU-Unterstützung modernisieren. Mit der Einrichtung direkter Charterflüge nach Kreta stiegen die Touristenzahlen zwischen 1981 und 1991 sprunghaft auf das fast Dreifache. Im Laufe der nächsten zehn Jahre führten Pauschaltourismus und Billigflüge zur erneuten Verdopplung dieser Zahl.

Derzeit leidet ganz Griechenland unter den Auswirkungen der Finanzkrise und der umstrittenen Sparpolitik der Regierung. Kretas Reichtum an natürlichen Ressourcen und seine räumliche Entfernung vom stärker verstädterten Festland schirmen es ein Stück weit von Problemen wie etwa den gewalttätigen Protesten ab. Aber die Rentenkürzungen, die Destabilisierung der Banken und die hohe Arbeitslosigkeit gehen auch an Kreta nicht spurlos vorüber.

Kretische Lebensart

Die Kreter sind selbst unter den Griechen ein ganz eigener Menschenschlag – mit eigenem Musik- und Tanzstil, bemerkenswerter Küche und besonderen Traditionen. Sie sind stolz, patriotisch, heißblütig und berühmt für ihre Gastfreundschaft. Sie fühlen sich ihrer Kultur zutiefst verbunden und sehen sich oft zuerst als Kreter und erst in zweiter Linie als Griechen. Darüber hinaus pflegen die Bewohner der verschiedenen Gegenden Kretas auch ausgeprägte regionale Identitäten. Außerhalb der großen Touristenzentren trifft man viele Kreter, die lokale Dialekte sprechen, köstliche regionale Spezialitäten zubereiten und die Tradition gekonnt mit der Moderne verschmelzen.

Lebensstil & Mentalität

Jahrhundertelange Kämpfe gegen fremde Besatzer haben den Kretern einen hartnäckigen Unabhängigkeitsdrang, Misstrauen gegenüber der Obrigkeit und einen gewissen Mangel an Respekt vor der staatlichen Autorität eingeimpft. Persönliche Freiheit, Regionalstolz und demokratische Rechte gehen ihnen über alles; die Big-Brother-Mentalität überregulierter westlicher Nationen ist ihnen ein Gräuel. Nationale Gesetze werden gewohnheitsmäßig ignoriert. Trotz der strengen griechischen Waffengesetze z. B. horten die Kreter wohl ein erstaunliches Arsenal an Schusswaffen. Diverse Rauchverbote (das letzte datiert von 2010) wurden rundheraus missachtet. Und was die Straßenverkehrsordnung betrifft, möchte man eher meinen, es gäbe gar keine. Trotz saftiger Bußgelder wird die Gurtpflicht als lästige, aber unverbindliche Empfehlung betrachtet, kreatives und vollkommen rücksichtsloses Parken ist ganz normal, gefährliche Überholmanöver sind weit verbreitet und Motorradfahrer ohne Helm, dafür aber mit Handy am Ohr kein seltener Anblick.

In dem Roman *Schattenhochzeit* (2003) von Ioanna Karystiani kehrt ein angesehener Genforscher aus den USA in seine Heimat Kreta zurück und sieht sich plötzlich mit dem archaischen Ritual der Blutrache konfrontiert: Er muss den Tod seines Vaters rächen.

Doch die Unverwüstlichkeit der kretischen Kultur und Tradition wird heute durch Globalisierung, Marktkräfte und den gesellschaftlichen Wandel hart auf die Probe gestellt. Der kretische Lebensstil hat sich in den letzten 30 Jahren drastisch verändert. Die Verstädterung nimmt zu, der Lebensstandard ist gestiegen, und die Kreter sind heute deutlich wohlhabender als früher. In den größeren Orten gibt es immer mehr schicke Restaurants, Bars und Clubs. In kultureller und religiöser Hinsicht ist der Übergang von einer größtenteils ärmlichen, bäuerlichen Existenz zu einer zunehmend verstädterten Gesellschaft für die Kreter manchmal ein schwieriger Balanceakt zwischen altem Sittenkodex und neuer Freizügigkeit. Die junge Generation ist gut ausgebildet; die meisten sprechen Englisch, viele auch Deutsch. Sie leben in einer wohlhabenderen und viel stärker technisierten Gesellschaft, als ihre Eltern und Großeltern es gewohnt waren.

Wie die meisten Griechen haben auch die Kreter seit der Einführung des Euro und insbesondere durch die Schuldenkrise und die Sparpolitik der letzten Jahre einen Anstieg der Lebenshaltungskosten hinnehmen müssen. Essen gehen ist sehr viel teurer geworden, obwohl es auf Kreta immer noch viele Tavernen mit zivilen Preisen gibt, vor allem in den Dörfern. Trotz allem haben sich die Kreter die Einstellung bewahrt, dass man arbeitet, um zu leben, und sie sind stolz auf ihre Lebensfreude. Soziale Kontakte und Gemeinschaft werden großgeschrieben, und man sieht sie oft schick herausgeputzt im Pulk zur *volta* (Abendspaziergang) schreiten und hinterher die Tavernen und Cafés füllen, ob mit der Familie oder ihrer *parea* (Clique). Außerdem ist Kretas Gesellschaft stark von der Griechisch-Orthodoxen Kirche und deren Ritualen und Festen geprägt.

Im Gegensatz zu vielen westlichen Kulturen, wo Augenkontakt mit Fremden eher gemieden wird, genieren sich Kreter keinesfalls, andere offen anzustarren, zu beobachten und das Kommen und Gehen in ihrer Umgebung ungeniert zu kommentieren. Dabei gibt es kaum ein Tabuthema: vom Privatleben der Gesprächspartner über die Frage, warum sie keine Kinder haben, bis zum Verdienst oder dem Preis, den sie für ihr Haus oder ihre Schuhe gezahlt haben. Außerdem halten sie wenig von höflichem Small Talk, sondern gehen mit ihren Problemen und Wehwehchen lieber gleich in die Vollen.

Wenn Kreter mit dem Kopf nach unten nicken, bedeutet das „ja" *(nai)*. „Nein" *(ochi)* signalisieren sie hingegen durch Heben des Kopfes; oft werden dabei auch die Augen nach oben gerollt und mit der Zunge geschnalzt.

Familienleben

Die kretische Gesellschaft ist immer noch recht konservativ. Die wenigsten Griechen ziehen vor der Heirat aus dem Elternhaus aus, höchstens vorübergehend zum Studieren oder Arbeiten. Während sich das unter Berufstätigen allmählich ändert, bleiben viele junge Menschen auch wegen mangelnder Jobchancen und niedriger Löhne weiterhin bei den Eltern wohnen.

Wenn die Kinder heiraten, bauen die Eltern ihnen nach Möglichkeit ein eigenes Haus oder eine Wohnung über ihrer eigenen. Oft gehen die Bauarbeiten aber ziemlich stockend voran, je nach aktueller Finanzlage der Familie. Das ist ein Grund für die vielen halbfertigen Rohbauten, die auf der Insel herumstehen.

Die Großfamilie spielt im täglichen Leben eine große Rolle, denn Eltern lassen ihre Kinder lieber bei den Großeltern als bei einem Babysitter.

Kreter, die in einen anderen Teil Griechenlands oder ins Ausland ausgewandert sind, bewahren sich starke kulturelle und familiäre Bindungen an die Heimat und kommen regelmäßig nach Hause. Selbst in den abgelegensten Dörfern herrscht an staatlichen und kirchlichen Feiertagen reges Treiben durch Familientreffen und heimkehrende Auswanderer, und die kretischen Hochzeiten und Taufen sind riesige Feste.

In Griechenland gilt für alle Männer zwischen 19 und 45 Jahren eine neunmonatige Wehrpflicht. Frauen sind im griechischen Heer zwar zugelassen, nutzen das Angebot aber selten. Sie unterliegen keiner Wehrpflicht.

SCHIESSWÜTIG

Die Kreter sind berühmt-berüchtigt für ihre Kämpfernatur (schließlich mussten sie sich jahrhundertelang mit Invasoren herumschlagen) und für ihre besondere Beziehung zu Schusswaffen. Schätzungen zufolge besitzt jeder zweite Kreter eine Schusswaffe. Andere Beobachter gehen davon aus, dass es über eine Million Waffen auf der Insel geben könnte, also mehr als Einwohner.

Bei kretischen Hochzeiten und Feierlichkeiten werden gerne mal ganze Salven von Schüssen abgefeuert. Manche Musiker weigern sich, in bestimmten Gegenden zu spielen, sofern ihnen nicht zugesichert wird, dass die Gäste keine Waffen tragen. Der bekannte Komponist Mikis Theodorakis initiierte einst eine Kampagne gegen den Schusswaffenkult auf Kreta. Aber noch heute sind von Kugeln durchsiebte Straßenschilder das erste Anzeichen, dass man die Gebirgsregionen erreicht hat, die von jeher Hochburgen des kretischen Widerstands waren. Das gilt vor allem für die Sfakia (Chania) und die Provinz Mylopotamos (Rethymnon). Die Sfakioten pflegen ihren Ruf durchaus bewusst und verkaufen in ihren Souvenirshops sogar T-Shirts mit Bildern der von Kugeln durchlöcherten Verkehrsschilder.

KOMBOLOI

Überall haben sie Männer in der Hand und spielen kunstvoll mit ihnen herum. Die Rede ist natürlich von der handschmeichelnden Perlenschnur mit dem schönen Namen *komboloi*, der sich aus den Worten *kombos* (Knoten) und *leo* (sagen) zusammensetzt. Die *komboloia* (Plural) sehen zwar aus wie Rosenkränze, haben aber keine religiöse Bedeutung, sondern dienen einfach nur dem Spaß und der Entspannung: Irgendwie scheint es eine beruhigende Wirkung zu haben, an den Perlen herumzufummeln. Manche verwenden sie auch, um mit dem Rauchen aufzuhören.

Traditionell wurden *komboloia* aus Bernstein hergestellt, aber auch Koralle, handgefertigte Perlen, Halbedelsteine und Kunstharz sind sehr gebräuchlich. Eine genaue Perlenzahl ist nicht vorgeschrieben; die meisten *komboloia* bestehen jedoch aus einer Schlaufe mit 19 bis 23 Perlen. Sie endet in einer festgeknüpften Perle mit Quaste, die die beiden Seiten der Schlaufe trennt und die zwischen den Fingern gehalten wird.

Fast alles, was man in den Souvenirläden sieht, ist aus Plastik. Es gibt jedoch auch seltene, alte *komboloia*, die teilweise Tausende von Euro wert sind und gefragte Liebhaberstücke sind.

Stadt oder Land?

Ein weiteres Merkmal des modernen Kreta ist die Kluft zwischen den Generationen bzw. zwischen Stadt und Land. In ländlichen Gebieten sieht man noch Schäfer mit ihrer Herde und Männer, die sich nach der nachmittäglichen Siesta im *kafenion* (Kaffeehaus) versammeln. Die Bergdörfer sind Bollwerke der Tradition; hier sind viele ältere Frauen und Männer nach wie vor in schwarze *vraka* (weite Hosen) und Lederstiefel gekleidet.

Unternehmen, Industrie und Universitäten prägen die großen Bevölkerungszentren im Norden, während im weniger bevölkerten Landesinneren und Süden die Landwirtschaft dominiert. Im gebirgigen Südwesten liegen einige der traditionellsten Dörfer der Insel. Doch auch das Leben auf dem Lande verändert sich. Zwar ernähren viele Kreter sich – und ihre Familien in den Städten – nach wie vor von der Landwirtschaft, doch wird heute weniger für den Eigenbedarf als für den kommerziellen Absatz produziert. Wohlhabende Bauern fahren mit Pickups herum, und Schäfer haben heute oft ein Handy am Ohr. Auch auf Kreta wird ein Großteil der strapaziösen Feldarbeit inzwischen von Gastarbeitern erledigt.

Trotz der Wirtschaftskrise ist Kreta mit 3,5 Mio. Touristen im Jahr nach wie vor eines der beliebtesten griechischen Urlaubsziele. Auf der Insel befinden sich 22 % aller griechischen Hotels und 28 % der Hotelbetten. Etwa 20 % der Charterflüge nach Griechenland landen in Iraklion.

Doch wo man auch hinkommt, wird man feststellen, dass die stolze Verbundenheit mit der heimischen Küche und den regionalen Produkten aus dem kretischen Alltag nicht wegzudenken ist – von Bergkräutern und -honig bis zu regionalen Spezialitäten und Käsesorten, die nur in diesem einen Dorf hergestellt werden.

Gastfreundschaft & Tourismus

Die Kreter sind zu Recht für ihre Gastfreundschaft bekannt und dafür, dass sie Fremde wie hoch geschätzte Gäste behandeln. Sie sind stolz auf ihr *filotimo* (Würde und Ehrgefühl) und ihre *filoxenia* (Gastfreundlichkeit, Empfang, Zuflucht). Wer Bergdörfer abseits der ausgetrampelten Pfade besucht, wird nicht selten von Einheimischen auf einen Kaffee oder sogar zum Essen ins eigene Haus eingeladen. In Cafés und Tavernen ist es durchaus üblich, einer Gruppe von Freunden oder auch Fremden eine Runde Getränke auszugeben. (Achtung: Es gehört sich nicht, sich umgehend zu revanchieren – das macht man dann lieber ein anderes Mal.).

Erstaunlicherweise ist diese Gastfreundlichkeit und Großzügigkeit im öffentlichen Leben weniger ausgeprägt; der Dienst am Kunden hat sich hier noch nicht so recht durchgesetzt. Überhaupt muss das Gemeinwohl oft hinter persönlichen Interessen zurückstehen, und es mangelt an gemeinschaftlichem Verantwortungsbewusstsein, etwa in Dingen wie dem Umweltschutz, auch wenn sich das bei der jüngeren Generation allmählich ändert.

Kreta empfängt über dreieinhalb Millionen Besucher pro Jahr. Dieser Andrang hat Auswirkungen sowohl auf die Umwelt als auch auf die Wirtschaft. Die meisten Touristen kommen als Pauschalurlauber und wohnen in den All-inclusive-Hotelanlagen an der Nordküste. Infolge der touristischen Übererschließung sind die dortigen Hotelbetreiber sehr von der Konjunktur des internationalen Reisemarkts abhängig. Kleinere Unterkünfte auf der übrigen Insel bekommen das Auf und Ab der Wirtschaft dagegen nicht ganz so heftig zu spüren. Neue EU-Subventionen sollen den umweltfreundlichen Tourismus und die Restaurierung historischer Gebäude und traditioneller Dörfer fördern. Allmählich entsteht ein Bewusstsein dafür, dass sich nachhaltiger, umweltfreundlicher Tourismus auszahlen kann, da sich die Ansprüche der Besucher zunehmend ändern.

Viele Kreter bewältigen die alljährliche Touristeninvasion, indem sie sich in einem anderen Raum-Zeit-Kontinuum bewegen als ihre Gäste. Man bekommt von ihnen oft zu hören, dass bestimmte Orte „nur für Touristen" seien, und das ist normalerweise ein Tipp, solche Orte zu meiden. Viele leben von April bis Oktober im Trubel der Touristen- und Strandorte an der Küste, wo sie Läden, Pensionen oder Tavernen betreiben. Mit dem Saisonende kehren sie dann zu ihrem Alltag in den Städten oder zur herbstlichen Oliven- und Traubenernte in die Berge zurück.

Eine interessante Auswahl an kretischer Literatur bietet die Website www.kreta-buch.de des Verlags Dr. Thomas Balistier.

Während viele Touristen frühabends (jedenfalls nach griechischen Maßstäben) in den Restaurants am Hafen oder Strand speisen, fahren die Kreter zu Dorftavernen hinaus oder treffen sich in ihren angestammten Lieblingslokalen, wo das Abendessen oft erst um 22 Uhr beginnt. Entsprechend spät spielt sich auch das Nachtleben ab.

Multikulturelles Miteinander

Nach dem Exodus der türkischen Gemeinde im Bevölkerungsaustausch von 1923 blieb praktisch nur noch eine homogene, griechisch-orthodoxe Gemeinschaft übrig. In den letzten Jahren sind jedoch viele Gastarbeiter aus den Balkanländern und Osteuropa nach Kreta gekommen, die meisten davon aus Albanien, Bulgarien und Russland. Sie arbeiten vor allem als Hilfskräfte in der Landwirtschaft, auf dem Bau und im Tourismus. Insgesamt stammen inzwischen etwa 10 % der Inselbewohner aus dem Ausland.

Wirtschaftsmigranten sind ein relativ neues Phänomen für die Insel. Wie das übrige Griechenland muss auch Kreta noch lernen, mit der neuen multikulturellen Realität umzugehen. Die Stimmung ist nicht

BILDSTÖCKE

Überall an Kretas kurvigen Straßen sieht man sie stehen, die Kapellen im Puppenhausformat auf einem Metallsockel. Diese sogenannten *kandylakia* gibt es in allen Größen und Formen, schlicht oder kunstvoll, verwittert oder brandneu. Hinter winzigen verstaubten Fenstern flackert mitunter eine Votivkerze vor einem kleinen Heiligenbild. Besonders oft stehen sie an Haarnadelkurven, schlecht einsehbaren Biegungen und am Rand steiler Berghänge. Viele wurden nach tödlichen Unfällen an diesen Stellen von den Hinterbliebenen gestiftet, andere von denen, die einen solchen Unfall wie durch ein Wunder überlebt haben und dem zuständigen Heiligen danken wollen. Diese Symbole tragischer Verluste und glücklicher Rettungen erinnern Vorbeifahrende immer wieder an die Dinge, die den Kretern wichtig sind: Familie, Glaube und Tradition.

frei von Spannungen und Misstrauen, doch insgesamt scheint Kreta besser mit den Zuwanderern klarzukommen als viele andere Regionen Griechenlands.

Einige Auswanderer aus Deutschland, England und Nordeuropa haben sich auf Kreta niedergelassen und Häuser gekauft, bilden aber eher eine wohlhabende Minderheit. Dazu kommen einige Ausländer und Ausländerinnen, die mit Einheimischen verheiratet sind.

Religion

Mit der Niederschrift des Neuen Testaments in Koine-Griechisch (der damals im östlichen Römischen Reich gebräuchlichen Alltagssprache) wurde um 50 n. Chr. begonnen.

Der orthodoxe Glaube ist die offizielle und vorherrschende Religion auf Kreta und ein Schlüsselelement der griechischen Identität und Kultur. Die jüngere Generation ist zwar nicht zwangsläufig fromm und geht auch nicht regelmäßig in die Kirche, doch die meisten halten sich an deren Rituale und betrachten den Glauben nach wie vor als integralen Bestandteil ihrer Identität. Zwischen 94 % und 97 % der griechischen Bevölkerung gehören zumindest nominell der Griechisch-Orthodoxen Kirche an.

Die orthodoxe Religion hat die kretische Kultur während der vielen Jahrhunderte ausländischer Besatzung zusammengehalten – trotz zahlreicher Versuche der Venezianer und Türken, die Kreter zum Katholizismus bzw. Islam zu bekehren. Zur Zeit der Ottomanen war die Religion das wichtigste Definitionsmerkmal eines Griechen.

Trotz der zunehmenden Verweltlichtung übt die Kirche noch immer einen erheblichen Einfluss auf Gesellschaft, Politik und Wirtschaft aus. Bis vor Kurzem wurde die Konfession sogar noch in den Personalausweis eingetragen. Das Jahr dreht sich um die Gedenktage der Heiligen und die Feste des Kirchenkalenders. Der Namenstag hat mehr Bedeutung als der Geburtstag, und die Taufe ist ein ausnehmend wichtiges Ritual. Die meisten Menschen tragen den Namen eines Heiligen, ebenso Schiffe, Vororte und Bahnhöfe. Wer zu einer Namenstagsfeier eingeladen wird, sollte ein Geschenk mitbringen, sich aber nicht wundern, wenn es erst nach der Feier geöffnet wird; die gesamte Bewirtung wird normalerweise vom Feiernden bezahlt.

Auf der Insel stehen Hunderte winziger Kirchen, die überwiegend von einzelnen Familien gebaut wurden und einem bestimmten Heiligen geweiht sind. Leider sind heutzutage viele kleine Kirchen und Kapellen verschlossen, doch meistens kann man den Schlüsselverwalter auftreiben und fragen, ob er einem die Kirche aufschließt.

Frauen in der Gesellschaft

Der häufigste Frauenname auf Kreta ist Maria. Die häufigsten Männernamen sind Giannis (Johannes), Giorgos (Georg) und Manolis.

Seit die griechischen Frauen 1952 das Wahlrecht erhielten, ist die Rolle der Frau in der kretischen Gesellschaft komplex und ständigem Wandel unterworfen. Während auf dem Land und in der älteren Generation traditionelle Geschlechterrollen vorherrschen, sieht das für junge Frauen in den Städten viel entspannter aus. Das festgefahrene Bild einer „anständigen" Frau ändert sich rapide mit steigendem Bildungsniveau und der Zahl der berufstätigen Frauen. Obwohl etwa 40 % aller Griechinnen heute berufstätig sind, haben sie immer noch größte Schwierigkeiten, die Karriereleiter überhaupt erst zu finden – von gleichberechtigter Entlohnung ganz zu schweigen. Der Anteil der Frauen im Parlament steigt nur langsam und beträgt aktuell 23 %. Es gibt wenig öffentliche Unterstützung für Frauen, die versuchen, Berufstätigkeit und Mutterschaft unter einen Hut zu bringen.

Dabei ist die kretische Gesellschaft trotz dieses „Machismo" im Wesentlichen matriarchalisch strukturiert. Männer vermitteln gern den Eindruck, dass sie die Hosen anhaben, und spielen sich im öffentlichen Leben in den Vordergrund. Doch in Wirklichkeit sind es oft die Frauen, die den Laden zusammenhalten, ob zu Hause oder in den Familienbetrieben.

Auf dem Lande bewegen sich Männer und Frauen immer noch in verschiedenen Sphären. Wenn sie sich nicht um Vieh oder Olivenbäume kümmern, trifft man die Männer meist plaudernd im *kafenion* (Kaffeehaus) beim *tavli* (griechisches Backgammon), Kaffee oder Raki an. Für Ausländerinnen werden zwar Ausnahmen gemacht, aber das *kafenion* ist immer noch die Hochburg des Chauvinismus und für kretische Frauen im Allgemeinen tabu.

Die ältere Generation der Kreterinnen ist stolz auf ihr hausfrauliches Talent; vor allem die Frauen in den Dörfern wenden viel Zeit für die Perfektionierung ihrer Kochkünste auf. Die meisten Männer tun kaum einen Handschlag im Haushalt (oder würden es zumindest nie zugeben). Auch wenn der Anblick selten geworden ist, sieht man in manchen Dörfern die Frauen in ihrer Freizeit immer noch nähen, häkeln oder sticken. Doch die jüngeren Kreterinnen und die Städterinnen trifft man heute eher im Café oder in ihrem eigenen Betrieb als am Webstuhl an.

Minoische Kunst & Kultur

Die Paläste der Minoer waren äußerst kunstvoll ausgeschmückt: Die erhaltenen Gemälde, Skulpturen, Mosaike, Keramiken und Schmuckstücke, die heute an archäologischen Stätten und in Museen überall auf Kreta ausgestellt sind, belegen die außergewöhnliche Kunstfertigkeit der Minoer. Die minoische Malerei ist praktisch die einzige Form der griechischen Malerei, die im Wandel der Zeiten überdauert hat. Großformatige Skulpturen fielen dagegen Naturkatastrophen zum Opfer, wie dem großen Tsunami, der 1450 v. Chr. von Thira (Santorin) bis nach Kreta schwappte. Die minoische Kunst inspirierte die mykenischen Eroberer, und ihr Einfluss verbreitete sich bis nach Santorin und darüber hinaus.

Die minoische Gesellschaft

Die Minoer sind ein geheimnisumwittertes Kapitel der Geschichte. Selbst der Name „Minoer" ist ein Kunstprodukt, zu Ehren des mythologischen Königs Minos vom Archäologen Arthur Evans erfunden. Wie sie sich selbst nannten, ist hingegen nicht bekannt. Man vermutet, dass sie mit den prähellenischen Pelasgern aus Westanatolien und vom griechischen Festland verwandt waren und eine ganz eigene Sprache besaßen, die nicht mit den indoeuropäischen Sprachen verwandt war.

Sir Arthur Evans: Auf den Spuren des Königs Minos von Silvia L. Horwitz ist ein faszinierendes Portrait des britischen Archäologen, der den Palast von Knossos entdeckte.

Funde aus den großen Palästen der Insel weisen darauf hin, dass sie ein friedliches, kultiviertes und wohlhabendes Volk mit internationalen Handelsbeziehungen und großartiger Architektur und Kunst waren. Es gibt Anhaltspunkte dafür, dass Männer und Frauen gleiche Rechte genossen. Auch die minoische Landwirtschaft war hoch entwickelt, mit weitverzweigten Bewässerungssystemen sowie moderner hydraulischer Abwasserentsorgung. Buchhaltungsdokumente und Aufzeichnungen belegen, dass diese Gesellschaft so durchorganisiert war wie ein bürokratisch strukturiertes Unternehmen.

Obwohl nur wenig auf eine matriarchale Gesellschaft hindeutet, genossen Frauen offensichtlich ein hohes Maß an Freiheit und Autonomie. In der minoischen Kunst sieht man sie etwa beim Sport, bei der Jagd sowie bei allen öffentlichen und religiösen Festen. Darüber hinaus dienten sie als Priesterinnen, Verwalterinnen und beteiligten sich am Handel.

Keramik

In der frühminoischen Zeit machte die Keramik Fortschritte. Dunkle Vasen wurden mit weißen Spiralmustern und Motiven aus geschwungenen Linien verziert. Es bildeten sich verschiedene Stilrichtungen heraus. Für die Pirgos-Keramik waren die Farben Schwarz, Grau und Braun typisch. Bei der späteren Vassiliki-Keramik (bei Ierapetra hergestellt) war der Dekor vielfarbig. Im Mittel- bis Spätminoikum entwickelte sich dann eine Dunkel-auf-Hell-Farbtechnik.

Ein sehr hohes Niveau an Kunstfertigkeit herrschte in den Werkstätten der ersten Paläste in Knossos und Festos. Die Kamares-Keramik, benannt nach der Höhle, in der die ersten dieser Töpferwaren gefunden wurden, war farbenfroh, elegant und wunderschön. Dekoriert waren sie mit geometrischen Formen sowie Blumen-, Pflanzen- und Tiermotiven; menschliche Formen wurden dagegen nur selten abgebildet. Während der gesamten Neuen Palastzeit wurden Kamares-Vasen für den Tauschhandel genutzt und nach Zypern, Ägypten und in die Levante exportiert.

Seit der Erfindung der Töpferscheibe ließen sich Kelche, Schnabelkannen und *pithoi* (große minoische Vorratsbehälter) schnell herstellen, und die Muster wurden lebhafter. Am eindrucksvollsten sind die extrem dünnwandigen „Eierschalenvasen".

In der Neuen Palastzeit herrschten Meeres- und Blumenmotive in dunkleren Farben vor. Nach 1500 v. Chr. hatten die Vasen drei Henkel

KÖNIG MINOS & DÄDALUS

Minos, der legendäre Herrscher Kretas, war das Kind von Zeus und Europa und bestieg den kretischen Thron mithilfe des Meeresgottes Poseidon. Homer beschreibt ihn und sein Land in der *Odyssee*: „Kreta ist ein Land im dunkelwogenden Meere, fruchtbar und anmutsvoll und rings umflossen. Es wohnen dort unzählige Menschen, und ihrer Städte sind neunzig ... Ihrer Könige Stadt ist Knossos, wo Minos geherrscht hat, der neunjährig mit Zeus, dem großen Gotte, geredet."

Minos' Schicksal war eng verwoben mit dem des genialen Erfinders Dädalus. Als dieser aus Athen fliehen musste, nachdem er seinen Neffen ermordet hatte (weil der noch erfinderischer war als er selbst), suchte er auf Kreta Asyl. Minos machte sich seine Talente zunutze und beauftragte ihn mit dem Bau des legendären Palastes von Knossos. Es heißt, Dädalus' Statuen seien so lebensecht gewesen, dass man sie anketten musste, damit sie nicht davonliefen. Allerdings wurden seine Künste auch zu zweifelhaften Zwecken missbraucht: Als sich Minos' Königin Pasiphae in den weißen Stier des Poseidon verliebte, überredete sie Dädalus, ihr eine hohle hölzerne Kuh zu konstruieren, damit sie sich mit dem Stier vergnügen könnte. Derweil eroberte Minos von Knossos aus den gesamten ägäischen Raum, kolonisierte viele Inseln und vertrieb die Piraten. Auch seine Erfolge zur See werden oft dem Erfindungsreichtum des Dädalus zugeschrieben, der u. a. den modernen Schiffsbug entwarf.

Doch die erfolgreiche Arbeitsbeziehung der beiden trübte sich ab dem Moment, in dem Königin Pasiphae als Strafe der Götter den berüchtigten Minotaurus gebar, ein Zwitterwesen aus Mensch und Stier. Dädalus sollte ein sicheres Gefängnis für das Ungeheuer bauen, das so stark war wie eine ganze Armee. Er konstruierte ein Labyrinth, einen endlosen Irrgarten aus Tunneln, in dem die Kreatur jedes Jahr mit sieben Knaben und sieben Jungfrauen aus Athen gefüttert wurde.

Als Dädalus und sein Sohn Ikarus Kreta ohne seine Erlaubnis verließen, geriet Minos in Wut. Auf der Flucht verlor der Erfinder seinen Sohn, der bekanntlich zu nah an die Sonne heranflog, wodurch die Wachsbefestigung seiner Flügel schmolz. Minos verfolgte Dädalus' Spur bis zur Stadt Kamikos und stellte ihm eine Falle, indem er einen Preis für denjenigen aussetzte, der einen Faden durch ein gewundenes Schneckenhaus ziehen könnte. Dädalus in seiner Überheblichkeit sprang darauf an und löste die Aufgabe. Aber letztlich war es Minos, der ein unschönes Ende fand, und nicht der gewiefte Erfinder, der nun unter dem Schutz von König Kokalos stand. Als Minos mit Krieg drohte, falls ihm der legendäre Flugpionier nicht ausgeliefert würde, lud der sizilianische König den Kreter listreich zum Bad mit seinen Töchtern ein – die ihn dann abmurksten, indem sie ihm mittels einer von Dädalus ersonnenen Rohrkonstruktion kochendes Wasser über den Kopf schütteten. Nach seinem Tod wurde der kretische König zum gefürchteten Richter in der von Hades beherrschten Unterwelt.

Ob König Minos tatsächlich existierte, bleibt ungeklärt. Das Wort *enneaoros*, das Homer zu seiner Beschreibung benutzte, könnte „neun Jahre lang" oder auch „ab dem Alter von neun" bedeuten? Konnte Minos tatsächlich in der kurzen Spanne von nur neun Jahren ein ganzes Imperium aufbauen oder begann seine lange Regentschaft schon im zarten Kindesalter?

und waren häufig wie Tierköpfe geformt, so wie das steinerne *rhyton* (Trinkgefäß) in Form eines Stierkopfs, das im Archäologischen Museum von Heraklion zu besichtigen ist. Nach dem Niedergang der minoischen Kultur erstarrten die lebhaften Keramikmuster der vorangegangenen Jahrhunderte zu stumpfer Monotonie.

Schmuck & Skulpturen

Die Kunstfertigkeit in der Schmuckherstellung und Bildhauerei erreichte in der Vorpalastzeit ein sehr hohes Niveau. Die außerordentliche Feinheit und den Phantasiereichtum demonstriert der exquisite Bienenanhänger aus Malia. Ein weiteres minoisches Meisterwerk ist ein goldener Siegelring aus dem 15. Jh. v. Chr., der in einem Grab in Isopata bei Knossos gefunden wurde; er zeigt Frauen in einem ekstatischen Tanzritual auf einer Lilienwiese, während eine Göttin vom Himmel hinabsteigt.

Minoische Bildhauer schufen kunstvolle Miniaturen, darunter Votivfiguren aus Fayence (Tonware mit Quarzglasur), Gold, Elfenbein, Bronze und Stein. Zu den herausragenden Beispielen zählt die barbusige Schlangengöttin, die zwei Schlangen in den erhobenen Armen hält und ein kunstvoll gearbeitetes Kleid trägt. Unglaublich beeindruckend ist auch das kleine Bergkristall-*rhyton* aus dem Palast von Zakros. Alle beschriebenen Stücke sind im Archäologischen Museum von Heraklion ausgestellt.

Auch die Siegelschneidekunst entwickelte sich in den Palastwerkstätten weiter fort. Aus Halbedelsteinen und Ton schufen die minoischen Kunsthandwerker wahre Meisterwerke im Miniaturformat, die manchmal auch Hieroglyphen enthielten. Ziegen, Löwen, Greife und Tanzszenen wurden in minutiöser Detailarbeit dargestellt. Der berühmte Archäologe Arthur Evans verbrachte einen Großteil seiner ersten Kreta-Reise mit dem Sammeln solcher Siegel.

In der Nachpalastzeit wurden unter dem Einfluss der kriegerischen Mykener vor allem Waffen hergestellt, während Schmuck und Siegelsteine an Bedeutung verloren.

Die berühmten Fresken

Die minoischen Fresken sind berühmt für ihre leuchtenden Farben und einen lebhaften Naturalismus bei der Darstellung von Landschaften voller Tiere und Vögel, Meereswelten, in denen es von Fischen und Kraken wimmelt, Festmählern, Spielen und Ritualen. Wahrscheinlich wurden auch vor 1700 v. Chr. schon Fresken gemalt, doch die Katastrophe, in der die minoischen Paläste damals untergingen, löschte alle Spuren davon aus. Knossos erwies sich als reichste Fundgrube für Fresken aus der Neuen Palastzeit; die meisten erhaltenen Stücke sind im Archäologischen Museum von Heraklion zu besichtigen.

DEN STIER BEI DEN HÖRNERN GEPACKT

In minoischen Zeiten hatte der Stier als Machtsymbol einen Stammplatz in der Kunst. Eine seltsame Sportart der Minoer war der sogenannte Stiersprung, bei dem akrobatisch veranlagte Draufgänger den Stier von vorn bei den Hörnern packten und einen Salto über seinen Rücken schlugen. Solche Darstellungen erscheinen auf Fresken, Keramiken und in Form von Skulpturen. Der Sport wurde von spärlich bekleideten Männern und Frauen ausgeübt und hatte vielleicht eine religiöse Bedeutung. Eines der faszinierendsten Beispiele ist das Stiersprungfresko aus der Neuen Palastzeit, das im Palast von Knossos entdeckt wurde: Es zeigt einen Mann, der längs über den Rücken eines Stiers springt, mit weiblichen Figuren zu jeder Seite. Ein weiterer berühmter Stier ist das steinerne *rhyton* (Trankopfergefäß) in Form eines Stierkopfes, mit Augen aus Bergkristall und Hörnern aus vergoldetem Holz.

DIE ENTZIFFERUNG DER LINEARSCHRIFT B

Die systematische Entzifferung der Linearschrift B durch den englischen Architekten und Hobbylinguisten Michael Ventris im Jahr 1952 lieferte den ersten greifbaren Beweis dafür, dass Griechisch als Schriftsprache schon viel länger existierte als bis dahin von der Wissenschaft angenommen. Linear B ist eine archaische Form des Griechischen und rund 500 Jahre älter als Homers ionischer Dialekt.

Die Schrift wurde auf Tontafeln geritzt, die jahrhundertelang unberührt blieben, bis sie in Knossos auf Kreta wieder ans Licht kamen. Weitere Tafeln wurden später auf dem Festland in Mykene, Tiryns und Pylos auf dem Peleponnes sowie im böotischen Theben in Zentralgriechenland gefunden.

Dabei handelt es sich hauptsächlich um Inventarlisten und Aufzeichnungen von Handelstransaktionen, zusammengesetzt aus rund 90 verschiedenen Zeichen. Sie stammen aus der Zeit vom 14. bis 13 Jh. v. Chr. Die Tafeln verraten wenig über das gesellschaftliche und politische Leben jener Zeit, auch wenn sie Hinweise auf eine recht komplexe und gut organisierte Handelsstruktur geben.

Wichtig war vor allem die Feststellung, dass es sich eindeutig um die griechische Sprache handelt, womit das moderne Griechisch nach dem Chinesischen die zweitlängste schriftlich dokumentierte Geschichte vorweisen kann. Andrew Robinsons Biografie, *The Man Who Deciphered Linear B*, gibt Einblick in das faszinierende Leben von Michael Ventris.

Von den Fresken blieben nur Fragmente übrig, die sehr sorgfältig (aber auf umstrittene Weise) restauriert wurden. Die verwendeten Pflanzen- und Mineralfarben sind relativ frisch geblieben. Die minoischen Freskenmaler waren stark von bestimmten ägyptischen Bildkonventionen beeinflusst, doch die Figuren sind längst nicht so steif wie auf den meisten ägyptischen Wandgemälden.

Fresken aus Knossos zeigen weißhäutige Frauen mit kunstvoll aufgetürmten, schwarz glänzenden Lockenfrisuren. Die stolzen, anmutigen und ungenierten Frauen hatten kurvenreiche Körper und trugen schicke Gewänder, die ihre schönen Brüste freiließen. Die bronzehäutigen Männer waren groß, mit Wespentaille, schmalen Hüften, breiten Schultern, muskelstrotzenden Oberschenkeln und -armen. Die Kinder waren schlank und geschmeidig.

Auf vielen Fresken sind dynamische Szenen abgebildet, von Boxern und Ringern bis zu feierlichen Prozessionen, von der Safranernte bis zum Stiersprung.

Fotos und Beschreibungen von über 50 minoischen Ausgrabungsstätten auf Kreta hat der Archäologiecrack Ian Swindle auf der sehr umfassenden englischsprachigen Website www.minoancrete.com gesammelt.

Religiöse Symbole

Die Minoer hielten nicht viel von protzigen Tempeln oder religiösen Skulpturen. Für Kulthandlungen nutzten sie wohl Heiligtümer in Höhlen und auf Berggipfeln, die wahrscheinlich nur einmal im Jahr zu einem bestimmten Ritual aufgesucht wurden (ähnlich wie die vielen winzigen Kapellen, die überall in Griechenland verstreut stehen). An diesen Stätten gefundene Tische und Gefäße deuten darauf hin, dass Agrarprodukte als Opfergaben dargebracht wurden. Im Mittelpunkt des spirituellen Lebens stand die Verehrung einer Muttergöttin. Diese oft mit Schlangen oder Löwen dargestellte Muttergöttin war Heilgöttin und Hauptgottheit zugleich, der die männlichen Götter offenbar untergeordnet waren.

Das Doppelaxtsymbol auf Fresken und den Palastwänden von Knossos war ein heiliges Symbol der Minoer. Häufige religiöse Symbole in der minoischen Kunst waren auch der mythische Greif und Gestalten mit Menschenkörper und Tierkopf. Man geht davon aus, dass die Minoer die Toten verehrten und an irgendeine Form von Leben nach dem Tod glaubten. Funde aus Anemospilia lieferten auch Hinweise auf mögliche Menschenopfer.

Schrift & Sprache

Das Hieroglyphensystem der rätselhaften Linearschrift A deutet auf eine sehr hoch entwickelte Kultur hin. Aus den kretischen Hieroglyphen der Vorpalastzeit entwickelten sich später die Linearschriften A und B. Das bedeutendste Beispiel der alten minoischen Schrift findet sich auf dem 3600 Jahre alten Diskos von Festos, der 1908 in Festos gefunden wurde und Altertumsforschern seitdem viele Rätsel aufgibt. Die Scheibe mit einem Durchmesser von etwa 16 cm ist mit 242 Piktogrammen bzw. „Wörtern“ beschriftet, die in einer Spirale von außen nach innen (oder von innen nach außen?) verlaufen. Wiederholungen bestimmter Wörter oder Sätze nähren die Spekulation, dass es sich um ein Gebet handeln könnte. Die Schrift wurde bislang nicht entziffert.

Die Minoer wussten sich schon gut zu amüsieren: mit Brettspielen, Boxen, Ringen und gewagter Akrobatik wie beim Stiersprung. Auch die minoischen Tänze waren in der Antike in ganz Griechenland berühmt.

Die gesprochene Sprache der Minoer ist ebenfalls ein Buch mit sieben Siegeln. Die mykenische Linearschrift B ist zwar eindeutig eine archaische Form der griechischen Sprache, aber Linear A könnte durchaus die Schriftform einer vollkommen anderen Sprache sein. Sprachwissenschaftler haben schon spekuliert, ob es Verbindungen zu den prähellenischen mesopotamischen Sprachen gab – solange aber nicht weitere Schriftproben auftauchen, wird es ein Rätsel bleiben.

Musik, Kunst & Literatur

Schon seit Jahrtausenden ist Kreta ein Epizentrum der Musik, des Tanzes und der bildenden Kunst. Von unschätzbaren minoischen Skulpturen bis zu Musikern aus den Bergregionen, die in den Tavernen urwüchsige Lyra-Musik spielen, verarbeitet die Insel ihr Leben, Lieben und Leiden in ureigenen künstlerischen Ausdrucksformen. Durch Museen stöbern, beim Sonnenbad heimische Literatur schmökern, freskengeschmückte Kapellen bestaunen oder auf der Straße tanzen – das alles ist Kreta!

Musik

Die kretische Musik ist die dynamischste und beständigste Form traditioneller Musik im modernen Griechenland. Auf der Insel selbst ist sie die beliebteste Musikrichtung und stellt griechische und westliche Popmusik locker in den Schatten. Sie begleitet Hochzeiten, Feiertage, Ernten und alle anderen festlichen Anlässe. Kretas florierende Musikszene bringt immer wieder neue Generationen von Volksmusikern hervor. Sie produzieren neue Aufnahmen traditionellen Liedguts ebenso wie zeitgenössische Musikstile, die der kretischen Tradition verpflichtet sind. Selbst in der Weltmusikszene bildet die kretische Musik ein eigenes Genre.

Griechenlands älteste überlieferte Volkslieder, die man auf dem Athos fand, stammen aus dem 17. Jh. und entpuppten sich als *rizitika* (patriotische Lieder) aus Westkreta.

Instrumente & Stilrichtungen

Im Laufe der Jahrhunderte beeinflussten viele Musiktraditionen die kretische Musik, die an orientalische Modalmusik erinnert. Hauptinstrument ist die Lyra, ein dreisaitiges Streichinstrument, das man aufs Knie stützt, oft begleitet durch die achtsaitige *lautros* (Laute) als Rhythmusinstrument. Zu den traditionellen Instrumenten gehören außerdem *mandolino* (Mandoline), *askomantoura* (Dudelsack), *chabioli* (Holzflöte) und *daoulaki* (Trommel). Die *bouzouki*, die jeder sofort mit Griechenland in Verbindung bringt, gehört nicht zur traditionellen kretischen Musik.

Zu den beliebtesten musikalischen Ausdrucksformen der Kreter gehört der *mantinadha* (traditioneller kretischer Paarreim), der uralte Themen wie Liebe, Tod und die Launen des Schicksals behandelt. Tausende von *mantinadhes* halfen während der jahrhundertelangen Besatzungsperioden, ein kretisches Nationalgefühl zu schmieden. Sie stützen sich auf die 15-silbige Versstruktur der byzantinischen Mundartliteratur, die mindestens auf das 12. Jh. zurückgeht. Bei kretischen Festen improvisierten die besten Verseschmiede Reime auf und für die Gäste und versuchten sich dabei in Witz und Komposition gegenseitig zu übertrumpfen. Diese Tradition setzen auch die jungen Kreter fort: *Mantinadhes* gehören heute noch zum Flirtritual, wenn auch inzwischen häufig per SMS. Das bekannteste Beispiel kretischer Renaissanceliteratur, der *Erotokritos* (17. Jh.) von Vitsentzos Kornaros, besteht aus Sprache und Reimen, die den *mantinadhes* entsprechen, und inspiriert Kretas Musiker bis heute.

Das älteste bekannte Musikstück in Schriftform stammt aus dem Jahr 408 v. Chr. und wurde in Aufführungen der antiken griechischen Tragödie Orestes von Euripides vom Chor gesungen.

Eine weitere populäre Musikform heißt *rizitika* (patriotische Lieder). Das sind jahrhundertealte Lieder aus Westkreta, insbesondere aus den Lefka Ori, die vielleicht vom Liedgut der Grenzposten im Byzantinischen

Reich abgeleitet sind, vielleicht aber auch in noch ältere Zeiten zurückreichen. Viele *rizitika*-Lieder handeln von historischen Themen oder Heldengeschichten. Zu den beliebtesten gehört das 1034-versige Lied über den sfakiotischen Helden Daskalojannis, der 1770 die Rebellion gegen die Türken anführte. Die deutsche Besatzungszeit während des Zweiten Weltkriegs hat ebenfalls eine Fülle von *rizitika* hervorgebracht.

Musik hat in Griechenland schon seit Tausenden von Jahren Tradition. Archäologen haben sogar antike Vasen gefunden, bei denen das abgebildete Instrument einer Lyra sehr ähnlich sieht.

Bekannte Musiker

Nach der Unabhängigkeit wurde die traditionelle Volksmusik von der griechischen Bourgeoisie verschmäht. Alle Augen waren auf das europäische Festland mit seiner klassischen Musik und Opernkultur gerichtet, während die eigenen östlichen und „bäuerlichen" Wurzeln als verpönt galten. Doch in den 1960er-Jahren entwickelte sich in Athen eine neue Welle der *entechni mousiki* (Kunstmusik). Mit urbanen Instrumenten wie der Bouzouki im Mittelpunkt entstanden populäre Hits, die auf den Werken griechischer Dichter beruhen.

Der gefeierte Komponist Yiannis Markopoulos aus Ierapetra legte dann nach, indem er ländliche Volksmusik für den Massengeschmack aufarbeitete. International ist er vor allem als Komponist der Musik zur BBC-Fernsehserie *Who Pays the Ferryman?* bekannt. Markopoulos war es auch, der Nikos Xylouris, die absolute Kultfigur der kretischen Musik, ins Rampenlicht brachte. Dessen Karriere endete abrupt und tragisch im Jahr 1980, als er mit 43 an einem Hirntumor starb. Seine einmalige Stimme und sein überragendes Talent für die Lyra machen ihn bis heute zum meistverkauften und auch meistverehrten Musiker Kretas. In den Jahren der Militärjunta wurde Xylouris zu einer führenden Stimme des Widerstands. Er entstammte einer Musikerfamilie aus dem Dorf Anogia, das viele Musiktalente hervorgebracht hat und heute ein Xylouris-Museum besitzt.

Xylouris, Thanasis Skordalos und Kostas Mountakis gelten als die großen Meister der kretischen Musik. Die meisten modernen Musiker folgen

TOP 10 KRETISCHE MUSIK

Diese Auswahl bietet einen Einstieg in die kretische Musik der Vergangenheit und Gegenwart.

➡ **Tis Kritis Ta Politima (2009)** Eine gute allgemeine Einführung in die kretische Musik.

➡ **Dimotiki Anthologia-Nikos Xylouris (1976)** Das Album machte Kretas legendären Musiker Nikos Xylouris zum Star.

➡ **Ta Oraiotera Tragoudia Tou (1974)** Eine schöne Anthologie von Kostas Mountakis alias „der Lehrer", dem Meister der kretischen Nachkriegsmusik.

➡ **Thanasis Skordalos (2006)** Bestandteil der Reihe *To Elliniko Tragoudi* mit den großen Meistern der griechischen Musik; Skordalos ist eine der Lyra-Legenden Kretas.

➡ **Anastorimata (1982)** Das Album ist ein Meilenstein und Vorbote des einzigartigen Stils von Psarantonis. Es enthält auch *mantinadhes* von Vasilis Stavrakakis.

➡ **Beyond the Horizon (2002)** Ross Dalys Album präsentiert seine Orchestrierung traditioneller kretischer Musik.

➡ **Embolo (2004)** Doppelalbum mit Yiannis und Giorgos Xylouris, zwei großen Meistern der kretischen Musik.

➡ **Xatheri (2003)** Diese musikalische Sternstunde vereinigt Kretas besten Sänger Vasilis Stavrakakis, Giorgos Xylouris an der Laute, Niki Xylouris und weitere Musiker, die kretische Klassiker mit frischem Sound interpretieren.

➡ **Palaïna Seferia (1997)** Das tolle Debütalbum des gleichnamigen kretischen Ensembles unter Leitung von Zacharias Spyridakis, einem Schüler des Lyra-Meisters Mountakis.

➡ **Haïnides (1991)** Das erste Album der beliebten kretischen Band gleichen Namens.

einer der von ihnen geprägten Stilrichtungen. Der berühmteste kretische Musiker unserer Tage ist der legendäre Psarantonis (Antonis Xylouris, Bruder von Nikos), für seinen einzigartigen Musizierstil bekannt und durch seine wilde Bart- und Haartracht auch optisch unverwechselbar. Er tritt immer noch überall auf – im winzigsten kretischen Dorf ebenso wie in den Clubs von Athen und auf internationalen Festivals. Neben der Familie Xylouris ist Loudovikos Ton Anogion ein weiterer berühmter Musiker aus Anogia.

Noch eine faszinierende Gestalt der kretischen Musikszene ist Ross Daly. Der irischstämmige Lyra-Virtuose betreibt einen hochkarätigen Weltmusik-Workshop in Choudetsi.

Das exzellente Sextett Haïnides gehört mit seiner eigenständigen und unverwechselbaren Musik zu den populärsten Bands, die Kreta in den letzten Jahren hervorgebracht hat. Die Gruppe gibt unvergessliche Livekonzerte in ganz Griechenland. Weitere prominente Figuren sind Mitsos und Vasilis Stavrakakis sowie zeitgenössische Musiker wie die Band Palaïna, Nikos Zoidakis, Stelios Petrakis aus Sitia, Papa Stefanis Nikas und Yiannis Haroulis. Vielversprechende Talente sind auch der gebürtige Australier Sifis Tsourdalakis sowie der in Belgien geborene Michalis Tzouganakis.

Ein populärer, aus Kreta stammender Vertreter der griechischen Mainstream-Musik ist Manos Pirovolakis mit seinem rockigen Lyra-Sound. Auch Nana Mouskouri, eine der international bekanntesten Sängerinnen Griechenlands, kam in Chania zur Welt; allerdings zog ihre Familie nach Athen um, als sie drei Jahre alt war.

Top-Filme, die auf Kreta gedreht wurden

Alexis Sorbas (1964)

Die zwei Gesichter des Januars (2014)

Sex on the Beach (2011)

Der Mann, der sterben muss (1956)

El Greco (2007)

Tanz

Seit den allerersten Anfängen des Hellenismus ist der Tanz Bestandteil des Gesellschaftslebens auf Kreta. Einige Volkstänze sind aus den rituellen Tänzen der antiken griechischen Tempel entstanden. Tänzer schmücken antike griechische Vasen, und schon Homer pries das kretische Tanztalent.

Kretische Tänze sind dynamisch, schnell und kriegerisch. Viele von ihnen werden von Männern in Gruppen getanzt. Tänze für Frauen stehen traditionell mit Hochzeit oder Werbung in Zusammenhang und sind graziöser und anmutiger. Wie bei den meisten griechischen Tänzen tanzt man normalerweise im Kreis – im Altertum bildeten die Tänzer einen Kreis, um sich gegen böse Einflüsse abzuschotten. Während der Besatzungszeiten wurde der Tanz zum Akt der Rebellion, mit der man sich gleichzeitig vor der Nase des Feindes fit halten konnte.

Der *sirtaki*, den Anthony Quinn in der Schlussszene von *Alexis Sorbas* unsterblich machte, wurde von Quinn improvisiert, weil er sich vor dem Dreh am Bein verletzt hatte und die eigentlich geplanten Schritte und Sprünge nicht ausführen konnte. So wurde aus dem lebhaften Tanz, der im Drehbuch stand, ein langsames Schlurfen, das er fälschlich als traditionell ausgab.

Die beliebtesten kretischen Tänze sind der langsame und graziöse *sirtos* und der *pentosalis*, der einst von bewaffneten Kämpfern getanzt wurde. Von ihm gibt es eine langsame und eine schnellere Version, die sich bis zur Raserei steigert, wobei der führende Tänzer Sprünge, Variationen und Phantasiebewegungen vollführt, denen die anderen mit gemäßigteren Schritten folgen. Ebenfalls populär ist der *sousta*, ein hüpfender Paartanz mit kleinen, exakten Schritten. Der *maleviziotikos* (auch *kastrino* oder *pidikto* genannt) ist ein schneller, triumphierender Tanz.

Gut zu tanzen ist Ehrensache, und die Tänzer übernehmen abwechselnd die Führung, um ihr Können zur Schau zu stellen. Achtung: Jemandes Tanz zu unterbrechen gehört sich absolut nicht, da die Familien normalerweise für den Tanz bezahlt haben (viele kretische Musiker verdienen so ihren Lebensunterhalt).

Die beste Gelegenheit, kretische Tänze zu sehen, sind Festivals, Hochzeiten und Taufen. Außerdem gibt es in vielen Gegenden Folkloreveranstaltungen für Touristen, trotz des etwas künstlichen Rahmens eine nette Show.

EL GRECO DER KRETER

Der geniale Renaissancemaler El Greco („Der Grieche" auf Spanisch) war Kreter und hieß mit bürgerlichem Namen Domenikos Theotokopoulos. Er kam 1541 in der kretischen Hauptstadt Candia (dem heutigen Iraklion) zur Welt. Es war die Phase reger künstlerischer Aktivität nach der Ankunft zahlreicher Maler, die aus dem türkisch besetzten Konstantinopel geflohen waren. Diese Maler übten einen prägenden Einfluss auf den jungen El Greco aus und führten ihn in die Traditionen der spätbyzantinischen Wandmalerei ein.

Mit Anfang zwanzig ging El Greco nach Venedig und lernte dort im Atelier von Tizian. Doch erst nachdem er 1577 nach Spanien weitergezogen war, konnte er sich als Maler richtig entfalten. Sein äußerst emotionaler Stil kam bei den Spaniern gut an. Er lebte bis zu seinem Tod 1614 in Toledo. Dort hängen auch viele seiner berühmten Werke, wie *Das Begräbnis des Grafen Orgaz* (1586). Weitere Gemälde sind auf Museen in aller Welt verteilt. *Blick auf den Berg Sinai und das Katharinenkloster* (1570), das El Greco in Venedig schuf, hängt im Historischen Museum von Kreta (S. 159) neben dem winzigen Bild *Die Taufe Christi*. *Engelskonzert* (1608) ist in der Nationalgalerie in Athen zu bewundern.

Auf Iraklions Platia El Greco steht eine Marmorbüste des Malers, und überall auf der Insel sind Straßen, Tavernen und Hotels nach ihm benannt. Ein kleines El-Greco-Museum wurde im Dorf Fodele eingerichtet – in dem Haus, wo er angeblich einen Teil seiner Kindheit verbrachte. Die Filmbiographie *El Greco* wurde 2007 teilweise in Iraklion gedreht.

Bildende Künste

Die Kunst der Minoer gehört zum Besten, was die Menschheitsgeschichte hervorgebracht hat. Vom 8. bis 7. Jh. v. Chr. erlebte Kreta eine kurze Phase der künstlerischen Wiedergeburt. Eine Gruppe von Bildhauern, die man Dädaliden nennt, perfektionierte eine neue Technik zur Herstellung von Skulpturen aus gehämmerter Bronze. Ihr Stil verschmolz die orientalische mit der griechischen Ästhetik, und ihr Einfluss reichte bis aufs griechische Festland. Ab Ende des 7. Jhs. v. Chr. verfiel die kretische Kultur. Unter den Römern kam es zu einer kurzen Wiederbelebung: Die bemerkenswertesten Zeugnisse dieser Zeit sind ihre prachtvollen Mosaikböden und Marmorskulpturen. Dann kamen die Gemälde und Fresken, die in der berühmten Kretischen Schule der sakralen Malerei gipfelten.

Berühmte Romane, die auf Kreta spielen

Alexis Sorbas, *Nikos Kazantzakis (1946)*

Das dunkle Labyrinth, *Lawrence Durrell (1958)*

Der Koloss von Maroussi, *Henry Miller (1941)*

Insel der Vergessenen, *Victoria Hislop (2005)*

Byzantinische Kunst

Die griechische Malerei erlebte unter den Byzantinern ihre Blütezeit – d. h. etwa vom 4. Jh. v. Chr. bis zum Fall von Konstantinopel im Jahr 1453. Ein Großteil der byzantinischen Kunst wurde bei Volksaufständen im 13. und 14. Jh. zerstört. Im 11. Jh. brachten Emigranten aus Konstantinopel Ikonen mit nach Kreta, doch das einzig erhaltene Exemplar aus dieser Zeit ist die Ikone der Jungfrau Maria in Mesopantitissa (heute in Venedig).

Von Anfang des 13. bis zum frühen 16. Jh. waren in den Kirchen rund um Kreta häufig Fresken mit dunkelblauem Hintergrund zu sehen, die in der Kuppel Christus zeigten und die vier Evangelisten in den Ecken. In der Apsis war noch die Jungfrau Maria mit Jesuskind abgebildet. Ebenfalls beliebt waren Szenen aus dem Leben Christi sowie Heiligenstatuen. Auch heute sind noch viele schöne Fresken erhalten, wenn auch mit verblassten Farben. Der größte Ikonenmaler des 14. Jhs. war Ioannis Pagomenos, der im Westen der Insel Kreta lebte und arbeitete. Einige seiner Fresken sind in den Kirchen von Agios Georgios in Sfakia sowie in Agios Nikolaos in Maza zu sehen, wo er auch begraben liegt.

Die Kretische Schule

Nach dem Untergang Konstantinopels (1453) flohen viele byzantinische Künstler nach Kreta, und die Insel wurde zum Zentrum griechischer Kunst. Zugleich stand die italienische Renaissance in voller Blüte, und viele kretische Künstler studierten in Italien. Das Resultat war die „Kretische Schule" der sakralen Malerei, die technische Brillanz mit einer besonderen Üppigkeit kombinierte. Künstler ließen sich sowohl vom westlichen als auch vom byzantinischen Stil inspirieren. Allein in Iraklion arbeiteten von Mitte des 16. bis Mitte des 17. Jhs. über 200 Maler.

Den größten internationalen Ruhm erlangte El Greco, der sehr unter dem Einfluss des großartigen, in Iraklion geborenen Michael Damaskinos (1530–1591) stand. Dieser hatte von einem langen Aufenthalt in Venedig neue Techniken zur perspektivischen Darstellung mitgebracht. Herzstück der Sammlung im Museum für christliche Kunst in Iraklion sind sechs Ikonen von Damaskinos. Der Dritte im Bunde der kretischen Top-Künstler ist Theophanes Strelitsa (alias Theophanes der Kreter). Er gehörte seinerzeit zu den besten Freskenkünstlern, wobei sich seine Werke alle auf dem Festland befinden.

Zeitgenössische Kunst

Heute spielt die bildende Kunst auf Kreta eine eher bescheidene Rolle. Eine Reihe zeitgenössischer Künstler und Kunsthandwerker arbeitet auf der Insel und stellt auch hier aus, doch sehr viele leben und arbeiten in Athen und im Ausland. Das Museum für zeitgenössische Kunst in Rethymnon und städtische Galerien überall auf Kreta sind die wichtigsten Ausstellungsorte für heimische Künstler. In Chania und Iraklion gibt es auch einige privat betriebene Galerien und Kunsthandlungen.

Literatur

Berühmte Autoren

Griechenlands bekanntester und meistgelesener Schriftsteller seit Homer ist Nikos Kazantzakis, der 1883 inmitten der letzten Phase des kretischen Freiheitskampfs gegen die Türken auf der Insel zur Welt kam.

Die erste komplette englische Prosaübersetzung des kretischen 10 000-Zeilen-Epos *Erotokritos* von Vitsentzos Kornaros wurde 2004 von Byzantina Australiensia herausgegeben, mit einer wissenschaftlichen Einführung und Anmerkungen.

NIKOS KAZANTZAKIS

Kretas berühmtester Schriftsteller der jüngeren Vergangenheit ist Nikos Kazantzakis. Er wurde 1883 unter der Türkenherrschaft in der damaligen Hauptstadt Iraklion geboren. Seine frühe Kindheit war von der gärenden Revolution und dem sich anbahnenden Umbruch geprägt. 1897 zwang ihn die Revolution gegen die türkische Herrschaft, Kreta zu verlassen. Er studierte in Naxos, Athen und später in Paris. Erst mit 31 Jahren wandte er sich dem Schreiben zu, indem er philosophische Werke ins Griechische übersetzte. Er bereiste Europa und legte so den Grundstein für die Reiseschilderungen seiner späteren literarischen Laufbahn.

Kazantzakis war ein komplexer Schriftsteller. Sein frühes Werk war stark von philosophischem und spirituellem Gedankengut beeinflusst, u. a. von der Philosophie Nietzsches. Auch sein Verhältnis zur Religion war kompliziert: Offiziell gab er sich als Atheist; andererseits befasste er sich intensiv mit Religion und religiösen Figuren und schrieb auch über sie.

Kazantzakis selbst hielt seine *Odyssee* für sein größtes Werk, ein modernes Epos aus 33 333 jambischen Versen, das sich an die Abenteuer und Reisen des antiken Odysseus anlehnt. Doch erst als er sich viel später der Romanschriftstellerei zuwandte, ging sein Stern schließlich auf. Werke wie *Griechische Passion* (1948), *Kapetan Mihalis* (1950; heute als *Freiheit oder Tod* bekannt) und *Leben und Lebensart des Alexis Sorbas* (1946; später umbenannt in *Alexis Sorbas*) machten ihn international berühmt. Mit Sorbas schuf er das Bild des ultimativen, freigeistigen griechischen Mannes, das Anthony Quinn in dem Film von 1964 unsterblich machte.

Kazantzakis starb am 26. Oktober 1957 während einer Reise in Freiburg im Breisgau an Leukämie. Gegen den Widerstand der orthodoxen Kirche erhielt er ein religiöses Begräbnis; sein Grab befindet sich auf der südlichen Martinengo-Bastion in Iraklion. In Myrtia gibt es ein ihm gewidmetes Museum (S. 181).

Die Figur des Sorbas beruht auf der echten Person des Yorgos Sorbas, eines Arbeiters aus Mazedonien, den Nikos Kazantzakis 1915 kennenlernte. Zwei Jahre später stellte er ihn ein, um bei der Einrichtung eines Braunkohlebergwerks auf dem Peleponnes zu helfen, das zur Deckung des Kohlebedarfs im Ersten Weltkrieg beitragen sollte.

Seine Romane liegen alle in deutscher Übersetzung vor und sind voller Dramatik und kraftvoll gezeichneter Charaktere. Zu diesen gehören *Alexis Sorbas* (1946) und der innerlich zerrissene Kapitän Michalis in *Freiheit oder Tod* (1950), zwei seiner Meisterwerke. Neben Alexis Sorbas hat es auch *Die letzte Versuchung* (1953) auf die Kinoleinwand geschafft. Die Geschichte des Alexis Sorbas, die in Kreta spielt, bietet faszinierende Einblicke in die raueren Seiten der kretischen Kultur. Kazantzakis' bewegte literarische Laufbahn verlief nicht immer reibungslos. Als bekennender Atheist geriet er häufig mit der orthodoxen Kirche aneinander.

Kazantzakis mag der berühmteste aller kretischen Schriftsteller sein, doch es war Odysseus Elytis (1911–1996), der 1979 den Nobelpreis für Literatur erhielt. Eines seiner Hauptwerke ist *Axion Esti – Gepriesen sei* (1959), ein komplexes Gedicht über existenzialistische Fragen und die Identität von Land und Volk des Protagonisten. Es wurde von Mikis Theodorakis vertont und ist bis heute eines der bekanntesten Gedichte und Lieder in Griechenland.

Ein angesehener Zeitgenosse von Elytis war der in Rethymnon geborene Pandelis Prevelakis (1909–1986). Er ist hauptsächlich als Dichter bekannt, obwohl er auch Theaterstücke und Romane geschrieben hat. Sein bekanntestes Werk, *Chronik einer Stadt*, ist eine nostalgische Betrachtung seiner Heimatstadt am Anfang des 20. Jhs.

Zeitgenössische Literatur

Zu Kretas zeitgenössischer Literaturszene gehört Rhea Galanaki (*1947), deren preisgekrönter Roman *Das Leben von Ismail Ferik Pascha* (1989) in sechs Sprachen übersetzt wurde. Die Erzählung spielt auf Kreta und beschreibt den Zusammenstoß zwischen Christentum und osmanischem Islam. Ioanna Karystiani (geb. 1952) schrieb das Drehbuch zum Film *Nytes* (Bräute) (2004) und erhielt für ihren ersten Roman *Mikra Anglia* (dt.: *Die Frauen von Andros*) den griechischen Staatspreis für Literatur. Der Roman, der auch verfilmt wurde, beschreibt das Leben einer Seefahrerfamilie auf der Insel Andros. Weitere kretische Schriftsteller sind Minas Dimakis, Manolis Pratikakis, Yiorgis Manoussakis und Victoria Theodorou.

Natur & Tierwelt

Kreta ist eine Insel voller landschaftlicher Kontraste. Hier kann man am selben Tag am Palmenstrand von Vai schwimmen und in den Lefka Ori (Weißen Bergen) Ski laufen. Mit unzähligen Höhlen, Schluchten und Plateaus, schroffen Bergen und endlosen Küsten bietet die Insel reichlich Abwechslung für Naturfreunde. Kein Wunder, dass Kreta auch eine umwerfende Vielfalt an Pflanzen- und Tierarten beherbergt, von Mönchsrobben bis zu Steinadlern.

Tiere

Kreta ist bekannt für seine riesige Population an Schafen und Ziegen, doch es gibt auch einige endemische Arten, darunter Hasen und Kaninchen, Wiesel und sogar eine eigene Unterart des Dachses. Die Kretische Stachelmaus mit ihren großen Ohren wird man höchst wahrscheinlich nicht zu Gesicht bekommen, aber wer weiß ... Auch Scharen von Fledermäusen, Insekten, Schnecken und Wirbellosen sind auf der Insel daheim. Weitere heimische Tierarten sind der winzige Kretische Laubfrosch und der Kretische Wasserfrosch.

Vor der steil ins Meer abfallenden Südküste Kretas lebt die bedeutendste Pottwalpopulation des Mittelmeers. Das ganze Jahr über versammeln sie sich in dieser Gegend, gehen auf Nahrungssuche, und vielleicht paaren sie sich auch hier. Diese Meeresregion wimmelt nämlich von Tintenfischen, der Hauptnahrung der Pottwale. Mit Glück lässt sich auf Bootsfahrten der eine oder andere Wal erspähen. Außerdem durchstreifen Gruppen von Blau-Weißen Delfinen, Rundkopfdelfinen und Cuvier-Schnabelwalen die Gewässer vor der südlichen Küste. Vor Paleochora werden im seichten Wasser zwischen Gavdos und der winzigen Nachbarinsel Gavdopoula häufig Große Tümmler gesichtet.

Das kretische Pottwalprojekt des Pelagos Cetacean Research Institute (www.pelagosinstitute.gr) überwacht die Walpopulation.

Kreta ist mit einer Fläche von 8335 km² die größte griechische Insel. Sie ist 250 km lang, an ihrer breitesten Stelle gut 60 km und an der schmalsten 12 km breit.

Vögel

Kreta ist ein lohnendes Ziel für Vogelfreunde, denn die Insel liegt an den Hauptrouten der Zugvögel zwischen Afrika und Europa. Weit über 400 Arten wurden auf Kreta gezählt, sowohl standorttreue als auch wandernde. Während des Vogelzugs im Frühjahr und Herbst machen u. a. verschiedene Reiherarten an den Küsten Zwischenstation.

Die Samaria-Schlucht ist der einzige Nationalpark Kretas und soll demnächst zum Unesco-geschützten Biosphärenreservat erklärt werden.

KRETAS EXOTEN

Auch wenn Besucher sie nicht unbedingt zu Gesicht bekommen, beherbergt Kreta eine Reihe exotischer Tierarten, darunter die Leopardnatter, die Würfelnatter, die Europäische Katzennatter und die Zornnatter. Außerdem gibt es hier drei Skorpionarten. Arachnophobiker lesen besser nicht weiter, denn auf Kreta sind auch die Schwarze Witwe und verschiedene Kreuzspinnen daheim, aber Menschen werden nur sehr selten gebissen. Zudem tummeln sich im Mittelmeer rund 30 verschiedene Haiarten, von denen einige auch in den Gewässern rund um die Insel zu beobachten sind.

GEFÄHRDETE ARTEN

Kretas berühmtestes Tier ist die *agrimi* oder *kri-kri*, eine auffällige Wildziege mit großen Hörnern, die schon in der minoischen Kunst häufig dargestellt wurde. Von ihr sind nur in der Samaria-Schlucht und Umgebung sowie auf den Inseln Agioi Theodoroi vor Chania und Dia vor Iraklion ein paar Exemplare übrig geblieben.

Mit viel Glück erspäht man in der Samaria-Schlucht oder über der Lassithi-Hochebene einen Lämmergeier, der zu den seltensten Raubvögeln Europas gehört und eine Flügelspannweite von fast 3 m hat. Auch ein paar Steinadler und Habichtsadler wurden in dieser Gegend, aber auch andernorts auf der Insel gesichtet, etwa in der Umgebung von Kato Zakros. Gute Arbeit leisten verschiedene Organisationen bei der Auswilderung von Raubvögeln wie Bartgeiern und Adlern in abgeschiedene Regionen der Lefka Ori und anderer Berggegenden.

Die Kreter kämpfen hart um den Schutz ihrer Population an Unechten Karettschildkröten, die seit den Tagen der Dinosaurier auf der Insel brüten. Außerdem hat die Insel eine kleine Population der seltenen und gefährdeten Mittelmeer-Mönchsrobben, die ihre Jungen in Höhlen an der Südküste großziehen.

Eingefleischte Vogelbeobachter rüsten sich vor der Kretareise mit *Die Vögel am Mittelmeer* (2004) von Paul Sterry aus, das mit rund 1000 Farbfotos alle Arten rund ums Mittelmeer (Europa, Nordafrika und Vorderasien) abdeckt.

Eine Fülle interessanter Vögel ist in den Bergen heimisch. Dort leben Blaumerlen, Bussarde, der gewaltige Gänsegeier, Alpensegler, Schwarzkehlchen, Amseln und Samtkopfgrasmücken. Auf den Wiesen und Feldern rund um Malia tummeln sich Brach- und Rotkehlpieper, Triele, Cistensänger und Kurzzehenlerchen. An den Hängen unterhalb des Moni Preveli zwitschern Weißbart- und Maskengrasmücken. Viel für Vogelfreunde bietet die Halbinsel Akrotiri: Rund um die Klöster Agias Triadas und Gouverneto leben Halsband- und Trauerschnäpper, Wendehälse, Brachpieper, Blaumerlen, Schwarzkehlchen, Chukarhühner und Steinschmätzer. Säbelschnäbler und Teichwasserläufer zählen zu den Zugvögeln, die sich in Feuchtgebieten wie Elafonisi beobachten lassen.

Pflanzen

Kreta blüht im wahrsten Sinne des Wortes. Schätzungsweise rund 1750 Pflanzenarten gibt es auf der Insel, von denen etwa 170 nur hier vorkommen. Die Schluchten sind botanische Gärten im Miniformat, deren Abgeschiedenheit das Überleben vieler Arten begünstigt.

Die *Exkursionsflora für Kreta* (1995) von Ralf Jahn und Peter Schönefelder eröffnet umfassende Einblicke in die kretische Vegetation. Das Buch hilft mit exakten Beschreibungen und rund 100 Farbfotos bei der Bestimmung der wild wachsenden Farn- und Blütenpflanzen.

An der Küste blühen im August und September die Pankrazlilien. Im April und Mai stehen an der westlichen Küste die Flockenblumen in Blüte, gleichzeitig leuchten die purpurnen und violetten Blüten der Levkojen als hübsche Farbtupfer an den Sandstränden. Die Strände im Osten Kretas sind zur selben Zeit von knallroten Mohnblumen gesäumt, vor allem rund um Sitia. Am Rand der Strände, an denen die Hotels noch nicht dicht an dicht stehen, wachsen zarte rosa Winden und Jujube-Bäume, die von Mai bis Juni Blüten und im September und Oktober Früchte tragen. In derselben Umgebung blühen im Frühjahr die Tamarisken.

Auch wer im Sommer kommt, hat noch etwas von der bunten Blütenpracht: Von Juni bis August blühen die milchweißen und purpurroten Oleander.

An den Berghängen sieht man im Frühsommer Zistrosen und Besenginster, auf den Wiesen von März bis Mai gelbe Chrysanthemen. Die seltene endemische blaue Ochenzunge *(Anchusa cespitosa)* aus der Familie der Raublattgewächse wächst nur in den Hochlagen der Lefka Ori (Weißen Berge).

Praktische Informationen

Allgemeine Informationen

Ermäßigungen

Für Senioren, Kinder und Studenten ist auch oft ohne Ermäßigungskarte ein Preisnachlass drin – evtl. muss dazu der Ausweis vorgezeigt werden.

Camping Card International (www.campingcardinternational.com) Hier gibt's bis zu 25 % Ermäßigung für Stellplätze auf dem Campingplatz sowie eine Haftpflichtversicherung für die Dauer des Aufenthalts dort.

European Youth Card (www.europeanyouthcard.org) Für Personen bis 30 Jahre gibt's bei Sehenswürdigkeiten, in Geschäften und bei einigen Verkehrsmitteln bis zu 20 % Rabatt.

International Student Identity Card (www.isic.org) Gewährt 50 % Ermäßigung in Museen und antiken Stätten sowie Preisnachlässe in einigen billigen Hotels und Hostels. Erhältlich im Internet oder in Reisebüros in Athen (nicht auf Kreta) oder im Heimatland. Für den Antrag benötigt man einen Immatrikulationsnachweis und ein Passfoto und es wird eine Gebühr fällig.

Essen

Die folgenden Kategorien beziehen sich auf die durchschnittlichen Preise für ein Hauptgericht inklusive Steuern und Bedienung.

€ bis 10 €

€€ 10–20 €

€€€ über 20 €

Feiertage

Die meisten Banken, Geschäfte, Postämter und öffentlichen Einrichtungen sowie die meisten Museen und Ausgrabungsstätten sind an gesetzlichen Feiertagen geschlossen. Dazu gehören auf Kreta die folgenden griechischen Feiertage:

Neujahr 1. Januar

Heilige Drei Könige 6. Januar

Erster Sonntag der Fastenzeit Februar

Griechischer Unabhängigkeitstag 25. März

Karfreitag März/April

(Orthodoxer) Ostersonntag 1. Mai 2016, 16. April 2017, 8. April 2018, 28. April 2019

Tag der Arbeit (Protomagia) 1. Mai

Pfingstmontag (Agiou Pnevmatos) 50 Tage nach Ostersonntag

Mariä Himmelfahrt 15. August

Ochi-Tag 28. Oktober

Weihnachten 25. Dezember

Stephanstag 26. Dezember

Fotos

- Kreta ist der Traum aller Fotografen. Ein gutes Handbuch für Fotografierwütige ist der Lonely Planet Band *Guide to Travel Photography.*
- Militärische Einrichtungen und andere Anlagen mit einem „Fotografieren verboten"-Schild sind tabu!
- In Kirchen sind keine Blitzlichtaufnahmen erlaubt,

BOTSCHAFTEN & KONSULATE

Alle deutschsprachigen Länder sind in Athen durch Botschaften vertreten; Deutschland und Österreich unterhalten auf Kreta auch Honorarkonsulate. Näheres dazu auf der jeweiligen Website oder unter der zugehörigen Telefonnummer.

LAND	TELEFON	WEBSITE
Deutschland	210 728 5111	www.athen.diplo.de
Österreich	210 725 7270	www.bmeia.gv.at/botschaft/athen
Schweiz	210 723 0364	www.eda.admin.ch/eda/de/home/reps/eur/vgrc/embath

auch sollten Hauptaltar und Ikonen nicht fotografiert werden, genauso wie während des Gottesdienstes.

➡ Kreter lassen sich im Rahmen einer Szenenfotografie gerne mit ablichten; wer allerdings ein Portrait schießen will, sollte erst um Erlaubnis bitten. Das gilt natürlich auch fürs Filmen.

Frauen unterwegs

➡ Kreta ist für Frauen (auch für alleinreisende) erstaunlich sicher. Alleine in Cafés und Restaurants zu gehen ist absolut kein Problem. Das ist aber keine Freikarte für bodenlosen Leichtsinn – Handtaschenklau und sexuelle Belästigung kommen schon hin und wieder vor.

➡ Frauen, die alleine an Stränden sowie in Bars und Clubs auftauchen, müssen damit rechnen, ins Visier der Männer zu geraten. In Griechenland gibt es sogar einen Ausdruck für Männer auf der Pirsch nach Touristinnen: *kamaki* – der dreizackige Fischspeer.

➡ Im Allgemeinen genügt aber ein deutliches „nein danke" und frau hat ihre Ruhe. Wer sich bedroht fühlt, sollte möglichst laut protestieren. Oft zieht sich das lästige Subjekt dann zurück oder andere springen einem bei.

Freiwilligenarbeit

Crete for Life (www.creteforlife.com) Urlaubscamp zum Aufpäppeln benachteiligter Kinder in der Nähe von Ierapetra.

Global Volunteers (www.globalvolunteers.org) Hier wird Kindern in Gazi (westlich von Iraklion) englischer Konversationsunterricht erteilt.

Sea Turtle Protection Society of Greece (www.archelon.gr) Bietet u. a. Teilnahme an Überwachungsprogrammen für Meeresschildkröten an.

Geld

Die nationale Währung ist der Euro.

Bargeld

➡ In Kreta ist Bargeld Trumpf. Wer schlau ist, achtet immer auf den Füllstand seines Geldbeutels, denn ohne Cash geht fast nirgendwo etwas. Auch für den Notfall sollte man stets einen kleinen Vorrat bereithalten.

➡ Kleinere Läden haben stets ein Kleingeldproblem. Geringe Beträge begleicht man am besten mit Münzgeld oder kleinen Scheinen.

Geldautomaten

➡ Geldautomaten sind die schnellste und meist auch billigste Art, sich Bargeld zu beschaffen. Dazu genügt eine Bankkarte und ein Automat, der mit dem internationalen Cirrus-, Plus-, Star- oder Maestro-Netzwerk verbunden ist.

➡ In den Touristenzentren und in fast allen Orten, wo es eine Bank gibt, sind Geldautomaten zu finden. Auf dem Land haben nur die größeren Orte Geldautomaten, es lohnt sich also, vorausschauend etwas mehr abzuheben, besonders im Südwesten.

Kreditkarten

➡ Große Hotels und manche Häuser der Mittelklasse nehmen Kreditkarten, nicht aber die kleineren Unterkünfte in Familienbesitz. Am besten gleich beim Check-in fragen. Ähnlich sieht es in Geschäften und Restaurants aus – in den Luxusschuppen geht's auch bargeldlos, aber die kleine Taverne um die Ecke und der Tante-Emma-Laden bestehen auf Cash.

➡ Die Marktführer MasterCard und Visa werden fast überall auf Kreta akzeptiert. American Express und Diner's Club sind nur in den Touristenzentren gängig.

Reiseschecks

Im Zeitalter der vernetzten Geldautomaten gehören Reiseschecks zunehmend der Vergangenheit an. Ihr Vorteil ist jedoch nach wie vor, dass sie bei Diebstahl oder Verlust ersetzt werden.

Gesundheit

Kreta ist ein ziemlich gesundes Pflaster. Die größten Gesundheitsrisiken stellen daher Sonnenbrand, wund gelaufene Füße, Insektenstiche, kleinere Verdauungsstörungen und ein Kater dar.

Vor der Reise

➡ Alle, die auf bestimmte Medikamente angewiesen sind, sollten diese in der Originalverpackung mit deutlich erkennbarer Bezeichnung einführen.

➡ Ein Arztbrief mit Datum und Unterschrift des behandelnden Arztes, der Krankheiten und Medikamente (Wirkstoff angeben!) beschreibt, ist auch kein Fehler. Codeinhaltige Mittel dürfen ohne ärztliche Bescheinigung gar nicht eingeführt werden.

➡ Für die Einreise nach Kreta sind keine Impfungen vorgeschrieben. Die Weltgesundheitsorganisation (WHO) empfiehlt jedoch allen Kreta-Reisenden, sich gegen Diphtherie, Tetanus, Masern, Mumps, Röteln und Polio impfen zu lassen.

Medizinische Versorgung & Kosten

➡ Einen Krankenwagen kann man unter der Telefonnummer ☎166 rufen.

➡ Bei kleineren Erkrankungen haben Apotheker guten Rat und Medikamente auf Lager; meist können Sie auch sagen, ob ein Arztbesuch ratsam ist.

➡ Die medizinische Ausbildung in Griechenland ist hervorragend – das Gesundheitswesen jedoch chronisch unterfinanziert. Öffentliche Krankenhäuser sind oft überfüllt und teilweise nicht allzu hygienisch und Essen gibt's auch keins – dafür sollen die

Angehörigen sorgen. Trotzdem gibt's in Iraklion, Chania und Rethymnon moderne, gut ausgestattete Krankenhäuser.

➡ Kondome sind überall erhältlich (z. B. an Kiosken sowie in Supermärkten und Apotheken), die „Pille danach" aber nicht unbedingt.

Umweltgefahren

➡ Zu den gefährlichen Schlangen auf Kreta zählen die Natter und die weniger häufig verkommende Viper und Korallenotter. Um nicht gebissen zu werden, sind Stiefel, Strümpfe und lange Hosen zu empfehlen, wenn man durch Dickicht geht, in dem sich Schlangen aufhalten könnten.

➡ Mücken können zwar nerven, aber es besteht keine Gefahr, sich mit Malaria zu infizieren. Elektrische Mückenschutzgeräte genügen gewöhnlich, um Insekten abends in ihre Schranken zu weisen. Wenn möglich, sollte man Unterkünfte mit Fliegennetzen an den Fenstern wählen.

➡ Die Asiatische Tigermücke *(Aedes albopictus)* kommt in Berggegenden vor, kann tagsüber kräftig zustechen und überträgt mehrere Krankheiten wie z. B. die Pferdeenzephalitis, die das zentrale Nervensystem des Menschen angreifen und u. U. zum Tod führen kann. Schutzsprays oder -lotionen benutzen!

Versicherung

Staatsbürger der EU, der Schweiz, Islands, Norwegens und Liechtensteins haben während Ihres Kreta-Aufenthalts mit der Europäischen Krankenversicherungskarte (EHIC) Anspruch auf kostenlose oder vergünstigte staatliche (nicht private!) Krankenversorgung für alle anfallenden medizinischen Behandlungen. Jedes Familienmitglied benötigt dazu eine eigene Karte.

Patienten müssen direkt bezahlen und ein Behandlungsformular ausfüllen, das bei der Rückerstattung mit eingereicht werden muss. Im Allgemeinen werden etwa 70 % der Standardbehandlungskosten erstattet.

Wasser

➡ In fast ganz Kreta ist das Leitungswasser gechlort und daher absolut zum Trinken geeignet.

➡ Trinkwasser in Flaschen ist überall zu bekommen.

Internetzugang

➡ Die meisten Cafés und Bars in den größeren Orten verfügen über WLAN. Auch viele Hotels bieten WLAN, wenn sich die Hotspots teils auch in der Lobby statt in den Gästezimmern befinden.

➡ Viele Hotels haben eine – für Gäste oft kostenlose – Internetecke. Diese sind in diesem Führer durch das Internetsymbol @ gekennzeichnet.

➡ Chania, Paleohora, Rethymnon, Iraklion und Agios Nikolaos haben teilweise ein kostenloses städtisches WLAN.

Karten

Alle, die in Kreta selbst fahren oder auch wandern wollen, sollten unbedingt in gute Karten investieren. Diese gibt's in den meisten Buch- und Souvenirläden für etwa 8 €. Autovermietungen und Hotels verteilen oft auch kostenlose Karten, die allerdings nicht immer besonders genau sind.

Anavasi (www.anavasi.gr) Verlegt sehr gute Straßen- und Wanderkarten, darunter drei verschiedene Straßenkarten für *Chania, Rethymnon und Iraklion* sowie *Lassithi* im Maßstab 1:100 000 sowie den umfassenden *Crete Atlas* im Maßstab 1:50 000. Wanderkarten gibt's für *Lefka Ori* (Sfakia und Pachnes), *Samaria/Sougia, Mount Psiloritis* und *Zakros-Vaï* im Maßstab 1:25 000.

Terrain (www.terrainmaps.gr) Bietet sehr gute Wanderkarten mit Entfernungsangaben für West-, Zentral- und Ostkreta im Maßstab 1:100 000. Einige Karten sind auch als Smartphone-Apps erhältlich.

Harms (www.harms-ic-verlag.de) Dieser deutsche Verleger hat die zweiteilige *Kreta Touristikkarte* (*Der Osten* und *Der Westen*) im Maßstab 1:100 000 im Angebot.

Michelin (www.michelin.com) Von Michelin gibt's eine Einzelblattkarte der ganzen Insel im Maßstab 1:140 000.

Petrakis Editions (☎2810 282630) Trekkingprofi aus Iraklion, hat für jede der vier Präfekturen eine Wander- und Straßenkarte im Maßstab 1:100 000 herausgegeben.

Öffnungszeiten

➡ Die Öffnungszeiten von Museen und Ausgrabungsstätten variieren, je nachdem, ob zusätzliches Personal für die Nachmittagsschicht zur Verfügung steht. Wer einen Besuch

Klima

Kreta (Iraklion)

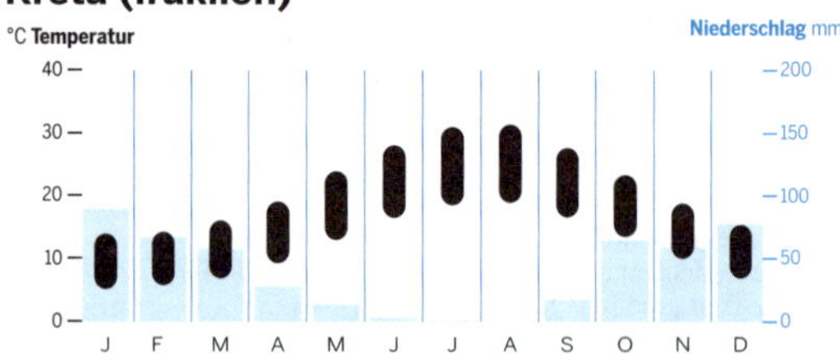

ÜBLICHE ÖFFNUNGSZEITEN

GESCHÄFT	ÖFFNUNGSZEITEN
Banken	Mo–Do 8–14.30, Fr bis 14 Uhr
Bars	20 Uhr bis spät
Cafés	9–24 Uhr
Läden	Mo–Sa 9–14, Di, Do & Fr 17.30–20.30 oder 21 Uhr, in den Badeorten im Sommer ganztägig
Postämter	Mo–Fr 7.30–14 Uhr (auf dem Land); Mo–Fr 7.30–20, Sa 7.30–14 Uhr (in den Städten)
Restaurants	11–15 & 19–1 Uhr
Supermärkte	Mo–Fr 8–21, Sa bis 18 Uhr

am Nachmittag plant, sollte sich vorab informieren. Die meisten haben am Montag geschlossen.

➡ Am *periptera* (Kiosk) kann man von frühmorgens bis spät in die Nacht hinein einkaufen, und zwar alles von der Busfahrkarte über Zigaretten bis zu Kondomen.

➡ In diesem Buch sind die Öffnungszeiten für Sehenswürdigkeiten und Attraktionen in der Hochsaison aufgeführt; im Winter sind die Zeiten i. d. R. kürzer.

Post

Tachydromia (Postämter) sind am gelben Schild vor der Tür zu erkennen. Auch die Briefkästen für Normalpost sind gelb; die roten sind für Expresspost.

➡ Post mit ausländischer Zieladresse muss in die gelben Briefkästen mit der Aufschrift *exoteriko* (Ausland) eingeworfen werden.

➡ Manche Souvenirläden verkaufen Briefmarken mit einem Aufschlag von 10 %.

➡ Es ist wenig sinnvoll, ein Paket schon vor dem Versand einzupacken, da der Postbeamte möglicherweise den Inhalt sehen will.

Rauchen

Im Laufe der Jahre wurden diverse Rauchverbote eingeführt (und stolz an die große Glocke gehängt), zuletzt im September 2010. Seitdem gilt ein strenges Regelwerk, das sowohl Werbung für Rauchwaren als auch das Rauchen selbst in allen geschlossenen öffentlichen Räumen verbietet, u. a. also in Cafés, Restaurants, Clubs, Büros, Geschäftsräumen und Bahnhöfen. Die Praxis sieht allerdings anders aus, denn zur Zeit der Recherche wurde das Verbot bereits von vielen Rauchern wieder komplett ignoriert – von der Polizei ebenfalls.

Rechtsfragen

➡ Alle Kreta-Reisenden sollten stets den Personalausweis oder Reisepass dabeihaben für den Fall, dass sie von der Polizei angehalten und befragt werden. Für griechische Bürger ist das Pflicht – das Gleiche wird auch von Ausländern erwartet.

➡ Griechenland hat die strengsten Drogengesetze Europas! Griechische Richter machen keinen Unterschied zwischen Drogenbesitz und Drogenhandel: Schon bei einem kleinen Krümelchen Haschisch droht eine Haftstrafe.

➡ Wer festgenommen wird, sollte auf einen Dolmetscher (διερμηνέας; *the*-lo dhi-ermi-*nea*) und/oder Rechtsanwalt (δικηγόρος; *the*-lo dhi-ki-*go*-ro) bestehen.

Reisen mit Behinderung

Menschen mit eingeschränkter Mobilität haben es auf Kreta nicht ganz leicht. Die meisten Hotels, Fähren, Museen und historischen Stätten sind für Rollstuhlfahrer nicht geeignet; auch sonst ist die Insel mit ihren engen Straßen, hohen Bordsteinen und zugeparkten Gehsteigen nicht gerade behindertenfreundlich. Die neueren Hotels haben entsprechende behindertengerechte Auflagen (Aufzüge und Zimmer mit extrabreiten Türen sowie geräumige Badezimmer). Auf Menschen mit Seh- oder Hörbehinderungen ist man kaum eingestellt – erwarten darf man also erst einmal nichts.

Das **Eria Resort** (☎28210 62790; www.eria-resort.gr) in Maleme (Westkreta) gehört zu den wenigen ausgesprochen behindertenfreundlichen Hotels in Griechenland. Besondere Bedürfnisse werden berücksichtigt und durch entsprechende Ausrüstung sowie medizinische Versorgung unterstützt. Auch behindertengerechte Ausflüge und Aktivitäten gehören zum Programm.

Englischsprachige Tipps gibt's auf www.disabled.gr und www.greecetravel.com/handicapped.

PRAKTISCH & KONKRET

➡ **Zeitungen** Griechische Tagesnachrichten stehen als englische Ausgabe der *Kathimerini* (www.ekathimerini.com) zur Verfügung, die als Teil der *International New York Times* veröffentlicht wird.

Schwule & Lesben unterwegs

Die Kirche spielt nach wie vor eine wichtige Rolle auf Kreta: Viele Einheimische sehen Homosexualität also nicht gerne, besonders außerhalb der größeren Städte. Es ist daher besser, sich umsichtig zu verhalten.

➡ Gleichgeschlechtliche Liebe ist zwar für über 17-Jährige nicht strafbar – trotzdem hat Kreta keine großartige Schwulenszene (von einer Lesbenszene ganz zu schweigen). Dementsprechend gibt's auch kein nennenswertes Nachtleben. Schwule und Lesben sollten sich außerhalb der Städte allzu heftiges Schmusen in der Öffentlichkeit verkneifen, denn es wird nicht wirklich gern gesehen.

➡ In Chersonisos gibt's die **Villa Ralfa** (www.villaralfa.com), eine schwulenfreundliche Pension, die auch unter schwuler Leitung ist. Viele Lokale in Iraklion sind schwulenfreundlich (auch wenn sie kein Geschrei drum machen), Gleiches gilt für die entspannteren Badeorte wie Paleochora sowie für die FKK-Strände.

➡ *The Spartacus International Gay Guide* (www.spartacusworld.com/en), herausgegeben vom Bruno-Gmünder-Verlag in Berlin, ist anerkanntermaßen die „Bibel der schwulen Travellerszene".

➡ Auf der Website www.gaygreece.gr gibt's u. a. Infos zu Cruising-Zonen sowie schwulenfreundlichen Bars und Clubs.

➡ Außerdem können beliebte internationale Smartphone-Apps genutzt werden.

Sicherheit

Kreta ist im Allgemeinen eine sichere, freundliche und gastfreundliche Insel, auf der eine viel niedrigere Kriminalität herrscht als an manch anderem südeuropäischen Reiseziel. Insbesondere Diebstähle gehen leider viel öfter auf das Konto anderer Touristen als auf das der Einheimischen. Wie überall gilt aber auch hier: Wer ein paar einfache Regeln beherzigt, reist sicherer.

➡ In öffentlichen Verkehrsmitteln, auf Märkten und an überfüllten Orten immer das eigene Gepäck im Auge behalten. Keine Gepäckstücke im Auto lassen.

➡ Mietwagen und Hotelzimmer immer abschließen. Lassen sich im Hotel Fenster und Türen nicht richtig abschließen, sollten Wertsachen im Hotelsafe aufbewahrt werden.

➡ Dunkle Straßen und Parks nachts meiden – vor allem in größeren Städten.

Touristenpolizei

Bei Diebstahl oder Verlust von Reisedokumenten sollte man möglichst zunächst die Touristenpolizei aufsuchen. Diese fungiert als Dolmetscher zwischen Urlaubern und regulärer Polizei.

Strom

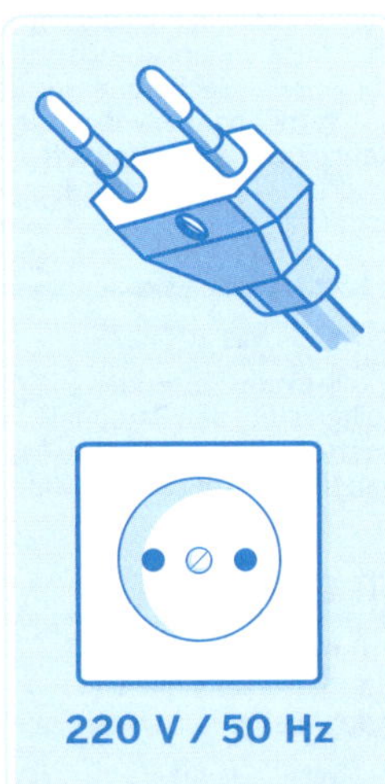

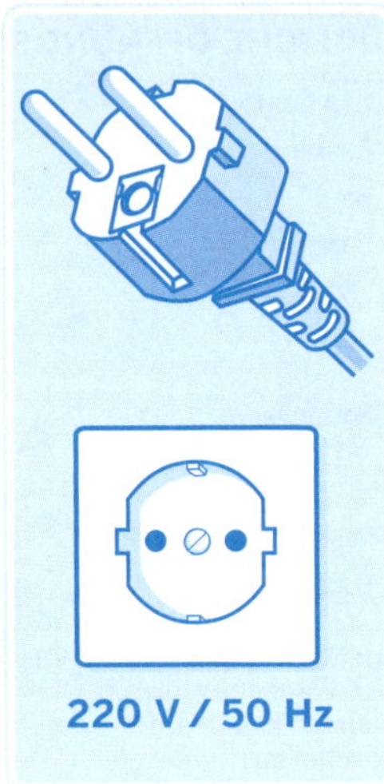

Telefon

Das griechische Telefonnetz wird von der staatlichen Gesellschaft OTE (sprich: o-teh; Organismos Tilepikoinonion Ellados) betrieben. Öffentliche Telefone sind allgegenwärtig, aber – als Folge des Siegeszugs der Mobiltelefonie – allzu oft kaputt. Die Telefone sind leicht zu benutzen (mit Telefonkarten, nicht mit Münzen), und zwar für Orts-, Fern- und Auslandsgespräche. Über die „i"-Taste oben links auf dem Tastenfeld ist eine englischsprachige Anleitung abrufbar.

Alle griechischen Telefonnummern haben zehn Ziffern. Festnetznummern beginnen mit einer 2, Handynummern mit einer 6.

Handys

➡ Handys funktionieren im Frequenzbereich GSM900/1800.

➡ Vor der Reise empfiehlt es sich unbedingt, die Roaminggebühren des eigenen Providers zu erfragen, da Anrufe von Handy zu Festnetz oder anderen Handys ziemlich ins Geld gehen können.

➡ Besitzer eines Mehrbandhandys ohne Simlock fahren

höchstwahrscheinlich besser mit einer kretischen Prepaid-Karte als mit den Roaming-Gebühren im eigenen Netzwerk. Die Karten gibt's bei den drei griechischen Mobilnetzbetreibern – Vodafone, Cosmote und Wind. Sie schalten beim Verlassen des Landes automatisch auf internationales Roaming um. Aufladbare Karten bekommt man im Supermarkt, am Kiosk und beim Zeitungshändler. Alle bieten 3G-Konnektivität.

➡ Die beste Netzabdeckung in abgelegenen Gebieten hat gewöhnlich Cosmote.

➡ Beim Autofahren ist Telefonieren nur mit einem Headset erlaubt.

Telefonkarten

➡ Öffentliche Telefone funktionieren nicht mit Münzen, sondern mit OTE-Telefonkarten *(telekarta)*, die am Kiosk, im Tante-Emma-Laden und in Touristenläden erhältlich sind. Ein Ortsgespräch kostet etwa 0,30 € für drei Minuten.

➡ Die Telefonkarte auf keinen Fall vor entsprechender Aufforderung entnehmen, sonst besteht die Gefahr, dass das Restguthaben gelöscht wird.

➡ Internationale Prepaid-Telefonkarten *(chronokarta)* sind ebenfalls erhältlich. Dazu muss zuerst ein Zugangscode und dann die Kartennummer eingegeben werden. Die Karten werden mit griechischer und englischer Anleitung verkauft.

Vorwahlnummern

Anrufe vom Ausland nach Kreta Erst 00 wählen, dann ☎30 (die Vorwahl für Griechenland), gefolgt von der zehnstelligen Telefonnummer.

Anrufe von Kreta ins Ausland Erst ☎00, dann die Ländervorwahl und zum Schluss die Telefonnummer wählen (dabei die „0" der Orts- oder Netzvorwahl weglassen).

R-Gespräche Erst die Vermittlung (Inland ☎129; Ausland ☎139) anrufen, dann die Nummer im gewünschten Land angeben.

Toiletten

➡ Eine Besonderheit des griechischen Abwassersystems ist seine allergische Reaktion auf Toilettenpapier – die Abflussrohre sind einfach zu eng, was allzu schnell eine überlaufende Schüssel zur Folge haben kann. Papier, Tampons und anderes daher freundlicherweise in die bereitgestellten Abfalleimer werfen.

➡ Ganz selten trifft man außerhalb der größeren Städte in älteren Häusern, *kafenia* und öffentlichen Toiletten auf Hockklos.

➡ Außer an Flughäfen, Zug- und Busbahnhöfen sind öffentliche Toiletten selten. Wer ein dringendes Bedürfnis hat, geht am besten in ein Café. Manchmal wird erwartet, dass man für den Service eine Kleinigkeit kauft.

Touristen-information

Kretische Touristeninformationen sind eine wilde Mischung: teilweise hilfreich, aber teilweise auch mit nicht sehr eifrigem und nicht unbedingt gut informiertem Personal. Außerhalb der Hochsaison sind die Öffnungszeiten meist begrenzt; kostenlose Stadtpläne und Broschüren sind nur spärlich vorhanden. Für Abhilfe sorgen oft Reisebüros.

Trinkgeld

Restaurants Trinkgeld ist normalerweise im Rechnungsbetrag inbegriffen und daher nicht notwendig, doch gewöhnlich wird der Betrag aufgerundet oder es werden etwa 10 % Trinkgeld gegeben, wenn der Service gut war.

Bar Aufrunden auf den nächsten Euro.

Taxi Fahrpreis aufrunden.

Hotelportier oder Schiffskellner Kleines Trinkgeld zwischen 1 € (pro Gepäckstück) und 3 €.

Unterkunft

Das Angebot an Unterkünften auf Kreta ist vielfältig und für jeden Geschmack und jedes Budget ist etwas dabei. Laut Gesetz muss in jedem Zimmer ein Aushang mit der Kategorie des Zimmers und den saisonalen Preisen hängen. Übernachtungspreise sind schwer zu kategorisieren, da sie von der Jahreszeit und der Lage der Unterkunft abhängen.

Außerhalb der Städte und besonders an der Küste schließen die meisten Unterkünfte von November bis März oder April. Eine Vorausbuchung ist gewöhnlich nur für die Sommermonate nötig.

➡ Gemeinde- und Mehrwertsteuer sind im Preis inbegriffen.

➡ Für Aufenthalte von weniger als drei Nächten kann ein Aufpreis von 10 % erhoben werden.

➡ Für ein zusätzliches Bett wird ein Zuschlag von 20 %

ONLINE BUCHEN

Noch mehr Beschreibungen von Unterkünften von Lonely Planet Autoren stehen auf www.lonelyplanet.com/hotels. Die Besprechungen sind unabhängig und es gibt Empfehlungen für die besten Herbergen. Und das Beste: Man kann online buchen.

PREISE

Die folgenden Preise beziehen sich auf ein Doppelzimmer in der Hochsaison (Juni–Aug.). Sofern nicht anders angegeben, verfügen alle Zimmer über ein eigenes Bad.

€ bis 50 €

€€ 50–100 €

€€€ über 100 €

fällig – bei Kindern wird darauf aber oft verzichtet.

➡ Im Juli und August sind die Unterkünfte am teuersten.

➡ Im Frühjahr (April bis Juni) und Herbst (September und Oktober) können die Preise 20 % niedriger liegen.

➡ Im Winter (November bis März) sind die Preise noch einmal niedriger.

Wo übernachten?

Eine der wichtigsten Entscheidungen bei der Planung ist, in welche der Regionen mit jeweils ganz eigenem Charakter und Vorzügen es gehen soll. Die Reise von einer Region zur anderen kann zum Teil sehr lange dauern.

Sollen es perfekte Sandstrände und trubelige Ferienorte sein, ist die Nordküste die erste Wahl; wer ruhige Landidylle sucht, sollte sich auf die Berge oder die abgelegenen Dörfer an der Südküste konzentrieren. Die Region Iraklion hat die Ferienhochburgen Malia und Chersonisos mit einer 24-Stunden-Partyszene. Ruhigere Winkel und Kretas längsten Sandstrand bietet Rethymnon, ein guter Ausgangspunkt, um in die Kultur der Insel einzutauchen. In Chania im Westen gibt es ebenfalls einige rasch wachsende Badeorte, dazu Sportmöglichkeiten von Tauchen bis zu Klettern – ideal für Aktivurlauber. Lassithi im Osten ist der ruhigste Teil Kretas und besitzt mit Elounda und Agios Nikolaos die beiden Bastionen des High-End-Tourismus auf der Insel.

Hotels

Kreta hat einige der besten Resorthotels in ganz Griechenland. Darunter sind auch einige Wellnesshotels der absoluten Luxusklasse, doch ansonsten unterscheiden sich die einzelnen Standards enorm. Hier und da gibt es auch Boutiquehotels, die in herrlich restaurierten venezianischen Villen oder historischen Gebäuden untergebracht sind, vor allem in Chania und Rethymnon.

Alle Hotels in Griechenland sind in sechs Kategorien eingeteilt: Deluxe, A, B, C, D und E. Die Bewertungskriterien orientieren sich primär an Zimmergröße, Ausstattung, angebotenen Dienstleistungen sowie Anzahl der Zimmer und weniger an Sauberkeit, Bettenqualität und Freundlichkeit der Mitarbeiter – alles Punkte, die für Gäste von größerer Wichtigkeit sein können. Wir haben aus diesem Grund in diesem Buch auf die Angabe der Klassifizierung verzichtet.

Pensionen sind einfachere Hotels, gewöhnlich mit einem beschränkteren Angebot an Dienstleistungen, dafür aber manchmal gemütlicher.

All-inclusive-Hotels

Fast 80 % der Kreta-Urlauber kommen als Pauschaltouristen auf die Insel. Die All-inclusive-Angebote können oft nur über Reiseveranstalter gebucht werden. All-inclusive-Hotels sind vor allem an der Nordküste östlich von Iraklion und westlich von Chania verbreitet.

Studios & Apartments

Vor allem für preisbewusste Traveller, Selbstversorger, Familien und kleine Gruppen, die entspannen und einen Ort besser kennenlernen möchten, kann es ideal sein, ein Studio oder Apartment für eine oder zwei Wochen zu mieten. Zur Ausstattung gehören eine Kochnische oder eine voll ausgestattete Küche, Kabel- oder Satellitenfernsehen sowie Klimaanlage und Heizung, gelegentlich auch eine Waschmaschine. In der Hochsaison kostet ein Studio 35 bis 60 €, ein Apartment für vier Personen 50 bis 90 €.

Domatia

Domatia (wörtl. „Zimmer") sind das griechische Pendant zum britischen B&B, nur ohne Frühstück. Die meisten sind nur zwischen April und Oktober geöffnet.

Früher waren *domatia* oft nur irgendwelche ungenutzten Räume in einem privaten Zuhause. Inzwischen werden die meisten extra zu diesem Zweck ausgebaut und bei vielen handelt es sich um Studios oder kleine Apartments. *Domatia* sind bei Travellern mit kleinem Budget nach wie vor beliebt und oft ansprechender (und manchmal auch besser ausgestattet) als gewöhnliche Mittelklassehotels. Doppelzimmer kosten zwischen 20 und 60 €, je nach Ausstattung (eigenes Bad oder Gemeinschaftsbad), Saison und Aufenthaltsdauer.

Agrotourismus

Agrotourismus boomt auf Kreta. Traditionelle Gästehäuser, Villen und Apartments entstehen überall auf der Insel, meist abseits des Küstenrummels in ruhigen Dörfern. Viele sind an Öko-Bauernhöfe angeschlossen, was es Gästen ermöglicht, diverse jahreszeitlich bedingte Abläufe zu erleben oder auch aktiv daran teilzunehmen – etwa eine Schafschur, das Brennen von Raki, die Olivenernte, das Traubenpressen oder die Käseherstellung. Einige Betreiber bieten auch Kochkurse an. Ein traditionelles Haus kostet zwischen 70 und 100 € pro Nacht.

Camping

Auf Kreta gibt es rund ein Dutzend Campingplätze. Sie werden privat geleitet und reichen von staubigen Flecken sonnenverbrannter Erde bis zu baumbeschatteten, resortartigen Anlagen mit Pools, Läden, Tavernen und WLAN. Einige vermieten Wohnwagen, Zelte und Bungalows zum Übernachten. Die Kernsaison geht von Mai bis Oktober, einige wenige Plätze haben ganzjährig geöffnet. Die **Panhellenic Camping Association** (www.panhellenic-camping-union.gr) informiert auf ihrer Website über die Anlagen ihrer Mitglieder, deren Ausstattung und Öffnungszeiten.

Wer im Hochsommer zeltet, sollte für sein Zelt ein silbernes Überzelt dabeihaben, das die Hitze vom eigentlichen Zelt fernhält (die in kälteren Ländern angesagten dunklen Zelte entwickeln sich hier zu wahren Saunen). Von Mai bis Mitte September ist es meist warm genug, um ohne Zelt unter freiem Himmel zu übernachten. Einen leichten Schlafsack sollte man dennoch haben, denn in den frühen Morgenstunden wird es recht frisch. Empfehlenswert sind außerdem eine Isomatte und eine wasserdichte Schlafsackhülle.

➡ Von Mitte Juni bis Ende August sind die Campinggebühren am höchsten.

➡ Campingplätze verlangen 5 bis 7 € für Erwachsene und 3 bis 4 € für Kinder zwischen vier und zwölf Jahren.

➡ Zeltstellplätze kosten 4 € pro Nacht für kleine Zelte und 5 € für größere Zelte.

➡ Für etwa 5 bis 10 € kann man Zelte leihen.

➡ Wohnwagenstellplätze kosten ab etwa 6 €, Pkw etwa 4 bis 5 €.

➡ Wildes Zelten ist illegal, und die Polizei geht inzwischen verstärkt gegen Verstöße vor.

Hostels

Auf Kreta gibt es keine dem internationalen Jugendherbergsverband Hostelling International angeschlossenen Hostels, dafür aber unabhängige Jugendherbergen in Rethymnon und Plakias, gut geführte, gesellige Unterkünfte mit Schlafsaalbetten, schlichter Einrichtung und günstigem Essen. Ein Schlafsaalbett kostet um die 10 €, bei längeren Aufenthalten gibt's meist einen Preisnachlass.

Berghütten

Kreta hat sieben Berghütten, die von den regionalen **Bergsteigerclubs** (S. 36) unterhalten werden: vier im Gebirge Levka Ori, zwei am Berg Psiloritis und eine auf dem Berg Dikti. Eine Übernachtung im Etagenbett kostet für Nichtmitglieder um die 15 €. Die Ausstattung der Hütten ist unterschiedlich, zum Teil haben sie einfache Kochmöglichkeiten, Holzöfen und Wasser aus einer Quelle oder einem Regenwasserspeicher. Wer sich zu einer Berghütte aufmacht, sollte vorab den jeweiligen Bergsteigerclub kontaktieren. Eine Übersicht der Berghütten gibt's unter www.crete.tournet.gr/de/crete-activities/936-mountain-shelters.

Versicherung

➡ Eine Reiseversicherung gegen Diebstahl, Verlust und Krankheit ist sinnvoll.

➡ Manche Verträge klammern riskante Aktivitäten aus, dazu können Sporttauchen, Motorradfahren oder sogar Bergwandern gehören; unbedingt das Kleingedruckte lesen!

➡ Die Versicherung sollte auch für Krankentransport und ggf. Rückflug aufkommen.

➡ Am besten informiert man sich schon vor der Reise, ob die Versicherung Arzt- und Krankenhausrechnungen direkt bezahlt oder ob Vorkasse geleistet werden muss.

➡ Manche Kreditkarten bieten auch eine begrenzte Reiseunfallversicherung, falls das Flugticket mit dieser Karte gezahlt wird. Einfach beim Kreditkartenanbieter nachfragen, welche Deckung geleistet wird.

➡ Weltweite Reiseversicherungen sind auf www.lonelyplanet.com/travel-insurance erhältlich. Sie können dort auch verlängert werden (auch wenn man schon unterwegs ist) und es können Kostenerstattungen beantragt werden.

Visa

Griechenland hat das Schengener Abkommen unterzeichnet und es gelten die entsprechenden Bestimmungen: Bürger der Unterzeichnerstaaten benötigen für die Einreise lediglich einen Personalausweis oder Reisepass. Die Visumspflicht entfällt und der Aufenthalt ist zeitlich nicht begrenzt.

➡ **Schweiz** Schweizer Staatsbürger können ohne Visum bis zu drei Monate in Griechenland bleiben. Wer länger bleiben will, sollte sich möglichst weit im Voraus schon mit der nächsten griechischen Botschaft oder dem Konsulat in Verbindung setzen, um ein entsprechendes Visum zu beantragen.

Zeit

In Griechenland gehen die Uhren nach osteuropäischer Zeit (MEZ plus 1 Std.). Wie in Mitteleuropa beginnt die Sommerzeit am letzten Sonntag im März und endet am letzten Sonntag im Oktober.

Zoll

Innerhalb der EU gibt es keinerlei Zollbeschränkungen mehr. Wer das Land von außerhalb der EU betritt, wird gewöhnlich nur oberflächlich kontrolliert und muss nur mündlich erklären, ob er etwas zu verzollen hat. Gelegentlich wird noch nach Drogen gefahndet. Streng sind die Einfuhrbestimmungen für Medikamente. Wer regelmäßig Medikamente einnimmt, sollte sich vom Arzt zu Hause eine entsprechende Bescheinigung ausstellen lassen. Zum Beispiel darf ohne Bescheinigung des Arztes kein Codein nach Griechenland eingeführt werden.

Streng verboten ist auch die Ausfuhr von antiken Gegenständen (darunter fällt alles, was älter als 100 Jahre ist) ohne Exportgenehmigung. Im Hinblick auf die Strafen wird nur der Drogenschmuggel strenger geahndet. Selbst der kleinste Kieselstein von einer Ausgrabungsstätte darf nicht mitgenommen werden. Ausfuhrgenehmigungen sind beim General Directorate of Antiquities & Cultural Heritage des **Hellenic Ministry of Culture** (Bouboulinas 20, Exarchia, Athen) zu beantragen.

Wer zufällig mehr als 10 000 € in bar mit sich herumträgt, muss das am Zoll angeben.

Für die zollfreie Einfuhr gelten bei Erwachsenen folgende Höchstmengen:

- 200 Zigaretten oder 50 Zigarren oder 250 g Tabak
- 1 l Spirituosen
- 2 l Wein
- Sonstige Waren im Wert von maximal 430 € (150 € bei Jugendlichen unter 15 Jahren)

Verkehrsmittel & -wege

AN- & WEITERREISE

Flüge, Touren und Eisenbahntickets können online gebucht werden unter www.lonelyplanet.com/bookings.

Einreise

Die Einreise nach Kreta ist meist eine sehr einfache Sache. Reisende aus einem der Länder des Schengener Abkommens (d. h. die Mitgliedsstaaten der EU plus Island, Norwegen und die Schweiz) müssen normalerweise noch nicht einmal den Pass vorzeigen. Es kann aber schon sein, dass der Zoll am Inhalt des Gepäcks interessiert ist. EU-Bürger können mit einem Personalausweis einreisen.

Flugzeug

Die meisten Urlauber kommen mit dem Flieger nach Kreta. Zwischen Mai und Oktober bieten Charter- und Billigflieger wie easyJet und Ryanair Direktflüge nach Kreta an, meist von Großbritannien, Deutschland oder Skandinavien. Ryanair bietet außerdem preisgünstige Inlandsflüge von Athen nach Kreta. Direktflüge zwischen deutschen Flughäfen und Kreta haben auch Air Berlin/Niki, Condor, Germanwings und TuiFly im Programm.

Flughäfen & Fluglinien

Chania Airport Ioannis Daskalogiannis (☎28210 83800; www.chaniaairport.com) Chanias Flughafen liegt 14 km östlich der Stadt auf der Akrotiri-Halbinsel und wird ganzjährig von Athen und in der Urlaubssaison von ganz Europa aus angeflogen.

Nikos Kazantzakis International Airport (HER; ☎allgemein 28103 97800, Informationen 28103 97136; www.heraklion-airport.info) Etwa 5 km östlich von Iraklion. Mit Bank, Geldautomat, Duty-free-Shop und Café-Bar.

Sitia Airport (☎28430 24666) Flüge nach Athen, Iraklion, Kassos, Karpathos und Rhodos. Im Sommer Flüge nach Amsterdam und Lyon.

GRIECHISCHE FLUGLINIEN

Die Fluglinien Aegean und Olympic waren bisher stets sehr sicher.

Aegean Airlines (www.aegeanair.com) Flüge von Iraklion und Chania nach Athen, Thessaloniki und Rhodos, mit Weiterflügen nach ganz Europa. Hat Direktflüge ab London-Heathrow, Mailand, Paris, Marseille und Rom sowie saisonale Verbindungen u. a. ab Wien, Prag, Moskau, Frankfurt, Amsterdam und Nantes. Teils vereint mit Olympic Air.

Olympic Air (www.olympicair.com) Flüge von Iraklion und Chania nach Athen und von Sitia

REISEN & KLIMAWANDEL

Jede Form des Reisens, die auf Brennstoff auf Kohlenstoffbasis beruht, erzeugt CO_2, die Hauptursache des von Menschen verursachten Klimawandels. Modernes Reisen ist von Flugzeugen abhängig, die zwar pro Kilometer und Person weniger Kraftstoff als die meisten Autos verbrauchen, aber sehr viel weitere Strecken zurücklegen. Auch die hohen Luftschichten, in die Flugzeuge Treibhausgase (auch CO_2) und Schadstoffe ausstoßen, verstärken ihren Einfluss auf den Klimawandel. Viele Websites bieten „Emissionsrechner“, mit denen Reisende die CO_2-Emissionen ihrer Reise ausrechnen und die Auswirkung dieser Treibhausgase mit einem Beitrag für klimafreundliche Projekte in der ganzen Welt ausgleichen können. Lonely Planet gleicht die CO_2-Bilanz aller Reisen der Mitarbeiter und Autoren aus.

nach Rhodos sowie auf anderen innergriechischen Strecken.

Sky Express (www.skyexpress.gr) Von Iraklion u. a. nach Athen, Mytilini (Lesbos), Rhodos, Kos, Samos, Chios, Karpathos und Volos. Von Sitia Flüge nach Iraklion, Alexandroupolis und Preveza. Strikte Gepäckbegrenzungen.

Astra Airlines (www.astra-airlines.gr) Von Iraklion, Chania und Sitia nach Thessaloniki, von Sitia nach Athen.

Tickets

EasyJet und Ryanair bieten mit die günstigsten Tickets vom restlichen Europa nach Griechenland. Einige Fluggesellschaften warten auch mit billigen Studententarifen auf. Wer zwischen Juni und September reisen möchte, sollte vorausbuchen.

Auf dem Landweg

Auto & Motorrad

Autofahrer, die mit eigenem Auto nach Griechenland fahren, müssen Führerschein, Fahrzeugschein und Versicherungsnachweis dabeihaben. Ausländische Autos ohne EU-Kennzeichen müssen einen Länderaufkleber auf dem Auto haben. Außerdem ist das Mitführen von Warndreieck, Feuerlöscher und Verbandskasten Pflicht.

Die Anfahrt nach Kreta dauert von Mitteleuropa aus mehrere Tage und ist daher nur bei längeren Aufenthalten sinnvoll. Am schnellsten geht's mit der Fähre von Italien. Die Übernachtfähren von Ancona (21 Std.), Bari (14½ Std.), Brindisi (14½ Std.) und Venedig (21 Std.) fahren nach Patras am nordwestlichen Zipfel des Peleponnes. Fahrpläne und Preise können unter www.greekferries.gr abgerufen werden. Von Patras aus sind es 200 km bis Piräus (bei Athen), dem Abfahrtshafen für die Fähren nach Iraklion, Sitia oder Chania. Eine Alternativroute führt quer durch den Peloponnes nach Gythio, wo die Fähren nach Kastelli (Kissamos) ablegen.

Wer mag, kann auch vollständig über Land via Slowenien, Kroatien, Serbien und Mazedonien nach Griechenland fahren. So spart man sich die Kosten für die Fähre, sitzt dafür aber erheblich länger hinter dem Steuer und muss fünf Ländergrenzen überqueren.

Bus

KTEL (www.e-ktel.com) Bietet Busse (inkl. Fähren) von Chania nach Thessaloniki, Ioannina und Patras.

Zug

Mit dem Zug ist Athen von München aus über Zagreb, Belgrad und Thessaloniki oder über Budapest, Sofia und Thessaloniki zu erreichen. Oder man steuert mit dem Zug die Ostküste Italiens an (Bari, Brindisi, Ancona oder Venedig), nimmt von dort eine Fähre nach Patras auf dem Peloponnes, dann einen Bus zum Hafen Piräus und von dort eine Fähre nach Kreta.

Inter-Rail Pass (www.interrailnet.com) Griechenland gehört zum Inter-Rail-Netz.

OSE (Organismos Sidirodromon Ellados; www.trainose.gr) Die griechischen Staatsbahnen OSE haben schwer unter den Finanzproblemen des Landes gelitten. Die Lage ändert sich ständig, also erkundigt man sich am besten vor der Abreise über den aktuellen Stand der Dinge.

Übers Meer

Von November bis April sind die Fährverbindungen stark reduziert.

➡ **Iraklion & Chania** Kreta ist bestens mit Fähren versorgt: Mindestens eine fährt das ganze Jahr über täglich von Piräus nach Iraklion und Chania, im Sommer sind es sogar drei bis vier. Zwischen Iraklion und Santorin, Mykonos und anderen Kykladen-Inseln verkehren schnellere Katamarane. Von Iraklion fahren außerdem Fähren Richtung Osten über Agios Nikolaos, Sitia, Kassos, Karpathos und Chalki nach Rhodos.

➡ **Kissamos (Kastelli)** Der kleine Hafen im Westen Kretas hat Verbindungen nach Kythira, Antikythira und

NACHHALTIG REISEN

Wer von London nach Iraklion fliegt, erzeugt damit eine Emission von 0,55 t CO_2. Mit dem Auto kommt man (je nach Modell) mehr oder weniger auf den gleichen Wert. Erst mit dem Zug wird's spannend – da sind es nämlich nur noch 0,05 t.

Allerdings geht das dann natürlich nicht mehr besonders schnell: Je nach Abfahrtsort müssen schon zwei bis drei Tage eingeplant werden. Mit der Bahn geht es wahlweise nach Venedig, Ancona oder Bari, wo jeweils Fähren nach Patras ablegen. Von Deutschland aus ist nur Venedig direkt mit dem Zug zu erreichen (ab München). Die Fahrtdauer der Fähre verkürzt sich aber natürlich, je weiter südlich man den Abfahrtshafen wählt. Von Patras aus fährt dann ein Bus zum Athener Hafen Piräus und zur Fähre nach Kreta. Infos über Routen und Preise siehe z. B. www.raileurope.com.

Von München gelangt man über Zagreb, Belgrad und Thessaloniki nach Athen. Die Website www.vertraeglich-reisen.de/anreise-zug/bahnreisen.php?griechenland überwacht die aktuelle Situation und liefert umfassende Informationen..

Fährverbindungen nach Kreta

Gythio (auf dem Peloponnes) sowie auf einer sehr langsamen Route nach Piräus.

➡ **Sitia** Von Sitia im Osten fahren zwei langsame Fähren pro Woche nach Iraklion, Milos, Piräus, Santorin und Rhodos. Vier Fähren pro Woche verkehren zwischen Sitia und Kassos und Karpathos.

Tickets

Die Fahrpläne ändern sich jährlich; kurzfristige Verspätungen und Stornierungen wegen schlechten Wetters, Streik oder mechanischen Problemen sind ebenfalls an der Tagesordnung. Fahrpläne siehe www.openseas.gr.

➡ Autofahrer sollten in der Hauptsaison allerdings trotzdem weit im Voraus buchen, vor allem bei Nachtfahrten oder Katamaran-Schnellbooten.

➡ Tickets kauft man am besten online, entweder direkt bei der entsprechenden Fährgesellschaft oder über eine Buchungsmaschine wie www.greekferries.gr bzw. www.ferries.gr.

➡ Bei Ausfall einer Fähre ist das Ticket dann auf die nächste verfügbare Fahrt mit der gleichen Fährgesellschaft übertragbar.

➡ Die Preise richten sich nach Entfernung und Reiseklasse (hier ist alles zwischen Deck und Zweibett-Außenkabine geboten).

➡ Kinder, Studenten und Senioren bekommen meist eine Ermäßigung von 10 % bis 50 %, während die Kleinen unter fünf Jahren oft umsonst mitfahren dürfen.

Segeln

Jachtsegeln ist zwar durchaus eine beliebte Art, durch die griechischen Inseln zu tingeln. Da Kreta aber keine nahegelegenen Nachbarinseln hat, gibt es hier auch keinen großartigen Jachtbetrieb. Die Segelsaison beginnt im April und endet im Oktober; zwischen Juli und September legen die *meltemi*-Winde (S. 40) jedoch oft jegliche Segelaktivität lahm.

Kreuzfahrten

Eine weitere Möglichkeit, Kreta einen Besuch abzustatten, ist, an einer der vielen Kreuzfahrten teilzunehmen, die auch Kreta ansteuern.

UNTERWEGS VOR ORT

Auto & Motorrad

Mit einem eigenen Fahrzeug lässt sich Kreta ganz prima erkunden, sofern man bereit ist, es mit den Straßen und den einheimischen Fahrern aufzunehmen.

➡ Vor Ort gibt's genügend Möglichkeiten, ein Auto oder Motorrad zu mieten.

➡ In einsameren Gegenden (besonders im Süden) gibt's durchaus noch Schotterstraßen, die nur mit Geländefahrzeugen bewältigt werden können. Auf den schmalen, kurvigen Bergstraßen ist außerdem besondere Vorsicht angesagt.

➡ Kreta ist eine sehr große Insel, und längere Touren können aufgrund der Entfernungen, der wilden Autofahrer und der schlechten Straßen für Motorradfahrer zu einer echten Strapaze werden.

➡ Abseits der Hauptstraßen ist die Beschilderung der Landstraßen mehr als dürftig. Wenn es denn tatsächlich Straßenschilder gibt, dann auf Griechisch und Englisch (Letzteres ist eine phonetische Umsetzung des griechischen Namens und folgt ein paar Meter weiter, in abgelegenen Gegenden fehlt auch das). Die Schreibweise ist manchmal recht unorthodox und mit einem Namen auf der Landkarte oder in diesem Buch dann nur recht schwer in Verbindung zu bringen.

➡ Es lohnt sich, in eine gute Karte zu investieren, auch wenn selbst auf der besten Karte nicht alle Nebenstraßen eingezeichnet sind.

Automobilclubs

Der griechische Automobilclub **ELPA** (☎10400; www.elpa.gr) hat Abkommen mit anderen nationalen Automobilclubs und bietet deren Mitgliedern seine Dienste an, sofern sie einen gültigen Mitgliedsausweis besitzen.

Benzin & Ersatzteile

Sprit gibt's auf Kreta fast überall, dafür sind die Tankstellen teilweise sonn- und feiertags geschlossen. Selbstbedienung an Tankstellen ist in Griechenland nicht die Regel, auch Zapfstellen mit Kreditkarte sind selten. Tankstellen in abgelegenen Regionen akzeptieren überhaupt keine Kreditkarten. Daher empfiehlt es sich, bei jeder Gelegenheit vollzutanken.

Ersatzteile sind u. U. schwierig zu bekommen, besonders in abgelegeneren Gebieten der Insel. Infos zum nächsten Vertragshändler gibt's an den Tankstellen oder bei ELPA unter ☎10400.

Führerschein

➡ Der EU-Führerschein gilt auch in Kreta. Wer nicht Inhaber eines solchen ist, muss vor der Einreise einen internationalen Führerschein beantragen. Details gibt's beim Automobilclub des Heimatlandes.

➡ Ein Motorrad dürfen nur Fahrer im Besitz eines gültigen Motorradführerscheins für den gewünschten Hubraum ausleihen (gültig für alle Bikes ab 50 ccm).

Gefahren

Die größte Gefahr auf Kreta geht nicht von schlechten Straßen, sondern von der einheimischen Fahrweise aus. Die Verkehrsregeln werden verbreitet ignoriert, und Polizeipräsenz ist mehr oder weniger Fehlanzeige.

➡ Der Fahrstil der Kreter ist recht wild. Wer zu langsam fährt, muss mit dichtem Auffahren, Gehupe und riskanten Überholmanövern rechnen. Überholen in Kurven und unter Nichtbeachtung von Verboten ist an der Tagesordnung.

➡ Von langsamen Fahrern wird erwartet, dass sie auf die schmale Standspur ausweichen und den nachfolgenden Verkehr überholen lassen.

➡ Es empfiehlt sich, das Fahrzeug bei Dunkelheit stehen zu lassen. Fahren unter Alkoholeinfluss wird auf Kreta kaum von der Polizei verfolgt, sodass es auf den Straßen gefährlich werden kann.

➡ Der Zustand des Straßenbelags kann sich plötzlich ändern, wenn ein Straßenabschnitt abgesunken oder verwittert ist.

➡ In den Bergen muss man auf freilaufende Schaf- oder Ziegenherden eingestellt sein.

➡ Steinschlaggefahr ist oft nicht beschildert und entsprechende Stellen sind auch nicht gesichert – also Augen auf!

Leihfahrzeuge

AUTO

Dank der großen Konkurrenz sind die Mietpreise auf Kreta günstiger als auf vielen anderen Inseln.

➡ In Flughäfen und Städten sind sämtliche größeren internationalen Autoverleiher mit einer Filiale vertreten. Günstiger ist es aber i. d. R. bei den örtlichen Anbietern, die auch verhandlungsbereit sind.

➡ Laut griechischem Gesetz müssen Mietwagen alle sechs Jahre ausgetauscht werden, sodass die meisten relativ neu sind.

➡ Das Mindestalter für den Führerscheinerwerb liegt in Griechenland bei 18 Jahren, die meisten Autovermietungen verleihen ihre Fahrzeuge jedoch erst an Personen ab 21 oder bei größeren Fahrzeugen ab 23 Jahren.

➡ Die Preise für einen Leihwagen variieren je nach Modell, Abholdatum und Ort teilweise erheblich. In der Regel bekommt man aber einen Kleinwagen ab etwa 35 € pro Tag, plus Steuer und Versicherung. Zusätzliche Fahrer und Einwegfahrten kosten üblicherweise extra.

➡ Kindersitze gibt's für etwa 5 € am Tag und sollten gleich bei der Buchung reserviert werden.

➡ Die meisten Autos haben Gangschaltung. Wer ein Fahrzeug mit Automatikgetriebe wünscht, sollte im Voraus reservieren, denn sie sind selten und meistens teurer.

➡ Man sollte sich immer vergewissern, was durch die Versicherung abgedeckt ist; unbefestigte oder gefährliche Strecken sind oft nur mit einem Allradfahrzeug zu bewältigen.

➡ Sogar mit einer Kreditkarte verlangen viele Autovermietungen eine Kaution (ab 120 € pro Tag).

MOTORRAD

➡ Mopeds, Motorräder und Motorroller gibt's in allen touristischen Gegenden zu mieten. Die meisten Zweiräder sind recht neu und in gutem Zustand. Trotzdem sollte man bei erster Gelegenheit die Bremsen prüfen.

➡ Für alle Motorräder ab 50 ccm muss ein entsprechender Führerschein vorgelegt werden.

➡ Ein Moped oder 50-ccm-Motorrad kostet ab etwa 15 € pro Tag, ein 250-ccm-Motorrad ca. 30 €. Außerhalb der Hauptsaison fallen die Preise beträchtlich.

➡ Bei den meisten Motorradverleihern ist im Preis eine Haftpflichtversicherung inbegriffen, doch sollte man das auf jeden Fall prüfen. Für Arzt- und Krankenhauskosten kommt die Versicherung jedoch normalerweise nicht auf.

➡ Es besteht Helmpflicht – den Helm muss der Vermieter als Teil des Vertrags stellen.

Verkehrsregeln

➡ Seitenstreifen werden gern und oft benutzt, z. B. beim Überholen. Freundliche Autofahrer weichen nach rechts aus, wenn der Hintermann zum Überholen ansetzt.

➡ Außerhalb von bebauten Gebieten hat man auf Hauptstraßen Vorfahrt. In geschlossenen Ortschaften gilt rechts vor links. Das ist auch an Kreisverkehren der Fall – wer im Kreisverkehr fährt, muss von rechts kommenden Fahrzeugen Vorfahrt gewähren.

➡ Sicherheitsgurte sind auf Vorder- und Rücksitzen Pflicht.

➡ Kinder unter zwölf Jahren dürfen nur auf dem Rücksitz mitfahren.

➡ Es sind eine Erste-Hilfe-Ausrüstung, ein Feuerlöscher und ein Warndreieck mitzuführen. Benzinkanister im Kofferraum sind dagegen verboten.

➡ Für Motorräder ab 50 ccm besteht Helmpflicht – ansonsten droht eine Geldbuße.

➡ Als zulässige Höchstgeschwindigkeit für Pkw gilt 120 km/h auf Autobahnen, 90 km/h auf Landstraßen und 50 km/h in Ortschaften. Die Höchstgeschwindigkeit für Motorräder beträgt 70 km/h (bis 100 ccm) bzw. 90 km/h (über 100 ccm). Wer um 20 % zu schnell ist, zahlt ein Bußgeld von 60 €, wer 40 % zu schnell ist, 150 €.

➡ Strafzettel sind nicht sofort vor Ort fällig – Verkehrssünder bekommen mitgeteilt, wo sie bezahlen sollen.

➡ Die Promillegrenze liegt bei 0,5 Promille; bis 0,8 Promille kostet die Überschreitung der Grenze 150 €. Werte über 0,8 Promille gelten als Straftat.

➡ Wer in einen Unfall verwickelt wird, bei dem keine Personen zu Schaden kamen, muss nicht unbedingt ein Polizeiprotokoll aufnehmen lassen. Trotzdem ist es besser, die nächste Polizeistation aufzusuchen und den Unfallhergang zu schildern. Muss die Versicherung eingeschaltet werden, ist nämlich ein Polizeiprotokoll erforderlich. Wer in einen Unfall mit Personenschaden verwickelt ist und Fahrerflucht begeht, riskiert eine Gefängnisstrafe.

➡ In den Städten ist Autofahren ein einziger Albtraum aus Einbahnstraßen, Halten in zweiter Reihe und willkürlich angewandten Parkregeln. Das Fahrzeug wird zwar nicht abgeschleppt, aber die Strafzettel für Falschparken sind saftig.

➡ Behindertenparkplätze sind selten.

Versicherung

Eine Haftpflichtversicherung ist in Griechenland für alle Fahrzeuge Pflicht – auch für solche, die vom Ausland ins Land kommen. Daher sollte jeder darauf achten, dass der bei der Autovermietung abgeschlossene Vertrag eine ausreichende Haftpflichtdeckung umschließt. Schäden am Auto selbst (Teil- oder Vollkasko) sind fast bei keinem Anbieter vom Vertrag abgedeckt, sondern eine Zusatzoption. Es empfiehlt sich jedoch auf jeden Fall, eine solche abzuschließen. Manche Kreditkarten bieten für einen bestimmten Zeitraum eine Teil- oder Vollkaskoversicherung an, wenn die gesamte Vermietung über die Kreditkarte läuft. Es lohnt sich daher immer, vor der Reise beim Kreditkartenanbieter nachzufragen, welche Deckung für Griechenland angeboten wird.

Bus

Busse sind Kretas einzige öffentliche Verkehrsmittel, aber Dank des gut ausgebauten Netzes reicht das auch vollkommen, um ohne Probleme um die Insel zu kommen. Die Fahrpreise unterliegen staatlicher Kontrolle und sind für europäische Verhältnisse recht günstig.

Die monatlich wechselnden Fahrpläne sowie die Preise sind für Westkreta auf der Website www.e-ktel.com/de aufgeführt, für Zentral- und Ostkreta auf www.ktelherlas.gr.

Tagsüber besteht eine stündliche Verbindung entlang der nördlichen Küstenstraße; die Busse zu den Dörfern im Hinterland sowie den Städten an der Südküste fahren in größeren Abständen. Daneben gibt's noch Buslinien zu den wichtigsten Touristenattraktionen wie Knossos, Festos, Moni Arkadiou, Moni Preveli, Omalos (zur Samaria-Schlucht) und Chora Sfakion. Nur im Sommer fahren einmal am Tag Busse zu berühmten Stränden wie Elafonisi.

In größeren Städten gibt's meist einen überdachten

FÄHRVERBINDUNGEN VON/NACH KRETA IN DER HAUPTSAISON

Aktuelle Verbindungen und Fahrpläne stehen auf der Website des jeweiligen Fährunternehmens oder unter www.gtp.gr, www.openseas.gr, www.ferries.gr und www.greekferries.gr (diese Site hat auch eine Buchungsfunktion).

ROUTE	FÄHRUNTERNEHMEN	PREIS (€)	DAUER (STD.)	HÄUFIGKEIT
Chania–Piräus	Anek	42	8½	1-mal tgl.
Iraklion–Chalki	Aegeon Pelagos (Anek)	21	11¾	1-mal wöchentl.
Iraklion–Ios	Hellenic Seaways	66	4	1-mal tgl.
Iraklion–Ios	Sea Jets	62,70	3½	1-mal tgl.
Iraklion–Karpathos	Aegeon Pelagos (Anek)	18	7½	1-mal wöchentl.
Iraklion–Kassos	Aegeon Pelagos (Anek)	19	5¾	1-mal wöchentl.
Iraklion–Milos	Aegeon Pelagos (Anek)	22	7½	2-mal wöchentl.
Iraklion–Mykonos	Hellenic Seaways	81	4¾	1-mal tgl.
Iraklion–Mykonos	Sea Jets	82,70	5½	1-mal tgl.
Iraklion–Naxos	Sea Jets	69,70	5	1-mal tgl.
Iraklion–Paros	Hellenic Seaways	71	4	1-mal tgl.
Iraklion–Piräus	Minoan	43	6½–7½	1- bis 2-mal tgl.
Iraklion–Piräus	Anek-Superfast	36	6½–9½	1- bis 2-mal tgl.
Iraklion–Rhodos	Aegeon Pelagos (Anek)	28	14	1-mal wöchentl.
Iraklion–Santorin (Thira)	Anek	15	4¼	2-mal wöchentl.
Iraklion–Santorin (Thira)	Sea Jets	59,70	2	1-mal tgl.
Iraklion–Santorin (Thira)	Hellenic Seaways	63	2	1-mal tgl.
Iraklion–Sitia	Aegeon Pelagos (Anek)	15	3	1-mal wöchentl.
Kissamos–Antikythira	Lane	10	2	4-mal wöchentl.
Kissamos–Gythio	Lane	25	5	4-mal wöchentl.
Kissamos–Kythira	Lane	17	4	4-mal wöchentl.
Kissamos–Piräus	Lane	24	12	2-mal wöchentl.
Sitia–Iraklion	Aegeon Pelagos (Anek)	11	3	2-mal wöchentl.
Sitia–Karpathos	Aegeon Pelagos (Anek)	18	4¼	4-mal wöchentl.
Sitia–Kassos	Aegeon Pelagos (Anek)	11	2½	4-mal wöchentl.
Sitia–Milos	Aegeon Pelagos (Anek)	25	11½	2-mal wöchentl.
Sitia–Piräus	Aegeon Pelagos (Anek)	41	17	2-mal wöchentl.
Sitia–Rhodos	Aegeon Pelagos (Anek)	27	9½	2-mal wöchentl.
Sitia–Santorin (Thira)	Aegeon Pelagos (Anek)	26	7½	2-mal wöchentl.

Busbahnhof mit Wartesälen, Toiletten und Snackbar. In Kleinstädten und Dörfern ist der „Busbahnhof" oft nur ein Haltestellenschild vor einem *kafenion* (Kaffeehaus) oder einer Taverne, die nebenbei Fahrscheine verkauft. Sollte kein Lokal offen sein oder Tickets verkaufen, kann man immer noch im Bus nachlösen.

Fähre

Kleinere Fähren verkehren zwischen den Orten an Kretas Südwestküste in der Region Sfakia des Bezirks Chania; manche sind nur über den Seeweg zu erreichen. Einige der Fähren sind reine Personenfähren, andere befördern auch Fahrzeuge.

Anendyk (www.anendyk.gr) Bietet im Sommer tägliche Verbindungen zwischen Paleochora, Sougia, Agia Roumeli, Loutro und Chora Sfakion. Fähren zur Insel Gavdos legen von Chora Sfakion und Paleochora ab und halten unterwegs teils in Sougia, Agia Roumeli oder Loutro. Die Fahrpläne ändern sich von Jahreszeit zu Jahreszeit – immer vorher nachschauen!

FÄHRUNTERNEHMEN

Anek Lines (www.anek.gr) Von/nach Piräus; eine wöchentliche Verbindung auf die Kykladen wird von der Schwestergesellschaft Aegeon Pelagos betrieben.

Hellenic Seaways (www.hellenicseaways.gr) Hochgeschwindigkeitsfähre zu den Kykladen.

LANE Lines (www.lane.gr) Langstreckenfähre zwischen Piräus und Kissamos.

Minoan Lines (www.minoan.gr) Schnelle Luxusfähre von/nach Piräus.

Sea Jets (www.seajets.gr) Hochgeschwindigkeits-Katamarane von/zu den Kykladen.

Ausflugsboote Mit Ausflugsbooten lassen sich Touren zu diversen Inseln vor der Küste und nahen Stränden unternehmen, z. B. von Ierapetra nach Gaïdouronisi (Chrisi), von Agios Nikolaos nach Spinalonga, von Kissamos zur Halbinsel Gramvousa (Balos-Strand) oder von Paleochora nach Elafonisi.

Wassertaxis In mehreren Hafenstädten im Süden gibt es Wassertaxis. Die kleinen Schnellboote bringen Passagiere an Orte, die auf dem Landweg schwer zu erreichen sind. Manche Taxiskipper berechnen den Fahrpreis pro Person, andere nehmen einen Festpreis fürs Boot.

Fahrrad

Auch auf Kreta wird Radfahren immer populärer, aber für die vielen bergigen Abschnitte braucht man Muckis und Ausdauer. In den meisten Touristenorten gibt's mindestens einen Fahrradverleih, Kostenpunkt zwischen 10 € und 20 € pro Tag. Auf Fähren reisen Fahrräder umsonst mit.

Weitere Details zu Kreta-Radreisen und zu Mountainbiketouren gibt's auf der Website www.cycling.gr.

Flugzeug

Sky Express (www.skyexpress.gr) Gelegentlich Flüge zwischen Sitia und Iraklion.

Nahverkehr

Bus

Die Stadtbusse in Iraklion, Rethymnon und Chania bedienen vor allem die Wohnvorstädte und sind daher für Urlauber meist nicht besonders praktisch. Fahrscheine gibt's normalerweise an den *periptera* (Kiosken) oder beim Fahrer.

Taxi

Abgesehen von einsamen Dörfern sind Taxis überall verbreitet und für europäische Verhältnisse ziemlich billig. In größeren Städten und an den Flughäfen gibt es Taxistände, an denen Listen mit entlegeneren Fahrzielen und entsprechenden Preisen ausgehängt sind; so besteht keine Gefahr, übers Ohr gehauen zu werden. Ansonsten sollte man sich in den Städten vergewissern, dass das Taxameter angeschaltet wird. Auf dem Land haben Taxis oft keinen Zähler, deswegen vor der Abfahrt immer den Preis vereinbaren.

Trampen

Trampen ist nirgends völlig sicher, egal in welchem Land man sich aufhält, und daher nicht wirklich zu empfehlen. Wer per Daumen reist, sollte möglichst zu zweit an der Straße stehen und jemanden über das geplante Reiseziel informieren. Übrigens hält man hier nicht wie in Nordeuropa den Daumen hoch, sondern winkt mit ausgestrecktem Arm, wobei die Handfläche nach unten zeigt.

Aus größeren Städten herauszukommen ist meist Knochenarbeit, in abgelegeneren Gebieten ist Trampen viel einfacher. Auf Landstraßen kommt es oft vor, dass Fahrer unaufgefordert anhalten und fragen, ob man mitfahren möchte.

Sprache

Griechisch wird seit 4000 Jahren gesprochen und existiert seit rund 3000 Jahren in Schriftform – damit ist es eine der ältesten Sprachen Europas. Das Griechische hat die europäische Kultur über Jahrhunderte hinweg beeinflusst. Ein Großteil des heutigen Vokabulars der indogermanischen Sprachen hat daher griechische Wurzeln, und wer wissenschaftlich arbeitet, hat ohnehin ständig mit griechischen Vokabeln zu tun.

Neugriechisch ist die offizielle Landessprache Griechenlands und eine der zwei offiziellen Landessprachen Zyperns. Daneben wird es auch in vielen griechischen Immigrantengemeinden weltweit gesprochen.

Das griechische Alphabet wird auf S. 286 näher erläutert, aber um sich zu verständigen, genügt es schon, sich an die blauen Aussprachehinweise für deutschsprachige Leser zu halten. Ein paar Tipps vorab: Das Konsonantenpaar dh wird wie das weiche englische „th" ausgesprochen, gh ist die weichere, etwas kehlige Version eines normalen „g", und ch wird vor e- und i-Lauten wie in „ich" und ansonsten wie in „ach" ausgesprochen. Alle griechischen Wörter, die aus mindestens zwei Silben bestehen, sind mit einem Accent aigu (´) versehen, der die Betonung angibt. In unseren Aussprachehinweisen steht die betonte Silbe in Kursivschrift (Schrägschrift).

Das Griechische kennt wie das Deutsche drei Geschlechter – Maskulinum, Femininum und Neutrum. Wo erforderlich, wird das Geschlecht in diesem Kapitel angegeben (in Klammern und mit den bekannten Abkürzungen „m/f/n").

NOCH MEHR GRIECHISCH?

Zusätzliche Informationen zur Sprache und nützliche Wendungen für diejenigen, die fit in Englisch sind, gibt es im Sprachführer *Greek Phrasebook*. Man kann ihn im Buchhandel oder online auf **shop.lonelyplanet.com** erwerben.

KONVERSATION

Hallo.	Γειά σας.	*ya*·ssas (Sie-Form)
	Γειά σου.	*ya*·ssu (Du-Form)
Guten Morgen.	Καλημέρα.	ka·li·*me*·ra
Guten Abend.	Καλησπέρα.	ka·li·*spe*·ra
Gute Nacht.	Καλη νύχτα.	ka·li·*ni*·chta
Auf Wiedersehen.	Αντίο.	an·*di*·o
Ja./Nein.	Ναι./Οχι.	nä/*o*·chi
Bitte.	Παρακαλώ.	pa·ra·ka·*lo*
Danke.	Ευχαριστώ.	ef·cha·ri·*sto*
Gern geschehen/ keine Ursache.	Τίποτα.	*ti*·po·ta
Entschuldigung.	Συγγνώμη.	sigh·*no*·mi
Wie heißen Sie?/ Wie heißt Du?	Πώς σας λένε;/ Πώς σου λένε;	pos sas *le*·ne?/ pos su *le*·ne?
Ich heiße ...	Με λένε ...	me *le*·ne ...
Sprechen Sie Englisch/ Deutsch?	Μιλάτε αγγλικά/ γερμανικά;	mi·*la*·te an·gli·*ka*/ yer·ma·ni·*ka*?
Ich verstehe (nicht).	(Δεν) καταλαβαίνω.	(dhen) ka·ta·la·*ve*·no

EINKAUFEN & DIENSTLEISTUNGEN

Ich möchte gern ... kaufen.
Θέλω ν'αγοράσω ... *the*·lo na·gho·*ra*·sso ...

Ich gucke nur.
Απλώς κοιτάζω. ap·*los* ki·*ta*·zo

Kann ich es anschauen?
Μπορώ να το δω; bo·ro na to dho

Das gefällt mir nicht.
Δεν μου αρέσει. dhen mu a·re·ssi

Wie viel kostet das?
Πόσο κάνει; po·so ka·ni

Das ist zu teuer.
Είναι πολύ ακριβό. i·ne po·li a·kri·vo

Könnte ich einen günstigeren Preis bekommen?
Μπορείτε να κατεβάσετε την τιμή; bo·ri·te na ka·te·va·sse·te tin ti·mi

Bank	τράπεζα	tra·pe·za
Geldautomat	αυτόματη μηχανή χρήματων	af·to·ma·ti mi·kha·ni khri·ma·ton
Handy	κινητό	ki·ni·to
Internetcafé	καφενείο διαδικτύου	ka·fe·ni·o dhi·a·dhik·ti·u
Kreditkarte	πιστωτική κάρτα	pi·sto·ti·ki kar·ta
Postamt	ταχυδρομείο	ta·chi·dhro·mi·o
Toilette	τουαλέτα	tu·a·le·ta
Touristen-information	τουριστικό γραφείο	tu·ri·sti·ko ghra·fi·o

ESSEN & TRINKEN

Einen Tisch für ...	Ενα τραπέζι για ...	e·na tra·pe·zi ya ...
(zwei) Personen	(δύο) άτομα	(dhi·o) a·to·ma
(acht) Uhr	στις (οχτώ)	stis (och·to)
Ich esse kein/e/n ...	Δεν τρώγω ...	dhen tro·gho ...
Fisch	ψάρι	psa·ri
(rotes) Fleisch	(κόκκινο) κρέας	(ko·kki·no) kre·as
Erdnüsse	φυστίκια	fi·sti·kia
Geflügel	πουλερικά	pu·le·ri·ka

Was empfehlen Sie mir?
Τι θα συνιστούσες; ti tha si·ni·stu·ses

Woraus besteht dieses Gericht?
Τι περιέχει αυτό το φαγητό; ti pe·ri·e·chi af·to to fa·ghi·to

Das war sehr lecker!
Ήταν νοστιμότατο! i·tan no·sti·mo·ta·to

Prost!
Εις υγείαν! is i·yi·an

GRIECHISCHES ALPHABET

Das griechische Alphabet hat 24 Buchstaben, die wir nachfolgend in Groß- und Kleinschreibung zeigen. Vorsicht, manche Buchstaben sehen aus wie deutsche, klingen aber ganz anders: Das **B** wird beispielsweise wie v und das **P** wie r ausgesprochen. Wie im Deutschen beeinflusst auch die Kombination von Buchstaben deren Aussprache. So wird etwa die Buchstabenkombination **ου** wie u ausgesprochen, während **οι** zu i wird.

Α α	a	wie in „Asien"
Β β	v	wie in „Vase"
Γ γ	gh	ein weiches, kehliges „g"
	y	vor e- und i-Lauten wie in „ja"
Δ δ	dh	wie in engl. „this"
Ε ε	e	wie in „Elle"
Ζ ζ	z	wie in „Hirse"
Η η	i	wie in „Biene"
Θ θ	th	wie in engl. „think"
Ι ι	i	wie in „Biene"
Κ κ	k	wie in „kalt"
Λ λ	l	wie in „Land"
Μ μ	m	wie in „Mann"
Ν ν	n	wie in „Netz"
Ξ ξ	x	wie in „Xaver"
Ο ο	o	wie in „Koffer"
Π π	p	wie in „Puder"
Ρ ρ	r	wie in „Ring", leicht gerolltes r
Σ σ, ς	s	wie in „blass"
Τ τ	t	wie in „Tüte"
Υ υ	i	wie in „Biene"
Φ φ	f	wie in „frisch"
Χ χ	ch	wie in „ach"
		vor e- und i-Lauten wie in „ich"
Ψ ψ	ps	wie in „Psalm"
Ω ω	o	wie in „Koffer"

Achtung, der Buchstabe **Σ** nimmt in der Kleinschreibung zwei Formen an – **σ** and **ς**. Die zweite steht am Ende eines Wortes. Das Fragezeichen im Griechischen gleicht unserem Semikolon (;).

Die Rechnung, bitte.
Το λογαριασμό, παρακαλώ. — to lo·ghar·yas·*mo*, pa·ra·ka·*lo*

Mini-Sprachführer

Abendessen	δείπνο	*dhip*·no
Bar	μπαρ	bar
Bier	μπύρα	*bi*·ra
Brot	ψωμί	pso·*mi*
Café	καφετέρια	ka·fe·te·ri·a
Delikatessen	ντελικατέσεν	de·li·ka·*te*·sen
Desserts	επιδόρπια	e·pi·*dhor*·pi·a
Ei	αυγό	av·*gho*
Eiscreme	κρέμα	*kre*·ma
Essig	ξύδι	*ksi*·dhi
Fisch	ψάρι	*psa*·ri
Flasche	μπουκάλι	bu·*ka*·li
Frühstück	πρόγευμα	*pro*·yev·ma
Gabel	πιρούνι	pi·*ru*·ni
Gemüse	λαχανικά	la·cha·ni·*ka*
Gericht	φαγητό	fa·yi·*to*
Glas	ποτήρι	po·*ti*·ri
Hauptgerichte	κύρια φαγητά	*ki*·ri·a fa·yi·*ta*
heiß	ζεστός	ze·*stos*
Hochstuhl	καρέκλα για μωρά	ka·*re*·kla yia mo·*ra*
Huhn	κοτόπουλο	ko·*to*·pu·lo
Kaffee	καφές	ka·*fes*
kalt	κρύος	*kri*·os
Käse	τυρί	ti·*ri*
Kräuter	βότανα	*vo*·ta·na
Lamm	αρνί	ar·*ni*
Lebensmittelgeschäft	οπωροπωλείο	o·po·ro·po·*li*·o
Limonade	αναψυκτικό	a·nap·sik·ti·*ko*
Löffel	κουτάλι	ku·*ta*·li
Markt	αγορά	a·gho·*ra*
Menü	μενού	me·*nu*
Messer	μαχαίρι	ma·*che*·ri
Milch	γάλα	*gha*·la
mit/ohne	με/χωρίς	me/cho·*ris*
Mittagessen	μεσημεριανό φαγητό	me·si·me·ria·*no* fa·yi·*to*
Nuss	καρύδι	ka·*ri*·dhi
Obst	φρούτα	*fru*·ta
Öl	λάδι	*la*·dhi
Pfeffer	πιπέρι	pi·*pe*·ri
Restaurant	εστιατόριο	e·sti·a·*to*·ri·o
Rindfleisch	βοδινό	vo·dhi·*no*
Rotwein	κόκκινο κρασί	*ko*·kki·no kra·*si*
Saft	χυμός	chi·*mos*
Salz	αλάτι	a·*la*·ti
Schüssel	μπωλ	bol
Schweinefleisch	χοιρινό	chi·ri·*no*
Tee	τσάι	*tsa*·i
Teller	πιάτο	*pia*·to
Vegetarier	χορτοφάγος	chor·to·*fa*·ghos
Vorspeisen	ορεκτικά	o·rek·ti·*ka*
Wasser	νερό	ne·*ro*
Weißwein	άσπρο κρασί	*a*·spro kra·*si*
Zucker	ζάχαρη	*za*·cha·ri

EINFACHE WENDUNGEN

Wer sich auf Griechisch durchschlagen will, kann diese einfachen Redewendungen durch die jeweils passenden Vokabeln ergänzen.

Wann ist/fährt (der nächste Bus)?
Πότε είναι (το επόμενο λεωφορείο); — *po*·te *i*·ne (to e·*po*·me·no le·o·fo·*ri*·o)

Wo ist (der Bahnhof)?
Πού είναι (ο σταθμός); — pu *i*·ne (o stath·*mos*)

Ich suche (Amphilochos).
Ψάχνω για (τον Αμφίλοχος). — *psach*·no ya (ton am·*fi*·lo·chos)

Haben Sie (eine Ortskarte)?
Έχετε (οδικό τοπικό χάρτη); — e·he·te (o·dhi·*ko* to·pi·*ko* *khar*·ti)

Gibt es ein/e/n (Fahrstuhl)?
Υπάρχει (ασανσέρ); — i·*par*·chi (a·ssan·*sser*)

Darf ich (es anprobieren)?
Μπορώ να (το προβάρω); — bo·*ro* na (to pro·*va*·ro)

Ich habe (ein Zimmer reserviert).
Έχω (κλείσει δωμάτιο). — e·kho (*kli*·ssi dho·*ma*·ti·o)

Ich möchte gerne (ein Auto mieten).
Θα ήθελα (να ενοικιάσω ένα αυτοκίνητο). — tha *i*·the·la (na e·ni·ki·*a*·sso e·na af·to·*ki*·ni·to)

IM NOTFALL

Hilfe!	Βοήθεια!	vo·*i*·thia
Gehen Sie weg!/ Geh weg!	Φύγετε!/Φύγε!	*fi*·ye·te/*fi*·ye

Ich habe mich verlaufen.	Εχω χαθεί.	e·cho cha·*thi*
Es hat einen Unfall gegeben.	Εγινε ατύχημα.	*ey*·i·ne a·*ti*·chi·ma
Rufen Sie ...!	Φωνάξτε ...!	fo·*nak*·ste ...
einen Arzt	ένα γιατρό	e·na yi·a·*tro*
die Polizei	την αστυνομία	tin a·sti·no·*mi*·a
Ich bin krank.	Είμαι άρρωστος.	*i*·me *a*·ro·stos
Hier tut es weh.	Πονάει εδώ.	po·*na*·i e·*dho*

Ich bin allergisch gegen (Antibiotika).
Είμαι αλλεργικός/αλλεργική στα (αντιβιωτικά) — *i*·me a·ler·yi·*kos*/a·ler·yi·*ki* sta (m/f) (an·di·vi·o·ti·*ka*)

RICHTUNGSANGABEN

Wo ist ...?
Πού είναι ...; — pu *i*·ne ...

Wie ist die Adresse?
Ποια είναι η διεύθυνση; — pi·*a i*·ne i dhi·*ef*·thin·si

Können Sie es mir zeigen (auf der Karte)?
Μπορείτε να μου δείξετε (στο χάρτη); — bo·*ri*·te na mu *dhik*·se·te (sto *char*·ti)

Links abbiegen.
Στρίψτε αριστερά. — *strips*·te a·ri·ste·*ra*

Rechts abbiegen.
Στρίψτε δεξιά. — *strips*·te dhe·*ksia*

an der nächsten Ecke
στην επόμενη γωνία — stin e·*po*·me·ni gho·*ni*·a

an der Ampel
στα φώτα — sta *fo*·ta

gegenüber	απέναντι	a·*pe*·nan·di
geradeaus	ολο ευθεία	o·lo ef·*thi*·a
hinter	πίσω	*pi*·sso
nahe	κοντά	kon·*da*
neben	δίπλα	*dhi*·pla
vor	μπροστά	bro·*sta*
weit	μακριά	ma·kri·*a*

Fragewörter

Wann?	Πότε;	*po*·te
Warum?	Γιατί;	yi·a·*ti*
Was?	Τι;	ti
Wer?	Ποιος; Ποια; Ποιο;	pi·*os* (m) pi·*a* (f) pi·*o* (n)
Wie?	Πώς;	pos
Wo?	Πού;	pu

UNTERKUNFT

Campingplatz	χώρος για κάμπινγκ	*cho*·ros ya *kam*·ping
Hotel	ξενοδοχείο	kse·no·dho·*chi*·o
Jugendherberge	γιουθ χόστελ	yuth *cho*·stel
ein ... Zimmer	ένα ... δωμάτιο	e·na ... dho·*ma*·ti·o
Einzel-	μονόκλινο	mo·*no*·kli·no
Doppel-	δίκλινο	*dhi*·kli·no
Wie viel kostet es ...?	Πόσο κάνει ...;	*po*·sso *ka*·ni ...
pro Nacht	τη βραδυά	ti vra·dhy·*a*
pro Person	το άτομο	to *a*·to·mo
AC	έρκοντίσιον	er·kon·*di*·si·on
Bad	μπάνιο	*ba*·nio
Fenster	παράθυρο	pa·*ra*·thi·ro
TV	τηλεόραση	ti·le·*o*·ra·si
Ventilator	ανεμιστήρας	a·ne·mi·*sti*·ras

VERKEHRSMITTEL & -WEGE

Öffentliche Verkehrsmittel

Schiff/Fähre	πλοίο	*pli*·o
Stadtbus	αστικό	a·sti·*ko*
Fernbus	λεωφορείο	le·o·fo·*ri*·o
Flugzeug	αεροπλάνο	ae·ro·*pla*·no
Zug	τραίνο	*tre*·no

Wo gibt es Fahrkarten?
Πού αγοράζω εισιτήριο; — pu a·gho·*ra*·zo i·si·*ti*·ri·o

Ich möchte gerne nach ... fahren.
Θέλω να πάω στο/στη ... — the·lo na *pao* sto/sti...

Um wie viel Uhr fährt er ab?
Τι ώρα φεύγει; — ti o·ra *fev*·yi

Hält er in (Iraklion)?
Σταματάει στο (Ηράκλειο); — sta·ma·*ta*·i sto (i·*ra*·kli·o)

Ich möchte gerne in (Iraklion) aussteigen.
Θα ήθελα να κατεβώ στο (Ηράκλειο). — tha *i*·the·la na ka·te·*vo* (sto i·*ra*·kli·o)

Ich hätte gerne ein(e) ...	Θα ήθελα (ένα) ...	tha *i*·the·la (e·na) ...
einfache Fahrkarte	απλό εισιτήριο	a·*plo* i·si·*ti*·ri·o
Rückfahrkarte	εισιτήριο με επιστροφή	i·si·*ti*·ri·o me e·pi·stro·*fi*

1. Klasse	πρώτη θέση	*pro*·ti *the*·si
2. Klasse	δεύτερη θέση	*def*·te·ri *the*·si
storniert	ακυρώθηκε	a·ki·*ro*·thi·ke
verspätet	καθυστέρησε	ka·thi·*ste*·ri·sse
Bahnsteig	πλατφόρμα	plat·*for*·ma
Fahrkarten-schalter	εκδοτήριο εισιτηρίων	ek·dho·*ti*·ri·o i·si·ti·*ri*·on
Fahrplan	δρομολόγιο	dhro·mo·*lo*·gio
Bahnhof	σταθμός τρένου	stath·*mos* *tre*·nu

Individualverkehr

Ich möchte gern ein ... mieten	Θα ήθελα να νοικιάσω ...	tha *i*·the·la na ni·ki·*a*·sso ...
Auto	ένα αυτοκίνητο	*e*·na af·to·*ki*·ni·to
Allradauto	ένα τέσσερα επί τέσσερα	*e*·na *tes*·se·ra e·*pi* *tes*·se·ra
Jeep	ένα τζιπ	*e*·na tzip
Motorrad	μια μοτοσυκλέττα	*mia* mo·to·si·*klet*·ta
Fahrrad	ένα ποδήλατο	*e*·na po·*dhi*·la·to

Brauche ich einen Helm?
Χρειάζομαι κράνος; khri·*a*·zo·me *kra*·nos

Ist das die Straße nach ...?
Αυτός είναι ο δρόμος για ... af·*tos* *i*·ne o *dhro*·mos ya ...

Kann ich hier parken?
Μπορώ να παρκάρω εδώ; bo·*ro* na par·*ka*·ro e·*dho*

Das Auto/Motorrad hatte eine Panne (in ...).
Το αυτοκίνητο/ η μοτοσυκλέττα χάλασε στο ... to af·to·*ki*·ni·to/ i mo·to·si·*klet*·ta *cha*·la·sse sto ...

Ich habe einen platten Reifen.
Επαθα λάστιχο. *e*·pa·tha *la*·sti·cho

Mir ist das Benzin ausgegangen.
Εμεινα από βενζίνη. *e*·mi·na a·*po* ven·*zi*·ni

ZAHLEN

1	ένας / μία ένα	*e*·nas / *mi*·a (m/f) *e*·na (n)
2	δύο	*dhi*·o
3	τρεις / τρία	tris (m&f) / *tri*·a (n)
4	τέσσερεις	*te*·sse·ris (m&f)
	τέσσερα	*te*·sse·ra (n)
5	πέντε	*pen*·de
6	έξη	*e*·xi
7	επτά	ep·*ta*
8	οχτώ	och·*to*

Schilder

ΕΙΣΟΔΟΣ	**Eingang/Einfahrt**
ΕΞΟΔΟΣ	**Ausgang/Ausfahrt**
ΠΛΗΡΟΦΟΡΙΕΣ	**Information**
ΑΝΟΙΧΤΟ	**Geöffnet**
ΚΛΕΙΣΤΟ	**Geschlossen**
ΑΠΑΓΟΡΕΥΕΤΑΙ	**Verboten**
ΑΣΤΥΝΟΜΙΑ	**Polizei**
ΑΣΤΥΝΟΜΙΚΟΣ ΣΤΑΘΜΟΣ	**Polizeiwache**
ΓΥΝΑΙΚΩΝ	**Toilette (Damen)**
ΑΝΔΡΩΝ	**Toilette (Herren)**

9	εννέα	e·*ne*·a
10	δέκα	*dhe*·ka
20	είκοσι	*ik*·o·ssi
30	τριάντα	tri·*an*·da
40	σαράντα	sa·*ran*·da
50	πενήντα	pe·*nin*·da
60	εξήντα	ek·*sin*·da
70	εβδομήντα	ev·dho·*min*·da
80	ογδόντα	ogh·*dhon*·da
90	ενενήντα	e·ne·*nin*·da
100	εκατό	e·ka·*to*
1000	χίλιοι / χίλιες χίλια	*chi*·li·i / *chi*·li·ez (m/f) *chi*·li·a (n)

ZEIT & DATUM

Wie spät ist es?	Τι ώρα είναι;	ti *o*·ra *i*·ne
Es ist (2 Uhr).	είναι (δύο η ώρα).	*i*·ne (*dhi*·o i *o*·ra)
Es ist (10 Uhr) dreißig.	είναι (δέκα) και μισή.	*i*·ne (*dhe*·ka) ke mi·*si*

heute	σήμερα	*si*·me·ra
morgen	αύριο	*av*·ri·o
gestern	χθες	chthes
(heute) morgen	(αυτό το) πρωί	(af·*to* to) pro·*i*
nachmittag	απόγευμα	a·*po*·yev·ma
abend	βράδυ	*vra*·dhi
Montag	Δευτέρα	dhef·*te*·ra
Dienstag	Τρίτη	*tri*·ti
Mittwoch	Τετάρτη	te·*tar*·ti
Donnerstag	Πέμπτη	*pemp*·ti
Freitag	Παρασκευή	pa·ras·ke·*vi*
Samstag	Σάββατο	*sa*·va·to
Sonntag	Κυριακή	ky·ri·a·*ki*

Januar	Ιανουάριος	ia·nu·*ar*·i·os
Februar	Φεβρουάριος	fev·ru·*ar*·i·os
März	Μάρτιος	*mar*·ti·os
April	Απρίλιος	a·*bri*·li·os
Mai	Μάιος	*mai*·os
Juni	Ιούνιος	i·*u*·ni·os
Juli	Ιούλιος	i·*u*·li·os
August	Αύγουστος	*av*·ghus·tos
September	Σεπτέμβριος	sep·*tem*·vri·os
Oktober	Οκτώβριος	ok·*to*·vri·os
November	Νοέμβριος	no·*em*·vri·os
Dezember	Δεκέμβριος	dhe·*kem*·vri·os

Kulinarische Begriffe werden im Kapitel Essen & Trinken wie die Einheimischen (S. 41) erläutert.

GLOSSAR

Achäische Zivilisation – s. *Mykenische Zivilisation*

Agia (f), Agios (m), Agii (pl) – Sankt, Heilige(r)

Agora – Geschäftsbezirk einer antiken Stadt; im modernen Griechenland: Einkaufszentrum

agrimi – auf Kreta heimische Tierart mit langen Hörnern, ähnlich der Wildziege; auch als *kri-kri* bekannt

Akropolis – der höchste Punkt einer antiken Stadt

Amphore – hohe Vase mit zwei Henkeln, in der Wein oder Öl aufbewahrt wurden

Basilika – frühchristliche Kirche

bouzouki – lautenartiges Saiteninstrument, wird in der *Rembetiko*-Musik eingesetzt

Byzantinische Epoche – Periode, die sich durch die Verschmelzung der griechischen Kultur mit dem Christentum auszeichnet. Sie verdankt ihrem Namen Byzanz, der Stadt am Bosporus, die 324 n. Chr. zur Hauptstadt des Römischen Reichs ernannt wurde. Die Teilung des Römischen Reichs 395 n. Chr. leitete den Niedergang Roms ein, wohingegen die östliche Hauptstadt, nun nach Kaiser Konstantin I. in Konstantinopel umbenannt, einen Aufschwung erlebte. Nachdem Konstantinopel 1453 von den Türken bezwungen wurde, zerfiel das Byzantinische Reich.

chora – Hauptstadt, meist einer Insel

Domatio (s), Domatia (pl) – Zimmer, oft in Privathäusern; billige Übernachtungsmöglichkeit in den meisten Touristengegenden

Dorer – hellenistische Krieger, die um 1200 v. Chr. in Griechenland einfielen. Sie brandschatzten die Stadtstaaten, zerstörten die mykenische Kultur und läuteten Griechenlands Dunkles Zeitalter ein, während dem das künstlerisch und kulturell hohe Niveau der Mykener und Minoer verloren ging. Später entwickelten sich die Dorer zu aristokratischen Landbesitzern; sie förderten das Wiederaufleben der unabhängigen Stadtstaaten, die von den reichen Adligen regiert wurden.

Dorische Ordnung – griechische Architekturform, gekennzeichnet durch Säulen mit kanneliertem, geschwollenem Schaft, aber ohne Basis und einem – im Vergleich zu den schön verzierten *ionischen* und *korinthischen* Kapitellen – relativ schmucklosen Kapitell

Dunkles Zeitalter (1200–800 v. Chr.) – Periode, in der Griechenland von den Dorern beherrscht wurde

Ellada, Ellas – s. *Hellas*

ELPA – Elliniki Leschi Aftokinitou kai Periigiseon; griechischer Automobilclub

ELTA – Ellinika Tahydromia; griechisches Postamt

EOS – Ellinikos Orivatikos Syllogos; Verband der griechischen Wander- und Bergsteigervereine

EOT – Ellinikos Organismos Tourismou; nationaler griechischer Tourismusverband (mit Zweigstellen in den meisten größeren Städten), im Ausland als *GNTO* (Greek National Tourist Organisation) bekannt

estiatorio – Restaurant, das sowohl vorbereitete Speisen als auch Gerichte à la carte anbietet

Geometrische Zeit (1200–800 v. Chr.) – Zeit, in der Keramiken charakteristische geometrische Muster aufwiesen; manchmal auch Griechenlands *dunkles Zeitalter* genannt

GNTO – Greek National Tourist Organisation; s. auch *EOT*

Griechische Klassik – Periode, in der die griechischen Stadtstaaten nach der Niederlage der Perser im 5. Jh. v. Chr. den Gipfel ihres Reichtums und ihrer Macht erreichten. Infolge der Peloponnesischen Kriege und der expansionistischen Bestrebungen von Philipp II., dem König von Mazedonien (regierte 359–336 v. Chr.), und seinem Sohn, Alexander dem Großen (regierte 336–323 v. Chr.), verloren die Stadtstaaten ihre Bedeutung.

Hellas – griechischer Name für Griechenland (weitere Namen: Ellas, Ellada)

Hellenistische Periode (323–146 v. Chr.) – Blütezeit, in der die griechische Zivilisation Macht und Einfluss erlangte, eingeleitet von Alexander dem Großen und beendet durch die Römer, als sie 146 v. Chr. Korinth überfielen

Ionische Ordnung – griechische Architekturform, deren Säulen durch Stege getrennte Kanneluren und Kapitelle mit sprialförmigen Verzierungen aufweisen; s. auch *Dorische Ordnung* und *Korinthische Ordnung*

Kapitell – Kopfstück einer Säule

kastro – Kastell, Befestigungsanlage, Bastion

Koine – in der vorbyzantinischen Zeit gebräuchliche griechische Sprache, in der die Kirchenliturgien verfasst sind

Korinthische Ordnung – griechische Architekturform, bei der die Säulen glockenförmige Kapitelle mit kunstvoll gemeißelten Ornamenten in Form von Akanthusblättern haben; s. auch *Dorische Ordnung* und *Ionische Ordnung*

Kouros – Männerstatue aus der archaischen Periode, meist mit steifer Körperhaltung und rätselhaftem Lächeln

kri-kri – auf Kreta heimische Tierart mit langen Hörnern, ähnlich der Wildziege; auch als *agrimi* bekannt

KTEL – Kino Tamio Eispraxeon Leoforion; nationale Busgesellschaft, die alle Überlandlinien betreibt

leoforos – breite Straße

libation – altgriechisch für Wein oder Lebensmittel, die den Göttern geopfert wurden

Linear A – minoische Schrift, die bis heute nicht entziffert wurde

Linear B – mykenische Schrift, die entziffert werden konnte

lyra – kleines, geigenähnliches Instrument, das zum Spielen aufs Knie gestützt wird, weit verbreitet in der kretischen und pontischen Musik

mantinadha (s), mandinadhes (pl) – traditionelle kretische Lieder, deren Texte sich reimen

Megaron – zentraler Raum oder zentrale Gemächer eines mykenischen Palastes

Meltemi – trockener Nordwind, der im Sommer fast in ganz Griechenland bläst

mezedhopoleio – ein Restaurant, in dem *mezedhes* serviert werden

Minoische Zivilisation (3000–1200 v. Chr.) – kretische Kultur im Bronzezeitalter, benannt nach dem mythischen König Minos. Typisch dafür sind wunderschöne Keramik- und Metallarbeiten. Die Epoche wird unterteilt in die Vorpalastzeit (3400–2100 v. Chr.), die Neue Palastzeit (2100–1580 v. Chr.) und die Nachpalastzeit (1580–1200 v. Chr.)

mitata – runde Steinhütten der Schäfer

Moni – Kloster oder Konvent

Mykenische Zivilisation (1900–1100 v. Chr.) – erste große Kultur auf dem griechischen Festland. Typisch dafür sind die mächtigen, unabhängigen Stadtstaaten, die von Königen regiert wurden; diese Periode wird auch die *Achäische Zivilisation* genannt

Nea Demokratia – Neue Demokratie; konservative politische Partei

Nekropolis – wörtlich übersetzt „Stadt der Toten"; antiker Friedhof

nisi – Insel

Nymphaion – Gebäude mit Brunnen im antiken Griechenland, oft den Nymphen geweiht

odeion – antikes überdachtes griechisches Theater

odos – Straße

OTE – Organismos Tilepikoinonion Ellados; nationale Telefongesellschaft

ouzeri – Lokal, in dem Ouzo und kleine Snacks serviert werden

Panagia – Gottesmutter, oft der Name von Kirchen

paralia – Uferpromenade

Pediment – dreieckige, oft mit Skulpturen ausgefüllte Fläche über den Säulen an der Front- und Rückseite eines klassischen griechischen Tempels

periptero (s), periptera (pl) – Straßenkiosk

Peristyl – Säulen, die ein Bauwerk umgeben, meist einen Tempel oder einen Innenhof

Pithos (s), Pithoi (pl) – großes minoisches Vorratsgefäß

platia, plateia – Platz

Propylon (s), Propylaia (pl) – aufwendig konstruierter Haupteingang zu einer antiken Stadt oder Kultstätte. Ein Propylon hatte einen Torbogen, die Propylaia mehrere.

Prytaneion – Verwaltungszentrum eines Stadtstaats

Rembetiko – Bluesmusik, die allgemein mit der Halbwelt der 1920er-Jahre in Verbindung gebracht wird

Rhyton – anderer Name für ein Opfergefäß (s. auch *libation*)

rizitika – traditionelle, patriotische Lieder aus Westkreta

Stoa – langes Gebäude mit Säulen, meist Teil einer *Agora*; diente im antiken Griechenland als Versammlungs- und Zufluchtsort

Taverne – traditionelles Restaurant, in dem Wein und Essen serviert werden

Tholos – mykenisches Grab in der Form eines Bienenstocks

Hinter den Kulissen

WIR FREUEN UNS ÜBER EIN FEEDBACK

Post von Travellern zu bekommen ist für uns ungemein hilfreich – Kritik und Anregungen halten uns auf dem Laufenden und helfen, unsere Bücher zu verbessern. Unser reiseerfahrenes Team liest alle Zuschriften genau durch, um zu erfahren, was an unseren Reiseführern gut und was schlecht ist. Wir können solche Post zwar nicht individuell beantworten, aber jedes Feedback wird garantiert schnurstracks an die jeweiligen Autoren weitergeleitet, rechtzeitig vor der nächsten Auflage.

Wer Ideen, Erfahrungen und Korrekturhinweise zum Reiseführer mitteilen möchte, hat die Möglichkeit dazu auf www.lonelyplanet.com/contact/guidebook_feedback/new. Anmerkungen speziell zur deutschen Ausgabe erreichen uns über www.lonelyplanet.de/kontakt.

Hinweis: Da wir Beiträge möglicherweise in Lonely Planet Produkten (Reiseführer, Websites, digitale Medien) veröffentlichen, ggf. auch in gekürzter Form, bitten wir um Mitteilung, falls ein Kommentar nicht veröffentlicht oder ein Name nicht genannt werden soll. Wer Näheres über unsere Datenschutzpolitik wissen will, erfährt das unter www.lonelyplanet.com/privacy.

DANK VON LONELY PLANET

Vielen Dank an die folgenden Leser, die mit der letzten Ausgabe unterwegs waren und uns wertvolle Hinweise, Tipps und interessante Anekdoten geschickt haben:
Alexander Roc, Barbara Santos, Clare Hannah, Diana Loch, Elena Carati, Giles Moon, Heather Lyons, Jacquelien Meijer, Keren Lupu, Marcel du Chatinier, Marcos Charalambous, Margaret Chappell, Marianne Skovsted, Morten Ziersen, Paul Barker, Paul Finn, Paul Ormrod, Peter Golda, Regine Haensel, Robin Smit, Robin van Beek, Roy Milani, Seraphim Schuchter, Takashi Kishi

DANK DER AUTOREN

Alexis Averbuck

Grenzenlose Dankbarkeit gebührt Alexandra Stamopoulou für ihre immer anregenden Tipps und ihre generelle INSPIRATION. Sie begleitet mich überall hin. Ryan Ver Berkmoes war, wieder einmal, ein toller Reisegefährte. Dank an Ramona für ihre Insider-Perspektive auf Gavdos. Ein Hoch auf das Team Kreta: Brana, Korina, Kate und Richard, die dieses Projekt zum Vergnügen machten. Und *efcharisto poli* an all die Menschen, die mich überall auf Kreta so herzlich aufgenommen haben – wegen euch liebe ich diese Insel!

Kate Armstrong

Ein spezielles kretisches *efcharisto* an Brana für die unverhoffte Gelegenheit, diese Perle zu besuchen. An all jene in Iraklion, die mir so viel kretische *filoxenia* gewährten, besonders Fondas, Manolis, Gunnar, Noi und Lefteris und Antonis vom Roadside Travel Bookshop. An meine wunderbaren grecophilen Autorenkollegen Alexis (Koordinatorin der Extraklasse), Richard und Korina. An Di Miller in London für ihre Freundlichkeit. Und schließlich an Chris, der ständig sein Leben neu um mich herumorganisiert.

Korina Miller

Ein Riesendank an Kirk und meine Eltern dafür, dass sie die Stellung hielten, während ich weg war, und mir so ermöglichten, dieses Projekt zu übernehmen. Danke an meine fabelhaften Töchter Monique und Simone dafür, dass sie mich arbeiten ließen, aber auch zu Pausen ermunterten. Danke an Brana bei Lonely Planet für ihre Unterstützung und an meine Koautoren für Einblicke und Kameradschaft. Ein herzliches *efcharisto* an all die Leute, die ich unterwegs getroffen habe – Einheimische wie Reisende –, die ihre Geschichten, ihr Wissen und ihre Begeisterung für Griechenland mit mir geteilt haben. Und danke an Bing, den treuen Coonhound dafür, dass er mir Gesellschaft leistete, während ich bis spät in die Nacht hinein am Schreibtisch saß.

ÜBER DIESES BUCH

Dies ist die 4. deutsche Auflage von *Kreta*. Sie basiert auf der 6. englischen Auflage von Alexis Averbuck, Kate Armstrong, Korina Miller und Richard Waters. Die vorige Auflage schrieben Andrea Schulte-Peevers, Chris Deliso und Des Hannigan.

Dieser Reiseführer wurde produziert von:

Titelredaktion Branislava Vladisavljevic

Koordination Gabrielle Innes

Produktredaktion Carolyn Boicos, Kate Mathews

Kartografie Valentina Kremenchutskaya

Layout Wibowo Rusli

Redaktionsassistenz Jodie Martire, Anne Mulvaney

Umschlaggestaltung Naomi Parker

Dank an Andi Jones, Karyn Noble, Gabrielle Stefanos, Gina Tsarouhas, Amanda Williamson, Sofia Zournatzidi

Richard Waters

Besonderen Dank an Magdalena von Byron, und an all die Leute in Lassithi, die mir unterwegs geholfen haben.

QUELLENNACHWEIS

Die Angaben auf der Klimakarte stammen von Peel MC, Finlayson BL & McMahon TA (2007) „Updated World Map of the Köppen-Geiger Climate Classification", *Hydrology and Earth System Sciences*, 11, 163344.

Illustration S. 172–173 Javier Martinez Zarracina.

Titelfoto: Moni Preveli, Rethymnon, Markus Lange/Corbis.

Register

Kartenverweise **000**
Fotoverweise 000

N

O

P

Q

R

Kartenverweise **000**
Fotoverweise **000**

Kartenverweise **000**
Fotoverweise **000**

Kartenverweise **000**
Fotoverweise **000**

Kartenlegende

Sehenswertes
- Strand
- Vogelschutzgebiet
- buddhistisch
- Burg/Palast
- christlich
- konfuzianisch
- hinduistisch
- islamisch
- jainistisch
- jüdisch
- Denkmal
- Museum/Galerie/hist. Gebäude
- Ruine
- shintoistisch
- Sikh
- taoistisch
- Weingut/Weinberg
- Zoo/Naturschutzgebiet
- Sehenswürdigkeit

Aktivitäten, Kurse & Touren
- bodysurfen
- tauchen
- Kanu/Kajak fahren
- Kurse/Touren
- Sento/Onsen
- Ski fahren
- schnorcheln
- surfen
- schwimmen/Pool
- wandern
- windsurfen
- sonstige Aktivitäten

Schlafen
- Schlafen
- Camping

Essen
- Restaurant

Ausgehen & Nachtleben
- Bar, Kneipe
- Café

Unterhaltung
- Unterhaltung

Shoppen
- Shoppen

Praktisches
- Bank
- Botschaft/Konsulat
- Krankenhaus/Arzt
- Internet
- Polizei
- Post
- Telefon
- Toilette
- Touristeninformation
- sonstige Informationen

Geografie
- Strand
- Hütte/Unterstand
- Leuchtturm
- Aussichtspunkt
- Berg/Vulkan
- Oase
- Park
- Pass
- Rastplatz
- Wasserfall

Städte
- Hauptstadt (Staat)
- Hauptstadt (Bundesstaat/Provinz)
- Großstadt
- Stadt/Ort

Transport
- Flughafen
- Grenzübergang
- Bus
- Seilbahn/Standseilbahn
- Radweg
- Fähre
- Metro-Station
- Schwebebahn
- Parkplatz
- Tankstelle
- S-Bahnstation
- Taxi
- T-bane-/Tunnelbana-Station
- Bahnhof/Bahnlinie
- Straßenbahn
- Tube Station
- U-Bahnstation
- sonstiger Transport

Hinweis: Nicht alle in der Legende aufgeführten Symbole sind Bestandteil der Karten dieses Buches

Verkehrswege
- Mautstraße
- Autobahn
- Hauptstraße
- Landstraße
- Verbindungsstraße
- sonstige Straße
- unbefestigte Straße
- Straße im Bau
- Platz/Promenade
- Treppe
- Tunnel
- Fußgängerbrücke
- Spaziergang
- Abstecher von der Route
- Pfad/Wanderweg

Grenzen
- Staatsgrenze
- Provinzgrenze
- umstrittene Grenze
- Regional-/Bezirksgrenze
- Meeresschutzgebiet
- Klippen
- Mauer

Gewässer
- Fluss, Bach
- periodischer Fluss
- Kanal
- Gewässer
- Salzsee/trockener/periodischer See
- Riff

Gebietsform
- Flughafen/Landepiste
- Strand/Wüste
- christlicher Friedhof
- sonstiger Friedhof
- Gletscher
- Watt
- Park/Wald
- Sehenswertes (Gebäude)
- Sportplatz
- Sumpf/Mangroven

DIE AUTOREN

Alexis Averbuck

Koordinierende Autorin; Chania Alexis lebt auf Hydra und ist froh über jede Ausrede, um auf einsamen kleinen Straßen durch ihre Wahlheimat zu kurven. Und während sie unbedingt das Klischee richtigstellen möchte, Griechenland bestünde aus nichts als einer Reihe von Sandstränden, muss sie zugeben, dass Kretas rosige Strände sie einfach umhauen. Als Liebhaberin der heimischen Küche genießt sie es, sich durch das phantastische kretische Essen zu probieren und Dörfer auf der Suche nach lokalen Leckereien zu erkunden. Sie war überglücklich, wieder in Chania zu recherchieren, einer ihrer Lieblingsstädte in Griechenland. Alexis schrieb auch den Abschnitt Reiseplanung (mit Ausnahme von Outdooraktivitäten und Kreta mit Kindern), die Kapitel Kretas Highlights, Kreta aktuell, Geschichte, Kretische Lebensart, Musik, Kunst & Literatur sowie den Abschnitt Praktische Informationen. Alexis ist seit 20 Jahren Reisebuchautorin. Sie hat ein Jahr in der Antarktis gelebt, ist über den Pazifik gesegelt und hat Bücher über ihre Reisen durch Asien und den amerikanischen Doppelkontinent geschrieben. Außerdem malt sie – mehr unter www.alexisaverbuck.com.

Kate Armstrong

Iraklion Vor Ewigkeiten besuchte Kate Kreta, um durch die Samaria-Schlucht zu wandern und, inspiriert vom Studium der schönen Künste, Knossos zu besichtigen. Jahre später kehrte sie für Lonely Planet ins Land der *filoxenia* zurück. In der Region Iraklion schwelgte sie in Schafsmilch-Joghurt und Honig, manövrierte ihr Auto durch steile, kurvenreiche Straßen, wanderte durch herrliche Schluchten und plauderte mit den reizendenden Bewohnern dieser besonderen Insel. Und entdeckte Magie in den unglaublichen „Steinhaufen" der Insel. Sie berichtet unter www.katearmstrongtravelwriter.com und @nomaditis über ihre Abenteuer.

Korina Miller

Rethymnon Zum ersten Mal wagte sich Korina als jugendliche Backpackerin nach Griechenland, wo sie auf Schiffsdecks schlief und in den Bergen wandern ging. Seitdem hat es sie immer wieder dorthin gezogen, um die zeitlose Atmosphäre der Altstädte zu genießen und in den *kafeneia* am Meer mit Einheimischen Kaffee zu trinken. Korina wuchs auf Vancouver Island auf und erkundet den Globus auf eigene Faust seit sie 16 ist. Sie hat 36 Länder besucht oder dort gelebt und derweil einen Abschluss in Kommunikationswissenschaft und Kanadistik und einen Master in Migrationsstudien erworben. Korina hat fast 40 Titel für Lonely Planet geschrieben und unterrichtet außerdem Kinder im Schreiben.

Richard Waters

Lassithi Richard ist ein preisgekrönter Journalist, der für den *Daily Telegraph*, den *Independent* und das *Sunday Times Travel Magazine* über Griechenland schreibt. Er lebt mit seiner Familie in den Cotswolds, aber seine geistige Heimat sind die griechischen Inseln, die er erstmals 1974 als Junge besuchte. Seitdem war er über 20-mal dort und fühlt sich besonders wohl, wenn er in einem *kafeneio* sitzt und sich über Mythen unterhält, frisch gefangene Calamari schlemmt und von Insel zu Insel reist. Seine Bewunderung gilt den Griechen, die trotz unglaublich schwieriger Zeiten immer noch zu den freundlichsten Menschen der Welt gehören. Richard schrieb auch die Kapitel Outdooraktivitäten, Kreta mit Kindern, Minoische Kunst & Kultur und Natur & Tierwelt.

DIE LONELY PLANET STORY

Ein ziemlich mitgenommenes, altes Auto, ein paar Dollar in der Tasche und Abenteuerlust – 1972 war das alles, was Tony und Maureen Wheeler für die Reise ihres Lebens brauchten, die sie durch Europa und Asien bis nach Australien führte. Die Tour dauerte einige Monate, und am Ende saßen die beiden – erschöpft, aber voller Inspiration – an ihrem Küchentisch und schrieben ihren ersten Reiseführer *Across Asia on the Cheap*. Innerhalb einer Woche hatten sie 1500 Exemplare verkauft. Lonely Planet war geboren. Heute hat der Verlag Büros in Melbourne, London, Oakland, Franklin, Delhi und Beijing mit mehr als 600 Mitarbeitern und Autoren. Und alle teilen Tonys Überzeugung, dass ein guter Reiseführer drei Dinge erfüllen sollte: informieren, bilden und unterhalten.

Lonely Planet Publications,
Locked Bag 1, Footscray,
Melbourne, Victoria 3011,
Australia

Verlag der deutschen Ausgabe:
MAIRDUMONT, Marco-Polo-Str. 1, 73760 Ostfildern,
www.lonelyplanet.de, www.mairdumont.com, info@lonelyplanet.de

Chefredakteurin deutsche Ausgabe: Birgit Borowski

Redaktion: Bintang Buchservice GmbH,
www.bintang-berlin.de
Übersetzung: Silvia Mayer, Gunter Mühl, Inga-Brita Thiele
An früheren Auflagen haben außerdem mitgewirkt: Günter Feigel, Jan W. Haas, Dagmar Klotz, Thomas Rach, Kathrin Schnellbächer
Lektorat: Katharina Grimm, Jan W. Haas
Satz: Holger Ebeling

Obwohl die Autoren und Lonely Planet alle Anstrengungen bei der Recherche und bei der Produktion dieses Reiseführers unternommen haben, können wir keine Garantie für die Richtigkeit und Vollständigkeit dieses Inhalts geben. Deswegen können wir auch keine Haftung für eventuell entstandenen Schaden übernehmen.

Kreta
4. deutsche Auflage Juni 2016, übersetzt von
Crete, 6th edition, Februar 2016 Lonely Planet Publications Pty

FSC
www.fsc.org
MIX
Papier aus verantwortungsvollen Quellen
FSC® C018236

Deutsche Ausgabe © Lonely Planet Publications Pty, Juni 2016

Fotos © wie angegeben 2016

Die meisten Fotos in diesem Reiseführer können bei Lonely Planet Images, www.lonelyplanetimages.com, auch lizenziert werden.

Printed in Poland

Alle Rechte vorbehalten. Das Werk einschließlich all seiner Teile ist urheberrechtlich geschützt und darf weder kopiert, vervielfältigt, nachgeahmt oder in anderen Medien gespeichert werden, noch darf es in irgendeiner Form oder mit irgendwelchen Mitteln – elektronisch, mechanisch oder in irgendeiner anderen Weise – weiterverarbeitet werden. Es ist nicht gestattet, auch nur Teile dieser Publikation zu verkaufen oder zu vermitteln, ohne schriftliche Genehmigung des Herausgebers. Lonely Planet und das Lonely Planet Logo sind eingetragene Marken von Lonely Planet und sind im US-Patentamt sowie in Markenbüros in anderen Ländern registriert. Lonely Planet gestattet den Gebrauch seines Namens oder seines Logos durch kommerzielle Unternehmen wie Einzelhändler, Restaurants oder Hotels nicht. Bitte informieren Sie uns im Fall von Missbrauch unter www.lonelyplanet.com/ip.